HR

HUMAN RESOURCE
MANAGEMENT

人力资源管理译丛

组织行为学（第10版）

Organizational Behavior (Tenth Edition)

罗伯特·克赖特纳（Robert Kreitner）
安杰洛·基尼奇（Angelo Kinicki） 著
朱超威 译

中国人民大学出版社
·北京·

总 序

自我和我的同事们于1993年在中国人民大学创办中国的第一个人力资源管理本科专业以来，一转眼已经过去二十多年。在这期间，无论是中国的人力资源管理教学与研究，还是中国的人力资源管理实践，都取得了巨大的进步。到目前为止，我国已经有400多所高校开设了人力资源管理方面的本科专业，人力资源管理方向的硕士研究生和博士研究生的培养也形成了较大的规模。与此同时，与人力资源管理有关的各种译著、论著以及教材层出不穷。此外，中国企业对于人力资源在企业中的重要性以及人力资源管理对企业竞争力的影响有了越来越深刻的认识。可以说，中国开始进入一个真正重视人的价值的时代。

1999年，鉴于当时国内的人力资源管理教材还比较匮乏，人力资源管理本身对于绝大多数中国人来说还是一个新生事物，甚至很多从事相关课程教学的学者也知之甚少，因此，在一批美国学者，特别是在美留学和工作的人力资源管理专业博士的帮助下，我们精心挑选了涉及人力资源管理各主要领域的比较成熟的教材，作为一套译丛介绍到中国来。在几位译者的辛勤努力下，这套丛书自2001年开始陆续面世，成为国内第一套比较完整的、成体系的、原汁原味的人力资源管理教材。这套丛书对于从事人力资源管理教学、科研以及实践的中国读者系统了解人力资源管理的概念、体系、框架以及理念、技术和工具等产生了很大的影响，获得了一致的好评，多次重印。在2005年前后，我们对这套丛书进行了第二次大规模的全面再版更新工作，得到了广大读者的认可，很多大学的本科生、硕士生甚至博士生，以及企业的人力资源管理从业人员，都将这套译丛作为学习人力资源管理知识的教材或参考书。近期我们再次对这套丛书进行全面的更新和再版，力图及时将国外人力资源管理领域的最新进展介绍给大家。

在这套丛书首次出版时，大家广泛讨论的还是新经济、网络泡沫、“9・11”恐怖袭击以及中国加入世界贸易组织等重大事件。在再版更新时，恰逢以美国金融危机为起源的全球经济不景气引发一系列政治、经济和社会问题。在本次更新中，互联网、大数据以及人才管理的新挑战成为人力资源管理领域的新背景。新丛书的原著大都重新修订，将一些新的内容和主题纳入新的版本之中，增加了人力资源管理领域中的一些新的理论、工具和方法，同时调整了很多案例，从而使这些人力资源管理教材既保持理论、框架、体系等的连贯性，又使原本就来自实践的人力资源管理理论和教学体系得以保持鲜活的时代特色。

我们在这些新版本的翻译过程中，一方面，立足于吸收中国学术界近年在人力资源管理领域的许多新认识以及中国人力资源管理实践的新发展，对旧版中的个别译法进行全面的修正；另一方面，将新版本中的理念、方法和工具等忠实地传达给广大中国读者。很多人对我们付出如此巨大的力量做这种翻译工作感到不理解，他们认为，中国已经跨过了知识引进阶段，完全可以创建自己的人力资源管理体系。我们却并不这样认为。人力资源管理作为一门科学，在西方国家已经有几十年的发展历史，而在中国，无论是人力资源管理研究还是人力资源管理实践，都还处于发展的初期。我们企业中的很多人力资源管理者对于人力资源管理的理解还不是很到位，尽管他们已经能够说出很多人力资源管理的概念、理论、工具和方法，但在实际运用时，对这些概念、理论、工具和方法理解不深，导致无法达到西方很多企业的人力资源管理职能所能达到的那种状态。

我们认为，在没有真正从根本上理解西方人力资源管理的理论起源、发展以及核心内涵之前，我们最好不要武断地说西方的东西已经没用了。中国企业及其人力资源管理人员要想真正掌握人力资源管理的精髓，就必须继续加强自己的理论基础和综合修养，充分领悟人力资源管理的核心精神，在练就扎实基本功的基础上真正做到“形变而神不变”，只有这样，才能找到通过人力资源管理来帮助中国企业赢得竞争优势的机遇。总之，我们认为，对待西方的管理理论、管理思想、管理工具以及技术等应当坚持这样一个基本态度：既不妄自菲薄，也不盲目追随，但首先要做到充分理解，只有这样才能做到取舍有道，真正实现洋为中用。

翻译工作无疑是艰苦的，但也是充满乐趣的，我们愿意为中国人力资源管理事业的发展贡献我们的心血和汗水，同时也衷心地希望广大读者能够从中汲取对自己有用的知识，培养专业化的技能，从而使本套丛书为广大读者个人的职业发展以及中国企业人力资源管理水平的提高发挥应有的作用。

最后，感谢广大读者长期以来对本套丛书的热心支持和厚爱！我们有信心让这套丛书变成一套人力资源管理领域中的经典译丛。如果您有什么要求和意见，请随时与我们联系。

我的联系方式：
单位：中国人民大学公共管理学院
地址：北京市海淀区中关村大街59号
邮政编码：100872
电子信箱：dongkeyong@ruc. edu. cn

董克用
中国人民大学人力资源开发与管理中心主任

前　言

不管组织的规模大小和目的如何，也不管技术如何日新月异，各类组织应对当今时代巨大变化的共同点是人的因素。组织的成败取决于它们能否吸引、发展、留住、激励和领导多样化的、掌握了现代科技的员工（当然组织这样做的时候需要采取合乎商业道德的方式）。人的因素是一切变革的驱动力。更深入地了解人的职场行为能帮助组织获得更多有价值的竞争优势。本书的目的就是要帮助当前和未来的组织参与者更好地了解和管理工作中的人。

本版（第 10 版）面向的是学习组织行为学或其他相关课程的商学院本科生，本书之前的 9 个版本已在世界各地被广泛且有效地应用于多种类型的教学和培训，包括各种 MBA 项目、职业经理人培训、管理者发展项目，以及各类行业和组织心理培训项目。本版本是两位作者合起来超过 65 年的在美国、环太平洋和欧洲等地进行组织行为和管理教学与研究的经验总结。我们衷心感谢世界各地商学院的学生、教授和实际管理者对本书的反馈。得益于这些宝贵的反馈，第 10 版从内容和结构上都反映了组织行为学的最新理念。改版后的新变化包括增添了新的研究证据，探讨了新的管理技术和新媒介，并且包含了两位作者最新的自我学习成果。

《组织行为学（第 10 版）》是读者驱动的成果（我们用心倾听读者的反馈），也是两位作者与出版商通力合作、持续改进的产品。这样的团队合作结果使本书在整体结构上实现了难得的平衡：理论与实践的平衡、学科要点与职场趣闻的平衡以及教学性与可读性的平衡。我们收到的反馈显示学生和教授们都期望有一本既能反映最新组织行为学和职场动态，又富有趣味性，同时还能让学生积极参与到学习过程中的教材。我们朝这个方向努力的证据包括：改版后的教材增添了几十个新的话题、众多的真实组织实例、更加吸引人的内容设计、更多全新的组织行为学案例，以及更利于阅读的版式设计。每章最后的“法律/道德挑战”专栏（包括 13 个全新案例和 2 个更新案例）对独立学习或小组讨论都有启发和帮助。我们知道阅读大部头的教材要花很多的工夫，因此竭尽所能地使这个过程变得有趣。

AACSB 相关内容

国际商管学院促进协会（AACSB，www.aacsb.edu）建议管理类课程应该强调全球经济背景下的管理、文化多样性、产品/服务质量和符合商业道德的决策。遵循 AACSB 的这一精神，本版包括以下内容：

● 专门用一整章讨论国际组织行为和跨文化管理（第4章）。书中涵盖的AACSB推荐的其他内容包括对跨文化管理里程碑式的GLOBE项目的介绍和一项涉及10多个国家的国别管理研究。同时，多个“真实世界/真实人物”专栏与全球化话题相关。

● 专门用一整章（第2章）对多样性管理的话题进行全面讨论，并介绍了最新研究成果。同时，多个“真实世界/真实人物”专栏与多样性管理话题相关。

● 第1章讨论了全面质量管理（TQM）的概念和戴明质量管理遗产，为全书其他章节的讨论提供了一个质量改进背景。同样，全书不同章节中包括了许多与质量改进相关的商业实例。

● 第10版还广泛涵盖了许多商业道德相关的概念、案例和现实问题。多个“真实世界/真实人物”案例都与商业道德话题相关。为了突出重点，我们用“商业道德”标签标注了学员需要特别关注的道德问题。

● 第10版的在线学习中心（OLC）为教师和学员提供了试题库。每道题目都标注了所覆盖的AACSB知识类别。

商业道德相关内容

本版在第1章完整地探讨了商业道德话题，旨在为后续章节中讨论职场人员管理定下适当的道德基调。同时，对商业道德的讨论贯穿全书始终：第12章进一步介绍了有助于组织做出符合商业道德决策的决策树；第16章探讨了组织领导的道德方面；几乎每章都有一两个“真实世界/真实人物”专栏与商业道德问题相关；同时，每章结尾的“法律/道德挑战”专栏都直面现实世界中的商业道德问题并附有难度不小的讨论题，以帮助学习小组成员更好地讨论和辩论。这些“真实世界/真实人物”与“法律/道德挑战”专栏（13个全新案例和2个更新案例）将持续地提醒学员道德管理的重要性。

教学特色

本次改版的目的在于为教学/学习提供完整的工具，提高学生的学习兴趣，并传授有用的组织行为学知识。本版最重要的教学特色包括：

● 组织行为学经典理论和最新实践平衡，包括最新和最经典的理论模型、研究证据和实践启示。每章都依循理论—研究—实践的思路展开。通过每一章的学习，学生将对组织行为学的基本理论有所了解，能够通过回顾相关研究证据讨论这些理论的有效性，并参考真实世界的实际案例来学习如何运用这些基本理论。

● 每章开头都列有简明的学习目标，旨在帮助学生聚焦于这些知识要点，同时也可做对照检查学习效果之用。

● 全书各章节中还包括几百家真实世界中的各类大大小小、上市或私有公司的实例，以确保本版内容的新颖性、趣味性以及相关性。

改进的章后材料

第 10 版每章后的材料都经过精挑细选，以供学习指导之用。每章后的材料包括：

- 现实生活中的组织行为学案例（包括 16 个最新组织行为学案例）。
- “法律/道德挑战”专栏讨论（包括 13 个全新案例和 2 个更新案例）。

新鲜案例、最新研究和更多实例

本书的两位作者始终承诺为学员提供最新和最实用的组织行为学教材。本版的更新包括 16 个（占比 89%）全新章节开篇案例和 13 个（占比 72%）全新章后案例。这些案例中，既有男性管理者，也有女性管理者；既有规模巨大的上市公司，也有雇员不多的小型企业，包括美捷步、沃尔玛、威廉姆斯-索诺马、克莱斯勒、脸书、纽星能源、公平餐饮、英特尔、永利度假村、谷歌、英国石油（BP）、百思买、武田制药、乔氏杂货连锁超市和 Patriarch Partners 等。

所有开篇案例中都有一个实名人物来为该章将要探讨的知识点提供一个实践背景，这些商界人物所遇到的挑战情境都是新的。

本版还采用了最新的研究成果和实践观点。事实上，读者会发现全书引用的几百项研究的进行时间大都在 2010—2011 年。

真实世界/真实人物

尽管理论模型和科学研究对学习组织行为学很重要，但是我们也需要真实组织情境中真实人物的真实案例来帮助学员更好地理解和应用学到的组织行为学理论和模型。第 10 版含有与各知识点相对应、贯穿全书始终的数十个“真实世界/真实人物”专栏。其中 63 个（占 91%）为改版后的 2010—2011 年之间的案例。这些案例发人深省，但毫无疑问又富有趣味。为了便于阅读，这些“真实世界/真实人物”专栏都很简短，直接与所在章节将讨论的主题紧密联系。其中的案例展示了实际组织中的真实管理者如何做到最佳实践，或是如何失败的。第 10 版的新案例涉及的公司有美国运通、索迪斯集团、蓝十字与蓝盾、CVS 药店、宝马、苹果、AT&T、葛兰素史克、麦当劳、联合健康集团、营养系统、联合利华、家得宝、萨蒂扬软件、通用汽车、喜达屋集团、福特、天空工厂、泰森食品、脸书、College Hunks Hauling Junk、网飞、BP、全食超市、“37 信号”、托罗、共和航空、强生、纽约爱乐乐团、BAE 系统、级联工程、丰田、IBM 和俄亥俄医疗系统等。

“真实世界/真实人物”专栏诸案例中凡是涉及道德因素的话题都通过加注“商业道德”标签的方式来加以强调。作为对读者反馈的响应，我们在第 10 版中加入了很多与章节内容相关的讨论话题，旨在帮助学员自学或用于课堂讨论。

Organizational Behavior

目 录

第Ⅰ篇 组织行为学的世界

第Ⅱ篇　组织中的个体行为

第Ⅲ篇 群体与社会过程

第Ⅳ篇 组织过程

第 I 篇　组织行为学的世界

第1章 组织行为学：探索以人为本的组织及道德行为

学习目标

学完本章后，你应该能够：

1. 定义组织行为学，并对比麦格雷戈的X理论和Y理论中关于员工的两种假设。
2. 了解全面质量管理的四条原则。
3. 定义电子商务，并描述网络世代。
4. 对比人力资本和社会资本，并解释我们为何需要构建这两种资本。
5. 定义管理，并至少说出威尔逊有效管理者具备的11项管理技能中的5项。
6. 概述21世纪管理者的特征。
7. 描述卡罗尔的全球企业社会责任金字塔，并讨论道德侵蚀引发的问题。
8. 至少说出七条一般性道德原则中的四条，并能解释如何提高组织的道德氛围。
9. 描述组织行为研究证据的来源。

美捷步公司为何如此擅长竞争？

你很可能从没有听说过美捷步公司（Zappos）的首席执行官（CEO）谢家华（Tony Hsieh）。但是，如果你是在线鞋类和其他商品零售网站的大批忠诚拥趸中的一个，你应该给他一个热情的击掌。从最初的投资人、顾问到最后担任CEO，谢家华带领美捷步从一家步履维艰的互联网创业公司成长为一家让亚马逊于2009年花费12亿美元巨资收购的企业。在这个过程中，谢家华帮助美捷步公司构建了一种有趣的企业文化，美捷步公司的员工紧密合作，着迷于提供卓越的全天候顾客服务。美捷步公司的网站宣称："客户服务不仅仅是一个部门！"当宣布被亚马逊收购的消息时，谢家华在全体员工会议上告诉大家，每个员工都将获得一个免费的Kindle电子书阅读器，以及相当于个人年薪40%的留任奖金。更重要的是，谢家华誓言将保留美捷步公司备受员工珍视的企业文化。以下摘录选自谢家华的新书《传递快乐：盈利之道、激情与目标》（*Delivering Happiness：A Path to Profits，Passion，and Purpose*），这些摘录很好地展示了美捷步公司如何把人（顾客和员工）放到第一位。

我给所有公司员工发了好几封电子邮件，征询哪些核心价值对员工而言最为重要。之后我收到了大量的建议和反馈。

整个过程耗时之长令我吃惊。但是我们并不想仓促行事，因为我们想确保最后收集到的核心价值是那些全体员工能够真正信奉的东西……

我们最后确定了一个含有10条核心价值（基于收集到的37条核心价值）的最终名单，并沿用至今：

(1) 用服务来感动客户。

(2) 拥抱并驱动改变。

(3) 创造有趣又有一点点怪异的东西。

(4) 保持冒险的、创新的和开放的态度。

(5) 追求成长与学习。

(6) 通过沟通构建开放和诚实的关系。

(7) 构建积极团队和家庭精神。

(8) 用更少的投入，做更多的事。

(9) 有激情，有决心。

(10) 要谦卑。

“要谦卑”后来很可能成了最影响我们招聘决策的一条核心价值。我们面试过许多经验丰富、聪明过人、富有天赋的求职者。我们也知道雇佣这样的员工会给公司的收入和利润带来显著的增长。但是很多这样的求职者同时也非常以自我为中心，于是我们最后决定不雇佣他们。

美捷步公司的理念是，我们愿意做出短期牺牲（包括收入或利润的减少），如果我们认为长期利益值得我们这样做的话。保护公司的文化并坚持我们的核心价值就是一种长远利益。[1]*

谢家华不是只在口头上谈论公司员工的重要性，他信任员工、乐于授权并倾听员工的心声。难怪美捷步公司在《财富》杂志2011年100家最佳公司榜单中名列第六。[2]他帮助创立了一家斯坦福大学教授杰弗瑞·普费弗（Jeffrey Pfeffer）所谓的“以人为本”的组织。基于美国和德国公司的研究证据表明，下列七项以人为本的实践与企业的更高利润率和更低离职率显著相关。

(1) 工作安全（消除担心裁员引发的焦虑感）；

(2) 谨慎雇佣（强调招聘个人价值观能很好匹配公司文化的员工）；

(3) 授权员工（通过分权和构建自我管理的团队）；

(4) 优绩优酬；

(5) 足量培训；

(6) 淡化身份（培养“我们”意识）；

(7) 构建信任（通过共享关键信息）。[3]

需要指出的是，上述七项实践是一个有机整体，这意味着要以一种协调与系统（而不是支离破碎）的方式应用它们。

* 为节省篇幅，本书注释放至网上，读者可登录 www.rdjg.com.cn 免费查阅。——译者

普费弗的研究表明，当今仅有12%的组织能够系统持续地推行上述做法而可以被称为真正以人为本，这些组织也因此获得了竞争优势。[4]对我们而言，这也就意味着88%的构建以人为本组织的努力最终是对人力和财力的无谓浪费。普费弗最近把他对更高程度的以人为本的呼吁表述为绿色管理中的“可持续性”概念：“就像人们担心自然资源消耗，呼吁保护自然资源一样，人们对保护人力资源也会有类似的担忧。”[5]这种担忧有着深远的道德内涵，特别是在当前由于经济衰退导致了数以百万计的裁员这样的特殊时期。

在以人为本的组织里（参见相关的“真实世界/真实人物”专栏里鼓舞人心的案例），裁员往往是迫不得已的最后手段，而不是听到坏消息之后下意识的第一反应。现实经验和研究证据都表明，裁员最终会伤害所有人，包括那些保住了工作的“幸存者”。最近对318家公司的一项调查得出以下结论：“在4 172名参加调查的员工中，有3/4的人表示自公司裁员后，他们的劳动生产率下降了。”[6]当然，裁员有时不可避免，但是，富于创新精神的以人为本的公司有时能通过诸如全员降薪、削减工时或自愿无薪休假等策略来暂时避免裁员。此外，也可以考虑采用以下这些以人为本的独特策略：

美国佛蒙特州的瑞诺食品公司（Rhino Foods）为本和杰瑞公司（Ben & Jerry's）生产的冰淇淋提供所需的曲奇面团，最近让其下属15家生产厂的工人去附近的润唇膏生产商奥特姆哈珀公司（Autumn Harp）帮忙一周，以帮助后者应对假日订单高峰。瑞诺食品公司照旧给去帮忙的工人发工资，之后再按照总劳动小时数向奥特姆哈珀公司收费。瑞诺食品公司总裁特德·卡斯尔（Ted Castle）也在积极寻求机会将类似做法应用到手下的职业经理人身上。“裁掉多余的员工，其实简单很多。”卡斯尔说，“但是从长远来看，裁员却使公司发展变得更加困难。”

马特·库珀（Matt Cooper）是位于加利福尼亚州拉克斯珀市的安卡鲁猎头公司（Accolo）的副总裁，他要求员工本季度休五天无薪假，但是同时承诺3月份前不会停发工资。他还许诺如果公司在此期间获得了大订单，将会取消上述降薪举措。[7]

不管我们在社会上扮演什么角色——雇主/企业家、雇员、经理、股东、学生、教师、投票人、当选官员、社会/政治活动者，我们每个人都需要接受挑战，以更好地创造和维系以人为本的组织。为此，本书的目的在于促进全球范围内以人为本和依据道德规范进行管理的组织数目的增长，从而改善人们整体的生活质量。[8]

第1章的内容包括：定义组织行为学（OB）；研究组织行为学在当今时代的适切性；探讨组织行为学的历史、管理和道德背景；介绍本书各章节的主题以帮助读者更好地使用本书。

真实世界/真实人物：商业道德

洛拉·冈萨雷斯先解雇了自己！

就像许许多多的小企业主一样，当经济复苏开始遇到问题时，洛拉·冈萨雷斯（Lola Gonzalez）痛苦地决定要在自己公司仅有的9个员工中进行裁员（2010年初）。

与其他企业主不同的是，冈萨雷斯选择解雇一个不太可能被裁掉的雇员：她自己。

作为位于佛罗里达州奥卡拉市的精准背景调查公司（Accurate Background Check）的老板，冈萨雷斯说她无法忍受解雇任何一名多年来一直为她辛勤工作的员工。于是，她决定停止支付自己六位数的年薪，另找了一份社会工作者的工作，薪水不到原来的一半。

51岁的冈萨雷斯现在仍干着社会工作者的工作，她说："你怎么忍心让一位你自己信任同时也信任你的员工离开?"

宣布裁员消息时，员工们一开始都吓坏了。当冈萨雷斯宣布将裁掉自己时，大家爆发出一阵笑声，随后他们意识到她不是在开玩笑。

除了在现有职位上一周工作40小时以外，冈萨雷斯一周还会接到两次精准背景调查公司员工的电话汇报，帮她掌握公司的经营状况。她自己有时也亲自做背景调查业务，但是不再拿报酬。

冈萨雷斯这种以人为本的行为会带来哪些更广泛和长期的好处?

资料来源：Excerpted from P Davidson, "How a Boss Saved Jobs: She Laid Herself Off," *USA Today*, November 26, 2010, p. 1B.

1.1 欢迎来到组织行为学的世界

组织行为学研究人们在各种各样的组织中如何行动和互动。想一想你日常生活中会接触到的各种类型的组织。这些组织有的为你提供雇佣机会，有的为你提供教育服务、帮助你联系他人、给你带来资讯和食物，还有的在你生病时提供医疗服务，当你遇到危险时向你提供保护，或给你带来各式各样的娱乐。可以说，从摇篮到坟墓，我们每个人都要与各式各样的组织打交道。根据切斯特·巴纳德（Chester Barnard）的经典定义，**组织（organization）**是"两个或两个以上的人有意识地协调活动组成的系统"。[9]组织是一种社会发明，能帮助我们共同完成无法单独胜任的工作。不管是好是坏，组织都扩展了我们的能力，比如像世界卫生组织（WHO）这样鼓舞人心的组织。

1967年，全球有1 000万～1 500万人感染天花。那一年，世界卫生组织设立了根除天花项目。13年后，世界卫生组织宣布在全世界消灭了天花。当世界卫生组织在1988年设立类似的小儿麻痹症根除项目时，全世界当年有35万人被这种疾病折磨。此后为了根除小儿麻痹症，世界卫生组织共计耗资30亿美元，全球共计2 000万志愿者参与其中。项目成果是，2003年全世界仅有784例小儿麻痹症的报告病例。[10]

另一方面，像恐怖组织和倒闭的银行或破产的企业这类组织则浪费了我们的资源。组织是下生命之棋的棋盘。越了解组织行为学——组织中的生活——就越能理解生命之棋游戏的本质、可能性和规则。

1.1.1 组织行为学：一个交叉学科

组织行为学（organizational behavior）简称OB，是一门致力于更好地理解和管理工作中的人的交叉学科。根据定义，组织行为学同时以研究和应用为导向。它的三个基本分析层次为个人、群体和组织。组织行为学以广泛的学科作为其学科来源，其中包括心理学、管理学、社会学、组织理论、社会心理学、统计学、人类学、一般系统论、经济学、信息技术、政治学、职业咨询、人的压力管理、心理测量学、工效学、决策理论和伦理学。[11]这些丰富的学科借鉴催生了很多关于员工工作行为的相互竞争的观点与理论。截至2003年，组织行为学领域识别出73个与行为有关的不同理论。[12]

1.1.2　关于组织行为学学习的一些常见问题

多年来，本书的两位作者（以及其同事们）回答过学生所提出的关于组织行为学领域的很多常见问题。下面列出其中最普遍的问题以及我们给出的答案。

■ 为什么学习组织行为学？

如果你用心钻研本书，便会更好地了解自己，学习如何与他人有效互动以及如何在组织中脱颖而出（而不是止步不前）。本书第二部分涵盖了很多关于人格、情绪、价值观、职业满意度、知觉、需求以及目标的深刻见解。你会学习与你的人际效能有关的方面，包括如何培养团队精神、如何建立信任、如何管理冲突、如何进行谈判、如何进行沟通以及如何影响和领导他人。几乎所有主题讨论的结尾均附有实践性的操作指南，我们希望在自我管理、进行道德决策、避免群体思维、倾听、处理组织政治行为、应对变化以及管理压力等方面培养你的技能。爱德华·E. 劳勒三世（Edward E. Lawler Ⅲ），这位受人尊敬的组织行为学学者创建了如图1-1所示的"良性职业螺旋"，以此来演示与组织行为学有关的技能如何指引你走向职业成功。"证据表明，改进后的技能与绩效可以带来更好的工作与更高的回报。"[13]

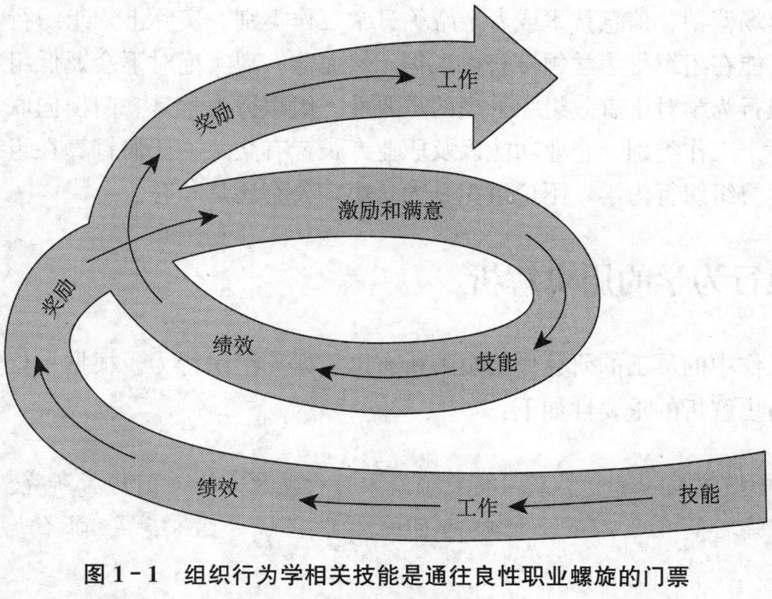

图1-1　组织行为学相关技能是通往良性职业螺旋的门票

资料来源：Edward E Lawler Ⅲ, *Treat People Right! How Organizations and Individuals Can Propel Each Other into a Virtual Spiral of Success*, Jossey-Bass, 2003, p. 21. Reprinted with permission of John Wiley & Sons, Inc.

■ 如果我的专业是会计（或者其他技术性专业），为什么应该学习组织行为学呢？

许多会计、金融、计算机科学以及工程等技术领域的学生认为组织行为学是一门不重要或者没有任何实用性的“软”学科。你的确可以以范围狭窄的专长作为事业的起点，但你最终会获得来之不易的成功，并被提拔到某种管理或者领导职位。那时，那些你所谓的“软性”人际技巧既可能成就你的事业，也可能毁掉你的事业。此外，在当今以团队为导向的全球化工作场所，团队合作、跨文化、交流、冲突应对和谈判等技巧以及说服能力在一个人的事业早期便可派上用场。通用电气公司的传奇 CEO 杰克·韦尔奇（Jack Welch）以及《哈佛商业评论》（*Harvard Business Review*）的前编辑苏茜·韦尔奇（Suzy Welch）在如何才能最好地培养适应当今全球商业环境的学生这个问题上，对一位商学院教授做出了如下解答：

> 我们呼吁商学院课程体系应更加重视探讨员工管理的本质。在过去的两年中，我们走访了世界各地的35所商学院，却一次又一次惊愕地发现，这些商学院的课堂教学对于招聘、激励、团队建设以及解雇这些问题的关注非常少。相对而言，商学院似乎对诸如颠覆性技术以及复杂建模一类的深奥概念的教学投入热情高涨。这样的深奥概念也许有用，尤其在你加盟一家咨询公司的时候。然而，真正的管理者需要知道如何才能最有效地调动员工的积极性。
>
> 我们希望你具有足够的影响力，确保员工管理课程在你任职的商学院教学中具有首要和核心地位。如果真能这样，你便会让你的学生在未来的职业生涯中抢得先机。[14]

■ 我可以在组织行为学领域找到工作吗？

组织行为学只是一个学术分类。除了教学和研究职位之外，组织行为学并不属于会计、市场营销、信息技术或者金融等日常工作类别。实际上，组织行为学毕业生一般不大可能在组织行为学领域获得工作，然而这一现实绝对不会贬低组织行为学或者降低组织行为学对于有效组织管理的重要性。组织行为学是一门横向联系的学科，与几乎每一个工作类别、企业功能以及职业专长皆有交叉。任何打算在组织中谋生的人都需要学习组织行为学，不论组织是大是小，公有还是私有。

1.2 组织行为学的历史解析

对工作中的员工的研究作历史解析有助于研究组织行为。根据一位管理史专家的观点，历史解析的重要性如下：

> 历史解析指的是从研究对象的初期阶段和后续演化方面对其进行研究。历史解析与历史学的区别之处在于，历史解析的目的是锐化一个人对现在而不是对过去的洞察力。[15]

换言之，我们可以通过透彻了解组织行为学的发展历史与演化来更好地理解组织行为学。[16]让我们回顾一下在理解和管理工作场所中的员工方面的四个重要里程碑。

（1）人际关系运动。
（2）质量运动。
（3）互联网和社交媒体的革命。
（4）人力资本和社会资本时代。

1.2.1　人际关系运动

20 世纪 30 年代，一些因素的独特组合促进了人际关系运动的发展。首先，随着 1935 年美国对工会与管理层的集体谈判的正式立法，管理层开始寻求管理员工的新方式。其次，进行在职研究的行为学家呼吁对人的因素给予更多关注。那些在将工会赶出工厂的“战役”中败下阵来的管理者响应了改进人际关系的号召，并改善了员工的工作条件。其中一项研究在西方电气公司位于芝加哥的霍桑工厂进行，该研究成了人际关系运动的一个重要诱因。具有讽刺意味的是，在霍桑工厂获得的很多研究结果最终都被证实为神话而非事实。

■ 霍桑遗产

霍桑实验的三个参与者在几十年之后再次接受访谈，那些原始数据也通过现代统计技术进行了再分析，然而，访谈和再分析的结果并未证实关于上级支持具有积极作用的最初结论。特别是，钱的因素、大萧条时期的失业恐惧、规章制度以及高品质原料——而不是上级支持——最终成为在继电器装配车间实验中高产出的主要因素。[17] 即便如此，当年学者和管理者们仍发表了鼓舞人心的言论，力证个人需求、上级支持以及群体动力对工作绩效明显具有强大影响，促进了人际关系运动在 20 世纪 50 年代蓬勃发展。

■ 梅奥和福莱特的著作

对人际关系运动至关重要的是埃尔顿·梅奥（Elton Mayo）和玛丽·帕克·福莱特（Mary Parker Follett）的著作。生于澳大利亚的梅奥在霍桑工厂领导了哈佛的研究者们，在其 1933 年的经典著作《工业文明中人的问题》（*The Human Problems of an Industrial Civilization*）中，梅奥忠告管理者们要照顾到员工的情感需求。福莱特是一位真正的先驱，她不仅是 20 世纪 20 年代那个男性主导的工业世界里的一名女性管理咨询师，也是一位将员工视为态度、信仰与需求之复杂混合体的作家。玛丽·帕克·福莱特超越了她所处的那个时代。她告诫管理者们要激励员工以提高工作绩效而不是一味的苛求，即采用“拉”而不是“推”的策略。此外，她还在政治民主与工作场所的合作精神之间架起了一座逻辑桥。[18]

■ 麦格雷戈的 Y 理论

1960 年，道格拉斯·麦格雷戈（Douglas McGregor）撰写了《企业中人的方面》（*The Human Side of Enterprise*）一书，该书成为奠定有关工作中的员工的现代观点的重要哲学基础。[19] 根据自己作为管理咨询师的经验，麦格雷戈提出了关于人性的两种截然不同的假设组合（见表 1－1）。其中，X 理论的人性假设是悲观和负面的，根据麦格雷戈的解释，是典型的传统管理者对员工的看法。为了帮助管理者打破这种负面传统，麦格雷戈构建了Y理论。**Y理论（theory Y）**提出了一组现代的和积极的人性假设。麦格雷戈相信，通过把员工看作自我激励的、坚定的、有责任心和有创造力的人，管理者可以取得更好的绩效。

表1-1　麦格雷戈的X理论和Y理论

对员工的传统假设（X理论）	对员工的新式假设（Y理论）
1. 大多数员工不喜欢工作；他们尽可能地逃避工作。 2. 大部分员工须强迫或以惩罚相威胁才会去工作。当员工工作时，需对他们进行严密的监控。 3. 大部分员工实际上喜欢被领导。他们趋向于逃避责任并毫无抱负。他们只对自身安全感兴趣。	1. 工作是自然行为，就像玩耍或者休息。 2. 如果员工致力于某些目标，他们能够自我引导和自我控制。 3. 员工一般会为了奖励期许而致力于组织目标。 4. 典型的员工能学会接受和寻求责任。 5. 大多数普通员工也有想象力、独创性和创造力。

资料来源：From D McGregor，*The Human Side of Enterprise*，McGraw-Hill，1960，Ch 4. Copyright. © 2008. The McGraw-Hill Companies. Reprinted with permission.

遗憾的是，持续进行的对员工敬业度的研究表明，麦格雷戈的Y理论在美国职场仍然是一个遥不可及的愿景。

2009年8月，盖洛普员工敬业度索引（Gallup Employee Engagement Index）显示，仅33%的员工对自己的工作敬业，49%的人不敬业，还有18%的人非常不敬业。盖洛普公司（Gallup Organization）对每种类型定义如下：

敬业的员工工作时有热情，而且感觉与自己的公司密切相连。他们驱动了创新且推进组织向前发展。

不敬业的员工实际上已“签到走人”。他们在工作时如同梦游。在工作中仅仅投入时间而非活力与激情。

非常不敬业的员工不只是工作时不开心，他们还把他们的不开心付诸行动。这些员工每天都在损害一同共事的敬业员工创造的劳动成果。

盖洛普调查员以一项随机选出的近42 000个成年人参与的员工敬业度索引的调查为基础，估算出不敬业的员工每年给美国企业造成高达3 500亿美元的损失。[20]

接下来的章节将讨论员工敬业度及促进员工敬业度的多种方式。

■ 关于人性的新假设

遗憾的是，过于简单的行为研究调查方式导致人类关系学家信奉一些幼稚的且有误导性的观念。[21]例如，人类关系学家曾坚信这样的格言：“满意的员工即努力工作的员工。”但本书后面提供的后续研究显示，工作满意度与工作绩效之间的关系比我们原来设想的复杂得多。

虽然人际关系运动有很多不足，但它开启了对人性积极认知的大门。管理者不再把员工看作消极的经济人，而是把他们看作积极的社会人，并且采取措施创造更人性化的工作环境。

1.2.2　质量运动

1980年，美国全国广播公司（NBC）播放了一部名为《如果日本可以……为什么我们不能?》（If Japan Can... Why Cant't We?）的纪录片，向美国公司敲响警钟，敦促后者大幅提高产品质量，夺回不断流失到日本电器公司和汽车公司的市场份额。20世纪80—90年代，美国开展了声势浩大的质量运动，就如何提高产品和服务质量进行了大量的探讨和广泛的实践。[22]

得益于**全面质量管理（total quality management，TQM）**运动和六西格玛标准，今天我们购买的产品和服务的质量与多年前相比已有大幅提高。六西格玛标准是工程师比尔·史密斯（Bill Smith）于1986年在摩托罗拉公司（Motorola）工作期间发起的，旨在通过消除产品瑕疵和削减生产浪费以实现令人震惊的99.999 7%产品合格率的目标。六西格玛标准被授权给通用电气等许多公司使用。据估计，美国35%的公司采纳了六西格玛标准。

> 六西格玛通常指的是一种旨在提高精确度和预测性的思考商业问题的方式。"黑带"级六西格玛强调DMAIC，它由"定义（define）、测量（measure）、分析（analyze）、改进（improve）和控制（control）"五个英文单词的首字母缩写组成。"西格玛"符号来自希腊字母，在统计学中代表测量值与均值之间的偏差。数字"六"表示目标是测量值距均值不超过6个标准差。[23]

考虑到消费者对产品和服务质量稳步提高的期望，全面质量管理和六西格玛的基本原则比以往任何时期都更加重要。

> 创造价值、产品优质、克服时间压力按时交货的确能帮助公司在关键客户中建立声誉。但很快，客户期望又会提高。对一个企业而言，"卓越"的头衔只能在别的企业做不到更好时才能保持。商业社会中一个不可避免的事实是，出类拔萃的产品和服务品质最终将成为常态。
>
> 我们可以将这种现象称为绩效悖论：仅仅为顾客创造价值是不够的，只有比竞争对手创造更多价值才算合格。伟大的公司及其员工无一例外都需要忍受顾客不断提高的期望。尤其是在当代，生产率提升、技术革命和信息透明等因素交织在一起，使得顾客期待提升得越来越快。[24]

质量运动对当今企业的员工管理实践产生了深远的影响。

■ 什么是全面质量管理？

管理专家对全面质量管理做过如下定义：

> 全面质量管理意味着组织通过整合系统工具、技术和培训来持续追求顾客满意。全面质量管理定义了企业文化，而企业文化为全面质量管理提供支持，这包括持续改进组织流程，最终提供高质量的产品和服务。[25]

质量顾问理查德·斯库博格（Richard J. Schonberger）把全面质量管理总结为“持续的、以客户为中心的、员工驱动型的改进”。[26]全面质量管理必定是由员工驱动的，因为如果没有每个员工的积极学习和全力参与，企业将无法实现产品和服务质量的持续改进。因此，在成功的质量改进项目中，全面质量管理原则均深深嵌入组织文化。事实上，某一现场实验结果表明，在与受过优质服务培训的银行员工互动之后，银行客户表现出了更高的满意程度。[27]

■ 戴明遗产

品质成为当今公司DNA的一部分，很大程度上得益于统计学家爱德华兹·戴明（W. Edwards Deming）开创性的工作。[28]具有讽刺意味的是，推动了日本第二次世界大战后产品品质革命的戴明自己其实很少使用质量一词。相反，在戴明生前一直亲自主持的那些影响深远的研讨会上，他更愿意讨论“好的管理”。[29]尽管戴明的热情主要集中在统计学测量和减少工业生产过程中的误差这两大块，但是他对关于员工应如何被对待也曾发表过不少重要的见解。关于品质提高过程中人的方面，戴明做过如下倡导：

- 统计过程控制技术和团队协作的正规培训。
- 支持性领导，而非仅仅命令和惩罚。
- 消除员工恐惧，让他们可以自由提出问题。
- 强调持续的过程改进更胜于数量上的指标。
- 团队协作。
- 消除壁垒以达到好的工艺。[30]

戴明对管理者影响最为深远的品质管理思想是他的85-15规则。[31]当出错时，一般85％的可能是系统原因（包括管理、机器和规则）。只有15％的可能是错在个体员工。遗憾的是，就像戴明发现的那样，典型的管理者因为系统失灵花费大部分时间错误地去责怪和惩罚个人。统计分析被要求能够揭露系统故障。

■ 全面质量管理原则

尽管不同全面质量管理项目使用的语言和范围有所不同，但各全面质量管理项目基本遵循四条基本原则：

(1) 第一次就做好以避免高成本的返工和产品召回。

(2) 倾听客户和员工的声音并向他们学习。

(3) 让持续改进变成常规工作。

(4) 建立团队协作、信任和彼此尊重。[32]

戴明的影响在上述四条原则里清晰可见。与人际关系运动所倡导的一样，我们把人看作组织成功的关键因素。

总的来说，全面质量管理的倡导者通过提供员工管理实践证据，为组织行为学学科做出了有价值的贡献。全面质量管理运动方兴未艾，因为两项综合研究均证实了它的有效性。[33]当根据全面质量管理原则对员工进行管理时，大多数人会更可能获得所需的工作机会以及高品质的产品和服务。忽视全面质量管理持续改进原则的组织将自身置于危机之中。当曾经流行的克莱斯勒的PT漫步者汽车在2010年退市时，某位行业观察员做了如下评论："这是一款早期深受用户喜爱的车。但后来公司试图从车上榨取尽可能多的利润而拒绝适当的重新设计，甚至为省下几便士而选装廉价的收音机和内饰。"[34]

在接下来的几章中我们会多次看到，本书建立在戴明的管理理念和全面质量管理原则的基础上，尤其是持续改进的观念。

回顾本章开篇的案例

美捷步公司的企业价值与文化中嵌入了哪些全面质量管理原则？

1.2.3　互联网与社交媒体的革命

在 20 世纪 90 年代早期，互联网创业公司风行，创业者们宣称互联网将会改变一切。随之发生的是 2001 年的互联网泡沫破裂，以及互联网前景被嘲讽为纯粹的言过其实。然而，在克服一些发展初期的困难后，现代移动互联网实际上已然改变了一切。原始数据令人印象深刻：全球互联网用户从 2001 年的 3.61 亿激增到 2010 年的近 20 亿。[35]曾经的网上贸易（通过互联网购买和销售产品与服务）已逐步形成**电子商务**（**e-business**），后者通过互联网来运行企业的方方面面，包括对虚拟团队的管理。[36]一位行业观察家表示："抛开夸夸其谈的商业宣传，回归本源，互联网是一种能显著降低沟通成本的工具。这意味着它可以彻底改变所有大幅度依赖信息流的行业与活动。"[37]

社交媒体（例如脸书（Facebook）、领英（LinkedIn）、推特（Twitter））的革命促成了互联网世界的另一个重要转变，那就是用户原创内容日益重要。大量信息（例如，电视节目、电影以及印刷刊物等）的被动消费者通过博客、脸书和推特得以随时随地将自己喜欢的内容推送给他们喜欢的对象，消费者也因此成为个性化内容的创造者和传播者。[38]这一点让个体消费者、单位雇员、公民、学生等普通人获得了前所未有的能力。

社交媒体企业家阿密特·喀布尔（Amit Kapur）展望了一个和其自身更相关的网络。当他浏览一个新闻网站时，大多数头条属于他热衷的技术类的新闻。当他在自己的 iPhone 上点开 Yelp 时，饭店点评软件已经知道他接下来前往旧金山的行程并为他推荐当地的饭店。喀布尔说："我设想的未来是，每次你在不同地方上网或是在手机上打开任何应用程序，获取的内容都是在某种程度上根据你和你的个人兴趣定制的。"[39]

新型科技例如智能手机、云计算以及增强现实技术都是重要的生活改变的驱动者。[40]然而在组织行为学范围内，我们应当专注于不断演化的互联网如何改变了网络一代的行为习惯——这个群体与互联网共同成长，并把谷歌、脸书、YouTube 以及推特作为生活的一部分。唐·塔普斯科特（Don Tapscott）在其撰写的引人入胜的著作《在数字时代长大：网络一代如何改变你的世界》（*Grown Up Digital*：*How the Net Generation Is Changing the World*）中说，生于 1977 年 1 月到 1997 年 12 月间的 8 100 万美国人通过互联网形成了一种独一无二的世界观。

以下是网络一代的准则：他们崇尚自由——做自己的自由及选择的自由。他们想要为自己量身定做一切，包括自己的工作。他们学会了用质疑的眼光仔细审查包括互联网在内的所有媒体。他们坦率、体谅、磊落、重视诚信和信守承诺。不论对网友还是对同事，他们都是优秀的合作伙伴。他们追求速度。他们热爱创新。

……如果你理解这些准则，你就能在21世纪改变你的公司、学校/大学、政府或家庭。[41]

（塔普斯科特的关于网络一代的观点将在第14章中进行深入介绍。）简而言之，因为互联网构建的虚拟世界，当代组织和组织生活将变得与以往完全不同[42]（参见相关的“真实世界/真实人物”专栏）。

管理者们面临的新挑战是如何利用当代电信和网络技术来有效地与人沟通，监督并领导地域上分散的个体员工和团队。虚拟团队的创立和管理将在第11章中详述，虚拟组织将在第17章中进一步探讨。

真实世界/真实人物：商业道德

你的机器人在监视我吗?

在2007年的一期《科学美国人》（*Scientific American*）杂志上，比尔·盖茨预测未来“每个家庭都有一个机器人”。尽管是预测，但在可以预知的将来，也许工作场所的每个小隔间都会有一个机器人——或者至少每三个小隔间就会有一个。

全球的工业科技公司在致力于将此预言变为现实。QB是总部位于加利福尼亚州山景城的Anybots公司发明的一款远程替身机器人，它本质上是一种设在轮子上的视频会议系统。QB机器人的外观看上去类似于机器人瓦力（Wall-E），它可通过网页浏览器和键盘来远程控制，帮助总部管理人员能够在自己舒适的办公室实现虚拟访问各地分部。这种价值15 000美元的机器人已于5月份面世，Anybots公司创办人特雷弗·布莱克威尔（Trevor Blackwell）表示，其销量已达数百个。

“大家都已经有视频会议系统了，”布莱克威尔说，“但飞机上还是满载着商务旅行者。”

在使用电子监控设备时，管理者们应该如何在适度远程管理员工和侵犯个人隐私之间划清界限呢?

资料来源：Excerpted from E Spitznagel，“The Robot Revolution Is Coming，” *Bloomberg Businessweek*，January 17-23，2011，p.70.

1.2.4 构建人力资本和社会资本的必要性

知识型员工指的是那些凭借智慧而不是靠汗流浃背来创造价值的员工。他们在当今的全球经济时代的重要性更加凸显。知识型员工掌握的知识和人脉越来越成为当今个人和组织成功的关键因素（见图1-2）。在美国，下列代表当前潮流和未来趋势的“完美风暴”诠释了构建人力资本的重要性和迫切性：

- 先进技术传播到中产阶层快速增长的发展中国家（比如俄罗斯、中国、印度和巴西）。
- 越来越多的尖端工作采用离岸经营方式进行（比如产品设计、建筑和医疗诊断）。
- 美国年轻一代相对贫乏的数学和科学技能。
- 第二次世界大战"婴儿潮"一代退休造成的大规模人才流失。[43]

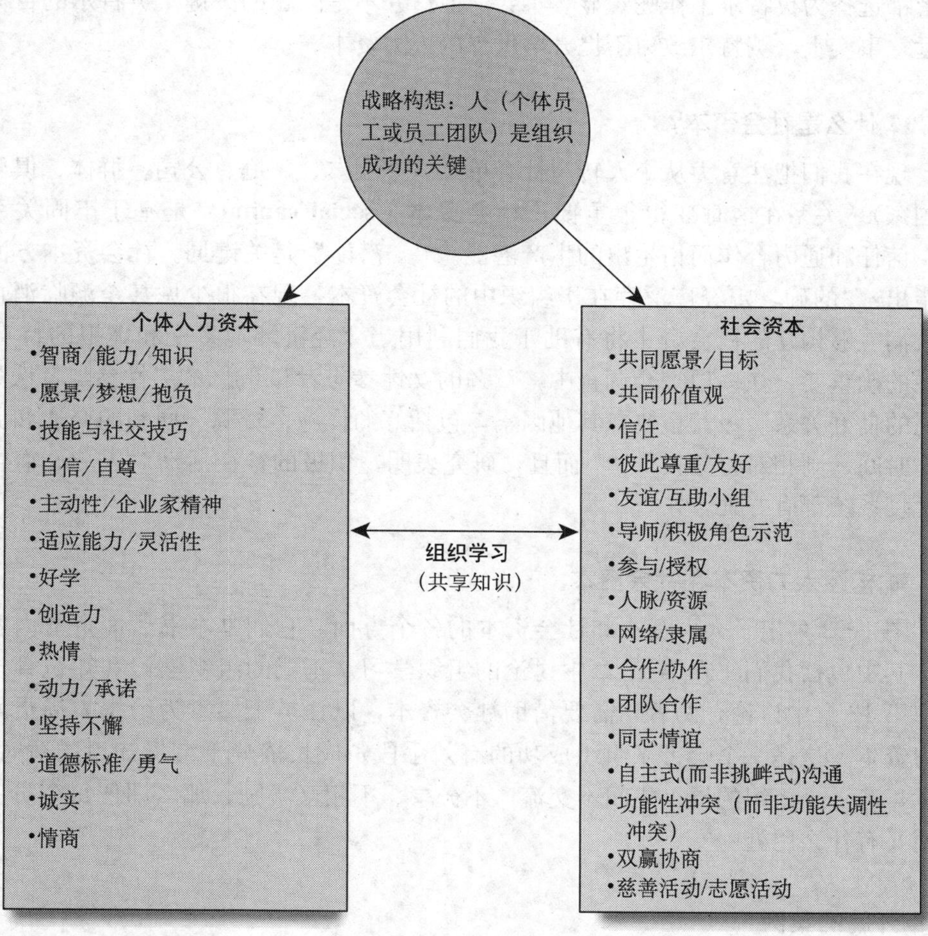

图 1-2　人力资本和社会资本的战略重要性及其特征

■ 什么是人力资本？（提示：往大处着眼）

某人力资源管理著作的作者团队提供了这样的观点："我们生活在一个新的经济范式下——其特点是高速、创新、周期短、高品质和客户的满意度——这凸显出无形资产的重要性，包括品牌认知、知识、创新以及尤为重要的人力资本。"[44]

人力资本（human capital）是指个体知识和行为所具有的生产潜能。潜能是这个涵盖广泛的定义中最为关键的词。当你感到饥饿时，口袋里有钱是好事，因为钱有买到一顿饭的潜能。同样，当一名员工既有知识技能，又有追求卓越的抱负，如果企业当前拥有或未来将雇佣这名员工，企业就有了获得竞争优势的潜在的人力资本。在 2010 年的一项有 449 位人力资源从业者参与的民意测验中，"获得人力资本和优化人力资本投资"被公认为是未来 10 年间公司面临的首要挑战。[45]

作为著名的高科技电脑芯片制造商，英特尔（Intel）在人力资源管理方面先人一步，因为英特尔的未来取决于工程技术的创新。考虑到培养世界级的工程师需要多年数学和科学教育[46]，不愿冒优秀工程师短缺的风险，英特尔每年花费1亿美元资助全世界的各个教育阶段的教育创新项目。英特尔鼓励年轻人学习数学和科学，并通过给优胜者发放高达10万美元的奖金来赞助许多竞争激烈的科学竞赛。[47]会不会所有的获胜者都选择为英特尔工作呢？显然不会。但这并不是问题的关键。英特尔的目标更为长远，事实上，英特尔致力于提升全世界的人力资本。

■ 什么是社会资本？

现在我们把注意力从个人转向社会单元（如朋友、家庭、公司、群体、俱乐部或是国家）。关系在这时变得很重要。**社会资本（social capital）**是基于牢固关系、友好、信任和通力合作而衍生出的生产潜能。[48]“潜能”是关键词。社会资本方面的专家指出：“的确，曾经广泛存在于组织中的社会资本，现在很少见甚至濒临消亡。但是我们能够构建的社会资本将有助于我们利用当今经济环境多变和虚拟的特点。”[49]关系的确重要。在一项综合调查中，77%的女性参与者和63%的男性参与者认为“和上司的良好关系”极其重要。其他因素，包括好的设施、资源、便利的交通和灵活的工作时间，则相对得分较低。[50]而且，研究表明，积极的社交活动对人的心血管健康和免疫系统都有好处。[51]

■ 构建人力资本和社会资本

图1－2列出了人力资本和社会资本的各个方面。它们是本书后面章节内容的概览，其中包括我们将在第17章中讨论的组织学习。正式的组织学习和知识管理项目将在第12章中讨论，两者均需要借助社会资本，以让员工愿意为组织大局贡献个体人力资本。这是一个会带来组织成功的有效手段。成长依赖于宝贵知识的适时分享。毕竟，若一个组织的员工之间不交流、不分享、不相互激励，那么即便每个员工都很聪明又有什么用处呢？

回顾本章开篇的案例

美捷步公司是如何构建人力资本和社会资本的？

1.3 管理情境：与他人一道并借助他人来完成工作

管理者存在于生活的方方面面，各类组织，比如学校、医院、政府机构和大大小小的各类商业，都需要系统的管理。**管理（management）**的正式定义是，面对永恒变化时，一种有效的、合乎道德的、通过与他人一道并借助他人来达成组织目标的过程。对于学习组织行为学的学生来说，这个定义的核心是要与他人一道并借助他人达成目标。管理者扮演促进者的角色。现今，成功的管理者不再像过去那样是一个“凡事都在自己掌控之中”的指令发布者，相反，他们需要构建创造性的愿景，并以一种合乎商业道德及友好的方式推销他们为组织选定的大胆的新方向。有效的管理者极富团队合作精神，能得到各类利益不同的个体心甘情愿的积极支持。管理者能否扮演好促进者的角色与每个人都利害相关。回顾过去30年的商业著作，你会发现，优秀的管理包括“找到一个明确的目标；能意识到过去的经验和海量信息会干扰你做出明智的决策；行动迅速果断；对改变持开放态度；积极寻求反馈”。[52]管理者的一个优秀榜样是沃尔玛的CEO迈克·杜克（Mike Duke）。他的前任李·斯科特（Lee Scott）最近在《财富》杂志的采访中这么评价杜克：

“迈克·杜克不但是一个好的领导者，还是一个非常优秀的管理者。关于领导力，我们已谈得太多了。然而在企业中，我们不应该忘记的一个事实是，你不仅要去领导，还必须要去管理。”

“没错。跟我相比，他是一个更好的管理者，”斯科特说，“他的长处是能够处理数据，制订并遵循计划，完成所有他需要完成的工作。迈克是一个训练有素的管理者，我认为这让他能够完成大量的工作——怎样成功地安排好自己的时间，管理好下属，并且能够让花在别人身上的时间变得富有成效。”[53]

管理水平的高低会给员工和顾客带来截然不同的影响。

让我们仔细看一看管理者应该拥有哪些技能以及管理的未来方向吧。

1.3.1 管理技能组合：管理者在做什么？

亨利·明茨伯格（Henry Mintzberg）等人的观察性研究发现，管理者的一天被打乱为许多零散的小片段。[54]干扰是司空见惯的事，管理者很少能有大块时间用于规划和反省。一项具体的研究追踪了四个高级管理者，结果发现管理者有63%的工作时间用于处理每项耗时不到9分钟的小任务上。只有5%的工作时间用于耗费一个小时的事件上。[55]那么，在忙碌又零散的工作日里，有效的管理者会展现出哪些具体的技能呢？

多年来，研究者们曾多次尝试描绘一幅管理者工作内容的真实画面。结果，各种各样的，有时甚至是令人困惑的管理职能和角色清单被创建出来。幸运的是，在过去的20多年里，克拉克·威尔逊（Clark Wilson）等人主导的研究流派带给我们一个实用的、通过了统计检验的管理技能组合（见表1-2）。[56]威尔逊的管理技能组合专注于11类显著的管理行为，这与当今对管理能力的强调十分契合。他独创的管理技能评测方式不同于以往常用的、存在偏见的自我评估方式。除了让特定的管理者对11项技能进行自评外，威尔逊也让该管理者的直接下属回答与上司管理技能相关的问题。威尔逊等人认为，这样的做法更能测量管理者对管理技能的掌握程度，而非管理技能意识。[57]威尔逊方法背后的逻辑既简单又令人叹服。谁能比那些每天与管理者打交道的人（即管理者的直接下属）更有资格评估其管理技能水平呢？

表1-2 有效的管理者展现出的技能

1. 把目标和任务明确到人。
2. 鼓励员工积极参与、向上沟通和提出建议。
3. 规划和组织有序的工作流程。
4. 具有回答组织相关问题所需技术和管理的专家知识。
5. 通过团队建设、培训、提供指导和支持来推进工作。
6. 提供诚实和富有建设性的反馈。

7. 通过制订计划、明确截止日期及提供有益提示来推动工作。
8. 掌控细节，但不傲慢专横。
9. 施加适当的压力以达成目标。
10. 授权员工以完成关键任务，同时确保目标明确和高承诺水平。
11. 运用奖励和积极支持来认可员工的优秀绩效。

资料来源：Adapted from material in F Shipper，“A Study of the Psychometric Properties of the Managerial Skill Scales of the Survey of Management Practices，” *Educational and Psychological Measurement*，June 1995，pp. 468－79；and C L Wilson，*How and Why Effective Managers Balance Their Skills：Technical，Teambuilding，Drive*（Columbia，MD：Rockatech Multimedia Publishing，2003）.

威尔逊管理技能研究带给我们四个有用的启示。

（1）管理的关键是有效地处理人际关系。表1－2中的11项管理技能形成了一个目标构建/承诺/反馈/奖励/任务完成的循环。循环的每一个阶段都充满人际互动。

（2）当管理者管理技能水平高时，他们的下属单位的绩效和员工士气往往比技能水平低的管理者高。[58]

（3）男性和女性高效管理者在管理技能组合上并没有明显的不同[59]，这一点与近年来畅销管理类书籍宣称的相反。[60]

（4）在任何职业发展阶段，“脱离正轨”的管理者（指那些未能实现自身潜力的管理者）往往倾向于高估自己的管理技能水平（即自我评估得分比下属评分要高）。[61]研究人员因此得出以下结论：“当考虑提拔管理者时，应该避免选择那些自大、离群、冷漠和防卫型的候选人。”[62]

1.3.2 21世纪的管理者

当今职场确实在发生巨大而持久的变化。[63]

为了加快发展速度，提高工作效率以及灵活性，组织被重新构造。团队替代个人成为组织的主要构建单元。[64]指挥与控制型管理正在让步于参与式管理与授权。以自我为中心的领导者正在被以客户为中心的领导者所取代。员工越来越多地被视为内部顾客。2008年，35名执行官和管理者参加的一场管理峰会呼吁进行管理再造。首席研究员加里·哈默尔（Gary Hamel）对这项变革将面临的挑战的描述如下：

（从历史角度来看）管理中原有的问题是组织的规模和效率，而解决的办法是引入以层级结构、逐级分解目标、准确角色定位以及详细的规则和程序为特征的官僚体制。

多变和残酷的市场环境给管理者们带来了一系列新的问题。其中有些问题非常关键。比如：如何在一个快速变化的时代构建既有适应性和韧性，又能保持专注和注重效率的组织？公司如何在颠覆性创新之风盛行的环境下敏于大胆创新以在行业中站稳脚跟并保持盈利？在创业点子是成功的关键的创意经济中，如何激励员工把主动性、想象力及创造性带进每天的工作中？如何鼓励管理者去履行他对全体利益相关者应尽的责任呢？[65]

上述所有因素要求在21世纪创建更加灵活的、创新的、响应型的新组织和新型管理者（见表1－3）。

表 1-3 21 世纪管理者的发展

	过去的管理者	未来的管理者
主要角色	命令下达者；享有特权的精英；操纵者；控制者	促进者；团队成员；老师；倡导者；发起人；导师
学习和知识	定期学习，专业面较窄的专家	终身学习，既博又专
薪酬标准	时间；努力；级别	技能；结果
文化定位	单一文化；单一语言	多元文化；多种语言
影响力的主要来源	正式权威	知识（技术层面和人际关系层面）
对人的观点	潜在问题	主要资源；人力资本
主要的沟通模式	垂直模式	多向模式
决策方式	信息资源有限的个人决策	信心资源多样化的共同决策
道德问题	反省	预谋
人际关系本质	竞争性（成功—失败）	合作性（成功—成功）
权力分配以及关键信息处理	占据和限制访问	共享及放宽信息使用限制以获得更大程度的透明
对变革的态度	抵制	促进

回顾本章开篇的案例

依据表 1-3，你能从美捷步的案例中找到哪些关于 21 世纪新型组织的证据？

1.3.3 管理权变理论

学者们多年来一直在争论如何把多样化、不断发展的管理工具和技术应用到管理实践中。最终得出的答案是**权变理论**（**contingency approach**）。权变理论倡导的是管理技术的应用需视具体情境而定，而不是盲目寻找某种“最优”或“普适”的管理方法。

权变理论鼓励管理者们在特定的情境下看待组织行为。根据这一观点，不同的管理情境（而非硬性规定）才是决定不同管理技术在何时何地是否适用的根本原因。哈佛大学的克莱顿·克里斯坦森（Clayton Christensen）认为，许多被广泛认可的管理方法只在某些情境下适用。[66]例如，第 16 章中将提到，权变理论研究者认为最好的领导方式是不存在的。组织行为专家之所以支持权变理论，是因为权变理论帮助他们在个人、群体以及组织内外不断变化的形势之间建立现实关联。另外，权变理论向当前经济全球化背景下的管理者们传递了一条明确的信息：看清形势，灵活变通（参见相关的“真实世界/真实人物”专栏）。

真实世界/真实人物

对于美国运通来说，快乐的员工是否意味着快乐的顾客？

当对其全球客服中心进行改革时，美国运通（American Express）决定聚焦于提高呼叫中心 26 000 名员工的生活质量。其背后的逻辑如下：更快乐的员工意味着更满意的顾客。全球客服中心执行副总裁吉姆·布什（Jim Bush）说：“我们意识到了员工工作态度的重要性。”首先，美国运通对客服人员的诉求进行调查，在此基础上给予客服人员更高的薪酬、弹性工作时间以及更大的职业发展空间。此外，不同于以往要求保持通话简短并以业务为导向的做法，美国运通希望客服人员引导客户进行更长时间的通话。总体来说，该改革使美国运通服务利润上升了10%。CEO肯·切诺特（Ken Chenault）说：“服务质量取决于提供服务的人，我们希望美国运通能成为有好口碑的公司。”

依据表1-3，你能在本案例中找到哪些21世纪新型管理的佐证？

1.4 道德挑战

安然（Enron）、泰科（Tyco）、世通（Worldcom）等公司现已锒铛入狱的高管的犯罪行为被曝光后[67]，美国通过了《萨班斯-奥克斯利法案》（Sarbanes-Oxley Act），将美企高管置于严苛的问责制度及严厉的违法刑罚双重威慑之下。[68]遗憾的是，全美商业道德水平并没有因此而提高，反而创下了历史新低。著名的例子有2009年庞氏骗局的伯纳德·麦道夫（Bernard Madoff）被判处150年监禁；2010年高盛集团（Goldman Sachs）被控商业欺诈，最终不得不支付创纪录的5.5亿美元的罚金以达成和解。[69]为此公众以及许多当选官员呼吁商业道德行为应该持续得到更广泛的关注。[70]

很明显，每个人都需要抵制不道德商业行为。多种个体和组织因素会导致不道德商业行为的发生。组织行为学可以帮助我们更好地了解并提高职场道德水平。如果组织行为学能帮助我们更好地管理工作行为的话，那它也能教会我们如何避免不道德行为的发生。

伦理学（ethics）涉及道德和选择的问题。它是一个研究有关对或错、好或坏，以及介于黑白之间的灰色地带的学科。我们工作中或业余时做的几乎每一个选择都存在道德内涵。管理者们面对的挑战是如何以更丰富的想象力和更大的勇气来做出符合道德标准的选择，以让世界变得更加美好。

为了更好地从组织行为学的角度来理解伦理学，我们将讨论：（1）企业社会责任模型；（2）普遍的道德缺失；（3）管理者的七条道德原则；（4）如何提高组织的道德氛围；（5）从自身做起。

1.4.1 全球企业社会责任和道德模型

企业社会责任（corporate social responsibility，CSR）指的是“企业在股东责任、法律约束和工会合约规定之外的对社会上其他群体应承担的义务”。[71]企业社会责任的概念对企业提出了更高的要求，即不只是获得商业利润，而且要照顾到各利益相关者的利益和诉求。这里说的“利益相关者”，包括前雇员与现雇员、客户、供应商，以及公司所在国和所在社区。[72]强调企业社会责任引发了诸多争议，因为传统的经济学理论认为，企业的责任在于生产产品和提供服务以谋求利润，而非解决世界范围内的社会问题、政治问题或环境问题。[73]你如何看待这一观点？

佐治亚大学（University of Georgia）的商业道德学者阿奇·B. 卡罗尔（Archie B. Carroll）从极为宽泛的角度定义了企业社会责任。事实上，在研究全球经济和跨国公司的基础上，他构建了一个广义的企业社会责任/商业道德模型（见图1－3）。卡罗尔的模型及时有效地整合了当前三个主流趋势：（1）经济全球化；（2）日益提高的企业社会责任期望；（3）提高商业道德的呼吁。自下而上，卡罗尔的全球企业社会责任金字塔建议组织机构在当前的经济全球化背景下应该：

- 在符合国际贸易期望的前提下谋求利润。
- 遵守东道国法律和国际公法。
- 在实践中诚实可靠地达到东道国标准和国际标准。
- 做一名良好的企业公民，特别是依据东道国的标准。[74]

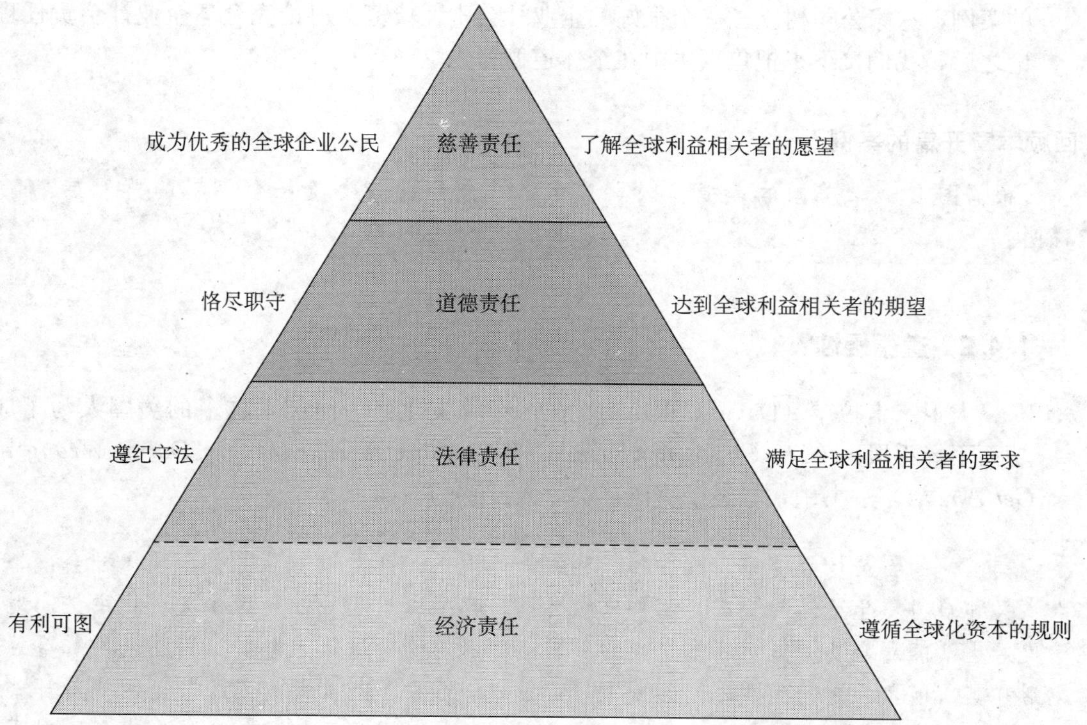

图1－3 卡罗尔的全球企业社会责任金字塔

资料来源：A B Carroll，*Academy of Management Executive*：*The Thinking Manager's Source*. Copyright © 2004 by The Academy of Management. Reproduced by permission of The Academy of Management via Copyright Clearance Center.

依照这个金字塔理论，卡罗尔强调唯有每层都坚实稳固，整座金字塔才能屹立不倒。因此，选择性地使用企业社会责任理论是不适宜的。根据卡罗尔的说法，金字塔的顶层应当是“全球社会期望企业能积极地、以符合道德标准的方式参与到那些既非法律硬性规定，也无利可图的社会活动中去”。[75]卡罗尔的全球企业社会责任金字塔的精神，在耐克公司不断地寻求改变其血汗工厂形象的案例中表现得尤为明显。

耐克公司庞大的全球供应链在52个国家雇用了近800 000名工人。耐克在企业社会责任方面一直进展缓慢。然而，自耐克采纳企业责任理论后，情况发生很大变化。一开始，耐克仅仅把自身在企业社会责任方面的努力看成是公关的一部分。但到后来，耐克把担负企业社会责任变成其产品生产和销售的强制部分。耐克公司独出心裁地将环保意识加入其产品设计流程，依据可持续发展指数给每双运动鞋评定等级。在用工方面，耐克承认其初步努力，即制定行为守则和监管机制，并没有终止为其代工的成百上千家工厂对工人的剥削。然而，耐克从20世纪90年代的丑闻中吸取教训，坦承存在的问题，在全公司范围寻找解决方案，所有这些努力都有助于解决耐克这个世界上最大的运动鞋制造商面临的劳工问题。耐克公司的现任CEO马克·帕克（Mark Parker）说："我为我们已取得的成就感到骄傲，但是未来我们依然还有很长的路要走。"[76]

在本章结尾的组织行为学案例讨论部分，我们将讨论全食超市（Whole Foods）的案例，这家公司树立了一个很好的企业社会责任典范。讨论完全球企业社会责任理论之后，我们接下来把焦点集中在个体道德行为上。

回顾本章开篇的案例

根据图1-3，美国的美捷步公司位于卡罗尔企业社会责任金字塔的哪一层？请说明。

1.4.2 道德侵蚀?

大卫·卡拉罕（David Callahan）在《作弊文化：为何越来越多的美国人为了成功而不择手段》（*The Cheating Culture*：*Why More Americans Are Doing Wrong to Get Ahead*）一书中，描述了美国社会令人反感的一面：

美国人的特征已经变了。那些物质化的价值观正讽刺性地主导着美国现代社会：个人主义和自力更生逐渐转变成自私和只顾自己；竞争成了一种社会达尔文进化主义；对于更好生活的渴望变质成对物质主义的追求；曾经的雄心退化为嫉妒。美国人所冀望的生活和其所能负担起的生活之间的差距日益拉大。这种不断扩大的差距甚至困扰着那些似乎已经拥有了一切的美国人。其他的价值观，比如对于社区的信赖、社会责任、对于弱者或不幸之人的同情心，在我们的文化中已经不再受到重视。[77]

与上述负面观点相一致，在2010年的一项调查中，72%的受访美国人认为美国的腐败现象在过去三年里增加了。[78]探讨作弊文化有价值吗？如果有的话，这些价值体现在何种程度上？要更好地了解这一点，让我们首先检视组织行为学研究所取得的证据。

■ 把当地规则和行为准则纳入考量

如同将在第4章中讨论的那样，国家文化影响着人们如何思考以及处理包括道德问题在内的一切事务。这种影响已被一项道德行为的跨国研究所证实（所研究的国家包括美国、英国、法国、德国、西班牙、瑞士、印度、中国以及澳大利亚）。在这项研究中，来自每个国家的经理会被要求判断12个有道德争议的行为，其中包括赠与和接受礼物、责备质问、共享机密信息、隐瞒犯错等。而研究的结果显示出国家之间有显著的差异。也就是说，某个国家的经理所认同的行为，另外一个国家的经理则不能接受。[79]因此，当我们把卡拉罕所描述的美国人的道德观念延伸到其他文化时必须谨慎。不同文化都需要进行不同的道德分析，同时也应把当地规则考虑在内。

■ 工作场所的道德缺失

全美范围的一项有581位人力资源界人士参与的调查显示，62%的参与者偶尔会发现公司中存在不道德行为。[80]不道德行为虽然可能发生于组织所有层级，但最近的调查指出，比起那些较低层级的员工，高级主管在组织中明显有更为正面的道德认知。[81]或许是因为低层级的员工经常目睹不道德行为，如谎报病假、捏造报告、职场霸凌及性骚扰、个人滥用公司设施或挪用公司款项和财产。公司主管也会不可避免地成为不道德行为的受害者。例如，一项针对执行官职位申请者的调查显示，64%的申请者表示潜在雇主曾给自己提供错误的公司财务信息。而其中58%的申请者曾因误信而给自身带来了负面影响。[82]比如，他们很可能为了新职位而不惜举家迁移离亲别友，到头来却发现所谓的财务稳定公司里的好职位其实是一个谎言。对于求职者，他们本身也存在着道德缺失。有研究分析了美国ADP求职人审查及甄别服务（ADP Screening and Selection Services）的260万项背景调查，结果揭示出其中44%的求职者曾经谎报他们的工作经历，41%曾就教育背景撒谎，23%曾伪造证书或执照。[83]

专家估计，仅2008年一年，美国公司因各类诈骗案就损失了约9 940亿美元，而且这些诈骗大多是内鬼作案。[84]从全球范围来看，世界银行表示，"贿赂已经成长为一个市值兆亿美元的行业了"。[85]

■ 低阶经理的巨大绩效压力

低阶经理大都想在老板面前"好好表现"。许多研究已证实，中下层经理在面对感知到的绩效压力时容易表现出不道德行为。而且，当同侪因为达成目标而受到重赏时，上述倾向会特别明显。[86]当为了追求绩效，经理们在组织中培育出高压的组织氛围时，他们也常在不经意间替那些为了取悦老板、保护自己职位和公司利润而不惜采取不道德行为以快速达成目标的员工创造了便利条件。[87]

很不幸的是，道德缺失的种子在人生的早期就被种下了。一项对13～18岁青少年的调查发现，44%的参与调查的青少年认为学业压力巨大，为了成功可以不择手段。其中81%的青少年认为未来进入职场依然会面临类似压力，甚至情况可能更糟。[88]69%的参与调查的青少年承认，在过去一年里，他们曾经说谎（其中有27%的人甚至承认在这次调查中他们也说了谎!）。[89]在由约瑟夫森道德学院（Josephson Institute of Ethics）主导的一项类似研究中，研究人员匿名调查了美国全境43 321名15～18岁的公立和私立学校的学生，结果发现，60%的学生承认在2010年他们曾经考试作弊，其中34%的学生曾作弊两次或以上。该研究还发现，私立学校学生作弊率最低（33%），而宗教学校里有高达56%的学生表示他们曾作弊。[90]

总之，卡拉罕早期对于美国作弊文化的特质描述具备合宜的警示作用。而要改善此情形所面对的挑战非常大，因为不道德行为普遍存在。

1.4.3 一般性道德原则

管理顾问及作家肯特·霍奇森（Kent Hodgson）提出了七条一般性道德原则

（见表1-4）来帮助管理者做出更符合道德规范的决定。霍奇森称之为“黄金七原则”，以强调它们永恒的、放之四海而皆准的相关性。“黄金七原则”对公平和关爱的概念进行了详细的描述，因此，也更加切实可行。重要的是，据霍奇森所说，对决策者而言，没有绝对的道德答案。管理者的目标是遵从道德原则，从而使自己的决策有原则、合情理、受肯定。[91]（参见相关的“真实世界/真实人物”专栏。）

真实世界/真实人物：商业道德

亿万身家的商人有“回报”社会的义务吗？

比尔·盖茨和沃伦·巴菲特宣称……（在2010年）40个美国最富有的人同意签署“捐赠誓言”，把他们至少一半的财产捐给慈善机构。据说这些富豪的资产净值加起来达2 300亿美元，这意味着他们至少要捐赠1 150亿美元……

成功转型为慈善家的企业家，通常都觉得自己有“回报”社会的责任。但是，“回报”意味着他们拿走了一些东西。那么，他们到底拿走了什么？的确，企业家累积了大量的财富，但那些财富是他们投入时间和才能，创造出顾客所需的产品和服务所获得的回报。他们并没有从社会上拿走什么，相反，他们用之前不可想象的方式丰富了我们的世界。

你怎么看待回报社会的问题？解释支持你立场的道德标准和一般性道德原则。

资料来源：Excerpted from K O Dennis, “Gates and Buffett Take the Pledge,” *The Wall Street Journal*, August 20, 2010, p. A15.

表1-4　管理者的七条一般性道德原则

1. 生命的尊严：生命是需要被尊重的。每个人生存在世间，就理应有价值和尊严。任何人都不应该去直接伤害他人，遑论夺取无辜者的性命。每个人都有生存的权利；我们有义务尊重每个人的生存权。生命是需要被保护以及神圣地对待的。
2. 自主：每个人都有其内在的优点，有自我决断的权利。我们有权以能体现自身价值、尊严和自由选择权的方式处事。我们也有权维护自我价值和合法需求。我们不该把其他人当成纯粹的“物品”，或只是一种达到目的的手段。每个人都有同等权利享有基本的、不妨碍他人的自由。
3. 诚实：那些有权利知道事实的人应该被告知真相。诚实可以理解为正直、说实话和荣誉感。每个人都应该诚实地说话做事以反映真实情况。个人的言谈和行动也应该以真相为准绳。有时候，其他人有从我们身上获知真相的权利；而有时候，他们没有这种权利。
4. 忠诚：承诺、契约精神、责任感是值得尊敬的。忠诚，包括忠贞、信守承诺、不辜负大众的信任、守法的公民身份、卓越的工作品质、可靠、承诺，以及对于法律、条例和政策的遵循。
5. 公平：每个人都应当被公平对待。任何人都有被公平、公正、无私对待的权利。每个人也都负有公平无私地对待他人的义务。大家皆有取得生活必需品的权利——尤其是那些急需协助和无依无靠的人。正义包括平等、公正无私及毫无偏见的对待。公平可以包容多元性，并且接受个体的不同以及想法上的差异。
6. 人道：由两部分组成：(a) 我们的行为应该带来好的结果；(b) 我们应避免做坏事。我们应该做对自己及他人都有益的事情。我们应该关心他人的福祉；通常这种关心会借由同情心、施舍、仁慈、服务他人以及照顾他人而显现出来。
7. 公益：我们的行为要能符合“最大多数人的最大利益”。任何人的说话方式或行为举止，都应该以为最大多数人谋取福利为准则，同时我们也必须试着保护个人的权利。

资料来源：From Kent Hodgson, *A Rock and a Hard Place: How to Make Ethical Business Decisions When the Choices Are Tough* © 1992. Reprinted with permission of the author.

1.4.4　如何提高组织的道德氛围

提高工作场所的道德氛围不仅是一件令人愉快的事，还有助于提高企业员工的道德底线。英美两国的研究表明，道德承诺水平高的企业也可以盈利。证据表明，诚信和企业公民行为的声誉可以提高企业的盈利能力。[92] 企业的高道德水平也会影响求职者的素质。一项有 1 020 人参与的在线调查显示，在决定是否接受工作邀请时，83%的人认为公司的商业道德记录“非常重要”；只有 2%的人认为“不重要”。[93]

一组管理学研究者就提高职场道德水平提出了以下建议。[94]

● 以身作则。管理者是最有效的行为榜样，他们的习惯和实际行动清楚地诠释了道德品行的重要性。道德行为的方向是自上而下的，企业高管们面临的挑战是“如何同时最大限度地提高所谓的三重底线，即‘人、地球和利润’”。[95]

● 慎选员工。令人惊讶的是，在检查求职者的推荐信、证书、成绩单以及简历上的其他信息时，雇主一般都很懈怠。如果在这一环节更认真一些，就可以筛查出有欺诈行为和不实陈述的求职者。诚信测试有一定的作用，但并非万灵药。[96]

● 道德准则。如果满足以下四个条件，道德准则便可以产生积极影响：

1. 道德准则被每个员工熟知。

2. 获得高层管理人员的坚定支持。

3. 提供特定员工可能面对的特殊情况和道德困境的解决方案（比如，销售人员给回扣，采购员接受贿赂，实验室的科学家篡改数据，或会计人员做假账）。

4. 对遵守道德准则者进行奖励，对不遵守者实施严厉惩罚。[97]

● 道德训练。通过入职培训、研讨会、录像和网络课程等方式，企业可以提高员工辨别和处理道德问题的能力。[98]

● 强化道德行为。被强化的行为会不断重复，而不被强化的行为则会消失。然而很多时候，符合道德规范的行为被忽视甚至被惩罚，而不符合道德规范的行为却得到奖赏。

● 设立职位、单位和其他结构机制来处理商业道德问题。对商业道德的重视应该成为企业日常工作的一部分，而非在大肆宣传一番新的道德准则之后，随即将新准则束之高阁。美国越来越多的大公司开始设立直接向 CEO 汇报的首席道德监察员，从而使道德品行和道德问责成为优先事项。

● 营造一种让告密变得多余的氛围。**告密（whistle-blowing）**是指员工把发现的不道德的或违法的行为报告给第三方——比如政府机构、新闻媒体或公益群体。安然公司的莎朗 · 沃特金斯（Sherron Watkins）曾是个广为人知的告密者。[99] 组织可以鼓励员工自由公开地发表不同的观点，同时设立公平的申诉程序和/或匿名道德热线以提供让员工发声的管道，从而减少告密行为发生的可能性。

1.4.5　从自身做起

首先，说到底，道德行为取决于个人的认知能力和积极性。组织氛围、行为榜样、组织结构、训练和奖励都可以引导员工至正确的道德方向。但是，员工首先要做到**道德留心**（**morally attentive**），也就是说，他们要注意自身行为和周围环境所涉及的道德问题。[100]

其次，人们必须想做正确的事，并有付诸行动的勇气。美敦力公司（Medtronic）是包括心脏起搏器在内的许多救生设备的制造商。比尔·乔治（Bill George）是该公司受人尊敬的前CEO。他呼吁大家行动起来："每个人都要决定……我们的道德底线在哪儿。如果被要求违反（它们），必须拒绝……如果这意味着拒绝一份订单，我们就要做好辞职的准备了。"[101]应对道德相关挑战，需要坚定的个人价值观（详情参见第6章）和在困境中依然坚守的勇气。

1.5　学习组织行为学：研究和学习线路图

组织行为学是一个广泛的、不断发展的领域。我们要涉及的话题很多。为了使这个过程尽可能地有启发性和富有效率，我们采用理论、研究和实践相结合的策略。对本书中大部分的主要话题，我们首先给出基本的理论框架（通常用图表描绘出关键变量之间的联系）并定义关键术语。接着，挖掘最新研究成果中有价值的观点。最后，讨论相关的实际案例。如果适用，我们还将结合该章内容和案例情境讨论具体的改进建议。

1.5.1　组织行为学研究观点的五种来源

组织行为学因其构建在科学研究的基础上而成为一门值得信赖的学科。严谨的科学研究消除了对职场行为的猜测、偏见和未经检验的假设。组织行为学系统地从五种类型的科学研究中收集"实证"。其中，有价值的证据主要通过以下五类研究方法来收集。

- **元分析**（**meta-analysis**）。元分析是一种统计汇总技术，通过这种技术，行为科学家可以从大量不同的研究中得到关于特定变量的一般性结论。[102]元分析通常包含多达上千个主题。元分析的指导意义在于它关注研究证据的一般模式，而不是支离破碎的研究片段或孤立的研究。[103]
- **实地研究**（**field study**）。在组织行为学中，实地研究调查组织背景之下个人或小组的进程。由于实地研究涉及现实生活，其结果通常对管理者有直接和现实的意义。
- **实验室研究**（**laboratory study**）。在实验室研究中，变量在受控的情况下被操纵和测量。大学生通常被作为研究对象。实验室研究的高度可控性增强了研究的精准度。但是，把结果推广到组织管理中需要谨慎。
- **抽样调查**（**sample survey**）。抽样调查从特定的人群中抽样参与问卷调查。然后，研究人员得出关于该特定人群的结论。结论的可推广性取决于样本的质量和提问的技巧。
- **案例研究**（**case study**）。案例研究是对个人、群体或组织的深度分析。由于研究范围有限，案例研究的结论往往较为真实，但缺乏可推广性。

1.5.2　理解和学习组织行为学的主题模型

图 1－4 是帮助读者在本书中自由遨游的主题路线图。我们的目标是不断提升组织效能。我们将在第 17 章讨论判断组织效能的四个标准。如果我们忽视把组织行为学课程用于有效地和有计划地提升组织效能的目的，那么我们这趟组织行为学的学习之旅将会变得曲折和漫无目标。

在主题路线图中，最左边是管理人员和团队领导者，他们负责和他人一道并借助他人来实现组织目标。路线图中间的三个圆与本书的第Ⅱ、Ⅲ和Ⅳ篇相对应。逻辑上来说，这是本书（第Ⅰ篇之后）涉及的三个主题，依次是个体、群体过程和组织过程。图 1－4 中主题路线图的核心就是组织。相应地，我们会在第Ⅳ篇以与组织相关的内容来结束本次学习之旅。第 17 章讨论组织结构和设计，这是建立和发展组织行为的组织背景。组织部分的内容在第 18 章关于组织变革的讨论中结束。第 3、4 章提供了组织行为学的文化背景。

外框的虚线表示的是在组织和其所处环境之间有一个可以渗透的边界。能量和影响从不同方向流入这个可渗透的边界。的确，在如今高度互动和相互依赖的世界里，没有任何组织是一座孤岛。相较于外部环境，我们将会在第 4 章探索国际文化。有关组织环境的连续性我们将会在第 17 章进行解释。

第 2 章将讨论显著的人口统计学和社会趋势对组织行为学的启示。所有这些讨论将会为你提供一个真实的环境来研究和管理职场中的人。

一路顺风！好好享受这趟充满挑战、惊喜和有趣的组织行为学学习之旅吧！

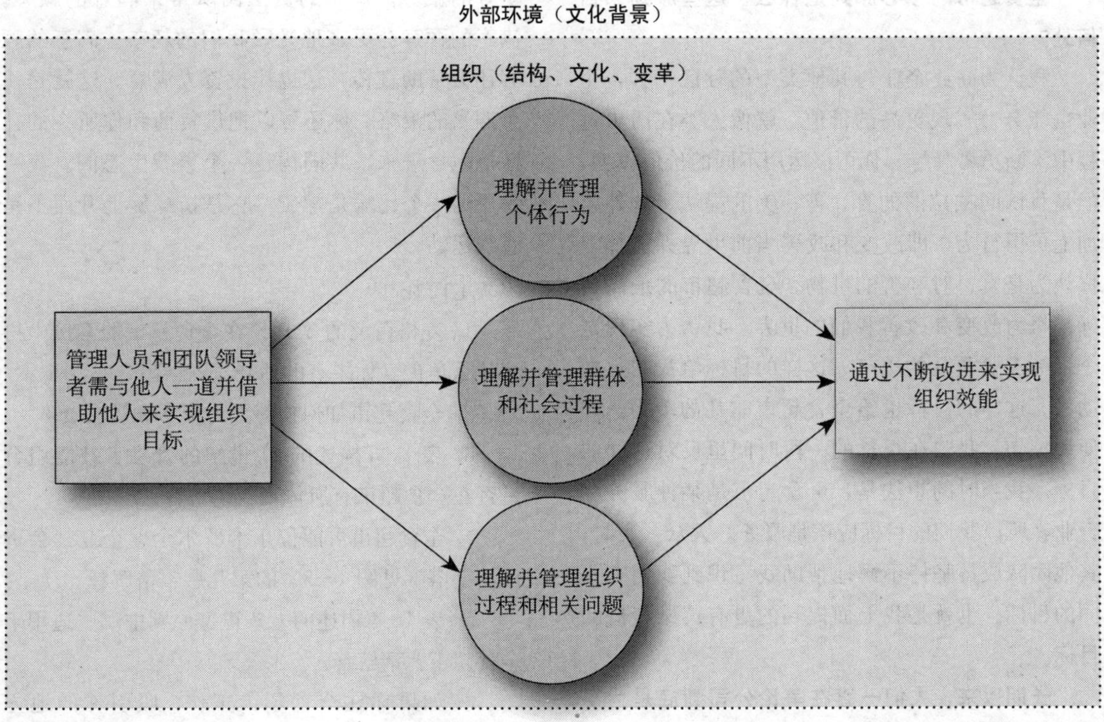

图 1－4　后续章节的主题模型

组织行为学案例研究

全食超市的联合CEO兼创始人约翰·麦基（John Mackey）信仰“自觉资本主义”[104]

什么是自觉资本主义？

首先，需要了解资本赖以兴盛繁荣的几大基本原则。首先是财产权。人们需要能够自由与他人进行财产交易。另一个原则是法治，即人们需要透彻理解法律和规定以便能做出合规的商业决策。法律面前人人平等……我们需要自觉企业，即那些意识到了自身目的并不仅限于商业利润和股东利益最大化的企业。

其次，需要明白利益相关者模式：顾客、员工、投资人、供应商、大型社区和环境之间都是相互依赖的。因此，不能以零和游戏的方式经营业务。

再次，需要所谓的自觉领导。也称为仆人领导。领导者自身的成功依赖于组织的繁荣兴盛。他们应尽力为组织服务，为实现组织目标而奋斗。

最后，必须要培育一种自觉文化，以使组织能够实现更高层次的目标，实施利益相关者模式，并有助于自觉领导的成功。

全食超市的核心原则是什么？这些原则来自何处？

我认为商业企业与其他类型的社区一样，企业也能努力实现更高的价值，就像人类在历史过程中不断勇攀高峰。你可以运用不同的价值模型，但是我认同柏拉图的真、善、美的提法。此外要加上英勇行为，即改变和改善当前世界并能捍卫你认为是真、对和善的事物。全食超市的最高目标是努力改变和改善我们的世界，我认为实现这个目标需要非凡的勇气。这样的目标给我非凡的动力。这样的目标也给全食超市非凡的动力。顺便说一句，我曾在很长的一段时间里反对这样的目标。我当时的想法是，全食超市是某种服务性行业，所以我们的目标应该是服务好大众。当时，其他团队成员坚持不懈地帮助我意识到我们有不同的目标。也就是我上面提到的更有英雄气概的目标。

长期以来，人们一直在争论公司到底是为了股东而存在，还是为了其他目的而存在？除股东之外，是否另有其他公司服务的对象？这个对象指的是顾客吗？是员工？还是为了实现改变世界这样的目标？

回答这个问题需要回到自觉资本主义的第二个原则——利益相关者模式。我认为零和博弈的思维模式深深扎根于人性本质，即认为如果一个利益相关者赢，则意味着其他人都得输。这种思维模式实际上来自体育运动。体育比赛中通常只有一个赢家，其他都是输家。另一种比喻是分饼，如果某人拿走了一大块饼，其他人就只能拿到更少的饼。因此我们需要树立社会公平来确保每个人都得到同样大小的饼。但是，自觉企业提出可以把饼做大，最终每个人都可以分到更大块的饼。

我举个简单的例子。在全食超市，经理们的任务是确保雇佣好的员工，确保给这些员工所需的培训，并确保员工能在工作中进步。因为我们发现，当员工对工作满意时，他们能为顾客提供更好的服务。快乐的员工团队带来满意的顾客。满意的顾客会更多地光顾我们的超市。满意的顾客还会帮助宣传，这也让投资人满意。这就是一个四赢的策略。你还可以把供货商和你所在的社区也包含进来，共同构建一个繁荣生态圈。我喜欢用的一个比喻是螺旋，它是指螺旋上升而不是直线运动。

［讨论］

1. 麦格雷戈的Y理论在全食超市的案例中扮演什么角色（如果有的话）？请解释。

2. 全食超市如何构建人力资本和社会资本？

3. 表1-3描述的21世纪的管理者技能组合是否在全食超市有所体现？请解释。

4. 全食超市可能位于卡罗尔全球企业社会责任金字塔（见图1-3）的第几层？请解释。

5. 表1-4描述的七条道德原则中哪些适用于全食超市？请解释。

6. 如果你在全食超市工作，吸引你的地方（或不吸引你的地方）有哪些？请解释。

法律/道德挑战

学校改革倡导者李洋姬（Michelle Rhee）：把学生放在首位

“解雇员工时主要考虑年资的做法问题很多。”《洛杉矶时报》（*L. A. Times*）调查了洛杉矶地区新近被解雇的教师并将收集到的数据与已有的教师教学质量数据进行比对。结果发现，许多被解雇教师的教学成绩排在前 25%。这样的做法是不是疯了？教师工会主席说基于年资的解雇方式是唯一公平的做法。但是这样的做法与一切为了学生的提法恰恰相悖。如果解雇教师时考虑的是教学质量而非年资，结果将是成本更低，也更有利于师资队伍稳定，因为实施新做法需解雇的教师数量会更少。现实是基于年资的解雇政策才是现行的政策，而且类似的不合理政策广泛存在。[105]

作为家长、学校董事会成员或学校管理者，你在面对上述道德相关问题时持何立场？

1. 鉴于他们已为学校辛苦服务多年，资历老的教师理应免于被解雇。（你持这一观点时的道德推理过程是什么？）

2. 像学生一样，书面的教学质量材料也应该作为教师评估和奖惩的依据。（解雇教师的一般依据应是什么？你的道德依据何在？）

3. 面临裁员时，工资更低的年轻教师比高年资的教师有更大的机会幸存下来。（你的道德依据是什么？）

4. 解雇教师时唯一公平的办法是抽签。（赞同和反对这种提议的道德依据是什么？）

5. 提供其他解决方案并讨论。

第2章 管理多样性：释放每一名员工的潜力

学习目标

学完本章后，你应该能够：

1. 定义多样性，并总结多样性的四个层次。
2. 解释平权法案和管理多样性之间的差别。
3. 解释为何爱丽丝·伊格利和琳达·卡利把女性职业之路看成是一场穿越迷宫的旅行。
4. 总结与族裔有关的人口统计学趋势、教育不匹配和劳动力老化。
5. 描述劳动力多样性的管理启示。
6. 运用社会分类理论和信息/决策理论分析多样性的正面影响和负面影响。
7. 识别管理多样性的障碍和挑战。
8. 讨论小罗斯福·托马斯提出的有效管理多样性的组织实践。

为什么管理层会忽视关于性骚扰的投诉？

两年前，当米歇尔·巴菲尔德（Michelle Barfield）在亚利桑那州最高安全级别部门——一家位于佛罗伦萨的监狱——新任狱警一职时，她就做好了会被囚犯骚扰的准备。

米歇尔·巴菲尔德没有想到的是，来自同事的骚扰更加令人难以忍受。

联邦陪审团发现巴菲尔德一直忍受男同事们的骚扰，包括对她的性行为和跨种族婚姻的下流粗鄙的评价。联邦陪审团认为这样的骚扰不可接受。上周，美国地方法院陪审团宣判给予巴菲尔德超过600 000美元的赔偿。

监狱局局长查尔斯·莱恩（Charles Ryan）说监狱局将严查骚扰投诉，并且在巴菲尔德的案子曝光以后，已对监管人员提供了额外的训练项目。

巴菲尔德说自己关于被骚扰的投诉以前就被佛罗伦萨监狱里的监管人员忽视或者淡化，所以对于监狱局关于解散她提到的控制全州很多监狱的狱警“兄弟帮”的承诺持怀疑态度。

巴菲尔德称，骚扰几乎从2008年11月她刚开始在佛罗伦萨中心监狱工作时就有了。当时同事们对她的外表、身材以及来监狱工作的动机指指点点。

“他们说‘没有女孩会愿意来这里工作，除非她们想要和犯人或狱警（上床）’。”巴菲尔德在最近的采访中回忆道。

巴菲尔德说，刚开始她告诉其他狱警不要这样和她说话。然后她努力去忽略这些骚扰。

巴菲尔德的一个同事告诉她，那些狱警的行为，包括把巴菲尔德铐到犯人的囚室，以及在一场来路不明的摔跤比赛中拉伤了巴菲尔德的旋转肌，其实都是部门入职仪式的一部分。

随着时间的流逝，巴菲尔德的同事依然没有收敛他们的行为。巴菲尔德把这个情况进行了上报。

巴菲尔德的上司大卫·沃尔（David Wall）中士一开始建议她不要上报，“这样它就不会成为一个（人事）问题”。巴菲尔德如是回忆。

为此沃尔被佛罗伦萨监狱的一名副监狱长训斥。

有一个狱警因此被解雇了，但是巴菲尔德的处境并没有得到改善。其他狱警的反应是把她当成工作中的威胁，不再和她交流。

巴菲尔德的跨种族婚姻也在监狱内传开。很快，监狱中一些疑似持有白人至上观点的犯人团伙也开始对她的婚姻指指点点。[1]

巴菲尔德的案例证明了性骚扰。**性骚扰（sexual harassment）**反映了因为不想要的性关注带来的不利的或有敌意的工作环境。这样的情况比你想象的要普遍。最近的一项在 24 个国家进行的有 12 000 人参与的民意调查显示，有 10%的人受到过性骚扰或者身体骚扰。[2]在美国，性骚扰违反了平等就业机会的相关法律，同时性骚扰也在许多方面对巴菲尔德这样的受害者带来了消极影响。

有效地管理多样性很重要。因为多样性不仅影响员工的满意度、生产率、离职率和工作安全，而且多样性本身对企业也有着重要的意义。不幸的是，许多像亚利桑那州佛罗伦萨监狱和沃尔玛之类的组织在管理多样性中得分不高，最终结果可能是面临昂贵的诉讼。米歇尔·巴菲尔德收到了亚利桑那州佛罗伦萨监狱超过 600 000 美元的赔偿。2010 年，沃尔玛花了 1 200 万美元来和解一起涉嫌性别歧视的集体诉讼。目前，沃尔玛面临着另外一起集体诉讼：超过 150 万沃尔玛女性员工宣称她们比同工的男性员工获得的报酬更低、升职机会更少。美国最高法院正准备受理此案。[3]

管理多样性是一件敏感的、多变的甚至有时候会让人感到不舒服的事情。但是为了组织的生存，管理人员需要应对多样性。相应地，本章的目的是帮助你更好地理解组织行为学涉及的管理多样性问题。我们从定义多样性开始。然后，在引入相关企业案例的基础上，讨论管理多样性过程中存在的一些障碍和挑战。本章结尾描述有效地管理多样性的组织实践。

2.1 定义多样性

多样性（diversity）代表人们之间存在的大量个体差异和相似性。多样性不是年龄、人种或性别的问题。多样性不是异性恋、男同性恋、女同性恋，或是天主教、犹太教、新教、伊斯兰教或佛教的问题。多样性也不是白人男性对抗其他种族的人的问题。

多样性指的是那些让我们成为独一无二的个体和把我们与其他人区分开来的个体差异。

本节从回顾多样性的关键维度开始探讨管理多样性之旅。因为许多人把多样性与平权法案联系起来，本节也将比较平权措施与管理多样性之间的异同。你会看到，两者并不是一个概念。

2.1.1 多样性层次

就像海滩上形状各异的贝壳一样，个体之间外貌、体型和肤色千差万别。这种差别代表了多样性的本质。李·加登斯沃茨（Lee Gardenswartz）和安尼塔·罗（Anita Rowe）是多样性研究方面的专家。他们识别了多样性的四个层次以帮助我们区别个体差异产生的几个重要方面（见图2-1）。总的来说，这四个层次定义了个人身份并影响我们每个人看待世界的方式。

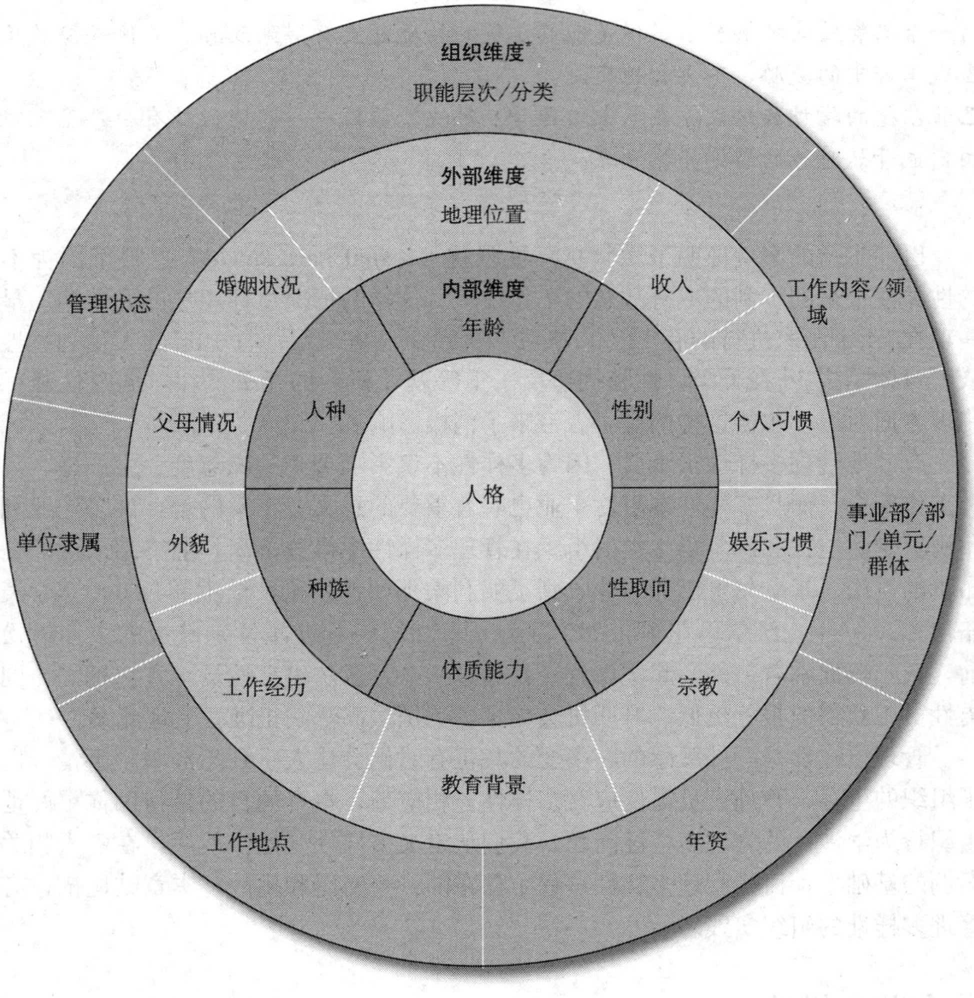

图2-1 多样性的四个层次

* 内部维度和外部维度摘录自 Marilyn Loden and Judy B Rosener, *Workforce America*!（Homewood, IL: Business One Irwin, 1991）。

资料来源：L Gardenswartz and A Rowe, *Diverse Teams at Work: Capitalizing on the Power of Diversity*（New York: McGraw-Hill, 1994）, p. 33. © 1994.

图 2-1 显示了人格位于多样性轮状图的中心。因为人格代表了一系列稳定的、组成个人身份的特征。人格的维度将在第 5 章讨论。多样性的下一个层次由一系列表面层次的内部维度组成。这些内部维度在很大程度上不在我们的控制范围之内，但是它们却极大地影响我们对他人的态度、期望和假定，进而影响我们的行为。比如下面这个非裔美国女性在一个度假村度假时的遭遇。该女性是一名中层管理人员。

当我坐在泳池边时，“一个 50 多岁的白人男性走过来命令我再给他一条浴巾。我说，‘你说什么？’然后他说，‘哦，你不是这里的工作人员’。我在他的话里听不到半点尴尬或道歉的语气”。[4]

考虑表层多样性维度的一个或多个方面的刻板印象最可能影响这名男性对该女性的行为。

图 2-1 显示多样性的下一层次由外部影响组成。这一部分是多样性的第二维度，代表了我们在更大程度上能影响或控制的个体差异。比如在哪里长大和生活、宗教信仰、是否已婚及子女状况，以及工作经历。这些维度也极大地影响我们的认知、行为和态度。

以宗教信仰为例，在过去 15 年与宗教信仰有关的歧视诉讼案数目翻番之后，组织更加关注宗教歧视的问题。雇佣法要求组织“合理地满足员工诚心参加宗教活动的诉求，除非这样做会给雇主造成不当困扰，满足合理的宗教诉求包括对工作环境的任何调整以便于员工从事宗教活动。例子包括灵活地调整工作时间、志愿顶班或换班、工作重新分配、平级调动和调整蓄发规定”。[5]

回顾本章开篇的案例

图 2-1 中哪些多样性层次在米歇尔·巴菲尔德性骚扰案例中有所体现？

多样性的最后一个层次包括组织维度，比如年资、工作头衔和职能，以及工作地点。

2.1.2　平权法案与管理多样性

有效地管理多样性需要组织采用新型的思维方式来看待不同人之间的差异。管理多样性意味着组织要认可每一位员工可以做出的独特贡献，而不是激发群体之间的竞争。企业管理多样性并不是因为这是社会可以接受的事情，而是因为这样能帮助企业实现商业目标。例如，思科、全食超市、收纳商店（Container Store）、奥多比系统（Adobe Systems）以及美捷步专注于雇佣和提拔多样化的员工来开发和销售可以吸引更广泛和多样化的客户群的产品。[6]本节将重点介绍平权法案和管理多样性之间的差异。

■ 平权法案

平权法案是平等就业机会立法的衍生法律。这一立法的目标是打击种族歧视并且鼓励组织积极采取措施以防止**歧视（discrimination）**现象的发生。如果雇佣与否取决于与绩效和工作无关的其他因素则被视为歧视。例如，组织在雇佣过程中不得基于种族、肤色、宗教、国籍、性别、年龄、生理和心理上的缺陷以及怀孕等原因歧视员工。

与平等就业机会的前瞻性不同，**平权法案**（**affirmative action**）是一种人为的干预，目的在于纠正管理过程中的不平衡、不公正、错误或是过去发生的公然歧视。平权措施并没有使配额制合法化。配额制是违法的。只有认为公司存在歧视行为的法官才有权实施配额。此外，很重要的一点是，平权法案在任何情况下都不会要求公司雇佣不称职的人。

虽然平权法案给女性和少数族裔带来了很多的工作机会，但并没有培养出能有效管理多样性的思维方式。例如，一项元分析总结了35年来涉及29 000人的多项研究，结果表明：(1) 相比女性和少数族裔，白人男性更不看好平权法案，因为他们认为平权法案与他们自身的利益冲突。(2) 自由党和民主党比保守党和共和党更拥护平权法案。(3) 种族主义者和性别歧视者都反对平权法案。[7]

平权法案并没有让女性和少数族裔受益，反而给他们带来了负面影响。研究表明，这些可能因为平权法案而被雇佣的女性和少数族裔因被污名化为不合格或是不称职而感到沮丧。而且，相比那些被认为是因能力出众而被录用的员工，女性和少数族裔对工作的满意度更低，感觉压力却更大。[8]然而，另外一项研究表明，如果在雇佣决策过程中把能力纳入考虑范围，那么，这些对于女性的负面影响就会减少。换句话说，如果平权法案项目中的女性认为她们是因能力而非性别被雇佣的，那么她们会对自己更有信心，并且会在工作中有更出色的表现。[9]

■ 管理多样性

管理多样性（**managing diversity**）需要人们发掘自身的最大潜能。它侧重于改变组织的文化和基础结构，从而尽可能地使人们达到最大的工作效率。索迪斯集团（Sodexo）是一家从事餐饮旅游服务的企业，在全球80个国家拥有38万名雇员，是一家有效管理了多样性的企业。2010年，多样性公司（DiversityInc）对449家企业进行了包括200个问题的年度调查。该公司依据调查结果将索迪斯集团评为管理多样性最佳公司（参见相关的“真实世界/真实人物”专栏）。[10]多样性研究专家安·莫里森（Ann Morrison）对16个成功管理多样性的组织进行了一项调查。研究结果表明，多样性管理主要有三个策略：教育、执行和参与。

她对这三个主要策略的描述如下：

> 多样性管理策略的教育部分有两个重点：一是帮助非传统的管理者适应责任越来越大的职位；二是帮助传统的管理者克服思维上或互动过程中对于不同性别或种族的偏见。多样性管理策略的第二种是执行，也就是强制执行多样性管理目标并且鼓励行为改变。第三种策略是让不同背景和性格的人参与到多样性管理中，这是一种通过帮助管理者了解和尊重不同的人来进行个性化多样性管理的方法。[11]

根据描述可以看出，索迪斯集团运用了上述所有的多样性管理策略。

总之，专家以及学者都认为，组织应该努力管理多样性而不仅仅是依赖平权法案。本章的后续部分会进一步介绍管理多样性的问题。

真实世界/真实人物

索迪斯集团获评管理多样性最佳公司

对多样性的深层次领导承诺是索迪斯集团道德品质和较强的职业道德的重要组成部分。索迪斯全球 CEO 米歇尔·兰德尔（Michel Landel）、美国公司总裁兼 CEO 乔治·查维尔（George Chavel），以及高级副总裁兼全球首席多样性官罗希尼·阿南德（Rohini Anand）一直致力于开创和拓展管理多样性的各项举措。

索迪斯集团在执行管理多样性举措、测量和评估多样性的有效性方面引领其他所有公司。它创立的导师精神项目是其他所有公司的榜样。该项目是一种目标明确、实用并且涵盖面非常广的管理多样性的导师制举措，包括先进的培训和在固定时点设置的校准点以帮助导师和学员对照检查进度并实现目标。

索迪斯集团创立了多项措施，用以开创性地检验其多样性举措的投资回报率。例如，该公司最近对员工资源团体的 1 700 多名成员进行了一项综合性研究，以了解成员对群体参与的知觉利益。

索迪斯集团对全体员工执行的多样性培训，也是给其他公司学习的榜样。在过去的 5 年中，索迪斯集团开发了一套完整的测量工具，可用以评估组织中所有层级的行为度量，其中包括对管理高层行为的测量。该公司还创新性地开发出数量和质量并重的计分卡式的索迪斯多样性指数（Sodexo Diversity Index），用以测量多样性管理进度。

索迪斯集团同时也积极向外拓展，通过与客户展开专题讨论并召开座谈会等形式，来帮助提高公司客户的多样性举措管理，并帮助客户了解多样性对于个人成功的重要意义。许多客户告诉多样性公司，索迪斯集团的良好声誉及其已被证明的管理多样性的成功经验是促使它们加强与索迪斯集团商业关系的原因所在。

索迪斯集团究竟是如何运用教育、执行和参与等多样性管理策略的？

资料来源：Excerpted from “No. 1：Sodexo.” Retrieved December 27，2010，from http：//www. diversityinc. com/article/7252/.

2.2 管理多样性的成功案例

法律、社会和道德并不是企业需要管理多样性的原因。很简单，管理多样性主要是为了让企业在日益激烈的市场竞争中生存和发展。不妨参考一下强生集团董事长兼 CEO 威廉·韦尔登（William Weldon）对于管理多样性的看法：

> 多样性和包容性是我们业务结构的组成部分，并对我们将来在世界范围取得成功有着至关重要的作用。多样性和包容性的原则植根于我们企业的信条（公司的价值观），并提高我们致力于提供以促进世界各地的人们的健康和幸福为目标的产品和服务的能力。在任何商业环境下，我们都不应减少对多样性和包容性的关注程度。[12]

很多公司都理解并支持多样性管理举措。调查研究也间接支持多样性管理策略的逻辑。例如，一项针对11个行业的207家公司的研究表明，组织高层管理团队的多样化程度及分布地点集中度与该组织的财务绩效之间有正向关系。[13]

但是，如果员工不能贡献自己全部的天赋、能力、动机和承诺，组织无法使多样性成为一个战略优势。因此，创建一种能让全部雇员释放他们所有的潜能的文化，对于一个组织来说至关重要。管理多样性是创建此种环境至关重要的组成部分。

本节将首先探讨人口统计学变化带来的劳动力多样化趋势。然后总结人口多样性在管理上的含义，并回顾多样性工作环境下伴生的正面影响和负面影响的相关证据。

2.2.1 增加劳动力的多样性

劳动力人口统计学（workforce demographics）指成年工作人口的特点和构成的统计资料，它能对人力资源规划提供有效的指导。劳动力人口统计学帮助管理者预测并根据某地技术劳动力人口的充盈或短缺情况调整人力资源规划。思考一下美国劳动力人口统计学的变化趋势对我们的启示：人口老龄化在未来十年将带来创纪录的退休人口，同时美国的出生率太低以至于无法提供足够的劳动力人口以满足未来的需求。到2050年，美国劳动力的55%将由少数族裔组成，一部分人口不具备知识经济时代所需的知识和技能是造成劳动力短缺的原因之一。此外，1/7的美国成年人缺少必要的阅读能力，以至于他们除了儿童图画书以外读不懂任何其他东西。[14]专家预测这种人口统计学趋势将导致美国未来技术工人严重短缺。

此外，一般人口统计学特征也能帮助管理者对当前和未来的员工价值观和动机进行预测。美国劳动力人口统计学的变化在过去二三十年间对组织行为学产生了巨大影响。本节探讨基于四大人口统计学特征的劳动力变化对管理的启示：（1）女性打破玻璃天花板后在职场中艰难前行；（2）少数族裔正遭遇玻璃天花板与知觉歧视；（3）受教育程度和职业需求不匹配；（4）老龄化劳动力的代际差异。

■ 女性打破玻璃天花板后在职场中艰难前行

《华尔街日报》（*The Wall Street Journal*）的记者卡罗尔·海默维兹（Carol Hymowitz）和蒂默西·斯盖尔哈特（Timothy Schellhardt）在1986年创造出**玻璃天花板（glass ceiling）**这个术语，用来表示阻碍女性晋升到更高一层职位的绝对障碍或难以逾越的障碍。这种天花板导致女性发现她们身陷低层次工作中，即那些不用担负盈亏责任的、低可见度、很少权力和很少影响力的工作。种类繁多的统计数据均支持晋升前玻璃天花板的存在。例如，相对于男性收入的每1美元，女性的收入仅77美分，即使是在控制教育水平、绩效和工作职责的情况下，女性经理在获得股份数量上也少于男性经理。[15]最近对来自顶级商学院的4 100名MBA学员的纵向研究揭示了以下四个主要趋势：（1）即使控制了工作经验、行业和地区变量后，男性事业起步水平也高于女性；（2）控制了职位和行业变量后，男性起薪比女性高；（3）男性较女性晋升更快且晋升职位更高；（4）随着时间的推移，男性比女性有更高的工作满意度。[16]这些差异是以下几个潜在原因的函数[17]：

- 女性受到歧视。
- 女性比男性花费更多的时间处理家庭事务和照顾孩子。

● 女性在领导和权威方面比男性遭遇更多的障碍（例如，负面刻板印象）。

● 女性积累的工作经验不如男性，因为她们周期性地为了家庭或生育离开工作岗位。

● 女性比男性拥有更少的社会资本和更窄的关系网。

● 公司对更长工作时间、更远距离出差和工作调动的需求增加，这些需求与许多已婚女性的家庭角色相冲突。

回顾本章开篇的案例

在巴菲尔德女士在亚利桑那州监狱任职时遭遇歧视的案例中，你能找到哪些导致歧视的原因？

最先采用玻璃天花板一词的卡罗尔·海默维茨于2004年在《华尔街日报》上发表了一篇文章，结论是女性已经打破了这种无形的职场障碍。这促使著名的研究员爱丽丝·伊格利（Alice Eagly）和她的同事琳达·卡利（Linda Carli）对女性的职场生活进行彻底的调查。她们于2007年在合著的《穿越迷宫》（*Through the Labyrinth*）一书中总结了自己的发现。两位作者在分析了多种纵向数据后同意海默维茨的观点。我们在参考了伊格利和卡利书中的数据后得出以下结果：2010年女性CEO的数量（其中《财富》500强公司有12名，《财富》1 000强公司有26名），以及担任管理性职位、从事专业性或其他相关行业的女性数量（2009年达到51%）均高于20世纪80年代以及90年代。[18]统计数据进一步表明女性在以下方面取得了巨大的进步：（1）受教育程度（2006—2010年间取得硕士学位、专业学位和博士学位的大部分是女性）；（2）《财富》500强公司中女性董事会成员的数量（1995—2010年间增加了6.1%）；（3）在教育机构担任领导职务的女性数量（2010年，18.7%的大学校长和29.9%的董事会成员是女性）；（4）接受联邦法院任命的女性数量（2010年，22%的联邦地方法院法官和28%的美国巡回法院法官是女性）。[19]

你可以通过两种方式解读以上统计数据。一方面，你可能认为女性在管理职位上所得报酬过低和代表性不足。另一方面，你也可以赞同伊格利和卡利的如下观点：

女性已取得实质性进展，但要获得与男性同等数量领导职位仍有很长的路要走……这些统计数字反映了相当大的社会变化，表明女性在职场已经较过去更成功。尽管男性仍然享有更大的权力和更高的工资，但女性已迎头赶上。一些女性进入了最精英层次的领导角色，职场的绝对障碍已然成为历史。[20]

两位作者认为，女性不是受害者。相反，她们提出，女性的职场生涯遵循一个更具特色的模式，就如穿越迷宫。

职场迷宫也是一种迷宫，迷宫是“一种复杂的建筑，里面的通道互相连接很容易使人迷路”。[21]伊格利和卡利用迷宫这一隐喻，是因为她们相信女性的成功之路并不笔直平坦，而是曲折不平、崎岖难行，尤其对于有孩子的已婚女性。因此，管理者和组织机构应当制定政策，建立流程和制定方案，帮助女性穿越迷宫、走向成功（参见

“真实世界/真实人物”专栏中美国蓝十字与蓝盾公司（CareFirst BlueCross BlueShield）的朱莉·费希尔（Julie Fisher）专题）。

真实世界/真实人物

蓝十字与蓝盾公司助员工职场步步高升

朱莉·费希尔在25年前作为一名理赔审核员进入该公司。“这是一家充满机遇的大公司。”费希尔的直属上司非常注重员工发展，并且经常正式或非正式地担任导师，这在很大程度上帮助了费希尔。

事实上，只要女性员工出现就很鼓舞人心。“我能看到公司里不同的女性都非常成功、不断进步且得到重视，”费希尔说，“很多女性在这里担任关键职位，她们都很平易近人。”

数据显示，该公司的管理团队中62%的成员都是女性。而且，该公司长期以来一直采用家庭友好政策，如弹性工作时间表。费希尔在该公司工作期间生了四个孩子，她有时候不得不利用公司工作安排的灵活性。“我们公司的管理层一直采用灵活的管理模式，”她说，“反过来，我也已经将它变成一种习惯，确保其他员工也能享受这种灵活性。”

现在，费希尔的孩子都已经上大学了，她还受益于公司的其他福利，包括退休计划和储蓄计划。

资料来源：Excerpted from C B Antoniades, “Best Places to Work 2010,” *Baltimore Magazine. net*, February 2010, http: //www. baltimoremagazine. net/features/2010/02/best-places-to-work-2010.

■ 少数族裔正遭遇玻璃天花板与知觉歧视

美国一直是一个以黑人和白人为主体的国家。2000—2050年间美国人口各种族比例的变化预示着这种模式将不复存在（见图2-2）。图2-2显示，亚裔和西班牙裔有望在2000—2050年间有最大幅度的人口增长。到2050年，亚裔人口将增长三倍，达3 300万；西班牙裔人口将增加118%，达1.026亿。美国人口普查局数据表明，这些所谓的少数族裔将于2050年合计占总劳动力人口的约55%。

不幸的是，另外三个趋势表明，现今的少数族裔正面临玻璃天花板。首先，总体来说，少数族裔在担任管理性职位和获得专业职称方面较白人处于劣势。例如，2009年，白人、黑人、亚裔以及西班牙裔或拉美裔分别占美国所有管理类、专业技术类和其他相关行业职位的38%、29.21%、48.8%和19.4%。[22]其次，美国平等就业机会委员会（U. S. Equal Employment Opportunity Commission）认定为合理的、与种族歧视相关的指控从1995年的294例增加到2008年的1 061例。2008年，美国公司为庭外和解这些诉讼共支付了7 930万美元。[23]再次，少数族裔常常较白人而言个人收入更低。2009年，白人、黑人、亚裔和西班牙裔的平均年收入分别是51 861，32 584，65 469和38 039美元。有趣的是，亚裔的平均年收入最高。[24]最后，一系列研究表明，比起白人，少数族裔受到了更多显而易见的歧视，面临更多来自种族歧视的压力，却得到更少的心理支持。[25]

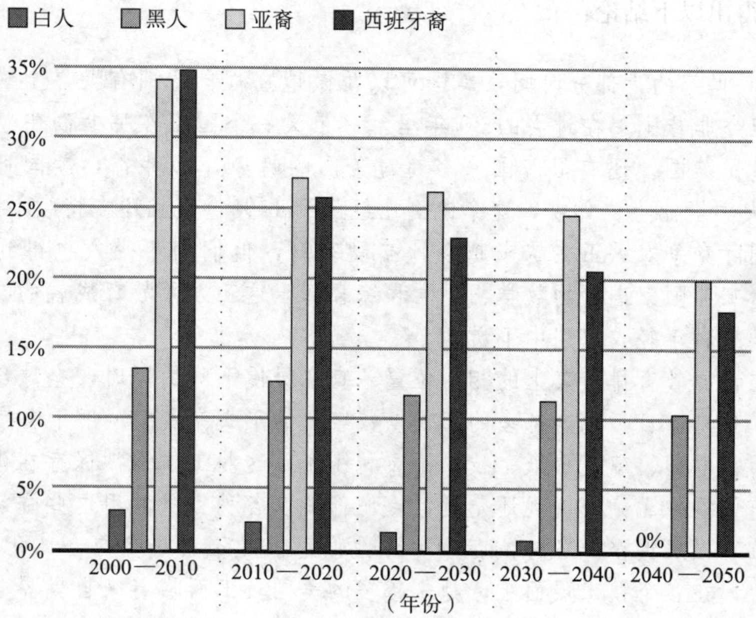

人口，百万计					
白人	201.1	205.9	209.2	210.3	210.3
黑人	40.5	45.4	50.4	55.9	61.4
亚裔	14.2	18.0	22.6	28.0	33.4
西班牙裔	47.8	59.8	73.1	87.6	102.6

图2-2　美国人口按族裔百分比变动情况

资料来源：G C Armas，"Almost Half of US Likely to Be Minorities by 2050，" *Arizona Republic*，March 18，2004，p. A5. US Census Bureau，Table 1a，"Projected Population of the US by Race and Hispanic Origin：2000—2050，" www. census. gov/ipc/www/usinterimproj/. Used by permission of the Associated Press.

■ 受教育程度和职业需求不匹配

大约28%的劳动力拥有大学学位，大学生的收入远高于受教育程度较低的工人。[26]然而，同时，又有三种趋势显示，员工受教育程度和雇主所需的知识和技能之间不尽匹配。首先，最近的研究表明，尽管大学生具备知识和技术方面的能力，但在团队合作、批判性思维以及分析推理方面却有所欠缺。其次，与科学、数学和工程相关的专业的大学生较少。最后，组织发现，在入门级职位工作的高中毕业生不具备有效完成工作的基本技能。最后一种趋势的部分原因是全国高中毕业率只有75%，美国大约3 200万成年人是半文盲。[27]读写能力被定义为"个人具备读、写、说、计算及熟练解决工作和社会问题的能力，并能实现个人目标、拓展知识和发挥潜能"。[28]美国企业因员工读写能力欠缺，每年大约损失600亿美元的生产力。这些数据令政府官员和商界领袖感到担心。

美国各组织及任何想在全球经济中占据一席之地的国家所面临的关键问题是，其人口是否拥有推动经济发展所需的技术和能力。不幸的是，美国教育和经济中心的研究结果表明，美国在这个问题上没有优势。《艰难的选择或艰难的时代：新委员会关于美国劳动力技能的报告》（*Tough Choice or Tough Times*：*The Report of the New Commission on the Skills of the American Workforce*）一书总结了调查结果。经过分析，作者得出以下结论：

> 尽管在20世纪的大部分时间，美国可以骄傲地宣称自己拥有世界上教育程度最高的劳动力，但今非昔比。在过去的30年里，一个又一个国家在拥有高中学历的劳动力比重方面超过了美国，还有很多国家有超过美国的趋势。30年前，美国可以声称拥有世界30%的大学毕业生。如今，这个比例已经降到14%，而且还在持续下降。
>
> 美国的国际竞争对手正在越来越多地接受教育，他们的年轻人也得到了更好的教育。在对发达工业国家进行的数学、科学和综合知识这三方面教育成就的持续比较研究中，美国的学生和年轻人位列中下游。
>
> 当美国在世界教育排名表上的相对位置一直在缓慢下降的同时，全球经济的结构却在不断演化。日复一日，越来越多的工作以数字化的形式完成。从用于医疗诊治的X光影像，到歌曲、电影、建筑图纸、技术论文和小说，这些工作都被保存在硬盘上，并在互联网上迅速传播。无论距离远还是近，人们都能以各种方式利用这些资源。正因为如此，用人单位可以雇佣全球各地的劳动力，他们可以足不出户参与全球化的工作团队。也正因为如此，在各个技术层面上，越来越多的美国员工面临着来自世界各地的同行的直接竞争。[29]

这些结论强调，受教育程度和职业需求之间的不匹配，从短期和长期来看都会对组织和国家产生影响。美国公司更倾向于把技术工作外包给印度、中国这样的国家，雇佣更多移民来填补入门级职位，花更多的钱去培训员工，并实行分阶段退休计划，以鼓励技术熟练的员工退休后继续工作。

■ 老龄化劳动力的代际差异

美国人口和劳动力日益老龄化。2011年，美国一半的劳动力人口达到了50岁以上。到2018年，会有80%的劳动力超过50岁。[30]预期寿命也在增加。80岁以上的人口数量正在迅速增加，这个人群不成比例地患有慢性疾病。美国不是人口老龄化的唯一国家。据联合国估算，到2050年，发达国家33%的人口在60岁以上，每三个人里就有一人领退休金。根据这些数据，一些专家得出结论，2009—2010年的全球经济危机与“全球人口老龄化的成本相比根本不算什么”。[31]

美国人口的老龄化增加了未来可能出现的技术断层的风险。随着“婴儿潮”一代的员工，即生于1946—1964年的7 800万人退休，美国的劳动力将失去超过全美1/4的人口拥有的技能、知识、经验和社会关系。这种情况可能造成飞速发展的技术领域的技术短缺。有前瞻性的公司，如药店连锁公司CVS，已经开始实施旨在克服上述知识转移问题的项目（参见相关的“真实世界/真实人物”专栏）。

真实世界/真实人物

CVS药店实行保留及传授年长员工经验的项目

当CVS药店的管理层知悉公司7%的员工超过50岁时，决定实行一个以年长员工经验的传承为目标的项目。

CVS 药店的成功部分源于其所提供的对年长员工特别有吸引力的弹性方案及福利。“雪鸟计划”就是个典型的例子，该计划允许年长员工季节性地调动到不同地点的 CVS 药店工作。“这些‘雪鸟’的留职率明显高于业界平均。”CVS 药店副总裁兼多样性主管大卫·凯希（David L. Casey）如此说道。这项方案使 CVS 药店得以管理冬季时位于温暖气候带药店的版图扩展，且这些“雪鸟”员工提升了顾客忠诚度。

在另一个 CVS 药店在芝加哥试行的项目中，较年长的在职及退休的药剂师负责指导药房技术人员和高中生。已有证据表明，此项目对于指导者和被指导者来说皆是一种学习经验。

“雪鸟计划”是如何帮助 CVS 药店提高顾客忠诚度的？

资料来源：Excerpted from J Mullich, “Coming of Age,” *The Wall Street Journal*, October 7, 2010, p B6.

除了劳动力老龄化引起的问题，四代员工一起工作也需要管理人员有效处理劳动力之间价值观、态度和行为方面的代际差异。2020 年前后，劳动力中将出现第五代人。IBM、洛克希德-马丁、安永和安泰（Aetna）已经通过关于代际差异的研讨班来应对这个问题。

表 2-1 总结了被广泛接受的、代表不同年代出生的人的标签类型：传统主义者、“婴儿潮”一代、X 世代、千禧一代（也称为 Y 世代）和即将到来的 2020 世代。在考察不同年代出生的人之间的差异之前，要记住的一点是，这些标签和差异都只是为了方便讨论而进行的概括。表 2-1 中总结的不同年代出生的人的一般特征总会有很多例外情况。表中所列的结论也需要谨慎分析。[32]

表 2-1 揭示出千禧一代占据了当前劳动力大军中最大的一部分，接下来是“婴儿潮”时期出生的一代人。这一点很重要，因为千禧一代正被“婴儿潮”一代管理着，而两者之间有着非常不一样的个人特质。我们将在第 5 章详细讨论这一点。这些特质代表着构成个体身份的稳定的生理和心理特征。两个时代出生的人具有的相互冲突的特质有时可能会导致人际摩擦。比如说，“婴儿潮”一代崇尚工作和竞争，这可能导致与千禧一代注重工作-家庭平衡的观点的冲突。如在下一节中将讨论的，在思考有效管理多样性的目标时，管理人员和员工都应该对表 2-1 中强调的代际差异多加留意。

表 2-1 代际差异

	传统主义者	“婴儿潮”一代	X 世代	Y 世代	2020 世代
出生时间跨度	1925—1945 年	1946—1964 年	1965—1979 年	1980—2001 年	2002 年以后
现有人口	3 860 万	7 830 万	6 200 万	9 200 万	2 300 万
主要历史大事件	大萧条，第二次世界大战，朝鲜战争，冷战，郊区崛起	越南战争，水门事件，约翰·肯尼迪和马丁·路德·金遇刺，女权，肯特州立大学枪击事件，人类登月	MTV，艾滋病，海湾战争，柏林墙倒塌，俄克拉克马城爆炸案，1987 年股市崩盘，克林顿和莱温斯基性丑闻	“9·11”事件，谷歌，科伦拜校园事件，安然和其他大公司的丑闻，伊拉克战争和阿富汗战争，卡特里娜飓风，2008 年世界金融危机和高失业率	社交媒体，奥巴马当选美国总统，2008 年世界金融危机和高失业率

续前表

	传统主义者	“婴儿潮”一代	X 世代	Y 世代	2020 世代
共有特征	爱国，忠诚，守纪，高工作道德标准，尊重权威	工作狂，理想主义，职业道德，竞争性，物质主义，追求个人成就	自力更生，工作-家庭平衡，高适应性，愤世嫉俗，怀疑权威，独立，技术达人	有资质，有公德心，高家长参与度，网络素养，重视多样性，多任务处理，工作-家庭平衡，技术达人	多任务处理，网络生活，网络素养，迅捷和在线交流
标志性发明	传真机	个人电脑	移动电话	谷歌和脸书	社交媒体和 iPhone 应用程序

资料来源：Adapted from J C Meister and K Willyerd, *The 2020 Workplace* (NewYork: Harper Collins, 2010), pp. 54 - 55; and R Alsop, *The Trophy Kids Grow Up* (San Francisco: Jossey-Bass, 2008) p. 5.

我们想以两项近期的元分析研究来结束对代际差异的讨论。第一项元分析旨在探索年龄和绩效的 10 个维度之间的关系：核心任务表现、创造力、培训成绩、助人行为、安全绩效、反生产行为、工作中的挑衅行为、滥用药物、迟到和缺勤。结果显示，年长员工表现出更多助人行为和安全行为，以及更少的职场挑衅、滥用药物、迟到和缺勤。年龄与核心任务表现、创造力及培训成绩不相关。[33]第二项元分析回顾了超过 800 项研究，结果表明，年龄与工作态度、同事、上级及组织整体正相关。[34]两项元分析均表明年长的员工依然可以对今天的组织做出有价值的贡献。

2.2.2 人口统计多样性的管理启示

有鉴于商业的全球性及以技术连接的本质，对组织来说，重要的是发掘员工的优秀才干及提升其工作积极性。组织无法承受员工队伍分裂的成本。试想性别取向的议题。2010 年全美性健康和性行为调查发现，接近 7%的女性和 8%的男性认定自身为女同性恋、男同性恋或双性恋。现今美国有 30 个州可以合法开除女同性恋或男同性恋员工，且在 37 个州中开除跨性别员工亦为合法。[35]这种情况可能滋生负面工作态度和对于边缘化的女同性恋、男同性恋、双性恋及跨性别者（LGBT）社群的负面看法。[36]宾汉律师事务所（Bingham McCutchen）及软件开发商奥多比系统公司已尝试制定如跨性别员工额外福利或同性伴侣福利等方案来克服此问题。[37]

不管员工的性取向、生理性别、种族或年龄如何，组织必须雇佣、保留和发展能提供更深层的人才资源及独特观点的具有多样性的劳动力，以帮助组织识别和满足多样化的客户群的需求。如肯塔基州路易斯维尔的一家公民联合银行（Citizens Union Bank）分行，以吸引更多拉美裔顾客为目标设计分行及分配员工。分行的室内设计包括挂在明亮且五颜六色的墙上的拉丁美洲国家大幅照片，舒适的沙发和桌子，孩童游戏区，以西班牙语频道为主的电视，甚至还有充斥着拉丁美洲品牌的碳酸饮料和零食的贩卖区。除了室内设计，这家分行还有一个不同的名字：Nuestro Banco，在西班牙语里意为“全家的银行”。[38]由于该分行的存款额持续创纪录，银行 CEO 准备将此家分行的模式推广到其他分行。需要谨记的是，公司需采用符合所有员工需求的政策和程序，如此一来，日间托儿、老人照护、弹性工作时间、较宽松的调动政策、礼宾服务、导师制项目等福利有可能更受欢迎。除了这些总体上的结论，本节还介绍了与性别、种族、教育及年龄等人口统计趋势相关的多样性管理实践的启示。

■ 管理基于性别的多样性

替女性指点迷津，助其达成职场上的成就需要额外的努力。组织可通过提供女性发展性任务为女性职员日后升迁做准备。[39]劳拉·德斯蒙德（Laura Desmond）是星传媒集团（Starcom Media）美国区的 CEO。她建议女性应帮助自己取得高级职位。她认为独占鳌头除了需要设立目标和锲而不舍的精神外，还应具备追求能够激发及带来更丰富经验的拓展性任务的意愿。雅芳的主席兼 CEO 钟彬娴（Andrea Jung）进一步建议，女性应该找到自己喜欢的公司或行业，“因为只有在你全心全意投入公司并对工作乐在其中时，你才有可能勤奋工作甚至愿意做出必要的牺牲”。[40]

女性也可以遵循由爱丽丝·伊格利和琳达·卡利在《穿越迷宫》所提出的 7 条建议来帮助发展自己的事业。[41]第一，你必须分外称职并寻找职业导师和支持者（导师制将在第 3 章中讨论）。研究指出，男性比女性更容易升职，因为男性更可能得到老板及非正式导师的支持。[42]第二，建立社会资本的关系网。社会资本的概念在第 1 章中讨论过，指的是一个人的专业关系及个人人际关系的总和。学习打高尔夫球可视为一种追求社会资本的可行策略。《女性高尔夫》（*Golf for Women*）的总编辑苏珊·里德（Susan Reed）指出，女性现在才开始学习男性早习得多年的技能：打高尔夫球是建立商业关系及娱乐消遣的非常好的渠道。女性排斥在下午出门，通常是因为她们太尽责想快点完成工作，但这同时也是目光短浅的表现。与男人一样，女性必须意识到把工作放一旁（反正工作是跑不掉的），外出打一场具有宝贵商机的高尔夫球是个好决定。[43]第三，可通过把家事委托给别人或请家庭帮佣的方式来取得工作和家庭生活间的平衡。第四，改善自己的协商技巧。第五，以自己的成就居功。男性就会这样做。第六，和你的伴侣建立可以通往互相扶持道路的伙伴关系。在与女性业务主管面谈的过程中我们发现，一个给予支持的伴侣是其事业成功的关键之一。如百事公司的 CEO 英德拉·努伊（Indra Nooyi）的丈夫，为了在养儿育女和持家方面肩负起更多责任，他辞去了工作。[44]第七，找到一种既能表达己见又能与他人和睦相处的人际交往方式。

■ 管理基于人种的多样性

组织应教育员工消除关于有色人种的负面刻板印象，尤其是涉及挑选和晋升领导者的时候。负面刻板印象不仅阻碍了有资质员工获得晋升的机会，还会破坏这些员工对自身领导能力的自信心。[45]鉴于预计未来 25 年进入劳动力市场的西班牙裔人口会增加，管理者需要考虑用循序渐进的方法把这部分人口招募、保留并整合到组织中来。例如，迈阿密儿童医院（Miami Children’s Hospital）和佐治亚州道尔顿的萧氏工业集团（Shaw Industries），曾尝试通过发展量身定制的培训项目来提高其西班牙裔员工的沟通技能，以达到提升员工的生产率、满意度和积极性的目的。[46]相关研究进一步揭示了少数族裔的留任和职业发展可以通过有效的指导得到显著提高。

来自哈佛大学的学者大卫·托马斯（David Thomas）对三家美国公司进行过一项为期三年的研究，这三家公司分别来自制造行业、电子行业和高科技行业。他的研究结果显示，那些进步最多的成功的有色人种员工，与培训其职业发展的导师与负责人之间有着强大的关系网。研究结果还证明，比起白人员工，有色人种员工应有区别地接受指导。因此托马斯建议组织：

> 应该提供一套与种族无关并通往高管职位的职业道路……然而，要实现这一体制，需要把机遇、发展和多样性的原则整合到组织管理实践和人力资源系统的构造中去。而且，在这一过程中还有一个重要因素，那就是要识别出有潜力的导师，对他们加以培训，并确保他们能与有前途的有色人种专业人才相配对。[47]

■ 管理基于教育的多样性

履行当前工作所需要的受教育程度与组织员工实际受教育程度之间的不匹配程度正在增加。对于组织，这一趋势引发了两个潜在问题。首先，在技术领域会引起有资质员工的短缺。为应对这一问题，洛克希德-马丁公司和安捷伦科技公司（Agilent Technologies）都提供了一些带薪培训和实习项目，以吸引对科学感兴趣的高中生。道富银行（State Street）、富达银行（Fidelity）和思科公司则试图通过鼓励员工参加技能性志愿服务项目来弥补技术人才缺口。这些项目的目标是鼓励员工通过志愿者活动来提高目标技能。[48]

其次，大学毕业生中的就业不足恐怕会侵蚀其工作满意度和工作积极性。当受过良好教育的人才开始另外寻找符合他们资历和期望的工作时，缺勤率和员工流失率很可能会增加。这一问题凸显出重新设计工作的需要（见第8章相关讨论）。此外，组织需要考虑采用干预措施来降低缺勤率和员工流失率，如实际工作预览和积极强化项目（见第9章的相关讨论）。组织有必要提供在职技能补救和读写训练，以帮助越来越多的辍学者和未受教育者应对工作需求。

■ 管理与年龄有关的多样性

组织可以通过实施鼓励员工留任并传授他人知识的项目，来利用年长员工的人力和社会资本。例如，宝马公司在下巴伐利亚重新设计了一个工厂的生产线，帮助年长员工应对体能性工作的要求并降低缺勤率（参见相关的“真实世界/真实人物”专栏）。基于这些改变，宝马公司获得了7%的生产率增长和缺勤率的显著降低。[49]然而，为使这一策略奏效，组织将需要鼓励“婴儿潮”一代以留任代替退休。以下七个方案会有助于让年长员工保持参与并提高他们的工作承诺水平[50]：

（1）提供对公司产生影响的挑战性工作任务。

（2）执行任务时给予员工极大的自主权和自由度。

（3）在新技术方面提供平等的培训和学习机会。

（4）对员工多年来获得的技能、经验和智慧不时给予认可。

（5）提供指导的机会，让年长员工将积累的知识传授给年轻员工。

（6）确保年长员工能获得善解人意的、高品质的监督。

（7）设计一个既刺激又有趣的工作环境。

真实世界/真实人物

宝马汽车在下巴伐利亚有效地重新设计了工厂

宝马在将于2017年投产的新生产线中实施的许多理念涉及对工作场所进行物理改变，这能减少工人的身体损耗，从而减少工人请病假的可能性。例如，新的木质地板搭配重量适配的鞋，减少了关节扭伤和接触静电的次数。在数个工作台上为流水线员工安装特殊的座椅，让员工可以坐着工作或在休息时有短时间的放松。

在改良工作设计和设备的同时辅以工作实践的改善。流水线在换班时引用了工作岗位之间的工作轮换，以平衡工人身体的负荷。

此外，一个理疗师开发了一些力量和拉伸练习，在刚开始的几周他每天都和工人们一起训练。

为什么说宝马工厂的案例代表了有效的多样性管理？

资料来源：Excerpted from C H Loch，F J Sting，N Bauer，and H Mauermann，“How BMW Is Defusing the Demographic Time Bomb，” *Harvard Business Review*，March 2010，pp. 101 - 2.

表2-1所列举的代沟现象会影响员工的积极性和生产率，因此有必要鼓励员工跟不同年龄段的同事进行合作。比如，与50名50岁以上的工人的深度访谈表明，老员工会觉得被年轻同事的重要交流网络排挤在外，并且自身的经验和技能也得不到赏识。有一位受访员工忿忿不平地说：“老员工在会上讲话的时候，年轻的员工就打哈欠，不看讲话的人，信手在纸上涂鸦，或者玩手机。”[51]相反，一些Y世代的员工则认为“婴儿潮”一代更在乎的是他们为工作付出的时间而不是生产率。百思买总部试图通过建立一个根据完成任务情况和绩效来评判员工的评价系统以对新老员工进行协调，该评价系统鼓励员工提高工作效率，而非超时工作。[52]

更有甚者，X世代员工也报告说，感觉“被夹在中间难以出头”。一个名叫迈克尔（Michael）的X世代员工说：“公司的行政主管团队，个个年龄都只比我大8～12岁，近期之内根本没有主管有退休计划，这让我感到升职无望。我一直在谋求跳槽机会，因为我根本就不相信公司的宗旨。”[53]显而易见，公司需要找到一些办法来激励并留住X世代员工，因为这些员工或许会对基于年资的公司层级制度感到沮丧。

传统的和“婴儿潮”一代的管理者也应该考虑一下运用何种举措来管理与新技术一同成长起来的X世代和Y世代员工。比如，X世代和Y世代员工都很有可能会在工作日内访问社交网址，这些员工会把类似行为看作“事实上的休息时间”。相反，传统的管理者和“婴儿潮”一代的管理者都会认为这是浪费时间，并因此做出规定以阻止类似行为。专家表示，如果老板想要激励年轻员工，这种对社交行为的限制将无法持久。[54]

最后，未来技术工人的短缺使得培训更年轻的千禧世代员工变得尤为重要。Y世代不仅代表着成批的劳动力大军（详见表2-1），他们还拥有在一个技术日益复杂化的经济中所需要的特点和技能。组织通过努力创造能满足Y世代员工特定需求的工作环境来应对这一问题，如增长资本公司（Growth Works Capital）、安永集团、菲利普·莫里斯美国公司（Philip Morris USA）、IBM以及毕博公司（Bearing Point），都实施了新的薪酬计划和工作设计措施，目的是吸引并留住年轻的Y世代员工。联合利华也相应地创立了“消费化建筑师”的岗位，致力于帮助Y世代员工运用其专长的科技知识，因为他们了解到Y世代员工不满意公司现行的通信技术。[55]

2.2.3 多样性的工作环境的正面影响和负面影响

正如本章开始的时候我们说的，有效地管理多样性不但能吸引和留住最有才干的员工，而且也有利于企业自身业务的发展。尽管可以从管理者和组织那里收集一些言语来支持这一结论，但我们还是需要通过考虑人力资源研究的证据来认真研究一下这个断言的正确性。你很快就会了解到，相关研究表明，对于重要的工作结果，多样性既有正面影响，也有负面影响。通过探究多样性如何从正负两方面影响员工态度、行为和绩效，组织行为研究者已经可以解释为何多样性对工作结果有时会产生截然不同的影响。这些解释是以所谓的社会分类理论和信息/决策理论为基础的。本节的重点是如何通过构建一个整合多样性正负面影响的过程模型来帮助读者了解如何对多样性扬长避短。

■ 社会分类理论

一组组织行为学研究人员这样描述用以管理多样性的**社会分类理论**（**social categorization theory**）：

> 社会分类理论认为，把个体划分为不同群体时，应该以相似性和差异性为基本点。这种分类的结果是个体把其他个体视为内群体人员或者外群体人员。人们通常会喜欢或者信赖自己所在群体的人员而不喜欢其他群体的人员，因此会更加支持内群体人员而不是外群体人员……如果人员之间的共性大于差异，则共事的群体人员会更加积极地团结到一起。[56]

这一理论进一步说明相似性会产生喜爱和吸引力，因此会产生正面结果。如果这一点属实，人们就会认为群体内部共同点越多，责任心和凝聚力就越强，个体冲突就越少。大量的研究支持基于社会分类理论提出的命题。[57]

以往的研究表明，与工作单位其他员工种族或者族群背景不同的个体的组织承诺水平和职业满意度都更低。[58]更多的研究表明，人口的多样性跟群体缺乏合作及对不同族裔的负面印象很有关系。[59]最后，最近的研究表明，人口多样性跟更高层次的员工抑郁、跳槽和偏差行为（即行为不规范影响公司繁荣）以及效益低下有密切关系。[60]综上所述，社会分类理论支持这样的观念，那就是人口共同性比多样性在工作态度、规范举止和增加绩效等方面都更加有效。

■ 信息/决策理论

第二个理论观点被称为**信息/决策理论**（**information/decision-making theory**），其理论预测正好相反。信息/决策理论认为多样性的表现会超过同质，其逻辑如下：

有一种观点认为，多样性的群体更可能拥有更广泛的、与任务相关的、独特的知识、技能和能力。同时，多样性的群体在处理手头任务时更有可能拥有不同的观点和视角。这不仅让多样性群体获得了更多资源，也会从其他方面让群体获益。[61]

该观点强调了多样性对工作群体的三个积极影响。[62]首先，多样性群体在解决问题的初级阶段很可能做得更好，因为群体成员的不同背景更有可能形成对问题更为全面的见解。比如说，性别或种族的多样性可以帮助工作团队更好地理解来自不同文化的客户群的特定需要和观点。其次，多样性的视角可以在解决问题过程中帮助群体进行头脑风暴或揭示出更多的新颖的解决方案。最后，多样性扩大了群体成员能动用的社交网络。扩大了的社交网络能帮助群体获得比同质群体更多的新信息和专家知识，从而有利于问题的解决。现有研究结果支持上述多样性理论。

一个团队的表现与该团队在性别、族裔、年龄和受教育程度上的多样性程度正相关。[63]研究证实，相比于同质群体，异质群体做的决策的质量和生产率都更高。[64]初步研究也证实了得益于共享多样性的思想和观点，劳动力多样性能促进整体创新和创造力的提升。管理专家罗莎贝斯·莫斯-坎特（Rosabeth Moss-Kanter）是第一个研究上述关系的学者。她的发现显示，创新企业刻意组建多样性团队以更好地解决问题，而且这些企业相比其他同行会雇佣更多的女性和少数族裔雇员。罗莎贝斯还发现创新企业在减少种族主义、性别歧视和阶层歧视方面做得更好。[65]一项回顾了过去40年的多样性研究的元分析支持了罗莎贝斯的结论，即多样性可以提高创造力并提升团队的决策质量。[66]

■ 管理多样性工作环境的影响

前面关于社会分类理论和信息/决策理论的讨论揭示出多样性有利有弊。图2-3的模型总结了多样性产生好坏两方面影响的内在过程。与社会分类理论相一致，工作群体的多样性程度与群体中人际过程和群体动力的质量之间负相关（见图2-3中的A路径），而人际过程和群体动力又与群体结果之间正相关，因此这种负向关系最终将带来消极后果（见图2-3中的C路径）。比如，工作群体在性别和人种上的多样性可能导致更多的个体间的摩擦和冲突，摩擦和冲突继而带来低工作满意度、高离职率和低生产率。近期的研究显示，当多样性群体有明显的人口断层线时，这些负面影响将更加明显。[67]**人口断层线（demographic fault line）**指的是“依据一个或多个不同属性把人口划分为若干群体的假设的分界线”。[68]当工作群体成员在人口统计学特征（如性别、年龄和族裔）上差异明显时，断层线就形成了。而且，当群体成员根据明显的断层线或人口统计学特征自我分类时，消极的人际过程就发生了。

与之相反，基于信息/决策理论的研究显示工作群体中的多样性程度与任务过程和群体决策正相关（见图2-3中的B路径），这种正向关系进而又带来积极的结果（见图2-3中的D路径）。两项相关研究证明，当工作群体思想开放，更愿意讨论和分享信息，并表现出更多系统性行为时，多样性对工作结果的积极作用更加明显。[69]

考虑到工作群体多样性与工作结果既有正向关系也有负向关系，管理层究竟应该如何做才能趋利避害呢？首先，组织可以有针对性地提供培训以改善工作群体多样性、人际过程和群体动力三者相互之间的负面影响（见图2-3中的A路径）。比如说，培训可以帮助员工理解人口统计学的差异并提高员工能带来团结和协作行为的人际技能。[70]这类培训可以聚焦于冲突管理、人际影响、反馈给予、沟通和重视差异。其次，管理层也可以采取措施来减少无意的刻板印象带来的负面效应。我们将在第7章讨论这个问题。管理层还可以在异质团队中多强调团队目标，并在团队达到目标时予以奖励，以鼓励团队成员关注团队共同目标，而不是关注与团队绩效无关的人口断层线。

回顾本章开篇的案例

根据多样性过程模型，亚利桑那州监狱的管理层应该采取何种措施来减少未来性骚扰案件的发生？

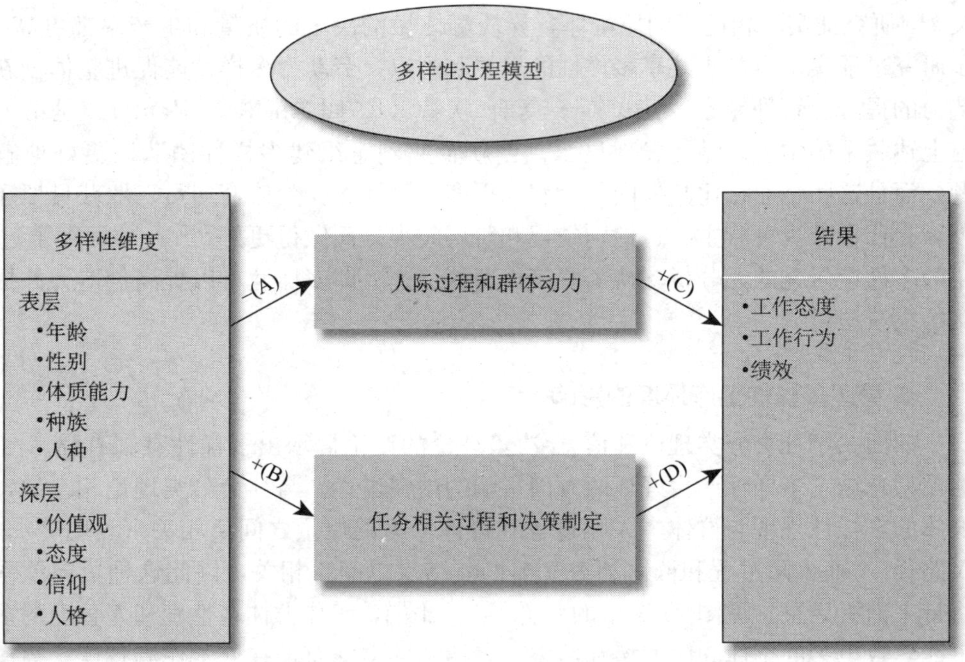

图2-3 多样性过程模型

2.3 管理多样性的障碍和挑战

多样性是一个敏感的、具有潜在不稳定性的且有时让人感到不适的话题。毫无疑问，当组织想进一步管理多样性时，会面临诸多显而易见的障碍。以下为实施多样性项目时会遇到的几种最常见的障碍[71]：

（1）不恰当的刻板印象和偏见。这种障碍体现在差异即缺点这样的观念里。反之，这也催生了顾及多样性则意味着牺牲能力和品质的观点。

（2）民族优越感。这种障碍体现在人们会觉得一种文化规则和规范要比另一种文化规则和规范更优越或更适合。这种障碍将在第4章加以讨论。

（3）职业生涯规划不足。它将导致多样性的员工缺少能帮助他们晋升至高级管理职位的工作任务和机会。

（4）消极的多样性氛围。氛围通常被认为是员工对于组织中正式或非正式的政策、实践和程序的看法。**多样性氛围**（**diversity climate**）是组织整体氛围的组成部分，其定义是所有员工“对于与组织多样性相关的正式结构特点和非正式价值观的看法”。[72]当组织被认为能够平等地对待所有类型的员工时，多样性氛围是积极的。组织公平的概念会在第 8 章讨论。最近的研究显示，积极的多样性氛围对于提高多样性有积极作用；反之，消极的多样性氛围则会降低员工多样性的积极作用。[73]

（5）多样性的员工处于一个不被支持和有敌意的工作环境。基于性别、种族和年龄的骚扰是有敌意的工作环境的共性。不论是对女性、男性、老年人还是 LGBT 群体做出这样的行为，这个有敌意的环境都是不光彩的、不道德的，我们可以称之为“工作环境污染”。如果员工认为工作环境对他们充满敌意，那么组织将必定无法得到员工最好的工作结果。请牢记，一个有敌意的工作环境是感性的。这就意味着人们对于“敌意”一词有不同的解读。第 7 章会讨论知觉过程。值得注意的是，还可以通过邮件、短信和其他类型的社交媒体进行骚扰。比如，在最近的一项研究中，有 220 名员工透露起初骚扰是通过邮件或者电话进行的。[74]管理者在处理电子骚扰时应和处理其他类型的骚扰一样坚决。

（6）部分多样性员工缺乏政治头脑。因为多样性员工不知道如何进行这场与他人友好相处并在组织中脱颖而出的游戏，因而他们也许无法得到晋升。研究显示，女性和有色人种往往被排除在组织网络之外。[75]

（7）难以平衡职业和家庭事务。女性依然承担着大部分与抚养孩子有关的责任。这让女性很难在晚上和周末工作，或者一旦有了孩子后就无法频繁出差。即使没有孩子，较男性而言，家务也会占据女性更多的时间。

（8）担心逆向歧视。有些员工认为管理多样性是掩饰逆向歧视的烟幕弹。这种观念带来了很大的阻力，因为人们认为一个人得到的是另一个人失去的。

（9）多样性不是组织的优先事项。这导致抱怨和消极态度，员工可能会抱怨投入多样性的时间、精力和资源本可以用来做一些“真正的工作”。

（10）需要重新调整组织的绩效考核和报酬制度。绩效考核和报酬制度加强了对于有效管理多样性的需求。这意味着成功将会基于一系列新的准则。比如，通用电气进一步评估其管理者对于不同背景的员工的包容度。这些评估结果被用于与薪酬和晋升相关的决策。[76]

（11）变革的阻力。有效地管理多样性需要组织在各个层次开展变革。在第 18 章的相关讨论中你会看到，人们因为各种各样的理由拒绝变革。

总的来说，管理多样性是组织成功的重要构成部分。

回顾本章开篇的案例

哪些管理多样性面临的障碍和挑战在巴菲尔德女士歧视案例中出现过？

2.4 用于有效管理多样性的组织实践

为了有效地管理多样性，组织需要做什么呢？为回答这个问题我们需提供一个关于组织举措类别的框架。研究人员和从业者已经提出了许多相关框架。其中一位名叫小罗斯福·托马斯（R. Roosevelt Thomas Jr）的多样性专家识别了处理不同类型的多样性问题时的八类行为。本节将介绍托马斯的框架，以加深读者对组织如何有效管理多样性的理解。

托马斯的行为类型选择

托马斯明确了八类可以应对任何多样性的策略选择。描述完所有的策略选择后，我们会讨论它们之间的关系。[77]

■ 选择1：接纳/排斥

这个选择是认可性行动的结果。其主要目标是增加或减少组织中各个层次的多样性人群的数量。肖尼斯餐厅（Shoney's）就一个很好的例子，它在和解了一桩歧视诉讼案后尝试接纳多样性员工。随后公司雇用了非裔美国人担任餐厅主管和副经理的职位，增加了非裔美国人的经销商，并从少数族裔拥有的公司中购入大量商品和服务。[78]

■ 选择2：否认

人们用这个选项来拒绝差异性的存在。否认可能在公告中体现，比如说宣布所有的决策都与肤色、性别、年龄无关，能否成功完全由个人的优点和绩效决定。比如州立农业保险公司（State Farm Insurance）的例子，"尽管传统上公司的男性业务代理及其区域经理往往雇佣自己家族的男性成员，但州立农业保险公司避免改变并在一宗性别歧视诉讼中否认公司存在此类行为。最终结果是州立农业保险公司输掉了这场耗时九年的官司"。[79]

■ 选择3：同化

此类选择的一个基本前提是多样性员工愿意学习并融入主流群体。同化需要时间。组织通过招聘程序和入职培训来初步同化多样性员工。入职培训的目的是向新员工宣传组织重视的价值观和一系列标准操作程序。当新员工面对特定场景无所适从时，他们会被鼓励去阅读组织政策和标准操作指南以获得答案。这些做法的结果是提高了员工的同质化程度。

■ 选择4：压制

此类做法选择压制和打击差异性。具体包括告知员工或向员工强调停止抱怨。常用老话"付出才有回报"来安慰员工，让他们安于现状。

■ 选择5：隔离

此类做法是通过隔离多样性个体保持现有运行状态。被隔离的多样性员工因而无法影响组织变革。经理们可以通过把特定员工安排到特殊项目中实现隔离的目的。通过创建独立职能的实体，整个工作群体甚至部门都能被隔离开来。这样的工作群体或部门往往被称为“筒仓”。肖尼斯餐厅的员工向《华尔街日报》的记者评论公司早先采用的隔离做法时说：

白人经理们说戴纳（Danner）（公司前主席）先生告诉他们，如果白人社区餐馆里的黑人员工太多就应该解雇一些。如果经理们不这样做，他们自己就会职位不保。有些经理还说，当戴纳来他们餐厅视察时，他们就会让黑人员工当天休息，有一次一个经理甚至把黑人员工藏在洗手间里。还有一些经理说黑人求职者的申请信被编上号后扔掉。[80]

■ 选择6：容忍

容忍指承认差异性的存在但却并不重视或接受差异性。容忍代表着一种和平共存的心态。选择容忍的组织往往在管理多样性上做表面文章。与隔离不同，选择容忍的组织允许包含多样性个体，但是多样性并不会真正被重视或接纳。

■ 选择7：建立关系

此选择的前提是好的关系能克服差异性。通过在多样性群体之间构建以相互接受和相互理解为特点的良好关系，组织可以应对多样性问题。位于艾奥瓦州锡达拉皮兹市的航空电器制造商罗克韦尔柯林斯公司（Rockwell Collins）就是运用这一选择的很好例子。罗克韦尔柯林斯公司选择通过建立关系来管理多样性的动力在于：艾奥瓦全州人口只有6%左右为非白人，罗克韦尔柯林斯公司面临技工缺口。为了吸引少数族裔的求职者，罗克韦尔柯林斯公司“正与工程类强校和大的少数族裔社区构建紧密关系。公司也正与关注少数族裔的职业协会通力合作”。[81]锡达拉皮兹市也通过举办更多的文化活动和鼓励创办少数族裔风味食品商店来满足日益扩大的多样性人口的需求。

■ 选择8：培养相互适应

本选择意味着为了与他人构建积极的关系，人们愿意去适应或改变自身的观点。这意味着管理层和员工都必须愿意接受差异性，而且更重要的是，同意任何人和任何事都是可以改变的。联合健保公司（United Healthcare）的洛伊丝·夸姆（Lois Quam）的案例就是一个很好的相互适应的例子（参见相关的“真实世界/真实人物”专栏）。

真实世界/真实人物

联合健保相互适应的多样性管理策略

生下双胞胎儿子威尔（Will）和史蒂夫（Steve）后不久，洛伊丝·夸姆就迎来了一个职业发展良机。她的老板想让她主管联合健保的公众服务部门。“照顾我的两个儿子事儿已经够多了，你不能假装照顾孩子对你的工作毫无影响。所以我对老板说，‘我很想接受这个职位，但是我生活现阶段的主要任务是照顾好我的两个儿子'。”夸姆回忆道，“我觉得我这样说有点太过直率，老板肯定会不高兴。”但是老板的回答让她大吃一惊。“他说：'这个主管工作又不是按小时付薪水的，你可以按照自己的日程灵活安排工作时间。当然如果最后我觉得你公私不能兼顾时，我也会告诉你的。'”

夸姆说听完老板的话后感觉就像得到了一个“好得令人难以置信的礼物”一样。因为这样的工作机会完全满足了她对平衡工作与家庭关系的所有期待。

夸姆的例子如何诠释了联合健保公司实施的相互适应策略？

资料来源：A Beard，“Surviving Twin Challenges—At Home and Work，” *Harvard Business Review*，January-February 2011，p. 164.

■ 结论

尽管上述选择既可以单独使用也可以结合运用，但有些选项明显强于其他选项。排斥、否认、同化、压制、隔离都不是好的策略。托马斯指出，相互适应无疑是唯一一项为管理多样性的理论背书的选择，因此也是最优选项。作为本章讨论的结语，要记住管理多样性策略的选择是一个动态过程，取决于具体时点的具体情境。比如说，有些组织可能还达不到应用相互适应策略的阶段，这时次优的选择也许就是对多样性群体的容忍了。

组织行为学案例研究

利兹普兰汽车租赁管理公司有效管理多样性[82]

在2003年任利兹普兰美国公司（Lease Plan USA）销售和营销部主管一职后不久，迈克·皮彻（Mike Pitcher）就拜访了公司最重要的客户的商务代表。令他吃惊的是，很多代表都是女性。

利兹普兰美国公司是总部设在荷兰的利兹普兰汽车租赁管理公司（Lease Plan Corp.）的分部，在其450名雇员中，女性比男性要多。但是美国公司的高级经理绝大多数是男性。

不久，利兹普兰开始变革其企业文化——从原来发源于车队经理的兄弟情谊的企业文化转向更加鼓励女性参与和晋升。公司执行官们雇用了一个职业顾问来为女性提供职业发展咨询，修改了公司的薪酬制度以突出绩效而不是强调年资，甚至免职了几位反对变革的资深经理。现在，利兹普兰八位执行官中有三位是女性，相比两年前七位执行官中仅有一位女性，情况大为改观。

女员工说利兹普兰现在是一家更加支持女性员工和更注重员工合作的公司。皮彻现在是公司的CEO，他把上述变革称为一项战略投资，而不是“政治上正确因而要做的事情”。

“利兹普兰并不生产产品，”皮彻说，“我们的可持续竞争优势就在于我们的员工。”

纽约大学斯特恩商学院管理学教授希拉·威灵顿（Sheila Wellington）说，利兹普兰增加多样性的努力需要管理高层持续的承诺。高管们“需要传递一个清晰的信息，即这样的努力不是哪个月的心血来潮”，威灵顿说。她是关注女性职场问题的催化剂调查公司（Catalyst）的前总裁。

威灵顿说，高管们需要让中层经理对支持和提拔女性下属负责，这一点在更小规模的分公司尤其重要。

利兹普兰的女性职业发展项目于2006年启动。公司聘请关注女性职业发展的亚特兰大人力资源咨询公司——筑路者公司（Pathbuilders）定制了一个女性发展项目，包括技能测评、职业引导、沟通技巧和“个人品牌”创建等。该项目每年支持大概30位公司女性，项目内容同时也包括女性社会网络扩展，并不时邀请其他公司的女性执行官参与专题讨论。

专注女性灵活就业的人力资源公司妈妈军团（Mom Corps）的首席运营官玛丽亚·高德秀（Maria Goldsholl）认为，利兹普兰的一系列企业文化变革努力使其从众多公司中脱颖而出……

利兹普兰的女性职业发展项目也提高了公司女性员工的工作满意度和敬业度。2006年的一项调查显示，35%的公司女性员工同意“管理层支持我管理自身职业发展的努力”的说法。2007年，47%的女性员工和71%的项目参与者同意上述说法。同时，认为在利兹普兰的任职能获得公平回报的女性员工数目从22%增加到了30%。

格里·帕顿（Gerri Patton）是公司负责客户激活的主管。她认为自己在公司的帮助下变得更加自信和坦率。这位在公司任职23年的老员工鼓励自己部门的女性员工积极申请女性发展项目。“我希望我自己在10年或15年前就参与了这个项目，”格里说，“如果那样的话，谁也不知道我的职业现在会发展到哪一步……用句老话来说，也许真的只有头顶的天空才是极限。”

资料来源：Excerpted from C Tuna, “Initiative Moves Women Up Corporate Ladder,” *The Wall Street Journal*, October 20, 2008, p B4.

［讨论］

1. 利兹普兰推动管理多样性的商业动机是什么？请讨论。

2. 请对比利兹普兰如何运用平权法案和管理多样性的原则，说明你的依据。

3. 利兹普兰推动管理多样性的努力在何种程度上与爱丽丝·伊格利及琳达·卡利的主张相一致？请讨论。

4. 利兹普兰管理多样性时运用了托马斯八类多样性选择中的哪一种或几种？请解释。

5. 显然，利兹普兰管理多样性的努力得到了回报。如果想进一步改进，你会提哪些建议？请解释。

法律/道德挑战

约瑟夫·凯西亚斯应该被沃尔玛解雇吗？[83]

本案例发生在密歇根州，该州法律允许吸食医用大麻。

约瑟夫·凯西亚斯（Joseph Casias）30岁，是两个孩子的父亲。他从2004年起在密歇根巴特克里市的沃尔玛从初级理货员开始做起。到2008年，晋升至存货管理经理并成为当年的明星员工（每400个员工中仅评出两个）。

2009年11月，凯西亚斯工作时扭伤了膝盖。因为沃尔玛的政策规定工伤发生后需要进行药物检测，凯西亚斯按照规定进行了尿检。尿检前，凯西亚斯向检测人员出示了一张注册卡，表明自己是符合密歇根州法律规定的合法的医用大麻使用者。他解释说自己在17岁那年曾被诊断出患有不适宜手术的脑瘤，因此肿瘤医师开了医用大麻处方来帮助自己减轻病痛。

当尿检结果显示凯西亚斯身体里含有大麻代谢物时，分店经理告诉凯西亚斯说沃尔玛不认可他的注册卡。凯西亚斯被解雇了。

如果你是沃尔玛的执行官，你会怎么做？

1. 把工作还给凯西亚斯。他是一名模范员工，而且也没有违反医用大麻使用的州法律。

2. 应该实施零容忍的政策，凯西亚斯应该被解雇。无论州法律怎么说，联邦法律规定吸食大麻违法。对待大麻的标准应该和对待其他毒品一样。

3. 凯西亚斯应该被解雇，因为他给自身及其他员工带来了安全危害。沃尔玛必须保护自己的员工，让他们远离吸毒者。

4. 提出其他建议并讨论。

第3章 组织文化、社会化与导师制

学习目标

学完本章后，你应该能够：

1. 定义组织文化，并讨论其三个层次。
2. 讨论信奉的价值观与行动价值观之间的区别。
3. 描述组织文化的四项功能。
4. 讨论与竞值架构相关的四种组织文化类型。
5. 总结从组织文化研究成果中得出的五个结论。
6. 总结关于文化变革的四条忠告。
7. 总结组织与组织文化所采用的研究方法。
8. 描述费尔德曼组织社会化的三阶段模型。
9. 讨论用于对员工进行社会化的各种策略。
10. 解释与导师制相关的四种发展网络。

你想为西南航空公司工作吗?

西南航空公司（Southwest Airlines）的文化渗透到公司的各个方面。它是我们的本质、我们的DNA、我们的过去、我们的现在以及我们的未来。它是如此重要，事实上，我希望我有更多篇幅来讨论它。

我们常说，其他航空公司可以从头到尾复制我们的商业计划，但西南航空公司因为我们出色的员工而在那些复制品中脱颖而出。而且我们还敢打赌，即使别的公司设法挖走我们的员工，它们也无法与西南航空公司相匹敌。

为什么？因为其他公司并不具有“西南航空文化”。愿意的话，可以称文化为西南航空公司的秘密武器。正是这种文化激励和支撑着西南航空人。对于我们大多数人来说，成为西南航空公司的一员并不仅仅是一种职业，更是一种使命。我并不会蛮横地把文化强加在员工身上，公司其他管理人员也不会。反之，我们的文化源自员工的集体人格。我们花了超过30年的时间来界定一些我们一致认同的“文化”的定义。这些定义奠定了我们称之为“西南航空的生活方式”的基础。简而言之，我们的文化包括三个价值观：勇往直前、勤奋努力和精益求精的勇士精神；遵循金科玉律并且尊重他人的公仆之心；追求乐趣和积极的态度，当然，也包括热情与庆祝。

在1月份，我们举办了庆祝西南航空公司文化委员会成立18周年的大会，该文化委员会致力于维护现在及未来的公司文化。文化委员会强调“西南航空文化”属于公司的每个员工，无论其职位高低。但是，文化委员会也意识到公司文化的脆弱性。我跟一些来自其他航空公司或企业的西南航空公司的员工进行交谈。有的员工告诉我，他们原来任职的公司也曾拥有强大的文化。但是他们目睹了某些貌似细微的麻痹大意最后几乎在一夜之间让企业文化毁于一旦。

这些员工的经历证实了我的想法：做表面文章是很危险的。写一些专栏文章来炫耀我们的文化是件容易的事情，难的是每天都能将之付诸实践。因此，委员会的成员们每天都以身作则地为其他员工树立典范。他们的行为表明，文化源自内心，而非来自备忘录。你可以想象，他们的任务有多艰巨。但幸运的是，这些文化卫士日复一日地与漠视和自满进行战斗。有了他们的帮助，西南航空公司的企业文化才得以生机蓬勃。[1]

本章开篇的案例强调了关于组织文化的三个关键结论。首先，组织文化可以影响员工的主观能动性、满意度和离职意愿。通过培育积极向上、以员工为中心的企业文化，西南航空公司得以保持低离职率和高员工满意度。同样的情况也体现在《财富》杂志2009年评选的美国最佳雇主前五强——SAS、爱德华琼斯金融服务公司（Edward Jones）、韦格曼食品超市（Wegman Food Markets）、谷歌及纽格特超市（Nugget Market）。[2]其次，组织文化是竞争优势的来源。最近的一项针对194家零售商和服务商的研究证实了这一结论，这一点也与西南航空公司完全相符。研究结果表明，拥有兼顾员工和顾客的组织文化的公司的市场绩效高于其他公司。[3]最后，管理人员会影响公司文化。西南航空公司利用其公司文化作为一个载体，形成并强化了公司高层所期待的价值观。

本章将会帮助你更好地理解管理人员是如何将组织文化作为一种竞争优势加以使用的。在定义并讨论了组织文化的概念之后，我们将讨论：（1）组织文化动态；（2）组织文化的变革过程；（3）组织社会化过程；（4）通过导师制将组织文化深植于组织之中。

3.1　组织文化：定义与情境

组织文化（organizational culture）是“群体拥有的一套共享的、想当然的隐含假设。这些假设决定该群体如何知觉、思考并应对自身所处的不同的环境”。[4]这个定义强调了组织文化的三个主要特征。第一，组织文化通过社会化过程传递给新的员工。我们将在本章后面进一步讨论这一点。第二，组织文化影响我们的工作行为。第三，组织文化能在组织的不同层面起作用。

图3-1的概念框架揭示了组织文化对组织行为的影响。该框架也展示了本章的几个重要主题（包括组织文化、社会化和导师制），与本书其他重点主题之间的联系。图3-1描述了组织文化的四个重要部分：创始人的价值观、工商业环境、民族文化以及高层领导的愿景和行为。民族文化对组织行为的影响将在第4章中详细讨论。反之，组织文化也会影响组织采用的组织结构类型，以及组织为实现自身目标而进行的

各类实践、制定的方针政策或拟定的各项规程。这些组织特征进而又影响组织内各种群体和社会过程，并最终影响个体的态度、行为及各种组织结果。总之，图 3 - 1 展示了组织文化是一个能对个体、群体和组织行为产生影响的情境变量。这就是我们选择在本书的第 3 章讨论组织文化的原因。

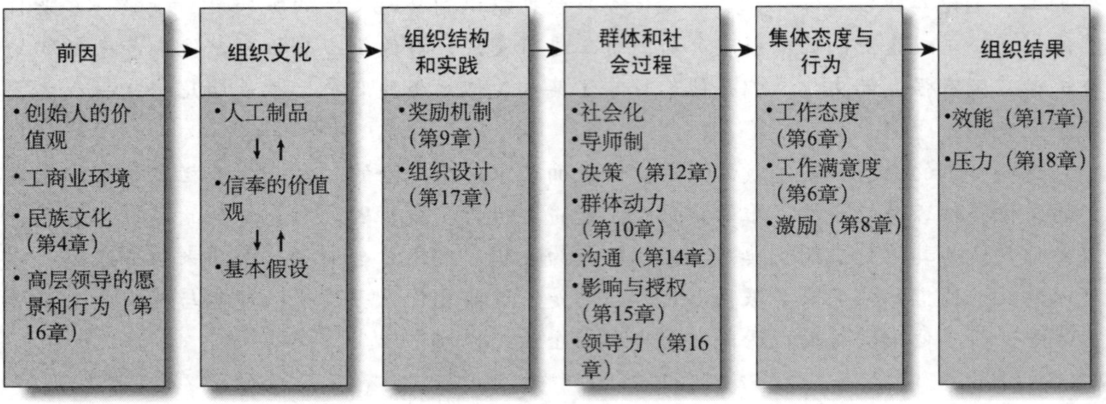

图 3 - 1　理解组织文化的概念框架

资料来源：From C Ostroff，A Kinicki，and M Tamkins，"Organizational Culture and Climate，" *Handbook of Psychology*，vol 12，edited by Walter C Borman，Daniel R Ilgen，Richard J Klimoski，and Irving B Weiner，pp. 565 - 93，Copyright © 2003. Reprinted with permission of John Wiley & Sons.

3. 2　组织文化动态

为了更好地理解组织文化的形成及其对员工的影响，本节首先讨论组织文化的不同层次，然后总结组织文化的四个功能和组织文化的类型，以及与组织文化相关的结果。

3. 2. 1　组织文化层次

图 3 - 1 表明了组织文化的三个基本层次：人工制品、信奉的价值观与基本假设。每个层次在外观和抵制变革方面都不同，同时每个层次之间都会相互影响。

■ 人工制品

在较为显性的层面，文化代表着人工制品。人工制品由组织文化的物质表现构成，包括首字母缩略词、着装、奖励、与组织有关的神话和故事、印刷的价值观宣传品、可观察的礼仪和仪式、特定的停车空间、装饰品等。比如，丽思卡尔顿酒店（Ritz-Carlton）采用讲故事的手法来强化其“超越顾客期待”的文化。该酒店每周召开“惊喜故事”分享会，以传播员工在本职工作以外努力奉献超越顾客期待的各种感人故事。“惊喜故事”的获奖人，如一位钻进垃圾箱帮助顾客的孩子找到姜饼人娃娃的酒店洗衣工，获得了 100 美元的奖励。[5]文化在人工制品层次也包括群体所展现的外在行为。比如，在谷歌，某核心设计团队的 16 个成员每日召开“站立”式会议，“所有项目成员都站着开会，你开会时不能坐得太舒服，在快速变化的时代也没有时间可以浪费”。[6]这种站着开会的形式是谷歌追求努力工作并准时完成工作的文化的一种人工制品。相比组织文化的隐性层面，人工制品更容易改变。

■ 信奉的价值观

价值观包括五个核心成分。**价值观（values）**：（1）是概念或信仰；（2）与渴望达到的最终状态或行为相关；（3）超越实际情况；（4）指导行为和事件的选评；（5）按相对重要性排序。[7]理解价值观概念的重要一点是要清楚信奉的价值观与行动价值观之间的区别。

信奉的价值观（espoused values）代表一个组织期望遵循并明确规定的价值观和规范。此类价值观通常由新成立或初创公司的创始人确立，或者在更大的组织中由高管团队确立。

例如，威廉姆斯-索诺马公司（Williams-Sonoma）信奉的价值观（参考“真实世界/真实人物”专栏中威廉姆斯-索诺马公司的案例），这个家纺饰品专业零售商创建于1956年，自创立以来实现了巨大的增长。

令人欣喜的是，威廉姆斯-索诺马公司同其他许多公司一样，信奉可持续性价值观。**可持续性（sustainability）**代表“一个公司不用牺牲员工和社区的利益及地球环境也能盈利的能力”。[8]可持续性也指“保持绿色”，普利策奖获得者托马斯·弗里德曼（Thomas Friedman）相信，比其他国家“更绿一筹”可以使美国永葆青春。[9]其他人士也认为“更绿一筹”的可持续发展可以让一个组织更有竞争优势。比如说，安可保险（Safeco）和微软都大幅度降低成本和增加员工交通补贴来提高生产率，这样的做法强调了员工应该被鼓励去努力工作而不是被迫去工作的理念。

因为信奉的价值观代表着组织明确传递给员工的愿景，管理人员希望这些价值观可以直接影响员工的行为。遗憾的是，愿景并不能自动产生预期的行为，因为员工并不总能“说到做到”。比如，英国石油公司（BP）一直宣称重视安全，但是该公司2005年位于得克萨斯城的炼油厂发生火灾，导致15人死亡；2006年在阿拉斯加的一次管道泄漏事故导致其损失20万加仑原油；根据美国政府的数据，在2010年墨西哥湾的深水地平线钻井平台的原油泄漏事故中其损失超过两亿加仑原油。[10]

真实世界/真实人物：商业道德

威廉姆斯-索诺马公司信奉的价值观专注于员工、顾客、股东和道德行为

以人为先 我们相信公司的潜力是无限的，一切取决于我们的员工和他们的想象力。我们致力于创建一个能吸引、刺激和奖励高绩效的工作环境。

顾客 我们就是要让顾客满意——没有顾客一切都毫无意义。

质量 我们必须对我们所做的引以为傲。从员工到产品，到业务合作伙伴，再到我们的社区，质量就是我们的签名。

股东 我们必须让股东有优厚的回报，这是每个人的责任。

道德资源 威廉姆斯-索诺马公司及旗下品牌都承诺在业务各个方面均维护公司的正直与诚信。我们和我们的业务伙伴，包括代理商、销售商和供应商，一起努力共建符合企业社会责任要求的雇佣环境。

木制品资源 威廉姆斯-索诺马公司致力于环境保护。我们采购木制品时注重保护和保留重要自然资源，以保护环境并造福为我们供应木制品的社区。

纸品采购政策 威廉姆斯-索诺马公司认为与负责任的木制品采购同样重要的是负责任的纸品采购，以保证森林和其他自然资源的可持续性。

这些价值观在多大程度上符合你的价值观？你想为威廉姆斯-索诺马公司工作吗？

资料来源：Excerpted from "Corporate Values," www.williams-sonomainc.com/careers/corporate-values.html, accessed January 2, 2011.

另一方面，**行动价值观（enacted values）**代表的是实际展示并转化为员工行为的价值观和规范。行动价值观代表着员工依据自己日常观察从组织中获得的价值观。比如，在应对公司2009年财务危机时，星巴克总裁霍华德·舒尔茨（Howard Schultz）努力让员工遵循星巴克为顾客提供优质产品和服务的价值观。2010年他对前来采访的记者说："我关店三个半小时对员工进行再培训。有人问，'那样做的代价会有多大？'有股东打来电话说：'你疯了吗？'我回答说，'我们正在做一件正确的事情，我们在重新培训员工，因为我们忘了星巴克的价值观，那就是毫不含糊、完全彻底的对质量的承诺。'"[11]很显然，舒尔茨希望这些人工制品能激励员工提供更优质的服务。

管理人员要努力缩小信奉的价值观和行动价值观之间的差距，这一点尤为重要。因为这种差距可以在很大程度上影响员工的态度和组织绩效。比如，道德资源中心（Ethics Resource Center）进行的一项调查表明，当管理层遵循商业道德准则并信守承诺时，员工的行为会更可能符合道德规范。最近的一项对超过85个国家的50万名员工的调查研究也证实了这一点。该调查显示，当公司的道德文化较弱时，公司员工的不正当行为增加了10倍以上。[12]因此，管理者显然需要在道德行为方面做到言行一致。

■ 基本假设

基本假设不可观察，它代表着组织文化的核心。基本假设构成了组织价值观，随着时间的推移和不断强化，这些组织价值观成了员工观念中理所应当的部分，因为它们成为一系列指导组织行为的假设。基本假设一旦形成就很难改变。当员工普遍接受某些基本假设时，他们会发现违背这些基本假设的行为简直是令人匪夷所思的。比如，西南航空公司的一个广为人知的基本假设是重视员工福利并为顾客提供优质服务。西南航空的员工如果看到不关心员工福祉或漠视顾客需求的管理层行为肯定会极度震惊。

回顾本章开篇的案例

人工制品、信奉的价值观和基本假设是如何体现在该案例中的呢？

■ 组织文化层面的研究对我们有哪些启示呢？

关键启示是人与环境适配的影响。**人与环境适配（PE fit）**是"个体员工与工作环境相互匹配的相容程度"。[13]一项汇总了40 000名员工参与的170个研究的元分析表明，当员工的个人特征（如技术、能力和个性）与价值观（如诚信）与工作要求、组织价值及工作群体价值观相互匹配或者适合时，员工表现出更高的工作满意度和承诺水平，以及更低的离职意愿。[14]该元分析的结果揭示了员工个体与环境的匹配对将来的工作满意度和职业满意度的重要性。比如说，苹果公司负责移动设备的前高级副总裁马克·佩珀马斯特（Mark Papermaster）最终选择离职，部分原因就是人与环境适配度低（见相关的“真实世界/真实人物”专栏）。

真实世界/真实人物

缺乏人与环境适配导致苹果公司高级副总裁离职

苹果公司负责iPhone的高级副总裁马克·佩珀马斯特由于该手机的一连串错误而离职，熟悉内情的人说他曾跟时任CEO的史蒂夫·乔布斯发生口角。

几位熟悉佩珀马斯特情况的人说，他的离职是因为与苹果公司文化有诸多不容。

这些人说，数月前佩珀马斯特让乔布斯失去了信心，一度不参与决策过程。他们还说，佩珀马斯特看上去不再有苹果公司期待的创造性思维，也不适应苹果公司的文化。在苹果公司，即便是高级执行官也需要清楚了解各自主管领域的各种细节，并且经常需要亲自完成任务，而不仅仅是委派他人。

佩珀马斯特先生本可以采取哪些措施来提高自身的人与环境适配度？

资料来源：Excerpted from Y I Kane and I Sherr，“IPhone Executive Is Out at Apple，” *The Wall Street Journal*，August 9，2010，p. B1.

在接受一份工作或者得到一次晋升之前，你可能想知道个人与环境如何适配。首先，你需要对自身的优点、弱点和价值观进行评估。然后再对将任职的公司或者部门做同样评估：在网络上调查一下公司的情况，或者跟现有的员工聊聊。这些信息将有助于你准备一些有针对性的问题以便在面试的过程中回答。这些问题需要围绕你（与将来工作环境）的适配度。比如，如果你想让自己的辛勤付出得到认可，那么就问招聘人员公司如何对业务绩效进行奖励。你很可能会发现自己与这家公司的人与环境适配度低而决定放弃这份工作。

有一些公司认识到了人与环境适配度的重要性，因而在招聘过程中予以重点强调。在聘用销售人员的时候，可以参考位于加拿大多伦多的反思奖励公司（ReThink Rewards）的一些做法。

招聘过程包括分组面试，每组10个应聘者和两位公司职员（一位是销售代表，另一位是人力资源代表）。面试官会选出最后的10个应聘者并要求每个人阅读公司的案例，然后给两位职员做一个20分钟的PPT演示。随后进入10分钟的问答环节。留到最后的应聘者将接受招聘经理和人力资源代表的面试。面试采用“最高评级法”，从多角度面试每位应聘者，包括他的高中、大学和职场经历等。在“最高评级法”面试中，面试者会被问及15个问题，涉及应聘者在过去10年里从事过的所有工作，包括机遇、挑战、过失和成就。[15]

3.2.2 组织文化的四项功能

如图3-2所示，一个组织的文化会实现四项功能。为了实现这四项功能，让我们先考虑一下它们各自在西南航空公司中是如何形成的。西南航空公司是极具启发性的案例，因为自1971年成立起，西南航空公司持续成长，迄今已成为美国最大的航空公司之一，并且取得了连续38年盈利的骄人业绩。《财富》杂志1997—2000年连续将西南航空公司评选为全美最佳雇主前五强。2000年起，西南航空公司选择不再参与此项评选，2010年，西南航空公司被评为致力于社会责任的50强公司之一。[16]

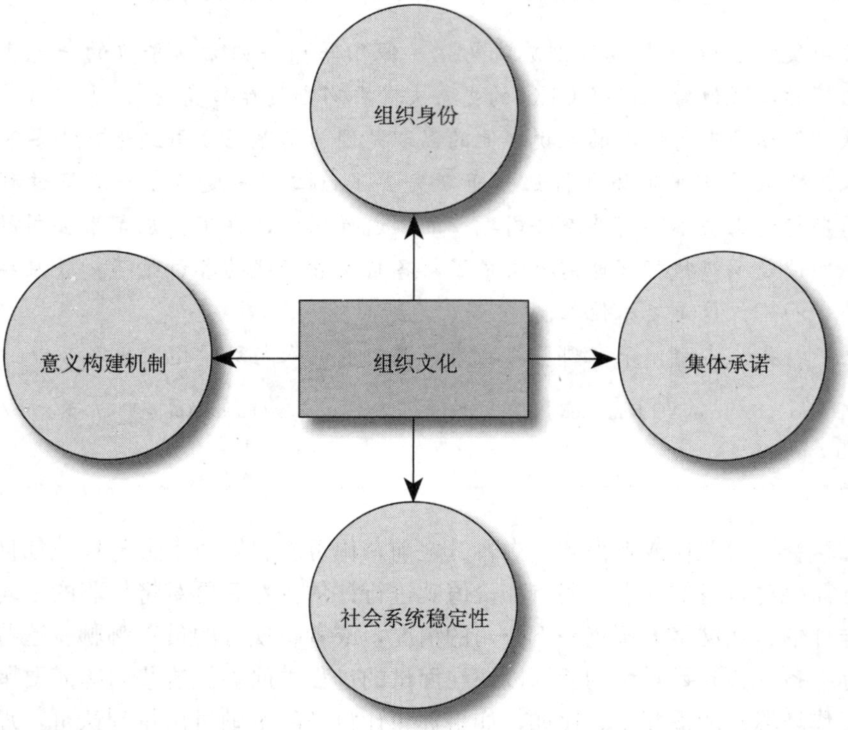

图3-2　组织文化的四项功能

资料来源：Adapted from discussion in L Smircich, "Concepts of Culture and Organizational Analysis," *Administrative Science Quarterly*, September 1983, pp. 339-58. Reprinted with permission.

1. 给予成员组织身份。西南航空公司的工作环境被公认为是有趣的。公司把员工的满意度和顾客忠诚度置于利润之上。西南航空公司CEO加里·凯利（Gary Kelly）强调说："我们的员工才是我们最大的优势，也是我们最经得起考验的长期竞争优势。"[17]

西南航空公司有一笔志愿捐献的灾难基金，用以救助遇到严重个人困难的公司员工。西南航空公司以人为本的理念也进一步加强了其最佳雇主的声誉。比如，2009年，西南航空公司共收到90 043份简历，最终录取了831名求职者。该公司也因为给女性和西班牙裔员工提供了大量职业机会而先后受到《职业女性》(*Professional Women*)杂志和《西班牙裔》(*Hispanic*)杂志的好评。《商业道德》(*Business Ethics*)杂志连续7年评选其为"百佳企业公民"。

2. 促进集体承诺。西南航空公司的使命是"致力于以热情、友好、自豪和企业精神创建最高标准的顾客服务"。[18]

西南航空公司的全体 35 000 名员工致力于实现该使命。美国交通部发布的空运乘客报告显示，西南航空公司自 1987 年起乘客投诉率一直为最低。

3. 促进社会系统性稳定。社会系统性稳定反映了员工对“工作环境是积极的和有帮助的”这一表述的认可程度，也体现了工作场所中的冲突和变化得到有效管控的程度。西南航空公司因为在工作中享受快乐、尽情派对和有喜必贺的做法而闻名。比如，每个开通航班业务的城市都有一笔举行派对的预算。西南航空公司还采用多样化的绩效奖和服务奖来鼓励员工队伍。公司创建积极和丰富的工作环境的努力所得到的回报是全行业最低的离职率和员工中诞生了创纪录的 1 164 对夫妻。

4. 帮助员工了解环境以塑造行为。文化的这一作用有助于员工了解组织的所作所为以及所要实现的长期目标。1971 年，西南航空公司高管曾将地面运输作为最大的竞争对手，员工逐渐明白为什么公司的主要愿景是为全美各地提供短距离、低票价、高频率、点对点的航空服务。员工们理解了为什么他们必须创造非凡的绩效，比如让飞机在 20 分钟内完成转场等，因为他们必须得保持低成本以便与灰狗巴士（Greyhound）这样的长途客运对手及自驾旅客相竞争。反过来，公司也在强化为旅客提供不同凡响的服务的重要性，并通过采用绩效奖和利润共享的方法来激励绩效。公司员工大约拥有公司 5%的股份。

3.2.3 组织文化的类型

组织行为学研究者提出了三种不同的框架来阐述组织文化的类型：组织文化目录、竞值架构和组织文化简况。本节集中讨论组织文化分类时运用最广的竞值架构。该架构也是组织研究中最重要的 40 个架构之一，可以用来对组织文化进行有效分类。[19]

竞值架构（**competing values framework，CVF**）提供了一种让管理者理解、权衡并变革组织文化的实用方法。最初构建竞值架构的研究团队试图对评估组织效能的不同手段进行分类。该研究表明组织效能随两个基本维度/轴线变化。第一条轴线与组织关注内部动力和员工或者外部环境、客户和股东相关；第二条轴线与组织偏好适应性和灵活性或者管控和稳定性相关。把两个轴线结合起来就可以区分出四种类型的组织文化，其核心价值观和评估组织效能的标准各不相同，如图 3-3 所示。[20]

图 3-3 表明了与每种文化类型密切相关的战略要点、用以实现这些战略要点的手段以及每种文化类型追求的与战略要点伴生的目的或目标。在开始介绍竞值架构之前需要注意的是，组织可以具有与每种文化类型均相关的不同特征。但是，组织中往往会有一种文化更占优势。让我们先来看竞值架构左上象限的文化类型。

■ 家族文化

家族文化（**clan culture**）更关注组织内部和价值观的灵活性，而不是稳定性和控制。它类似于家族式组织，鼓励员工协同合作提高效率。这种类型的文化也强调“以员工为本”，并通过形成共识、提高工作满意度和基于员工参与的承诺来增强组织凝聚力。

拥有家族文化的组织投入大量资源来招聘和培养员工，并且把客户看作合作伙伴。

位于华盛顿州普尔曼市的德卡贡设备公司（Decagon Devices）是一家家族文化极

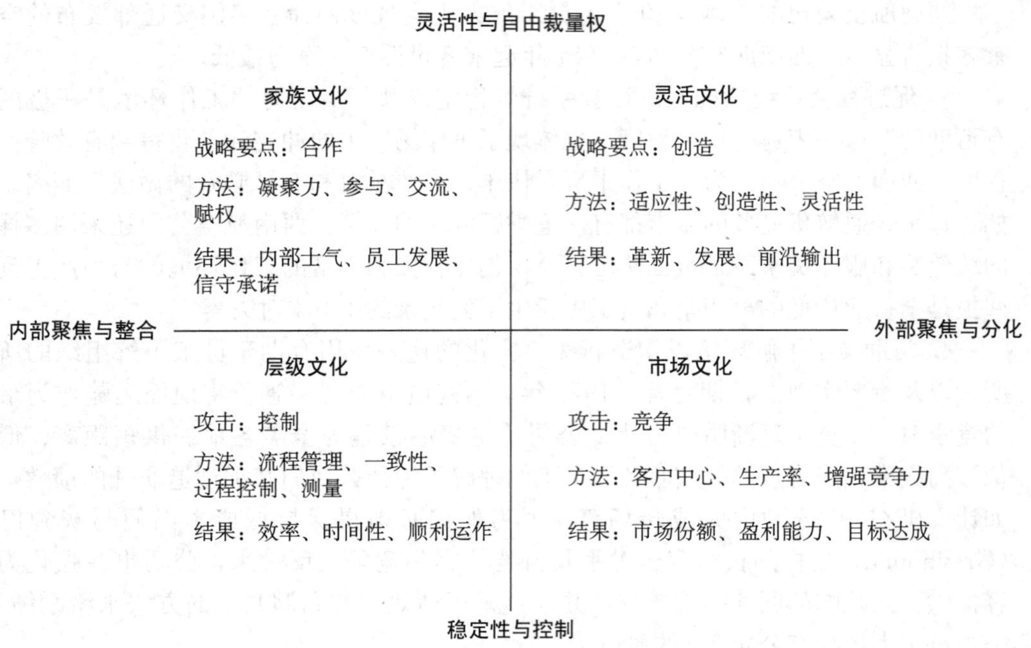

图 3－3　竞值架构

资料来源：Adapted from K S Cameron，R E Quinn，J Degraff，and A V Thakor，*Competing Values Leadership*（Northampton，MA：Edward Elgar，2006），p. 32.

强的企业。虽然规模不大，但公司高级管理层试图在工作中维持一种家庭氛围。公司CEO 塔姆辛·乔利（Tamsin Jolley）指出："我们希望看到的是，当我们新招聘员工时，我们更像是新增家庭成员。"这种家族文化更是体现在公司每一季度将 20%的税前利润分配给员工这一分享计划上。

德卡贡设备公司经常举办各种活动来增进员工关系。每周三，一些员工会轮流带自制菜肴到公司与同事分享，所有的员工共进午餐。每周的聚餐也为管理者提供了一个分享公司新闻、介绍新员工或教员工如何阅读公司财务报表的机会。该公司还鼓励员工在工作中进行社交活动。办公室里放置了乒乓球桌和有轨电动车，并长久保留着员工休息时踢足球的传统。[21]

德卡贡设备公司也给员工提供优厚的健康福利，并且每年都举办提供餐食的家庭野餐和假日派对。

SAS 软件公司在 2009 年被《财富》杂志评选为美国最佳雇主。SAS、美捷步、折扣轮胎（Discount Tire）等公司都是拥有家族文化的成功例子。[22]例如，美捷步鼓励管理者花多达 20%的空闲时间用于工作之外的团队建设。[23]

■ 灵活文化

灵活文化（**adhocracy culture**）强调外部聚焦和价值观的灵活性。这种类型的文化通过以适应性的、创造性的、快速的反应来应对市场变化以培育创新产品及服务。灵活文化不依赖于市场和层级文化中集中的权力和权威。相反，拥有灵活文化的企业允许并鼓励员工冒险，跳出框架思考，或尝试完成工作的新方法。这种类型的文化非常适用于那些所处行业正经历持续变化的创业公司，或是那些处于成熟行业中因而需要创新以实现自身增长的公司。思考一下这种文化类型的诸多特征是如何在生物制药公司阿斯利康（AstraZeneca）的案例中体现出来的。“阿斯利康通过引入新方式来提高生产率。科学家们现在全程负责候选药物直至最终的临床试验。这样的新做法结束了研究人员原来把初期产品提交到别的部门的类似流水线工作的做法。”[24] 印度的塔塔集团（Tata）在 80 多个国家拥有超过 90 家公司，是另一个拥有灵活文化的公司的例子。“塔塔因其超低价的微型车塔塔纳努（Nano）汽车而闻名。塔塔非常重视创新，甚至为创新开发了一个‘创新温度计’。这家联合企业把自身创新目标和创新绩效与国内外基准企业进行对比，以此给员工造成一种创新的‘紧迫意识’。”[25] 2010 年塔塔集团被《彭博商业周刊》（*Bloomberg Businessweek*）评选为世界上最具创新性公司的第 17 名。其他拥有灵活企业文化特征的公司包括戈尔公司（W. L. Gore）、英特尔和谷歌。

■ 市场文化

市场文化（**market culture**）具有很强的外部聚焦、价值稳定性和控制力。拥有这种文化的组织往往被竞争、强烈的交付成果和实现目标的渴望所驱动。因为市场文化专注外部环境，客户和利润往往优先于员工的发展和满意度。管理者的主要目的在于提高生产率、利润率和客户满意度。比如，考虑一下理查德·布兰森（Richard Branson）创建的维珍航空公司在美国的航线。布兰森认为，“美国航空企业大同小异，经营者们完全没有为旅客考虑”，“航空业已经变成了公交服务”。为了满足旅客需求，布兰森的新航线使用宽体的 A319 和 A320 空客飞机。飞机上每个座位都有娱乐设施。飞机上还提供无线上网，以及包括粉色、紫色、蓝色在内的 12 色调灯光调节。[26] 当然其市场文化能否带来持续盈利还有待时间检验。

市场文化指望员工反应迅速、努力工作，并按时高质完成工作。拥有市场型文化的组织倾向于奖励能完成目标的员工。在众多力推市场文化的领导者中，起亚汽车公司（Kia Motors）的 CEO 布杨·莫·安（Byung Mo Ahn）就是一个很好的例子。2008 年 2 月，他辞退了起亚汽车美国公司的两个高级经理，原因是后者未能实现预期销售目标。北美公司的员工还留意到，安创造了一个十分具有斗争性和竞争性的工作环境。有人把这种环境描述为好战环境。[27]

■ 层级文化

控制是层级文化中的驱动力。**层级文化**（**hierarchy culture**）关注组织内部，因此更有可能创造出一个更正规、更有组织的工作环境。层级文化把价值稳定性和控制置于灵活性之上，因而更有可能带来可靠的内部流程、注重测量以及各种控制机制的执行。拥有层级文化的公司的效能可以从效率、时效、品质、安全、生产稳定性、产品运输、服务水平等方面进行评估。强生公司是解释组织追求层级文化缘由的一个好例子。2010 年，强生遭遇了一次严重的生产事故，结果不得不召回儿童服用的泰诺和其他非处方药。“美国食品和药品管理局（FDA）2010 年 4 月 30 日的调查报告显示了强生公司材料违规、文档混乱以及客户投诉调查不力等一系列问题。”强生公司在 2010 年估计损失了 6 亿美元。该生产事故对公司声誉也造成沉重打击。为进行补救，强生公司构建了

“一个全公司范围的品质团队并升级了工厂，同时加强了员工培训”。[28]强生公司在其生产运营中构建层级文化是否能解决遇到的问题，我们将拭目以待。

回顾本章开篇的案例

基于竞值架构，你会如何给美国西南航空公司的文化归类？

■ 文化类型代表竞争价值

不同文化类型反映出截然不同的核心价值，留意到这一点极其重要。这些相互矛盾的文化类型沿着图3-3的两个对角线就可以找到。例如，左上象限的家族文化代表强调内部聚焦和灵活性；与之相反，右下象限的市场文化重视外部聚焦以获得稳定性和控制。在强调灵活性和外部聚焦的灵活文化与看重内部聚焦以支持稳定性及控制力的层级文化之间，也存在同样的矛盾。为什么了解不同组织文化类型的这些相互矛盾的价值观很重要？

因为一个组织的成功往往取决于其建立核心价值观的能力，而核心价值观又与竞争文化类型相关。听起来困难重重，但仍可以实现。3M公司是一个很好的例子。该公司试图在自身组织文化中融合来自灵活文化和层级文化的竞争性文化特征。作为灵活文化的体现，3M公司在2009年发布了1 000个新产品，并“创立了金额为10万美元的‘创世纪’年度基金来鼓励公司科学家的研究。该基金在科研人员中进行分配，并用于那些‘公司里任何明智或传统的人绝不会捐钱的项目’”，3M公司的一个分部副总裁说。3M公司有一个目标，就是年营收的30%要从过去5年开发的产品中创造出来。同时，3M公司又追求靠品质管理技术减少浪费和不合格产品，同时提高效率的层级文化。虽然3M公司在短期获得了更好的收益，但是新开发产品的收入减少了，科学家抱怨品质管控程序阻断了创新。一个工程师嘲讽说，“按进度创新真的十分困难”。3M公司的CEO乔治·巴克利（George Buckley）意识到了这些文化矛盾，决定用减少层级政策和程序的方式减少公司实验室内部的冲突，同时增强与灵活文化有关的相关元素来鼓励创新。但是在产品制造领域，3M公司继续在其工厂内强调品质和可靠性。迄今为止的结果表明，3M实现了成功的转变，其2010年收益和新产品获得了双丰收。[29]

3.2.4 与组织文化相关的结果

管理者和研究人员都相信，组织文化可以提升员工态度、绩效和组织效能。为了验证这些假设，不同学者多次检验了多种组织文化测量手段与不同个体、组织结果之间的关系。最近，一组研究人员对组织文化与组织结果之间的相关研究做了一个元分析。元分析的数据来自包括超过1 100个公司在内的93项相关研究，如图3-4所示。[30]

图3-4展示了八种组织结果与家族文化、灵活文化、市场文化之间的关系强度。由于相关研究数据的匮乏，层级文化并没有被包括在上述元分析之中。结果表明，八种组织结果与三类组织文化类型之间均存在积极和显著的关系。大多数关系具有中等强度，这对组织管理者具有重要意义。仔细观察图3-4可以得出以下五个结论：

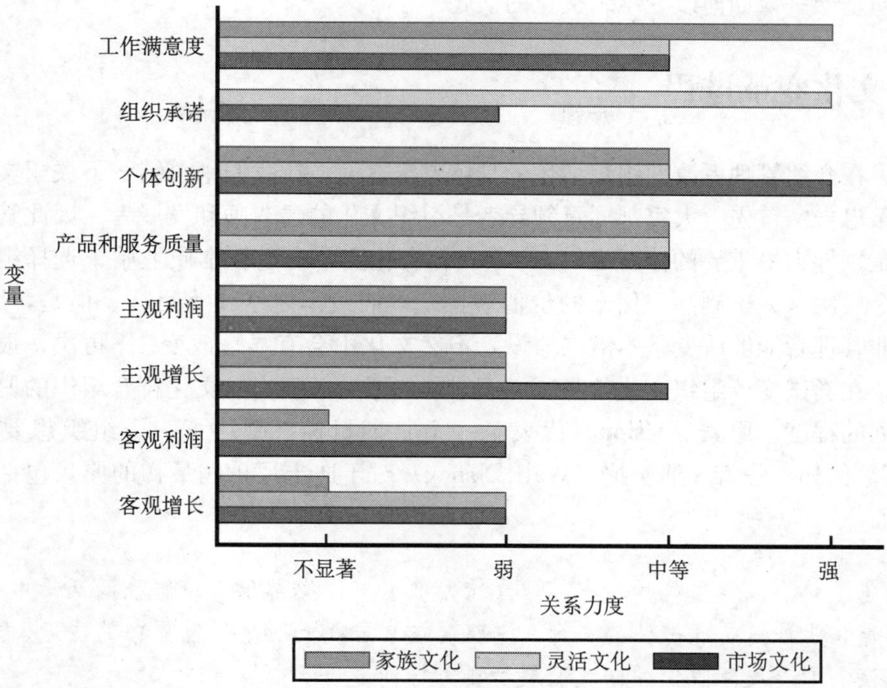

图3-4　组织文化关联因素

资料来源：Data for this Figure were obtained from C A Hartnell，A Y Ou，and A J Kinicki，“Organizational Culture and Organizational Effectiveness：A Meta-Analytic Investigation of the Competing Values Framework's Theoretical Suppositions，” Journal of Applied Psychology，July 2011，pp. 677-694.

1. 组织文化与组织效能评估明显相关。这也支持了组织文化可以转化为竞争优势的假设。

2. 家族文化企业的员工的满意度和承诺水平都更高。这个结论意味着员工更愿意在重视灵活性甚于稳定性和控制，以及关注员工满意度更甚于顾客和股东需求的组织中工作。

3. 通过在组织中融合与家族文化、灵活文化、市场文化相关的各类文化特征，组织可以促进创新和提升产品品质。

4. 组织的财务表现（如利润增长和收入增长）与组织文化并没有很强的关联。不应该期望管理者通过努力变革他们的组织文化来改善财务表现。

5. 拥有市场文化的企业往往能得到更多积极的组织结果。管理者应被鼓励去思考怎样让组织文化更具市场导向性。

研究人员也对企业并购中的组织文化重要性进行了研究。这些研究表明，企业并购经常因为其中的文化冲突而失败。随着世界范围内企业并购数量的增长，七成并购并未能实现预期的财务承诺。因此，我们建议实施并购的管理者应该仔细考虑在创建新组织时组织文化所扮演的角色。[31]

总而言之，现有研究强调了组织文化的重要性，同时也指出，我们对培养和改变企业文化的过程的认识还有待进一步深化。一个组织的文化并不是命中注定的，而是靠组织中每一个员工的通力合作才能形成和发展起来。比如说，抵制变革的组织文化往往会负面影响组织变革的有效性。变革一个组织的文化并不容易，在下一节中我们将初步谈一谈如何改变组织文化的话题。

3.3 文化变革过程

在介绍管理者改变组织文化的具体方法之前，让我们来总结一下关于文化变革的四条忠告。首先，大家都同意领导者是组织文化的建造师和发展者，因此管理组织文化是领导力最重要的体现之一。[32]其次，文化变革的过程本质上始于选择组织文化的三个层次（人工制品、信奉的价值观、基本假设）之一作为目标。但是，即便如此，除非管理者能够改变基本潜在假设，不然文化不会有显著改变。[33]再次，很重要的一点，在尝试变革组织文化的某一方面之前，要考虑到当前文化符合组织的愿景和战略规划的程度。**愿景**（**vision**）代表了一个长期目标，阐述了一个组织想要变成"什么"。例如，华特·迪士尼（Walt Disney）对于迪士尼乐园最初的愿景包括以下几个方面：

> 迪士尼将会成为这样的地方：像集市，像展览，像游乐场，像社区活动中心，像活的博物馆，也像是美和魔法的秀场。它将会被来自我们所生活世界中的成就、欢乐和希望所填满。它会提醒我们并向我们展示要怎样创造生活中的奇迹。[34]

战略计划（**strategic plan**）概括了一个组织的长期目标和达成这些目标的必要举措。福特汽车公司的执行副总裁兼美洲区总裁马克·菲尔德斯（Mark Fields）坚信，文化、愿景、战略性目标应该结合起来。根据菲尔德斯的说法，"文化决定战略。你可以制订世界上最好的战略计划，但如果文化不支撑这样的计划，它会中途夭折"。[35]

最后，在实施文化变革时，运用结构性方法是很重要的。第 18 章将会讨论文化变革时可供参考的各类模型。现在让我们来考虑一下管理者可以用来改变组织文化的具体方法或技巧。

知名组织行为学学者埃德加·沙因（Edgar Schein）注意到，改变组织文化包含一个教学过程。在这个过程中，组织成员会互相教授组织的基准价值观、信念、规范、期望和行为。这要由一个或多个如下机制才能完成。[36]

1. 组织哲学的正式声明、使命、愿景、价值观，还有用来招聘、甄选和社会化的材料。

为了表现组织文化的核心，沃尔玛的创始人山姆·沃尔顿（Sam Walton）制定了三条基本信念，或者叫价值观，它们是：（a）尊重个体；（b）服务顾客；（c）追求卓越。此外，纽柯钢铁公司（Nucor）试图通过把每个员工的名字置于年度报告的封面上来赋予员工价值。这一举措也强化了企业提倡的家族文化。[37]你想在纽柯钢铁公司工作吗？

2. 物理空间的设计、工作环境、公司建筑。瑞士巴塞尔的诺华公司（Novartis AG）为了培养合作精神，专门设计了公司办公室。设计使用了"共同工作空间、沙发、柔光照明、咖啡机去鼓励员工交谈、交换想法，并建立人际关系"的理念。公司还为员工购买了笔记本电脑，让他们不至于局限在狭小的办公室隔间里工作。[38]

3. 口号、语言、缩写、语录。例如，亚利桑那州立大学（Arizona State Univer-

sity）凯瑞商学院（W. P. Carey School of Business）的院长罗伯特·米特尔施泰德（Robert Mittelstaedt）通过“第一时间能想到的商学院”这一口号来扩展他的愿景：让学院成为世界上最好的商学院之一。教员们受到鼓舞，都参与其中，致力于提高学校学术课程的品质和声誉。

4. 仔细考虑榜样、培训项目、管理者和监管者的教学与指导。世界领先的设计、工程、承包企业之一的福陆公司（Fluor Corporation），追求一种道德文化以对抗建筑业中的腐败。该公司170亿美元的年营收中有超过一半来自海外市场。公司给员工设置了网络反腐培训课程，还亲自教导像现场操作员这样的专业员工。执行主管制定了一个开放政策，设立了一个举报违规的热线，以对违规者施以重罚，并对违规行为零容忍。[39]

5. 明确奖励、身份符号（如头衔）和晋升标准。在Triage咨询公司，同级职位的员工工资相同，但员工有资格获得数额不同的功绩奖金。功绩奖金的设立强化了成就文化。功绩奖金部分基于同事的投票，大家票选出对公司成功贡献最多的员工。而且，票数最多的员工还会在公司每年的年会上获得公开表彰。[40]

6. 关于关键人物和事件的故事、传奇或神话。美国浸信会医疗中心（Baptist Health Care）把讲故事和赞誉结合起来，并成功嵌入其以家族和市场为基础、以员工和病患为中心的组织文化。

浸信会医疗中心员工发展部门主管斯科特·吉内特（Scott Ginnette）说：“因为我们的文化，我们已经能够做到更多且不同的事情。一切都始于把组织文化带到工作第一线和所有员工身边的执行官们。例如，一整年我们都在为那些在工作中有卓越表现的冠军员工庆祝，我们把他们的故事分享给所有其他员工。每个部门都有自己的冠军员工。在年终时，委员会决定哪一位冠军可以称为拥有更高荣誉的传奇员工。传奇员工和董事会成员会被豪华轿车接去享用晚餐，分享故事并见证传奇。”[41]

万豪酒店（Marriott）也用故事来强化文化。例如，万豪国际酒店业务负责人艾德·福勒（Ed Fuller）通过讲述他和另一位高管如何从保安、服务生开始一步步做到今天的职位的故事，来教导员工关于职业发展的公平性。[42]管理者们可以把相关行为与价值观联系起来，以此来发现并传播激励人心的事迹。好的故事也来自倾听顾客的意见。讲述故事时，真实可信尤其重要，因为也许有人会去核实故事的真实性。

7. 领导者重视衡量和控制组织活动、过程或结果。当罗恩·萨金特（Ron Sargent）接管史泰博办公用品公司（Staples）时，他想要投入更多精力在客户服务上。他从调查办公用品零售商的员工已经具有的价值观念着手，并从中得知，这些员工在意自己是否能够帮助别人。萨金特把这种理念作为客户服务部门发展顾客服务技能的基础价值观。史泰博公司自此开始教授员工更多关于他们所销售的产品的知识，并且颁发奖金以鼓励团队效益。萨金特频繁地出现在各个门店，以便直接和员工讨论顾客的喜恶。[43]

8. 领导者对于关键事件和组织危机的应对。英国石油公司（BP）新上任的CEO鲍勃·达德利（Bob Dudley）在墨西哥湾漏油事件之后，迅速地对外界认为BP置利益于安全之上的指责做出了回应。他给所有员工发了一本备忘录，上面写着，“在第四季度，安全是员工在其运作业务中获得绩效奖励的唯一标准”。[44]若公司确实想要改变员工的基本假设，需要长期实行这些类型的奖励。

9. 工作流程和组织结构。层级式结构相比扁平化组织更倾向于强调控制和权威。这在一定程度上解释了为什么许多组织的领导者都通过授权员工和提高员工参与度来逐渐减少组织层级的数量（详见本书第17章）。诺华公司就是一个很好的例子。该公司通过结合灵活文化和市场文化的方式改造原有的组织结构，以达到培养创造力和提高生产率的目的。诺华的“管理团队欣喜地看到跨职能的产品开发团队正取得进展”。诺华的岗位轮换和交叉培训也十分成功。创造非正式的交流机会听起来微不足道，但强有力的证据表明，人际关系能深刻影响生产率和创造力。[45]

10. 组织系统和规程。为了实现创新、品质和效率，企业越来越多地使用电子网络来加强员工协作。例如，位于加利福尼亚的塞丽娜软件公司（Serena）的800名员工分布在14个国家的29个办公室里工作。塞丽娜公司鼓励员工免费注册脸书以促进相互了解和交流。与塞丽娜公司使用公众网站促进员工交流不同，陶氏化学公司（Dow Chemical）启动了自己的内部社交网络以便在新老员工和临时员工之间建立人际网络关系。[46]

11. 用于员工招募、甄选、发展、晋升、裁员和退休的组织目标和相关标准。2009年头美捷步被《财富》杂志评为最佳职场公司。公司花费大量的时间去招募符合其家族文化（见相关“真实世界/真实人物”专栏）的人才。当你读到这里的时候，请在脑海里回顾前面学过的人与环境适配的相关内容。

真实世界/真实人物

美捷步努力招募和甄选符合其企业文化的员工

对于公司招募和甄选员工的途径，美捷步的人力资源主管丽贝卡·拉特纳（Rebecca Ratner）说：“我们会花7～10小时，在超过四个场合，去进行一些轻松愉快的活动、团队建设活动或其他办公室以外的活动。我们能观察这些求职者，他们也能观察我们。”这一过程看来有利于改善员工离职率。“2009年，我们呼叫中心的员工离职率仅有20%。”拉特纳说。对于客服代表的工作而言，这个离职率低得令人印象深刻。是什么让美捷步得以留住人才？“我们给员工购买百分之百的员工福利。”然后就是美捷步独有的“wow”（赞叹）元素。

“若我们不能使我们的员工赞叹，他们又怎能让顾客赞叹呢？”拉特纳说。美捷步是如此渴望能够让员工赞叹。美捷步保证，在入职培训之后若认为自己和美捷步不适配，新员工可以选择拿3 000美元的补偿金离开。几乎没有人去拿那3 000美元的补偿金。相反，其中很多人后来又回到美捷步的培训课程，不过这一次参加的是经理培训。

为何美捷步的招聘方式能带来更高的人与环境适配度？

资料来源：Excerpted from J Larrere, “Develop Great Leaders,” *Leadership Excellence*, April 2010, p. 12.

回顾本章开篇的案例

在变革其组织文化的过程中，西南航空运用了上面11种方法或技术中的哪几种？

3.4　组织社会化过程

组织社会化（**organizational socialization**）是“个体学习使其能够作为成员参与到组织中的价值观、规范和行为的过程”。[47]像我们之前讨论过的，组织社会化是组织内嵌组织文化的关键机制。简言之，组织社会化通过促进和加强组织的核心价值和信念，把外部人转变为充分发挥作用的内部人。本节介绍组织社会化的三阶段模型，并回顾社会化研究的实际应用。

3.4.1　组织社会化的三阶段模型

员工在复杂组织中的第一年可能会有点摸不着头脑。新面孔、奇怪的术语、不切实际的期望和许多显然不相关的事件往往令新员工应接不暇。有些组织对待新员工的态度相当随意，毫无计划，任由他们自生自灭。但更普遍的情况是，很多组织采用了一系列可辨识的步骤来推行新员工的社会化过程。

组织行为学研究者丹尼尔·费尔德曼（Daniel Feldman）提出了一个组织社会化的三阶段模型来帮助我们理解这一重要过程。如图3-5所示，这三个阶段分别是：(1) 预期社会化；(2) 接触；(3) 改变与习得。每一阶段都有相应的知觉过程和社会过程。费尔德曼的模型也详细说明了可以用来评判一个人社会化程度的行为和情感表现。完成全部三个阶段可能会耗时几周到一年，具体取决于个体差异和情况的复杂度。

■ 阶段1：预期社会化

预期社会化阶段（**anticipatory socialization phase**）出现在个体加入组织之前，表现为个体学过的关于不同职业、行业、专业和组织的信息。预期社会化信息来源很多。组织的现有员工是预期社会化的一个重要来源。其他来源包括网络和社交媒体。例如，普华永道国际会计师事务所（PwC）是世界上最大的专业服务公司，该公司用一些基于网络的资源去吸引潜在的员工。普华永道的早期人才识别策略由三大板块构成，包括网站pwc.tv、《为未来投资》（*Feed Your Future*）杂志（通过pwc.tv下载，它展示了普华永道专业人才的生活/事业）和领导力冒险计划（强调普华永道行为的面对面的学习方案）。[48]

在预期社会化阶段，新员工形成了对新工作的性质、报酬和升职不切实际的期望。当新员工的期望值与现实情况差距太大时，他们更可能会在入职后不久选择离职。因此，组织可以用**实际工作预览**（**realistic job preview，RJP**）来降低离职率。RJP通过向新员工展示未来工作好坏两方面，让新员工清楚即将从事的工作。比如，惠而浦在公司网站发布在职员工对工作的坦率评价，这样求职者就可以对应聘的工作有所了解。[49]RJP可以采取网站、口头、小册子、视频甚至实际动手的方式。现有研究支持RJP具有实用效果的结论。对40多项RJP相关研究的元分析表明，RJP能提高绩效并减少招聘过程中的摩擦。该元分析结果还显示，RJP能降低应聘者对所申请职位的初始期望值，同时也能降低最后入职的申请者的离职率。[50]

■ 阶段2：接触

这一阶段始于新员工签订雇佣合同之时。在**接触阶段**（**encounter phase**），员工了

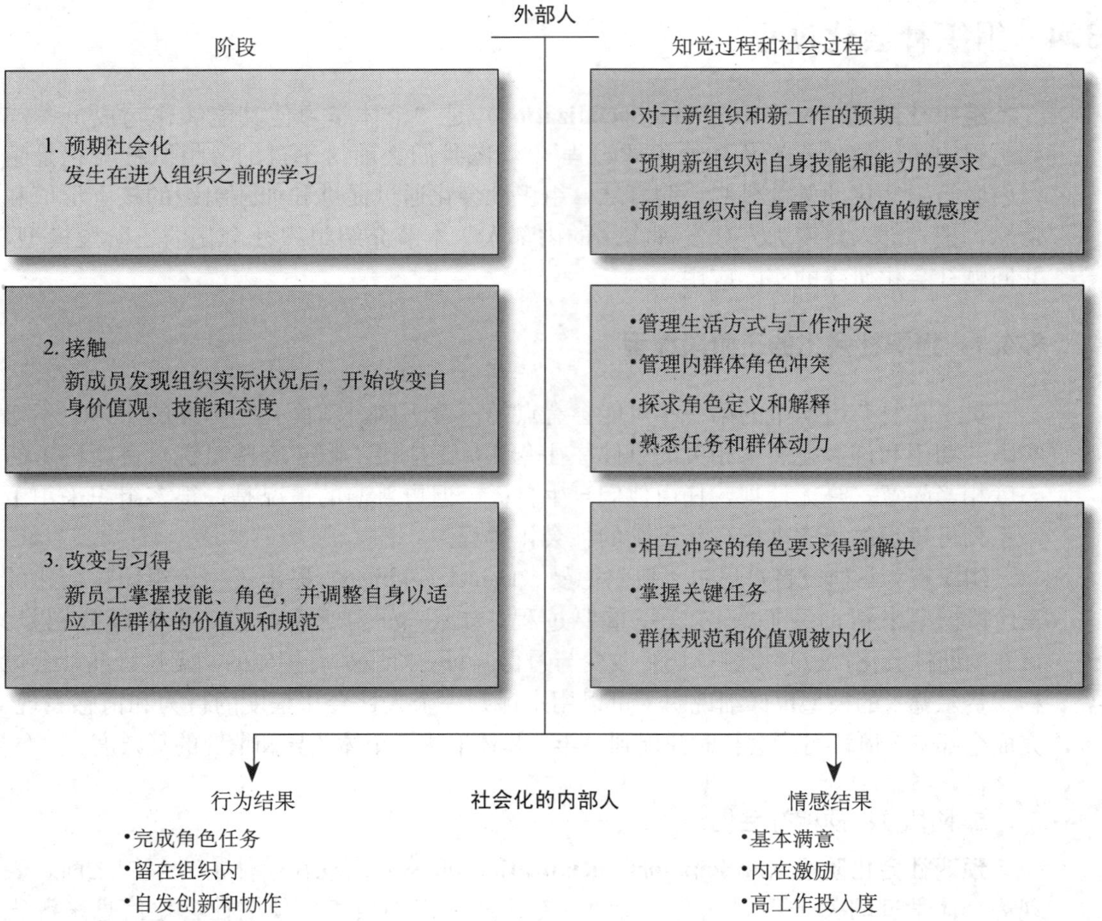

图 3-5 组织社会化的模型

资料来源：Adapted from material in D C Feldman，"The Multiple Socialization of Organization Members，" *Academy of Management Review*，April 1981，pp. 309-18. Copyright © 1981 by The Academy of Management. Reproduced by permission of The Academy of Management via Copyright Clearance Center.

解组织的真实情况。这一阶段也是新员工调整自身不切实际的期望并了解新工作环境的时候。许多公司把入职教育和工作培训结合在一起，以在接触阶段更好地社会化新员工。比如说，通过帮助新员工熟悉公司政策、程序、文化并明晰工作职位要求和职责，**上岗培训（onboarding）**可以帮助新员工更好地理解各项规章制度并顺利过渡到新的工作环境中。[51] 自动化数据处理公司（Automatic Data Processing）的上岗培训包括在线培训、课堂培训、与在职员工交流、提供入职前 90 天需要注意的事项的书面材料、融入导师制和社交网络等部分。该公司相信这些努力能帮助新员工迅速熟悉公司情况，更好地进入工作状态。[52]

■ 阶段 3：改变与习得

改变与习得阶段（change and acquisition phase）要求员工掌握与任务和职位相关的规定和技能，并接受工作群体的价值观和规范。这一阶段只有在新员工清楚了解自身角色（职位阐述将在第 10 章中进行探讨），并且与工作单元有效融合之后才会发生。这一阶段的成功也取决于新员工是否对使用社交媒体有清楚的认识。如果新员工不清楚组织对上网、开会时发短信或在公司电脑设备上发送私人信息的各项规定，他们就很容易惹上麻烦。专家建议在入职第一天就给新员工定下基本规则，教给他们重要的规范，并讨论公司的规章制度的演变。[53]此外，还有很多公司，比如斯伦贝谢（Schlumberger）这样的大型跨国石油公司，使用奖励和社交活动来让新员工进一步了解公司对员工的期望行为。

斯伦贝谢正在逐步改变自己原来过时的苏联式的批评文化。卢克·奥利维尔（Luc Ollivier）是一名50岁的法国人，他在斯伦贝谢任西伯利亚地区运营经理一职。奥利维尔注重奖励表现突出的员工。更重要的是，他强调要找到错误的根源并加以改正，而不是简单地惩罚犯错误的员工。奥利维尔说，公司的老钻探工人经验丰富，“但是他们不喜欢指导年轻人”。因此，奥利维尔举办有时长达一整天的社交活动来帮助员工形成伙伴关系。这样的活动有时以喝啤酒比赛这样的方式结束。奥利维尔说，在过去两年，工作效率提升了超过30%，西伯利亚地区的钻井收入2007年达到了2.5亿美元，这比2006年翻了将近一番。[54]

表3-1列举了组织为了帮助新员工更好入职而采用的一系列社会化策略。你能在其中找出斯伦贝谢采用的策略吗？

表3-1　　社会化策略

策略	描述
集体主义/个人主义	集体主义社会化包括把新员工分组并参加集体活动，而不是对新员工单独指导并为其提供量身定制的入职培训。
正式/非正式	前者在规定的社会化阶段把新员工与组织现职员工分开，后者则不然。比如军队新兵必须参加新兵训练营，在从训练营毕业之前不得与老兵一同参加训练。
循序/随机	循序社会化指入职培训按照固定的步骤进行；随机社会化则没有清楚界定或更加动态。在获得行医资格之前，医生的社会化过程严格地遵循从医学院到实习，再到住院医生的步骤。
固定/可变	固定社会化提供了时间表来帮助新成员获得新职位，如美国大学的学生们通常从大一、大二、大三到毕业，在四年内完成大学学业。而可变社会化则没有时间表。
连续/分离	连续社会化指新成员在富有经验的老成员帮助下完成社会化过程。而分离社会化则不提供这样的榜样。
授职/剥夺	授职型社会化指对新成员即将获得的特定角色身份和属性进行确认。剥夺型社会化则指对新成员的现有自我感进行否认和剥夺，以此达到重构新成员组织自我的目的。在警察培训中，预备警员被要求身着警服、保持整洁。他们被称呼为“警官”并被不停重复地告知，他们现在已经不是普通公民，而是代表着纪律严明的警察队伍。

资料来源：Descriptions were taken from B E Ashforth，*Role Transitions in Organizational Life：An Identity-Based Perspective*（Mahwah，NJ：Lawrence Erlbaum Associates，2001），pp. 149－83.

3.4.2 社会化研究的现实应用

现有研究揭示了管理组织社会化的五条有用的指南。

1. 最近一项调查显示，有效的上岗培训能带来更高的留职率、生产率和新员工任务完成率。[55]该结论指出，经理们应该避免对组织社会化过程毫无计划、任由新员工自生自灭的做法。因为正式的社会化策略能积极地影响新员工。正式的或制度化的社会化策略被证实在国内和国际工作环境中均能积极地帮助新员工。[56]

2. 类似于美国西点军校这样的组织运用社会化策略来强化鼓励道德行为的组织文化。经理们被鼓励去思考如何才能在社会化过程的三个阶段中更好地设定道德行为目标。[57]

3. 员工的入职经历影响他们的期望和行为。最近一项研究调查了 72 名来自亚洲国家的应届毕业生新员工。结果表明，当入职培训侧重应对入职压力时，他们的期望值更为接近组织现实，感知压力更小，入职调整更为顺利，留职率也更高。[58]经理们需要帮助新员工更好地融入组织文化，并克服因新工作环境而带来的压力。思科 CEO 约翰·钱伯斯（John Chambers）的做法就很有借鉴意义。“新员工开始工作后，他与员工们见面并欢迎他们加入思科。在每月的早餐会上，员工们也被鼓励去问他各种难题。”[59]

4. 社会化过程支持手段应符合权变思想。社会化过程的三个阶段的顺序、长度和内容因人和工作而异。管理者在管理社会化时应该运用权变方法。[60]换句话说，对不同的员工在不同的时点应该采用不同的社会化策略。

5. 管理者应留心多样性员工的社会化过程。研究表明，多样性的员工，特别是那些身患残疾的新员工，经历的社会化过程可能有别于其他新员工。反过来，不同的社会化过程又可能影响多样性员工的长期成功和工作满意度。[61]

3.5 通过导师制内嵌组织文化

导师一词源自奥德修斯的朋友门托耳（Mentor）的名字，在希腊神话里意指睿智的和可信赖的顾问。常与导师一词并提的是老师、教练、发起人和同侪等词。**导师制（mentoring）**指的是在导师（如提供职业和社会心理支持的人）和资历更低的人（或学徒）之间形成和维持深入和长时的发展关系的过程。[62]当导师和学徒在同一组织工作时，导师制可以帮助内嵌组织文化：首先，导师制可以通过帮助学徒接受组织核心价值而创造一种同一性（oneness）；其次，导师制的社会化属性也能帮助构建归属感。

导师制不仅是一种重要的内嵌组织文化策略，而且研究发现导师制能有效地影响学徒的未来职业发展。比如，一项元分析显示，接受指导的员工比未接受指导的员工工资更高，获得提升的机会也更大。接受指导的员工也被发现对组织了解更深、工作绩效更高，而且随着时间的推移工资水平也更高。[63]本节探讨如何更好地利用导师制策略。我们将探讨导师制的功能、作为导师制基石的发展网络以及导师制对个体和组织的启示。

3.5.1　导师制的功能

波士顿大学的教授凯西·克拉姆（Kathy Kram）对 18 组高级和初级经理进行了深度访谈。作为此次研究的副产品，克拉姆识别了导师制的两大类功能，即职业功能和社会心理功能。导师制能增强职业发展的五类功能，包括支持、曝光和可见性、辅导、保护以及挑战性任务。导师制的四类社会心理功能包括角色榜样、接受和确认、咨询以及友谊。社会心理功能界定了学徒的身份并增强了他们的被接受感。[64]

3.5.2　作为导师制基石的发展网络

从历史上看，导师制被认为主要是由被称为导师的个人提供的。但是，当今社会日益变化的技术、多种组织结构和市场不确定性都客观要求人们从多种来源获取职业信息和支持。导师制当前主要指被指导者从导师网络中获得发展所需的指引。网络里的导师也称为发展者。麦肯锡咨询公司（McKinsey & Company）给咨询师的建议是："构建你自己的麦肯锡咨询网络。"这个口号意味着麦肯锡希望自己的员工能识别具有关联性的目标和利益的伙伴、同事或下属，以便在发展自身专家知识时相互帮助。每一个麦肯锡的员工都对自己的职业发展负责，同时也要负起指导别人的责任。就像麦肯锡的做法揭示出来的那样，个人的关系网络蕴含的多样性和优势能为你在职业发展中带来各种帮助和指导。[65]图 3-6 显示了基于发展关系的多样性和优势分类的发展网络。[66]

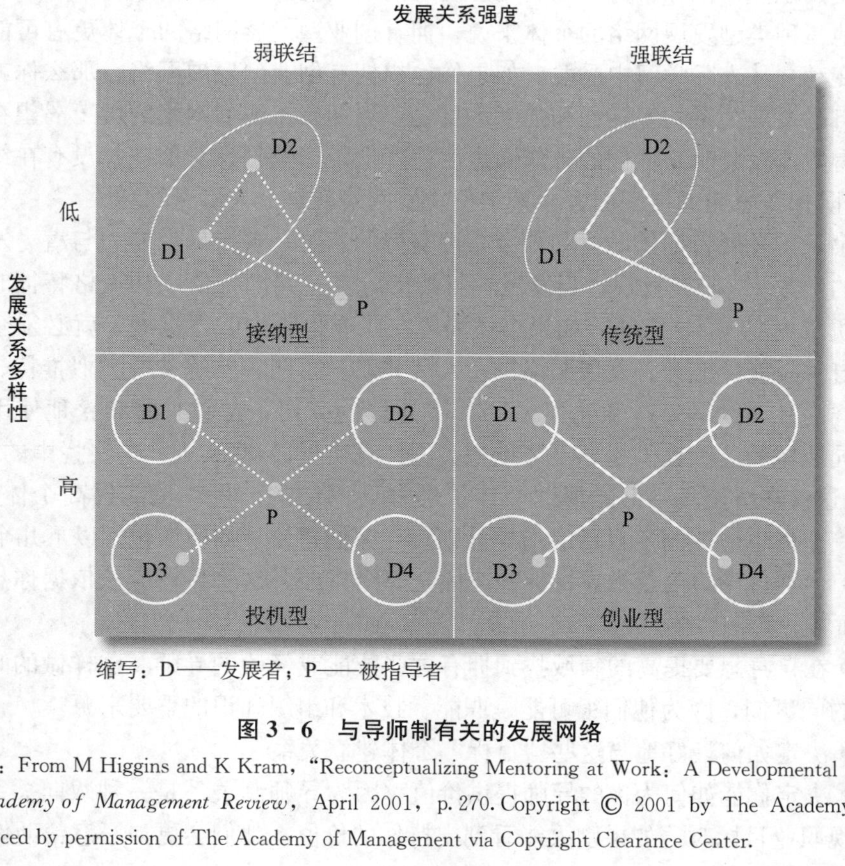

图 3-6　与导师制有关的发展网络

资料来源：From M Higgins and K Kram, "Reconceptualizing Mentoring at Work: A Developmental Network Perspective," *Academy of Management Review*, April 2001, p. 270. Copyright © 2001 by The Academy of Management. Reproduced by permission of The Academy of Management via Copyright Clearance Center.

发展关系多样性（diversity of developmental relationship）反映了个人赖以获得发展支持的人际网络的多样化程度。网络多样性与两个因素有关：(1) 网络内包含的不同个体的数量；(2) 网络发源的社会系统的差异（比如雇主、学校、家庭、社区、职业协会或宗教团体等）。如图 3-6 所示，发展关系多样性从低（人数和社会系统种类均少）到高（人数和社会系统种类均多）。

发展关系强度（developmental relationship strength）反映了个体与发展网络成员之间关系的强弱。比如说，强联结反映了经常互动基础上的紧密关系；而弱联结则反映了较为表面的关系。依据发展关系的多样性和强度两个维度，可以把发展网络分成四类（如图 3-6 所示），分别是接纳型、传统型、创业型与投机型。

接纳型发展网络由某种社会系统（如雇主或专业协会）里的一些弱联结构成。图 3-6 中围绕 D1 和 D2 的椭圆代表来自同一社会系统的两个发展者。与之相反，传统发展网络含有同属于一个社会系统的发展者与接受指导者之间的一些强联结。创业型发展网络是四种网络类型中有效的一种，由来自四种不同社会系统的几个发展者（D1～D4）之间的强联结组成。最后，投机型发展网络由来自不同社会系统的多个发展者之间的弱联结构成。

3.5.3 对个体和组织的启示

发展网络对个体有五类启示。第一，构建广泛的发展网络对个体而言很重要，因为你联系的人的数量和质量会影响你的职业成功。第二，个体的工作和职业满意度很可能受到职业目标和自身可以利用的发展网络类型的一致性的影响。比如说，比起拥有其他三种类型发展网络的个体来说，拥有创业型发展网络的个体更有可能经历职业发展变动并从人际学习中受益。如果你也想拥有创业型发展网络，那么你就应该努力增强自己发展关系的多样性和强度。反之，当拥有接纳型网络的员工渴望在多个组织中取得职业发展时，他们的工作满意度就降低了。但是，对那些并没有在组织中攀爬“职业阶梯”意愿的员工而言，接纳型发展网络就是令人满意的。[67]

第三，发展者提供职业和社会心理支持的意愿是被指导者能力与潜力及人际关系质量的函数。[68]研究发现，当发展者与被指导者有共同价值观和人格特征时，指导关系的质量更高。[69]这意味着如果个体渴望在职业生涯中取得进展，就必须全力以赴去加强自身技能、能力、发展网络以及人际关系。第四，熟练掌握类似推特、领英和脸书这样的社交网络工具很重要。AT&T 这样的公司正在越来越频繁地使用在线工具为不同地域的员工提供指导（参见相关的“真实世界/真实人物”专栏中的 AT&T 案例）。这些在线工具不但能帮助个体扩展社会网络的广度，也能提高个体的生产率。第五，个体也应该制定自己的指导计划。专家们建议计划应该包括以下几个方面[70]：

● 识别自身的接受指导目标并按优先等级排序。这些目标应该依据你想要学习的内容而定。

● 在自身想要提高的领域找到拥有这些技能或经验的导师。这样做的时候不要忽视你的同事们，因为他们很可能是职能、技术和组织知识的重要来源。

● 决定如何最好地与这些“目标”个体建立关系。

● 决定你能如何为你的导师提供价值。因为导师制关系是一种双向关系。在帮助你实现职业目标时，如果别人能看到支持你的价值，他们会更加愿意帮助你。

● 决定何时需要继续前进。导师不是永久性的。如果你发现你的导师的指导变得无效甚至开始给你造成负面影响，你就需要找一位新导师了。

已有研究也支持导师制对组织的积极作用。比如说，导师制能提高组织沟通的效率。具体而言，导师制促进了组织中上行和下传垂直沟通的次数。导师制也为改进或加强组织文化提供了一种机制。类似的积极作用使得越来越多的组织开始设立正式导师制项目。一项调查发现，60%的公司已经设有辅导项目或导师制项目。剩下的40%的公司里有80%的公司正在计划设立类似的项目。[71]

真实世界/真实人物

AT&T 开展在线指导

AT&T 的导师制项目以自组织和基于话题的小组为特点。AT&T 称之为“领导力圈子”。自组织的导师制项目相比传统人力资源部组织的导师制项目能让更多的员工参与进来。通过使用在线平台，一个导师能一次同时指导好几个学员诸如销售或团队领导等技能。学员们位于不同地点，“领导力圈子”充分利用在线平台的优势，包括社区论坛、文件共享空间、小组投票或显示事件和导师日程的在线日历等。因为支持软件也有一些内置的社交网络功能，学员们能够在不需要人力资源部帮助的情况下与别的员工进行交流。随着圈子的发展，同事之间的相互指导变得日益频繁。经理们也常在圈子里担任导师。比如，可能三个执行主管共同指导含有九个员工的群组。此外，面对面会议、电话会议和网络直播也作为在线指导的辅助手段被广泛应用。

与面对面指导相比，你喜欢在线接受指导吗?

资料来源：Excerpted from J C Meister and K Willyerd, “Mentoring Millennials,” *Harvard Business Review*, May 2010, p. 71.

组织行为学案例研究

塞尔吉奥·马尔奇奥尼在克莱斯勒进行重大战略和文化变革[72]

克莱斯勒面临的大问题并不仅仅是销售下滑。其CEO塞尔吉奥·马尔奇奥尼（Sergio Marchionne）指出，另一个大问题是克莱斯勒长期以来惯用的以大幅降价应对销售下滑的做法。

在底特律，“对市场份额存在一种狂热的、疯狂的追求”，马尔奇奥尼周一在北美国际汽车展开幕时对记者说。他同时指出，大幅降价推动销量的方式从长期来看几乎不可能给汽车厂商带来利润。

在过去的7个月中，这位57岁的出生于意大利的加拿大籍CEO一直致力于改组克莱斯勒并改变去年迫使公司破产重组的过时商业做法。他已经解雇了几位资深的执行主管，扁平化公司的层级结构，并且按照那些与马尔奇奥尼一同工作的人的说法，把恐惧元素注入员工队伍当中。

马尔奇奥尼遇到的最令人沮丧的问题是克莱斯勒一直用高返利和其他刺激手段来维持销售。这也是长期困扰通用汽车公司和福特汽车公司的老问题之一。

比如说，去年7月，当美国政府为报废车提供高达4 500美元的补贴时，克莱斯勒当时的销售执行总裁彼得·冯（Peter Fong）提出，克莱斯勒要给购置其新车的消费者额外补贴4 500美元。

两位熟悉冯计划的人说，马尔奇奥尼知道这

事以后大怒。在8月份与冯及其销售团队的会议上，马尔奇奥尼严厉斥责了整个团队，说额外补贴等于“把克莱斯勒的利润全部拱手送人”，尤其是当时克莱斯勒仍在亏损的泥潭中苦苦挣扎。一位熟悉当时会议情况的知情人透露说：“马尔奇奥尼当时简直怒不可遏。”

几周以后的9月，克莱斯勒的人力执行主管南希·瑞伊（Nancy Rae）让冯到她的办公室去一趟，在那里瑞伊告诉冯说，克莱斯勒不再需要他的服务了。

从当年6月起，当克莱斯勒走出了破产保护的阴影并与意大利的菲亚特达成合作时，马尔奇奥尼开始掌管克莱斯勒。他也是拥有克莱斯勒20%股份的菲亚特汽车的CEO。11月，马尔奇奥尼制定了一项重整计划，旨在推出一系列由菲亚特设计的小型汽车。马尔奇奥尼的目标是让克莱斯勒在2010年达到收支平衡，并在一年后重新盈利。

除了制定计划让克莱斯勒和菲亚特通力合作之外，马尔奇奥尼还努力重铸克莱斯勒“沉重缓慢”的企业文化。

在组建新管理团队的时候，马尔奇奥尼花了几天时间对原有的高管团队成员逐一进行15分钟的面谈，以决定每个人的去留。

面谈结束后，马尔奇奥尼任命了23个直接向他汇报的高管，其中包括一些直接提拔了几级上来的初级经理。

汽车行业的业内人士都相信，除了改变克莱斯勒的旧式文化之外，马尔奇奥尼别无他选。“底特律的文化是如此的与世隔绝，他（马尔奇奥尼）将不得不往墙上扔盘子来惊醒这些人。”大型汽车销售连锁AutoNation公司的主席兼CEO迈克·杰克逊（Mike Jackson）如是说。

马尔奇奥尼的办公室在密歇根州奥本山克莱斯勒总部技术中心的四楼，周围都是克莱斯勒的工程师们，而不是设在毗连的行政大楼。他的高管团队在附近的会议中心召开周会，该中心装有视频会议设备，这样远在意大利的高管们也能与会。

一位与会的人士回忆，在这些会议上，马尔奇奥尼经常指出他看到的克莱斯勒的弊病：利润率和汽车质量都需要提高，加强价格控制是迫切任务。会议讨论的细节都不准带离会议室。公司安全部门的官员在夏天的时候与高管一个个谈话，确保不会有人向记者透露公司计划的任何细节。

马尔奇奥尼是一个工作狂。他随身带5个黑莓掌上电脑并且一周工作7天。他每个月在密歇根待一整周，如果周末有会而他又不在当地，他就坐飞机回来参会。

［讨论］

1. 与克莱斯勒的文化相关的人工制品、信奉的价值观和基本假设有哪些？请解释。

2. 马尔奇奥尼如何努力提高他的直接下属的人与环境适配度？

3. 请运用竞值架构分析克莱斯勒的文化。在何种程度上克莱斯勒的文化有家族文化、灵活文化、层级文化和市场文化的特征？请讨论。

4. 请登录克莱斯勒的网站查看其使命和愿景陈述，然后回答下列问题：你认为在何种程度上该使命和愿景陈述符合你在前面问题中确认的克莱斯勒的文化类型？

5. 马尔奇奥尼运用了何种改变组织文化的策略？请解释。

6. 你想到克莱斯勒工作吗？请解释。

法律/道德挑战

信用卡发行商增长为王的文化使其瞄准处于财务困境中的客户[73]

这种麻烦听起来很耳熟。借方不能按时还贷，违约风险增加。大宗贷款正在变成坏账，投资人心急如焚。但是请暂时忘掉现在已经很熟悉的无法还按揭贷款的故事，让我们来说说信用卡公司面临的困境。财务公司目前有9 500亿美元的信用卡欠款，其中很大一部分已经成为坏账。消费者债务的炸弹已经开始在整个财务市场炸开，进一步削弱了美国经济。“下一个暴跌将是在信用卡市场。”创新投资战略价值咨询研究公司的高级分析员格雷戈里·拉金（Gregory Larkin）说。

但是，有一些银行和信用卡公司可能正在让事情变得更糟。为了提高利润并回避即将到来的监管，他们上提信用卡欠账的利率。这样做的结果是让持卡人还款更为困难……没错，信用卡市场只是市值11.9万亿美元的抵押信贷市场中很小的一部分，但是有时信用卡业务的亏损可能很严重。因为大部分信用卡卡账都没有抵押物，这意味着持卡人在用信用卡付账时不一定非要付首付。因此，当持卡人停止每个月的还款，欠账变成坏账时，信用卡公司并没有任何标的资产可供扣除。相反，在办理抵押贷款时，很多银行会通过要求支付首付和提供抵押物的方式来保护自己的贷款。这样，即使贷款人不能按时还贷，银行也能通过出售抵押物至少挽回部分损失。

在借贷业务兴盛时，信用卡行业的做法是鼓励持卡人尽可能多地刷卡。凯特·科隆布（Cate Colombo）原来是最大的信用卡发卡商MBNA呼叫中心的员工。MBNA在2005年被美国银行收购。科隆布说她原来的工作就是与信用卡持卡人搞好关系，并建议持卡人尽可能地使用信用卡的额度。科隆布说当她在电话里向持卡人推销时，同事们常常凑过来围着她的椅子一起喊“销售！销售！”“就像是电影里不法证券经纪人的电话交易所那样。”科隆布说。她指的是2000年那部描述肆无忌惮的股票经纪人的电影。“我知道这些持卡人的余生可能都要陷在这些债务里。”当然，除非这些人选择违约。

假定你是国会议员，看到案例里提到的问题你会怎么做？

1. 制定法律来禁止信用卡发卡商向无法还账的持卡人提高利息？

2. 制定法律来使凯特·科隆布这样怂恿持卡人用信用卡去进行超出支付能力的消费的做法成为违法行为。

3. 我不会制定任何法律。信用卡发卡商和凯特·科隆布不应该为我们的金融问题负责。人们必须对自己的行为负责。

4. 提出其他选择并解释。

第4章 国际组织行为学：跨文化管理

学习目标

学完本章后，你应该能够：

1. 定义文化，并解释社会文化和组织文化如何共同影响员工的在职行为。
2. 定义民族中心主义，解释如何提高文化智力。
3. 区分高语境文化与低语境文化，识别并且描述 GLOBE 项目中的九个文化维度。
4. 区分个人主义文化和集体主义文化，并解释单一时间观与多元时间观之间的区别。
5. 说明霍夫斯泰德跨文化理论的实践意义，并阐述研究者在 GLOBE 项目中有关领导力的发现。
6. 论述布鲁姆和瑞内恩有关国别性管理风格的研究的影响和实践启示。
7. 解释为什么美国的管理者在外派工作上有相对较高的失败率。
8. 总结有关外派工作中的北美女性的研究成果。
9. 识别外派任务周期中的四个阶段以及每个阶段涉及组织行为学问题的症结。

你对外来文化的看法中有哪些是错误的？

美国时间管理专家苏（Sue）把自己一直以来的成功培训归功于在一次精心准备的、结构完整的 PPT 演示中学到的东西。当时她被派往位于以色列的一家美国分公司做培训。苏认真排练了培训内容，精心设计 PPT 页面，扩展培训目标，甚至还学习了一些希伯来语。

出乎她意料的是，出席者中有人迟到，有人在她演示过程中交头接耳。缺席的原因据说是要参加紧急的会议。更加没有预料到的是，有些参与者在她演示的过程中发邮件，有些人甚至质疑她深思熟虑过的关于培训目标的用词。

在幻灯片展示过程中，几乎每一页幻灯片都引发了争论，而且大家说起了希伯来语。一小时后，苏的幻灯片才进行到第 7 页（总共有 60 页）。苏决定让大家休息一会儿。

问题出在哪儿呢？

文化干扰……

尽管美国人和以色列人在表面上有很多相似之处，但是在学习方式、沟通、工作和职业化方面却有着很大的区别。

文化现实是，以色列人非常善于应对变化以及突发状况。以色列人在向权威人士和访问者提出富有挑战性的问题时会表现出兴趣，并不一定是带着挑剔的眼光。在以色列人的正常交谈中，对话被打断的情况时有发生，但这并非缺乏尊重的表现。[1]

如今，我们经常听到关于全球化和全球经济的问题。比如，苏在以色列工作期间遇到的文化偏差问题就是一个日益严峻的挑战。跨文化技能是决定全球经济背景下组织成败的原因之一。作为经济全球化的标志和症状，具有争议的《北美自由贸易协定》(NAFTA)、世界贸易组织会议期间发生的冲突、对于海外工作的抱怨、贸易失衡、海外血汗工厂以及知识产权滥用等问题近年来一直备受关注。[2]对全球化带来的问题表示担忧是正常的，但是随着情况的改变，有些担忧被过分夸大了。离岸外包(用薪酬更便宜的海外工人代替国内员工）就是一个例子。最近的一项研究报告表明："一半的离岸服务业中的工作部署都失败了，而这通常是因为管理者没有把沟通和文化摩擦产生的隐性成本列入他们的考虑范围。"[3]在印度、中国以及其他地区，因为劳动力成本上涨和产品质量的问题，离岸外包不再那么具有吸引力。[4]不管怎么说，全球经济地震正在进行中：

在长达半个多世纪的时间里，美国人可以想当然地认为全球经济是以美国为中心的，然而……

伦敦埃森哲咨询公司顾问马克·福斯特（Mark Foster）曾说过："无论是发展中国家还是发达国家，都是从单向的全球化经济过渡到多向的全球化经济。"

世界银行数据显示，如果发展中国家的经济持续增长，全球的中产阶层数量有望到2030年增加两倍，达到12亿人。当前，有半数以上的中产阶层来自发展中国家。到2030年，差不多将会有92%的中产阶层来自发展中国家。

对于跨国企业来说，这就意味着要更多地关注美国以外的地区，尤其是亚洲、拉丁美洲、中东和非洲的部分地区。[5]

全球性管理者在从事商业活动时，可以在多种文化之间轻松过渡，因此他们在新的全球经济体制中占有优势。比如最新一期《哈佛商业评论》报告指出：

长久以来，人们都认为旅行和海外生活有益身心健康，较不为人知的是，这些对公司同样有益。我们的研究表明，有跨国工作经验或是拥有双重国籍的人能更好地解决问题而且更富有创造力。除此之外，我们发现，有海外工作经验的员工更有可能开发出新的业务和产品，而且升职概率也更大。[6]

另一项研究表明，如果一家跨国公司的CEO有外派人员管理经验，则该公司往往更能击败竞争对手。即使是国内的经理人和员工也会发现，当今的经济全球化和跨文化交流不可避免。[7]例如，在瑞士沃维的雀巢公司总部，来自100个国家的人在为这家全球最大的食品制造商工作。雀巢的CEO鲍尔·布尔克（Paul Bulcke）出生在比利时，会说六国语言。[8]跨文化交流在美国、加拿大、巴西这些国家非常普遍，这些多元文化国家的人口由本土居民和一代又一代的移民群体组成，见表 4－1。[9]（事实上，你会在本章的后面部分了解到一些有关纳瓦霍文化的趣事）。在为外资企业工作或是与外国供应商、顾客或同事打交道的过程中，员工也可能被推入跨越国界的关系网中。[10]又或者，他忽然得到了一个外派的机会。[11]

全球经济是机遇、问题和文化的结合体，企业如何在全球经济中发展则是我们需要考虑的问题。因此，本章的目的是通过研究文化对于日益国际化的组织的影响，来引导企业朝正确的方向努力。本章借鉴了文化人类学领域的研究成果。[12]首先介绍了社会文化和组织文化（第 3 章探讨过）如何共同影响工作行为，然后探讨如何发展文化智力。我们也将探讨社会文化的关键维度以达到增强跨文化意识的目标。本章还将回顾跨文化管理的研究和实践。在结束部分，本章总结了外派员工将面临的挑战以及如何避免文化冲击。

表 4－1　美国作为移民国家的多元文化根源

如果 3.12 亿美国民众能被按比例缩影成只有 100 个居民的小村庄，村民的祖先将来自以下国家和地区：

德国	15 人
爱尔兰	11 人
非洲	9 人
英国	9 人
墨西哥	7 人
意大利	6 人
波兰	3 人
法国	3 人
美洲原住民	3 人
苏格兰	2 人
荷兰	2 人
挪威	2 人
苏格兰-爱尔兰	1 人
瑞典	1 人
其他地区	26 人

资料来源：David J. Smith，*If America Were a Village*（Toronto：Kids Can Press，2009）；and Greg Toppo，"Counting to 100 in 'America,'" *USA Today*，September 3，2009，p. 7D.

4.1 文化与组织行为学

作为一名管理者，你如何理解下列情形？

一名由中国台湾调派到美国中西部地区跨国企业的亚洲管理者，对待同事态度冷漠而且专横。

西海岸银行（West Coast Bank）启动了一个名为"友好出纳员"的项目，但是菲律宾的女性出纳员对此并不配合。

当白人管理者批评黑人男性员工的工作时，黑人员工不会急于做出解释，而是冷漠地盯着管理者看。[13]

如果把上述员工行为归因于人格，那么你可能会想到三个形容词：自负、不友好和敌意。这些都是合理的结论。不幸的是，这些结论是基于偏见和刻板印象而并非实际情况得出的，因此有可能是错误的。然而，如果你把这些行为归因于文化差异，那么你就能更好地证明以下论述的有效性。"事实证明，亚洲文化更偏向于冷漠的管理风格，菲律宾人把女性的过于友好视为一种轻浮的表现，黑人群体比白人男性更加留意视觉线索。"[14] 在了解和管理组织行为时，我们不应该忽视相关的文化背景。

4.1.1　社会文化是复杂和多层面的

在第 3 章，我们讨论了组织文化。本章我们要关注的是更广泛意义上的社会文化。**文化**（**culture**）指"社会团体提倡或摒弃的一系列信仰和价值观，以及一系列正式或非正式的支持上述价值观的实践活动"。[15] 所以文化既是规范性的（人们应该做什么），也是描述性的（人们实际做什么）。通过家人、朋友、老师或其他相关的人，文化从上一代传递到下一代。大部分的文化习得都是通过观察或模仿角色模范的日常行为或媒体节目实现的。[16]

文化因其多层面的特性而难以把握。来自荷兰的国际管理专家弗恩斯・特朗皮纳斯（Fons Trompenaars）和来自不列颠的查尔斯・汉普登-特纳（Charles Hampden-Turner）在他们里程碑式的著作《跨越文化浪潮》（*Riding the Waves of Culture*）一书中提出了下面这个启发性的类比：

> 文化就像一颗洋葱一样有很多层面，想要了解文化你只能将其一层一层地剥开。
>
> 最外层是文化的产物，比如曼哈顿象征私有财产支柱的摩天大楼，楼宇之间是拥挤的公共街道。这些都是难以直接观察到的社会更深层次的价值观和规范（比如上进心、"越多越好"论、物质成功）的实物形式的体现。价值观和规范处于"洋葱结构"的偏内层，相对来说较难识别。[17]

最好的剖析"文化洋葱"结构的方法就是主动了解来自不同文化的人。IBM 的 CEO 彭明盛（Samuel Palmisano）说："我喜欢把时间花在其他不同的国家，尤其是发展中国家，这些国家对于未来饱含热情，积极乐观。而这些多元文化和无限机遇是无法靠每天待在公司总部能学到的。"[18] 对学生来说也是一样，最近的有关大学生的研究报告表明，多元文化经验可以提高学生的创造性。[19]（嗯，对于那些想要父母支付他们毕业后去欧洲夏季旅行的费用的学生来说，这是一个很好的理由。）

4.1.2　文化是一种细微但无处不在的力量

文化通常处于意识知觉之下，因为它涉及一些被视为理所当然的假设，这些假设包含了人们应该如何感知、思考、行动以及体会。文化人类学的先驱爱德华・霍尔（Edward T. Hall）认为：

因为大部分文化都在我们的意识范围之外起作用，很多情况下我们都没有意识到我们知道。我们从孩提时代开始学习文化（预期和假设）。我们下意识地学习哪些是需要注意的、哪些是不需要注意的，如何划分时间和空间，如何行走、交谈和使用肢体动作，如何在行为举止上表现得像个男性或是女性，如何与他人交往，如何承担责任，以及经验是被视为整体还是部分。这些适用于文化中的每个人。中国人、日本人或阿拉伯人跟我们一样，都没有意识到自己的假设。我们都觉得这些是人类天性的一部分。我们通常认为的"思想"实际上是内化的文化。[20]

总之，就像有人说的，"你就是你的文化，你的文化就是你"。作为全球经济下日趋复杂的营销实践的一部分，很多企业开始雇佣文化人类学家来解读顾客需求和偏好的文化根源。[21]

4.1.3 社会文化和组织文化模型

如图4－1所示，文化通过两种方式影响组织行为。员工把自身的社会文化以习俗和语言的方式带到工作场所。社会文化的副产品——组织文化反过来会影响个人的价值观、道德、态度、假设和期望。图4－1左边部分显示了社会文化如何被不同环境因素所影响。

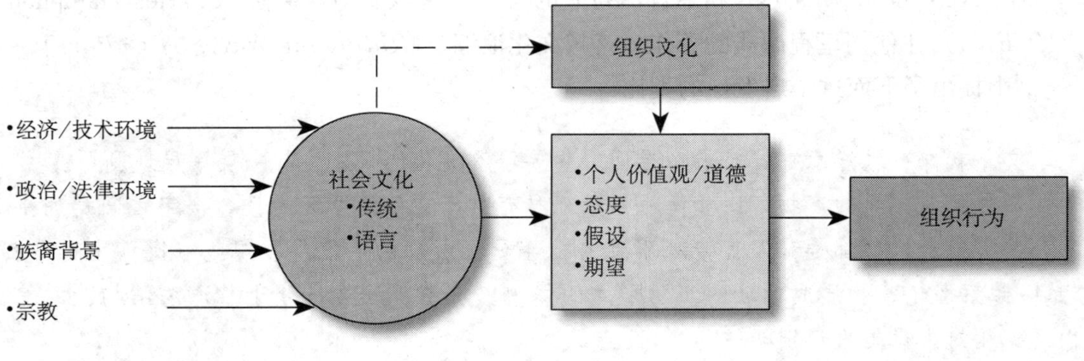

图4－1 文化对组织行为的影响

一旦进入组织的影响范围，个体会进一步被组织文化所影响。社会和组织文化的混合可以给跨国公司带来有趣的动力。例如，来自法国和美国的员工在通用电气位于威斯康星州沃基肖的工厂共同从事医学影像设备生产的工作，部门负责人克劳德·本基莫尔（Claude Benchimol）目睹了一些文化冲击：

法国人对于美国停车场到了下午5点就空无一车感到惊讶，美国人则惊讶法国人到了早上8点还不工作。本基莫尔认为，法国人更健谈、更坦诚。美国人的等级观念更明显，不喜欢批评、指责他人。但是美国文化可能会逐渐向法国文化靠拢。本基莫尔说："我们花了一年的时间才弄明白，我们都有资格说出我们不喜欢的东西，这样实际上可以帮助提高工作效率。"[22]

同一个企业，应该有统一的企业文化，然而通用电气的法国和美国员工对于时间、等级和沟通却有着不同的看法。这些就是不同社会文化的产物。

当管理在职员工、个人的社会文化以及组织文化时，这三者中任意两者之间的相互作用都需要纳入考虑范围。举个例子，同样是以改进质量为目标的企业文化，美国公司与日本公司的做法就区别很大。“与日本的员工不同，美国人对逐步提高质量的方法不感兴趣。他们想要实现革命性的突破。他们的信念是：不要循序渐进，只要大步前进。”[23]

4.2 发展文化智力

你准备好跟来自其他文化背景的人友好相处了吗？为了更好地回答这个问题，可以设想一个从民族中心主义的低意愿到文化智力的高意愿的连续体。因此，我们可以从减少民族中心主义和发展文化智力两个方面着手来探索上述问题。

4.2.1 民族中心主义：跨文化障碍

民族中心主义（**ethnocentrism**）指那种认为自己的国家、文化、语言和行为模式都比他人更优越的信念。这种信念起源于人类文明的开端。1906 年，民族中心主义被识别为一种倾向于排斥外来者的行为科学概念。[24]如今，民族中心主义包含了更多的意义（国家的或是社会的）。民族中心主义现象在世界范围内都很普遍。例如，住在伊拉克北部库尔德地区基尔库克市的前库尔德游击队员阿萨德（Hiwa Assad）说：“基尔库克的人有两副面孔，当他们跟你坐在一起交谈的时候，仿佛他们就是天使，他们会说‘我们没有敌人，我们也不憎恨其他宗教或民族’。但是，一旦没有了外人，他们会是第一个辱骂和痛恨其他种族的人。”[25]好战的民族中心主义导致了波斯尼亚和科索沃致命的“种族清洗”以及非洲卢旺达和布隆迪的种族灭绝行为。

管理和组织背景下的民族中心主义没有那么强烈，但仍令人担忧。该领域的专家分析认为：

> 民族中心主义的管理者偏向于把本国人安排到世界各地的重要职位上，并且给予这些员工更为丰厚的报酬，同样，他们倾向于认为本国人更聪明、更有能力或更值得信赖。民族中心主义并非这种偏见产生的主要原因，其根本原因是管理者对于外国人士和情况缺乏经验或了解。这并不奇怪，因为大部分的管理者更了解本国员工。正如一位高管所说的，“至少我能理解本国的经理犯错的原因，但如果是外籍经理，我肯定没有办法理解。也许外籍经理会更优秀，但是如果我不信任一个人，那我应该只是为了证明我们是一个跨国企业而雇佣他吗？”[26]

研究表明，民族中心主义会给企业带来不利的影响。研究人员对包括 272 家美国公司、309 家日本公司以及 337 家欧洲公司在内的共 918 家公司做了一项调查，结果显示，带有民族中心主义的人员配备以及人力资源政策会引发更多的人事问题。这些问题包括招聘困难、高离职率和更多涉及人事政策的诉讼。在上述三个不同地区的公司中，日本公司的民族中心主义最为强烈，相应地日本公司存在的国际人事问题也最多。[27]

现在和未来的管理者以及大众可以通过教育、更强的跨文化意识、国际经验和有意识地凸显文化多样性的价值等努力有效地应对民族中心主义。法里德·扎卡瑞亚（Fareed Zakaria）是出生于印度的CNN通讯记者。他最近就民族中心主义的危险性发出了如下警告：

> 美国人基本上不会说其他语言，也不了解其他国家的文化，而且他们认为这种现状没有改善的必要。美国人很少向全球标准看齐，因为他们相信自己的方式一定是最好的也是最先进的。这样的结果是他们变得越来越怀疑新兴的全球化时代。美国的商界精英与大多数普通民众之间的差距越来越大。如果不想办法缩小这种差距，美国的竞争优势和其政治前景可能会遭到破坏。[28]

大学生群体显示出了一些积极迹象。最新数据显示，2009年，赴美的外国留学生达到690 923人（给美国经济带来了200亿美元的收入），美国学生出国留学的数量则是260 327人。[29]

4.2.2 文化悖论需要文化智力

在这里需要指出的重要一点是，在本章和其他地方涉及的文化差异应被视为倾向或模式而不是绝对的。[30]一旦你开始认为所有的意大利人都是这样的，所有的韩国人都会那样做，那么原本具有启发意义的结论就会变成盲目的刻板印象。有丰富的国外工作经验的两位教授提出了这样的建议："作为跨文化背景下的老师、研究者以及管理者，我们需要意识到，随着经验的累积，我们最初对其他文化特性的描述都只是猜测，因而需要做出修正。"[31]两位教授认为，如果能做到这一点，我们将能更好地应对无法避免的文化悖论。所谓悖论，是指规则总会有例外，也就是指不符合预期的文化模式的那些个体。佳能负责人就是一个很好的例子。"按照日本CEO标准来看，佳能公司的御手洗富士夫（Fujio Mitarai）简直就是个异类。作为CEO，他行事迅捷果断，这完全不同于典型的日本公司的管理者。"[32]在像美国和澳大利亚这样的多元文化国家，也会遇到很多的文化悖论，这也是需要文化智力的原因。

文化智力（**culture intelligence**）指能够准确理解模棱两可的跨文化情境的能力。这在当今多样化的工作场所是一种非常重要的技能。[33]《文化智力：全球化的工作和生活》（*Cultural Intelligence*：*Living and Working Globally*）的作者戴维·托马斯（David C. Thomas）和科尔·因克森（Kerr Inkson）表示，文化智力包含三个部分：

> 1. 具有文化智力的人需要了解文化相关知识以及跨文化交流的基本原则。也就是说，要知道文化是什么、为什么文化会不同以及文化是如何影响行为的。
>
> 2. 具有文化智力的人要联系专注力，就是对遇到的跨文化情境中的线索以及自身的知识和感受能以反射性和创造性的方式给予关注的能力。
>
> 3. 在具备文化相关知识和专注力后，有文化智力的人可以提高自身的跨文化技能，并且在大部分情况下游刃有余。这些技能包括从许多行为组合中挑选出适应不同跨文化情境的特定行为。[34]

想要提高文化智力，首先需要强化自身的情感智力（在第5章将详细讨论），然后在不熟悉的跨文化情境下进行实践。[35]当然，在所有的人际互动中，没有任何东西可以替代真实地去了解、倾听和关心他人（参见相关的“真实世界/真实人物”专栏）。西班牙马德里的 IE 商学院设立了提高学生文化智力的项目，该项目在国际 MBA 项目中的排名十分靠前。

去年的 287 名学生分别来自 55 个国家……西班牙 IE 商学院是全世界商学院中学生构成最为多元化的商学院之一。12 月份从该项目毕业的罗德里戈·桑切斯·伊达尔戈（Rodrigo Sanchez Hidalgo）的同学来自包括哈萨克斯坦和萨尔瓦多在内的 15 个国家。为了吸引更多国家的留学生，西班牙 IE 商学院最近在新加坡、迪拜、柏林和里斯本设置了营销和招生办公室。该项目的目标是培养擅长在多元文化的商业环境中工作的毕业生。IE 商学院院长桑提亚哥（Santiago）教授说：“IE 商学院不是所有参与者共享同一文化的大熔炉。”[36]

真实世界/真实人物

在德国做生意细节很重要

- 头衔。记得使用头衔，比如医生、夫人、先生。除非得到别人的同意，否则不要直呼其名。
- 生日。过生日的人要负责提供食物和饮料。
- 守时。一定要守时。要有时间观念，坦诚，注重细节。
- 会议。德国商务会议开会时间比其他国家更长。
- 层级。让别人知道你的身份。等级很重要。
- 敬酒。敬酒的时候要有眼神交流。否则会带来坏运气。
- 餐具。餐具交叉摆放表示你还没吃完，平铺摆放则说明吃完了。
- 交谈。避免夸张性和拘束性的交谈。
- 拜访。当受邀到别人家里做客时，要准时到达并准备一份小礼物。
- 双手。用餐时把双手放在餐桌上，否则会被视为无礼。

这些看似不起眼的细节与文化智力有什么关系呢？对于在美国做生意的外国人，你觉得有哪些方法可以帮助他们提高文化智力？

资料来源：Excerpted from “How Not to Embarrass Yourself in Germany,” *Bloomberg Businessweek*, October 4–10, 2010, p. 82.

回顾本章开篇的案例

苏应该如何提高她的文化智力？

4.3　理解文化差异

本节探讨描述和比较文化的基本方法。作为基础，本节对**高语境文化**（**high-con-**

text culture）和低语境文化（low-context culture）做出了对比，并且介绍了 GLOBE 项目确定的九个文化维度。然后从个人主义、时间、空间和宗教等几个方面来研究跨文化差异。

4.3.1 高语境文化和低语境文化

语境是一种广泛适用而且非常有效的文化差异（见图 4－2）。[37] 来自高语境文化（包括中国、韩国、日本、越南、墨西哥和阿拉伯国家）的人在理解和与人交流时极其依赖情境线索。官方立场、状态或是家庭关系等非语言暗示在传递信息方面比口头语言更有效。比如，来自巴基斯坦的阿里夫·纳克维（Arif M. Naqvi）在迪拜做生意：

> 纳克维是圈子里的人。他和一些在该地区最具影响力的人做生意，其中包括沙特阿拉伯王储苏丹（Sultan）的儿子哈立德·本·苏丹（Khalid bin Sultan）。他的人脉和经验在做交易时起到了至关重要的作用。在中东地区，关系往往比金钱更重要。
>
> 完成交易需要技巧，正如纳克维与中东国际快递公司（Aramex International）的交易一样。该公司的创始者兼 CEO 法迪·甘杜尔（Fadi Ghandour）为了和纳克维吃饭而推掉了其他宴会的邀请。[38]

图 4－2 高低语境文化对比

资料来源：Reprinted from M Munter，"Cross-Cultural Communication for Managers，" *Business Horizons*，vol 36，no 3，p. 72. © 1993，with permission from Elsevier.

■ 研读低语境文化中难懂的条文

在低语境文化中，书面语和口头语表达共享的意义。低语境文化可以在德国、瑞士、斯堪的纳维亚、北美和英国发现。德国一如既往地有精确的书面规则，即使是对日常生活中的最小细节也是如此。[39] 在高语境文化中，在一个长期的熟悉和建立信任的过程之后，协议的达成往往可能是因为某人说的话或是一次握手。低语境文化下的美国人和加拿大人，至少那些文化根源在欧洲北部的人，有时把握手视为将要在律师审核过的不可更改的合同上签字的信号。

■ **避免文化碰撞**

在交易双方分别属于高、低语境文化的国际商业中，误解和沟通出错是经常发生的。一位墨西哥商学院教授进行了一次具有启发意义的观察：

多年来，我注意到不同文化的人对于业务报告的预期也不同。比如，美国的管理者务实，直击重点，所以他们希望收到的是简洁和有行动导向的报告。他们没有时间阅读冗长的解释："请只说事实，女士。"

拉丁美洲的管理者通常会对事实做出大段的解释。

我的一位朋友是一家美国公司的拉丁美洲商业代表，他的老板要求他定期提供销售报告。他写的报告很长，内容包括详细讲述事件发生的背景以及事件发生的可能的解释。他的老板经常简短地回复这些报告，告诉他"少说废话，直击要点"。[40]

如果来自不同语境文化的双方都能够试着去理解和适应对方，那么上述尴尬的情况就可以避免。下面是一些实用的小贴士。

- 来自不同语境的员工必须接受培训以学习如何相互适应。
- 新员工应该得到老板、同级员工以及工位边上的同事的问候。
- 解释任何事情时，事件发生的背景很重要。包括个人的经历和性格。
- 不要假设新员工可以独立处理一切事物。管理者不但要给新员工设立明确的目标，还要清楚地告知新员工完成目标的程序。
- 来自国外的高语境员工需要接受培训，以学习如何以正确的方式向别的部门和同事提问。
- 外国员工必须努力变得更加自立。[41]

4.3.2　GLOBE 项目的九个文化维度

GLOBE（全球领导力和企业行为效力）项目是宾夕法尼亚大学罗伯特·豪斯（Robert J. House）教授的智慧结晶。[42] GLOBE 是一个大型且正在进行中的项目，以"发展一个基于经验主义的理论来描述、理解并预测特定文化变量对领导阶层、企业流程以及流程有效性的影响"。[43] 自 1994 年在加拿大卡尔加里市启动以来，GLOBE 项目已经发展成一个包括来自 62 个不同社会的 150 多名学者的信息网络。其中，大多数学者所研究的特定文化为他们的母语文化，这在很大程度上增强了 GLOBE 研究的可信度。GLOBE 研究的前两个阶段识别了九种统计学显著的基本文化维度。基于九个维度的问卷调查被发放给成千上万的银行业、食品业和电信业的管理者，所得数据形成了数据库并定期发布调查结果。如上所述，要实现 GLOBE 项目的最终目标可能还需要大量的工作和多年的时间。就现在而言，GLOBE 项目提供了一个综合有效且与时俱进的工具来帮助我们深入理解跨文化的异同。

GLOBE 项目识别的九种文化维度如下：

- 权力距离：组织和机构中应该在何种程度上存在权力分配不均？
- 不确定性规避：人们应该在何种程度上依赖社会规范和规则来规避不确定性和不可预测性？
- 体制集体主义：作为追求个人目标的对立面，组织领导应该在多大程度上鼓励和表彰对社会单位的忠诚呢？
- 内群体集体主义：员工对家庭和企业的荣誉感和忠诚度应有多强？
- 性别平等：组织为减少性别歧视和角色不平等应付出多大努力？
- 果断性：人们应在社会关系中表现出多少对抗性和主导性？
- 未来导向：人们应在何种程度上延迟享乐、规划并存钱以备未来之需？
- 绩效导向：员工不断改进、追求卓越应受到多大奖励？
- 人本导向：人们的宽容、公正、友善和慷慨应从社会获得多少支持和奖励？[44]

你所处的文化是怎样的？

在阅读后休息片刻，然后评估一下你是否同意上述九个维度，标准是从1到10（1为几乎不认同，10为非常赞同）。这能帮你加深对GLOBE文化概念的理解。你能从家族史和先辈出生地追溯自己的文化剖面吗？例如，你的一位先祖的德国血统有可能明显地表现在他的文化剖面中。

国家/地区概况和实践启示

不同国家和地区在GLOBE文化维度中得分如何？表4-2中列出了从18 000名管理者收集到的数据，显示了全球文化的多样性。GLOBE的九个维度帮助我们更准确地理解各种文化到底在哪些方面不同。进一步研究发现存在不同的文化模式，或者说不同文化具有独有的特征。例如，样本中的美国管理者在果断性和绩效导向两个维度得分较高。相应地，人们普遍认为美国人有进取心且勤劳肯干。瑞士在不确定性规避和未来导向维度的高分很好地诠释了它数个世纪以来的政治中立和世界闻名的银行业。新加坡整洁安全，国人受过良好教育且吃苦耐劳，是一个适合做生意的好地方。考虑到新加坡在体制集体主义、未来导向和绩效导向三个维度得分较高，上述结论也就是意料之中的事了。[45]

表4-2　GLOBE文化维度中排名最高和最低的国家和地区

维度	最高	最低
权力距离	摩洛哥，阿根廷，泰国，西班牙，俄罗斯	丹麦，荷兰，南非（黑人样本），以色列，哥斯达黎加
不确定性规避	瑞士，瑞典，德国（联邦德国），丹麦，奥地利	俄罗斯，匈牙利，玻利维亚，希腊，委内瑞拉
体制集体主义	瑞典，韩国，日本，新加坡，丹麦	希腊，匈牙利，德国（民主德国），阿根廷，意大利
内群体集体主义	伊朗，印度，摩洛哥，中国，埃及	丹麦，瑞典，新西兰，荷兰，芬兰
性别平等	匈牙利，波兰，斯洛文尼亚，丹麦，瑞典	韩国，埃及，摩洛哥，印度，中国

续前表

维度	最高	最低
果断性	德国（民主德国），奥地利，希腊，美国，西班牙	瑞典，新西兰，瑞士，日本，科威特
未来导向	新加坡，瑞士，荷兰，加拿大（英语区），丹麦	俄罗斯，阿根廷，波兰，意大利，科威特
绩效导向	新加坡，中国香港，新西兰，中国台湾，美国	俄罗斯，阿根廷，希腊，委内瑞拉，意大利
人本导向	菲律宾，爱尔兰，马来西亚，埃及，印度尼西亚	德国（联邦德国），西班牙，法国，新加坡，巴西

资料来源：Adapted from M Javidan，R J House，and P W Dorfman，"A Nontechnical Summary of GLOBE Findings，" in *Culture，Leadership，and Organizations：The GLOBE Study of 62 Societies*，ed R J House，P J Hanges，M Javidan，P W Dorfman，and V Gupta（Thousand Oaks，CA：Sage，2004），pp. 29－48.

相反，俄罗斯在未来导向和绩效导向两个维度得分较低，这预示着一个较预期迟缓的从中央计划经济到自由企业资本主义的过渡。

正如商业和科学作家马尔科姆·格拉德威尔（Malcolm Gladwell）所解释的，文化倾向在高危行业可能变得生死攸关。尽管拥有现代化的飞机和训练有素的飞行员，20 世纪 90 年代大韩航空公司还是发生了多次飞机失事。

韩国文化中等级分明，韩国人对长辈和上司毕恭毕敬，这种恭敬的程度在美国是难以想象的。这个文化遗产正是大韩航空公司当时的绊脚石。波音和空客设计的现代化飞机需由两个地位平等的飞行员操控。这在低权力距离的文化中（诸如美国，等级不那么重要）非常有效。但是，在高权力距离的文化里，事情就比较困难了。大韩航空有名的关岛坠机事件最能说明这个问题。韩国飞行员当时正沿航线飞行，然后他们遇到一点点麻烦：天气不好。

当时该航班的机长犯了一个错误，而副驾驶并没有纠正他。当大韩航空意识到他们的问题属于文化层面后，解决了这个问题。[46]

大韩航空的例子给我们上了重要且实用的一课：了解同事、海外商业伙伴和竞争对手的文化倾向能带来战略上的竞争优势（甚至在高危行业拯救生命）。

4.3.3 个人主义与集体主义

你曾在个人追求与组织、机构或社会对你的期望之间左右为难吗？如果是，你就亲身体验了一个基本且重要的文化差异：个人主义与集体主义。它们是 GLOBE 九个维度中的两个，显然很有必要进一步探讨这种文化差异的来源。如你所料，作为一个被广泛研究的课题，学者们对个人主义与集体主义有着多种解读。[47]让我们先来看看个人主义文化和集体主义文化的基本概念。

个人主义文化（individualistic cultures），即以"我"和"自己"为中心的文化，优先考虑个人自由和个人选择。因此，它强调个人对自己的事情负责。这对一个步入老龄化的社会而言非同小可。

> 按照美国约翰霍普金斯大学杰拉尔德·安德森（Gerald F. Anderson）教授的观点，一种强烈的“社会团结感”让欧洲人倾向于慷慨地对待老年人并更乐意去赡养他们。杰拉尔德提到，“欧洲老年人的观点是，我们年龄更大所以我们需要一些帮助”，“而美国人的观点是，我们都是独立的个人主义者，所以我们将照顾我们自己，而非他人”。[48]

这种文化差异在最近一项对16个工业化国家老年人生活品质的调查中得到证实。荷兰排第一而美国排第十三。[49]

相反，**集体主义文化**（**collectivist cultures**）是以“我们”和“大家”为中心的文化，认为共同目标比个人欲望和个人目标更为重要。集体主义文化里的人们让自己的愿望和目的从属于相关社会单位的目标。比起集体主义，琼潘纳斯（Trompenaars）和汉普登-特纳（Hampden-Turner）更喜欢社群主义（communitarianism）一词。他们对世界范围内3万名管理人员进行调查研究后发现，以色列、罗马尼亚、尼日利亚、加拿大和美国有着最深程度的个人主义。个人主义调查中排名垫底的国家——因此也被归为集体主义文化——有埃及、尼泊尔、墨西哥、印度和日本。此外，巴西、中国和法国也处在量表的集体主义一端。[50]

■ 商业成功的因素

诚然，在美国这样的多元文化国家，总是既能遇到个人主义者也能遇到集体主义者。例如，想象一下波士顿的共同基金销售员戴夫·墨菲（Dave Murphy）所体会到的沮丧感吧。当时，他努力想让亚利桑那州的印第安纳瓦霍人对存钱养老感兴趣。在数次与多组纳瓦霍员工会谈无果后，当地官员的一席话让墨菲有所领悟：“若你来到这样一个环境，你必须明白人们对钱的态度是很不一样的。钱就是用来花的。若你有些钱，你得用来帮助你的家人。”[51]（这就意味着在GLOBE维度得分上，纳瓦霍人会在内群体集体主义维度得分较高而在未来导向维度得分较低。）对于受到集体主义文化熏陶的传统的纳瓦霍人来说，为自己存钱养老是自私且没有意义的行为。于是，后来的推销重点调整为强调个人退休储蓄对家庭成员的好处。

■ 应忠诚于谁?

上述纳瓦霍人案例提出了一个关于集体主义文化的很重要的视角。具体地说，就是哪个社会单位占主导地位？对纳瓦霍人来说，家庭是最为重要的参考群体。然而，琼潘纳斯和汉普登-特纳观察到，在各种集体主义（或社群主义）文化间存在重大差异：

> 对每个单一社会而言，必须确定个人与哪个群体有着最为密切的身份认同。他们可能特别渴望得到工会、家庭、企业、宗教、职业、族群或是国家的认同。法国人常常认为他们与法兰西、家庭、环境有着密切联系；日本人是与企业；爱尔兰人则是与罗马天主教会。社群主义的目标对工业的好坏取决于其所在的特定社区、其倾向和其与商业发展的相关度。[52]

这一观点也证实了GLOBE文化维度在体制集体主义和内群体集体主义间的差异。

4.3.4　文化中的时间观念

在北美和北欧文化中，时间法则简单明了：它是线性的，按标准化的模块不断向前推移，绝不倒退。时间观念很强的美国人坚信本杰明・富兰克林（Ben Franklin）的忠告："时间就是金钱。"时间被花费、被节约，或者被浪费。[53]化妆品巨头雅诗兰黛公司（Esteé Lauder）的 CEO 威廉・兰黛（William P. Lauder）便是一个很好的例子。兰黛在最近的一次采访中公开宣称："当我看到人们浪费时间，我会立刻指责他们。时间是他们最重要的资源，当它流逝后，便再也找不回来了。"[54]与兰黛正好相反的是男演员约翰尼・德普（Johnny Depp）。据一个《新闻周刊》（*Newsweek*）记者报道，"他像是一个从来不赶着去哪儿，或者说从未从哪儿赶来的人。他长期采访迟到——有时晚四五个小时，有时甚至几天——但是这次采访他很有绅士风度地只迟到了大约 50 分钟"。[55]典型的美国人常比约定时间早 10 分钟露面，在肯塔基州出生的德普在这一点上显然并不像个美国人。跨文化工作时，时间观念变得尤为复杂。想象一下一个纽约人会有多懊恼，当他等了 45 分钟，却发现一个拉丁裔美国政府官员正同时和另外三个人打交道。北美人在社交时讨厌得不到及时回应和专注。拉丁裔美国官员也会厌恶北美人不耐烦且明显的以自我为中心。这种相互怨恨的恶性循环能从**单一时间观**（**monochronic time**）和**多元时间观**（**polychronic time**）的文化差异中得到解释：

> 前者展现出了有序地、明确地、基于安排地利用公共时间，这描绘了甚至略带讽刺地刻画了追求效率的北欧人和北美人。后者在多项周期性活动以及同时处理多人和多事务时有所体现，如地中海人、拉丁美洲人，尤其是阿拉伯人。[56]

诸如美国文化这样的低语境文化倾向于单一利用时间的方式。而高语境文化，诸如位于中美洲的哥斯达黎加文化，倾向于多元利用时间的方式。来自多元时间观文化的人认为时间是灵活的、流动的且有多个维度。例如，想象一下你与波斯湾地区的卡塔尔人做生意：

> 卡塔尔公司员工一直都热爱自己的议会传统，这是一个男人（而且只有男人）晚上一起品茶、抽水烟、没完没了地讨论并解答世界问题的集会。当地沃达丰公司（Vodafone）的领导格雷厄姆・马希尔（Grahame Maher）不得不掌握这项古老的传统来赢得员工的支持。马希尔说："我学到了一个西方人早已遗忘的经商方式，因为它需要花太多的时间。"[57]

当然，经济全球化催生了基于单一时间观的全球商务惯例，这显然是传统多元时间观文化的特例。

> 西班牙的旅游指南会提醒游客，因为午休——午饭加午睡时间较长的惯例，商店和企业可能会在下午关门好一会儿。但至少在西班牙的各主要城市，这种午休传统正逐渐为全球化的工作与生活平衡让步。

西班牙的雇主也开始重新审视他们允许漫长的午休习惯的做法，这会导致西班牙员工的工作日延长到很晚。这个午休传统也会妨碍西班牙公司与其他欧洲公司在很大一部分工作日时间的生意往来。此外，在大城市的公司员工回家吃午饭也逐渐变得不切实际，而且工作日的长短也成为很多员工关注的问题。[58]

在跨文化经商时，管理者需调整自己的生物钟。

回顾本章开篇的案例

在这个案例中，单一时间观和多元时间观的文化差异在案例中扮演了怎样的角色？

4.3.5 人际距离

人类学家爱德华·霍尔（Edward T. Hall）注意到文化与最佳人际距离之间的联系。他观察到，来自高语境文化的人与他人谈话时站得较近，而低语境文化的人似乎喜欢更远的人际距离。霍尔把**人际距离学**（**proxemics**）一词用于文化期望的人际距离研究。[59]他详细说明了四种人际距离区，也有人把它们叫作距离气泡。它们分别是亲密距离、个人距离、社会距离和公众距离。图 4－3 描述了这四种人际距离区域的范围以及在特定文化中的差异。

北美的商业会话距离通常是三四英尺，在图 4－3 中位于个人距离区域。而在拉丁美洲和亚洲文化中，这个距离通常大约只有一英尺，这会让北欧人和北美人感到太近而不自在。一些传统的阿拉伯人甚至喜欢更近。霍尔解释道："若两个文化的安全人际距离不匹配，很容易让人措手不及而不能集中注意力。"

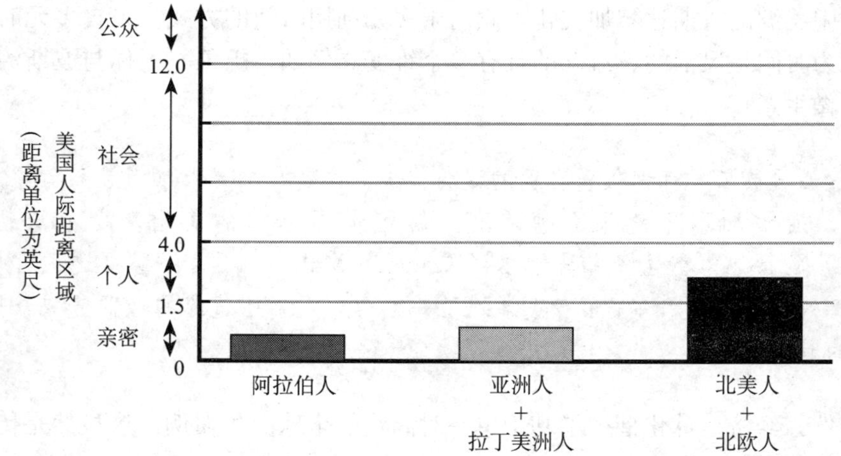

图 4－3 因文化而异的商业会话人际距离区域

交谈时，阿拉伯人常常会离谈话对象非常近，以至于对方甚至能感觉到他们的呼吸。这是高语境文化中高感官参与的一部分……

对话另一方的美国人不了解这些令自己不自在的文化差异，反而认为阿拉伯人粗鲁。阿拉伯人越靠近，美国人越后退。阿拉伯人接着走近，因为他只有在特定距离范围内才能与对方互动。一旦美国人了解到阿拉伯人的空间处理方式不同，且站在呼吸距离内也是交流的一种方式，美国人也许会重新评估面临的情况且更加放松。[60]

亚洲和中东的东道主们往往感觉得追着来自低语境文化的客人才能保持自己认为合适的交谈距离。东道主有时觉得这很讨厌。而对低语境文化的客人来说，整个晚上必须一直后退才能让对方保持在适宜的交谈距离范围内，这也未尝不是个尴尬的经历。了解文化差异以及熟练掌握应对技巧对跨文化商业往来的成功必不可少。

4.3.6　宗教信仰

宗教信仰和宗教习俗对于跨文化关系有着深远的影响（见相关的“真实世界/真实人物”专栏）。如何综合对待不同的宗教信仰超出了我们当前的讨论范围。[61]但是，我们依然能审视宗教信仰和工作价值观之间的联系。一项对 484 名美国中西部大学的留学生的研究揭示了广泛的差异。下面列出了对来自五种不同宗教信仰的被调查者而言最为重要的工作价值观。

- 天主教：关怀维度（涉及员工受重视、知道进展情况、决策被采纳）。
- 新教：雇主高效性（希望能在一个高效、成功的技术领袖公司工作）。
- 佛教：社会责任感（关注的是雇主是否对社会负责）。
- 伊斯兰教：连续性（渴望稳定的工作环境、长期的工作以及较低的不确定性风险）。
- 无宗教信仰：职业挑战（希望工作能提供机会去学习和熟练运用技能）。[62]

因此，不同宗教间的主要工作价值观很难达成一致。于是，研究人员断定，“明智的雇主应当考虑到不同的宗教信仰（更广泛地说，文化因素）给不同的员工群体价值观带来的影响”。[63]毫无疑问，在美国和其他一些国家，平等就业机会法律严禁管理者基于申请人的宗教信仰而做出雇佣决定。

真实世界/真实人物：商业道德

亚利桑那州立医院将纳瓦霍人的传统与现代医学相结合

当一个纳瓦霍母亲在亚利桑那州北部的班纳·佩奇医院（Banner Page Hospital）生小孩时，她会邀请她的整个家族成员——常常超过 10 人——进入产房。她可能按照印第安传统蹲着生育。一位巫医会进行古老的祈祷仪式并为这位母亲提供草药以缓解分娩疼痛。孩子出生后，护士会保存胎盘，以便这个家族能带回家并把它埋在一处圣地。

在这个位于峡谷和鲍威尔湖中间的偏远的小镇上，传统的纳瓦霍治疗术正与现代医学相融合。这家医院的印第安文化委员会成立于 2002 年，致力于创建一个包容性的医疗社区，解决纳瓦霍人的文化敏感性。很多纳瓦霍人仍然对现代医学心存疑虑。

这家医院的印第安文化委员会会长说：“你必须考虑个人、整个家庭以及整个文化。”

作为一名医院管理者，你对于保护纳瓦霍人的传统有什么商业和道德主张？

资料来源：Excerpted from A Haupt，“Hospital Honors Its Navajo Ties,” *USA Today*，August 18，2008，p. 10B.

4.4 跨文化管理研究的实践性启示

加拿大麦吉尔大学的国际组织行为学专家南希·阿德勒（Nancy Adler）对**跨文化管理**（**cross-cultural management**）给出了如下的定义："跨文化管理对全球组织中人们的行为做出了解释，并向人们展示如何与来自不同文化的员工和客户共事。"[64]从历史的角度看，跨文化管理研究几乎只关注文化差异性。一位被不恰当的跨文化比较所困扰的研究员最近把这种研究方法称为"拿筷子与刀叉比较"。[65]但是GLOBE项目的研究人员曼索尔·贾维丹（Mansour Javidan）和罗伯特·豪斯（Robert J. House）建议不仅要研究差异性，还要研究相似性。他们认为，寻找文化相似性能帮助人们判断特定的管理实践在外来文化中的适用性。"例如，在美国形成的领导理论，可能会更容易应用于英国的管理人员（同属于英美集群），而不是阿拉伯国家的管理人员。"[66]在本节，我们会考察三个不同的跨文化管理研究流派。这三个流派均为现今全球经济的管理者带来了有益的启示。

4.4.1 霍夫斯泰德的研究：美国管理理论在其他国家的应用如何?

这个问题的回答很简短：不太理想。这个答案源于荷兰研究人员吉尔特·霍夫斯泰德（Geert Hofstede）在30年前所进行的一项具有里程碑意义的研究。他对来自53个国家和地区的116 000名IBM员工的价值观从以下四个维度进行了独特的跨文化比较：

- 权力距离。人们对社会不平等情况的接受程度如何?
- 个人主义与集体主义。个人与社会集体的紧密程度如何?
- 男性气质与女性气质。个人信奉的是传统的以竞争和绩效导向为主的男性气质，还是以养育和关系导向为主的女性气质?
- 不确定性规避。人们对高度结构化的渴望有多强烈?

来自美国的调查样本在权力距离维度排名相对较低，个人主义维度非常高，男性气质维度中等偏高，不确定性规避维度偏低。[67]

基于文化之间的高度差异，霍夫斯泰德得出以下两个主要结论：（1）管理理论和实践需要适应当地文化。对于"美国制造"的管理理论（例如，马斯洛的需求层次理论）和日本式的团队管理方式而言更是如此。跨文化管理不存在最佳方式。[68]（2）文化自大是个人、公司和国家在经济全球化背景下再也无法负担的奢侈品。

4.4.2 GLOBE项目的领导力研究启示

在第二阶段，GLOBE研究人员着手寻找（如果有的话）受全球欢迎或抵制的领导力特质。他们对来自62个国家951个组织的17 000名中层管理人员进行了调查。研究结果（见表4-3）对领导力培训师以及现在的和未来的全球管理人员具有重要的启示。[69]具有远见和感召力的魅力型领导者是很好的团队建设者，通常也做得最好。但是，以自我为中心的领导者通常被认为不合群或是爱面子而在全球范围内都声誉欠佳（参见第16章关于领导力的综合论述）。尽管国内外管理人员已经意识到这些后果，他们依然被建议首先利用自身文化知识了解当地人和文化，然后采用权变方法进行领导。电器制造商惠而浦公司的资深 CEO 戴维·惠特万（David Whitwam）这样描述面临的挑战：

> 在今天领导一家公司是不同于 20 世纪 80 年代和 90 年代的，尤其是领导一家跨国公司。这需要具备一套全新的职业能力。官僚体制不再行得通。你必须将命令和控制模式从整个管理系统中移除。你需要允许并鼓励员工广泛地参与公司事务。尤其是在消费品公司，需要一个多元化的工作团队和具备多元化的领导才能的管理者。你需要强大的适应各种文化生活的区域领导力。我们有专门的北美地区分公司分管北美业务，以及拉丁美洲地区分公司分管拉丁美洲业务。[70]

表 4-3　在 62 个国家普遍受欢迎或抵制的领导特质

公认的积极领导特质	公认的消极领导特质
可靠的	独来独往的
公正的	不合群的
诚实的	不配合的
有远见的	易怒的
未雨绸缪	闪烁其词
鼓舞人心的	自我中心的
积极的	无情的
充满活力的	独裁的
激励者	
信心缔造者	
激励下属的	
可依赖的	
有智慧的	
果断的	
有效的谈判者	
以双赢方式解决问题	
具有管理技巧	
善于沟通的	
见多识广的	
协调者	
团队建设者	
追求卓越	

资料来源：Excerpted and adapted from P W Dorfman，P J Hanges，and F C Brodbeck，“Leadership and Cultural Variation：The Identification of Culturally Endorsed Leadership Profiles，” in *Culture*，*Leadership*，*and Organizations*：*The Globe Study of 62 Societies*，ed R J House，P J Hanges，M Javidan，P W Dorfman，and V Gupta（Thousand Oaks，CA：Sage，2004），Tables 21.2 and 21.3，pp. 677-78.

4.4.3　管理风格因国家而异

最近一项基于 10 多个国家的综合性研究结果证实且扩展了霍夫斯泰德的结论：管理方式确实因国家和文化而异。该研究随机选取了 5 922 家员工规模为 100～5 000 人不等的工厂。接受访谈的员工根据对 18 种有效管理方法的使用对管理人员进行了从低到高的排名。根据首席研究员尼古拉斯·布鲁姆（Nicholas Bloom）和约翰·范·瑞内恩（John Van Reenen）的总结，18种管理方法可分成以下三类：

1. 监管。管理人员如何监管公司内部情况，并进行持续改进？

2. 目标。企业设定的目标是否正确，是否能够掌握结果动向，如果两者不一致，能否采取适当的措施？

3. 奖励。公司是否基于绩效来提拔和奖励员工，并尽力雇佣和留住最佳员工？[71]

接下来，研究人员把收集到的对各国管理人员的评价进行汇总，并识别出不同国家的特色性管理风格。其中关键发现如下：

- 运用组合管理实践质量排名由高到低为：美国、德国和瑞典（并列第二）、日本、加拿大、法国、意大利、英国、澳大利亚、波兰、爱尔兰、葡萄牙、巴西、印度、中国和希腊等。
- 这些国家在“监管”、“目标”和“激励”三个方面都有自身独特的侧重。五个总体排名最高的国家详见表4-4。
- 不存在世界通用的最优管理方式。
- 跨国公司的管理比国内公司更好。因此，跨国公司更能树立榜样并传授可靠的管理实践。

上述研究的主要启示是：派往国外的管理人员应根据任职地点灵活地调整自己的管理风格。例如，如表4-4所示，在美国和加拿大，使用激励措施非常合适，但在瑞典却使用较少，因为瑞典以监管为主。目标是日本人和德国人的首选。从文化方面适当平衡监管、目标和激励三者会产生最好的结果。这需要背景研究、文化智力和耐心，而不是急于执行异域风格的管理。

表4-4　通过强调不同管理实践获得较高整体管理评分的国家

	国家排名		
	监管	目标	激励
美国	2	3	1
德国	3	2	3
瑞典	1	4	5
日本	7	1	4
加拿大	4	5	2

资料来源：Adapted from data in N Bloom and J Van Reenen, “Why Do Management Practices Differ Across Firms and Countries?” *Journal of Economic Perspectives*, Winter 2010, Table 2, p. 210.

4.5 帮助员工做好外派工作的准备

全球性公司覆盖范围不断扩大，将会出现很多在外国生活和工作的机会。例如，想象一下，为德国电子和工业设备巨头西门子公司工作的员工，就有可能被派往国外工作，获得跨文化体验的机会。西门子总部位于慕尼黑，并在190个国家和地区拥有405 000名员工。其中61 000多名员工在美国工作。[72]西门子和其他全球性企业均需要一支充满活力以及不断成长的员工队伍，愿意并且能够处理跨文化事务。[73]商业专栏作家杰克·韦尔奇和苏茜·韦尔奇最近提出了关于未来10年的展望：“对于任何有经验、有抱负、有兴趣并且具有全球性的心态，愿意在海外工作数年的管理者来说，等待他们的将是金矿一样的机会。”[74]因此，本节讨论文化的目的就在于帮助你和他人为在的工作成功做好准备，因为外派的工作经历总能为个人的简历添彩。

4.5.1　为何美国的外派人员总是失败？

外派人员（expatriate）指离开母国生活或工作的人。当他们调动到其他国家时，称为外派国外；当他们回国时，称为调回国内。目前没有可靠的数据可以说明到底有多少美国人外派到国外工作，包括平民和军人，但是肯定有上百万人。我们知道的是只有 27%的美国公民持有有效护照（相比之下，加拿大有 40%，英国有 64%，德国有 90%）。[75]这项粗略的数据表明美国人的全球参与度较低，也解释了为什么美国人通常被认为跨文化交际能力较差，而且在外派任务中更容易失败。研究结果也证实了这个观点。两位国际管理专家给出了下面的评估：

> 在过去的十年里，我们研究了美国、欧洲和日本共 750 家公司对外派人员的管理情况。为了更好地评估外派人员的经历，我们走访了外派人员自己以及做出派遣决定的行政主管。此外，我们还调查了外派人员回国之后的情况……
>
> 总体来说，调查结果令人担忧。我们发现在派往国外的美国管理人员中，有 10%～20%的人由于对工作不满意或难以适应国外生活而提早回国。在那些完成任期的人中，近 1/3 的人的表现没有达到上级领导的预期要求。最让人头疼的是，在回国后一年内，1/4 完成外派任务的员工会离开原公司，跳槽到竞争对手那里。回国后的外派员工的流失率是未曾外派员工流失率的两倍。[76]

最近一项关于外派人员提前回国原因的研究显示，这种情况正在逐渐改善。个人和家庭的适应问题（36.6%）和思乡问题（31%）仍然是影响美国管理人员在国外工作的最主要原因。[77]一项对 72 位跨国公司人力资源经理进行的关于外派任务中最重要的因素的调查显示：“将近 35%的人提到了文化适应问题，即耐心、灵活性以及对他人信仰的包容。”[78]

显然，美国的跨国公司需要帮助外派员工及其家人为海外生活和工作做更好的准备，尤其在外派成本很高的情况下。雅基·豪泽（Jacqui Hauser）是位于康涅狄格州丹伯里市的胜腾搬迁公司（Cendant Mobility）咨询服务部门的副总裁。他说，把一个在美国年薪 16 万美元的行政主管和他的配偶还有两个孩子外派到印度两年的花费大概是 90 万美元。这些费用包含住宿费、生活费、外派服务补贴、税务补助、教育支出、汽车补助以及整个家庭每年回国的交通费。[79]

4.5.2　亮点：外派任务中的北美女性

历史上，美国或加拿大很少有女性执行外派任务。然而，这种情况正在缓慢改变。对研究证据和趣闻轶事的回顾说明了这些观点：

- 北美公司中执行外派任务的女性从 20 世纪 80 年代早期的 3%上升到了近几年的 11%～15%。
- 自我否定以及管理层认为女性不受外国文化欢迎的假设是阻碍外派女性人员的主要因素。外国的偏见倒是其次。

● 在外方眼里，执行外派任务的北美女性首先并且最重要的身份是外国人，其次才是女性。

● 北美女性在外派任务上成功率很高。[80]

当前，对全球经理类人才的需求快速增长，女性的自我否定和管理层歧视女性的政策将与这一趋势背道而驰。就自身而言，女性和其他想获得外派任务的员工要积极了解国外文化，并表明他们对外派任务的渴望。美国烟草巨头——雷诺兹烟草公司（Reynolds American）的 CEO 曾举了个很好的例子："苏珊·艾维（Susan Ivey）说 1990 年是她取得重大职业突破的一年。当时她的主管问她是否愿意执行外派任务，并给了她 48 小时的考虑时间。最后，艾维接受了。艾维说，那次经历让她'眼界大开'。"[81]当卡夫食品（Kraft Foods）的 CEO 艾琳·罗森菲尔德（Irene Rosenfeld）被问及她曾做过的最好的决定时，她说："1996 年我调职到加拿大，那是个绝好的成长机遇。我的下属都是富有经验而且从来没为女性工作过的男性。这个团队也不看好美国人……那次的经历让我清楚地认识到了管理与领导的不同。"[82]

4.5.3 避免外派任务中的组织行为学症结

找到合适的外派任务人选（合适人员的标准通常还包括富有冒险精神和全力支持的家人）是一个复杂、耗时且费钱的过程。在我们看来，只关注外派任务周期中常见的组织行为学症结问题即可。如图 4－4 所示，周期的第一阶段和最后阶段发生在家里。中间的两个阶段出现在国外或是东道国。每个阶段都隐藏着和组织行为学相关的问题的症结，这些应该被预见并得到化解。否则，下一个失败的外派任务的费用会增加。

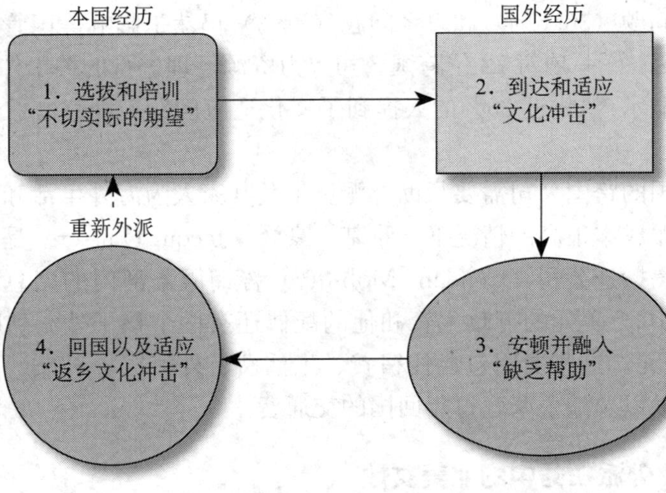

图 4－4 外派任务周期（标注了组织行为学症结点）

■ 避免对跨文化训练不切实际的期待

实际工作预览（RJP）通过提供符合实际的好坏参半的信息，能有效地降低人们对即将到来的外派工作的不切实际的幻想。相比于期望不切实际的员工，期望切合实际的员工辞职的意愿更小，对工作也更为满意。未来的外派人员必须接受实际工作预览的培训。此外，跨文化训练也是必需的。（一些有用的不同文化训练小贴士，请详见相关的“真实世界/真实人物”专栏。）

跨文化训练（**cross-cultural training**）是为将要出国的员工（和他们的家人）所设计的任何类型的结构化体验，目的是帮助他们适应国外文化。在美国，这样的训练越来越多，然而，在质量和数量上还有很大的提升空间。专家认为，跨文化训练虽然费用高昂，但相比外派任务失败的成本还是要小。此外，跨文化培训项目在类型和难度上也有很大不同。当然，难度越大，时间和花费也越大：

- 最简单。行前训练限于信息材料，包括书籍、讲义、电影、视频和互联网。
- 中等难度。体验式培训通过个案研究、角色扮演、模拟实战和介绍性语言教学来完成。
- 难度最大。临行前，外派员工接受前两种模式的训练、综合性语言培训以及获得目标文化的现场经验。比如说，为了让外派员工获得目标文化的现场经验，百事可乐派送“大约 25 名外国的年轻管理者到美国的装瓶厂进行为期一年的外派学习”。[83]

真实世界/真实人物

跨文化训练应该符合当地文化

巴西

- 在巴西文化中，建立个人关系是关键。所以，多让别人了解你。
- 巴西文化中的时间是以事件为导向的。在个人空间方面，跨文化训练中与你合作的项目参与者可能会站得离你较近。人们认可权力、尊重权力。地位高的人不会受到质疑，即使有人对他们的立场有所怀疑……在巴西，（小组讨论中）与培训师的看起来很像争吵的争论其实属于正常的交流行为。[a]

阿拉伯联合酋长国

- 英语是官方商业用语。
- 留出时间让穆斯林祷告。但是，祷告只是个人选择。所以，不一定非要为祷告而更改训练安排或过分关注祷告。
- 大部分在阿拉伯联合酋长国工作的人来自群体导向的社会，他们通常喜欢以小组为单位工作、讨论、比较观点。角色扮演和案例分析都是很好的应用所学的跨文化知识的训练方法。但是，要注意避免那些可能会使异性成员之间相处不自在的活动（比如，站得过近或肢体接触）。
- 相比西方而言，阿拉伯联合酋长国的人对时间的观念更为灵活。[b]

越南

- 这个国家比较传统，喜欢正式的训练。训练者应站在前面，成为课堂的核心。他们不喜欢小组合作。
- 像大多数亚洲国家一样，这里的人注重和谐——尤其在教室里。永远不要让某个参与跨文化训练的学员成为焦点或单独把他分出去。年龄较大的参与者非常受尊重。
- 训练应简明扼要。实用信息会被认为很有价值。
- 向小组提问后，学员们的反应通常是沉默。学员们不想挑战你的权威或是展示他们的观点。在越南文化中，老师很受尊重。[c]

这些跨文化训练建议反映了本章讨论的哪些文化维度？请解释。

资料来源：[a] Excerpted from N Orkin，"Focus on Brazil，" *Training*，May 2008，p. 20
[b]Excerpted from S Kaleel and K Blanchard-Cattarossi，"Focus on UAE，" *Training*，September 2008，p. 20.
[c]Excerpted from N Orkin，"Focus on Vietnam，" *Training*，September 2009，p. 16.

哪种跨文化培训方法最好？相关研究往往能提供一些有益的见解。一项针对在韩国工作的美国员工的研究表明，把信息和经验结合起来的行前训练最为有效。[84]最近，另一项针对226个美国、英国、法国和德国的外派（其中30%是女性）到尼日利亚和非洲其他地区工作的管理人员的调查显示，行前训练和东道国的跨文化训练都很有必要。其他重要的发现包括：

- 先前的国际经历有利于适应国外文化。
- 所有类型的跨文化训练都利于适应国外文化，但在东道国的训练效果最好。
- 相对于管理、营销和公众关系这些与社会文化紧密联系的职位，技术性职位所需的跨文化训练少。
- 体验式培训的重点在东道国文化，其中包括积极参与现实生活模拟。整体上比单方面的文化陈述类培训更能提高外派人员的适应水平。[85]

一般而言，跨文化训练越严格效果越好。理想的情况是，被培训者出国时已经具备了表4-5描述的九种跨文化能力。

表4-5　跨文化能力的关键

跨文化能力	必备知识或技能
建立人际关系	与东道国文化成员认识并维持关系的能力
重视不同文化的人	对差异的同理心；对多样化的敏感性
倾听和观察	了解文化史和特定文化行为与习俗的起源
应对歧义	意识到并理解内隐行为，尤其是非语言线索
解读复杂信息	对当地语言、象征或其他形式的口头语言和书面语言的了解
采取行动及主动性	了解行为的预期结果和潜在的意想不到的结果
管理他人	管理工作细节的能力，包括维持团队的凝聚力
适应性和灵活性	从多个角度看待变化
管理压力	了解自己和他人的心情、情绪和人格

资料来源：Excerpted for Y Yamazaki and D C Kays，"An Experiential Approach to Cross-Cultural Learning：A Review and Integration of Competencies for Successful Expatriate Adaptation，" *Academy of Management Learning and Education*，December 2004，Table 2，p. 372.

在美国和世界其他地方给外国学生教授组织行为学的经历告诉我们，对当地文化、语言、习俗和礼仪深入了解的重要性无可替代。一个很好的例子就是杰里米·谢波德（Jeremy Shepherd），他是加利福尼亚圣莫妮卡在线珠宝网站珍珠乐园（Pearl Paradise）的所有者。"他讲中国的方言，从中国的珍珠养殖户那里直接进货，省去了中间人的费用。这使他能以较低的价格把质量好的珍珠卖给不同的顾客，既有大学生也有投资银行家。"[86]从近期的数据来看，随着全球经济的发展，哪个国家将更具有语言上的优势？根据美国教育部的说法，目前全美有24 000名学生学中文，而学英语的中国人有两亿。[87]到目前为止，西班牙语是美国公立初中和高中学习最广泛的外语。[88]同时，将近81%的美国人只讲英语。[89]

回顾本章开篇的案例

中场休息之后，苏现在应该怎么做才能在接下来的培训中做得更好呢？她应该怎么做才能更好地迎接她 3 个月后将在以色列做的下一轮训练呢？

■ 避免文化冲击

你是否曾经处于一个完全陌生的环境，你觉得自己迷失了方向，可能还有点害怕？如果有这样的经历，你已经经历了文化冲击。根据人类学家的说法，**文化冲击**（**culture shock**）包括由于对陌生的期待和社会线索的过度负载而引起的焦虑和怀疑。[90]大一新生通常会经历各种各样的文化冲击。外派人员或他的家庭成员可能会被淹没在奇怪的景象、声音和行为里，而觉得失去"平衡"。这些行为可能是读不懂的道路标志、吃起来味道奇怪的食物、无法用左手完成社会活动（在传统的阿拉伯文化中，左手是用来做个人卫生的），或是你以为很好笑的笑话却没人笑。对于关注商业谈判细节的外派管理人员而言，文化冲击不仅仅是一种令人尴尬的不便，更像是灾难！像那些感到困惑、退学回家的大一新生一样，受到文化冲击的员工通常感到恐慌，然后提前回国。

避免文化冲击最好的办法就是全面的跨文化训练，包括强化语言学习。再次强调，捕捉微妙但重要的社会线索的最好办法是学习当地的语言。

■ 在外派任务过程中提供帮助

对外派人员而言，前 6 个月一切都很陌生，这时就需要有一个提供帮助的体系。[91]为外派管理者或其家人指派东道国支持伙伴（host-country sponsors）很受欢迎，因为他们起着"文化导盲犬"的作用。在国外，任何一件小事都可能让人筋疲力尽。而支持伙伴则可以很快搞定，因为他们了解当地的文化和地理。比如，本田俄亥俄公司外派到日本训练的美国员工在日本时就多亏了当地家庭支持伙伴的帮助：

本田公司的日本支持伙伴里面有很多曾在美国居住过的日本员工的妻子。她们帮助美国外派员工解决了一些紧急情况，包括戴安娜·杰特（Diana Jett）的女儿阿什丽（Ashley）的下巴需要缝针的情况。还有一次，当高级经理金·斯莫里（Kim Smalley）的女儿急切地需要一个外形精致的袋子来装口琴，以便更好地融入当地的小学时，一个日本的当地支持伙伴熬夜给她缝了一个。[92]

■ 避免返乡文化冲击

奇怪的是，很多相对成功的外派管理人员在结束外派任务后才经历了他们的第一次重大难题。为什么会这样？回到自己的本土文化通常被视为理所当然的事，因为这像例行公事一样正常。但是，由于已经在一定时间内习惯了另一个国家的处事方式，总会觉得自己原来的文化和环境有些奇怪。可能产生返乡文化冲击的三大领域是工作、社会活动和整体大环境（比如，政治、气候、交通、食物）。艾拉·卡普兰（Ira Caplan）回到纽约后的生活就说明了返乡文化冲击：

在过去的12年里，卡普兰和妻子基本上一直住在日本。假期时，夫妻俩去尼罗河坐游轮或者在尼泊尔徒步旅行。卡普兰对美国不怎么了解。现在，他算是大开眼界了……

物价让他惊讶。罪犯的困扰让他深感不安。然而，最让卡普兰担心的是，他居然错过了这么多变化。

返乡的冲击一点也不比离乡时的小，他甚至感到自己流离失所、无所适从……

午饭时，在拥挤的意大利餐馆里，服务员端了一盘意大利面给他。卡普兰先生盯着那盘面，"在亚洲，面的分量更少，人的个子也更小"。

亚洲还在他的心里。他花了很多年的时间，在一个非常重要的地区发展自己的专业知识。但是那又能怎样呢？这里是纽约。[93]

对返乡的芬兰员工、日本员工和美国员工而言，和工作相关的调整是一大主要问题。[94]返乡后，一个在美国公司工作了12年的老员工说："我们的组织文化完全颠覆了。我们现在战略的重点不一样了，我们有不同的'工具'去完成工作，不同的流行语去实现目标。我不得不学习一种全新的企业'语言'。"[95]员工职业咨询和家乡保证人可以减缓返乡文化冲击。意识到返乡文化冲击可能带来的问题往往是有效解决冲击的第一步。[96]

总之，成功完成外派任务的关键是让它成为职业链中必不可少的一环，而不是把它视为一个单独的部分。

组织行为学案例研究

有关中国商业文化的神话与事实[97]

中国的商业文化很独特，但也不完全是外人想象的那样。为了确认最常见的关于中国商业文化的神话，我们采访了很多来自北美和欧洲的外派中国人员（那些在国外工作的外派人员），以及在西方工作的中国管理人员，他们都至少在中国从事了三年商业经营。我们的研究发现了三类主要神话，这些神话通过非正式的刻板印象和正式的管理训练项目得以存在。

任何和中国人一起工作的人都会发现一个变化快速的多样化文化。一位受访者指出，管理者可以了解两种商业文化的细微差别，并灵活使用任何一种工作模式，从而充分利用东方和西方的优势。"中国人总是不提前预约就突然造访，"一位行政主管说，"我也学会了这一点。如果我只有30分钟，我就先在出租车上简短地打个电话，然后拜访在那儿工作的人。"

神话1：集体主义

现实：个人主义

魏晨（Wei Chen）是一个在巴黎奢侈品行业工作的中国经理，他把个人主义的兴起归结于好几代人受到的约束："在我还是个孩子时，我就因为'越线'被惩罚，大人告诉我要守规矩。但我们带着激情放弃了循规蹈矩的思维模式。在中国，我们都渴望前进。西方人总觉得我们过于激进。"一个加拿大制药公司的主管指出，"在中国，大家的自我利益意识非常强烈"。这次采访的结论是：独生子女政策和大规模移民到城市是破坏集体意识的因素。

神话中属实的部分：决定通常是群体共同做出的，中国人非常擅长团队合作。

神话2：长期考虑

现实：实时反应

管理者一致认为，和西方比，中国的决策和执行速度很快，"我们花了很多时间去预测未来，结果预测的不对，"技术服务部门的法国行政主管弗雷德里克·莫里（Frédéric Maury）说，"在中国，没人考虑未来。"这种说法或许有些夸张，但是，一位在中国的世界银行工作了十年的经理也同意这种说法，他说这种特别的方式相当普遍，并且执行得很好。“我参加过中国数以百计的工作群体，没有一个按计划进行。计划总会在前一天晚上有所变动：发言者、话题甚至场地都会变。但是，最后的结果一直不错。”

神话中属实的部分：商业关系和政府政策都建立在长期的基础上。

神话3：风险规避

现实：风险容忍

“在西方，我们喜欢讨论，说明情况，再次讨论，分析问题，”英国的物流主管迈克尔·德雷克（Michael Drake）说，“然而，中国的情况是‘好的，我们做好决定了；好的，没问题了！’”很多参与者觉得大家忽略了风险。法国跨文化顾问兼教练伊迪丝·科伦（Edith Coron）说：“在GDP以每年超过10%的速度增长的环境下，难怪人们的创业精神和冒险精神如此之高。”中国经理魏晨表示：“我们不想浪费一分一秒。我们有自信，我们愿意承担风险。”

神话中属实的部分：如果有较为年长的人在场，中国员工通常不愿公开发表个人观点或进行头脑风暴。

［讨论］

1. 上述案例改变了你原先对中国和中国人的看法吗？请解释。

2. 充分发挥你的文化智力，如果你去中国出差，你会怎么调适自己的行为？

3. 随着越来越多中国企业在美国的兴办，中国管理者应该怎样调整自身的文化适应性，从而有效地管理美国员工？

4. 根据本章所学内容，你有兴趣接受外派任务吗？请解释。

法律/道德挑战

3M试图改变俄罗斯

背景事实：根据总部设在柏林的非政府组织透明国际（Transparency International）2010年国际腐败指数数据，俄罗斯是世界上最腐败的主要经济体。在指数包含的178个国家和地区中，俄罗斯与塔吉克斯坦、肯尼亚并列第154名。[98]

俄罗斯商业现状：俄罗斯的管理人员不愿奖励绩效优秀的员工。他们不愿投资未来，而更看重马上能收效的短期项目。他们不愿按照国际商业惯例进行商务活动以减少不确定性。再加上俄罗斯高度的政治风险和腐败问题，难怪很多跨国公司都放弃了它……

俄罗斯的商业环境腐败而且危险；贿赂和保护费随处可见。3M俄罗斯分公司在其员工中积极地提倡道德行为并保障员工的工作安全，而不是像大多数外国跨国公司那样简单地禁止商业腐败行为。

3M俄罗斯分公司还通过成为道德领袖来区分自己和竞争对手。比如，它为客户提供商业道德方面的培训课程。[99]

3M应该向俄罗斯输出自己的美国式道德标准吗？

1. 如果3M不喜欢俄罗斯人做事的方式，就不应该在俄罗斯做生意。请解释。

2. 3M可以在俄罗斯做生意，但不应该干涉俄罗斯的文化。“在俄罗斯，就要以俄罗斯人的方式处事。”请解释。

3. 3M应该提高它发展业务的国家的道德氛围，这是它基本的道德职责。请解释。

4. 3M应该在美国和俄罗斯之间寻求一种切合实际的、做生意的平衡点。如何实现这一点？

5. 提出其他选项并讨论。

第Ⅱ篇　组织中的个体行为

第5章 重要个体差异与成功途径

学习目标

学完本章后，你应该能够：

1. 定义自尊，并解释如何通过布兰登提出的自尊的六大支柱来提高自尊。
2. 定义自我效能，并解释其来源。
3. 对比高自我监控者和低自我监控者，并讨论组织认同的道德启示。
4. 识别与描述大五人格维度，并明确哪一个和工作绩效的关联性最强。
5. 描述前瞻性人格和内控点。
6. 识别加德纳八大多元智力中的至少五个。
7. 区分积极情绪和消极情绪，并解释如何判断它们。
8. 识别情绪智力的四个关键成分，并且讨论情绪感染和情绪劳动的实际意义。
9. 解释心理资本、刻意训练、运气和谦逊如何让你通向成功。

一个内向的人有能力带领脸书迈向长远的成功吗？

在大卫·柯克帕特里克（David Kirkpatrick）所著的《脸书效应：看脸书如何打造无与伦比的社交帝国》（*The Facebook Effect: The Inside Story of the Company That is Connecting the World*）一书中，他对于脸书创始人兼 CEO 马克·扎克伯格（Mark Zuckerberg）的个性和人格有着一些具有启发性的见解。以下选段回顾了扎克伯格从校园电脑高手成长为互联网巨头的 CEO 的过程。早在 2011 年，就有超过 5 亿活跃用户（超过 70% 的用户来自美国以外的地区）通过脸书每个月分享 300 亿份内容。[1]

马克·扎克伯格是一个极其内向的人。他个子不高，有着一头棕色的卷发。他长着雀斑的脸让他看起来更像 14 岁而不是 19 岁（在哈佛读书的时候）。他通常穿着宽松的牛仔裤和一双橡胶凉鞋，还有一件通常印有一些精巧图案或者短语的 T 恤，即使在冬天也不例外。那时他特爱把自己想象成一只念叨着《程序猿之歌》（Code Monkey）的小猴子。他在陌生人中比较安静，但这不是他真实的个性，而他开始讲话时，会显得有些害羞。他习惯在别人说完话前保持沉默，就这样凝视着你，在你正在讲话的时候凝视着你，并且保持绝对的安静。如果你说的一些什么话引起了他的兴趣，他便会滔滔不绝地讲述他的想法。但当你说得时间太长或者说话太刻意，他就会开始打量你，直到你说完他才会低声应和“对的”。然后换一个话题或者直接转身离开。扎克伯格是一个极其谨慎的思想家并且极度理性。他的笔记井然有序、一丝不苟并且很精致。有时他经过深思熟虑后才开始做笔记。

女孩们被他坏坏的笑容所吸引。她们喜欢扎克伯格的自信、幽默和不惧权威。他总是一副满意的表情，好像在说“我知道我在做什么”。就如同大家所了解的那样，扎克伯格给人一种不管做什么事都能做好的感觉。[2]

从生物学角度来看，人们有更多的相似而非差异。人与人到底有多相似，并且相似到什么程度呢？

人和人的相似程度可以从每个人身体里的1亿个细胞中找到答案。每个细胞由46条染色体缠绕而成，父母双方各提供23条。每个DNA分子中含有4种碱基，分别是腺嘌呤碱基、胸腺嘧啶碱基、胞嘧啶碱基和鸟嘌呤碱基。它们两两结合缠绕形成梯状，也就是我们所说的双螺旋结构。

人类基因组计划得出了所谓的碱基对的准确序列，组合了大概20 500个基因。在大猩猩和狗的体内也发现了相同的数目。从基因角度来说，地球上的70亿人中有99.5%是完全一样的。不同基因组之间仅每5 000对碱基中有一对不同。

考虑到一个基因组由30亿个碱基对组成，5 000这个数字是很小的。但这个看似很小的差异却很重要，因为它解释了人和人之间为何具有不同的特征，无论是身高、体重、头发、瞳色还是患心脏病和癌症的风险。[3]

应对个体差异（0.5%的基因差异就让你成为独一无二的个体）带给管理者无穷的挑战。比如，你在职场如何表达自己的观点？你是个干劲十足的人，如同开篇案例中的马克·扎克伯格一样，还是个爱偷懒的人？你是特立独行的人还是社交达人？你认为自己是命运的主人，还是受制于命运？你容易情绪化还是沉着冷静？你对工作的满意度很高还是很低？多亏了这些大量的个体差异，现代组织中才充满了各式各样丰富且有趣的人。事实上，研究显示，“员工之间的巨大差异体现在组织各个层次，但这种差异也随着工作的复杂程度增加而增加。比如，人寿保险销售中，员工销售表现的差异性是一般从事文书工作员工的六倍”。[4]

不断增长的劳动力多样性迫使管理者以全新的方式看待个体差异的多样性。与过去抑制多样性不同，今天的管理者需要更加了解和适应员工多样性和个体差异。[5]图5-1描述了本章和下章要探讨的主要个体差异。该图作为一个指导性的路线图展现了自我概念和自我表达的关系。本章聚焦于自我概念、人格、能力和情绪。第6章将会介绍个人价值、态度和工作满意度。从总体上看，所有这些因素都能帮助我们更好地理解每个组织贡献者（包括你自己）的独特性。本章的最后将讨论如何取得成功，无论你如何自我定义成功。

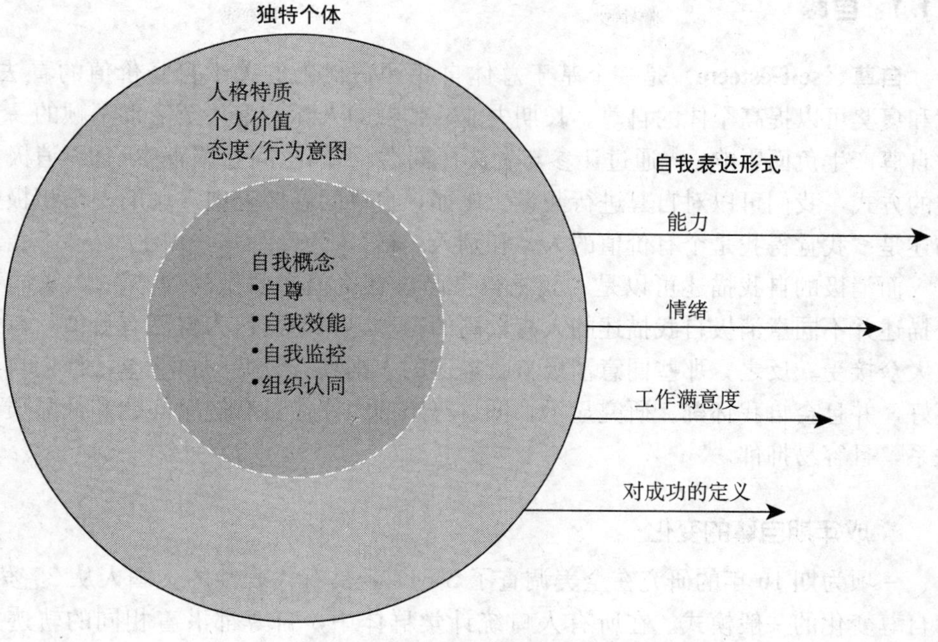

图 5-1　第 5 章和第 6 章个体差异学习之旅的路线图

5.1　自我概念

当你照镜子的时候，你可以认出镜子中的人是谁。你看到了自己。[6]科学家们认为这在动物王国中是一个很重要的天赋。只有人类、猿、海豚和大象可以认出镜中的自己。[7]但你对镜中的人到底了解多少呢？当 16～70 岁不同年龄段的受访者被问到“如果可以再活一次，那么会做什么改变？”时，有 48%的人选择了“了解自己”这一项。[8]为了实现这一目标，本节将会帮助你更多地了解和管理自己，而且，在某种程度上更好地实现自我管理及管理职场上的其他人。通用电气前 CEO 杰克·韦尔奇（Jack Welch）说：“你必须坦然面对自己，才能成为一个好老板。”[9]

社会学家维克托·杰格斯（Viktor Gecas）把**自我概念（self-concept）**定义为：“个体对自身作为生理的、社会的、精神的或道德上的存在的自我知觉。”[10]换句话说，因为你有自我概念，故你视自己为一个独特的个体。如没有思考复杂事情及其过程的能力，则不具有自我概念。这就要求我们了解认知的作用。**认知（cognitions）**是指“一切关于环境、自身或者自身行为的知识、观点和信念”。[11]在众多的认知类型中，涉及预期、自省、计划、目标设定、评估和设定个人标准的认知类型都与组织行为学息息相关。

现在让我们把注意力转移到三个行为学家讨论自我概念时一定会提到的主题，分别是自尊、自我效能和自我监控。我们同样也需要考虑组织认同（即社会层面的自我）的道德启示。如果你想要更加了解自我、更有效地进行自我管理和管理他人，我们建议你仔细研读本章的内容。

5.1.1 自尊

自尊（**self-esteem**）是一个基于总体自我评估得出的关于自身价值的看法。[12]成就和褒奖可以提高个体的自尊。长期失业、糟糕的人际关系甚至诸事不顺的一天则会对自尊产生负面影响。[13]通过让参与者选择同意/不同意问卷调查中积极/消极自我描述的方式，我们可以对自尊进行测量。比如，自尊问卷调查中常用的一个积极的自我描述是“我觉得我是个有价值的人，和别人一样”。[14]

而消极的自我描述可以是“我觉得自己没什么值得骄傲的地方”。[15]赞同积极自我描述并不同意消极自我描述的人有较高的自尊感，他们认为自己有价值、有能力且被大众接受。反之，那些同意消极自我描述的人则具有较低的自尊感，他们自我感觉不好，并且会自我怀疑。研究显示，低自尊感的人往往具有健康问题和低品质的社会关系，且容易抑郁。[16]

■ 成年期自尊的变化

一项为期16年的研究在全美调查了3 617名具有代表性的美国人从25岁至104岁自尊变化的一般模式。在所有人口统计学群体中，自尊都沿着相同的轨迹发生变化——“从年轻到中年时不断增长，在60岁的时候达到顶点。然后缓慢下降。”[17]这是意料之中的，受教育程度高的群体具有更高的自尊。在年老的时候自尊下降则是因为社会经济地位的改变和健康问题。

■ 不同文化中的自尊

自尊这个西方文化独创的概念有什么跨文化启示？在一项由来自31个国家的13 118名学生参与的调查中，研究人员发现自尊和生活满意度有一定的积极关系。与集体主义文化的国家（如韩国、肯尼亚和日本）相比，自尊和生活满意度的正向关系在个人主义文化的国家（如美国、加拿大、新西兰和荷兰）更为显著。研究人员得出结论，个人主义文化使人更加关注自身，但集体主义文化则强调“融入社区并履行自己的职责。因此，集体主义者的自我评价和生活满意度之间的关系不大”。[18]全球经理人需要记住，在和有集体主义（我们）文化的人做生意的时候要淡化自尊，而与个人主义（我）文化的人做生意则需强调自尊。

■ 整体自尊可以提高吗？

回答是：可以（见表5-1）。相关研究提供了更加详细的答案。在其中一项研究中，青年联赛的棒球教练们在接受了支持性的教学技巧培训后，对提高球队男孩子们自尊感产生了积极的影响。而对照组的教练们没有接受类似培训，因而没有产生同样的积极影响。[19]另外一项研究得出了这样的结论：当人们被引导去思考自身所拥有的好的特质而非不好的特质时，自尊感能够得到更多的提升。[20]这个方法可以用来中和那些低自尊的人的自我挫败感。同时，教育家们一直在热烈讨论：应该把重点放在提高学生自尊感上还是放在提高其听说读写能力和数学水平上。当研究人员回顾了从1975年到2006年以来的数据后发现，教育中鼓励建立自尊的行动一直都在进行。但其代价是什么呢？结果显示虽然高年级学生的自尊感在上升，但他们对能力的自我认识却没有同时提高。这不禁让研究人员担心这些被“过度鼓励”，盲目自信可以成为非常优秀的伴侣、父母和员工的青少年可能会在现实世界中有落差。[21] 你怎么看呢？

表 5-1　布兰登自尊的六大支柱

滋养并维持成年人的自尊所需的“养分”并不是来自别人如何对待我们，而是来自我们如何面对生活的挑战——我们做出的选择和采取的行动。 这引导我们关注自尊的六大支柱。 1. 有意识地生活。对自己做的事和接触的人要保持积极性并全身心投入。 2. 自我接受。不要过度指责或批评自己的想法和行动。 3. 自我负责。对于人生旅途所做的任何决定和行动要全权负责。 4. 自我维护。和别人相处时，要保持真实并乐意捍卫自身信念，不要为了被接受和被喜爱而屈从他人的意志。 5. 有目的地生活。有清晰的长短期目标，并有一个切实可行的计划来实现它们，进而可以形成对自己生活的掌控感。 6. 正直的人品。信守承诺并忠于你的价值。 自尊和践行自尊的做法二者互为因果。也就是说，个体增强自身自尊的行为同时也是其拥有良好自尊的一种表现。

资料来源：From Nathaniel Branden, *Self-Esteem at Work: How Confident People Make Powerful Companies*, 1998, pp. 33-36. Reprinted with permission of John Wiley & Sons.

5.1.2　自我效能

在当今高要求的职场中，能带来高绩效的自信心尤为重要。事实上，美国一项对 2 500 名管理者和执行总裁进行的调查表明，其中高达 72%的女性管理者和 66%的男性管理者认为自信是在职场取得成功的最重要特质。[22] 能提高绩效的自信心不仅包括自尊，更需要自我效能。[23] **自我效能（self-efficacy）**是指个体对于能否成功完成特定任务的判断。一位组织行为学作者写道：“自我效能是借由经验而逐渐获得的复杂的认知、社会、语言和/或实践的技能。”[24] 榜样可以鼓励我们构建自我效能（见相关的“真实世界/真实人物”专栏）。

自我效能和绩效之间是一个循环的关系。效能→绩效周期可以呈螺旋式上升通往成功或下降通向失败。[25] 现有研究已经证实了高自我效能预期与成功应对体脑力工作、减少焦虑、控制网瘾、容忍痛苦、治愈疾病、避免海军实习时晕船、体育锻炼、避免压力和实习生学习等之间的显著联系。[26] 相反，那些有着低自我效能预期的人则往往有着更低的成功率。虽然自我效能听起来有点像某种心理魔术，但如同图 5-2 显示的那样，它的确能显著地影响我们的成败。

真实世界/真实人物：商业道德

退伍军人把高自我效能带入 MBA 项目

瑞安·麦克德莫特（Ryan McDermott）是一名来自达顿学院（弗吉尼亚大学商学院）的大二学生。他 26 岁时在巴格达最危险的街道指挥战斗任务，执行过四次战斗任务，并且撰写过训练计划和部署3 600名士兵的作战计划。

萨默·琼斯（Summer Jones）退伍前是海军军官。她在26岁时，曾指挥200名士兵，在波斯湾的军舰上发射过战斧导弹。她也曾在五角大楼向“9·11”事件中罹难者的家属发布信息。当萨默在乔治城大学晚间MBA课程的同学好奇她是如何在32岁的年龄做到既要干着全职工作，抚养两个孩子，支持念法学院的丈夫，同时还要自己读MBA课程时，萨默告诉他们说：“当你身处过战场环境之后，再来看这些事，你会说‘这不难嘛’。”就像为了要证明这句话一样，琼斯上MBA课程时，开学第一周生下了第二个儿子，但是她没有缺过一天的课。

雇佣退伍军人会有哪些道德争论？

资料来源：J Porter，“From the Battlefield to B-School，” *BusinessWeek*，March 24，2008，p. 80.

■ 自我效能的机制是什么？

图5-2展示了一个自我效能的基本模型。它借鉴了斯坦福大学心理学家阿尔伯特·班杜拉（Albert Bandura）的研究。现在让我们借用一个简单任务来分析该模型。想象一下你被告知要在组织行为学课程的50位同学面前进行一场10分钟的演讲，内容是解释图5-2展示的自我效能的工作原理。

自我效能“计算”涉及对个体感知能力与环境中机遇/障碍互动的认知评价。当你开始准备演讲时，自我效能的四个来源将会发挥作用。根据班杜拉的理论，因为你之前的经验最“有力”，因此是自我效能信念的第一个来源（实线连接）。先前你自己成功的公开演讲经历会增强自我效能，但是演讲失败的经历则会降低自我效能。行为榜样也是自我效能信念的一个来源，你会被你同学演讲时的成败经历所影响。他们的成功往往可以鼓舞你（当然如果你有竞争意识或高自尊，那么他们的失败也可以启发你）。同时，来自同学的鼓舞和劝导，比如告诉你“你可以的”，也可以加强你的自我效能。生理或者情感因素也会影响自信心：突发的咽炎或者突然怯场会导致你的自我效能一落千丈。最后你对于环境的认知评价也是自我效能信念的来源——对成功从高到低的期望。要记住的一点是，自我效能信念不是虚张声势的夸夸其谈，而是基于实际经历的坚定信念。

现在让我们来看看图5-2中关于行为模式的部分，它解释的是自我效能信念是如何通过行为表现出来的。简单来说，如果你对于10分钟演讲具有高自我效能，当你准备这场演讲时比起那些低自我效能的同学会更加努力，更具有创意并投入更多时间。那么结果当然也会因此而不同。人们依据自身的自我效能预期决定积极努力或消极放弃。成功或失败的结果最后都变为个人经验的一部分。根据这些原则，一个全国性的探讨为什么美国学生不擅长数学计算的专家组曾得出这样的结论：“努力很重要，那些相信努力学习就可以学好数学的学生确实成绩更好。”[27]

■ 自我效能对于管理者的启示

针对在职人员开展的研究证据鼓励管理者培养自身及员工的自我效能。事实上，

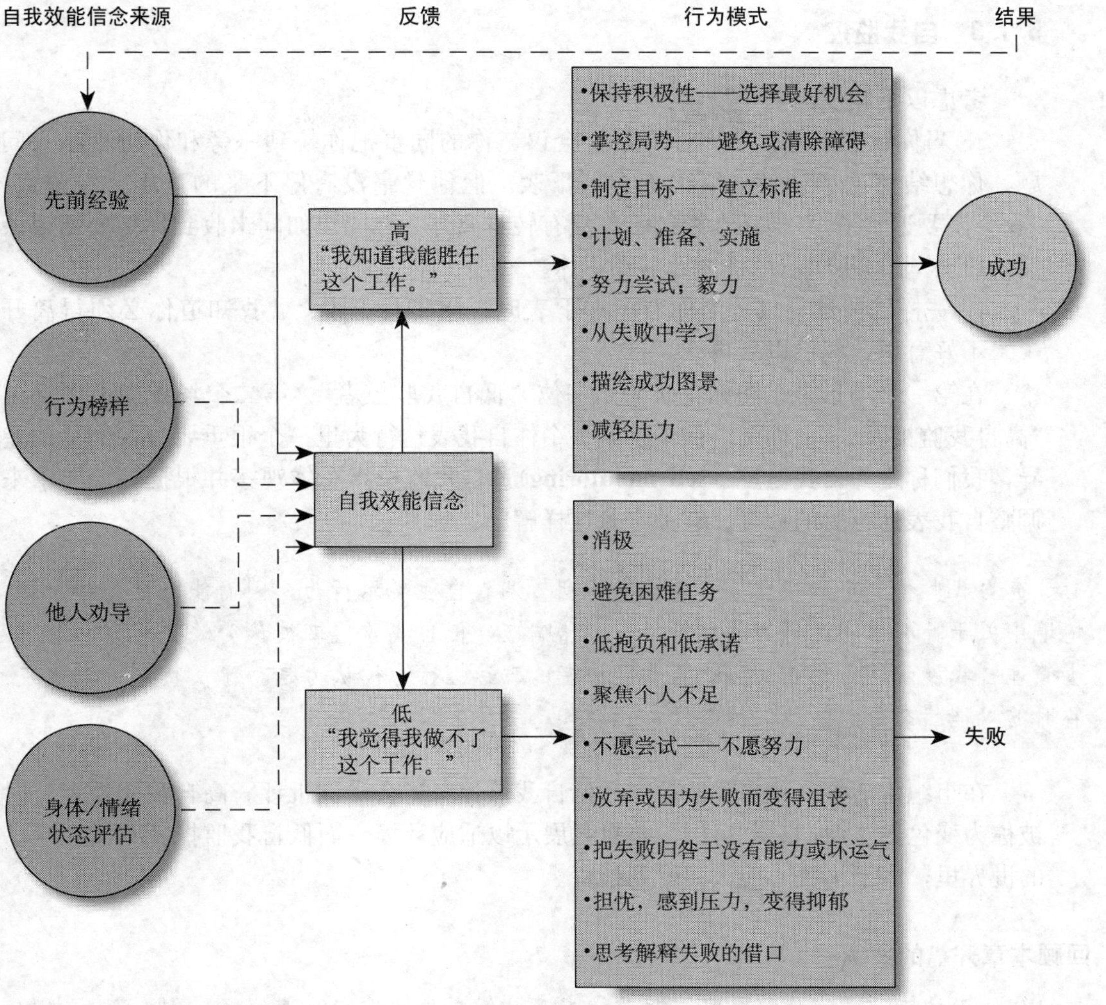

图5-2 自我效能如何带来成功或失败

资料来源：Adapted from discussion in A Bandura，“Regulation of Cognitive Processes through Perceived Self-Efficacy，” *Developmental Psychology*，September 1989，pp. 729-35；and R Wood and A Bandura，“Social Cognitive Theory of Organizational Management，” *Academy of Management Review*，July 1989，pp. 361-84.

一个回顾了21 616项研究的元分析发现，自我效能和工作绩效有着重要且积极的联系。[28]职场中的自我效能可以通过谨慎的雇佣、挑战性的工作、培训和指导、目标设定、支持性领导和指导以及奖励进步来加以强化。波音公司的CEO詹姆斯·迈克纳尼（James McNerney）提出了他的看法：

> 成功和成就可以自我支持。一直成功的感觉很好。看到你的员工成长和实现目标的感觉更好。有些人还很年轻的时候就有了成功的苗头，然后这个苗头开始自我生长。那么接下来的问题就是，如何把希望带给那些没有那么幸运、没有成功苗头的年轻人呢？这就要回到领导特质上——领导者应该充满期待，激励员工，要求员工谨记那些不管是在教会还是在家都很重要的价值观，并把这些价值观带到工作中。[29]

5.1.3 自我监控

考虑以下相反的两个场景：

1. 当你正准备赶去参加一个重要会议，你的同事把你拉到一旁和你讨论私人问题。你想结束这场谈话，所以你看了下表。但他丝毫没有停下来的意思。你说道："我会议要迟到了。"他还在继续。你只有转身离开。你同事如同未收到你想要结束谈话的口头/非口头暗示一样继续喋喋不休。

2. 一样的情景。只是当你看了一下表时，同事马上说："我知道你必须得离开了。不好意思，我们以后再谈。"

在第一个场景中，和你交谈的是一位"低自我监控者"；第二个场景中的则是位"高自我监控者"。上面两个例子强调了个体自我表达行为里一个很重要且可测量的差异，我们称之为**自我监控（self-monitoring）**。自我监控指个体观察并根据环境要求来调整自我表达行为的程度。有关专家这样解释：

> 高自我监控者可以根据他人表现出的期望调整自我展示行为，因而能对社会和人际情境中关于什么是合适行为的线索做出迅速响应。低自我监控者被认为缺乏能力和激励去管理自我展示行为。相反，低自我监控者的表达性行为被认为是为了反映其持久的或暂时的心理状态，包括他们的态度、特质和感受。[30]

在组织生活中，高自我监控者和低自我监控者皆会受到批评。高自我监控者有时被称为变色龙，他们时刻可以调整自我展示以适应环境。而低自我监控者则活在自己的世界里，因毫不关心他人而受到指责。

回顾本章开篇的案例

> 你认为马克·扎克伯格是高自我监控者还是低自我监控者？请解释。你在职场中如何有效地与这种类型的人相处？

■ 程度问题

自我监控并非可以精确二选一，而是一个程度问题。我们可以根据人们自我表达的模式来判断其自我监控程度的高低。比如，下面是关于一个相对低的自我监控者的描述："我们有一个员工把任何和工作相关或者无关的交流都转变成关于她自己的谈话。"虽然她工作绩效很好，但是大家都开始避免和她见面或者与她共事。一个同事抱怨道："她就是话题终结者。全都是她自己一个人在说。"[31]你的自我监控趋势是什么？

■ 研究发现和实用建议

一项对136项自我监控研究（共计23 191个参与者）的元分析发现，自我监控与工作绩效和工作中涌现出来的领导力之间有着正向关系。[32]实地调查显示，自我监控和生涯成功有着正向关系。该研究在5年内追踪139名MBA毕业学员，结果发现高自我监控者和他们低自我监控的同学相比，前者更可能获得内外部提升的机会。[33]另外一项研究调查了147名管理者和专业人士后发现，高自我监控者在担任私人或专业导师时更成功。[34]与上述研究相一致，一项早先的研究也发现管理者成功（在升迁速度方面）与政治悟性（知道如何参与、构建并融入组织政治行为）息息相关。[35]

上述证据和日常生活经验让我们能提出一些实用建议：

- 对于高、中和低自我监控者：对于自我形象及其对他人的影响有更清醒的认识。
- 对于高自我监控者：不要做过头。不然就会让自己从处事老到的人变为一个公认的虚伪狡诈且靠不住的人，毕竟你不能讨好所有人。
- 对于低自我监控者：你可以弯而不折，忠于自己信念时可以尝试更加包容一点。不要在聊天的时候忘了顾及别人的感受。练习察觉公共场合的非语言暗示并据此调整自己的行为。如果你发现聊天对象感到无聊或注意力不集中时就结束对话，因为他们早已无心聆听。

5.1.4 组织认同：自我概念中涉及道德启示的社会层面

自我与他人之界线并不明确清晰，会伴随一定程度的模棱两可，例如：当一个员工以一个特定组织认定自我，此心理过程称为**组织认同**（**organizational identification**）。组织认同逐渐发展成为一个组织行为学议题。某组织行为学专家指出："组织认同发生于员工将组织的理念与其自我身份相结合之时。"[36]组织认同是组织文化和社会化的核心（请回顾第3章中的相关讨论）。

当前组织的管理者极其强调组织使命、组织哲学、组织价值，并希望将组织内嵌至每个员工的自我认同之中。按照此逻辑，那些认同组织的员工将会更忠诚、投入及努力工作。比如美国运通的例子："信用卡界巨头孕育忠诚：将近1/4的员工已经为公司工作超过15年。'为我的品牌、信条和公司效力是我的荣幸。'"[37]一位运通员工如此说。还有一个极端的例子，组织认同在哈雷-戴维森公司（Harley-Davidson）的摩托车工厂工作的员工中极为强烈，许多员工甚至把公司商标作为刺青的图案。这不只是份工作，在哈雷-戴维森上班是一种生活方式（但不知为何，我们两位作者都很难想象有人把通用汽车或是汉堡王的商标文在身上）。商标刺青或许稍嫌过头，但其中员工深刻认同组织的道德启示却是深远的。菲利斯·安扎隆（Phyllis Anzalone）这位安然公司的前雇员就是个例子。她认为安然是她自我认同的一部分，然而这最终在她心里留下了伤疤。

> 在安然工作给安扎隆带来了什么？她赚了很多钱，多到公司的倒闭致其损失约100万美元；更重要的是安然造就了她，使她从一个路易斯安那小乡村里还算成功的设施管理销售员，晋升成销售界数一数二的明日之星。安然改变了她对自我的认识，使她确信她能成就自身目标。"安然在我的生活中产生了深远的影响。安然倒闭是这么让人心力交瘁，但我很庆幸我熬了过来。当时每天都是如此的煎熬。"
>
> 安扎隆对于经营安然却又最终摧毁了安然的管理层有什么看法？"他们是社会渣滓、骗子和叛徒；他们辜负了大家及我的信任。"她这样说道。[38]

在任职期间，安扎隆远离了安然最令人反感的一面。但她那些持有相同强烈组织认同的同事在从事显而易见的违法交易时，已选择背弃个人道德操守。当员工们将理性思考抛诸脑后、失去客观性时，不健康的群体思维就会油然而生，组织所需的建设性冲突就会不见踪影。（群体思维和功能性冲突将分别在第10章和第13章中讨论。）第1章所定义的告密行为在组织认同感强烈的时候是不太可能会出现的。对公司的忠诚尽心是一回事，但盲目服从无德领导者或是承担扭曲的职责，却是另外一回事。因此近来有研究指出也应该部分地指责组织员工，因为他们为了得到奖励而以公司之名行不义之事。[39]

5.2 人格：概念及争议

每个人都有其独特的思维模式、行事之道、个人风格和特质。**人格**（**personality**）指赋予个体身份的稳定的生理和心理特征组合。[40]一个人的样貌、思维、行为及感受，这些人格或特质是基因的相互作用及环境影响的产物。[41]在本节中，我们要介绍大五人格维度，探讨前瞻性人格，以及对职场人格测试的一些警示。

5.2.1 大五人格维度

学者们几十年来对人格的研究识别出了一连串冗长的人格特征。实际上，近来一项研究归纳出了1 710个用以描述不同人格维度的英文形容词。[42]可以令人松口气的是，把人格归纳为大五人格总算结束了这场令人困惑的文字游戏。[43]大五人格分别是外向性、宜人性、尽责性、情绪稳定性及经验开放性（见表5-2）。

表5-2　大五人格维度

人格维度	高分者特征
1. 外向性	外向、健谈、善于社交、果断
2. 宜人性	信任、和蔼、合作、善良
3. 尽责性	可靠、负责、坚韧、成就导向
4. 情绪稳定性	放松、有安全感、不担心
5. 经验开放性	理性、好奇、心胸开阔、有想象力

资料来源：Adapted from M R Barrick and M K Mount, "Autonomy as a Moderator of the Relationships between the Big Five Personality Dimensions and Job Performance," *Journal of Applied Psychology*, February 1993, pp. 111 - 18.

标准化的人格测试取决于个体在大五人格的每个维度中是得正分还是负分。例如，某人在外向性上得负分，即知他可能是个内向的人，生性害羞，容易出现退缩行为；又如，某人的情绪稳定性得分为负，则他可能是个紧绷易怒又愁眉苦脸的人，可想而知，他处于情绪稳定性的负端。

每个人的人格都如同其指纹一般独一无二。大五人格特质的得分能显示出每个人的人格概要。一个人的人格概要倾向于稳定且持久。最近一个元分析得出如下结论：在人的平均寿命期里，正常人格及人格失调，两者皆维持高稳定状态，且在疗程中的病患与非病患，相较之下并没有经历额外的人格变化。[44]另据一项涵盖799人、横跨参与者从小学至中年共40年的数据的研究，外向性及尽责性是大五人格特质中最稳定的特质。[45]所以当你在毕业20周年同学会上发现高中同学除了身材微走样、毛发稍显稀疏外，人格毫无变化时，你就不会那么惊奇了。

回顾本章开篇的案例

现在的脸书已经成为全球社交媒体巨头，那么大学生时代的内向腼腆帮助还是阻碍了扎克伯格成为脸书的 CEO 呢？请说明。

然而有个重要的问题依然存在：人格模式是否与其所形成的文化的独特性及种族优越感相关？就大五人格而言，跨文化研究的结果并没有显示人格特质与文化有显著关系。特别地，在对俄罗斯、加拿大、中国香港、波兰、德国、芬兰的男女性人格特质的研究中，以及另外一项对韩国经理和股票经纪人（85%为男性）的类似研究中[46]，大五人格的架构都被证明非常可靠。另外一项更近的研究全面分析了大五人格，研究人员得出如下结论："至今没有令人信服的证据表明文化会影响人格结构。"[47]然而，一项新的研究指出，"14 个人格维度中只有 3 个在 12 种不同语言中一致"。[48]这项新研究结果给跨文化人格研究带来了一层疑惑的阴影，因为不同语言的独特架构会加深准确翻译调查问卷的难度。

对于职场行为感兴趣的人想了解大五人格与工作绩效之间的关系。如果大五人格维度与工作绩效间有紧密且正向的关系，那么对于员工的筛选、培训及评价无疑都会有所帮助。一项包含 117 项研究、涉及 23 994 位来自众多专业领域的受访者的元分析为我们提供了参考。[49]该元分析发现，大五人格中，尽责性与工作绩效及培训有着最紧密的正向关联。研究人员发现那些展现出强烈目标性、责任感及坚持等人格特质的员工通常比未展示出上述特质的员工工作绩效更好。[50]近来的研究进一步揭示了尽责性人格特质如何帮助勤奋的员工表现更好：这些员工对目标导向的领导方式、高复杂性的工作及有效回馈的青睐将有助于他们学习而非阻挠其对目标的追求。[51]毫无悬念，企业家们在尽责性维度上能得到高分。[52]其他相关研究结果发现，外向性（活泼的人格）和升迁、薪酬水平、工作满意度有正向关系。如我们所预料的，情绪不稳定性（低度情绪稳定性）与低工作满意度相关。[53]

5.2.2　前瞻性人格

如同前述，在尽责性维度得高分者可能是个好员工。托马斯·贝特曼（Thomas S. Bateman）及麦克·克兰特（J. Michael Crant）在此基础上提出了**前瞻性人格**（**proactive personality**）的概念并做出如下定义："前瞻性人格指个体不受限于情境因素且能造成环境改变。前瞻性人格者能识别和抓住机会，有主动性，行动果敢，并能坚持不懈直至有意义的改变发生为止。"[54]前瞻性人格者拥有研究人员所称的**内控点**（**internal locus of control**），即认为人可以掌控那些能对自身生活造成的事件和结果。[55]比如说，有内控点的人会把正面结果，像是考试的及格归因于自身实力。相应地，内控者也倾向于将负面事件，像是考试失败归咎于个人缺点——如书读得不够认真。与此相反，有**外控点**（**external locus of control**）的人认为他们人生中关键事件归因于环境因素，像是运气、命运等。[56]在回顾相关研究时，克兰特发现前瞻性人格和个人成功、团队成功、组织成功有着正向的关系。[57]

成功的企业家诠释了前瞻性人格。如同第1章所述，具有前瞻性人格的员工是珍贵的人力资源。那些想成功的企业家应该积极培育具备前瞻性人格的员工的积极性、动机、胆量及毅力。管理人员应努力寻找并雇佣有前瞻性人格的员工（参见相关的“真实世界/真实人物”专栏）。雇佣之后，管理者需要谨慎地管理前瞻性员工。最近一项对美国130家比萨外送店的员工及其管理人员的研究得出如下基于权变的结论：

> 虽然大家常说外向的人往往能成为首屈一指的老板，而积极肯干的员工能成为数一数二的好员工，但是把两者结合在一起却常常带来失败。说话温和的领导者才能发挥积极员工的最大价值，所以我们没必要让外向又健谈的管理人员来管理一个由充满干劲的员工组成的团队。[58]

真实世界/真实人物：道德道德

茱莉·马克汉姆正在开创更美好的世界

茱莉·马克汉姆（Julie Markham）是不会轻言放弃梦想的那种人，即使其他人认为这是不可能的任务。正是这种坚持不懈改变了这个2010年从丹佛大学毕业的大学生。

马克汉姆对梦想的坚持，引领她到过柬埔寨、印度、孟加拉国和中东地区。马克汉姆最近来到了肯尼亚，她与当地银行商议，准备着手开发环境友好的宜居村落，然后把居民从贫民窟迁进这些可持续发展且他们负担得起的住宅区。

马克汉姆在大学主修房地产及金融。她毫不理会那些唱反调，认为小额贷款（亦被称为赤脚银行）对于长期社会公益毫无助益的人，或是那些不相信她作为区区一个大学生怎么会有能力去改善世界各地人们的生活的人。

根据你刚读到的人格，是哪些特质使茱莉·马克汉姆成为大学生绝佳的典范？

资料来源：Excerpted from M B Marklein, “Students Defy Expectations,” *USA Today*, June 9, 2010, p. 1D.

5.2.3 议题：职场人格测试起作用吗？

职场人格测试时常被视为一种雇佣、培训及升迁决策的工具。很不幸的是，松散的行政管理是个要重点解决的问题。安妮·墨菲·保罗（Annie Murphy Paul）著有《人格测验的膜拜》（*The Cult of Personality*）一书。[59]她解释道：

> 你可能时常听到支持人格测试的心理学家或测试公司说，有多种理想的测试方法。比如说，聘请一位心理专家，让他先对需测试的工作进行研究，接着设计一个或主导一个特别为该职位设计的测试。人格测试将由该心理专家全权主持，并且最后的测试结果保密。我认为实际情形下采用的测试方法大都是拣现成的，主导测试的人在大多数情形下也并未接受过培训或具有测试资格，测试结果也并没有保密或者不公开。尽管有着这样或那样的测试标准和操作规程，在实际生活中人格测试的使用在很多情况下都非常随意。[60]

作假、欺骗、非法歧视也是在职人格测试中潜在的问题。计算机模拟发现大五人格中尽责性有作假的可能。[61]最近一项调查美国一家大型零售商某管理职位的32 311位申请者的现场研究发现了一起系统性线上人格测试作假的案例。[62]关于欺骗，安东·史密斯（Anton Smith）的案例可以让人引以为戒：为了申请北卡罗来纳一家运动鞋店的工作，在参加包含130个项目的人格测试之前，史密斯让朋友帮他在网上找了一份非法传阅的参考答案。因此史密斯比其他申请者占优势，所以他得到了这份工作。后来运动鞋店倒闭，史密斯随后离职。他如此评论自己参与过的人格测试："那份人格测试一点用也没有，因为大家早已知道答案。"[63]非法歧视的问题可用达拉斯劳工律师艾伦·金（Allan King）曾对一群人力资源专家说的一席话做总结："因为社会是多样的，所以任何一种人格测试都会对某一群体不利。"[64]一项对美国五个族裔所进行的人格测试的元分析基本上得出了相同的结论。[65]

表5-3中的实用小贴士，可以帮助管理人员避免为了雇佣相关的决策而采用人格及心理测试时，发生职权滥用及高成本歧视诉讼的情形。如果测试申请者人格有困难，工作技巧测验或行为面试都是可行的替代方法。

表5-3　工作场所使用人格测试的建议和注意事项

研究人员、测试设计者及进行人格评估的组织提出下列建议，其目的是帮助组织开始使用人格测试，或评估那些已在使用的人格测试是否适合用来预测工作绩效：

- 先想明白你希望达成什么。如果你希望找到最合适的工作内容和申请者，便去分析这个职位至关重要的层面有哪些。
- 可以向外求助，以确定某种人格测试是否存在，或是可以被开发出来以筛选具有最适合发布职位要求的人格特质的申请者。行业心理学家、专业组织和数个网站有类似的资源。
- 坚持要求以确保任何咨询师、卖家提供的人格测试能科学地实现你要进行的特定测试的目的。卖家需能够引用可靠且具可信度的研究去支持此测试和工作绩效的关联性。
- 要求测试提供者记录所有评估的合法依据，例如：这项测试公平吗？和工作相关吗？对于任何人种或少数族裔存有偏见吗？这项测试有违背任何州法律或联邦法律对于申请者隐私的规定吗？卖家需提供相关律师声明，证明这项测试对于任何受保护阶层并无负面影响；同样，雇主也可以参考其律师的意见。
- 务必确定每个管控测试和分析测试结果的工作人员知晓如何进行测试，且测试结果需加以保密。同步利用人格测试的分数和你认为这份工作的必要因素，如工作技巧和工作经验，建立一个完整的评估系统，以鉴定每个工作候选人的优点，接着将这些判断标准一一套用到每个工作申请者上。

资料来源：From S Bates, "Personality Counts," *HR Magazine*, February 2002, p. 34. Copyright 2008 by Society for Human Resource Management (SHRM). Reproduced with permission of Society for Human Resource Management via Copyright Clearance Center.

现在我们将焦点放在能力及智力上。

5.3 能力（智力）和工作绩效

工作需要靠合适的、有技术的员工才能得以完成。所以每个员工的能力及技能差异是管理者关注的核心问题之一。**能力（ability）**是帮助个体最好地完成（相对于一般完成）脑力和体力任务的一种广泛且稳定的特质。与之相对，**技能（skill）**是指个体操作运用各种物体的特殊能力。试想能力与技能的区别：想象你自己身处一架通勤飞机上，驾驶员突然昏迷不醒，而你是唯一的乘客。现在飞机正在急速下坠而你并不具备驾驶飞机的技能，靠着自身努力及能力并不足以保住自己和驾驶员的命。如同图 5-3 所示，成功的表现（例如飞机的降落以及从事其他工作）取决于努力、能力和技能的完美结合。

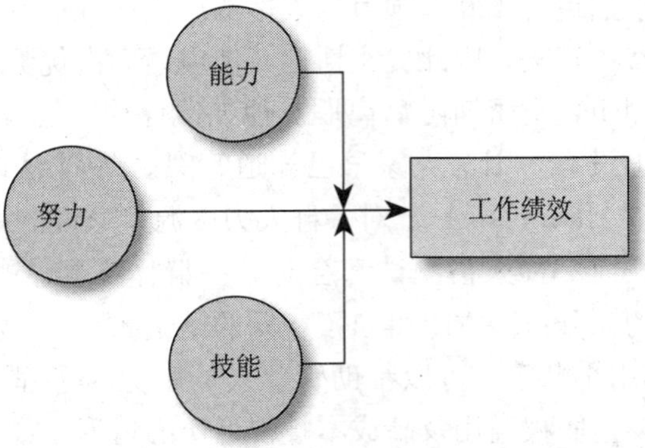

图 5-3　工作绩效取决于努力、能力和技能的正确组合

现代科技的进步能帮我们以某些独特的方式培育能力和技能。例如，一位亚利桑那州立大学生物医学教授和一位凤凰城的外科医生，在培养外科实习医生时，让实习医生们玩一款名为“疯狂祖玛”（Marble Mania）的任天堂电子游戏。疯狂祖玛需要玩家靠着灵活的手部动作才能胜利。研究指出，比起那些非玩家的实习医生，这些实习医生玩家的手术技巧进步了 48%。[66]这样沉迷于电子游戏的年轻人就可以告诉他们忧心忡忡的父母及老师说：“我只是在精进手术技巧而已！”

书信来往、口头沟通、主导力、果断力、忍耐力、解决问题能力、适应能力和韧性，这些都是组织生活中所需要的技能及竞争力。更重要的是，我们对工作中的人格测试的关注应扩展到能力、智力、技能测试及认证。

在开始相关内容前，我们需要先谈谈对于能力、技能和竞争力的现代威胁。根据公共卫生官员的说法，这个威胁指的是睡眠剥夺。

5.3.1　能力及睡眠需求

2010 年一项对 1 007 位美国主要族群的成年人的调查发现，平均每个族群里的 10 位受调者中只有 4 位，认为大部分的夜晚他们可以睡得很好。[67]可惜的是，剥夺睡眠可能发生在每个人身上。另一项调查中的一道题目是“什么让你无法一觉睡到天亮？”大家公认的答案是工作相关的压力（42%）。[68]如果你的基本睡眠需求老是被不停地剥夺，低效率的决定及低效率的问题解决方案会随之产生，压力越来越大，然后你的健康也容易出问题。[69]一般来说，成人每个晚上需要 7～9 小时的睡眠，以利充分休息及在最好的状态下工作。[70]睡眠习惯性被剥夺的人需要注意：持续 24 小时不眠，会削弱我们认知心理动作技能的表现。此伤害等同我们血液里有 0.1%的酒精浓度。[71]此时，已经超过美国对于驾驶者血液酒精浓度不得超过 0.08%的规定。实际上，专家估计疲劳驾驶每年导致了超过 100 000 起车祸，造成 1 500 人死亡。[72]根据睡眠专家沙拉·梅德尼克（Sara Mednick）的说法：

没有睡眠就没有学习。我的研究指出，一天当中，人的状态会逐渐衰退。做事效率的维持是非常困难的。小睡可以补偿你前晚被剥夺的睡眠，且提高做事效率，即使你已具备充足的夜间睡眠。

在午餐后的1点至3点之间，睡大约20分钟的午睡是最适合不过的。但你不应该熟睡，因为你有其他事情需要留心。中午小憩之后，你的一天会变得更有成效。这正是商业人士需要的才思敏捷式的思维。[73]

管理者们已经认识到员工休息的重要性并且开始采取措施：

随着工作场所设置哺乳室、健身房、托儿设施等附带福利的兴起，耐克员工现在可以使用睡眠友好的休息室，同时，此种休息室也可以作为冥想场所。

首开多种员工福利先河的谷歌在其山景城的总部设置了数个新潮的豆荚状的午休装置。

Jawa是一家位于亚历桑纳州斯科茨代尔的小型移动技术公司。公司设有两间休息室。一间有类似谷歌午休豆荚的躺椅。另一间则放置有老式沙发。两类休息室都受到Jawa程序设计师的喜爱，为他们长时间的工作提供了新的休息去处。[74]

下面我们探讨智力 、特定认知能力及有争议的多元智力三者之间的关系。

5.3.2 智力与认知能力

到目前为止智力并没有公认的特定定义。总的来说，**智力（intelligence）**表现为一个人对于建设性思维、推理及解决问题的能力。[75]从历史上看，智力被认为是种经基因代代相传的天生的能力。但后来研究表明智力（如同人格）也是环境影响下衍生的功能之一。[76]近来随着越来越多的证据表明孕妇酗酒、滥用药物、不当饮食习惯与其胎儿智力发育之间存在关联性，因此，有机成分近期也被加入婴儿奶粉配方。[77]

近几年的研究得出了不少与智力相关的有趣发现。比如，在过去的70年中，发达国家观察到其民众智力有稳定和显著增长的趋势。为什么？美国心理学会的专家们在一次会议中得出了下面的结论：“较佳的教育、改善的社会经济地位、较健康的营养摄取及一个技术层面上高度发达的社会等一系列因素，正是民众智力测验分数提高的原因。”[78]如果你认为你确实比父母及老师聪明，你大可以这样讲。尽管他们会责备你忽略了很多他们认为的关键因素，但你很可能是正确的。

■ 两种类型的能力

到目前为止，人类智力研究的主要方法是实证研究。通过研究心智能力及行为两者的关系，研究人员已经能从统计的角度识别出智力的主要组成因素。通过类似的实证方法，1927年心理学先驱查尔斯·斯皮尔曼（Charles Spearman）提出全部的认知表现都是由两种类型的能力决定。第一种是各种认知任务所需要的一般心智能力；第二种则必须视你手边工作的独特性而定。[79]例如，一个人破解填字游戏的能力就属于一般智力范围，但是与此同时，填字游戏也需要能从部分完成的填字格中找出其中规律的特定能力。

■ 七种心智能力

多年来，许多研究皆专注在发展斯皮尔曼提出的认知能力及智力关系的论点上。某研究心理学家列出了120种不同的心智能力。表5-4涵盖了七种最常被引用的心智能力的定义。在这七种能力中，人员甄选研究者发现语言能力、数字运算、空间导向、归纳推理是申请者工作绩效的有效预测要素。[80]

表5-4　　预测工作绩效的心智能力

能力	描述
语言理解	了解语意且随即领会所读内容含义的能力。
文字流畅	讲出符合特定符号及架构要求的单一文字的能力（比如所有开头为b且有两个元音的单词）。
数字运算	快速准确算术的能力，如加减法。
空间导向	察觉空间模式及视化几何图形如何以其他样貌和位置呈现的能力。
联想记忆	对于成对单词、符号、长串数字及其他相关物品，有良好机械性记忆的能力。
知觉速度	察觉数据、识别相似及相异处，接着进行视觉洞察的能力。
归纳推理	从特定结论推导出普遍结论的归纳能力。

资料来源：From M D Dunnette，"Aptitudes，Abilities，and Skills，" in *Handbook of Industrial and Organizational Psychology*，ed M D Dunnette，Rand McNally，1976，pp. 478-83. Reprinted with permission.

5.3.3 我们具有多元智力吗？

哈佛大学教育研究院心理发展学家霍华德·加德纳（Howard Gardner）在其1983年出版的《心智架构：多元智力理论》（*Frames of Mind：The Theory of Multiple Intelligences*）一书中提出人类智力研究的新范式。[81]加德纳识别了八种不同的智力，进一步扩大了存在已久的智力概念。加德纳的多元智力概念不仅涵盖认知能力，也包括人际和肢体能力与技能：

- 语言智力：学习和运用口语及书面语言的潜能。
- 逻辑数学智力：演绎推断、问题分析及算数的潜能。
- 音乐智力：欣赏、创作和演奏音乐的潜能。
- 肢体动觉智力：身心并用、协调肢体动作的潜能。
- 空间智力：组织和运用图案的潜能。
- 人际智力：理解他人、与他人交流且有效率地合作的潜能。
- 内省智力：了解和规范自我的潜能。
- 自然观察智力：与环境和平相处的潜能。[82]

多元智力理论有助于解释为何一个小孩在标准智力测验中表现不佳，然而其他方面却有着不同凡响的天赋（例如音乐、运动、关系建立等）。因此多元智力理论深得教育学者和父母的心。根据多元智力支持者的说法，多元智力理论强调要以孩童们适合的节奏来发展他们独特的身心天赋。这些支持者还指出标准化的智力测验只着重于语言智力和数学逻辑智力，而智力测验的低得分会因刻板印象和偏见成为孩童们永久的噩梦（参见相关的"真实世界/真实人物"专栏）。但与此同时，大部分学术型心理学家和智力研究专家仍持续批评加德纳的模型过于主观且结构松散。他们偏好以单一考试整合不同测量结果的传统智力模型。如同这本书对于文化智力和情绪智力均有所涵盖一样，我们对于多元智力理论也保持开放的态度。

真实世界/真实人物：商业道德

《美国残疾人法案》在就业方面表现不足

美国残疾人士表示，他们曾期待1990年7月26日通过的《美国残疾人法案》（Americans with Disabilities Act）可以使残疾人就业岗位增加。但20年过后，他们还是没能如愿。

凯斯勒基金会（Kessler Foundation）和美国残疾研究组织（National Organization on Disability）报告称，就业问题始终是残疾人士相比于其他人口的最大劣势。

由哈里斯调查公司进行的民意调查发现：

- 在所有适龄工作的残疾人士中，有21%的人表示他们被雇佣为全职或兼职，而适龄健全人士的雇佣比例则是59%。
- 那些表示未被雇佣的残疾人士中，有73%的人认为残疾是他们未被雇佣的原因之一。

为什么说关注残疾人士的能力对于我们很重要？

资料来源：Excerpted from S Taylor，"Surveys Highlight Gap in Disability Employment，" *HR Magazine*，September 2010，p. 16.

5.4 职场情绪

在管理理论的理想状态下，员工会以一种符合逻辑且理性的方式追求组织目标的实现。情绪性行为很少会被纳入管理理论要素。然而日常的组织生活让我们了解到情绪是如此普遍且强大。[83]愤怒和嫉妒是强有力的情绪，在工作上常使我们失去逻辑和理智。管理者有时会利用恐惧和其他情绪激励和威吓员工。悲伤和焦虑的情绪也常在我们不知不觉的情况下产生。比如下面的2008年的微软会议的例子：

> 史蒂夫·鲍尔默（Steve Ballmer）在啜泣。他几次尝试开口说话都失败了。当他试着恢复冷静时，几分钟过去了。但现场130名微软资深主管耐心地等待着，其中许多人甚至跟着哭了起来。他们知道这位CEO哽咽的原因是这次3月底在西雅图举行的会议是微软的共同创始人比尔·盖茨（Bill Gates）和微软任期最长的执行总裁之一杰夫·莱克斯（Jeff Raikes）的最后一次参会。"比尔和杰夫是我这辈子相处最久的人，是指引我的北斗星。现在我则指望你们能成为我的后盾。"鲍尔默最后这样说道。[84]

虽然没有那么戏剧化，但却仍然充满感情的是约翰·钱伯斯（John Chambers）作为思科公司CEO提出的经营公司就像走钢丝的告诫：

> 任何自认为无敌的公司其实已经被打败。因此当我开始觉得我们有一点点太自信的时候，你会发现我强调的是我偏执的一面。然后当我感觉我们有一点忧虑和不安的时候，我又迅速跳转回另一面。我的工作是保证天平处于完美的平衡。[85]

这些令人羡慕的公司领导者如果不具备成为有逻辑的、理性的决策者以及从情绪角度激励员工的能力，就不会获得他们现在所取得的成功。在本节中，我们讨论个体差异中的情绪问题。我们从定义情绪开始，然后回顾十种积极和消极的情绪类型，深入研究情绪智力和成熟，并重点讨论情绪感染和情绪劳动这些有趣的话题。

5.4.1 积极情绪和消极情绪

理查德·拉扎鲁斯（Richard S. Lazarus）是研究情绪的权威学者。他把**情绪（emotions）**定义为“个体对自身为了生存和繁荣与实现梦想而努力的结果的复杂、模式化的有机反应”。[86]使用有机这个词是恰当的，因为情绪包含了整个人的生理、心理和社会等方面。重要的是，心理学家区分了感知情绪和显示情绪。[87]举例说明，一个人可能因为一个粗鲁的同事而感觉到生气（感知情绪）但并没有报以恶劣的话语（显示情绪）。如同将在第18章中讨论的，情绪在造成和适应压力及其伴随的生理和心理问题中扮演重要角色。日常生活中情绪化行为在社会关系中有着明显的破坏性影响。另一方面，研究人员证明了当人们分享一种强烈的情感体验时，他们是如何倾向于建立紧密的社会关系的。[88]例如，对于经历了飞机失事这样可怕的事件的幸存者来说，多年之后的再聚首就是个例子。

拉扎鲁斯对情绪的定义集中在个体目标上。相应地，他的积极情绪和消极情绪的区分也是以目标为导向的。有些情绪是由于个人在追求目标的过程中受到的挫折和失败引发的。拉扎鲁斯把这些情绪称作消极情绪。消极情绪被认为是与目标不一致相联系的。例如，图5-4中的六种消极情绪。如果你在必修科目的考试中失利，你会不会有可能经历这样的消极情绪呢？在考试中的失利与你按时毕业的目标不一致。然而，图5-4中的四种积极情绪是否有可能在你按时毕业的时候经历呢？在这种情况

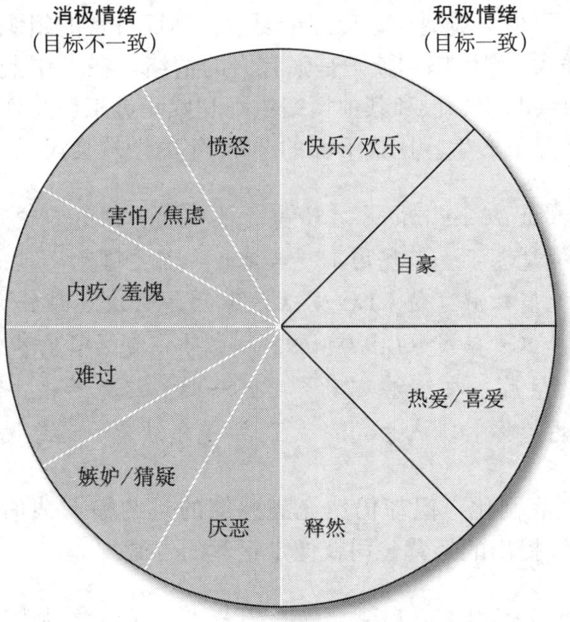

图5-4 积极情绪和消极情绪

资料来源：Adapted from discussion in R S Lazarus, *Emotion and Adaptation* (New York: Oxford University Press, 1991), chaps. 6, 7.

下你所经历的情绪是积极的，因为它们与你的人生目标达成了一致。值得注意的是，个体目标可能被社会接受也有可能不被接受。因此，一种积极的情绪，像是爱情或者喜爱，如果伴随的是性骚扰就不能被社会所接受。相反，些许的愧疚、焦虑和嫉妒可激发加倍的努力。总的来说，一种特殊情感的建设性或破坏性的天性必须通过它的强度及与个人相关的目标来判断。

下面举一个真实的消极情绪和积极情绪相互作用的引人注目的例子，肯尼斯·切诺尔特（Kenneth I. Chenault）在就职美国运通公司 CEO 仅 10 个月后所面临的情况。2001 年 9 月 11 日，恐怖袭击夺去了 11 名员工的生命，位于曼哈顿下城爆炸现场街对面的公司总部大楼，由于要耗时 8 个月来进行维修而不得不被放弃。

9 月 20 日，切诺尔特召集了美国运通 5 000 名员工在纽约派拉蒙剧院召开了一次高情绪化的“市政厅会议”。会议过程中，切诺尔特展示出了成就他领导者地位的风度、同情和果断。他告诉员工他整个人因为被绝望、悲伤和气愤充满而接受了心理辅导。有两次他不禁急切地拥抱极度悲伤的员工。切诺尔特表示会捐赠公司收益的 100 万美元给美国运通罹难员工的家属。“我代表着世界上最好的公司和最好的员工，”他总结道，“事实上，你们是我的力量来源，我爱你们。”[89]

就这样，切诺尔特巧妙地用积极情绪应对了消极情绪。

5.4.2 开发情绪智力

人们应对强大情绪的方法有很多种。举个塔颜·罗斯（Taryn Rose）的例子，她按照医生父亲的愿望进入了医学院。然而在她即将结束实习期的时候，却被女鞋产品缺陷所触动，从而立志开发和销售不伤害女性脚部的时尚鞋子。但是她不想让自己的家人失望。“我惧怕后悔多过惧怕失败。”[90]她想起了《快公司》（*Fast Company*）杂志里那些创新者激励人心的故事，因此选择继续她的梦想。现在罗斯得到了家人的理解。而她也已是年营收 2 000 万美元的公司的 CEO 了。对罗斯来说，她利用好的想法和坚定的决心克服了自己的恐惧。另一种有效应对恐惧和其他负面情绪的方式就是通过开发情绪智力从而使自己在情感上更成熟。

1995 年，从心理学家转行做记者的丹尼尔·戈尔曼（Daniel Goleman）出版了新书《情绪智力》（*Emotional Intelligence*），在教育界和管理界引起了轰动。从此，情绪智力从心理学家圈子中的一个模糊小众的话题转变为主流话题。在加德纳的人际智力概念的基础上，戈尔曼批评了传统智力模型过于狭义，忽视了人际能力的重要性。戈尔曼的广义智力模型包括“一系列能力，诸如能够激励自己、在失败面前坚持不懈、控制冲动和延迟满足、调整心情、不让负面情绪影响思考、有同理心和抱有希望等”。[91]

因此，**情绪智力**（**emotional intelligence**）是一种成熟且有建设性地管理自身和自身社会关系的能力。也有人将情绪智力称为情商（EQ）。情绪智力包含四个关键成分：自我意识、自我管理、社会意识和关系管理。前两者构成个人能力；后两者属于社会能力（见表 5-5）。

表 5-5　通过情绪智力开发个人能力和社会能力

个人能力：这些能力决定了我们如何管理自己。

自我意识

- 情感自我意识：解读自己的情绪，并承认它们的影响；使用“直觉”来指导决策。
- 准确自我评估：了解自己的优势和限制。
- 自信：一个人对自我价值和能力的肯定态度。

自我管理

- 情绪自我控制：保持对破坏性情绪和冲动的控制。
- 透明度：显示诚实和正直；可信性。
- 适应性：灵活适应不断变化的情况或克服障碍。
- 成就：驱动并提高表现，以满足追求卓越的内在标准。
- 主动性：准备采取行动，抓住机遇。
- 乐观：看见事情有利的一面。

社会能力：这些能力决定我们如何处理人际关系。

社会意识

- 同理心：感受别人的情绪，了解他们的观点，并积极关注他们的忧虑。
- 组织意识：了解当下趋势，决策网络和组织层面的政治。
- 服务：认识并满足追随者、客户或顾客的需求。

关系管理

- 激励领导：指导和愿景激励。
- 影响力：运用一系列战术去说服。
- 开发他人：通过反馈和指导支持他人的能力。
- 促进变革：发起、管理和引导新的方向。
- 冲突管理：解决分歧。
- 建立纽带：培育和维持关系网。
- 团队工作和协作：合作和团队建设。

资料来源：Reprinted by permission of Harvard Business School Publishing. Exhibit from D Goleman，R Boyatzis，and A McKee，*Primal Leadership*：*Realizing the Power of Emotional Intelligence*，2002，p. 398.

研究人员认为，使用情绪智力作为员工的挑选和评估的工具需要谨慎。行为学家进行的一项元分析结果表明，情绪智力是一种不一致的理论和无效的测量。他们发现当将情绪智力分数用来预测工作绩效时不能在基本的大五人格维度上得到证明。[92]因此，在众多可利用的情绪智力问卷中取其一来评估求职者或评估员工绩效几乎等于是对不公平歧视诉讼的公开邀请。最近的另一项元分析彻底反驳了情绪智力支持者提出的情绪智力是造就愿景型和魅力型领导力（在第16章中称为变革型领导力）的关键。[93]但是，尽管如此，情绪智力确确实实在员工个人成长和发展项目中占有一席之地。作为一个不可分割的整体，前面讨论过的前瞻性人格和表5-5中列出的情绪智力的各项能力都能用来指导我们每一个人的自我发展。

回顾本章开篇的案例

假设你是一名高管培训师，你将如何指导马克·扎克伯格发展情绪智力以更好地担任脸书这样的巨型公司的CEO呢？

5.4.3　情绪感染和情绪劳动研究的实践启示

组织行为学对情绪的研究有两种流派，相关研究已经开始产生许多有趣且有启发性的见解。

■ 情绪感染

你曾经因为别人的坏心情而影响到你自己的心情吗？那个人有可能是一个家长、主管、同事、朋友或者某个在商店或饭店为你服务的人。研究人员形象地把这种现象称作情绪感染。毫不夸张地说，我们能被其他人的坏心情或表现出来的负面情绪所感染。这种效应在一项调查研究中得到了证实，这是对131名银行出纳员（92%是女性）和220名他们服务的顾客的售后问卷调查。那些表现出积极情绪的出纳员往往有更多满意的客户。以护士和会计师作为主体的两个领域的研究，也发现了工作群体的集体心情和个人心情之间有着很强的联系。[94]也就是说，糟糕的心情和好心情都是有传染性的。

■ 情绪劳动

历代管理者已经了解到情绪感染在市场中的力量。“微笑，为了客户让自己看起来高兴一些。”员工们一次又一次地被这样叮嘱。但如果员工经历的是糟糕的一天呢？如果他们不得不戴上面具掩藏自己真实的感觉和情绪呢？如果他们不得不虚伪表现呢？研究人员已经开始研究他们所谓的情绪劳动的动态。两名分别来自澳大利亚和美国的作者总结了迄今为止的相关研究结论：

> 情绪劳动可能对进行这种情绪劳动的员工特别有害，且可能是在心理和身体上造成双重伤害。员工，可能会压抑沮丧、怨恨和愤怒的感觉，而这是不合适的表达方式。这些感觉的形成，一部分是由于对一个人的消极情绪的监控和不断要求其以积极情绪来表达而造成的。如果不能提供一种健康的情绪宣泄方式，这种情绪的压制可导致情绪耗竭和倦怠。[95]

史蒂文·斯莱特（Steven Slater）作为2010年过度情绪劳动的受害者而离奇地成为民间英雄。他曾是捷蓝航空（JetBlue）的空乘，在其头部频繁地被行李撞击之后，他诅咒乘客并手持啤酒从紧急逃生滑道滑下。[96]

有趣的是，两项以美国大学生作为主体的实验研究发现，感知情绪没有性别差异。但是女性比男性更有情感表达力。[97]管理者显然需要适应（并回应）情绪状态和他们的员工的需要。这就需要一些情绪智力。

5.5　运用组织行为学所学铺垫你通往成功的路

让我们通过探索成功之路把对自己和他人的新认识付诸实践。当然，我们不能为你定义成功，它取决于你自己的经历、期望、目标、梦想以及机会。然而，我们可以分享几个有助益的观点。第一条来自传奇投资人沃伦·巴菲特（Warren Buffett）：

“他们说，成功是得到你想要的，幸福是喜欢你所得到的。”[98]第二条是来自高校名人堂的教练娄·霍尔茨（Lou Holtz）：“确保你生命中一直有的四件事：有事可做，有人可爱，有事可期待和有信念可坚守。”[99]把这些鼓舞人心的话记在心里，我们开始探索四个通向成功的铺路石：心理资本、刻意训练、运气和谦逊（参见相关的“真实世界/真实人物”专栏）。

真实世界/真实人物

一个中国学生的人生计划

最近一次去中国旅行，我结识了一群清华大学的学生——清华大学是中国的哈佛。这些年轻人跻身于他们国家培养出的最好、最聪明的学生。考虑到中国学生的勤奋程度，他们的脱颖而出证明了很多。我问一个物理天才她毕业后的计划是什么。她已经在等着拿奖学金去斯坦福大学攻读 MBA 了。之后，她说：“我可能会在美国待一段时间，在麦肯锡工作或在硅谷创业。”然后，她继续说：“我会回中国创办一家公司。在我赚了钱后，我会选择退休并搬到欧洲，那里是我将带我的父母去旅行的地方。”

将整个人生都如此细致地规划好，是好还是不好的主意呢？请解释。如果是，你对未来的展望是什么？辛苦工作、运气或命运又在其中扮演什么角色呢？

资料来源：R Foroohar，“The World's Their Oyster，” *Newsweek*，October 18，2010，p. 18.

5.5.1 心理资本

在第 1 章中，我们介绍了人力资本和社会资本的概念。我们现在提出心理资本的概念。心理资本源于积极的心理运动，认为强调对人来说什么是正确的更胜过强调错误的或机能失调的。这种方法注重人的优势和潜能，并把它们视为一种能预防精神和行为问题并提高一般生活质量的途径。内布拉斯加大学组织行为学学者弗莱德·卢桑斯（Fred Luthans）和他的同事们将**心理资本**（**psychological capital**）定义如下：

心理资本是个人积极的心理发展状态，其特征是：（1）具有信心（自我效能）承担和投入必要的努力以便在具有挑战性的任务上获得成功；（2）对现在和未来的成功做出积极归因（乐观）；（3）坚持朝目标前进，并在必要时重定通往目标的路径（希望），以获得成功；（4）当遭遇问题和逆境的困扰，保持坚持和韧性，甚至超越（韧性），以便获得成功。[100]

重要的是，你可以通过本书中涉及的自我效能、积极归因（第 7 章）和目标设定（第 9 章）这些经验来构建你自己的心理资本。**韧性**（**resiliency**）是从人生逆境中返回正常状态的能力，可以通过下面讨论的刻意训练进行开发，并从像家得宝（Home Depot）首席财务官卡罗尔·托梅（Carol Tomé）这样的典范故事中受到启发。

作为四个孩子中最年长的，托梅最初是在怀俄明州的杰克逊学习金融，那里是她的父亲经营家族所有的杰克逊州立银行（Jackson State Bank）的地方。她曾经认为有一天她会成为杰克逊的第一位女 CEO。然而，当她在丹佛大学攻读 MBA 时，她父亲的来电却打乱了她的计划。他与她的母亲结束了 27 年的婚姻并卖掉了杰克逊州立银行。

“当我冷静下来，我对自己说，‘卡罗尔，你会成为一位银行家。因此，去做一位银行家’，”托梅回忆道，“今天我坐在这儿，无论是从个人生活方面还是专业方面来看曾经发生在我身上的最好的事就是我父亲卖掉了他的银行”。从此托梅没有了约束。她加入了丹佛联合银行（United Bank of Denver），领导了一系列企业融资项目，最终她在 1995 年入职家得宝。[101]

5.5.2 刻意训练

有没有什么事情是让你想非常非常在行的，甚至成为世界级别的呢？或许是一项球类运动、一种乐器、在公众场合演讲、写博客、玩电视游戏、设计产品、软件编程、唱歌和跳舞或者木工艺。听一下这个有年头的纽约市的笑话，看看你能从中得到什么启示。游客问：“我如何能进入卡内基大厅？”纽约人回答：“练习，练习，再练习。”好的，所以是需要多少次练习呢？试试一万小时定律。在研究相关证据后，马尔科姆·格拉德维尔（Malcolm Gladwell）在他的畅销书《异类：不一样的成功启示录》（*Outliers*：*The Story of Success*）中得出这样的结论：“心理学家越近距离观察天才的职业，就会发现天赋似乎扮演的角色越小，而后天储备似乎扮演了更大的角色。在最顶部的人不仅仅努力，而且可能比任何人都更加努力。他们比你想象的要努力很多倍……一万个小时是铸就伟大的神奇数字。”[102]一般来说，这是约 10 年的刻意训练。

《财富》杂志的杰夫·科尔文（Geoff Colvin）在他那本有趣的书《天才源自刻意练习》（*Talent Is Overlated*：*What Really Separates World-Class Performers from Everybody Else*）里识别了**刻意训练（deliberate practice）**的关键要素：“这通常是有教师指导的专门为提高绩效而设计的活动；可能是重复很多次并持续反馈结果；它在心理上要求较高，无论是纯粹的智力活动，如象棋或商业相关活动，还是高强度的身体活动，如运动；而且它不是那么有趣味。”[103]

泰格·伍兹（Tiger Woods），不屈不挠地打磨他高尔夫球比赛的每一个方面，当他还是一个蹒跚学步的孩童的时候，最初是由他父亲指导，后来有了最好的教练，这就是刻意训练的力量（尽管他最近遇到些麻烦）。这种情况，除了他的头衔和奖杯，说明伍兹对于高尔夫球比赛有着不可思议的“感觉”：

几年前，耐克正在研发一款高尔夫球杆，并让伍兹测试原型。伍兹试了三款球杆，说他喜欢那个重量轻的。但伍兹却被告知，球杆的重量相等。不，它们不一样重，伍兹回答。耐克的研究人员把高尔夫球杆放在秤上，结果发现伍兹是对的。他喜欢的那支球杆比其他两支球杆轻了 2 克。[104]

5.5.3 运气

如果你想了解运气，就去与幸运和不幸的人聊聊天，看看他们究竟有何不同。这个简单的前提是来自英国心理学教授理查德·怀斯曼（Richard Wiseman）的十多年的创新研究。事实证明，运气不仅仅是随机的机会或巧合。幸运的人，通过他们的想法和行为，创造自己的好运气。这里是怀斯曼的四个指导方针，用来改善你的运气。

1. 积极和参与。接受新的经历并与他人建立关系网，以便与更多的幸运机会相遇。

2. 倾听关于自己对运气的直觉。学习什么时候倾听自己的直觉。冥想和心灵清理活动能起到帮助作用。

3. 无论情况多么糟糕，保持对幸运的期待。保持乐观并努力使你的期望成为一个自我实现的预言。

4. 把你的坏运气变成好运气。通过保持冷静、积极，并专注于更美好的未来以控制糟糕的情况。[105]

许多成功人士通过从生活的艰难和磨炼中学习造就了自己的好运气。

5.5.4 谦逊

在你宣布自己是执行主管优质候选人之前，还有一件事要考虑：一种谦逊的态度。**谦逊（humility）**是“对自己的贡献的现实评估以及对他人贡献的承认，同时考虑那些使自己的成功成为可能的运气和幸运”。[106]谦逊被称为沉默的美德。有多少真正谦逊的人吹嘘自己谦逊呢？两位组织行为学专家提出了下面这个有启发性的观点：

> 谦逊的人对自己以及生活中的事件和关系有一个现实的看法。谦逊是一种不夸张的去评估成功、失败、工作和生活的能力。此外，谦逊使领导者能明确地区分健康的自信、自尊、自我评估与那些过分的自信、自恋和顽固。谦逊是自大和自尊两个极端的中间点。谦逊使人们看到一个人可以同时是谦逊和有竞争力的或谦逊和野心勃勃的，这纠正了对谦逊普遍存在的错误看法。[107]

就是这样。我们已经给你列出了最有可能接近真相的成功的公式。开始努力吧！

组织行为学案例研究

我听到过的最好的建议

（斯蒂芬·斯瓦茨曼（Stephen A. Schwarzman）是黑石集团（Blackstone Group）主席兼CEO。）

我在费城外的一个小镇长大，在当地读的高中，在那里我进行了四年的田径训练。在寒冷的冬天，我们的小组在户外进行练习，那真是非常悲惨的经历。学校建在一座小山上，当我们在停车场跑圈时，风会绕着建筑物鞭打我们。我们不得不非常小心我们的步伐，以免在冰面上滑倒。当我们一圈一圈地跑时，我们的教练，50岁的杰克·阿姆斯特朗（Jack Armstrong）会靠在一堵挡风的墙上，穿着一件暖暖的大外套、戴着羊毛帽子和手套，边鼓掌边欢快地笑。每次小组慢吞吞地过去，他都会大喊：“记住，你必须先存款才能取款!”

我们学校是一所没有特殊设施的公立学校。我们田径小组的队员大都是普通孩子，智力水平和动机也都不尽相同。但我们从来没有错过一次训练。这样令人惊讶的出勤率也许是因为建议本身的传达方式相关，我记得当人们对我欢呼时，阿姆斯特朗教练的话便会在我的脑海里回响。在我的金融职业生涯中，我无数次想到他的话，这些话指引了黑石公司的前进。

在入职华尔街的第一个星期，我想起了教练阿姆斯特朗，那是35年前了。我一整夜都在为晨会准备一个大型电子表格。这些都是在Excel出现之前的日子，对于一个像我这样对统计不在行的人来说，徒手完成这些工作已经是一项壮举了。我为自己感到非常骄傲。然而，交易的合作伙伴看了一下我的工作，挑出一个微小的错误，并暴跳如雷。当我坐在那里，听着他对我大喊，我意识到我正在获得阿姆斯特朗教练的MBA版本。只是努力和满足于在最后期限前完成是不够的。按照阿姆斯特朗教练的说法，仅仅是做一些存款是不够的；我必须确定，在我们做出决定或做出交易之前，存款要能100%地应对任何额度的提款。如果我没有做所有的前期工作，并完全确定我的分析是正确的，我不应该提出任何回报。不准确的分析会产生错误的见解和糟糕的决策，从而导致巨大损失。

现在，每当我面对要做一个交易决策的压力，但我不知道什么是正确的时，我会竭尽全力推迟它。在最终确定之前，我会坚持要求得到更多的信息，就像在脑海停车场再额外跑几圈一样。

每年我都会对我们的新员工讲话并用我自己的话来给他们类似的建议。我告诉他们，这可不像学校，你把手举起来然后迅速给出答案就行了。这里唯一的分数是100分。最后期限很重要，但在黑石集团，你可以随时得到帮助。作为一个企业，我们总是可以弄清楚如何在停车场里再跑一圈。因为帮你赢得比赛的道理也同样适用于做生意：为比赛那天做了最好准备的人必将是赢家。[108]

[讨论]

1. 你怎样描述斯蒂芬·斯瓦茨曼的人格?

2. 联系你刚刚学到的概念，什么特质和特性可以用来描述“理想的”黑石求职者？请说明选择每个特性的理由。

3. 请排序：1=最重要，8=最不重要，对于如黑石这样一家大型投资公司来说，加德纳的八大多元智力在其成功上各自所起的作用如何？解释你的排序。

4. 参考表5-5，在做出好的投资决策时各种情绪智力有多重要？请解释。

5. 你拥有什么特质让你能为斯蒂芬·施瓦茨曼这样的人工作吗？运用本章的概念进行解释。

法律/道德挑战

管理者需要去诱导员工内疚吗?

斯坦福最近的研究报告表明内疚和绩效之间显然存在联系。不仅如此，在一项后续研究中，我们发现更多的内疚等同于更多的承诺。那些感到内疚的员工通常更加努力，更有可能将组织推广给他人。

在另一项研究中，有约200个MBA学员参加了名为TOSCA（测量自我意识的影响，衡量内疚倾向）的调查，并让他们的前同事评价他们的领导行为，如领导团队的能力。内疚感更多的学员被认为是更好的领导者。我们的理解是，内疚激活了对一个人行为的敏锐责任感。我想知道的是，内疚是否会使人们在成为更好的领导者的同时，会因为感到有责任而让个体更加厌恶担任领导职位呢？答案目前还不得而知。

诱导内疚有时可能会引起怨恨而适得其反，但它也可以是高度有效的。如果不是，那为什么我母亲在让我内疚时这么在行呢？[109]

内疚是提高工作绩效的合法管理工具吗?

1. 确实，内疚是人们带给工作许多潜在的又富有成效的特征之一，应该为组织的利益而进行引导。你的道德辩护是什么？

2. 一点点内疚可以是一种强大激励，所以管理者可以选择性地使用内疚来提高绩效。诀窍是保持人性的平衡，不能太多，也不能太少。你的道德辩护是什么？

3. 人们通常都很神经质，所以即使没有管理者诱导内疚，他们也会有很多的情感负担。给出你的道德辩护。

4. 提出其他选项并加以讨论。

第6章 价值观、态度、工作满意度与反生产工作行为

学习目标

学完本章后，你应该能够：

1. 解释施瓦茨的价值观理论，并描述三种价值观冲突。
2. 描述工作-家庭冲突的价值观模型，并详细说明至少三个工作-家庭冲突研究的实践启示。
3. 识别态度的三个组成部分，并讨论认知失调。
4. 利用艾奇森的计划行为理论解释态度如何影响行为。
5. 描述组织承诺模型。
6. 定义员工敬业度和工作满意度等工作态度。
7. 识别并简要描述导致工作满意的五个原因。
8. 识别八种与工作满意度相关的重要因素和结果，并总结每种因素与工作满意度如何相关。
9. 描述反生产工作行为的成因及预防。

为什么珍妮弗·西蒙内蒂-布莱恩喜欢她的工作?

珍妮弗·西蒙内蒂-布莱恩（Jennifer Simonetti-Bryan）37岁，有着强烈的进取心和成就导向型性格。她1995年毕业于丹佛大学，进入花旗公司（现花旗集团）工作成为一名管理培训生。她的工作包括“银团贷款和企业金融”。遗憾的是，她对工作的热爱几年后开始减弱。她告诉《财富》杂志的一名记者，夜晚和周末都要工作，盯着电脑屏幕上的模型，她感觉厌倦不满。一个同事告诉她，只要再过10年，她就能做到常务董事。

珍妮弗继续积极投入工作，直到在公司伦敦办事处的餐厅吃了那一顿商务午餐，她才停下来思考人生方向。有趣的是，正是这顿午餐，引领珍妮弗去追求新的事业。她当时点了“香草酥皮三文鱼，搭配桑塞尔白葡萄酒——一种来自法国卢瓦尔河谷的清爽的白葡萄酒。葡萄酒的酸恰好中和了三文鱼的油腻，这种做法激发了她的好奇心。她开始上葡萄酒鉴赏方面的课。在1998年花旗合并美邦之后，珍妮弗冒险放弃了六位数的薪水，转投葡萄酒行业，然后成为卡布瑞酒窖和黑皮诺干红葡萄酒的品牌经理，与此同时考取各种行业

证书”。

2008年，珍妮弗成为第四个在美国获得葡萄酒大师称号的女性，这是葡萄酒行业的最高荣誉，也是她花费数月努力学习取得的成就。她最后必须通过一个为期四天的考试，包括鉴别36种不同的葡萄酒。她还必须完成一个能够促进葡萄酒行业进步的研究项目，使葡萄酒行业得以发展。现在，她经营着自己的公司，名为JSB咨询。该公司训练和培养葡萄酒和烈酒行业的从业者。她还在国际葡萄酒大赛中担任裁判，并担任行业发言人。

珍妮弗幸福吗？她说：“即使我拥有全世界的财富……我仍会做我现在做的事。”[1]

本章开篇的案例，强调了人们敬业、满意、受到激励是出于不同的原因。虽然我们并不想成为在世界巡游、为人讲解葡萄酒的专家，但我们愿意传授组织行为学方面的内容。为什么？因为考虑到我们的价值观和态度，我们的工作是有意义的。正如葡萄酒工作之于西蒙内蒂-布莱恩一样。需要记住的一点是，个体差异影响我们的价值观、态度、工作满意度，以及在工作中表现出的高效或反生产行为的倾向。

总体而言，本章的目标是继续我们在第5章的个体差异研究，这样读者们可以更好地理解管理者和组织能怎样利用个体差异方面的知识来吸引、激励并留住高素质员工。我们探索并讨论个人价值观和态度对于诸多重要方面，如工作满意度、工作表现、员工流失率以及反生产工作行为等的影响。

6.1 个人价值观

当我们在第3章讨论组织文化时，将价值观定义为被期望的行为方式或最终状态。第3章的重点是集体价值观或共同价值观；本章的重点转移到个人价值观。个人价值观本质上代表了在生活中赋予我们意义的事物。价值观在不同情境中都会影响我们的行为，因此对于读者理解组织行为非常重要。

谢洛姆·施瓦茨（Shalom Schwartz）提出了一个被广泛接受的全面个人价值观理论。[2]让我们通过探索施瓦茨的理论、讨论价值观冲突、审视当下的有关工作-家庭生活冲突的价值观方面的话题，来更多地了解个人价值观。

6.1.1 施瓦茨的价值观理论

施瓦茨认为，价值观是鼓舞人心的，因为它们“代表适用于不同时空背景的宏大目标”。[3]例如，对成就的重视将很有可能促使你努力工作并获得晋升，就像你会想要与朋友们在每周一次的高尔夫比赛中一决高下一样。价值观也相对稳定，并可能影响我们下意识的行为。

施瓦茨提出，广义上，有10种价值观可以引导行为。他还指出了每种价值观背后的激励机制（见表6-1）。正是这些激励机制，赋予了价值观影响我们行为的能力。例如，如表6-1所示，对于社会权力、权威和财富的渴望驱动着重视权力的人。相反，重视服从的人会受到礼貌、服从、自律、尊重父母及长辈等相关动机的驱动。正如理论所述，这10种价值观不但已被发现能够预测行为，而且结论也能在不同文化中推广。[4]

表 6-1　　施瓦茨理论中价值观和动机的定义

价值观	定义和背后的动机
权力	社会地位和声望，对他人和资源（包括社会权力、权威、财富）的控制和主导
成就	通过展示符合社会标准（成功，有能力，有进取心，有影响力）的能力取得的个人成功
享乐主义	个人的快乐和感官满足（快乐、享受生活）
刺激	生活中的兴奋、新奇和挑战（勇敢，丰富多彩的生活，刺激的生活）
自我引导	独立的思考和行动选择，创造和探索（创意、自由、独立、好奇、选择自己的目标）
普世价值	理解、欣赏、宽容和保护人类与自然的福祉（心胸开阔，智慧，社会公正，平等，世界和平与美丽，人与自然的和谐，保护环境）
仁爱	保护和提升周围人的利益（乐于助人，诚实，宽容，忠诚，有责任心）
传统	尊重，承诺，接受传统文化和宗教宣扬的习俗和思想（谦逊，接受自己生活中的角色，虔诚，尊重传统，中庸）
服从	限制可能扰乱或伤害他人，以及违反社会期望或准则的行动、爱好和冲动（礼貌，服从，自律，尊重父母及长辈）
安全	社会、人际关系与个人的平安、和谐与稳定（家庭安康，国家安全，社会有序，干净清洁，互惠互利）

资料来源：From Anat Bardi and Shalom H Schwartz，"Values and Behavior：Strength and Structure of Relations，" *Personality & Social Psychology Bulletin*，October 2003，p. 1208. Copyright © 2003 by Sage Publications.

图 6-1 展示了研究者提出的 10 种价值观之间的关系。圆形图案揭示了哪些价值观是密切相关的、哪些是互相冲突的。在一般情况下，位置相邻的价值观，像自我引导和普世价值是正相关的，而距离较远的价值观，如自我引导和权力就没有那么强的相关性。在此基础上更进一步，施瓦茨提出，在中心两侧的价值观相互冲突，像权力和普世价值，或刺激与服从或传统。例如，想参与蹦极或爬山等活动体会刺激生活的欲望与想过普通或传统生活的愿望相矛盾。研究为这些预测提供了部分支持。[5]

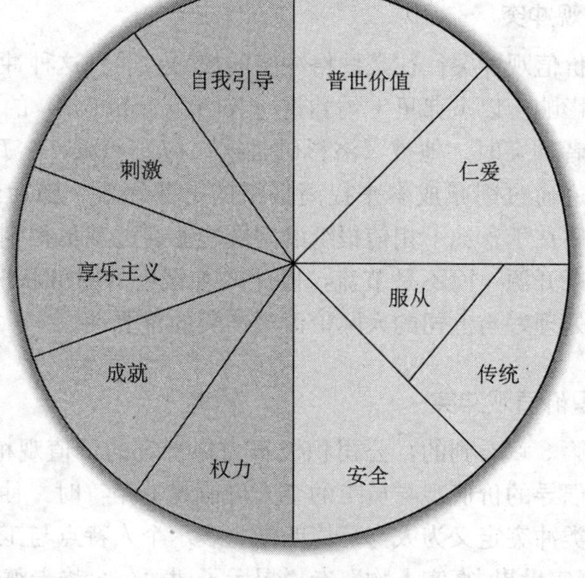

图 6-1　施瓦茨价值观之间的关系

资料来源：Anat Bardi and Shalom H Schwartz，"Values and Behavior：Strength and Structure of Relations，" *Personality and Social Psychology Bulletin*，October 2003，p. 1208. Copyright © 2003 by Sage Publications.

回顾本章开篇的案例

按照施瓦茨的 10 种价值观，你怎样给珍妮弗·西蒙内蒂-布莱恩打分？哪些价值观促成了她转行的决定？

6.1.2 价值观冲突

有三种类型的价值观冲突与个人态度、工作满意度、员工流失率、绩效以及反生产工作行为有关。它们分别是个人内在价值观冲突、人际价值观冲突以及个体-组织价值观冲突。这些冲突分别来源于个体内部、人与人之间以及个体与组织之间。

■ 内在价值观冲突

我们对施瓦茨价值观理论的讨论表明，人们在彼此个人价值观发生冲突的时候，可能感受到内心冲突和压力。例如，对于想要合理协调工作与生活关系的员工，当遇到另一个看重“成就”和“传统”的人时，可能会经受压力和冲突。前《堪萨斯城星报》（*Kansas City Star*）调查记者保罗·文斯克（Paul Wenske）在被迫认购公司股份后，经历了内在价值观冲突。他是一个在过去 30 年经常获奖的老记者，他对于自己的工作角色有强烈的认同感。他告诉《华尔街日报》：“突然间你不是过去那个人了。你照着镜子。你到底是谁?”治疗师建议，这类的价值观冲突可以通过“对不能被剥夺的特质感到自豪来缓解，这些特质包括美德、正直、诚实、慷慨。他们还建议在与家人、朋友和社区的关系上投入更多时间，并发自内心以此为傲”。[6]一般来说，当个人价值观被公开支持的时候，人们会感到更多快乐、更少压力。

■ 人际价值观冲突

这种类型的价值观冲突往往是性格冲突的核心，而且这种冲突可能对一个人的职业生涯产生负面影响。以杰弗里·约翰逊（Jeffrey Johnson）的经历为例。当他的价值观与高层管理者冲突时，他被《洛杉矶时报》（*Los Angeles Times*）解雇了。高层管理者希望约翰逊通过削减成本来提高报纸的财务绩效，随后约翰逊被要求解雇员工。约翰逊的矛盾在于，他不相信报纸的问题能够通过裁员得到解决。他希望通过探索创造性的方式来开源，而不是节流，以此改善报纸的财务状况。[7]这个例子凸显了审慎评估利弊、处理好与上司的人际价值观冲突的重要性。

■ 个体-组织价值观冲突

正如我们在第 3 章看到的，公司积极努力将特定的价值观植入自己的企业文化。当被组织提出并倡导的价值观与员工的个人价值观不相符时，冲突就可能会发生。我们在第 3 章将此类冲突定义为人与环境匹配，表示个人特点与工作环境特征的匹配程度。[8]相关的“真实世界/真实人物”专栏揭示了谢丽尔·埃卡德（Cheryl Eckard）的个人价值观和葛兰素史克公司（GSK）组织价值观之间的冲突是如何引发了一场耗资 7.5 亿美元的诉讼的。但是个体-组织价值观冲突的重要性不仅在于其可能导致诉讼，更因为它关系到如满意度、承诺、绩效、事业成功、减压、低离职意向等积极结果。[9]因此，求职者在接受某一工作之前很重要的一点就是要考虑该工作前景的人与环境适配。

真实世界/真实人物

葛兰素史克公司的告密者获得 9 600 万美元奖金

51 岁的谢丽尔·埃卡德曾是葛兰素史克公司的全球质量保证经理。她根据《虚假申报法》(False Claims Act) 揭发自己的公司——该法允许美国公民对欺骗政府的公司提起诉讼，并奖励揭发者部分追缴的款项。葛兰素史克花费 7.5 亿美元才摆平了这场诉讼，埃卡德最终获得了 9 600 万美元。

"这个案件的焦点在波多黎各锡德拉市的一家工厂，葛兰素史克在这家工厂生产一系列产品，包括一种婴儿抗生素软膏以及治疗恶心、抑郁症、糖尿病等的各类药品。2002 年 8 月，埃卡德带队来到这家工厂，调查已被美国食品和药品管理局（FDA）查出的违规生产行为。"

卷宗显示，"埃卡德女士强烈建议她的上司停止发售这一工厂生产的所有产品，停产两周以便有时间来解决问题，并通知美国食品和药品管理局关于产品混乱的情况"。她告诉自己的上司"她不会参与锡德拉工厂掩盖质量瑕疵和违规问题的活动"。

埃卡德的前夫表示，她是一个以公司利益为重的人，她不是一个愤青。他说，她真的很在意她的工作，很努力地为公司做事。埃卡德在 2003 年被解雇，她诉讼上显示的理由是"一起与两年前葛兰素威康收购史克必成相关的裁员"。

"埃卡德努力提醒葛兰素史克公司管理层警惕锡德拉工厂的危机，即使在她离开公司之后仍然坚持。卷宗显示，埃卡德在 2003 年 7 月尝试拨打了葛兰素史克 CEO 加尼尔 (J. P. Garnier) 的电话，但是后者拒绝与她通话。她在认定葛兰素史克公司的监察部缺乏解决她顾虑的权威后，于 2003 年 8 月向美国食品和药品管理局提出了她的忧虑。"

2010 年，历时 8 年的案件终于结束，埃卡德总结道："经济上能挺过来已然非常不容易，情感上更是如此。你失去了所有的朋友，因为那些朋友都是跟你一起工作的人……你要理解这个过程真的很艰难，但是很值得。"

谢丽尔·埃卡德价值观冲突的根源是什么？

资料来源：Extracted from G Wearden, "GlaxoSmithKline Whistleblower Awarded ＄96m Payout," *Guardian.co.uk*, October 27, 2010, http://www.guardian.co.uk/business/2010/oct/27/glaxosmithkline-whistleblower-awarded; and P Loftus, "Whistleblower's Long Journey," *The Wall Street Journal*, October 28, 2010, pp. B1, B2.

6.1.3 工作-家庭生活冲突

人口统计学和经济因素的复杂关系网导致对于我们大部分人来说，在工作和家庭生活之间找到平衡是一件很有挑战性的事。在高失业率的经济衰退时期，情况更是如此。在这一部分，我们将通过引入一个价值观模型，探讨实用研究成果，力求更好地了解工作-家庭生活冲突。

■ 工作-家庭冲突的价值观模型

帕梅拉·佩雷威（Pamela L. Perrewé）和韦恩·霍赫瓦特（Wayne A. Hochwarter）提出了一个工作-家庭冲突模型（见图6-2）。在左侧，我们能看到一个人的整体生活价值观可以拆分为他的家庭价值观和工作价值观。家庭价值观包括对于家庭重要性，以及在家庭中（例如育儿、家务、挣钱）谁应发挥核心作用的长期信念。工作价值观以工作和事业目标在一个人生活中的相对重要性为核心。价值相似性与家庭成员之间家庭价值观的共识度有关。当一个家庭主妇不顾丈夫想继续担任家庭唯一经济来源的意愿，开始一场商业冒险时，缺乏家庭价值相似性会导致工作-家庭冲突。另一方面，价值一致性指的是雇主和雇员之间的价值一致性程度。例如，如果为了留在家里给孩子过生日而拒绝出差被视为对公司的不忠诚，缺乏价值一致性可以引发工作-家庭冲突。

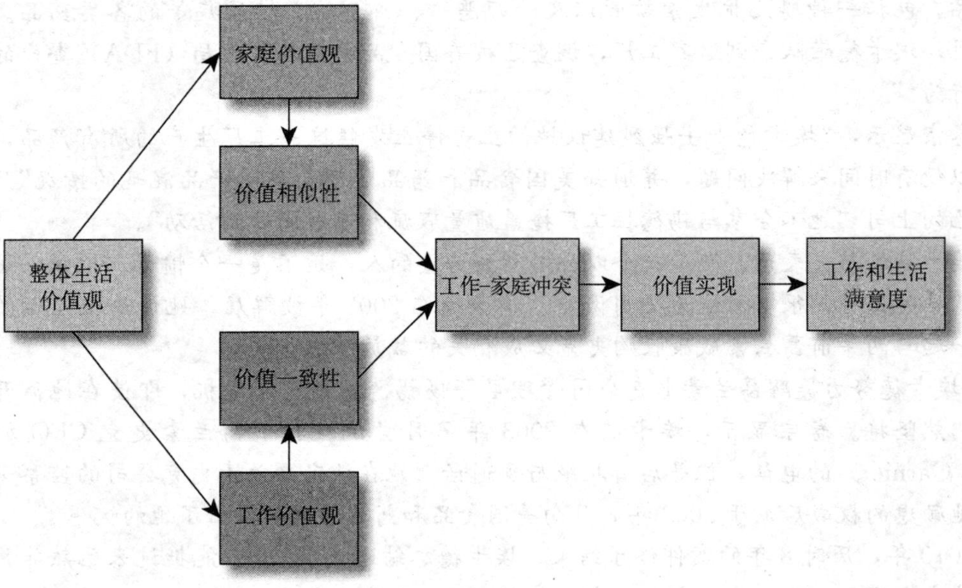

图6-2 工作-家庭冲突的价值观模型

资料来源：From Pamela L Perrewé and Wayne A Hochwarter, "Can We Really Have It All? The Attainment of Work and Family Values," *Current Directions in Psychological Science*, February 2001, p. 30. Reprinted with permission of Wiley-Blackwell.

反过来，"工作-家庭冲突可以表现为两种不同的形式：工作影响家庭和家庭干扰工作"。[10]例如，假设在同一个部门有两个经理，他们的女儿在同一支足球队踢球。一个经理为了最后时刻才通知的部门会议错过了女儿的一场关键足球比赛，而另一个经理则逃会去看比赛了。这两个人可能都经历了工作-家庭冲突，但原因是不同的。[11]

模型中的后两个方框——价值实现、工作和生活满意度，是一个有机整体。对于那些按照自己价值观生活的人来说，满意度往往较高；而对于那些不能按照个人价值观生活的人来说，满意度则偏低。总体来说，这个模型和我们的常识一致。如果用这一模型分析你的生活会是怎样的结果？遗憾的是，很多人会发现自己的满意度不会太高。

■ 工作-家庭冲突的实践研究成果

这是组织行为学中一个崭新且非常活跃的研究领域。让我们思考从这项研究中得出的六条实践结论。

- 工作-家庭的平衡源自家庭。针对成功总经理的多项案例研究表明，家庭和配偶的支持是获得高层职位的关键。[12]这反过来证明了，如果真的有可能实现工作-家庭平衡的话，男性和女性在分担家庭责任方面都需要得到帮助。如果你需要并且可以负担得起的话，你完全可以雇个管家。
- 公司的家庭支持理念比具体项目更重要。许多公司如今都有家庭友好计划，其中包括小孩和老人的日托辅助、育儿假、远程办公以及灵活的工作时间安排。但是，如果因为组织文化崇尚努力工作，并把长时间工作看得比什么都重要，员工就不敢或不愿享受这些福利，在这种情况下，家庭难免会受影响。要做到真正的家庭友好，组织需要提供方案，并辅以家庭支持的理念、文化和资源。例如，南佛罗里达浸礼会健康组织已经在新的福利项目上投入了超过 200 万美元来帮助员工解决工作-家庭平衡问题。[13]
- 弹性工作时间和工作地点是促进工作-家庭达成平衡的关键。很简单，灵活性使人们得以更有效地处理个人生活和工作中相互冲突的需求。这一结论最近得到了研究的支持。该研究涉及 511 位人力资源专业人士，其中 91%的受访者表示，灵活的工作安排能够提升士气，58%的人认为工作-家庭的平衡“是吸引、奖励、留住优秀员工最有效的策略”。[14]
- 老板和同事的支持很有帮助。研究证明，当员工与直接领导和同事建立起良好的关系时，工作-家庭冲突较低。[15]你要主动在工作-家庭发生冲突之前，而不是事后，与你的老板和同事谈及这种潜在冲突，这一点很重要。
- 工作-家庭平衡的重要性存在代际差异。最近，一项针对横跨不同代际团体共 16 000 人的工作价值观的纵向研究表明：(1) 与战后“婴儿潮”一代相比，Y 世代和 X 世代希望有更多闲暇时间、更看重外在价值（例如，对于工资的渴望）；(2) 与战后“婴儿潮”一代对比，Y 世代有较低的利他价值观（例如，帮助他人的渴望）和内在价值观（例如，渴望拥有一份有趣的工作）。[16]以上研究结果表明，组织应考虑针对不同年龄的群体实施不同的工作制度。例如，弹性工作制和压缩工作项目可以分别用来吸引和留住 X 世代和 Y 世代，而我们将在第 8 章介绍的工作丰富化，可以用来激励战后“婴儿潮”一代。
- 采取积极主动的方法来处理工作-家庭冲突。近期，一项涉及超过 32 000 人的元分析研究表明，一个人的个人生活会影响到他的工作，反之亦然。这意味着，员工的工作满意度、组织承诺和辞职意愿与他们生活中的工作-家庭冲突程度显著相关。[17]因此，我们鼓励组织培养管理者使用家庭支持型管理行为，因为研究表明，管理者可以学会如何帮助员工减少工作-家庭冲突。[18]

■ 应对工作-家庭冲突的组织措施

组织已启动并提供各类家庭友好型项目和服务，旨在帮助员工在工作和个人生活之间找到平衡。例如，通用磨坊（General Mills）将公司总部的育婴中心面积扩建了

43%，并提供25%的补贴。财捷集团（Intuit）为家属保健账户匹配了650万美元基金，并为员工在孩子生病时的家庭护理每次补贴65美元。[19]虽然这些方案受到员工的一致好评，但是专家指出，这样的努力有些跑偏了，因为它们专注的是平衡工作与家庭之间的问题，而不是整合它们。只有对立的事物才需要平衡，而工作和家庭并不对立。相反，我们的工作和个人生活应该是一个有机整体。

6.2 态 度

我们几乎没有哪一天不在流行媒体公布的某个态度调查的结果中度过。这些调查的目的是把握民意的脉搏。我们对奥巴马、恐怖主义、缉毒、枪支管制或税收问题都怎么看？同时，在工作场所，管理人员也通过态度调查来监测诸如工作满意度和员工敬业度等指标。所有这些对态度的重视，都基于我们对态度影响行为的认识。例如，研究表明，以积极态度看待年龄增长的老年人比态度消极的老年人拥有更好的记忆力和听力，而且更长寿。[20]在工作中，元分析的多项研究揭示出工作满意度与工作绩效正相关，与各项退出指标，如迟到、缺勤、离职等负相关。[21]在这一部分，我们将讨论态度的组成部分，并考察态度与行为之间的关系。

6.2.1 态度的本质

态度（**attitude**）被定义为“个体对特定对象或情况或喜好或厌恶的稳定的习得性心理倾向”。[22]考虑你对巧克力冰淇淋的态度。如果你对巧克力冰淇淋持积极态度，你就更有可能购买巧克力冰淇淋甜筒。相反，假设你对香草味有积极态度，或对巧克力冰淇淋持中立或消极态度，你更可能购买其他味的冰淇淋，例如香草焦糖旋风。让我们试想一个工作方面的例子。如果你对你的工作持积极态度（即你喜欢你正在做的事），你会更愿意通过延长工时和更加努力来挑战自身极限。这些例子说明态度能在特定情境下推动我们以一种特定方式行事。也就是说，与价值观相比，态度在另一个层面影响行为。价值观代表在任何情况下影响行为的普遍信念，态度只与针对特定对象、人物或情况的行为相关。价值观和态度一般来说是一致的，但并非总是如此。极其重视助人行为的管理者，可能对帮助不道德同事的做法持否定态度。态度和价值观之间的差异可以通过分析态度的情感、认知、行为这三个组成部分来阐明。需要注意的是，你对某人或某物的总体态度，是态度三要素综合影响的函数。

■ 情感要素

态度的**情感要素**（**affective component**）包含个体对特定对象或情况的感情或情绪。例如，你对在餐馆用手机打电话的人有何感觉？如果你讨厌这种人或感觉生气，那么你对在餐馆用手机打电话的人表达的是负面情感或感受。相反，如果你对在餐馆用手机打电话的人无动于衷，那么你的态度的情感要素就是中性的。

■ 认知要素

你怎样看待在餐馆用手机打电话的人？你认为这种行为是考虑不周的、有成效的、完全可以接受的还是粗鲁的？你的回答代表了你对在餐馆用手机打电话的人态度的认知要素方面。态度的**认知要素**（**cognitive component**）反映了个体对特定对象或情况的信念或想法。

■ 行为要素

行为要素（**behavioral component**）是指个体如何计划或者期望对某对象或情况采取行动。例如，如果一个人在餐馆中坐在你和你的客人旁边，却在吃饭过程中用手机打电话，你打算怎么回应他？态度理论表明，在这种情况下，你的最终行为是所有三种态度要素的函数。如果你没有被这种行为冒犯（情感），如果你相信手机的使用能帮助人们打理他们的生活（认知），并且你无意与这个人发生冲突（行为），那么你就不可能对这个人说什么。[23]

6.2.2　态度和现实冲突时会发生什么？认知失调

当坚定的态度与现实矛盾时会发生什么？假设你极其担心感染艾滋病，你相信艾滋病会通过体液接触包括血液接触而感染。然后，当你发现自己在异国他乡遭遇威胁生命的事故，需要手术和输血，可是血液来自可能已被艾滋病病毒污染的血质监控情况不可知的血库时，你会为坚持避免感染艾滋病的信念而拒绝输血吗？按照社会心理学家利昂·费斯汀格（Leon Festinger）的理论，这种情况会造成认知失调。

认知失调（**cognitive dissonance**）是指个体的态度或信念与行为不兼容时所经历的心理不适。[24]费斯汀格指出，人有保持自己的态度、信念和行为之间一致性的动机。因此，他认为人们应通过以下三种主要方法来寻求减少这种“失调”或紧张心理：

1. 改变你的态度或行为，或两者都改变。这是面对认知失调时最简单的解决方案。回到输血的例子，这意味着（a）告诉自己不会通过血液感染艾滋病，并接受输血，或者（b）就是拒绝接受输血。

2. 忽略不一致行为的重要性。这每天都在发生。在我们的例子中，你可以相信你不会因那个外国血库感染艾滋病。（医生说她经常使用那个血库里的血。）

3. 找到比失调因素更有价值的和谐因素。这种方法需要将失调合理化。你可以告诉自己，你同意输血是因为你没有其他选择。毕竟，如果不接受手术，你可能会死。

回顾本章开篇的案例

为什么西蒙内蒂-布莱恩会经历认知失调，她又是怎么解决的呢？

6.2.3　态度有多稳定？

在一项具有里程碑意义的研究中，研究人员发现，5 000 名中年男性员工的工作态度在 5 年内非常稳定。积极的工作态度保持积极，消极的工作态度仍为消极。即使是那些更换工作或职业的人，他们往往也保持以前的工作态度。[25]

最近的研究表明，上述研究可能夸大了态度的稳定性，因为样本局限于中年男性群体。在新的研究中，研究人员调查了成年后态度会发生怎样的改变。研究发现，总体态度在成年早期和成年晚期比中期更容易改变。有三个因素影响中年人态度的稳定性：（1）更高程度的自我肯定；（2）知觉知识的丰富性；（3）对强烈态度的需求。因此，总体态度随年龄增长而不易改变的传统观点被推翻了。老年人和青年人一样，他们确实会改变总体态度，因为他们的态度相对开放，自信程度较低。[26]

因为我们的文化背景和经验不同，我们的态度和行为也不同。通过行为意图，态度可以转化为行为。下面我们来分析关于这一重要进程的重要模型。

6.2.4 态度通过意图影响行为

在费斯汀格认知失调理论的基础上，伊塞克·艾奇森（Icek Ajzen）和马丁·菲舍比（Martin Fishbein）进一步挖掘了个人态度和行为之间存在差异的原因。艾奇森最终建构并完善了一个理论模型，这一模型侧重于将意图作为态度和计划行为之间的关键纽带。在图6-3中，计划行为理论标明了三个独立但相互作用的因素，这些因素决定了一个人表现出特定行为的意愿。

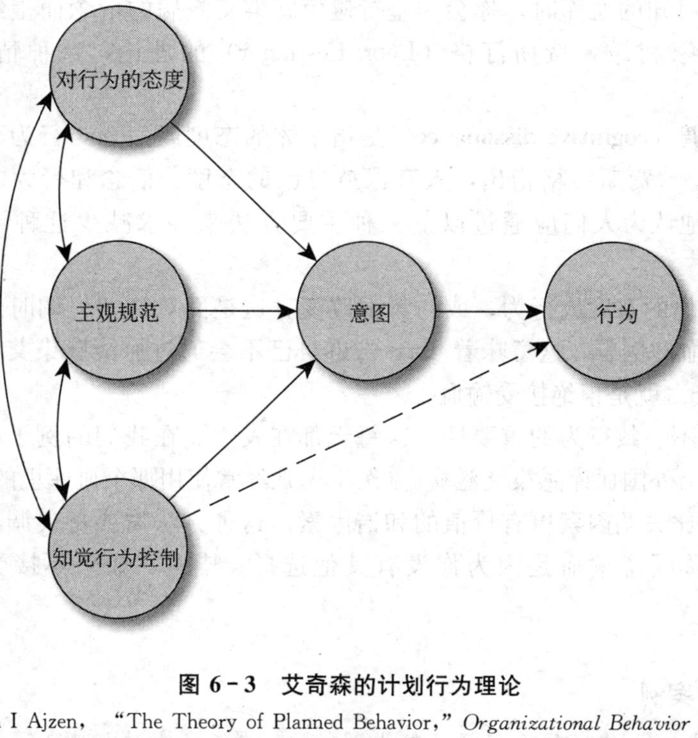

图6-3 艾奇森的计划行为理论

资料来源：From I Ajzen, "The Theory of Planned Behavior," *Organizational Behavior and Human Decision Processes*, Figure 1, p. 182. Copyright © 1991, with permission from Elsevier Science.

重要的是，这个模型只预测个人控制下的行为，不预测不可控环境引发的行为。例如，这个模型可以预测埃及公民在2011年抗议穆巴拉克的可能性。但是，如果想要预测因交通拥堵或通往抗议地点路线上军事路障的数量等不可控因素，或某个特定个体是否会在指定时间到达指定抗议地点，这就不是一个好的模型。[27]

■ 意图的决定因素

艾奇森对意图的三个决定因素的本质和作用解释如下：

第一个决定因素是对行为的态度，指的是一个人对考虑中的行为持有积极或消极评价的程度。第二个决定因素是被称为主观规范的社会因素，它指的是一个人因执行或不执行特定行为而感受到的社会压力。意图的第三个决定因素是知觉行为控制的程度，意为个体所感觉到的执行特定行为的难易程度，它反映了以往的经验和可预期的障碍。[28]

为了使意图的这三个决定因素具体化，让我们思考非营利组织美国医师医药责任协会的一则广告。广告直指麦当劳是一家不好的餐馆（见相关的“真实世界/真实人物”专栏）。美国医师医药责任协会成员对制作和播放这则广告持积极的态度，因为他们坚信麦当劳食品会导致心脏病。在美国医师医药责任协会中似乎也存在一个强烈的主观规范，即促进健康饮食，阻止人们到快餐店就餐。至于知觉行为控制方面，美国医师医药责任协会能够控制自己在做广告时怎么花钱。

真实世界/真实人物

美国医师医药责任协会设计一则广告来改变人们对吃麦当劳的态度

美国医师医药责任协会（PCRM）成员的态度促使他们制作了关于麦当劳食品的负面广告。该组织发布了一则电视广告，直指“巨无霸汉堡包导致心脏病”。广告中，一个女人伏在一个躺在太平间的死去的男人身上哭泣，他手里还拿着一个汉堡包。最后，金色的拱门在他脚边出现，紧接着是“我就喜欢”——麦当劳长久以来的广告语。旁白说：“胆固醇，高血压，心脏病。今晚，让我们素食。”

美国医师医药责任协会播出这则广告，旨在提醒大家关注华盛顿地区心脏病相关的致死病例。该组织谈到，华盛顿的心脏病死亡率在全美高居第二……心脏病导致每年有超过1 500 名华盛顿居民失去生命。此外，与八个类似规模的城市相比，华盛顿每平方英里范围内有更多的麦当劳、汉堡王和肯德基餐厅。

美国医师医药责任协会正考虑在其他城市，如洛杉矶和芝加哥，播放这则广告，并计划上书华盛顿市市长阿德里安·芬提（Adrian Fenty），请求暂停在城市内增加快餐店。市议会的一名成员正在采取进一步行动，他提出一项议案，不允许两家快餐店距离小于0.25英里。

麦当劳的一位发言人回应说，麦当劳“致力于提供营养均衡的菜单和多样化的选择，以满足我们客户不同的需求和喜好”。美国餐馆协会的执行官斯科特·德法夫（Scott DeFife）说，这则广告是“‘不负责任的’，广告的重点是吓唬消费者，让他们做出基于‘局限营养观’的错误决定”。

是什么信念驱使美国医师医药责任协会做出行动？

资料来源：Excerpted from J Jargon, “New Ad Targets McDonald's,” *The Wall Street Journal*, September 14, 2010, p. B8.

■ 意图和行为研究的经验和启示

根据计划行为模型，人们进行某项行为的意图能有效预测该行为是否发生。例如，确定一个人是否会辞职的最快可能也是最准确的办法，就是让一个客观的第三方机构询问他是否有辞职打算。一项针对34项员工辞职研究、涉及超过83 000名员工的元分析，证实了上述这种直接问法的有效性。研究人员发现，所表达的行为意图是一个比工作满意度、对工作本身满意程度以及组织承诺更好的员工辞职预测指标。[29]另一项研究在此基础上更进一步，分析了求职者在被雇佣之前的辞职意愿是否能预测上班6个月后的自愿离职。结果表明，辞职的意图能显著预测员工流失率。[30]

研究证实，艾奇森的模型准确地预测了购买消费品、谋求新工作、生小孩、为特定政治候选人投票、旧物回收利用以及参与志愿活动的意图。此外，关于平权行动计划、减肥的意图和行为、使用互联网服务加快产品运输、护士为老年患者服务的意愿，以及重新入伍进入国家预备役的态度和行为，也都已被该模型成功预测。[31]从实践的角度看，计划行为理论在管理领域具有重要意义。管理人员应积极运用模型提供的建议施加干预，以期改变员工行为。

根据这个模型，行为的改变始于对于行为可以通过意图改变的认识，反过来，意图又受到三个决定因素影响（见图6-3）。因此，管理者可以通过做或说出那些影响员工做出特定行为的意图的三个决定因素，来影响行为的变化。这三个决定因素分别是：对行为的态度、主观规范和知觉行为控制。[32]

重要的是要记住，通过管理每日提供给员工的信息、组织文化、培训项目内容、关键员工的行为，以及旨在加强某些信念的奖励，都会影响员工的信念。请读者思考加州圣拉斐尔的杰克逊硬件公司（Jackson's Hardware）创始人杰克逊（H. C. Jackson）的案例，想想他是如何利用上述办法来改变员工对于接管公司所有权的信念的。

> 作为创造所有权文化的一部分，杰克逊硬件公司花了大量时间给员工讲述所有权的好处……公司有一个委员会，其职责就是告诉员工企业的成功如何直接关系到股份所有权以及他们的工作，并影响他们的收入情况。杰克逊硬件公司还印发了一份年度所有权计划的业务通讯，并每月评选出一名“员工所有权人”，当选者会收到一张加油卡和600美元奖金，可用于周末度假、晚宴或商店购物。[33]

在个人层面上，你也可以使用这个模型来影响自己的行为。

例如，如果你想增加学习时间，你首先可以尝试影响自己对于学习的态度。你可以告诉自己，更多的学习时间会带来更好的成绩，这会有助于毕业后找到一份好工作。当下一次考试获得理想分数后，你也可以给自己奖励。通过安排与成绩好的学生一起学习，或与父母聊课堂上的事情，你对于学习的主观规范也会发生变化。最后，重要的是记住，你能用来学习的时间可能不完全受你掌控。所以我们的建议是：控制你可以掌控的，同时做好应急预案。

6.3 主要工作态度

工作态度，如组织承诺、员工敬业度和工作满意度，对管理者有双重好处。一方面，它们代表了管理者可能希望加强的重要指标；另一方面，它们是其他潜在问题的体现。例如，员工敬业度低或工作满意度低可能是员工辞职意向的表现。因此，管理者有必要理解这些主要工作态度的原因和后果。

你的工作态度是什么？工作是能够定义和成就你的一件有意义的事吗？或者它只是一种帮你支付各种账单的办法？有趣的是，自有记录可考证以来，人们的工作态度发生了显著变化。例如，对于早期希腊人来说，工作是奴隶才做的。然而今天，许多人视工作为快乐和满足之源，并且有越来越多的人认为，工作应该是有趣的。尽管不是每个人都同意工作很有趣，但像西南航空公司这样的组织已经将其变成了一项策略性的竞争优势。西南航空公司招聘的主要标准之一，就是有很强的幽默感和整体上的积极态度。请读者思考，在创造性培训技巧国际公司（Creative Training Techniques International），其CEO鲍勃·派克（Bob Pike）对工作的积极态度是如何为他的员工奠定积极基调的：

> 这不是在乐趣与工作之间做出选择，而是一个为了快乐和工作的选择。我发现有太多人每天工作8小时，却努力用16小时忘掉他们所做的，这太让人沮丧了！是时候改变我们对工作的传统认识了——工作怎么可能不沉闷无聊？工作应该有激情，有使命感，它应该是投入和参与。承担有挑战性工作的高绩效团队，也知道如何愉快工作。他们有这样一种态度：他们享受自己的工作，他们属于一个多样化的，每个忠诚的成员都了解团队的目标、价值观和愿景的团队；他们期待能做出贡献。
>
> 我们要知道，有喜欢乐趣的人，也总有乐趣终结者。乐趣终结者并不是真的不喜欢乐趣；他们只是觉得乐趣与工作无关，因此并不重要。[34]

你想为鲍勃·派克工作吗？

人们对于工作中发生的事情有许多不同的态度，但是组织行为学研究人员主要关注有限的几种。本节重点探讨两种有重要实践意义的工作态度：组织承诺和员工敬业度。对于工作满意度这一最常被研究的工作态度，我们将在下一节进行全面讨论。

6.3.1 组织承诺

在讨论组织承诺模型之前，弄清楚承诺这一词语的含义非常重要。承诺意味着什么？根据常识，承诺是一种为自己、为他人、为某群体或组织做事的协议。组织行为学研究者将承诺定义为“将个人与一个或多个目标相关的行动过程绑定在一起的力量”。[35]这一定义强调了承诺与行为之间的关系，以及承诺可以针对多个目标或实体。例如，个人可以对他的工作承诺，也可以对家庭、男女朋友、信仰、其他朋友、事业、组织或各种专业协会承诺。现在让我们思考对工作组织承诺的应用。

组织承诺（organizational commitment）反映了个体的组织认同感和致力于实现组织目标的程度。这是一项重要的工作态度，因为承诺的个体更可能表现出努力工作实现组织目标以及更强烈的持续为组织工作的意愿。图6-4给出了组织承诺模型，包含其原因和结果。

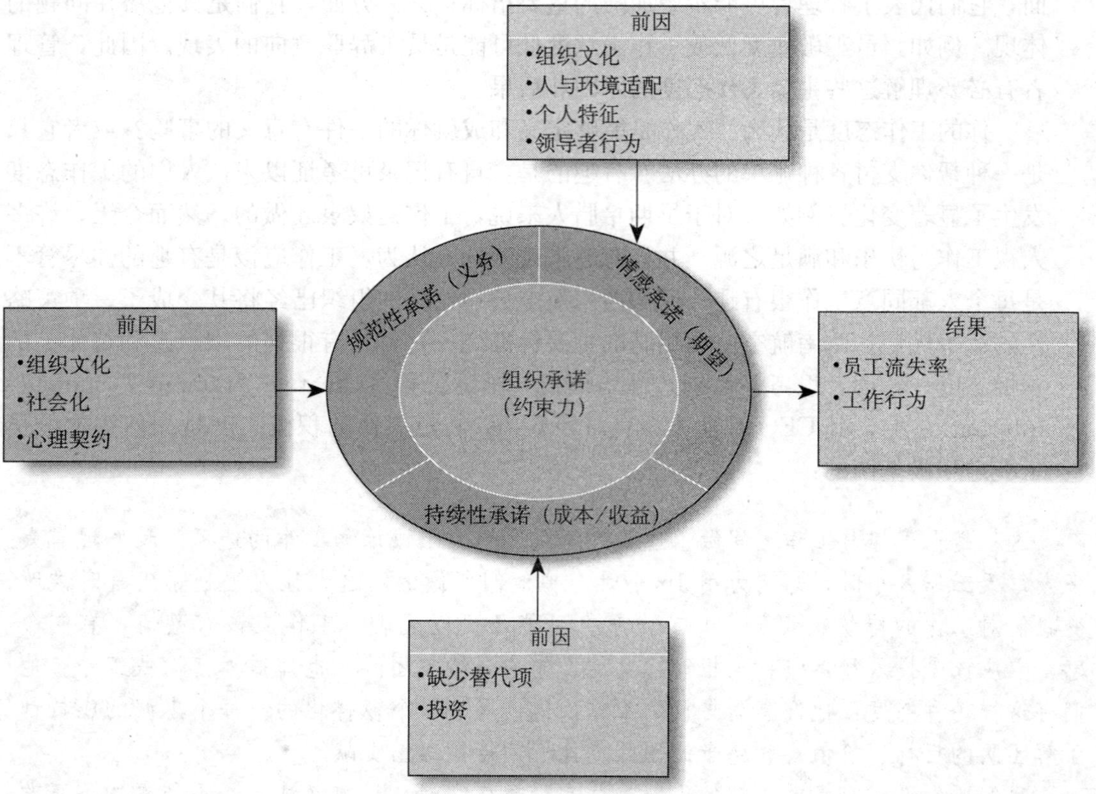

图 6-4 组织承诺模型

资料来源：Adapted from J P Meyer and L Herscovitch，"Commitment in the Workplace：Toward a General Model，" *Human Resource Management Review*，Autumn 2001，p. 317.

■ 组织承诺模型

如图 6-4 所示，组织承诺包含三个不同但又相互关联的部分：情感承诺、规范性承诺、持续性承诺。两位承诺专家约翰·梅耶（John Meyer）和娜塔利·艾伦（Natalie Allen）将以上三个承诺定义如下：

> 情感承诺是指员工对组织的情感依恋、身份认同和参与程度。具有强烈情感承诺的员工持续在组织中工作，因为他们想要这样做。持续性承诺是指对于离开组织的相关成本/代价的认识。与组织的主要联系建立在持续性承诺基础之上的员工，留在组织工作是因为他们需要这样做。最后，规范性承诺反映了不跳槽的责任感。规范性承诺较高的员工觉得，留在组织中工作是因为他们应该这样做。[36]

此外，图 6-4 揭示出这三个组成部分组合起来能产生一种约束力，影响员工流失率以及绩效、缺勤、组织公民行为等工作行为，这将在本章的后面部分讨论。

承诺的每个组成部分都分别受一系列独立的前提条件影响（见图 6-4）。在此语境下，前因是指导致承诺组分发生的因素。例如，情感承诺与组织文化和人与环境适配相关，这一点已在第 3 章中讨论过。人与环境适配包含不同的个人特征，如个性（回顾第 5 章中的讨论）和领导者行为（见第 16 章内容）。[37]因为持续性承诺反映了离职的成本收益率，持续性承诺的前提就是影响离职成本和收益的一切因素，例如没有其他工作选项以及一个人在特定组织或社区中的物质和精神上的付出。如果一个人没有其他工作选项，积极参与其教会活动，在社区中有许多朋友，持有公司的股份，并需要为家里的五口人提供医疗保障，那么他的持续性承诺会比较高。资源互动公司（Resource Interactive）的CEO南希·克雷默（Nancy Kramer）为提高员工的持续性承诺，采用了一个创新方法。

克雷默推出了资源员工股票基金（REEF）。它的工作原理是：公司从其20家左右的上市公司客户那里购买股票。在员工工作一周年纪念日时，他们每人获得一份REEF，包括上述20家上市公司每家的一股股票和1%股沃伦·巴菲特的伯克希尔哈撒韦公司（Berkshire Hathaway）的A级股票。南希说，现在每份REEF的价值约为1 900美元。[38]

最后，规范性承诺受到第3章讨论过的组织文化和社会化过程以及所谓心理契约的影响。**心理契约（psychological contracts）**指个体对自己与他人的互惠交换的条件和条款的感知。[39]在工作环境中，心理契约代表雇员对自身基于对组织的贡献而理应获得回报的信念。研究表明，雇主违反心理契约会降低员工的组织承诺、工作满意度和绩效，并导致更强的离职意愿。[40]

回顾本章开篇的案例

依照图6-4中的模型，你如何评价西蒙内蒂-布莱恩对花旗的承诺？

■ 研究和现实启示

组织承诺很重要。对183项研究的元分析揭示了组织承诺和工作满意度之间的显著正相关关系。[41]这项发现鼓励管理者提高工作满意度以激发员工更高水平的承诺。反过来，另一项涉及26 344人的元分析显示，组织承诺与工作绩效显著相关。[42]这是一个重要的结论，因为它意味着管理者能够通过提高员工的组织承诺提高生产率。

最后，还有一个元分析总结了共27 500人参与的一系列研究结果，并揭示了组织承诺和员工流失率之间的显著负相关关系。[43]这一结论强调了重视员工组织承诺的重要性，因为高度承诺有助于降低员工流失带来的损失。总而言之，我们鼓励管理者专注于提高员工的组织承诺。

有趣的是，公司使用各种方法来提高员工的组织承诺。毕马威（KPMG）允许员工休带薪年假，他们可以在休假的4～12周时间里仍然领80%的薪水。谷歌鼓励工程师将20%的时间用于自己选择的项目。[44]总之，当员工相信组织真正关心他们的福利和幸福时，他们更可能对组织做出承诺。管理者还可以进行下列活动，通过提高员工承诺的一个或几个成分来提高组织承诺：

- 当公司雇佣个人价值观与组织价值观一致的员工时，情感承诺会提高。一个积极、令人满意的工作环境也会增加员工继续为公司工作的愿望。哈雷-戴维森公司遵循了这个建议，"调查显示，90%的员工强烈认同公司的骑行文化。一些员工因参加由哈雷-戴维森组织的摩托车嘉年华而获得了工作"。[45]

● 通过为员工提供各种渐进的福利和人力资源计划，持续性承诺得以增强。例如，在美泰公司（Mattel），福利包括“13个带薪假日，两个在学校做志愿者的带薪日，两个公司托儿中心，五天带薪育儿假……全年周五半天工作，以及公司玩具店的折扣券”。[46]

● 通过保证管理不违反员工心理契约，并提高整个组织的信任水平，可以提高规范性承诺。在第11章，我们会提出建立和维持信任的具体建议。

6.3.2 员工敬业度

员工敬业度是组织行为学领域里一个比较新的概念，它是1990年由威廉·卡恩（William Kahn）在两个对工作中的人的定性研究基础上提出的。根据他对夏令营和建筑公司工人的观察，卡恩将**员工敬业度（employee engagement）**定义为“组织成员将自我投入工作角色的程度；如果敬业，人们会在担任工作角色时全身、全神、全情投入和表达自我”。[47]该定义的核心是，敬业的员工在工作中“奉献全部”。对这一态度变量的进一步研究表明，员工敬业度包含四个组成部分：（1）紧迫感；（2）专注感；（3）强烈感；（4）狂热感。[48]你在工作或学习中有没有过这种感觉？如果有，那么你会理解为什么学者、顾问和管理者想要了解他们应怎样利用员工敬业的力量。现在，我们将分析员工敬业的原因和结果，并阐释通过提升员工敬业度来提升绩效的可能性。

■ 员工敬业度受哪些因素影响?

员工敬业度受一系列因素影响，这些因素大致可以分为两类：个人因素和情境或工作环境因素。被证实或被认为影响员工敬业度的个人特征包括乐观阳光的性格、积极进取的个性、责任心、人与环境适配、处处留心。[49]留心表示一个人专注于某个时刻发生的事情，而不是在其他事情上或其他地方做白日梦。

有很多情境因素可能影响员工敬业度。其中一个明显因素是组织文化。例如，当一个组织拥有鼓励员工发展、提倡尊重以及管理层与普通员工之间信任的家族文化（见第3章）时，员工可能会有较高敬业度。[50]例如，斯克利普斯健康公司（Scripps Health）在《财富》杂志2011年全美最佳雇主评选中居第37位。该公司为所有员工每年提供至少一个培训课程。公司2010年在员工培训和发展计划中共投入3 000万美元。[51]

工作安全和心理安全感也能促使员工敬业。当人们觉得表现出敬业很安全时，心理安全感就产生了。换句话说，员工不会为在工作中尝试新新鲜事物、提出创新想法或实践创新行为而担忧。[52]领导者的行为是另一个关键的情境变量，对于变革型领导来说更是这样。[53]我们将在第16章讨论变革型领导相关问题。最后，当员工感受到来自直接主管和公司整体的支持，当他们与组织的愿景、战略和目标有着相同的视线时，他们会有更高的敬业度。视线表示员工对于他们的工作能如何帮助组织实现更大战略目标的理解程度。[54]思考大西洋保健公司（AtlantiCare）是如何达成视线一致的。

大西洋保健公司的新员工会收到一份战略地图，这份地图展示了具体的企业目标，如建立客户忠诚、增加投保客户数量、保持良好的债券评级等，是如何与企业价值息息相关的，这里的企业价值包括安全、团队精神和互相尊重。所有员工都被督促要经常回顾地图中的内容，并写下他们每个人能够为提升绩效做出贡献的方法。[55]

联合健康集团（UnitedHealth Group）是运用情境因素提高员工敬业度的范例（参见相关的“真实世界/真实人物”专栏）。

真实世界/真实人物

联合健康集团致力于提高员工敬业度

联合健康集团明尼阿波利斯总部的人力资源执行副总裁洛丽·斯维尔（Lori Sweere），被指派负责制定一项提高员工敬业度的计划。她首先研究了员工敬业调查的结果，并与管理人员和普通雇员进行了焦点小组访谈。根据上述发现，她决定实施以下举措。

“管理者的绩效、沟通以及对于每个员工的工作如何促进整个业务战略的认识，被确定为可以提高员工敬业度的三个方面。现在，我与公司 6 000 名管理者进行个人沟通或月度沟通，了解如何使员工敬业，例如如何在经济衰退时期与员工谈论个人和企业面对的挑战。”斯维尔说。

联合健康集团促进员工敬业的另一种方式是使用优领（U-Link）——一种脸书风格的社交工具来帮助人们建立联系。员工组成小组，斯维尔写博客并回答问题。“通过宣传公司的品牌，以及接触那些以往说不上话的人，员工敬业度得以提高。”斯维尔说，“我们有 15 000 名远程办公人员依赖这项技术与他人联系。我们列出名字、职位和工作地点。人们可以自愿丰富自己的资料。人们可以通过搜索获得专业知识。”

上述举措很成功。调查显示，联合健康集团的员工敬业度分数逐渐提高，员工流失率降低，客户满意度提高，公司年收入也随之提高。

有哪些情境因素能提升员工敬业度？

资料来源：Excerpted from A Fox，“Raising Engagement，” *HR Magazine*，May 2010，p. 38.

■ 员工敬业度的重要性

类似于盖洛普（Gallup）、翰威特（Hewitt Associates）和华信惠悦（Watson Wyatt）之类的咨询公司在收集专用数据以证实员工敬业度实际价值方面胜人一筹。例如，盖洛普研究人员进行了一项涉及来自 7 930 个业务部门的 198 514 人的元分析，发现员工敬业度与组织层面的客户满意度/忠诚度、盈利能力、生产率、员工流失率和安全性结果等显著相关。[56]盖洛普预计当员工高度敬业时，组织可以提升 12%的客户满意度/忠诚度、18%的生产率以及 12%的利润。[57]近期的其他研究同样表明员工敬业度与员工绩效、身心健康、企业层面财务绩效和客户满意度之间正相关。[58]

■ 实践启示

虽然员工敬业度的测量方法仍待学术界进一步研究，我们相信组织可以发现测量、跟踪和填写员工敬业度调查的价值。例如，丽思卡尔顿酒店已显著降低员工流失率（18%对比行业平均水平的158%），并通过遵照此建议提高了客户满意度和客户消费。[59]

6.4 工作满意度

工作满意度（job satisfaction）实质上反映了个体对从事工作的喜爱程度。其标准定义为，工作满意度是个体对工作各个方面的情感或情绪反应。这个定义暗含工作满意度不是一个单一的概念。相反，一个人可以对自己工作的一个方面相对满意，但是对其他的一个或多个方面不满意。例如，最近一项对11 000人的调查表明，与X世代或战后“婴儿潮”一代相比，Y世代对自己的管理者更满意。相反，战后“婴儿潮”一代比X世代或Y世代拥有更高的整体工作满意度。[60]

康奈尔大学的研究人员提出了职位描述指数，用来评估一个人对工作各方面的满意程度，包括工作内容、工资、升职、同事和监督等方面。[61]明尼苏达大学的研究人员认为，工作满意度可分为20个不同的维度。虽然研究人员对于工作满意度维度的确切个数没有达成共识，但他们一致认为工作满意度有五个主要影响因素。我们相信，对于工作满意度影响因素的了解可以帮助管理者提高工作满意度这一关键的工作态度。现在，让我们来分析工作满意度的影响因素。

6.4.1 工作满意度的影响因素

五个有影响力的工作满意度模型各自侧重不同的成因。它们分别是需要的满足、差异、价值达成、公平和性格/遗传因素。对这些模型的简要回顾将让我们进一步理解可用于提高员工工作满意度的各种方法。

■ 需要的满足

这个模型提出，满意度取决于工作的特点允许一个人满足自身需求的程度。例如，在人力资源管理协会（Society for Human Resource Management）的一项调查中，员工被要求选出工作中对他们个人工作满意度非常重要的方面。结果排名前四的选择分别是薪酬、福利、工作保障和工作-生活平衡，这些都直接关系到员工满足各种基本需求的能力。[62]我们猜想，在经济衰退期间，员工对工作保障的需求将变得更加重要。虽然需要的满足模型产生了很大的争议，但人们普遍认可需要的满足与工作满意度相关。[63]

■ 差异

这个模型认为，满足是期望匹配度的结果。**期望匹配度（met expectations）**代表个体对工作的期望值（例如良好的工资和升职机会）与实际所获之间的差异。当期望值大于获得时，一个人就会不满意。相比之下，这个模型预测，当一个人达成的结果超出预期时，就会感到满足。一项涉及 17 241 人的元分析表明，期望匹配度与工作满意度显著相关。[64]即使在经济不景气时，仍有许多公司用调查员工态度或意见的办法来评估员工的期望和顾虑。

■ 价值达成

价值达成（value attainment）的基本逻辑是，满意度来源于个体对某工作将帮助自身实现重要工作价值的感知。例如，新比利时酿酒公司（New Belgium Brewing Company）是 Fat Tire 牌啤酒的酿造商。该公司吸纳了许多喜欢骑自行车并重视环保的员工。公司送给每位工作一年以上的员工一辆山地车，并在公司建立了多个回收中心。在位于科罗拉多州科林斯堡的公司总部，约有 50%的员工夏天骑自行车上下班。[65]总体来说，研究一再证明价值达成与工作满意度正相关的预测。因此，管理者可以通过构建工作环境及其相关的奖励和认可来增强员工的价值观，从而提高员工工作满意度。

■ 公平

在这个模型中，满意度是个人在工作中被“公平”对待这一自变量的函数。满意度来自个体在对比重要他人与自己在工作中的回报投入比之后，对自己工作报偿的看法。一项涉及 64 757 人的元分析支持这一模型。员工对在工作中是否被公平对待的看法与整体工作满意度高度相关。[66]我们鼓励管理者注意员工的公平意识，并用使员工感到被公平对待的方式与员工进行互动。第 8 章将探讨管理者如何做到这一点。

■ 性格/遗传因素

你有没有注意到，你的一些同事或朋友似乎在各种工作环境中都感到满意，而另外一些人似乎总是不满意？该满意模型试图解释这一现象。具体来说，性格/遗传模型是基于这样的认识：工作满意度部分受个人性格/遗传因素的影响。因此，这个模型表明，在解释工作满意度的问题时，普遍的个体差异和工作环境的特征同样重要。虽然有少量研究测试了这些命题，最新的元分析显示，性格因素并不是与每个工作满意度的方面都显著相关。与工作的外在条件（如奖励）相比，性格与工作的内在方面（如自主性）有着更强的相关性。[67]遗传因素也被发现可以显著预测生活满意度、幸福感和整体工作满意度。[68]总的来说，研究人员估计，个体工作满意度的 30%与性格/遗传因素相关。[69]大丰收面包公司（Great Harvest Bread Company）的创始人皮特·韦克曼（Pete Wakeman）和劳拉·韦克曼（Laura Wakeman），在运营他们公司超过 25 年的时间里，一直使用这一工作满意度模型。

> 我们的招聘广告明确说明，我们需要“热爱工作也热爱生活”的人。这可不是一件小事。除非你有一个由志同道合的人围绕在身边形成的缓冲带，否则你不可能有特别好的生活。如果你想要友善待人，你不能期待与暴躁的人共事可以达成这点。你可能会保持一段时间的良好状态，但它不可能持续很多年。如果你想要有一家快乐的公司，你只能通过招聘性格快乐的人。你永远不会通过“让人快乐”来建立一家快乐的公司——你

不能真正改变人们本来的样子。劳拉和我想要爱上生活，我们的事业一直在我们这段旅程中起到积极影响。[70]

虽然皮特和劳拉的招聘方法与工作满意度的性格/遗传因素模型是一致的，但仍要提醒读者注意，雇佣“志同道合”的人可能会造成歧视性决定。建议管理者不要因种族、性别、宗教、肤色、国籍和年龄而歧视员工。

这些员工似乎很享受他们的工作。研究表明，他们享受工作更有可能是由遗传因素和个人特质决定的。

回顾本章开篇的案例

五个工作满意度模型中的哪一个最能解释珍妮弗在花旗公司的工作满意度？

6.4.2 工作满意度的主要相关因素和结果

这个话题对管理有重要意义，因为上千项研究分析了工作满意度和其他组织变量之间的关系。鉴于不可能研究所有变量，我们将从管理相关性的角度考虑，选出对管理更重要的变量的集合。

表 6-2 总结了结果的类型。工作满意度和这些其他变量之间正相关或负相关。关系的强度从弱（非常小的关系）到强。关系强意味着管理者可以通过提高工作满意度来显著影响所关心的变量。

表 6-2　　工作满意度相关变量

与满意度相关的变量	关系的方向	关系的强度
激励	正	中等
工作投入	正	中等
组织承诺	正	中等
组织公民行为	正	中等
退出认知	负	强
员工流失	负	中等
心脏病	负	中等
知觉压力	负	强
亲工会投票	负	中等
工作绩效	正	中等
生活满意度	正	中等
心理健康	正	中等
客户满意度	正	中等

让我们现在考虑工作满意度的七个重要相关因素。

■ 激励

最近一项对 9 项研究和 1 739 名工作者的元分析显示，激励和工作满意度之间存在显著的正相关关系。对监督管理的满意度也与激励显著相关，所以管理者应考虑他们的行为如何影响员工的满意度。[71]管理者可以通过各种尝试提高工作满意度的方法来激励员工。

■ 工作投入

工作投入是员工敬业度的一个组成部分，它代表了一个人投入自己工作的程度。一项涉及 27 925 人的元分析表明，工作投入与工作满意度之间存在中等强度关系。[72]因此我们鼓励管理者通过构建令人满意的工作环境来鼓励员工增加工作投入。

■ 组织公民行为

组织公民行为（organizational citizenship behavior，OCB） 指员工超出职责范围的额外付出行为。例子包括：对部门的建设性声明，表达对他人工作的兴趣，提出改进建议，培训新人，遵守组织管理精神和原则，爱护组织财产，保持远超规定标准的守时和出勤率。[73]管理者当然希望员工表现出这些行为。一项涉及 21 项独立研究的元分析显示，组织公民行为与工作满意度之间存在显著的中等强度正相关关系。[74]此外，最近两项更广泛的元分析表明，组织公民行为与个体层面的数据（例如绩效考核评级、辞职意向、缺勤和辞职）以及组织层面的数据（例如生产率、效率、降低成本、客户满意度以及部门的满意度和员工流失率）存在显著的相关性。[75]这些结果的重要性体现在两方面。首先，表现出组织公民行为可能给你的同事和管理者留下积极的印象。反过来，这些印象会影响你与他人合作的能力以及管理者对你工作表现的评价，并最终影响你的升职可能性。其次，员工组织公民行为的总量影响重要的组织结果。因此，创造提升组织公民行为的环境对管理者来说很重要。我们鼓励管理者以公平的方式制定和实施与员工相关的决策，以促进组织公民行为。第 8 章将详述这一点。

■ 辞职意向

虽然有些人因一时冲动或愤怒辞职，但大多数人都会经历一个思考是否应辞职的过程。**辞职意向（withdrawal cognitions）** 通过代表一个人对辞职的整体想法和感受概述了整个思维过程。是什么原因促使一个人考虑辞职？工作满意度被认为是最重要的因素之一。例如，关于一家全国连锁汽车零售店的管理者、销售人员和汽车维修人员的研究表明，对工作不满意会导致员工激活考虑辞职的思维过程。反过来，在上述研究样本中，辞职意向对员工辞职的影响大于工作满意度。[76]这项研究的结果意味着，管理者可以通过提高员工的工作满意度来间接减少员工流失。

■ 员工流失

在讨论工作满意度和员工流失率之间的关系前，让我们思考人员流动的利弊。人员流动可以是一件好事，因为当一个低绩效的员工，如乔治·科斯坦萨（George Costanza）从圣菲尔德公司（Seinfeld）辞职或被解雇，这种情况使管理者得以用更好或更多样化的人才替代乔治，或重新调整预算。相反，失去一个好员工是件坏事，因为组织失去了宝贵的人力资本和社会资本（回想我们在第 1 章中的讨论），这可能损失巨大。[77]人员流动成本分为两类：离职成本和替换成本。

> 离职成本可能包含解雇金、与离职面谈相关的费用、新职介绍费用以及可能出现的诉讼费（尤其针对非自愿离职）。替换成本是众所周知的雇佣新人成本，包括招聘费用、筛选和评估候选人的人力资源处理成本、招聘经理面试候选人花费的时间、旅行和搬迁费用、签约奖金（如适用）以及入职和岗位培训费用。[78]

专家估计，一个计时员工的离职成本大约是其年薪的30%，而专业雇员的离职成本可以高达其年薪的150%。[79]

虽然管理者可以做许多事情来减少员工离职，但很多举措都围绕着提高员工的工作满意度。这一趋势得到了来自67项研究、覆盖24 556人的元分析结果的支持。工作满意度与员工流失率呈中等强度的负相关关系。[80]考虑到这一负相关关系的强度，管理者应通过提高员工的工作满意度来尽量减少员工流动。这个建议对于高绩效者更为重要。[81]例如，最近的调查显示，在20 000名高潜力员工中，27%的人计划在一年内换工作。[82]谷歌似乎意识到了这个问题，因为在经济不景气的2010年，公司仍旧决定给所有员工加薪10%。谷歌显然希望减少其优秀员工的流失。[83]

■ 知觉压力

压力可以对组织行为和个人健康产生非常负面的影响。压力与缺勤、离职、冠心病和病毒感染正相关。根据一项涵盖11 063人的元分析的结果，如表6-2所示，知觉压力与工作满意度有很强的负相关关系。[84]知觉压力也被发现与员工敬业度负相关。我们建议管理者尝试通过提高工作满意度并鼓励员工在非工作时间与工作抽离开（即不考虑工作）来减少压力的负面影响。[85]

■ 工作绩效

组织行为学研究中最大的争议之一是工作满意度和工作绩效之间的关系。尽管研究者已经确定了变量之间相关的八种不同方式，主流观点仍局限于满意导致高绩效或高绩效引发满意。[86]一组研究人员最近尝试通过对来自312个样本的54 417人的数据进行元分析来平息这一争议。[87]这项研究有两个关键发现。第一，工作满意度和绩效呈中等强度相关。这是一个重要的结论，因为它支持了这样的认识：员工的工作满意度是管理者在尝试提高员工工作绩效时应该考虑的重要工作态度。第二，工作满意度和绩效之间的关系比我们原本想象的要复杂得多。它不是简单的满意导致高绩效或高绩效导致满意。相反，研究人员现在认为这两个变量通过大量的个体差异和工作环境特征间接互相影响。此外，对于工作满意度和工作绩效之间的关系，我们还要记住另一个因素。

研究人员认为，由于对个人层面的绩效测量不够全面，满意度和绩效之间的关系被低估了。例如，如果过去研究中使用的绩效评级没有反映工作中的实际互动和相互依赖性，则不准确的绩效测量降低了研究中显示的满意度和绩效之间的相关性。纠正该问题的一个方案是，检查工作满意度的总体测量和组织绩效之间的关系。为了支持这些想法，最近一组研究人员对5 000多个业务部门进行了元分析。结果揭示了业务部门层面的员工满意度与同等层面的生产率、员工流失率、缺勤率和客户满意度等结果之间存在显著正相关关系。[88]因此，管理者可以通过提高员工的工作满意度来积极影响各种重要的组织表现，如绩效和客户满意度。

反生产工作行为通常会在经济衰退期间增加。

6.5 反生产工作行为

在我们对工作满意度的讨论中，我们注意到，工作满意度低可能导致一些组织不希望看到的行为，例如低敬业度和高员工流失率。这些代价高昂的行为和一些更令人不安的举动被称为**反生产工作行为**（**counterproductive work behaviors，CWB**）。这类行为损害员工、整个组织或组织利益相关者（如客户和股东）。反生产工作行为的例子包括偷窃、说闲话、陷害、吸毒和酗酒、破坏组织财产、暴力、故意把工作搞砸、上与工作无关的网站、过度社交、拖延、搞笑、破坏和性骚扰。[89]思考以下三个例子：

最近，一个马里兰州公民从他的非营利医疗雇主处盗窃了 32 台笔记本电脑放在 eBay 上出售。某公司首席财务官将一些电子表格数据类别的颜色从黑色改为白色，以便隐藏虚假数字，顺带提高他的奖金。某区域销售副总裁用公司的卡在维多利亚的秘密内衣店刷了 4 000 美元——而且还不是买给他妻子。[90]

专家预计这类事件在目前的经济衰退期间会增加。

6.5.1 虐待他人

大多数形式的反生产工作行为都涉及虐待同事、下属甚至客户。例如，员工骚扰、欺凌或公然表现出不公正。不幸的是，最近的一项佐格比（Zogby）调查显示，超过 50%的美国成年人在工作中被欺负或曾目睹过欺凌。另一项对 24 个国家 12 000 人的调查表明，约有 10%的人在工作中遭受过性骚扰或身体上的骚扰。[91]被主管欺凌尤其有害，因为员工表示，当他们被主管恐吓、侮辱或虐待时，他们更有可能通过针对主管或同事的反生产工作行为来报复。[92]当组织不给员工提供投诉渠道并找到解决虐待问题的方案时，反生产工作行为特别容易发生。

6.5.2 工作中的暴力

弗吉尼亚理工学院枪击事件以及美国代表加布里埃尔（加比）·吉福兹（Gabrielle “Gabby” Giffords）和无辜旁观者在亚利桑那州图森遭到枪击事件的恐怖画面，凸显了保护组织内人员免受内外部人士突发性暴力行为伤害的重要性。通常，同事们能率先注意到一个员工爆发愤怒或看上去失落焦虑。精神病专家和顾问罗杰·布伦斯威克（Roger Brunswick）表示：“暴力很少是从某人走进来向别人射击开始。暴力通常会慢慢地建立，从欺凌、恐吓和威胁开始。”[93]第一道防线应是组织建立机制并告知员工，应如何向他们的主管或人力资源部门报告相关令人不安的行为。美国必能宝集团（Pitney Bowes）设置了一条热线，供员工匿名拨入并报告任何问题，同时有经过培训的管理者来识别员工出现问题的征兆。[94]

6.5.3 反生产工作行为的成因与预防

雇主当然希望能够预防反生产工作行为，因此他们需要了解造成这种行为的成因。一项持续23年的跟踪超过900名年轻成年人工作行为的研究发现，青春期行为障碍与反生产工作行为相关，但在工作之前的刑事犯罪与反生产工作行为无关。[95]某些人格特质和特定工作条件也会使反生产工作行为更有可能发生。[96]例如，在强制遵守规范、控制冲动、避免敌对等方面分数高的年轻成年人，往往不会有反生产工作行为。如果他们有自己满意的有自主权的工作，他们也不太可能表现出反生产工作行为。但是倘若他们拥有更多的资源和权力（如监督更多人），他们更可能产生反生产工作行为。智力也可能发挥作用。一项对执法工作的申请者的研究发现，认知能力分数高的申请者，在被雇佣后出现暴力、破坏集体财产等反生产工作行为的报告较少。[97]

这些发现对管理有以下意义：

● 组织可以通过雇佣不太容易参与反生产工作行为的员工来减少此类行为的发生。因为认知能力与成功的许多量度相关，所以通过认知能力筛选应聘者是合乎逻辑的。人格测试可能也很重要。

● 组织应确保鼓励所期望的行为，而不是反生产工作行为。例如，可以提升满意度和防止辱骂管理。一项对265家餐馆的研究发现，在餐馆里，当员工报告遭到主管的辱骂虐待，或管理者需要监管更多的员工时，反生产工作行为会更多地出现。[98]这些餐馆中的反生产工作行为与较低的盈利和客户满意度有关，因此使员工充分发展、管理逐渐改善，不仅可以使员工的生活更愉快，还可以提高他们的底线。

● 如果员工确实参与到了反生产工作行为之中，组织应迅速做出恰当的回应，明确规定哪些具体行为不可接受，以及对可接受行为的要求。第9章将介绍提供有效反馈的指南。

组织行为学案例研究

经济萧条时期公司应努力提升员工的工作态度[99]

在上一次经济衰退时期，CEO们本应该大幅削减在管理咨询方面的开支，但事实上贝恩公司（Bain & Company）的全球总裁史蒂夫·埃利斯（Steve Ellis）并没有这样做。相反，贝恩公司在网络泡沫破裂期间做的事情是：招聘。埃利斯在新兴市场和公司转型等热门增长领域增加了顾问，并且更积极地重点联系曾进入金融服务公司却在待业的顾问。“这是一个网罗人才的绝佳机会。”埃利斯说。

对于许多管理者来说，经济衰退会促成一些近乎本能的反应：守旧者倒下，员工人数要减少，要削减各项成本。虽然这些苦药一定程度上是不可避免的，但是聪明的领导者在衰退中也能看到很多积极因素。比如，人才更低价了；公司可以因为竞争者的衰退获得更多市场份额。精明的投资可以给勇敢的投资者带来优势，当经济复苏时他们将赢在起跑线上。

没有比给员工发薪水和关心员工更实际的事了。即使在就业不景气或公司裁员的情况下，仍有办法吸引优秀员工。随着楼市的崩溃，家得宝削减了其行政职位，并关闭了15个零售店铺。不过，主席兼CEO弗兰克·布莱克（Frank Blake）想要提振士气，制定现实的目标。除了将限制性股票赠款扩展到门店助理经理，他还降低了员工每小时工作的销售额和利润目标，以便他们更容易拿到奖金。因此，今年上半年，家得宝公司员工获得奖金的比例创下新高。家得宝新任美国执行副总裁马文·埃利森（Marvin Ellison）表示："我们仍在激励员工打破这些纪录。"

在大规模裁员的状况下，让在职员工集中精力专注工作往往需要一个更能调动情绪的方法。与员工谈论公司的非财务目标有助于防止焦虑的员工因消极等待他们的命运而生产率下降。一旦裁员，管理者需要花时间讨论这些事发生的原因。领导力咨询公司Blessing White的总裁兼CEO克里斯托弗·莱斯（Christopher Rice）说，忽略裁员那件事，创造出一种气氛，就像是"尽管是最尴尬的感恩节晚餐，但是聊胜于无"。

在经济萧条时期裁员的压力下，人们很容易忘记留住人才是一个重要问题。德勤咨询公司（Deloitte Consulting）人力资本实践主管迈克尔·凯斯纳（Michael Kesner）指出："在过去的经济衰退中努力留住了人才的公司，在经济好转后，会得到回报。"为了避免那种情况，一些凯斯纳的客户正在强调在决定发放奖金时那些员工可以控制的因素，例如客户满意度分数或生产水平。其他人正在创建可自由支配的奖金池来奖励那些从其他公司挖过来的出色员工。根据德勤对151家公司的一项调查，约有63%的公司报告说，它们在过去5年中获得的所有或大部分股票期权都资不抵债，有几家公司正在考虑一些备受争议的办法，如重新定价或进行交换。薪酬调查公司Equilar的报告显示，23家公司自年初以来已经采取这样的做法，包括当纳利集团（R. H. Donnelley）和软件制造商威睿公司（VMware）。

清楚直接的沟通

还有其他方法让员工感觉受到重视。例如，百思买公司在过去一个月股价暴跌40%，并宣布将在假日购物前景较差的情况下裁减临时员工。公司还尝试了另一种让员工保持参与的方式，即进行在线调查征求降低成本的办法。自从三个星期前调查启动以来，公司已经收到了大约900个点子。其中有两个是：通过整合店内各种标志的分布来节省运输成本，并使用电脑控制的电话系统来安排服务电话。正如百思买人力资本执行副总裁约翰·潘兴（John Pershing）所说："当你知道你可以使改变发生，并且自己为解决方案做出了贡献的时候，你的想法会完全不同。"

事实上，管理人才的最佳策略，无论在什么经济状况下，都是清楚直接的沟通。"人们寻求安心、透明度，他们不想受到惊吓。"南加州大学有效组织中心主任爱德华·劳勒三世（Edward E. Lawler Ⅲ）评价道。CEO召开的员工大会固然很好，但它不能代替管理者向下属的进一步保证。卡岑巴赫伙伴咨询公司（Katzenbach Partners）的创始者之一乔恩·卡岑巴赫（Jon R. Katzenbach）说："如果你感到害怕，担心丢掉工作，听CEO告诉你一切顺利不会比你尊重的人跟你说同样的话更有效，因为后者是一直与你一起工作的人。"

也就是说，CEO们象征性的姿态可以帮助员工感受到每个人都一起分担他们的烦恼。捷蓝航空公司（JetBlue）首席执行官大卫·巴吉尔（David Barger）在过去一年里在董事会全面削减了开支，包括延迟通过飞机订单，通过自愿无偿的离职减少了员工人数，甚至从飞机上撤下了免费的枕头。7月，他把自己当年的工资从50万美元减少到37.5万美元。"整个行业正在经历极大的阵痛，"巴吉尔说，"削减开支是正确的事情。"

［讨论］

1. 施瓦茨的10种价值观中有哪些是贝恩、家得宝和百思买管理者行为的推动力？举例证明你的结论。

2. 你如何描述史蒂夫·埃利斯对待经济衰退态度的情感、认知和行为成分？请具体说明。

3. 家得宝和百思买如何提升员工参与度？

4. 运用艾乔森的计划行为理论（见图6-3）来分析管理者如何在经济衰退期间提高员工绩效。注意要解释管理者可以做些什么来影响模型的每个方面。

5. 根据你在本章学到的内容，你会给管理者哪些建议，帮助他们在经济衰退期间加强员工的组织承诺，提高员工的工作满意度？请具体说明。

法律/道德挑战

你将如何应对可能使用了网络摄像头监控学生的学区？[100]

在最近的一起诉讼中，一个费城学区“用学校发给学生的笔记本电脑上的网络摄像头监控学生在家的表现”。学区官员尚未回应这一指控。根据诉讼，原告迈克尔·罗宾斯（Michael Robbins）和霍利·罗宾斯（Holly Robbins）夫妇怀疑摄像头拍摄下了学生和家庭成员脱衣服和其他尴尬的镜头。

学区发言人道格·扬（Doug Young）说：“我们可以明确表示，我们一直致力于保护我们学生的隐私。”

罗宾斯一家说，当哈利斯顿高中助理校长琳蒂（Lindy）告诉他们的儿子布莱克（Blake），学校官员认为他在家里做出了不当行为的时候，他们才知道了所谓网络摄像头拍摄画面的事情。

“‘（琳蒂）用来自网络摄像头的一张照片作为证据，这张照片保留在学区发给未成年原告的个人笔记本电脑中。’该诉讼内容这样显示。”然而，罗宾斯一家实际上并没有看到任何可能被学校官员拍摄的照片。

“琳蒂后来向迈克尔·罗宾斯承认，学校有能力远程激活网络摄像头。”

如果你是宾夕法尼亚州的教育官员，你会怎么做？

1. 采取积极的方法，开除学校学区的负责人以及哈利斯顿高中的校长。

2. 通过给学区的负责人和哈利斯顿高中的校长放行政假来应对这个案件，直到案件结束。

3. 认罪可能会给学区造成经济损失。否认你对使用网络摄像头监视学生一事知情，让案件顺其自然地在法庭上进行。

4. 提出其他选择。

第7章 社会知觉与归因

学习目标

学完本章后，你应该能够：

1. 根据信息处理模型描述知觉。
2. 总结社会知觉的重要管理启示。
3. 讨论刻板印象的形成过程。
4. 总结出针对性别角色、年龄、人种、族裔和残疾的刻板印象在管理方面的挑战和建议。
5. 描述和对比皮格马利翁效应、加勒提亚效应和高莱姆效应。
6. 讨论自我应验的预言的模型如何运作。
7. 根据凯利归因模型解释如何用公式表示内部因素和外部因素。
8. 对比基本归因偏见和自利偏差。

展示脆弱性到底是好是坏?

《彭博商业周刊》最近的一篇文章回顾了在为产品和服务做广告以及努力组建更高效团队时，展示脆弱性（即讨论某人的劣势或局限性）会带来哪些好处。文章作者帕特里克·伦乔尼（Patrick Lencioni）建议，当组织和个人主动承认他们的脆弱性时，他人会产生积极的认知。“脆弱性通常被视为弱点，然而实际上它是强大的标志。真正坦诚开放的人证明，他们有自信和自尊，能够允许别人看到他们真实的样子，包括他们的缺点。能做到这一点的人身上无疑有一种吸引力。”

伦乔尼还认为，向同事展示脆弱性可以帮助建立团队合作。伦乔尼说：“当同伴能够正常地承认错误、寻求帮助，并承认自身弱点时，让组织分裂的政治因素就会减少，信任的纽带就会建立，这比几乎任何其他的战略优势都更有价值。”

伦乔尼引用达美乐比萨（Domino）和芝加哥熊橄榄球队（Chicago Bears）的例子来支持他的观点。达美乐的广告一开头就是顾客用诸如“番茄酱”和“纸板”之类的词形容他们的比萨。然后，达美乐的总裁帕特里克·道尔（J. Patrick Doyle）实事求是地解释了承认顾客上述看法的重要性。最后，他介绍了公司给出的应对措施：在酱料中多加40%的原料，使用更好的奶酪，在面饼上添加特殊蛋液。与此类似，芝加哥熊队在一个惨淡的赛季结束后“购买一个完整版面，用全页广告承认在职业橄榄球比赛中不尽如人意的表现，以此感谢球迷在球队战绩不佳的情况下一如既往的支持”。[1]

本章的开篇案例强调了知觉过程的一个重要方面：人们对广告、事件、人物以及我们在日常生活中遇到的事情并不持有相同的看法。例如，达美乐的CEO显然相信，承认自身不足会带来客户积极的印象并增加销售额，但也有些顾客可能从此彻底远离所谓“纸板比萨”。在芝加哥熊队的例子中，我们当然不会仅仅因为球队老板承认自己的球队表现平庸而买季票。你会吗？

我们的看法和感觉会受到从报纸、杂志、电视、广播、家人和朋友那里获得的信息的影响。你可以看到，我们都使用存储在记忆中的信息来解释周遭的环境，而我们的解释反过来也会影响我们如何回应他人并与之互动。作为人类，我们不断地努力，以了解周围的环境。由此产生的知识影响我们的行为，并指引我们走好人生道路。想想当我们第一次见到某人时发生的认知过程。你的注意力会放在他的外在形象、行为、举止以及对你所说所做事情产生的反应上面。你最终根据对这种社交互动的知觉得出结论：这个棕头发蓝眼睛的人出乎意料地友善，且喜欢户外活动。你进一步总结道，你喜欢这个人，邀请他去参加一场音乐会，用你存储在记忆中的名字称呼这个人。

知觉、解释和行为反应的互动过程也适用于工作。例如，伯纳德·麦道夫利用知觉过程精心策划了一起针对毫无戒备的投资者的涉及500亿美元的庞氏骗局。麦道夫被认为“有企业家精神、富有、充满魅力”，他利用公司在20世纪八九十年代的成功树立了一个不可能失败的投资战略家形象。他的办公室“散发着成功的气息”，他的交易看起来“盈利惊人，且完全合法”。他在社交圈和慈善组织中都很活跃。总而言之，这些印象帮助麦道夫赢得了很多有钱投资者和投资经理的青睐，并强化了他正在运营世界上最独特、最成功的投资公司之一的知觉。不幸的是，这是一个谎言，其未被揭穿的部分原因就是知觉过程。[2]

知觉过程的影响远远超过人们对彼此的印象。例如，公司在设计和推广它们的产品时运用关于知觉的知识，政治候选人运用这些知识来争取当选。美国运输安全管理局（Transportation Security Administration）同样参考有关知觉的研究结果来设计培训计划，以便帮助机场安检人员更准确地检测到危险物品。[3]在机场安检这种环境下，知觉过程中的一个错误就可能导致灾难性的后果！这里我们想要表达的是，知觉过程影响了大量的管理活动、组织过程甚至员工的生活质量。请读者记住这一结论，它将贯穿本章始终。通过本章的学习，你将全面理解知觉原理，以及未来如何运用它来提高个人和职业的成功概率。

现在就让我们开始探索知觉过程及其相关结果吧。在本章中，我们会重点探讨：（1）信息处理的知觉模型；（2）刻板印象；（3）自我应验的预言；（4）如何运用因果归因来解释行为。

7.1 信息处理的知觉模型

知觉（perception）是一种认知过程，可以帮助我们解释和理解环境。对事物的识别是这个过程的主要功能之一。例如，人类和动物都能识别出环境中他们熟悉的物体。你能认出你最好朋友的照片；猫和狗都能认出它们的饭碗或最喜欢的玩具。阅读的过程包含对于字母表中的字母组合含义的识别。人们需要识别出物体，以便能够与周围环境进行有意义的互动。但是由于组织行为学的首要关注点是人，以下讨论侧重于社会知觉而非物体知觉。

对人们如何知觉彼此的研究已经被归类为社会认知和社会信息处理。与物体知觉相反，社会认知是对人们如何理解他人和自己的研究。它关注普通人怎么看待别人，以及他们怎样理解自己对别人的看法……

> 社会认知的研究超越了单纯心理学的范畴。对社会认知的研究包含对人们如何认识自己和他人的细致分析，这依赖认知心理学的理论和方法。[4]

现在让我们来学习知觉的基本过程。

7.1.1 四阶段处理过程与工作实例

知觉包含一个四阶段信息处理过程。图 7-1 给出了一个基本的信息处理知觉模型。这个模型中的三个阶段——选择性关注/理解、编码和简化以及存储和保留——解释了具体的信息和环境刺激是怎样被观察并存储在记忆中的。第四阶段也就是最后一步检索和响应，包括将脑海中的印象转化为现实世界中的判断和决策。

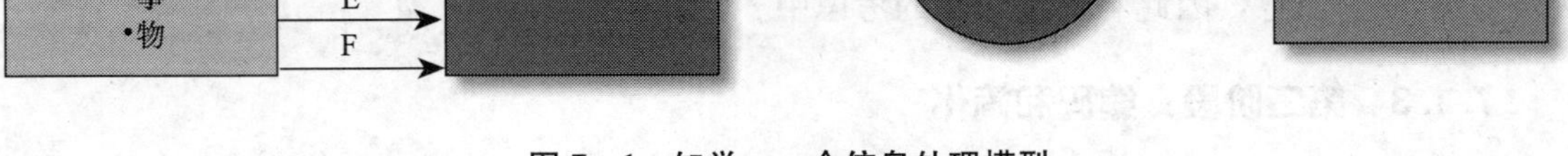

图 7-1　知觉：一个信息处理模型

在探究知觉的四个阶段时，请读者记住下面的生活实例。假设你正在考虑上一门课，比如说个人财务。有三位教授采取不同的授课方式和考核程序教这门课。基于个人经验，你更喜欢采取案例教学法和期末论文的优秀教授。根据信息处理的知觉模型，针对选教授的问题，你可能会做出如下决策。

7.1.2 第一阶段：选择性关注/理解

人们不断地被环境中的物理刺激和社会刺激“狂轰滥炸”。由于没有能力全部理解所有信息，人们会选择性地感知环境刺激的一部分。这就是关注发挥作用之处。**关注**（**attention**）是自觉地意识到某事物或某人的过程。关注既可以集中在来自环境的信息，也可以集中在记忆中的信息。对于后一种情况，如果你有时发现自己在阅读教材时想起了完全不相关的事情或人物，你的记忆就是你关注的焦点。研究表明，人们倾向于关注显著刺激。

■ 显著刺激

当某些事物从背景中脱颖而出时，它就是显著的。例如，一个体重250磅的男性出现在女子有氧运动课上时，他肯定是显著的，但如果他出现在美国国家橄榄球联盟运动员协会的会议上时，则不显著。一个人的需求和目标通常会决定哪些刺激是显著的。对于一个油箱空空的司机来说，加油站的标志比麦当劳或汉堡王的标志显著。而对于一个汽车油箱满油的饥饿司机来说，快餐店的标志比加油站的显著。此外，研究表明，人们倾向于更多地关注负面信息而不是正面信息。这导致了负面偏见。[5]这种偏见有助于解释为何车祸后众人围观的欲望能使交通趋于停滞。该偏见也可能影响员工的工作行为。思考猎鹰集装箱（Falcon Containers）的案例。在总部位于奥斯汀的猎鹰公司，其CEO史蒂芬·尚（Stephen Shang）于2009年提出建议，让他的销售团队停止收看经济新闻两个星期，并把更多时间投入与客户的联系上。结果，出租改装集装箱作为储存单元的猎鹰公司获得了一份美国空军的合约，帮助军方在其反简易爆炸装置的行动中，用集装箱在伊拉克建立了一个“村”。这份合约带来了更多的与军方有关的业务，最终促使销售增长20%。[6]通过让员工停止关注负面的经济新闻，把注意力放在投入更多时间与客户建立联系上，从而增加了公司的年收入。

■ 回到之前的例子

你开始询问上过三位教授课程的朋友，以寻找“正确”的个人财务课程教授。你也可以采访教这门课程的不同教授进一步获取更多相关信息。回到图7-1，你获得的所有信息代表着被标记为从A到F的相互竞争的环境刺激。因为你关心的是教学方法（即图7-1中的A线）和考核程序（即C线），以及过去的成绩分布（即F线），这些信息对你来说就尤其显著。图7-1列举的这三个显著信息被感知，然后你就进入了信息处理的第二阶段。同时，图7-1中的B、D和E线所表示的竞争性刺激未能引起你的注意，因此不在进一步的考虑中。

7.1.3 第二阶段：编码和简化

被观察到的信息不以其原始形式存储在记忆中，而是需要经过编码。原始信息被解释或翻译为心理表征。为了实现这一点，知觉者将每条信息分配给**认知范畴**（**cognitive categories**）。“所谓范畴，是指一些被认为是等价的对象。范畴通常按名称来指定，例如狗，动物。”[7]人、事、物通过将其特征与包含在各个图式（或单个图式）中的保存的信息进行比较得以被解释和评价。

■图式

图式（**schema**）表示一个人脑海中的图像，或特定事件、特定类型刺激的总括。

一件事的图式，如去一家餐馆吃饭，叫作**脚本**（**script**）。你出门吃饭的记忆很可能与表 7-1 中所示的餐馆脚本非常相似。

表 7-1 **餐馆图式**

图式：餐馆 人物：顾客，迎宾女招待，服务员，主厨，收银员	
场景 1：进入	顾客进入餐馆。 顾客找到一个座位。 　他可能是自己找到的。 　他可能是被女招待领到座位的。 　　他问女招待能否坐在一张桌子旁。 　　她允许他坐在了那张桌子旁。
场景 2：点菜	顾客拿到菜单。 顾客读菜单。 顾客决定点什么菜。 服务员记下顾客所点的菜。 　服务员看到顾客。 　服务员走到顾客那里。 　顾客点他想要吃的菜。 厨师做菜。
场景 3：吃饭	过了一会儿，服务员端上厨师做的菜。 顾客吃饭。
场景 4：结束	顾客跟服务员说要买单。 服务员把账单拿给顾客。 顾客留下小费。 　小费的金额取决于服务的好坏。 顾客在收银台付款。 顾客离开餐馆。

资料来源：From D Rumelhart，*Introduction to Human Information Processing*（New York：John Wiley & Sons，Inc.，1977）. Reprinted with permission of John Wiley & Sons，Inc.

回顾本章开篇的案例

在你的图式中，“好”比萨的特征是什么？这些特征是否包括“吃着像纸板”？

人们需要认知范畴标签来使图式变得有意义。例如，你有一个“去吃晚饭”的范畴标签，还有一个“跑车”的标签。每个图式都包含着信息。让我们思考，你在记忆中存储的关于跑车的内容有哪些？你的图式是否包含一个两开门的小型车？它是红色的吗？如果你的回答是肯定的，那么你倾向于把所有小型、两开门、带发动机的红色机动车归类为跑车，因为这种类型的车拥有与你的“跑车图式”一致的特点。

■编码结果

我们使用编码过程来解释和评估环境。有趣的是，这个过程可能导致对于同一个人或事件的不同解释和评价。对我们所观察到的现象产生不同的解释的主要原因有四个。

第一，人们在图式中拥有不同的用于解释的信息。例如，一个针对 62 项研究的元分析表明，女性和男性对于什么类型的行为构成性骚扰持有不同的看法。女性定义的性骚扰行为更广泛。[8]第二，我们的情绪和心情会影响我们的注意力和对他人的评价。第三，人们倾向于在编码期间应用最近使用过的认知范畴。例如，如果你最近想到过一些积极的范畴和事件，你就更有可能将一位教授表现出的普通行为解读为是积极的。第四，个体差异影响编码。例如，悲观或沮丧的人比乐观和快乐的人更倾向于消极地解读他们的环境。重要的是，当人们以不同的方式解释和评估同样的情况或事件时，我们不应感到惊讶。研究人员目前正在努力找出影响编码过程的主要因素。

■回到之前的例子

在收集了个人财务课程的三位教授及其教学方法的相关信息后，你将这些信息与图式中包含的其他详细信息进行比较。这会让你形成一个对于每位教授上课情况的印象和判断。相应地，包含在图 7－1 中的 A、C、F 线上的相关信息被传递到了信息处理的第三阶段。

7.1.4　第三阶段：存储和保留

这一阶段涉及将信息存储在长期记忆中。长期记忆就像一个公寓小区，由相互连接的独立单元组成。虽然每个公寓的住户不同，但他们时有互动。此外，公寓小区有多栋附楼（如 A 座、B 座和 C 座）。长期记忆同样由相互区分又相关的类别组成。正如每间公寓都由独一无二的住户居住，相互关联的类别也包含不同类别的信息。信息也通过这些类别传递。最后，长期记忆由三个包含关于事件、语义材料和人的信息的单元（或附楼）组成。[9]

■事件记忆

此区域由包含特定事件和一般事件的信息类别组成。这些记忆描述了在众所周知情况下事件的恰当序列，例如去餐馆（请看表 7－1）、进行工作面试、去食品商店或去电影院。

■语义记忆

语义记忆是指关于世界的一般知识。它像头脑中的一部观念字典一样。每个概念都包含一个定义（例如，好领导）和与它相关联的特征（外向）、情绪状态（快乐）、身体特征（个子高）及行为（工作努力）。正如一般事件的图式一样，语义记忆中的概念被存储为图式。基于我们之前在第 2 章讨论过的管理多样性和第 4 章介绍的国际组织行为学，在语义记忆中存储的信息类型之间存在文化差异并不令人惊讶。

■个人记忆

此类别中包含一个人（你的一位教授）或一群人（很多教授）的信息。如果某人、事或广告所包含的特征与存储在你记忆区域中的内容相似，你更有可能记住这些信息。例如，包括营养系统公司（Nutrisystem）和联合利华在内的公司越来越多地在广告中邀请普通人而不是名人做代言，因为人们对于名人没有身份认同（见相关的“真实世界/真实人物”专栏）。

真实世界/真实人物

营养系统公司和联合利华请普通人而非名人做广告

营养系统公司给客户发放小型翻转摄像机，以便采集可在广告中使用的故事。以下是54岁的夏洛特·胡塞尔（Charlotte Husser）想要讲述的故事。

胡塞尔说："你从我这里听到的，一定发自内心。没有脚本。"她在服用了营养系统公司的减肥餐5个月后，减重32磅，现在能穿6码的衣服。营养系统公司的CEO乔·雷德林（Joe Redling）指出："营养系统公司希望让大众知道，我们的产品是如何帮助大家减肥、如何影响普通人生活的。"

联合利华用"寻找你身边的美丽"活动来宣传多芬香皂的真实美容效果是使用普通人做广告的经典案例……多芬的市场营销闪电战始于2004年，所使用的女性形象年龄跨度从20岁到95岁，旨在通过展示普通人而不是模特的形象来提升女性的自尊。联合利华发言人大卫·佩雷斯（David Perez）说，虽然公司并不提供具体数据，"但是对此项展示现实生活中女性真实美丽的活动的反响异常积极"。

如果一则广告包含的信息让你想起自己的家人，你会记得广告的内容吗？

资料来源：Excerpted from L Patton, "Nutrisystem Gets Real with Its Diet Ads," *Bloomberg Businessweek*, January 10 - 16, 2011, pp. 19 - 20.

■ 回到之前的例子

随着课程注册截止日期的临近，你需要尽快决定选择哪位个人财务教授的课，关于他们的图式存储在你的三类长期记忆中。这些图式可立即用于比较或检索。

7.1.5 第四阶段：检索和响应

人们在做出判断和决定时会从记忆中检索信息。我们的最终判断和决定要么基于对存储在长期记忆中的分类信息进行汲取、解释和整合的过程，要么基于检索已经做出的简要判断。

回到之前的例子，在课程注册截止日，你必须选择上哪位教授的个人财务课。从记忆中检索了你对这三位教授的基于图式的印象后，你选择了一个使用案例教学并通过论文进行考核的理想教授（见图7-1中的C线）。相反，你也可能只是回忆了两周前做出的决定，就选择了你所喜欢的教授。

7.1.6 管理启示

通过社会认知，我们观察、解释和准备对人和事的反应。因此，各种各样的管理活动、组织过程和生活质量问题都受到知觉的影响。例如，思考以下七种启示。

■招聘

面试官根据对申请人能否完成好工作的印象来做出雇佣决策。[10]不幸的是，许多决策都基于内隐认知。**内隐认知（implicit cognition）**表示在我们的记忆中任何未经察觉而自动激活的想法或信念。内隐认知的存在会导致人们在没有意识到的情况下做出失之偏颇的决策。[11]这种倾向已被用来解释在沃尔玛、联邦快递、强生和嘉吉(Cargill) 发生的所谓歧视行为。专家提出了两种解决方案。[12]第一，可以为管理人员提供培训，以使他们了解和减少这种隐藏的偏见。例如，一项研究表明，培训能提高面试官获得高质量、与工作相关信息的能力，并使他们专注于面试任务。受过训练的面试官比没受过训练的面试官更能做出对申请者的公平判断。[13]第二，可以通过使用结构化面试代替非结构化面试，并通过听取多个面试官的意见而非仅仅是一两个人的评估来减少偏见。

■绩效考核

关于好坏表现的错误图式可能会导致不准确的绩效考核，这会降低员工的工作积极性、承诺和忠诚度。例如，一项对166名生产员工的研究表明，当员工认为绩效考核准确时，他们对管理层信任度比较高。[14]因此，管理者必须在新一轮考核伊始，就准确地定义优秀绩效的行为特征和结果。这些特征可以作为评估员工绩效的标准。一项涉及50项研究8 341人的元分析强调了使用客观而非主观量表测量员工绩效的重要性。结果显示，使用客观和主观量表分别测得的员工绩效只有中度相关。研究人员据此总结认为客观和主观的测量方法是不可互换的。[15]因此，我们建议管理人员尽可能多使用更客观的绩效衡量标准，因为主观量表更容易出现偏差，导致不准确。当然，有些工作没有客观绩效衡量标准，这时管理者仍需要使用主观评价。此外，由于对员工绩效的某些记忆随着时间的推移而模糊，管理者需要一种准确回忆员工行为的机制。研究显示，通过训练，人们可以成为更有效的工作绩效评估者。[16]

■领导力

研究表明，员工对领导者能力的评价受到他们对于好、差领导者图式的强烈影响。当领导者表现出的某些行为处在员工对差领导者的图式中时，他们就很难对员工产生影响。一个研究团队调查了员工对好、差领导者的图式中所包含的行为。好的领导者被认为应表现出以下行为：(1) 向组内成员分配具体任务；(2) 告诉员工他们做得很好；(3) 为小组设定具体目标；(4) 让其他组员做决定；(5) 努力让小组作为一个团队工作；(6) 保持明确的绩效标准。另一项最近的研究发现，优秀领导者被认为是那些一贯以公平的方式对待所有工作单位成员的人。[17]

回顾本章开篇的案例

你认为达美乐的CEO道尔是否通过主动示弱表现出了领导力？请具体解释。

■沟通和人际影响

管理者需要记住，社会知觉是一个可能扭曲往来沟通的筛选过程。因为人们通过使用源于过去经验的图式来解释口头和书面沟通，你影响他人的能力同样受到他人关于年龄、性别、种族、外貌、言语、行为、个性和其他个人特征的图式中所包含信息的影响。当我们想要影响他人或让他人接受自己的想法时，记住这一点是非常重要的。

■反生产工作行为

现有研究表明，当员工认为他们受到了不公平对待时，他们会表现出各种反生产工作行为（回忆我们在第6章中的讨论）。对于管理者来说非常重要的一点是，应该公平对待员工。要记住，公平与否，旁观者清。第8章将更详细地讨论如何做到公平公正。

■身心健康

负面偏见会导致身体和心理方面的问题。具体来说，研究表明，对恐惧、伤害和焦虑的知觉与患病、缺勤和离职意图有关。[18]我们都应尽量避免自己存在太过在意消极想法的倾向。努力让消极想法离开你，让它们就像鸭子羽毛上的水一样滑落，不留痕迹。

■设计网页

研究人员最近开始通过使用复杂的视线跟踪设备研究网页上什么内容最能吸引浏览者的注意力。这项研究可以帮助组织在设计网页时更明智地投入资金。一位关于网页设计的研究项目主任卡拉·科因（Kara P. Coyne）称赞了捷蓝航空（JetBlue Airways）和希尔斯百货（Sears）的网页，同时指出了杰尔系统公司（Agere Systems）网页存在的问题。[19]

7.2　刻板印象：对人群的看法

俗话说，用心观察的人眼睛里能看到美。知觉确实能带来一些可预测的结果。能够意识到知觉过程及其结果的管理者享有竞争优势。例如，迪士尼公司充分利用知觉倾向来影响在主题公园排长队等待的游客的反应：

> 在奥兰多的迪士尼-米高梅工作室，等待进入提线木偶景点参观的游客在电视屏幕上观看布偶秀《青蛙科密特》（Kermit the Frog）。在魔法王国，等待欣赏外星探险者（Extra Terrestrial Alien Encounter）的游客在演出前被一个谈话机器人逗乐。在一些游乐设施附近，迪士尼放置简单的玩具，如小木块，来帮助父母让小孩在排队等待期间保持忙碌和快乐。[20]

这个例子解释了注意力是如何影响排长队者的知觉的。

同样，管理者可以使用知觉结果的知识来更有效地与员工互动。例如，表7-2描述了五种常见的知觉错误。由于这些知觉错误经常扭曲对求职者和员工绩效的评价，管理者需要保持警惕。这一部分我们会探讨与人知觉相关的最重要也可能是最有害的一个知觉结果：刻板印象。在研究刻板印象形成和保持的过程后，我们将会讨论性别角色的刻板印象、年龄刻板印象、人种刻板印象、残疾刻板印象，以及为避免刻板偏见管理者所面临的挑战。

表 7-2 常见知觉错误

知觉错误	描述	举例	建议解决方案
晕轮效应	评分者形成关于一个事物的整体印象，然后借助该印象来进行有偏见的评分。	我们喜欢一个教授，就给这个教授鼓励学生的能力、知识水平、沟通技巧都打高分。	记住，员工的行为往往在不同的绩效层面上有所不同。在文件或日记中记录下全年员工积极或消极表现的例子。
宽恕政策	使一个人持续以非常积极的方式评估其他人或事物的性格特征。	无论一个教授的实际表现如何，给这个教授所有方面的表现都打高分。评分者就是不喜欢对别人做出负面评价。	给员工并不准确的积极反馈并不会帮到他们。努力做到公平、如实地评价他人。
居中趋势	避免所有极端判断，将人和事物视为中等或中性的倾向。	无论一个教授的实际表现如何，给这个教授所有方面的表现评分都是中等。	提供包含正、负反馈的信息是正常的。使用表现日记可以帮助管理者记住员工表现的事例。
近因效应	记住近期信息的倾向。如果近期的信息是消极的，则所评价的人或事物就是消极的。	尽管一个教授在过去12～15周里讲课都很好，但由于近3周表现不佳，学生给他评了低分。	积累横跨整个考核期的表现实例至关重要。保存文件或日记来记录全年的表现。
对比效应	将人或事物与最近所观察的人或事物的特征进行比较，以此来做评估的倾向。	只给一个好教授打了平均分，因为你将他与你大学期间最好的三位教授做比较了。你现在正在上三位最优秀教授的课。	重要的是要按照标准来评估员工，而不是根据你自己对特定工作中最好或最差人员的记忆下结论。

7.2.1 刻板印象的形成和保持

“刻板印象（stereotype）是一个人对某一群体的特征或属性的一套信念。”[21] 刻板印象并不总是消极的。例如，“工程师都擅长数学”肯定属于刻板印象。刻板印象可能准确，也可能不准确。工程师事实上可能比普通人数学好。一般来说，刻板印象特征用于将特定人群与其他群体区分开。[22]

重要的是要记住，刻板印象是知觉过程的一个基本组成部分，我们以此来处理每天轰炸我们的大量信息。因此，拥有刻板印象并非不道德或不好。话虽这么说，但是不当运用刻板印象可能会导致糟糕的决策；可能对女性、老年人、有色人种和残疾人造成障碍；可能有损忠诚度和工作满意度。

刻板印象化有四步。它首先根据不同标准（如性别、年龄、人种和职业）将人们分组。接下来，我们推断特定类别中的所有人都具有相同的特点或特征（例如，所有女性都要生孩子，老年人会发生更多的工作相关事故，所有非裔美国人都是优秀运动员，所有教授都心不在焉）。然后，我们形成了对他人的期望，并依照我们的刻板印象解释他们的行为。最后，刻板印象通过以下三种方式被保持：（1）高估他人表现出符合刻板印象行为的频率；（2）错误地解释意料到的和未意料到的行为；（3）将少数人与自己区分开。[23]

我们很难阻止人们使用刻板印象，因为这四个步骤是自我强化的。但好消息是，研究者已经发现了一些打破刻板印象束缚的方法。

研究表明，刻板印象的使用受到个人可用信息的数量和类型及其主动处理信息的动机的影响。[24]当人们遇到与刻板印象高度不一致的显著信息时，就不太容易使用刻板印象来判断他人。例如，如果这学期一位新来的教授骑哈雷摩托穿皮裤戴鼻环来上课，你不可能把刻板印象中"教授"的特质安在他身上。当人们有意识地想要避免使用刻板印象时，就不太可能依赖刻板印象。也就是说，准确的信息处理需要脑力。刻板印象化通常被视为一种不太费力的信息处理方式。现在让我们了解不同类型的刻板印象，思考其他减少偏见的方法。

7.2.2 性别角色刻板印象

性别角色刻板印象（sex-role stereotype）是指相信不同的性格和能力使男女各自适合不同的角色。这些刻板印象已被发现影响了我们对女性作为领导者的看法。例如，最近的一项研究的结论显示：（1）人们通常更想为男性老板工作；（2）女性更难被看作有效的领导者（例如，女性只有当组织面临危机和转折时才被认为比男性更有效）；（3）有色人种女性总体而言比白人女性或男性更容易受到性别角色刻板印象的负面影响。[25]研究人员认为，性别角色刻板印象与人们无意识地使用性别期望相关。然而，关键问题是，这些刻板印象是否影响了工作招聘、评估和晋升。

对19项研究的元分析发现，工作申请者的性别和雇佣建议之间没有显著相关性。[26]另一项元分析涉及24项实验研究，其结果显示，男性和女性在完成相同水平的任务后获得了相近的表现评价。换句话说，在这些方面并不存在有利于男性的偏见。这些实验结果进一步支持了一项对于女性和男性教授的实地研究。[27]然而遗憾的是，与晋升决策有关的结果则不太乐观。一项对682名《财富》500强企业员工的实地研究表明，性别与晋升潜力评分显著相关。尽管控制了年龄、教育、组织内任期、薪金等级和工作类型的影响，男性获得的有利评价仍多于女性。[28]在非传统女性工作领域，对女性的偏见更为普遍。[29]

7.2.3 年龄刻板印象

年龄刻板印象会强化年龄歧视，因为它有消极导向。例如，长期存在的年龄刻板印象将年老员工描绘为比年轻员工工作满意度低、工作投入度低、工作承诺低、生产率低、缺勤率高。老年员工也被认为更容易发生事故。与性别角色刻板印象一样，这些年龄刻板印象更多基于想象而非事实。[30]

组织行为学研究者苏珊·罗兹（Susan Rhodes）试图探索年龄刻板印象是否被来自185项不同研究的数据所支持。她发现，随着年龄的增长，员工的工作满意度、工作投入度、内在工作动力和组织承诺水平都会提高。此外，年长的工人更不容易发生事故。[31]至于绩效，一项涉及超过52 000人的元分析表明，年龄与培训项目中的任务表现、创造力和绩效无关。[32]然而，一些组织行为学研究者认为，这一发现并不能反映年龄和绩效之间的真实关系。例如，一项对24 210人的研究表明，年龄和经验对于复杂工作比其他类型的工作更重要。[33]另一项针对1 000名25～92岁医生和另外600名成年人的研究表明，“大部分老年人在能力测试中与青壮年表现一样好甚至更好”。[34]

那么离职率和缺勤率呢？一项元分析显示，年龄和离职率负相关。[35]也就是说，年纪大的员工离职率低于年轻员工。类似地，另一项元分析显示，年龄与自愿缺勤（在海滩上休闲一天）和非自愿缺勤（病假）都呈负相关。[36]这两项元分析的结果表明，管理者应该把更多精力放在降低年轻员工的辞职率和缺勤率上。

7.2.4 人种和族裔刻板印象

存在许多与人种和族裔相关的刻板印象。例如，非裔美国人被视为运动能力强，有攻击性，易怒；亚洲人则安静，内向，更聪明，更擅长数字相关的工作；西班牙裔家庭观念更强，对宗教更加虔诚；阿拉伯人则易怒。人种和族裔刻板印象特别有害，因为它们自动触发并会导致研究者所谓的“微歧视”。**微歧视（micro aggressions）**代表无意识存在的“歧视性想法、态度和感受”。[37]不幸的是，它们可以影响我们的行为，并对有色人种产生不利影响。思考下面的情景：

两个同事（一个是亚裔美国人，另一个是非裔美国人）登上一架小飞机。一名乘务员告诉他们可以随便坐，所以他们选择在飞机前面过道两侧的座位，这样他们可以聊天。停止登机前最后一分钟，三名白人男性登机，坐在了他们前面的空位上。在起飞之前，白人乘务员问早先登机的那两个人是否介意坐到飞机后面，以使飞机更加平衡。他们俩很生气，感到就好像被充满象征意味地挑出来“坐在公共汽车后面的座位上”。当他们告诉白人乘务员这些感受时，她气愤地否认了两人的责难，说她只是想要保证飞行安全并给他们俩一点私人空间。[38]

你怎么看待这件事？是乘务员表现出了微歧视，还是这两人过于敏感？

负面的人种和族裔刻板印象在生活中的许多方面和许多组织中依然常见。[39]想想泰格·伍兹的经历。伍兹在两种不同的文化中成长。他的母亲来自泰国，父亲是非裔美国人。自1996年成为职业高尔夫球手以来，伍兹在美国巡回赛上赢得了95个冠军头衔，这比任何其他现役运动员获得的都多。他是高尔夫比赛历史上最少平均杆数和最高收入的纪录保持者。他也是历史上唯一同时拥有四个大满贯冠军的高尔夫球手。[40]遗憾的是，伍兹经历了许多种族刻板印象和偏见（见相关的“真实世界/真实人物”专栏）。现在让我们思考以下关于组织中人种和族裔刻板印象的证据。

一项对4 169名非裔美国人和6 307名白人面试决定的元分析显示，白人得到了较高的面试评价。另一项对2 805次面试的研究揭示了西班牙裔和非裔美国人存在“同一种族”的刻板印象，白人却没有。即西班牙裔和非裔美国人面试官会对同种族面试者打更高分，而白人面试官对白人面试者则没有表现出这种偏见。[41]

真实世界/真实人物

泰格·伍兹遭遇种族歧视的经历

“我上学第一天，就意识到了我的种族身份。一群六年级学生把我绑在一棵树上，用喷漆在我身上喷了‘黑鬼’一词，并朝我身上扔石头。那是我第一天上学啊！老师真的没有做出什么回应。我那时住在学校对面，稍微有点下坡。老师说，‘这样啊，那你就回家吧。’所以我不得不快跑，逃脱这些孩子的追击，回到家里，我确实也能做到。这真是让我开了眼了，你知道，我那会儿才5岁。我们是加州赛普里斯地区唯一的少数族裔家庭。

“在我出生之前，当我父母搬过去的时候，总会有橙子从窗户丢进来。这些事情可能不是种族的原因，也可能是，我们并不理解。但这非常有趣，虽然人们不一定知道，但是在20世纪80年代我成长的过程中，这些事时有发生。在90年代的时候，在我家乡的海军高尔夫球场上，我也经历过种族歧视事件。而就在1994年美国业余高尔夫公开赛之前，我那时18岁，出去练球，只是做了一些劈杆击球的练习，就有人隔着围栏好多次用那个‘N’字母开头的词朝我喊。那会儿都是1994年了。”

尽管获得了国际性的赞誉和名气，伍兹与种族刻板印象的斗争一直持续到了20世纪90年代中期。怎样做才能阻止种族主义和种族刻板印象的蔓延呢？

资料来源：C Barkley, *Who's Afraid of a Large Black Man*?（New York：Penguin Press，2005），p. 7.

在两项由包括来自美国各地的21 547位美国黑人和39 537位白人配对相互评价工作表现的大样本研究中，结果显示不存在基于种族的偏见。换句话说，这些调查结果表明，美国黑人和白人管理者并没有根据种族对他们的员工进行差别评估。[42]

考虑到在未来10年内将进入职场的有色人种将会增加（回忆我们在第2章中的讨论），雇主应该注重培养女性和有色人种员工，同时增加管理者对不实种族刻板印象和所谓刻板印象威胁的敏感度。**刻板印象威胁**（**stereotype threat**）“是指特定社会群体的成员（例如，非裔美国人、女性）必须应对的可能被刻板印象化评判或对待，或自身行为可能会加强这种刻板印象的‘困境’”。[43]研究表明，刻板印象威胁与女性和有色人种在评价任务中的低绩效相关。例如，当某些事情让非裔美国人和女性想起他们的种族和性别时，他们在学业测试上的表现会变差。当人们经历了基于种族/民族的刻板印象时，表现下降得更加显著。[44]这些结果表明，老师和管理者在进行评价性测试（如学业水平考试、就业测试或研究生入学考试）时，应避免激活任何人种/族裔或性别的刻板印象（例如，询问参加考试者的种族或性别）。

7.2.5 残疾刻板印象

残疾人不仅需要面对残疾会影响其就业能力的负面刻板印象，还可能被普通人群污名化。这些趋势给残疾人的生活造成了许多困扰。例如，残疾人比非残疾人更有可能失业（2010年12月的残疾人失业率为15.6%，而非残疾人失业率为9.4%），且收入更低。[45]残疾人生活贫困的概率是非残疾人的2.5倍。[46]这个问题对于有严重精神疾病的人来说更为显著。1990年，基于这些统计数据颁布了《美国残疾人法案》（ADA)。该法案禁止歧视身体残疾或有精神疾病、慢性疾病的合格员工，并要求“合理照顾”残疾人员工。[47]

7.2.6 管理挑战和建议

管理层面所面临挑战的关键是减少刻板印象在整个组织中影响决策过程和人际交

往过程的程度。

我们建议组织首先通过员工教育和培训，告知其员工有关刻板印象的问题。培训还可以使管理者掌握处理与管理残疾员工相关情况所需的技能。下一步包含广泛参与，努力减少整个组织的刻板印象。社会科学家认为，不同群体之间“高质量的”人际交往是减少刻板印象的最好办法，因为它给人们提供了关于其他群体特征的更准确数据。因此，组织应为各种员工创造见面和平等合作的机会。

另一个建议是管理人员应识别出区分成功和不成功的员工的有效个体差异（我们在第5章讨论过）。如前所述，研究表明，经验是比年龄更好的预测绩效指标。研究同样显示，在招聘工作申请者和评估员工绩效时，我们可以培训管理人员以便他们能使用这些有效标准。[48]

消除男性和女性、有色人种和残疾人的升职障碍是减轻刻板印象问题的另一个可行方案。家得宝参加的“肯的孩子”（Ken's Kids）计划是公司帮助残疾人获得有意义工作的优秀案例。该计划通过提供职业培训和安排工作等服务帮助残疾人找工作（见相关的“真实世界/真实人物”专栏）。家得宝员工相信该计划非常成功。[49]

总之，重要的是获得高级管理层的承诺和支持，以消除承认或加强刻板印象和歧视性决策的组织行为。研究清楚地表明，高层的支持对于成功实施上述我们推荐的组织变革来讲至关重要。

真实世界/真实人物

家得宝参与“肯的孩子”计划尝试雇佣残疾人

宾夕法尼亚州协调员黛博拉·卡拉翰（Deborah Callaghan）说，“肯的孩子”计划使用五步选拔过程——申请、面试、观察、商店评估和家长访谈，仔细评估潜在的学员。她监督45家家得宝的残疾人员工。

“教练与学员在店里并肩工作3个月，检查任务和产品知识这类事情，”卡拉翰解释说，“商店经理也接受敏感性培训。”

家得宝区域经理黛比·卡黛茨（Debbie Kiedeisch）评价该计划成功的关键因素时说：“你必须得到商店管理者和员工的支持和同意。”该计划通过与管理人员会面来建立这种支持。家得宝的区域经理给员工做了指导和培训，因此店铺经理可以坚持公司的政策并向新员工解释程序。她补充说，该计划之所以可行，另一个原因在于员工在整个过程中从教练那里得到了足够多的支持。

为什么不是所有的公司都实行类似“肯的孩子”这样的计划？

资料来源：Excerpted from D M Owens，“Hiring Employees with Autism，” *HR Magazine*，June 2010，pp. 84-90.

7.3 自我应验的预言：皮格马利翁效应

自我应验的预言（self-fulfilling prophecy）源自希腊神话。根据神话，皮格马利翁（Pygmalion）是一个雕塑家，他恨女人，然而却爱上一个他自己雕刻的象牙美女雕像。他非常迷恋这个雕像，所以祈求女神阿芙罗狄忒（Aphrodite）赋予她生命。女神听到他的祷告，实现了他的愿望，雕像活了。自我应验的预言或皮格马利翁效应的本质，即A对B的高期望导致B的良好表现。一个与自我应验的预言相关的效应是**加勒提亚效应（Galatea effect）**。当一个人对自己的高期望导致了良好表现，这就是加勒提亚效应。皮格马利翁效应和加勒提亚效应背后的关键过程是人们的期望或信念可以决定他们的行为和表现，从而使他们的期望成真。换句话说，我们努力验证我们对现实的想法，不管这些想法有多么错误。因此，自我应验的预言是一个重要的、需要我们更好地加以理解的知觉结果。

7.3.1 研究和解释模型

自我应验的预言首先在学校中得到了证明。在对1～6年级学生进行一番假的潜能测试后，研究人员告诉老师们，某些学生有很大潜力能够取得一定成就。实际上，学生是被随机分配到“高潜力”和“控制”（正常潜力）组的。结果显示，被指定为具有高潜力的孩子与对照组相比，在智力测验和阅读能力方面都取得了更大的提高。[50]所谓的高潜力组的老师取得了更好的成绩作为回报，因为他们的高期望促使他们给孩子留更难的作业，给予更多的反馈，并更多地对孩子所取得的成就给予认可。正常潜力组的学生没有出类拔萃，因为他们的老师没有期望他们有出色的成绩。

研究同样表明，通过提高老师和管理者对各种任务执行者的期望，可以获得更高的成就/生产率。一项涉及各行各业2 874个员工的元分析表明，皮格马利翁效应相当强。[51]这一发现意味着，通过提高管理人员对其员工的绩效期望，可以获得更好的绩效和生产率。此外，能够提高表现的皮格马利翁效应在军队中、对男性以及具有低绩效期望的人来说更强。将这些结果推广，近期的一项研究证实，女性领导者可以让男性下属产生皮格马利翁效应。[52]鉴于有越来越多的女性担任了管理角色，这是一个很重要的发现（回顾我们在第2章中讨论的内容）。

图7-2中的模型整合了自我应验的预言、加勒提亚效应和在第5章中讨论过的自我效能。该模型表明，自我应验的过程开始于管理者对直接下属的期望。反过来，这些期望会影响领导者所运用的领导类型（连接1）。积极的期望会带来积极和支持性的领导，从而引导员工发展更高的自我期望（连接2）。因这些高期望产生的有积极作用的加勒提亚效应激励员工做出更多的努力（连接3），最终提高绩效（连接4）和管理者的期望（连接5）。成功的表现还会提高员工的自我效能，从而促进对成功的自我预期（连接6）。相关研究支持了自我应验模型。[53]研究人员创造了高莱姆效应这个词来反映图7-2所描述的提高绩效过程的负面效应。**高莱姆效应（Golem effect）**是由于领导者较低的期望而导致的绩效损失。[54]让我们思考这一效应是如何发挥作用的。

假设某员工犯了一个错误，例如在会议期间丢失笔记或者某个任务完成得不好——报告交晚了一天。然后，管理者开始怀疑该员工是否具有在组织中成功所需要的特质。怀疑导致该管理者更紧地监督此员工。而这个员工，当然会注意到这种怀疑，然后开始感觉失去了上司信任，继而可能以下面两种方式中的一种来回应。其一，可能怀疑自己的判断和能力。这反过来又导致这个人更加规避风险，以减少提出可能受到管理者批评的想法和建议的数量。而管理者注意到这种行为后，会将其看作

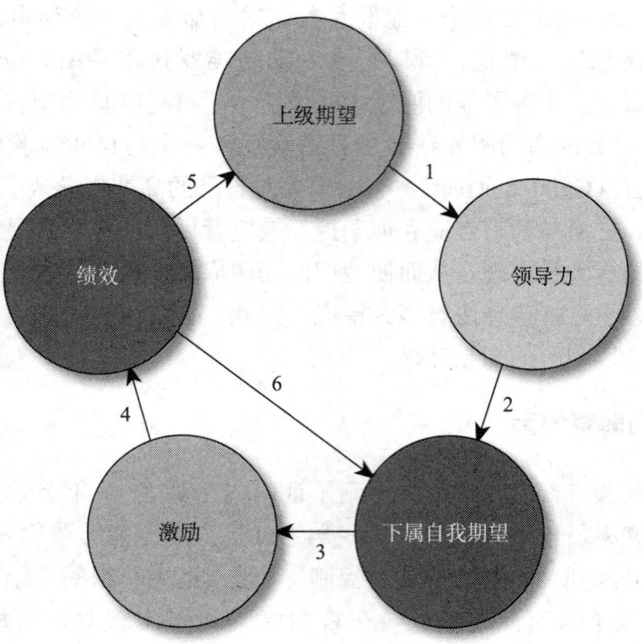

图 7-2　自我应验的预言模型

资料来源：From D Eden,"Self-Fulfilling Prophecy as a Management Tool：Harnessing Pygmalion," *Academy of Management Review*, January 1984, p. 67. Copyright © 1984 by The Academy of Management. Reproduced by permission of The Academy of Management via Copyright Clearance Center.

该员工积极性不高的例子。与此相反，这个员工可能承担更多责任，以证明自身能力和价值。这可能会导致员工搞砸某些事情，反过来强化了管理者的怀疑。你可以看到，这个过程导致了一个由负面期待造成的破坏性关系。需要记住的一点是，自我应验的预言在两个方向上都起作用。下一部分会讨论如何增强皮格马利翁效应，减少高莱姆效应。

7.3.2　使自我应验的预言发挥作用

由于皮格马利翁效应的存在，管理期望可以有力地影响员工的行为和绩效。因此，管理者需要利用皮格马利翁效应，建立一个层级框架，以加强整个组织的积极绩效预期。

员工的自我期望是这个框架的基础。反过来，积极的自我期望通过鼓励人们努力实现共同目标来提高人际期望。这种合作提高了小组生产率，并在工作小组内促进了积极的绩效期望。例如，在谷歌，员工通常加班加点，特别是当工作小组努力赶在规定时间之前推出新产品的时候。由于谷歌以快速推出创新产品而闻名，小组层面的积极期望有助于创造和强化对成功高期待值的组织文化。这个过程继而激励人们为组织工作，从而减少离职率。[55]

因为积极的自我期望是创建组织范围内皮格马利翁效应的基础，让我们思考管理者应怎样创造对积极表现的期望。该任务可以通过下列一项或几项来实现：

1. 认识到每个人都有提高绩效的潜能。
2. 设立高绩效目标。

3. 积极支持员工以帮助圆满完成工作。
4. 提供频繁的反馈，表达对员工完成任务能力的信任。
5. 给员工提供机会来体验更加具有挑战性的任务和项目。
6. 用反映出高期望的面部表情、语音语调、肢体语言和鼓励性评价进行沟通。
7. 给员工提供他们实现目标所需的投入、信息和资源。
8. 假定新员工有出众的潜力，并以这种方式介绍他们。
9. 鼓励员工专注于当下，不必焦虑于过去的负面事件。
10. 帮助员工掌握关键技能和任务。[56]

7.4 因果归因

人们试图推断所观察到行为的原因，这是归因理论的前提。不管是对是错，我们总是为自己和他人的行为找出因果解释。诸如以下的归因语句很常见："乔喝酒太多，因为他没有意志力；但是我下班后需要喝酒，是因为我压力太大。"**因果归因**（**causal attributions**）的正式定义是，所怀疑或推断的行为原因。尽管我们的因果归因往往是自利且无效的，但重要的是了解人们如何归因，因为这深刻影响组织行为。例如，认为员工不努力才导致绩效不好的管理者可能会批评员工，但是如果他将绩效低归因于能力不够，可能就会觉得员工需要培训。

回顾本章开篇的案例

芝加哥熊队输了很多场比赛后登报向球迷道歉，你认为此行为背后是何种归因？

一般来说，人们通过思考发生在所观察行为之前的事件来进行因果归因。本部分探讨哈罗德·凯利的归因模型、两种重要的归因倾向以及相关的管理方面的启示。

7.4.1 凯利归因模型

现有归因模型，如凯利归因模型，都归功于已故社会心理学家弗里茨·海德（Fritz Heider）的开创性研究。海德是归因理论的创始人，他提出行为可以归为**内部因素**（**internal factors**）（如一个人的能力和努力）或环境中的**外部因素**（**external factors**）（如任务困难程度、他人的帮助和运气）。这与第5章讨论过的内控点与外控点的思路不谋而合。在海德研究的基础上，凯利（Kelley）试图确定内外因的主要前因。凯利假设人们在收集行为三个维度的信息之后做出因果归因：共识、独特性和一致性。[57]这些维度独立变化，从而形成各种组合并导致不同的归因。

图7-3所示的绩效图，分别展示了高/低水平的共识、独特性和一致性。这些图现在用于帮助发展凯利模型中所有三个维度的工作知识。

1. 共识：将个体行为与其同伴的行为比较，当个体表现出与群体中的其他人一样的行为时，高共识度达成；而当个体采取与他人不同的行动时，共识度较低。如图7-3所示，当A、B、C、D、E五个人获得相似水平的个体绩效时，共识度较高。相反，当C的绩效与A、B、D、E存在显著差异时，共识度较低。

2. 独特性：将个体在某一任务中的行为与其他任务中的行为进行比较，高独特性意味着个体以与执行其他任务明显不同的方式执行所讨论的任务。低独特性意味着不同任务之间稳定的绩效或质量。图7-3显示出员工在任务4上的绩效非常独特，因为这与其在任务1、2、3、5上的表现显著不同。

3. 一致性：取决于随着时间的推移，个体在给定任务上的绩效是否一致。高一致性意味着个体一次次地用同样方式完成特定工作。不稳定的工作绩效意味着低一致性。图7-3一致性图中描绘的绩效下降波谷表示低一致性。在这种情况下，员工在给定任务上的绩效随时间变化。

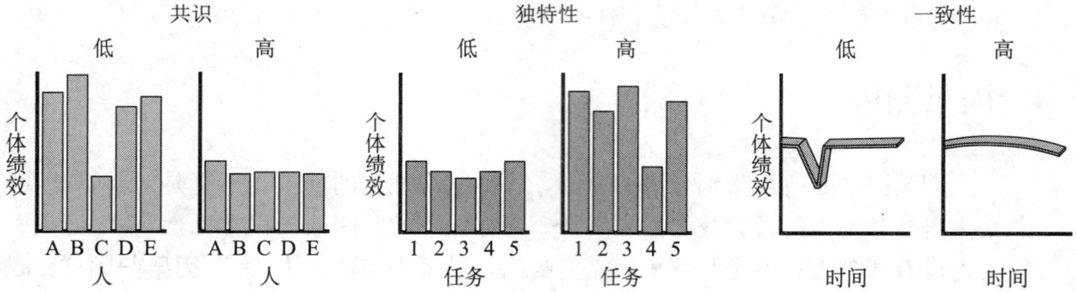

图7-3 显示低/高共识、独特性和一致性的个体绩效图

资料来源：From K A Brown, "Explaining Group Poor Performance: An Attributional Analysis," *Academy of Management Review*, January 1984, p. 56. Copyright © 1984 by The Academy of Management. Reproduced by permission of The Academy of Management via Copyright Clearance Center.

重要的是要记住，共识与其他人相关，独特性与其他任务相关，一致性与时间相关。现在的问题是：关于行为这三个维度的信息如何导致内部或外部归因？

凯利假设，当共识和独特性高而一致性低时，人们将行为归结于外因（环境因素）。当所观察行为的特点是低共识、低独特性和高一致性时，往往会导致内部归因（个人因素）。因此，当所有员工绩效不佳（高共识），低绩效仅仅发生在几个任务中的一个（高独特性），且低绩效仅发生在某一时间段（低一致性），管理者可能将员工的低绩效归结为外因作用，比如同侪压力或任务过难。相反，只有某个员工绩效不佳（低共识）、在多个任务（低独特性）中都被发现低效，以及当低效长时间持续时（高一致性），低绩效会被归结为该员工自身的问题（内部归因）。许多研究支持这一工作环境下的预测模式。[58]市场研究人员还将这一归因过程扩展，以分析消费者对客户服务、产品特征和广告的归因，组织行为学研究者也利用这一理论研究员工对工作中歧视和性骚扰的反应。[59]

7.4.2 归因倾向

研究人员发现了两个可以扭曲一个人对所观察行为解读的归因倾向——基本归因偏见和自利偏差。

■基本归因偏见

基本归因偏见（fundamental attribution bias）反映了人们将他人行为归因于个人特征，而不是环境因素的倾向。这种偏见导致观察者忽略经常会显著影响行为的重要环境力量。例如，一个在养鸡场工作的女人因夜班睡觉被开除。虽然管理层可能觉得是她太懒了，但事实却是，“她的夜班工作可以帮助她支付夜班育儿费用，但她却没钱雇人在白天帮她看孩子。所以，当她下夜班回家后，还需要照顾一个精力充沛的孩子”。[60]一个更可能的归因是，她上夜班睡觉是因为她个人生活中的问题以及养鸡场的低工资。有趣的是，研究还表明，西方文化中的人往往比东亚文化中的人更倾向于展现出基本归因偏见。[61]最近对于股东的研究同样表明，股东认为股票的价格更多受CEO行为的影响，而不是市场波动。[62]

■自利偏差

自利偏差（**self-serving bias**）表示成功比失败更容易被归结为个人责任的倾向。自利偏差表明，员工将成功归结为内因（能力强或工作努力），而把失败归结为不可控的外部因素（工作的难度、坏运气、不力的同事或缺乏同情心的老板）。这种倾向发生在生活的方方面面。例如，鲍勃·波兹纳诺维奇（Bob Poznanovich）曾是杰尼斯（Zenith）（现为LG电子）的销售营销副总裁，后因吸毒被解雇。他承认每天花1 000美元与其他员工和客户一起享受毒品带来的快感。他经常迟到或旷工。波兹纳诺维奇将其持续吸毒归咎于公司。他说，如果管理层对他的不良行为提出警告，他会“走出来并得到帮助”。[63]

亚利桑那州立大学（ASU）的前棒球教练帕特·墨菲（Pat Murphy）也将本队违反全美大学体育协会（NCAA）关于给潜在学生运动员打电话招募的规定归因为管理层失职。他认为管理层没有正确地指导工作人员如何完成电话日志。而管理层指责墨菲并不重视保留电话记录，并总结道：“墨菲给了每一个人按规定提升球队的印象，然而同时，不为ASU所知的是，墨菲自己并没有做到严格遵守ASU的每一项规定，而且他还向ASU的调查人员提供了不准确的电话记录和陈述。”[64]NCAA禁止ASU棒球队参加2011年季后赛。[65]

许多研究者研究了自利偏差。例如，两项研究调查了与股东在年度信函中沟通时，高级管理人员是否成为自利偏差的牺牲品。结果显示，美国和新加坡的管理人员将公司成功归因于自己，而将负面结果归咎于环境。[66]然而，总的来说，自利偏差的研究发现了矛盾的结果。在过去的研究中，我们观察到了两种普遍的归因模式。一方面，正如自利偏差所预测的，人们将成功归结为内因。但是，失败则被同时归因为内部和外部的原因。[67]这意味着人们不会自动将失败归结为外部因素，这有别于自利偏差的预期。一个研究团队总结道：“当高度自我集中的人感觉到失败可以被迅速补救，他们会将失败归结为自身原因；而当改进的可能性较低时，失败会被归为外因。”[68]

7.4.3 管理方面的应用和启示

归因模型可用于解释管理人员如何对待绩效不佳的员工。一项研究显示，当管理者将低绩效归因为工作不努力时，他们会给员工更及时、频繁和负面的反馈。当经理的成功依赖员工的绩效时，这种反应更加明显。另一项研究表明，管理者倾向于调走那些绩效不佳被归因于能力不足的员工。但是，当低绩效被归因为超出个人控制的外因时，同样还是这些管理者就会决定不立即采取行动。[69]

上述讨论对管理者而言有如下重要启示。首先，男性和女性对升职有着不同的归因。近期对来自80个国家140 000人的调查显示，男性和女性对于晋升到高级岗位所需要的原因持有不同看法。男性认为，晋升是因为工作努力，而女性则报告说，晋升更多的是因为运气和人际关系。正如第 2 章所讨论的，这些在不同国家中一致的结果表明，女性的晋升轨迹更像是迷宫而不是直接向上的路径。因此，我们鼓励管理者帮助女性发展社会资本，并依据准确衡量与工作有关的标准来提拔员工。[70]

其次，管理者往往不成比例地将行为进行内部归因。[71]这可能会导致对绩效的不准确评估，从而降低员工的积极性。没有人愿意因被他们看作不可控的因素而遭受指责。此外，由于管理者对员工绩效的反应根据其归因不同而有所不同，归因偏见可能导致不当的管理行为，包括晋升、调动、裁员等。这会有损员工工作积极性和绩效。管理者的归因培训课程应按顺序进行。先解释基本归因过程，然后教会管理者发现并避免归因偏见。最后，员工自身的绩效归因对其之后的工作积极性、绩效和个人态度（比如说自尊）具有显著影响。例如，当人们将失败归因于能力不足时，他们倾向于放弃、对未来成功抱有较低的期望、自尊降低。幸运的是，归因再培训可以提高积极性和绩效。研究表明，我们可以教会员工将他们的失败归因于努力不够，而非能力不足。[72]这种重新归因为提高积极性和绩效铺平了道路。记住，自利偏差的影响也很重要。如果管理者希望员工承担失败的个人责任并相应地调整他们的工作投入和行为，那么员工必须相信自己将来能够提高绩效。否则，员工可能将失败归结于外因，因而不会改变自身行为。

组织行为学案例研究

工作机会的得失取决于参与面试者在“你的弱点是什么”这一问题的回答中体现出的观念[73]

Worldwide Panel 是一家小型市场调研公司，该公司收到了大量应聘销售和信息技术方面四个岗位的简历。

面试官期待在问过“你最大的弱点是什么”后，刷掉许多不理想的申请人，因为候选人的回答经常“不是弱点”，加利福尼亚州卡拉巴萨斯的高级副总裁克里斯托弗·莫罗（Christopher Morrow）说：“这不是一个合格的回答。”

弱点问题堪称面试中最常见且最让人紧张的问题。然而，在当今疲软的就业市场中，错误的回答会降低你获得工作的机会。

有些人给出了他们以为老板会喜欢的错误答案，例如“我是一个完美主义者”。这个回答“对你不利”，因为你看起来不值得委任，执行教练的研究生项目系主任约书亚·埃尔利希（Joshua Ehrlich）教授警告道。该研究生项目得到了一家纽约教练公司 BeamPines 和伦敦密德萨斯大学的资助。

一个审慎的面试计划可以帮助你搜索到合适的缺点，以突出你符合一个期望的职位所需的条件。这道题回答得好的求职者证明他们可以“主动出击并改善自己”，莫罗说。

同样重要的是，你应考虑到雇主的企业文化。在接受初创公司面试时，“你可以说，‘我的弱点是对一成不变感到厌倦’”，纽约产业心理学家本·达特纳（Ben Dattner）说。

上个月，旧金山郊区的某非营利组织在面试应聘执行理事一职的申请者时，一名看起来条件完美的申请者的一个回答差点让他丧失了录取资格，据当时在场的董事会成员克劳斯（Klaus）女士说，因为该申请者在回答一个变换了形式的弱点问题时忽视了公司的一条核心价值观。他的面试接近尾声时，克劳斯女士想知道他是否对工作的任何方面还有问题。“不，我有信心，我可以做到这一切。”面试者回答。他的口若悬河让克劳斯女士沮丧，因为她觉得他没有意识到自己的弱点。她说，他的回答引起了董事会成员的疑虑，他们质疑“他接受批评的能力”，这是组织高度重视的一个特质。

因为该申请者的能力非常符合要求，董事会给了他第二次面试机会，并要求他更充分地解释自己的弱点。他说他第一次面试时“对这个问题没有准备，对出现大的致命漏洞感到紧张”，然后描述了他在工作危机期间倾向于太快做出决定。董事会成员打消了疑虑，他们选择由他接手非营利组织的重要工作。

理想情况下，你的回答不应包含“弱点”一词，而应包括你的改正办法。奥斯卡·阿德勒（Oscar Adler）退休前任少女情怀（Maidenform，女性内衣品牌）销售主管。他也是《面试中的自我推销》（*Sell Yourself in Any Interview*）一书的作者。阿德勒说，将你的最大错误看作“机会之窗”表明你为进步做出的努力应有利于工作。例如，他建议，一个推销员可能会注意到，他在提升了与数字有关的能力后，绩效获得提升。

当面试官提出这个让人精神紧张的问题时，你的肢体语言也会被考量。错误的非语言线索会降低你的可信度。有些人弯腰驼背、偷偷扫视房间或者搓着他们出汗的手掌。“他们看起来像是被问到了一个不能解决的问题。”阿德勒说。

保持目光接触，均匀呼吸，咧开嘴笑，这些都能让雇主产生“你已经准备好了回答弱点问题”的印象，《停止自我毁灭》（*Stop Self-Sabotage*）一书的作者，心理治疗师帕特·皮尔森（Pat Pearson）如是说。

出于同样的原因，如果你在回应之前停顿一下，会让人感觉很周全，但是不要等太久。“如果你要花一分钟，”莫罗警告说，“我已经发现了你的弱点。”

［讨论］

1. 表7-2中列出的哪些知觉错误影响了招聘者在这种情况下的知觉？请讨论。

2. 什么样的负面刻板印象激发了招聘者的知觉？

3. 在这种情况下，皮格马利翁效应、加勒提亚效应、高莱姆效应在多大程度上起作用？请说明。

4. 你从这个案例中学到了哪些有关知觉的知识？请说明。

5. 你会如何回答“弱点”问题？解释招聘者会如何看待你的回答。

法律/道德挑战

当你有能力支付的时候，是否应逃避还贷款？[74]

这一情况是许多房主面临的困境，这在克里斯·汉森（Chris Hanson）身上尤为显著。汉森经营一家房地产投资公司，他在亚利桑那州购买了一套价格为875 000美元的豪华公寓。支付90 000美元的首付款并每月按揭还款5 000美元对他而言没有任何问题。然而即便如此，他还是决定第一个月就不再付月供并且放弃这套房产。因为房地产市场的暴跌，该房产现市值仅约为首付金的50%。汉森认为，这处房产需要10年才能涨回原价。

汉森计划让银行取消该房产的赎回权。同时在同一个小区或附近小区租一套更好的公寓，而月租金不到他原来每月按揭还款的一半。

汉森的案例表明，即使贷款者能够负担得起，危机中房地产市场的贷款人仍将“策略性地”拖欠贷款。

汉森说，他感到在道义上没有义务付款，因为他认为银行的拙劣放贷行为是导致房地产价格暴跌的罪魁祸首。

我们应该允许人们有足够的还贷能力时拒绝还贷吗？

1. 当然不该！克里斯·汉森签了合同，他就应该履行合同直到结束。毕竟，他仍然有钱支付账单。

2. 是的。当一个房子的价值大大低于原来的购买价格，人们为什么要继续偿还贷款？银行应根据房产的当前价格提供资金帮助还贷。

3. 不该。克里斯·汉森明显很懂房地产市场，他只是避免承担责任，并将债务转移给金融机构。金融机构最终将努力挽回这些损失，这反过来会影响广大消费者。

4. 提出其他选项。

第8章 激励

学习目标

学完本章后，你应该能够：

1. 对比马斯洛、奥尔德弗和麦克莱兰的需求理论。
2. 解释赫茨伯格对激励因素和保健因素进行区分的现实意义。
3. 讨论知觉不平等对员工激励的影响。
4. 解释分配公平、程序公平和互动公平之间的差异。
5. 描述从公平理论中得出的实践启示。
6. 解释弗鲁姆的期望理论。
7. 解释目标设定怎样能激励员工。
8. 回顾目标设定研究的五个实践启示。
9. 讨论三种不同的工作设计方法。

教师的收入应该跟学生成绩挂钩吗?

曾任华盛顿多所学校校长的李洋姬试图实践激励理论的几个组成部分，以提高教师的绩效。她想要做出改变。因为已有实践表明，95%的学校系统教师都被评为优秀，没有教师因为糟糕的表现而被开除。然而同时，华盛顿特区学生的考试成绩却是全国最低。2010年，李洋姬开除了241名教师，约占系统内教师总人数的6%。另有737名教师被通告他们的教学几乎没有成效。

李洋姬在建立了一个新的教师评估系统，并与华盛顿教师联盟（WTU）商定了一项新的补偿协议后，做出了上述改变。该评估系统被认为是美国最严格的系统之一。

> 该系统要求对教师的课堂表现进行大量观察，并通过学生成绩衡量教学……包括写出条理清晰的教案、吸引学生参与等方面，教师们每年接受五次学校管理者和老教师的评估。在初次观察后，教师们会收到一个对其教学弱点的详细说明以及提供辅导改进课程的计划……教师们被评为四个等级。今年，16%的教师达到了一级，而过去几年这一比例为45%。大约20%的人被评为最差的四级，而在过去几年这一数字仅为4%。

新的工资制度规定，“好的教师将获得更多收入（包括在2012年工资上涨21.6%，以及有获得绩效工资的机会)。与此同时，差教师则可能会被裁掉”。

WTU 总裁乔治·帕克（George Parker）不同意开除教师的做法，并表示工会可能会对解雇提起上诉。他还威胁要告这个学区有不公平劳动行为。

《食蜂鸟：李洋姬应对全美最差学区》（*The Bee Eater*：*Michelle Rhee Takes on the Nation's Worst School District*）的作者理查德·惠特迈尔（Richard Whitmire）认为，李洋姬需要采取更有效的手段来激励教师，因为“只有大约 1/3 的华盛顿特区教师能够进行”高质量的教学。[1]

正如你将在本章后面学到的，期望理论基于个人工资应与其绩效挂钩的原则。构成这一理论基础的基本概念是，当员工重视所获奖励，例如更高的报酬时，他们会有更强的激励。与这一理论相反，本章开头的小插图表明，教师工会正在与李洋姬应用期望理论的努力做斗争。为什么会这样？因为除了获得奖励本身，还有很多因素影响员工的激励水平。本章旨在帮助读者理解这些因素。

你将了解到，员工激励是几个变量的函数，包括个人需求、工作环境积极和支持的程度、被公平对待的知觉、在绩效和获得有价值的奖励之间建立强联系、使用准确的绩效衡量标准以及明确的目标设定等。

激励（**motivation**）一词源于拉丁语“movere”，意思是“移动”（to move）。在当前语境下，激励表示“导致目标导向的自愿行动的冲动性、方向性和持续性的心理过程”。[2]研究人员提出两种一般类型的激励理论来解释员工激励的心理过程：内容理论和过程理论。**激励的内容理论**（**content theories of motivation**）侧重于找出激励员工的内在因素，如本能、需求、满意度和工作特征。这些理论不能解释激励是如何受到个人与其工作环境之间的互动影响的。这一局限性催生了激励的过程理论。**激励的过程理论**（**process theories of motivation**）侧重于解释内在因素和认知影响员工激励的过程。[3]过程理论比内容理论更加动态。

表 8-1 概括了本章将要讨论的各项内容理论和过程理论。当你学习本章涵盖的七种激励理论时，请记住，它们针对如何激励员工提供了不同的建议，因为这些理论是基于对激励原因的不同假设。在介绍下一种激励理论之前，我们会总结每种理论在管理方面的启示，以帮助你整合和应用这些不同的建议。

表 8-1　　激励理论总览

激励的内容理论	激励的过程理论
马斯洛的需求层次理论	亚当斯的公平理论
奥尔德弗的 ERG 理论	弗鲁姆的期望理论
麦克莱兰的需求理论	目标设定理论
赫茨伯格的激励因素-保健因素理论	

在讨论了主要的内容和过程激励理论后，本章将概述用于激励员工的工作设计法，最后集中提出将激励理论应用于工作中的实用建议。

8.1 激励的内容理论

大多数激励的内容理论都围绕着员工的需求影响激励这一概念。**需求**（**needs**）

是激发行为的生理或心理不足。它们可强可弱，并且受环境因素的影响。因此，人们的需求随时间地点不同而变化。激励需求理论的一般思路是未满足的需求刺激人们采取行动以寻求满足。相反，一个已被满足的需求不能再激励人们。现在让我们思考四种流行的激励的内容理论：马斯洛的需求层次理论、奥尔德弗的 ERG 理论、麦克莱兰的需求理论和赫茨伯格的激励因素-保健因素理论。

8.1.1 马斯洛的需求层次理论

1943 年，心理学家亚伯拉罕·马斯洛（Abraham Maslow）发表了如今广为人知的**需求层次理论（need hierarchy theory）**。虽然该理论是基于他对少数神经质的人的临床观察，但它随后被用于解释所有的人类行为。马斯洛提出激励是以下五种基本需求的函数。这些需求是：

1. 生理需求。最基本的需求。包含生存所需的足够的食物、空气和水。
2. 安全需求。包括避免身心受到伤害的需求。
3. 爱的需求。渴望爱和被爱。包含感情和归属感的需求。
4. 尊重需求。对名誉、声望和他人认可的需求。也包含对自信和自身权力的需求。
5. 自我实现需求。自我实现的渴望——成为所能成为的最好的自己。

马斯洛认为，这五种需求按高低顺序安排在图 8-1 所示的层次结构中。换句话说，他认为人类的需求通常以可预测的阶梯方式出现。因此，当个体的生理需求相对得到满足时，安全需求就出现了，并且以此类推，每次在需求层次上进一步。一旦一个需求得到了满足，它会激活层次结构中的下一个更高的需求。该过程一直持续，直到自我实现的需求被激活。[4]

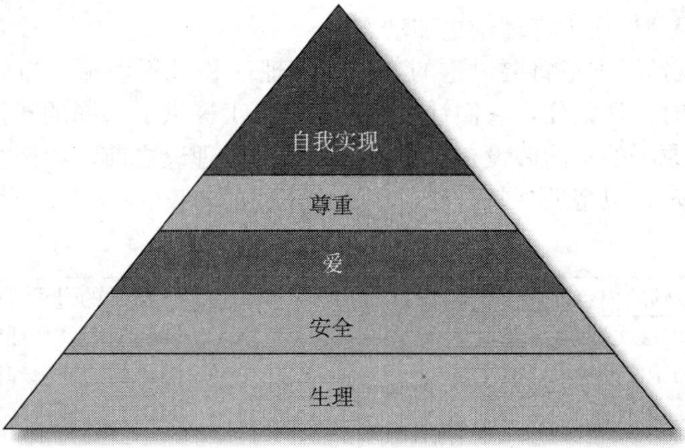

图 8-1 马斯洛需求层次

虽然研究没有明确支持这一激励理论，但马斯洛理论在管理层面的两个关键启示仍值得注意。第一，重要的一点是，管理者应重视满足与员工自我概念相关的一些需求——自尊和自我实现——因为它们的满意度与以下一系列重要的结果显著相关，包括学业成绩、身体疾病、心理健康（如焦虑症、抑郁症）、刑事犯罪、吸毒、婚姻满意度、金钱和工作方面的问题以及工作绩效。[5]

第二，已满足的需求可能失去激励作用。因此，建议管理者通过进行旨在满足新出现或未满足的需求的计划或实践来激励员工。许多公司已通过为员工提供满足他们特定需求的特定福利响应了这项建议。比如，在位于加利福尼亚湾区的浮生之乐(Joie de Vivre)连锁酒店，管理层运用马斯洛理论证实，公司能以各种方式建立员工满意度和忠诚度。例如，管理人员通过正式程序发现并鼓励员工提供的出色服务。他们把客房部员工聚在一起，探讨如果他们不让住宿更舒适的话，客人的体验会怎样，以此努力帮助客房部员工理解工作的意义。[6]管理者还可以使用定制的调查，以评估不同员工的具体需求。总之，管理者更有可能通过提供满足个人需求的福利和奖励来提高员工的积极性。

8.1.2 奥尔德弗的ERG理论

克莱顿·奥尔德弗(Clayton Alderfer)在20世纪60年代末提出了另一种人类需求理论。奥尔德弗的理论在三个主要方面与马斯洛需求层次理论相区别。首先，奥尔德弗使用较少的核心需求来解释行为。从低到高，它们分别是：生存需求(E)——对生理和物质幸福的渴望；关系需求(R)——与重要的他人建立有意义关系的渴望；成长需求(G)——作为个体成长并充分利用自己的能力实现最大生命可能性的渴望。因此，这一理论被称为**ERG理论**(**ERG theory**)。第二，与马斯洛需求层次理论不同，ERG理论没有假定需求是在一个层级结构中相互关联，相反，奥尔德弗认为，多个需求可以被一次性激活。第三，ERG理论包含一个受挫—衰退模式。也就是说，追求高层级需求受挫可能影响对低层级需求的渴望。[7]例如，当员工对工作中的人际关系(关系需求)质量感到受挫或不满意时，他们可能会要求更高的工资或更好的福利(生存需求)。

相关研究仅对ERG理论的关键命题中的一部分提供了不同程度的支持。然而，即便如此，仍有两个与ERG有关的关键管理启示。第一个围绕理论的受挫-衰退方面展开。管理者应该记住，员工可能因追求高层级需求受挫而被激励去追求低层级需求。例如，忍受压抑的工作环境的解决办法可能是要求更高的工资或更好的福利。第二，ERG理论与个体和文化差异影响人们的需求状态这一发现是一致的。人们在生活中的不同时期受到不同需求的激励。这意味着管理者应该定制他们的奖励和表彰计划，以满足员工不同的需求。思考阿尔比恩工程服务公司(Albin Engineering Services)的CEO马克·阿尔比恩(Marc Albin)是如何采纳这一建议的：

为了确定员工的哪些自我意识需要得到满足，阿尔比恩采取了一种非常规方法。“我管理员工的经验是，他们都是不同的，”阿尔比恩说，“有些人有乐观的态度和以此感染别人的能力，他们希望在这一方面得到认可。有些人希望别人认可他们的工作质量，有些人想要别人认可他们的工作数量。有些喜欢私下里被认可，有些人则希望在小组中得到承认。”因此，在每个新员工任职培训结束时，阿尔比恩都会给他们发电子邮件，询问他们喜欢怎样的以及何种形式的鼓励。“这帮助我理解他们对自己和自身能力的认识，然后我会在心理记住，当他们在特定场景中工作时，给予他们特别关注，”他说，“没有人这样说，‘承认我哪方面做得好都可以’。”[8]

8.1.3 麦克莱兰的需求理论

著名心理学家大卫·麦克莱兰（David McClelland）自20世纪40年代后期起一直从事需求和行为之间关系的研究。虽然他最著名的是对于成就需求的研究，但他也研究归属需求与权力需求。让我们分别思考这些需求。

■ 成就需求

成就需求（need for achievement）包括以下各种需求：

> 做好一些困难的事。掌握、操纵或组织实体对象、人或想法。尽可能快速、独立地做到这一点。克服障碍并达到高标准。出类拔萃。竞争并超越别人。通过成功发挥天赋来增强自尊心。[9]

拥有成就需求的人有三个共同特点：（1）他们喜欢做中等难度的任务；（2）他们更希望绩效基于自身努力而不是其他因素，比如运气；（3）与成就需求低的人相比，他们渴望获得更多关于自己成功和失败的反馈。回顾对“企业家”人格的研究，我们发现企业家比非企业家拥有更高的成就需求。[10]

双气旋无尘袋真空吸尘器的发明者和制造商詹姆斯·戴森（James Dyson）就是一个很好的例子。他做出了5 127种不同的真空设计原型后，才找到了将占领市场的型号。戴森告诉采访者，他父亲在他9岁时去世，这促成了他的成就导向。“没有了父亲，特别是在那时候，是非常不寻常的。我感到自己不一样了。我只能靠我自己。我不能很好地解释，但我认为在潜意识中，我觉得有证明自己的需求。”[11]

■ 归属需求

归属需求（need for affiliation）高的人愿意花更多时间维持社会关系、加入团体、希望被爱。这种需求高的个体不是最有效的管理者或领导者，因为他们倾向于避免冲突，他们难以在不担心被人讨厌的情况下做出艰难决策，他们也避免给予他人负面反馈。[12]

■ 权力需求

权力需求（need for power）反映了个体对影响、指导、教导或鼓励他人成功的渴望。权力需求高的人喜欢工作，关心纪律和自尊。这种需求有积极的一面也有消极的一面。权力消极面的特点是“如果我赢了，你就输了”的心态。相比之下，具有积极权力导向的人侧重于实现团队目标，并帮助员工感觉到自身能力。因为高效的管理者必须积极影响他人，麦克莱兰建议高级管理者应具有高权力需求，以及低归属需求。

■ 管理启示

鉴于成年人可以接受培训以提高他们的成就需求[13]，组织应考虑为员工提供成就培训将带来哪些好处。此外，在选拔员工过程中可以考虑成就、归属和权力需求，以便能够更好地安排工作。例如，一项研究表明，个人的成就需求影响他们在不同公司工作的偏好。具有高成就需求的人比具有低成就需求的人更能被那些拥有绩效薪酬体系的公司所吸引。[14]最后，重要的是用上述建议来平衡高成就需求的消极面。麦克莱兰指出，高成就需求的人可能更容易“欺骗和走捷径，让别人跟不上节奏”。他还指出，一些高成就需求者“对找到目标的捷径太过偏执，以至于他们可能不是特别在意用来达成目标的手段”。[15]萨蒂扬软件技术有限公司（Satyam Computers）创始人兼董事长拉马林加·拉朱（Ramalinga Raju）就是一个很好的例子。拉朱被认为是一位自我激励的高管，他有着应用技术帮助印度农村发展的广阔视野。他也热心投身到几家印度基金会。遗憾的是，拉朱显然走了一些非法的捷径来实现萨蒂扬的短期财务目标（见相关的“真实世界/真实人物”专栏）。[16]

真实世界/真实人物

高成就需求可能导致负面结果

“拉马林加·拉朱于1987年创办了萨蒂扬软件技术有限公司并担任董事长一职。直到2009年1月7日，他承认欺骗了600万股东后才从萨蒂扬董事会辞职……在辞职信中，拉朱描述了最初对一个季度低绩效的掩盖是如何逐步升级的：‘有点骑虎难下，我不知道怎样从虎背下来而不被吃掉。’”……“拉朱还使用伪造账户买入萨蒂扬股票，这违反了内部人士的交易规范。他并未承认这些账户是窃取失踪资金的可能手段。拉朱承认将公司的个案赔款准备金夸大了15亿美元。”

拉朱于2010年8月获准保释，但最近又被送回监狱。

为什么高成就需求会导致拉马林加·拉朱犯下这些罪行？

资料来源：Excerpted from “Byrraju Ramalinga Raju,” Wikipedia，last updated January 27，2011，http：wikipedia. org.

回顾本章开篇的案例

乔治·帕克努力通过满足WTU教师的需求来支持他们。对解雇教师的行为进行抗议并威胁提起诉讼，他这么做时关注了哪些需求？

8.1.4 赫茨伯格的激励因素-保健因素理论

弗雷德里克·赫茨伯格（Frederick Herzberg）的理论基于他对203名会计师和工程师进行采访的一项里程碑式研究。[17]这些采访旨在确定造成工作满意和不满意的因素。赫茨伯格发现了与工作满意和不满意相关的因素分别是独立且不同的集合。工作满意更多地与成就、认可、工作特征、责任和进步相关。这些因素都与正在执行任务的结果相关。赫茨伯格将这些因素视为**激励因素**（**motivators**），因为每个因素都与奋发努力和良好的绩效相关联。他假设激励因素可导致个体从不满意的状态变为满意的状态（见图8－2）。因此，赫茨伯格的理论预测，管理者可以通过将激励因素纳入个体工作中来实现激励。

赫茨伯格发现工作不满意主要与工作场合或环境中的因素相关。具体来说，公司的政策和行政、技术监督、工资、与主管的关系以及工作条件是员工表达对工作不满意时最常提及的几项。赫茨伯格将第二组因素称为**保健因素（hygiene factors）**。他还指出这些因素不具有激励作用。赫茨伯格认为，当个体对保健因素没有抱怨时，他顶多对工作没有不满意（见图8－2）。美国艺电公司（Electronic Arts）作为国际开发商、出版商和电子游戏发行商，不同意赫茨伯格理论的这一方面。其管理层正试图通过创造积极的保健因素来提高员工的工作满意度、降低辞职率。这些举措包括：(1) 允许员工带宠物上班；(2) 在工作日举办内部体育赛事，如篮球、足球和沙滩排球等；(3) 盖一座商场，使商场员工可以打乒乓球、游泳、打电子游戏；(4) 建立信息资源中心，使员工可以免费租借最新的电子游戏、电影、书籍和杂志；(5) 为群体健身课程提供健身房。[18]

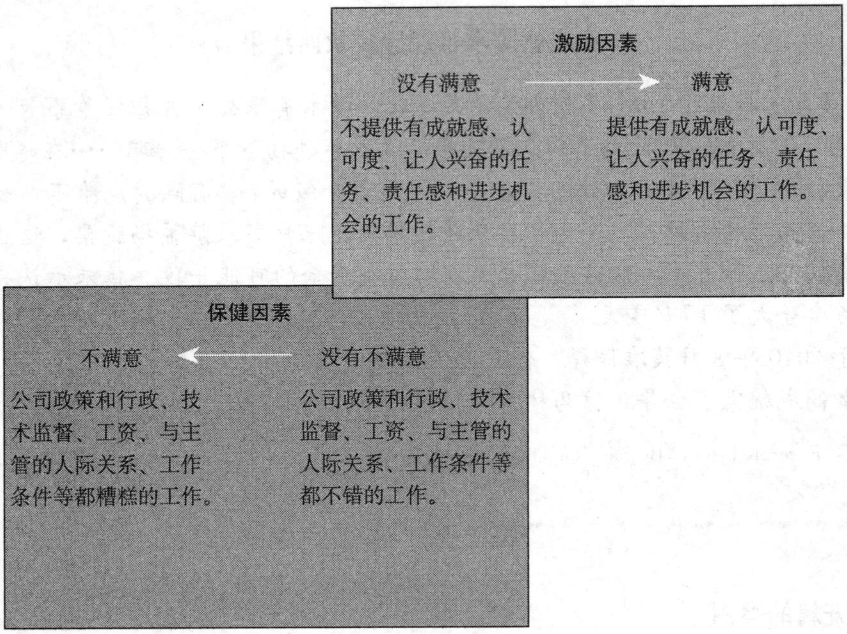

图8－2 赫茨伯格的激励因素-保健因素模型

资料来源：Adapted in part from D A Whitsett and E K Winslow, "An Analysis of Studies Critical of the Motivator-Hygiene Theory," *Personnel Psychology*, Winter 1967, pp. 391－415.

充分理解赫茨伯格的激励因素-保健因素理论的关键是认识到在他看来，满意不是不满意的反面。赫茨伯格认为，"工作满意的反面不是工作不满意，而是没有工作满意；同样，工作不满意的对立也不是工作满意，而是没有工作不满意"。[19]赫茨伯格因此断言，在不满意-满意连续体中包含一个不存在不满意也不存在满意的中间零点。可以想象，如果一个组织成员受到了良好的监督、得到了客观的工资和不错的工作条件，却需要做一个乏味、没有挑战性且没有进步空间的工作，他的满意度就会在中间零点。这个人可能没有不满意（因为良好的保健因素），也没有满意（因为缺乏激励因素）。

回顾本章开篇的案例

1. 李洋姬在华盛顿特区学校系统的改革如何影响到了教师们的保健因素和激励因素？

2. 这些影响的净结果是正的还是负的？请解释。

赫茨伯格的理论引发了大量的研究和争议。[20]研究不支持他理论中的两个因素，也不支持保健因素与工作满意无关的命题。然而，这个理论仍具有两个关键启示。首先，我们鼓励管理者注意保健因素和激励因素，因为它们都与员工的工作满意相关。这正是狄克逊·施瓦布尔公司（Dixon Schawbl）的CEO劳伦·狄克逊（Lauren Dixon）正在努力让员工保持积极性和满意所做的工作（见相关的“真实世界/真实人物”专栏）：狄克逊·施瓦布尔公司在2010年被评为最佳小型企业工作场所。其次，认可良好绩效是非常重要的，特别是在经济增长较差的萧条时期。认可与组织目标相关的行为和结果十分重要。

真实世界/真实人物：商业道德

狄克逊·施瓦布尔公司通过改善保健因素提高员工满意度

广告公司狄克逊·施瓦布尔根据员工的意见装修办公室。“结果这个空间里设置了一个锦鲤池、两条瀑布、替代楼梯井可以让员工从一层下到另一层的滑梯、一个壁炉、由稀奇古怪艺术品装饰的假墙、现代家具以及有吸音设计的尖叫室。”

CEO劳伦·狄克逊对于员工要求新办公室并不复杂的装修感到惊讶。“你会惊讶于有多少员工表示想要有可以打开的窗户、有非传统照明，甚至只是不要刷成白色的墙壁。”狄克逊说……

狄克逊认为，员工工作满意度保持如此之高的另一个原因是，员工有很多回馈自己社区的机会……不足为奇的是，狄克逊·施瓦布尔公司经常收到来自世界各地求职者的工作申请。那些被录用的人所享受的福利礼包包括假期、带薪休假、正常带薪假期、生日假、退休储蓄计划、医疗保健、分红、产假和弹性工作时间。

狄克逊·施瓦布尔运用了哪些图8-2中所示的保健因素和激励因素？

资料来源：Excerpted from J Cooper，“Best Small-Business Workplaces 2010，” *Entrepreneur*，September 8，2010，http：//www. entrepreneur. com/article/priintthis/217278. html.

8.2 激励的过程理论

在本章前面的部分，我们讨论了激励的内容理论和激励的过程理论之间的差异，其中激励的内容理论的重点是内部因素对激励的影响。而激励的过程理论通过说明各种内部因素影响激励的过程进一步解释了激励。这些模型本质上都关于认知。也就是说，这些模型的前提是，激励是员工知觉、想法和信念的函数。我们现在就来学习三种最常见的激励理论：公平理论、期望理论和目标设定理论。

8.3 亚当斯的激励公平理论

一般来说，**公平理论**（**equity theory**）是一种解释人们如何在社会交换或互相迁就的关系中努力争取公平正义的模型。作为一种激励过程理论，公平理论解释了个体某种行为方式的激励是如何受到不公平感或正义感缺失的驱动。例如，维基解密（WikiLeaks）的支持者对万事达卡和维萨卡进行了网络攻击，因为维基解密认为这些公司试图不公平地封锁维基解密对于美国外交通信机密的传播。万事达卡和维萨卡的网络都因这些攻击而暂时宕机了。[21]

心理学家斯泰西·亚当斯（Stacey Adams）率先在工作场所应用了公平原则。理解亚当斯的激励公平理论的核心在于对个体-组织交换关系的关键组成部分的认识。这种关系对于雇员对公平形成知觉的过程以及人们对这些知觉的反应方式都至关重要。

8.3.1 个体-组织交换关系

亚当斯指出，员工-雇主交换过程中涉及两个主要因素：投入和回报。员工期待自己的投入获得公平的回报，他们的投入包括教育/培训、技能、创造力、资历、年龄、性格特点、努力和个人容貌。关于交换中的回报方面，组织提供诸如薪酬/奖金、医疗福利、挑战性任务、工作保障、升职、地位象征和对于重要决策的参与权等。

8.3.2 消极不公平和积极不公平

在工作中，不公平的感觉源于个体对于自身是否获得足够的奖励来补偿其贡献性投入的评估。人们通过比较自身与其他相关人员职业交换的知觉公平性来进行这些评估。[22]研究人员发现这个基于公平准则的比较过程在个性和国家之间存在差异。[23]人们倾向于将自己与其他具有密切人际关系的人进行比较（例如朋友）或类似的其他人（如做相同工作的人，或同一性别、同一教育水平的人）而不是与其他不相似的人进行对比。例如，本书的两位作者不会跟亚利桑那州立大学的橄榄球主教练比工资，但一定会将自己的薪水与其他商学院的教授做对比。这在法律界引发了一个有趣的趋势。大型律师事务所已采取支付“超额工资给明星律师，在某些情况下金额是它们支付给其他律师的10倍，这是一种扩大薪酬差距和检验公司士气的策略……虽然在大公司一直都有薪酬差距，但在过去，公司给拥有股份的合伙人支付相对一致的薪水，并以此来鼓励团队协作，防止产生潜在的怨恨。”[24]你认为这种做法会对人们的工作态度和敬业度产生负面影响吗？

图8-3说明了三种不同的公平关系：公平、**消极不公平**（**negative inequity**）和**积极不公平**（**positive inequity**）。假设图8-3中每个公平关系中的两个人具有同等的背景（同等教育、资历等）并执行相同的任务，只有时薪不同。当某员工知觉的回报投入比与相关同事的回报投入比相等时（图8-3中的A部分），对他来说就是公平的。因为公平基于对回报投入比进行比较，不公平未必会因某人获得更多的奖励而被感知。如果另一个体的额外回报源于其更多的投入，那么公平感仍可能存在。然而，

如果被比较的人用相似的投入换取了更大的回报，消极不公平就会被感知（图 8－3 中的 B 部分）。另一方面，当一个员工知觉的回报投入比大于相关同事（图 8－3 中的 C 部分）时，他会体验到积极不公平。有趣的是，目前的经济可以为裁员中的幸存者创造出积极不公平，因为他们会为仍然有工作而感到幸运。

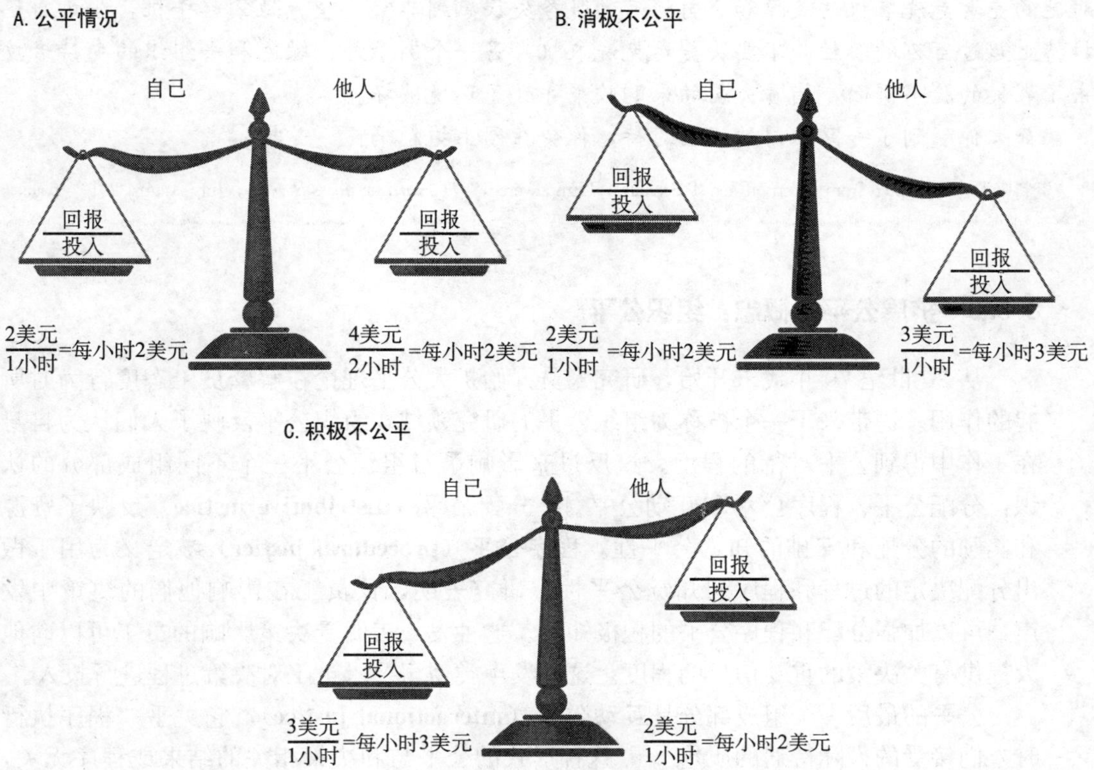

图 8－3 消极不公平和积极不公平

■ 减少不公平

公平比率可以通过尝试改变个人的回报或投入来改变。例如，消极不公平可以通过要求加薪或升职（即提高回报）或减少投入（即缩短工作时间或降低努力程度）来解决。同样重要的是，要注意到，可以通过从行为或/和认知上改变个体的公平比率来恢复公平。认知策略包括在心理上改变对自己或所比较人的回报和投入的知觉（例如，得出进行比较的其他人更有经验或工作更努力的结论）。[25]

我们要重点指出，人们在作为消费者的情境下也寻求公平。下面的“真实世界/真实人物”专栏解释了消费者如何越来越多地使用社交媒体来抱怨不公平的知觉。这样的投诉可能像病毒一样在网上广泛传播，最终导致消费者对公司品牌产生负面看法。组织现在正监控和回应网上发布的信息，以应对这种趋势。[26]

真实世界/真实人物

消费者不公平的感觉可以像病毒一样传播

也许你听说过音乐家戴夫·卡罗尔（Dave Carroll）和他作为美国联合航空公司旅客

的经历。在联合航空公司的行李搬运人员弄坏了他的吉他却拒绝了他的赔偿要求后，他非常愤怒，于是制作了一个有吸引力的YouTube视频，有800万人观看了这个对联合航空公司的品牌起到决定性负面影响的视频。

类似卡罗尔的反应很普遍。时尚妈妈博主希瑟·阿姆斯特朗（Heather Armstrong）对她的美泰克洗衣机的故障和公司随后的服务失误感到非常失望。她拿起手机，告诉自己推特上超过百万的粉丝，不要买美泰克洗衣机。另一个例子是，绿色和平组织的支持者攻击了雀巢的脸书页面，指责公司的采购政策导致了环境破坏。

如果你受到了一家公司的不良对待，你会在网上抱怨吗？

资料来源：Excerpted from J Bernoff and T Schadler, "Empowered," *Harvard Business Review*, July-August 2010, p. 95.

8.3.3 扩展公平的概念：组织公平

从20世纪70年代末开始，研究人员开始扩大公平理论在解释员工态度行为时所起的作用。这带来了一个被称为组织公平的研究领域。组织公平反映了人们认为自身在工作中得到公平对待的程度。这反过来影响了对组织公平三个不同组成部分的认识：分配公平、程序公平和互动公平。[27] **分配公平（distributive justice）**反映了资源和奖励的分配和安排的知觉公平性。**程序公平（procedural justice）**被定义为用于做出分配决定的过程和程序的知觉公平性。研究表明，让员工在影响他们的决策中发声，可以加强分配和程序公平的积极知觉。这种发声表明受决策影响的员工可以向他人提供有关决策的重要信息的程度。这种发声类似于要求员工对决策过程进行投入。

公平的最后一个组成部分是**互动公平（interactional justice）**，它关乎"程序执行时人们接受的人际待遇的质量"。[28] 这种形式的公平与和决策相关的结果或程序无关，其关注点在于当决策实施时人们是否感觉被公平对待了。公平的人际待遇要求管理者真诚沟通，并礼貌且尊重地对待员工。

在过去20年里，研究者对组织公平进行了许多研究。幸运的是，对200多项研究的四个元分析帮助我们总结了这些研究的结论。[29] 研究者发现了以下趋势：（1）工作绩效与分配和程序公平正相关，而程序公平是绩效的最佳预测因素；（2）所有三种形式的公平都与工作满意度、组织承诺、组织公民行为和员工的信任正相关，与员工的退出意向和离职率负相关；（3）分配和程序不公正与负面情绪（如愤怒）负相关。所有这三种形式的公平都与工作中的攻击性行为负相关。[30] 这些结果为管理者提供了大量的实践启示。

8.3.4 公平理论的实践启示

公平理论至少有六个重要的实践启示。第一，公平理论研究强调管理者需要注意员工对公平合理的知觉。无论管理层认为组织的政策、程序和报酬制度有多公平，每个员工对这些因素公平性的知觉才是最重要的。例如，一项对3 000名美国工人进行的全国性研究显示，39%的人觉得自己工资低，只有37%的人表示能感觉到自己被雇主重视。[31] 因此，我们鼓励管理者根据求职者能力及工作相关信息做出雇佣决策，并更多尝试对员工的行为和绩效提供积极的认可。此外，由于对公平的知觉受到管理者能够解释他们的决定程度的影响，我们鼓励管理者沟通他们决定背后的理由。

第二，管理者会通过允许员工参与对重要工作成果的决策而受益。一般来说，当员工在决策过程中有话语权时，他们对程序公平的知觉会得到加强。我们鼓励管理者向员工寻求对可能影响员工队伍的组织变革方面的意见。例如，壳牌精炼公司（Shell Refining）的管理者鼓励位于得克萨斯州阿瑟港的高绩效检查员提供关于工厂如何提高绩效的信息。这一行动的结果是提高了员工士气，且使计划外维修减少了30%。[32]

第三，应给予员工就影响其福利的决定提出上诉的机会。对决策提出上诉的能力可以促进对分配和程序正义的知觉。第四，管理者可以通过公平对待员工来促进小组成员之间的合作和团队协作。研究表明，人们像关心自身利益一样关心小组内部的公平环境。[33]第五，员工对公平的知觉受到其管理者所展现出的领导行为的强烈影响（领导力将在第16章讨论）。因此，重要的是管理者要考虑到他们的决策、行动和公共沟通在公平方面的意义。思考平等就业机会委员会（EEOC）代表联邦快递的三名女性员工提起的诉讼。

> 联邦官员代表三名女性提起了反歧视诉讼，说联邦快递在其凤凰城工厂给一名不够资格的男性候选人提供了人力资源工作职位。
>
> 这三名女性以前都拥有人力资源经验，并被推荐担任这个职位……其中两名女性拥有学士学位，一名拥有人力资源管理方面的学位。
>
> 联邦快递官员雇用了一位男性码头工人作为人力资源现场代表。据平等就业机会委员会称，这个人没有学士学位。[34]

这三名女性对联邦快递雇佣决策的不公平感是导致她们提起诉讼的明显动机。

最后，管理者需要注意组织的公平氛围。例如，研究者发现，一个组织的公平显著影响员工的组织承诺和工作满意度。[35]研究者还认为，公平的气氛可以显著影响员工所提供的客户服务类型。反过来，这种服务水平可能会影响客户对“公平服务”及随后忠诚度和满意度的知觉。

管理者可以通过非正式谈话、面试访谈或态度调查来监测公平和正义知觉，从而努力践行相关研究结论。研究人员已经编制并验证了大量可用于此目的的调查问卷。

回顾本章开篇的案例

> 李洋姬的改革在多大程度上与从公平理论中得到的实践启示相一致？

8.4 弗鲁姆的期望理论

期望理论（**expectancy theory**）认为，人们有动力以可带来各类期望结果组合的方式行动。通常，期望理论可以用于预测任何必须在两者或多者之间进行选择的情况中的动机和行为。例如，它可以用于预测是否辞掉或坚持一份工作；是否对任务付出了大量或最少的努力；是否主修管理、金融、市场营销、心理学或传播学专业。

维克多·弗鲁姆在他1964年出版的《工作和激励》（*Work and Motivation*）一书

中构建了一个期望的数学模型。[36]弗鲁姆的理论总结如下："以某种方式行动的倾向的强度取决于期望该行为带来给定的成果（或结果）的强度，以及该成果（或结果）对于行动者的价值或吸引力。"[37]

根据弗鲁姆的观点，激励可归结为决定在特定任务情况中所付出的努力。此选择基于期望的两阶段序列（努力→表现和绩效→回报）。首先，激励受个体对一定程度的努力将产生想要的绩效目标的期望。例如，如果你不相信增加学习时间将大大提高考试成绩，你可能就不会比平常更努力地学习。激励也受到员工为实现绩效目标、对于获得不同回报的知觉机会的影响。最后，人们的被激励程度与他们重视所获得回报的程度正相关。

弗鲁姆使用数学方程将上述概念整合到了一个激励力度或强度的预测模型中。然而，鉴于本书的目标，我们只需定义和解释弗鲁姆的期望模型中的三个关键概念——期望、工具性、效价。

8.4.1 期望

按照弗鲁姆的术语，**期望（expectancy）**代表个体对于特定程度的努力所能带来的特定水平绩效的信念。换句话说，这是一个努力→绩效期望的过程。期望采用的是主观概率的形式。读者可以回忆统计课程中学到的知识，概率范围从0到1。期望值为0表示努力对绩效没有预期影响。

例如，假设你还没记住键盘上的按键。无论你多努力，你感觉每分钟打出30个没有错误的单词的概率是0。期望为1表明绩效完全取决于努力。如果你决定记住键盘上的字母，并且每天练习两个小时坚持几个星期（努力程度高），你应该能够每分钟输入30个单词而不犯任何错误。相反，如果你不记住键盘上的字母位置，每周只练习一两个小时（努力程度低），那么不犯错误每分钟输入30个单词的概率就非常低（比如只有20%）。

以下因素影响员工的期望知觉：

1. 自尊；
2. 自我效能（在第5章中讨论过）；
3. 过去任务的成功；
4. 从主管和下属处获得的帮助；
5. 完成任务所需的信息；
6. 工作所需的良好材料和设备。[38]

8.4.2 工具性

工具性（instrumentality）是一种绩效→结果知觉。它表示个体对于特定结果取决于一定绩效水平的信念。当绩效带来其他好处时，就是有作用的。例如，通过考试有助于从大学毕业。

工具性的范围从－1.0到1.0。1.0的工具性表示特定回报的获得完全依赖于任务绩效。工具性为0表示绩效和回报之间没有联系。例如，在大多数公司，休假天数与年资而非工作绩效相关联。最后，－1.0的工具性代表高绩效会降低获得回报的概率，而低绩效则会提高其概率。例如，你为了在考试中获得A而花在学习上的时间越多（高绩效），享受休闲活动的时间就越少。同样，随着你减少学习时间（低绩效），你就增加了可用于休闲活动的时间。

工具性的概念可通过家用清洁用品公司利洁时集团（Reckitt Benckiser）的工资实践来说明。该公司的薪酬计划包含三个部分：基本工资、短期和长期奖金/奖励。

基本工资设置在竞争对手工资的中位数附近。真正的福利是以奖金的形式发放。达成所有目标的管理者通常会获得其基本工资的40%作为年度奖金。大幅提升目标绩效的（通常意味着翻倍完成目标）可以获得高达144%的奖励。长期薪酬，采取期权和绩效相关限制性股票的形式，取决于满足公司三年每股收益的增长目标的情况。每年都会设立新的长期目标。[39]

利洁时集团明确地根据绩效发放奖金。

8.4.3 效价

弗鲁姆使用**效价**（**valence**）这一术语，表示人们赋予回报的正或负的价值。效价反映了我们的个人偏好。例如，大多数员工对获得额外奖金或认可持有正效价。相反，工作压力和被裁员可能导致大多数人的负效价。在弗鲁姆的期望模型中，回报是指取决于绩效的不同结果，例如薪酬、升职或认可。回报的效价依赖于个人的需要，并且可以根据研究目的、采用从负值到正值的量表进行测量。例如，个体对更多认可的效价可以通过一个从−2（非常不期望）到0（中性）再到＋2（非常期望）的量表进行测量。

8.4.4 弗鲁姆期望理论的应用

弗鲁姆期望模型中的动机可以用来分析一个现实生活的激励计划。思考由联邦快递公司创始人兼CEO弗雷德里克·史密斯（Frederick W. Smith）描述的以下绩效问题：

我们有一个不易处理的问题，就是让每件事都能准时。飞机进场，一切都需要准备就绪。我们尝试了你可以想到的每一种控制机制，但没有一个管用。最后，我们发现根本问题是，拖延符合在货运中转站工作的员工的利益——他们中大部分人是大学生——这意味着他们能赚到更多的钱。所以我们就给他们所有人最低保障，并告诉他们，“看，如果你在一定时间之内完成工作，就可以回家了，你们无须做满规定工时”。这是令人难以置信的。我的意思是，在大约45天里，该中转站每天都能提前完成任务。我甚至都不觉得他们要刻意努力才做到这一点。[40]

联邦快递如何使其大学生中转站理货员从低努力程度转向高努力程度？根据弗鲁姆的模型，学生员工最初付出的努力很少，因为他们按照工时而不是绩效领取工资。放慢工作、积累尽可能多的工时，是符合他们最佳利益的。通过提供让学生员工在完成规定工作后早点回家的选项，联邦快递促进了高程度努力。这种新安排产生了两个积极的结果：有保证的工资加上提早下班的机会。高度努力的动机大于低度努力的动机。从令人印象深刻的结果上看，学生员工具有高度的努力→绩效期望和积极的绩效→回报工具性。此外，有保障的工资和提早下班的机会显然对学生员工有很强的正效价。

回顾本章开篇的案例

李洋姬的激励计划在多大程度上与期望理论的管理和组织实践启示相一致？请加以解释。

8.4.5 期望理论的研究及其管理启示

许多研究人员已验证了期望理论。一项针对 77 项研究的元分析支持该理论，且表明，期望理论显著预测了绩效、努力、意图、偏好和选择。[41] 总而言之，广泛共识是，当组织将奖励与目标行为联系起来时，行为和态度会受到影响。[42] 这种关系在第 9 章中会有更详细的讨论。

然而，期望理论由于各种原因而备受批评。例如，该理论难以测试，且用于测量期望、工具性和价效的量表有效性存疑。但是，归根结底，期望理论对管理者个体和整个组织都具有重要的实际意义（见表 8-2）。

表 8-2 期望理论的管理和组织意义

对管理者的影响	对组织的影响
找到员工看重的回报	奖励人们达到期望的表现；不要将薪酬标准当作秘密
确定良好的绩效，以便奖励适当的行为	设计挑战性工作
确保员工能够达到目标绩效水平	将一些奖励与集体成绩联系在一起，以建立团队合作、鼓励配合
将期望的回报与目标绩效水平联系起来	奖励管理者建立、监控和保持带来高度努力和目标实现的期望、工具性和回报
确保回报的改变足以激励高度努力	通过面谈或匿名调查问卷监测员工动机
监测报酬制度中的不公平因素	通过在激励计划中建立灵活性来适应个体差异

建议管理者通过帮助员工实现其绩效目标来提高努力→绩效预期。管理者可以通过提供支持、指导以及增强员工的自我效能来做到这一点。管理者影响员工的工具性、监控各种奖励的效价也非常重要。

总之，不存在一种最好的奖励类型。个体差异和需求理论告诉我们，人们被不同的奖励所激励。例如，最近一项对各行各业 1 047 名员工的调查显示，非经济激励，如表扬、领导者的关注和领导项目的机会，更能有效激励员工。[43] 对你来说情况是这样的吗？我们怀疑有些人更喜欢非经济奖励，而其他人更想要钱。关键在于，管理者应该专注于将员工绩效与被看重的奖励联系起来，不管使用哪种类型的奖励来提高积极性。相关的“真实世界/真实人物”专栏讲述了通用汽车如何努力践行上述建议。通用汽车的小时工之前历来都是根据资历和工作职责得到加薪。新方法旨在将薪酬与绩效直接挂钩。通用汽车的高管希望这一新的激励制度将带来更高水平的生产率和盈利能力。看起来该计划成功了，因为通用汽车可能会迎来 2004 年以来的第一个盈利年度。公司还计划支付给每个小时工约 3 000 美元的利润分成：这是通用汽车历史上最慷慨的支出。[44]

真实世界/真实人物

通用汽车的激励体系与期望理论一致

通用汽车公司希望将工会工人工资也与其工作绩效及公司财政健康状况挂钩——就像通用汽车全职工人的工资结构一样。

公司高管表示，通用汽车公司希望给工人设置更多档次的灵活薪酬，以鼓励更好的绩效，并避免公司在绩效不佳时被迫提升薪酬，让公司陷入困境。

通用汽车副主席史蒂芬·葛斯基（Stephen Girsky）周二在底特律车展上表示："我们努力让小时工与全职工人拥有相同的薪资体系。现在公司有很大的薪酬绩效因素，将来会有更多这样的因素。"

除了基于绩效的薪酬之外，工会和美国汽车制造商正在探索一种共享利润分配的形式，作为在行业有起色时让工人获利的一种方式。

你认为工会将如何回应通用汽车公司薪酬方式的变化？

资料来源：Excerpted from S Terlep, "GM Rethinks Pay for Unionized Workers," *The Wall Street Journal*, January 12, 2011, p. B6.

8.5 通过目标设定进行激励

不管成功人士成就的具体性质如何，他们往往都有一个共同点，即生活是目标导向的。思考迈克·普罗克斯（Mike Proulx）的例子。"当十几岁的迈克·普罗克斯在 20 世纪 60 年代包装杂货时，他决定要成为巴斯哈斯（Bashas）的总裁。（巴斯哈斯是亚利桑那州的一家私人连锁超市，拥有超过 150 家分店。）普罗克斯现在已经在巴斯哈斯任总裁第三个年头了……当我 18 岁时，我设定了一系列目标，包括多少岁我会当上店铺经理，在多大岁数我将成为区域经理、副总裁，然后是总裁。"[45] 作为激励的过程模型，目标设定理论解释了设定目标这一简单行为如何激活一个强有力的导致持续、高绩效的激励过程。本节讨论的是与目标设定相关的理论和研究。在第 9 章中我们将继续讨论这一话题，并重点关注目标设定的实际应用。

8.5.1 目标：定义和背景

埃德温·洛克（Edwin Locke）是目标设定研究的带头人。他和同事们一道将**目标（goal）**定义为"个体正在努力实现的事物；它是行动的客体或目的"。[46]

绩效目标和基于目标的奖励计划的激励效果很久之前就已经被认识到了。在 20 世纪初，弗雷德里克·泰勒（Frederick Taylor）试图科学地确定个体每天应该被安排多少特定数量的工作。他建议奖金应基于是否达到了这些标准：泰勒的理论我们将在本章的下一节进行讨论。近来，目标设定已经被广泛应用的目标管理（MBO）技术所推广。第9章概述了MBO的应用。

8.5.2 目标设定如何运作？

尽管有大量的目标设定研究和实践，目标设定理论的数量之少却让人吃惊。洛克和他的同事们建立了一个有启发性的模型。根据该模型，目标设定有四个激励机制。

■ 目标引导注意力

目标吸引人们的注意力，并引导人们朝目标相关活动努力并远离与目标无关的活动。例如，如果你有一个要在几天内上交的期末作业，你的想法和行动将倾向于围绕完成该作业展开。然而，在现实中，我们经常同时为多个目标努力。这突出了确定目标优先级的重要性，这样你才能够有效地分配自己的时间和精力。[47]

■ 目标调节努力

目标不仅使我们选择性地知觉，也激励我们采取行动。老师要求提交期末作业的截止日期将促进你为完成目标，而放弃与朋友外出、看电视或学习另一课程。通常，努力程度与目标难度成正比。

■ 目标增强毅力

在目标设定的语境中，毅力表示在一段较长时间内对任务付出的努力：跑100米需要努力；跑一个26英里的马拉松则需要毅力。有毅力的人倾向于将障碍看作要战胜的挑战，而不是失败的理由。对个人而言，一个重要的困难的目标会不断提醒人们在适当的方向上持续努力。西门子公司的CEO罗旭德（Peter Löscher）希望通过制定与“绿色意识”相关的目标并增加风能销售额来建立持久力。为了做到这一点，他请来了通用电气的皮特·索尔姆森（Peter Solmssen），因为“通用电气的执行力比任何公司都好”，索尔姆森说。“通用设定一个目标，然后实现它。就是这样。”有了索尔姆森的帮助，罗旭德的新目标驱动法带来了风能销售的增长，股价也上涨了48%。[48]

■ 目标促进任务战略和行动计划的开发和实施

假设你在这里，而你的目标在别的地方，你就面临着从这里到那里的问题。例如，思考创业的挑战。你想赚取利润、业务扩张，还是想让世界变得更好？要到那里去，你必须做出大量的决策，并完成无数的任务。目标可以帮助你，因为可以用目标鼓励人们制定使他们能够实现目标的战略和行动计划。在南非、津巴布韦和纳米比亚进行的一系列研究表明，如果小企业的老板进行“精心和积极的规划”，那么它们更有可能成长和成功。[49]通用汽车公司首席财务官克里斯·利德尔（Chris Liddell）也利用了行动计划的力量，当时他负责执行2010年公司的首次公开募股（见相关的“真实世界/真实人物”专栏）。

真实世界/真实人物

克里斯·利德尔执行了详细计划以完成通用汽车的首次公开募股

通用汽车公司历史性的首次公开募股对于首席财务官克里斯·利德尔来说，是一个真刀真枪的考验。52 岁的克里斯必须取悦公司的最大股东——美国政府，同时管理一次价值231 亿美元，涉及三大洲、35 家承销银行和 90 个促销会议的募股。利德尔来自新西兰，曾是一名顶级橄榄球运动员，从 2010 年 3 月起筹备首次公开募股。“作为橄榄球运动员，他学到的最重要一课就是，为了完成一些伟大的事情需要做什么程度的准备。”摩根大通集团承销副总裁詹姆斯·李（James B. Lee）说。

利德尔告诉《华尔街日报》的记者说：“策划这件事就像一场战役。9 个月的准备进入了最后两个星期。我们很清楚我们要说什么，我们将如何运作整个投标过程。整个计划得到了完美执行。”

为什么行动计划是目标设定中如此关键的组成部分?

资料来源：Excerpted from D K Berman and S Terlep，“GM's IPO Point Man：Planning Is All，” *The Wall Street Journal*，December 4 - 5，2010，pp. B1，B2.

8.5.3 目标设定研究的实践启示

研究一致支持目标设定能够作为一种激励手段的论断。设置绩效目标可提高个体、群体和组织的绩效。此外，在另外六个国家或地区，包括澳大利亚、加拿大、加勒比地区、英国、德国西部和日本，也存在目标设定的积极影响。目标设定适用于不同文化。对过去几十年里许多目标设定研究的回顾给了管理者五大实践启示：

1. 明确的高目标导致高绩效。**目标明确性**（**goal specifi city**）与目标量化性有关。例如，一个月销售 9 台车的目标比告诉销售人员尽最大努力要明确。来自总计超过 88 个不同任务、涉及 4 万人的 1 000 多项研究的结果表明，当人们有明确的高目标时绩效会更好。[50]

2. 反馈可强化明确且困难的目标的效果。反馈在我们的生活中发挥关键作用。反馈让人们知道自身是否在朝着目标前进，或者如果他们偏离了轨道，需要调整努力的方向。目标加反馈是我们推荐的方法。目标让人们知道绩效标准和期望，以便能够相应地调整投入。反过来，反馈给完成目标提供了调整方向、努力和策略所需的信息。

3. 参与性的目标、分配性的目标和自定性的目标都同样有效。管理者和研究人员都对设定目标的最佳方式感兴趣。目标是否应该由员工参与共同设定，还是靠分配或完全自己设定？对目标设定研究的总结表明，在提高绩效方面，没有一种方法永远比其他方法更有效。[51]建议管理人员随机应变，选择一种最适合个人和当前情况的方法。

4. 行动计划促进目标达成。**行动计划**（**action plan**）概述了为达成一个目标所需要完成的活动或任务。行动计划还可以包含完成每个任务的日期、所需资源以及必须克服的障碍。管理者可以把行动计划作为与员工进行绩效讨论的话题，员工可以用行动计划来检测目标完成的进度。行动计划也可以作为对我们应该做什么的提醒，人们发现这反过来可以导致目标相关的行为和成功。举一个这方面的例子。研究表明，目标设定和行动计划能帮助大学生提高学业成绩。[52]最后，我们鼓励管理者允许员工制定自己的行动计划，因为这种自主性促进了更高的目标承诺，并可以使员工产生做有意义工作的感觉。[53]

5. 目标承诺和金钱激励影响目标设定的结果。**目标承诺（goal commitment）**是指个人致力于实现目标的程度。一般来说，当个体承诺实现目标时，我们可以期待其一直坚持努力直到实现这一目标。研究人员认为，目标承诺调节目标的难度和绩效之间的关系。也就是说，只有当员工承诺实现其目标时，困难的目标才能带来更高的绩效。相反，当人们不承诺实现目标时，困难的目标被假设会导致低绩效。对21项研究的一项元分析支持这些假设。[54]同样需要注意的是，当人们具有较高实现目标的自我效能时，会更有可能对高目标做出承诺。

与目标设定一样，使用金钱刺激来激励员工很少受到质疑。遗憾的是，当目标实现与个人激励相关联时，研究发现了一些负面后果。实证研究证明，基于目标的奖励激励为简单目标提供高度承诺，为困难目标提供低度承诺。人们不愿意承诺与金钱奖励挂钩的高目标。具有高目标承诺的人在收到基于目标的奖励、激励他们完成困难的个人目标时，也较少给他们的同事提供帮助。个体也会忽视工作中那些未被包括在绩效目标中的方面。[55]最后，近来对各行各业227位高管的调查显示，51%的人为了实现目标而“灵活地对待规则”。[56]这些结果表明，盲目追求目标实现可能助长不道德行为。

上述讨论强调了运用基于目标的激励措施的一些风险，特别是对于需要合作的复杂工作和相互依赖的员工来说更是这样。管理者需要在实施基于目标的奖励之前权衡其优缺点和困境。

8.6 通过工作设计来激励员工

完成任务是所有工作的核心，而工作设计的重心则在于通过改变我们在工作过程中完成的任务类型来提高员工的积极性。**工作设计（job design）**，也称为工作重新设计，“是指以改善员工工作体验的质量和提高工作生产率为目的的一系列活动，包括改变特定工作或相互依赖的工作系统”。[57]从历史上看，工作设计被视为一种自上而下的方式，是由管理者改变员工的任务，目的是提升工作动力和生产率。换句话说，工作设计是由管理层领导的。在过去10年中，这一观点让位于所谓的自下而上的过程。自下而上的方法基于员工可以主动改变或重新设计自己的工作，从而提升积极性和参与度的想法。在自下而上的过程中，工作设计是由员工而非管理者驱动的。最新的工作设计方法试图合并这两种历史观点，这被称为个性化协议。这一观点将工作设计视为员工和管理者共同参与商定工作中所需完成任务类型的过程。换言之，工作设计的过程由员工和管理者共同参与。本节将概述三种不同的工作设计方法。[58]其中自上而下的技巧和模型因其使用时间更长，且评估其有效性的研究也更多，因而我们将花更多篇幅进行介绍。

8.6.1 自上而下的工作设计

自上而下方式的基本前提是管理层负责为员工创造有效且有意义的工作任务组合。如果做得正确，该理论预测员工将表现出更高的绩效、工作满意度和员工敬业度，以及低旷工率和离职率。现在，让我们思考五种主要的自上而下方式：科学管理、工作扩大化、工作轮换、工作丰富化和工作特征模型。

■ 科学管理

科学管理源于工业工程研究，弗雷德里克·泰勒的研究影响最大。泰勒作为一名机械工程师，在米德维尔钢铁厂（Midvale Steel Works）和宾夕法尼亚州的伯利恒钢铁公司（Bethlehem Steel）工作时，提出了科学管理的原则。他观察到，管理层和工人之间很少合作，并且发现工人因参与产出限制而不能发挥出全部潜能。泰勒称之为“有组织的怠工”。泰勒对科学管理的兴趣源于他想改善这种情况的意愿。

科学管理（scientific management）是“依据建立在系统观察、实验或推理所获得的事实或真理之上的标准所进行的商业或事务的管理”。[59]泰勒的方式重点在于使用研究和实验来确定最有效的工作方式。科学管理的应用包含以下五个步骤：（1）借助操作和工时的研究，制定标准的工作方法；（2）仔细选择具有适当能力的员工；（3）培训员工使用标准方法和步骤；（4）给员工提供支持并减少打扰；（5）提供激励以提升绩效。[60]由于根据科学管理原则设计的工作具有高度专业化和标准化的特点，这种工作设计方法重在提高效率、灵活性和员工生产率。

根据科学管理原则，设计工作既会产生积极影响也会产生消极后果。积极方面是，员工效率和生产率得以提高。然而，研究显示，简单的重复性工作也会导致工作不满意、精神健康欠佳、压力更高、成就感和个人成长感降低。[61]这些消极后果引出了下面四种自上而下的方式。

■ 工作扩大化

这种方式最早出现在20世纪40年代末，以回应工人对于工作乏味和过度专业化的抱怨。**工作扩大化（job enlargement）**包括通过结合具有同等难度的专项任务将更多的工种引入工人的工作中。有人称之为横向载荷工作。研究人员建议将工作扩大化作为更广泛的多种激励方法中的一部分，因为它不会对工作绩效本身产生显著而持久的积极影响。[62]

■ 工作轮换

与工作扩大化一样，工作轮换的目的是为员工提供更多样化的工作。**工作轮转（job rotation）**要求将员工从一个工作轮换到另一个工作。工人不是仅执行一项任务，而是被训练并给予机会轮换着分别做两个或更多的工作。通过让员工从一份工作轮换到另一份工作，管理者认为可以激发其兴趣和动力，同时让员工形成对组织的更全面认识。例如，塔塔咨询服务公司（TCS）将轮岗作为一种发展员工队伍的方式，并为员工提供接触国际运营的机会（见相关的“真实世界/真实人物”专栏）。工作轮换的其他优点包括增强工人的灵活性和降低工人安排难度，因为员工接受过可执行不同工作的交叉训练。组织还将轮岗作为一种使新员工进入自己所想选择工作岗位的方式。这个理念是，因为人们能自行选择工作，离职率会降低、绩效会提高。

尽管 TCS 等公司有积极经验，我们仍不能得出有关轮换计划价值的确切结论，因为这一领域尚未得到充分的研究。

真实世界/真实人物

塔塔咨询服务公司采取工作轮换制

总部设在印度的塔塔咨询服务公司（TCS）是一家软件服务和咨询公司。该公司将轮换作为发展员工队伍和为客户提供附加价值的关键战略。海外计划派遣来自印度的员工为中国、匈牙利和南美国家等的 TCS 业务贡献力量。随着 TCS 在全球 42 个国家建立分公司，其客户遍布世界各地，将技术工人派到海外是十分必要的。这也有助于 TCS 提供更好的服务，因为该计划借助的是整个员工队伍的力量，而不仅是简单依赖于在距离客户最近的办公室里找到的人才。全球人力资源部门副总裁阿乔伊·慕克吉（Ajoy Mukherjee）说："这为我们向客户提供质量和知识方面的主张提供了机遇。"

TCS 的外派通常为 18～24 个月，员工既能从与客户的工作中学习，也能从常驻在那个地方的 TCS 员工处学习。当员工回到印度时，他们通常将继续从事与国外工作相同类型的项目，从而将从海外获得的知识运用到国内的工作中。慕克吉说："轮换是我们培养员工能力的关键。他们能够到现场与我们的客户面对面交谈，了解工作在另一个国家是如何展开的。"除了提高技术能力，在海外工作过的员工人际交往能力也得到了提高。

为什么这个轮换计划会提高员工的满意度和绩效？

资料来源：Excerpted from M Weinstein，"Foreign but Familiar，" *Training*，January 2009，p. 22. Used with permission of Nielsen Business Media.

■ 工作丰富化

工作丰富化是弗雷德里克·赫茨伯格关于工作满意的激励因素-保健因素理论的实践应用，该理论我们之前讨论过。具体来说，**工作丰富化**（**job enrichment**）需要修改工作，以使员工有机会体验成就、认可、激励性工作、责任和进步。这些特征通过垂直载荷被包括到工作中。与给员工额外类似难度的任务（水平载荷）相反，垂直载荷包括给予工人更多的自主权，使他们承担更多的责任。例如，财捷集团试图"鼓励员工每周把 4 个小时的'非结构化时间'投入自己的项目，并举办'集体头脑风暴'，提出新概念的团队会获得奖品"，以此实现工作丰富化。[63]

■ 工作特征模型

理查德·海克曼（J. Richard Hackman）和格雷格·奥尔德海姆（Greg Oldham），这两位组织行为学研究者在发展工作特征方法方面起到了核心作用。他们试图确定如何将工作结构化，才能使员工被内在激励所激励。**内在激励**（**intrinsic motivation**）是指个体"因为工作做得好而产生积极的内在情绪，而不是依赖外部因素

(例如奖金或老板的赞扬）才高效工作”。[64]内在激励与员工敬业度的概念密切相关，这在第 6 章中已经讨论过。这些积极的感觉驱动着一个自我保持的动机循环。如图 8－4 所示，内部工作动机由三种心理状态决定。反过来，这些心理状态又被五个**核心工作维度**（**core job dimensions**）促进。这种方法通过设计具有如图 8－4 所示的五个核心工作维度的工作，促进高内在激励。现在让我们来学习核心工作维度。

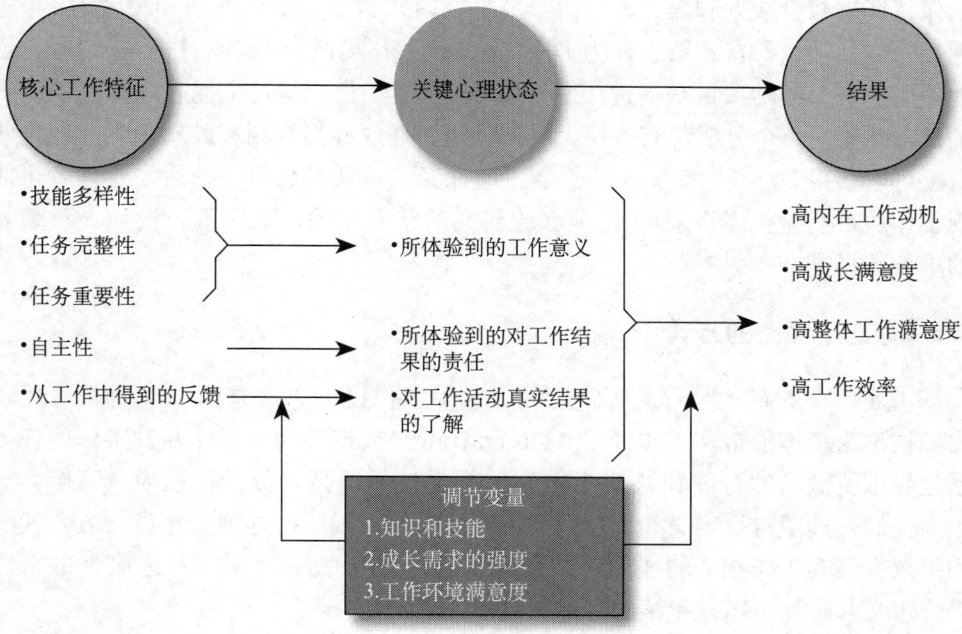

图 8－4 工作特征模型

资料来源：From J Richard Hackman and Greg R Oldham, *Work Redesign* (Prentice Hall Organizational Development Series), 1st ed © 1980, p 90. Reproduced by permission of Pearson Education, Upper Saddle River, NJ.

一般来说，核心工作维度在不同程度上是研究者在所有工作中发现的共同特征。图 8－4 所示的三个工作特征组合起来，可以决定所感受到的工作意义：

● 技能多样性。工作要求个体使用不同的技术和能力完成各种任务的程度。

● 工作完整性。工作要求个体完成全部或一项完全可识别的工作的程度。换句话说，当个体自始至终为一个产品或项目工作，并看到一个有形的成果时，工作完整性为高。

● 任务重要性。工作在多大程度上影响组织内外他人的生活。

所经历的责任感由自主性的工作特征引起，定义如下：

● 自主性。工作在多大程度上使个体能够在安排和确定所使用的步骤方面感受到自由、独立和自主裁量权。

最后，反馈的工作特征会增加员工对于结果的知识，定义如下：

● 反馈。个人在多大程度上能够获得关于自己所执行工作有效性的直接、清楚的信息。[65]

海克曼和奥尔德海姆认识到，不是每个人都想要一份五个核心工作特征都很高的工作。他们识别了三个影响个体如何回应工作丰富化的调节变量并将其加入工作特征模型。这三个调节变量分别为知识和技能、成长需求的强度（代表个体成长和发展的愿望）和工作环境的满意度（见图8-4中的“调节变量”框）。工作环境满意度表示员工对工作各个方面感到满意的程度，例如对薪酬、同事和监督的满意度。

研究强调了工作特征模型的三个实践启示。首先，经理可寄希望于使用这个模型来提高员工的工作满意度。一项涉及超过75 000人的元分析证明了工作特征和满意度之间具有中等强度的关系。[66]其次，这项元分析还显示，管理者可以通过增加核心工作特征来减少缺勤和压力，并改善员工的内在激励、工作参与和绩效。[67]与这一发现相一致，被《财富》杂志评为2010年最佳工作场所第八名的纽格特超市，创造性地使用了一个激励项目来促进激励和绩效。“员工集会是这个拥有九家连锁店的超市的日常活动，每个分店都有一块大屏幕，用于播放颁奖视频和鼓舞士气。经常收看的员工可以获得20～1 500美元的奖金。”[68]最后，在重新设计工作后，管理者可能会发现工作质量明显提高。来自21项实验研究的结果显示，工作重新设计导致绩效质量的中位数提升28%。[69]

8.6.2 自下而上的方式

正如“自下而上”一词所暗示的，这种工作设计方法是由员工而非管理者主导的，被称为工作形塑。**工作形塑（job crafting）**被定义为“个体在其工作的任务或关系边界中所做出的身体和认知变化”。[70]根据这一模型，员工被视为“工作形塑者”，因为他们被期望自行定义和创造自身的工作边界。因此，这种工作设计方式代表员工为了改变与其工作相关的任务、关系和认知所进行的主动性以及适应性的行为。表8-3定义和解释了工作形塑的三种关键形式。

第一种形式的工作形塑涉及改变任务边界。你可以改变工作中所完成任务的范围或性质，也可完成更少或更多的任务。工程师进行更多的人际关系导向活动以完成项目的例子可以说明这一点。第二种形式的工作形塑如表8-3所示，需要改变工作的关系性质。具体来说，你可以更改与其他人在工作中互动的数量或质量，或者建立新的关系。这方面的一个例子是一名医院保洁人员与患者的交流，最终使这名员工感觉到自己可能会影响患者护理。认知形塑是工作形塑的最后一种形式，它包含了你看待或思考与自己工作相关的任务和关系的变化。例如，护士可以将准确做记录视为提供高质量医疗护理的关键组成部分，而不是一项会影响其护理患者的繁重无趣的琐事。

表8-3中的最后一列概述了工作形塑对员工激励和绩效的潜在影响。你可以看到，工作形塑预测会改变员工看待自己工作的方式。工作形塑预测将带来更积极的工作态度，这反过来也会增强对员工的激励，提高员工的敬业度和绩效。初步研究支持这个观点。[71]

表8-3　工作形塑的形式

形式	举例	对工作意义的影响
改变工作任务的数量、范围和类型	设计工程师参与推动项目完成的关系任务	工作完成得更及时；工程师将他们的工作意义变为项目的维护者或推动者
改变与工作中遇到的其他人互动的质量和/或数量	医院保洁人员积极地照顾病人及其家属，将自己融入所在楼层工作流程	保洁人员将他们工作的意义改为帮助病人；将楼层工作视为一个整体，而他们自己则是至关重要的组成部分

续前表

形式	举例	对工作意义的影响
改变知觉任务边界	护士负责所有可能有助于更好地护理病人的信息和"毫无意义"的任务	护士改变他们看待工作的方式，在高质量技术方面的护理之余，更多地支持患者

资料来源：A Wrzesniewski and J E Dutton，"Crafting a Job：Revisioning Employees As Active Crafters of Their Work，" *Academy of Management Review*，April 2001，p. 185.

8.6.3 个别协议

最后这种工作设计方式处于自上而下和自下而上两种方式的中间地带，它试图克服上述两种方式的局限性。例如，自上而下的方式受到管理者不是总能做出对每个人都最合适的改变这一局限的约束。同样，工作形塑受到人们改变自己工作的自由度的限制。**个别协议**（**idiosyncratic deals，i-deals**）表示"员工为自己谈判获得的雇佣条款，包括很多形式，从灵活的时间安排到职业发展"。[72]虽然"明星员工"很长时间以来都可以通过谈判获得特殊合同，但人口统计趋势和工作性质的变化已为更多的员工创造了谈判个别协议的机会。

个别协议往往涉及个人灵活性、发展需求和任务相关内容。这类协议的目标是通过允许员工灵活地谈判满足他们的需求和价值观的雇佣关系，提高员工的工作激励和生产率。罗申美国际会计师事务所（RSM McGladrey）就是一个很好的例子。该公司促进和鼓励与其8 000名员工签订个别协议。罗申美的目标是创造创新和灵活的工作方式。该公司相信，这种工作设计方式能提升员工敬业度、工作满意度、生产率和客户满意度，同时减少员工流失。如果我们考虑该公司在过去几年获得的许多奖项，它的这种方式可能会更令人信服。罗申美在2009年第三次被《职业母亲》（*Working Mother's*）杂志评为百强公司，2010年在《今日会计》（*Accounting Today*）评选的百大公司中排名第五，罗申美也是2009年《商业周刊》评选的最佳职业生涯开始地点之一。[73]相关的"真实世界/真实人物"专栏解释了个别协议是如何协商达成的。

虽然这种工作设计方式比较新，相关研究不多，但初步研究的证据是积极的。最近一项对美国和德国医院的研究表明，个别协议与较小的压力和参与有意义工作的更多机会相关，这反过来会带来更高的员工敬业度。[74]我们需要进一步研究来确认这些令人鼓舞的结果是否具有可推广性。

真实世界/真实人物

罗申美国际会计师事务所鼓励签订个别协议

（该计划允许）全国各地的员工在一年中获得一部分休息时间，在剩余时间全职或兼职工作，并按比例得到一定薪水和全年所有福利……

罗申美的员工多年来一直享受全年灵活工作时间表……这一设计很简单，且着眼于商业影响。它对公司、员工和客户都有意义。

首先，一个对灵活工作时间感兴趣的已经至少在公司工作了3个月，并且拥有"达到期望”或更高绩效评级的员工，在完成了一项总共 8 个问题的评估自己的灵活工作请求对公司、客户和同事影响的商业企划书后，可以选择公司 7 个灵活工作选项之一并提出请求。该员工同样需要为可能出现的问题提出解决方案。

其次，管理者根据对公司业务的影响评估该提议。若员工由于个人原因而追求灵活的工作选择，则不予考虑……通常，员工在夏季休大概两个月的假，但假期长短和休假时间可能有所不同。

再次，如果提议会产生中立或积极的影响，罗申美则鼓励管理者予以同意，或至少进行试点，以确保能留住员工。如果提议对业务产生负面影响，罗申美鼓励管理者予以拒绝，即使那意味着将会与员工有一场艰难的对话。

最后，一旦得到批准，灵活的工作选项会被持续监控，以确保其有利于员工、公司和罗申美的客户。它们也可能随时被公司或员工根据个人和企业的需要修改或喊停。

通过使“灵活工作年”（FlexYear）计划成为这种基于业务的灵活性的一部分，罗申美能够将其视为一项战略工具，并以此帮助领导者规划罗申美的业务周期，同时满足员工的多样化需求……

罗申美的达拉斯办事处合作伙伴米歇尔·希考克斯（Michelle Hickox）已经按照灵活工作时间表工作了 8 年，见证了该举措对她的家人和公司产生的积极影响。通过“灵活工作年”计划，希考克斯享受每年 6 月份和 7 月份的假期，与她的两个女儿拥有了很多美好的回忆。该计划还允许她通过与客户坦诚沟通时间表来建立深厚的联系。而且，该计划为希考克斯团队的其他员工提供了更多机会，因为他们也可以在她度假时与她的客户展开合作。

你觉得签订个别协议时会存在哪些问题？

资料来源：Excerpted from T Hopke，“Go Ahead，Take a Few Months Off,” *HR Magazine*，September 2010，pp. 72，74.

8.7 激励理论在工作中的应用

我们在本章开头指出了激励员工是高效管理者工作的一个关键方面。即便如此，管理者在设计激励计划时仍面临两个重要挑战。第一，许多管理者工作太忙了。他们感觉被拉往很多方向，花太多时间去灭火，而不是积极关注员工的需求。这种情况令人沮丧，可能导致工作满意度和管理者激励降低。然而，管理者仍必须要找时间用积极的态度投入调动员工积极性这一任务。杰克·韦尔奇和苏茜·韦尔奇评论了这一点并总结道：“如果一个老板不能积极地让每个员工都具体了解自身所在的位置，并用‘超额奖励鼓励超常的绩效’，那这个老板就没有做好自己的工作。”[75] 第二，管理者可能不知道除了简单实用的金钱奖励外，要怎样激励别人。重要的是管理者在尝试激励员工时应使用一个更广泛或更综合的办法。这种办法应考虑本章中讨论过的各种理论和模型，以及前面章节中涉及的概念。组织可以通过提供关于如何提高激励员工能力的培训和指导来帮助管理者。

组织行为学案例研究

管理层应如何做出艰难的招聘决策?[76]

(以下是通用电气人力资源部前高级副总裁比尔·康纳蒂(Bill Conaty)的想法。)

重组,联合,停止加薪,保健成本负担转移,休假,取消匹配养老保险……不好的消息,一个接一个。你的公司是否取消了今年的圣诞派对?

我担心的是,这些负面做法累积起来,会磨损宝贵的、将员工和雇主联系在一起的纽带——忠诚。我相信只有这些能够巧妙平衡必要的竞争性艰难决策以及对员工真正关怀的公司,才会在未来获得巨大的成功。

人们的记忆会一直保持很长时间。他们现在只是没有更多的职业选择。他们将通过自己在市场不景气期间是否受到了公平的待遇来评判他们的雇主。那么,你是如何带领公司应对这种评判,以期员工不会在收到第一个猎头电话时就投入其怀抱?……听起来可能是违反直觉的,但你要更深入思考裁员问题,而不只是隔靴搔痒希望市场快速好转……当你准备实施裁员,要在经济上和情感上都尽可能照顾被裁员工,尽可能让他们软着陆。职业转型中心、培训机会和真诚帮助那些渴望变得更有市场竞争力的员工的意愿,将会真正起作用。

许多公司不需要我们告诉它们这些。相反,管理者经常把不成比例的时间花在管理裁员过程上,而没有将足够关注给予留下来的人。这些裁员幸存者需要得到认可和激励。是的,他们会密切关注人性化的裁员是如何展开的,但他们同样会意识到自己的工作量和压力也增加了。你想让这些人积极工作,而不是让他们担心下一只鞋会何时扔到地板上,或感到自己不堪重负。

因为经济上的奖励暂时不太现实,一个令人惊讶的有用的认可形式可以是拍拍员工肩膀,说些“我认为在如此艰难的情况下,你做了伟大的工作,你是我团队中必不可少的一环”这样的话。

管理者在面对困难时,很容易三缄其口,担心自己无法给出员工想要的答案。为了避免看上去信心不足,他们有时候会给全体员工发电子邮件或推送视频内容。但你会发现,你不需要获悉所有问题的答案。其实传闻已经勾勒出了你能想象出的最悲观的图景,而你可以很快消除许多谎言,并展现一个更清晰、更乐观的愿景。在这些时刻,需要的是私人交流。亲自看到或听到自己领导的员工更有可能接受并相信危机过后的未来。

现在回到节日派对的主题:规定工作场合不许有娱乐活动是错误的。你需要继续庆祝,尤其是在困难时期……是的,我们的庆祝不能太铺张,但被迫摆出一张过于严肃的脸也不太正常。

[讨论]

1. 为什么关注如何激励没有被解雇的员工非常重要?

2. 康纳蒂的建议在多大程度上符合公平和期望理论?

3. 你相信认可会激励裁员浪潮中的幸存者吗?请解释说明。

4. 你同意管理者应该在裁员后的工作环境中寻找快乐工作的方法吗?为什么?

5. 将本章中的内容与这个案例结合起来,你最大的收获是什么?

法律/道德挑战

美国应该允许投资回扣吗?[77]

投资回扣是“资产管理者可能从投资中获得的回扣”。虽然这种做法在美国鲜为人知,但几十年来在欧洲的私人银行业中已经是一个公开的秘密,最近因位于苏黎世的瑞士信贷银行收了伯纳德·麦道夫的支线基金的投资回扣而浮出水面。

这是怎么回事?基本上,银行工作人员会从合作的基金经理那里得到回报,把佣金装入口袋而不是把这部分钱交给客户。英国对冲基金经理法比安·百达(Fabien Pictet)表示,这部分回扣通常能达到基金管理费的25%。因此，对于20亿美元的投资，管理费为2%，即4 000万美元，这将产生1 000万美元的投资回扣。

你对于投资回扣有什么看法？

1. 投资回扣就像获得销售佣金，因此应该允许。

2. 投资回扣是银行利用投资者的另一种方式。佣金应该还给投资者而不是银行工作人员。这种做法不符合法律规定。

3. 应该要求银行将这个问题告知潜在投资者，然后让他们自行决定。银行客户可能会接受这种做法，因为他们与银行之间保持着长期的关系。

4. 提出其他观点。

第9章 运用目标、反馈、报酬与正强化提高工作绩效

学习目标

学完本章后，你应该能够：

1. 定义绩效管理，区分学习目标和绩效结果目标，并解释三步骤目标设定过程。
2. 识别反馈的两种基本功能，并至少说出反馈研究的三个实践启示。
3. 定义 360 度反馈，并总结如何在绩效管理项目中给予好的反馈。
4. 区分外在报酬和内在报酬，并解释内在报酬及激励的四大部分。
5. 总结外在报酬通常难以激励员工的原因。
6. 讨论管理者如何最大化利用外在报酬和绩效薪酬。
7. 描述桑代克的因果律，并区分斯金纳的应答性行为和操作性行为。
8. 定义正强化、负强化、惩罚和消退；区分连续性强化和间歇性强化。
9. 解释并应用行为塑造的相关知识。

纽星能源公司是如何"以错误的方法做事"来为员工树立榜样的？

纽星能源公司（NuStar）位于圣安东尼奥，主要经营范围包括炼油、海运和储存石油产品等单调的产业。在该公司的 1 400 名美国员工中，有些人表示在加工用于铺路的大量熔融的沥青过程中感受到了危险。那么纽星是如何在 2011 年《财富》杂志评选的最佳雇主 100 强中位列前 30 的呢？总的来说，是源于纽星对员工的关爱。纽星的 CEO 库尔特·安纳斯塔西奥（Curt Anastasio）认为员工安全是重中之重，他自豪地说，公司从未解雇过任何一名员工。比如，在 2010 年夏天业务不景气的时候，纽星并没有裁员 10%，而是推行了一项旨在提高员工效率的计划。这也难怪纽星的员工流失率只有 2%。公平对待是安纳斯塔西奥的标志性特质之一。他曾说："如果员工没有津贴，那么 CEO 也不能有。"[1] 社会服务也被列入纽星能源公司的日程范围，2010 年该公司员工的义工时间累积超过了 75 000 小时。在过去三年里，纽星的总收益率高达 65%，股东对此表示满意。安纳斯塔西奥表示，这些都是重视员工的直接结果，如果公司关爱员工，那么员工也会相应地把这份关爱回馈给社会和投资者。

纽星关爱员工是事实。员工的医疗和牙科保险都由公司承担。奖金制度是要么都有，

要么都没有。近期员工的津贴比例在4%～35%不等，金额从邮件收发员的1 100美元到副总的70 000美元（大概有1/10的工会工人签订了奖金协议）。员工还有绩效奖金，2010年员工的平均绩效工资比例为3%。另外，纽星会给员工提供股权补贴。去年，公司有一半的员工得到了股权补贴，金额从2 000美元到113 000美元不等。在发放的1 360万美元的股权补贴中，有1 200万美元给了执行层以下的员工。一名薪酬咨询顾问告诉纽星的人力资源部副总经理："你们这样做是错误的！"[2]

也许纽星需要换一位新的薪酬咨询顾问了。

本章是第Ⅱ篇的最后一章。我们将总结在这两篇内容中的实践启示。本章的重点是如何提高个体的工作绩效，为此我们需要应用前面学过的文化和个体差异、知觉和激励等内容。如开篇案例中的纽星能源公司一样，有些公司在这方面做得很好。有益的和员工友好的企业文化，加上很多的个人关怀，总是能带来忠诚和积极性高的员工。遗憾的是，研究表明大部分管理者在有效促进员工工作绩效方面做得远远不够。一家咨询公司进行的一项1993年至今的、对超过500个管理者的调查得出了如下结论：

> 只有1%的管理者会给自己的直接下属提供以下五项涉及日常基本工作的内容：
>
> 1. 与任务和职责有关的绩效要求和标准操作流程。
> 2. 对下属需要负责的所有工作均规定明确的参数、可测量的目标和具体的截止日期。
> 3. 精确监测、评估和记录工作绩效。
> 4. 工作绩效的具体反馈并附有改进建议。
> 5. 公平分配的奖励和惩罚。[3]

研究人员将这种情况称为"管理不足"。管理不足会带来很多负面后果。根据人力资源管理协会（Society for Human Resource Management）的观点，"一项新的调查发现世界上每七个员工中只有一个积极投入工作。因此员工的绩效有巨大的潜力可挖"。[4]（回顾我们在第1章和第6章中讨论过的员工敬业度。）充分挖掘这种巨大潜力的方法之一是**绩效管理**（**performance management**），指的是管理者把目标设定、监测和评估、反馈和指导以及定期员工薪酬整合在一起的一种组织机制。[5]绩效管理与很多组织中传统的随机绩效评估形成对比[6]，后者往往造成员工的低满意度。[7]组织行为学可以帮助管理者更好地掌握绩效管理的各个关键部分，包括目标设定、反馈和指导、报酬和正强化。

如图9-1所示，工作绩效需要一个生命支持系统。如同宇航员太空漫步时没有宇航服的保护和支持就不可能完成任务一样，没有支持系统就不可能带来高的工作绩效。第一，需要雇佣有所需能力、技能和工作相关知识的员工。网页主机服务提供商稍点公司（Jotspot）联合创始人兼CEO乔·克劳斯（Joe Kraus）坦率地给出了下面的建议：

永远也不要在招聘的问题上妥协。每一次我做出妥协后都会后悔。你必须要坚决。即使这意味着不招聘那些上班以后会成为很好员工的求职者。因为你要是招聘了不理想的求职者会后患无穷。

没有什么比平等地对待好员工和差员工更能打击员工的积极性了。当你雇用了一个笨蛋但像对待摇滚明星一样对他，你的明星员工就会泄气。[8]

第二，提供必要的培训以弥补任何可能存在的工作知识欠缺。[9]组织结构、文化、工作设计和监管措施都可能促进或阻碍工作绩效。在图 9－1 所示模型的中心位置是绩效提高循环的关键要素，我们将在本章对这些要素逐一详细解释。重要的是，该循环是一个动态和连续的过程，需要组织高层从总体上进行把握并在日常工作中加以关注。

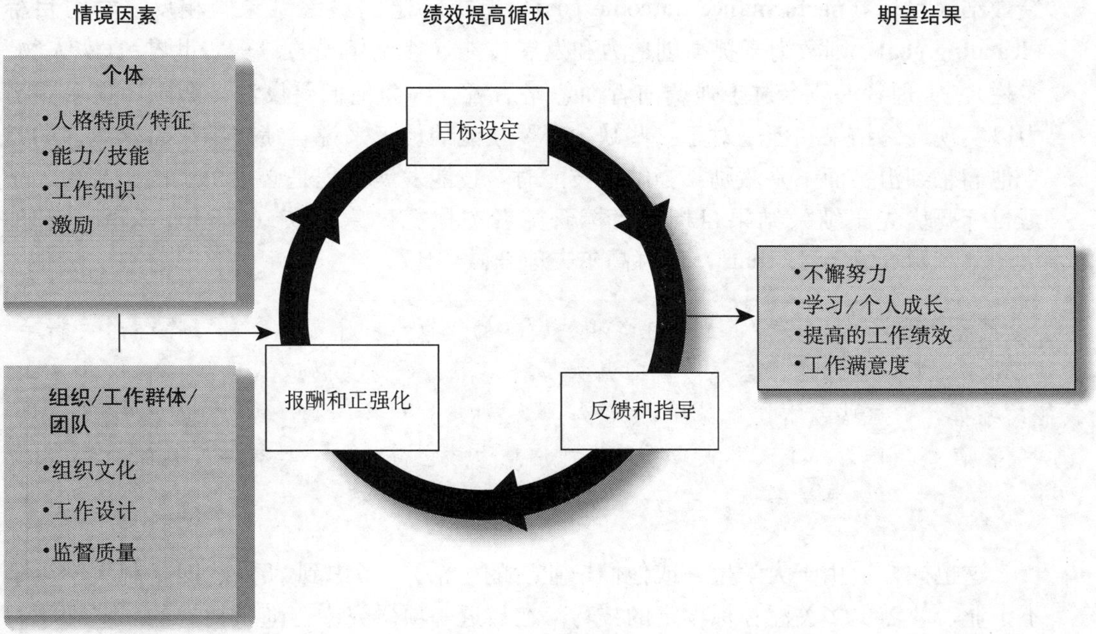

图 9－1　提高个体工作绩效：一个连续过程

9.1　目标设定

组织中的目标设定有时需要彻底地改头换面。富兰克林·柯维（Franklin Covey）对美国工人的调查结果显示，56%的被调查者“清楚地理解他们组织最重要的几个目标”，有令人震惊的 81%的人“没有清晰明确的目标”。[10]即使这些数字降低到一半左右，对组织而言也意味着极度非生产性的情况。目标设定专家将这里缺失的部分称为**视线**（**line of sight**）。有清晰视线的员工理解组织的战略目标且知道自身作为个体或团队成员需要采取何种行动。[11]一个很好的相关的例子是由纽约市市长迈克尔·彭博（Michael Bloomberg）创立的雇有 9 400 名员工的金融咨询服务商彭博资讯（Bloomberg LP）：

彭博资讯有着不寻常的薪酬体系。员工的薪水直接与资讯终端销售挂钩，或更准确地说，与资讯终端净安装数挂钩。这种薪酬体系背后的逻辑是每个人都必须仅受一个目标驱使：卖更多的彭博资讯终端。为了突出这个目标，彭博办公室的天花板上挂着电子显示屏，实时显示销售和安装情况。每销售出一笔业务，办公室内的钟就响一次；响多次则意味着销售被新闻确认了。[12]

为了帮你完全理解目标设定的力量，本节将区分两种目标类型，讨论目标管理，并解释如何管理目标设定过程。

9.1.1 两种类型目标

目标设定的研究人员对于绩效结果目标和学习目标做出了有指导性意义的划分。**绩效结果目标**（**performance outcome goal**）追求特定的最终结果。相反，**学习目标**（**learning goal**）则致力于提高创造力和发展技能（参见相关的“真实世界/真实人物”专栏）。管理者一般会过于强调前者而忽略后者，因为他们要设法“激励”员工更努力以实现最终结果。但是对于一些缺少必要技能的员工来说，绩效结果目标更多的是令他们感到沮丧而不是激励。当缺乏技能时，技能发展过程是必不可少的，其中，学习目标要优先于绩效结果目标。目标研究者杰拉德·塞耶茨（Gerard Seijts）和加里·莱瑟姆（Gary Latham）用打高尔夫球来做类比：

绩效结果目标常常分散员工对任务相关战略的注意力。比如说，让一个高尔夫新手关注95分的得分目标往往会分散他对掌握挥杆、用力或选用适宜自己的球杆这些基本技能的掌握，而这些基本技能对拿到95分是必要的……

简而言之，作为一个高尔夫新手，在把注意力放在得到一个具有挑战性的成绩（比如95分）之前一定要学会如何打高尔夫球。[13]

这也同样适用于大学生（或他们毕业后的生活）。考虑到25%的四年制大学生毕不了业，故需更多关注目标设定的技巧。在最近一项研究中，随机挑选的一些在学习上有困难的学生在掌握了有技巧地设定目标并把学习目标和成绩结果目标结合起来之后，成绩取得了进步。另一个例子中，学生们参与了一个高强度的、培训如何制定和完成个人目标的在线课程。四个月以后，参与者的学习成绩明显提高。研究人员认为该在线培训课程“对于学习有困难的大学生而言是一种快速、高效和便宜的介入手段”。[14]

真实世界/真实人物

喜达屋集团CEO陈盛福的目标式管理

董事会主席布鲁斯·邓肯（Bruce Duncan）表示，现年47岁的陈盛福（Frits van Paasschen）足智多谋，曾为迪士尼、耐克、库尔斯（Coors）旗下产品制定了成功的全球化战略。陈盛福性格温和，承诺会充满斗志地对待工作。这些让他在众多的候选人中脱颖而出。由于缺乏酒店工作经验，陈盛福便下定决心要融入这个行业。自加入喜达屋（Starwood）以来，他访问了20个国家45个城市的132家酒店。（他精通英语、荷兰语、德语、意大利语以及西班牙语。）

陈盛福对管理的热情没有坏处。邓肯说："这向我们展示了一个有目标的人不惜一切代价达成目标的过程。"

陈盛福认为他在管理方面的成功很大程度上得益于他的管理风格。他说，商业也就是战胜个人恐惧、给自己设定远大目标以及克服障碍的过程。而这些在很多方面都与喜达屋的企业文化相契合。

在你的生活中目标扮演了什么样的角色，请解释。

资料来源：B De Lollis，"Starwood's CEO Takes an Idea and Runs with It，" *USA Today*，June 23，2008，pp. 1B-2B.

9.1.2 目标管理

绩效目标和基于目标的奖励计划的积极影响早已为人熟知。在一个世纪以前，弗雷德里克·泰勒就已尝试科学地设定工人每人每天保证质量情况下该被分配多少工作量。他提出奖金要基于完成的具体产量而定。自20世纪50年代以来，目标设定通过一种名为目标管理的管理技术得到广泛应用。**目标管理（management by objectives）**是一个把参与整合进决策制定、目标设定和客观反馈之中的管理系统。[15]目标管理的核心思想是让每个员工都为组织出一份力，就像谷歌执行主管保罗·拉塞尔（Paul Russell）最近建议的那样：

> 帮助你的员工描绘出他们的目标。要求他们把目标应用到日常工作之中。通过这样做，你将帮助他们构建起一种对公司的归属感，他们会觉得自己是组织的一部分。让员工们觉得他们不用为了实现自身的抱负而不得不离开公司。[16]

一项对目标管理的元分析表明，70个不同组织中有68个的生产率得到了提高。具体来说，当高级管理层承诺水平高时，结果显示平均会获得56%的增产。当高层承诺水平低时，仅能获得平均6%的增产。另一项对18项研究的元分析进一步表明，员工的工作满意度和实施目标管理后高级管理层的承诺水平息息相关。[17]但是，关于极限目标压力引发商业道德问题的相关报道给目标管理的这些令人印象深刻的效果蒙上了一层阴影。比如抵押贷款公司印地麦克银行（IndyMac Bancorp）在2008年金融危机影响下被政府接管。一个调查者透露："该公司从上到下的压力文化推动了尽可能多的贷款，而放贷过程中忽略了许多问题。"[18]道德健全的目标管理项目将学习目标和绩效产出目标结合在一起，并能遵循高道德标准。

回顾本章开篇的案例

为什么目标管理将会在纽星能源公司运行得很好？

9.1.3 管理目标设定的过程

当实行目标设定项目时，需遵循以下三个大致步骤。[19]其中任一步骤出现的严重不足之处是无法通过剩余两个步骤来弥补的。这三个步骤需要以一种系统的方式加以实施。

■ 步骤 1：设定目标

无论目标是被强加的，还是通过员工与管理者自由交换后完美参与设定的，都应该符合“SMART”标准。SMART 是明确性（specific）、可测量性（measurable）、可达成性（attainable）、结果导向性（results oriented）和时限性（time bond）五个英文单词的首字母缩写。表 9－1 是制定 SMART 目标指南。以下是两条额外的建议：第一，对于一些复杂的任务，员工需要接受培训，使其具备解决问题的技能并制定绩效行动计划。一个行动计划要明确地说明完成目标的必要战略或战术。举一个日常的例子，某人的目标是两个月内减掉 10 磅体重，他的行动计划则包括每天 30 分钟的步行及拒绝甜品和消夜。

第二，因为个体差异，需对员工从事相同工作设定不同的目标。比如，相关研究调查了 103 位商学院的本科生，结果显示高自觉性的学生比低自觉性的学生具有更高激励性、更好的目标承诺以及更优秀的成绩。[20]

表 9－1　制定 SMART 目标指南

明确性	目标需要通过精确的而不是模糊的术语来表述。比如，为每个员工提供 20 小时的技术培训，该目标比起让管理者给尽可能多的员工提供培训课程来说更具体。目标在允许的情况下应该量化。
可测量性	可测量的工具用于评估目标已完成到何种程度。目标需要可测量。当建立一个测量标准时，考虑目标的质量至关重要。比如，目标是完成管理研究的方法从而提高生产率，需首要考虑的就是如何测量付出的努力。在没有考虑产出质量和数量的相互作用时，目标不应设定。
可达成性	目标应是现实的、具有挑战性的且可达成的。不可能完成的目标会削弱激励效果，因为人们不喜欢失败。记住，每个人的能力和技能都有不同的等级。
结果导向性	企业目标应聚焦于预期的最终结果，这一结果支持组织愿景。反过来说，个人目标应该直接支持企业目标的完成。活动支持目标的实现，且要勾勒出行动计划的轮廓。把目标集中于预期的最终效果，目标应以“将”开头，后面跟完成、实现、生存、增加和减少等动词。如发展、知道、实施或者监督等用来表明活动的动词则不应用于目标描述。
时限性	目标明确完成任务日期。

资料来源：From A J Kinicki，*Performance Management Systems*（Superstition Mt.，AZ：Kinicki & Associates，2011），pp. 2-9. Reprinted with permission；all rights reserved.

设定目标时，个体目标导向是另一个需要注意的重要个体差异。三类目标导向分别是学习目标导向、绩效-证明目标导向和绩效-回避目标导向。一组研究者描述目标设定的差异和应用如下：

> 具有高学习目标导向的个体视技能为可塑的。此类个体不仅努力完成手头工作，也努力发展自身能力以便胜任将来的工作。具有高绩效-证明目标导向的个体倾向于聚焦绩效并努力做到比别人更好以证明自身的能力。而具有高绩效-回避目标导向的个体尽管也聚焦于绩效，但他们的焦点更多地放在努力回避负面结果上。[21]

虽然有些研究显示当人们拥有学习目标导向，而非绩效-证明或者绩效-回避目标导向时，他们会设定更高的目标、付出更大的努力、有着更高的自我效能感且获得更高的绩效，但是其他研究则发现了一系列更为复杂的关系。[22]我们的建议是设定目标时，要把个人目标导向类型和个体差异考虑进去。

■ 步骤 2：促进目标承诺

目标承诺很重要，因为当员工认为目标与自身相关、可以达到和相对公平，他们会有更大的动力去努力完成目标。目标承诺可以依据下列方法加以强化：

- 解释为什么组织要致力于一个综合的目标设定项目。
- 通过明确公司目标且与个人目标相结合，为员工提供一个清晰的视线。皇家荷兰壳牌集团（Royal Dutch Shell）的 CEO 范德伟（Jeroen van der Veer）建议："领导者的任务是简化。"[23]他说，传达组织发展方向所花费的时间不应该超过 2 分钟。
- 让员工参与设定他们自己的目标和行动计划。鼓励他们选择设定具有挑战性的可延伸目标。目标宜难，但不应该无法实现。[24]
- 让员工建立**目标阶梯**（**goal ladders**）促进个人成长，目标阶梯即一系列困难与挑战性逐渐加大的目标。

关于目标阶梯的新研究证据显示了聚焦于已完成和未完成目标之间的重要差别。具体而言，在目标阶梯中，个体聚焦于已完成的目标可提升满足感。而聚焦于未完成的目标则往往激励个体达到一个更高的成就水平。高成就个体善于有技巧地把自身焦点不断在已完成任务（满足感）和挑战更高任务（激励努力工作）之间切换。[25]你有目标阶梯吗？如果有，你主要关注的是什么——退后还是前进？

■ 步骤 3：提供支持和反馈

这个步骤包括帮助员工实现目标。实践指南包括以下步骤：

- 确保每个员工都有必要的技巧和信息实现他们的目标。两位目标设定专家简明扼要地指出："没有知识支撑的激励是无效的。"[26]旨在帮助员工实现困难的目标和建立目标阶梯的培训是必要的。
- 管理者应留意员工的努力→绩效期望、知觉自我效能感和奖励偏好并做出相应调整。
- 给予支持和帮助。当员工成长时进行授权。不要把目标当作威胁手段使用。
- 给予员工及时且基于具体任务的反馈（结果回馈），告知他们做得好和做得不好的地方。
- 提供金钱和非金钱激励；当员工取得重大进步和完成目标时应予以奖励。[27]

9.2　反　馈

员工对反馈的热爱很多时候都没有得到满足。比如，调查显示"43%的员工觉得他们没有得到足够的指导来提高绩效"。[28]成就导向型的学生也需要得到反馈。[29]比如，经历一个困难的考试后，学生想要知道两件事：他们做得怎么样以及他们的同学做得怎么样。通过让学生知道他们的试卷如何评分以及他们的成绩是否达到了竞争标准，导师的反馈允许学生调整自身的学习习惯以实现成绩目标。同样，管理者在一个运行良好的组织里跟进目标设定时，提供反馈可为目标的调整和提高提供一个合理的基础。比如下面联邦快递创始人兼 CEO 弗雷德·史密斯的评论。隔夜送达的服务使联邦快递获得了超过 350 亿美元的年收入和超过 247 000 名员工。[30] 史密斯早前在越南战争中担任美国海军指挥官的经历帮助塑造了其领导能力。

> 我的领导哲学是把当海军时的和从过去 200 多年来每个组织学到的原则整合起来。
>
> 当员工来到联邦快递时，他们想要知道：你对我有什么样的期望？对于我来说这个交易能带来什么好处？我想要胜人一筹需要做些什么？如果受到不公正的对待时，我应该去组织的哪里寻求帮助？员工想要知道他们做得怎么样。他们需要反馈。他们想知道正在做的事是重要的。
>
> 如果你基于领导力的基本原则来一遍又一遍回答这些问题，你就能够很好地管理员工。[31]

作为上面使用的术语，**反馈（feedback）**指一个关于个人或集体绩效的客观信息。主观评价，比如“你工作很糟糕”，“你很懒”，或者“我们很感谢每个人的辛勤努力”，这些都不能称为客观反馈。但是实实在在的数据，比如售出数量、缺勤时间、美元存款、任务完成、顾客满意度以及不合格率等等，都是客观反馈的要素。克里斯托弗·李（Christopher D. Lee）是《绩效谈话：绩效评估新选项》（*Performance Conversations*：*An Alternative to Appraisals*）一书的作者。他阐述了反馈的概念并将之与绩效考核进行了对比：

> 反馈是交换工作状态和质量信息的过程。它为成功提供了路线图。它也用于激励、支持、指导、修正和规划工作投入和产出。反馈确保了管理者和员工的同步性并就需要完成的工作的标准和期望达成了一致意见。
>
> 但是，传统的评估不鼓励双向沟通并且认为员工参与是不正确的。员工通常不被鼓励去参与绩效评估。而且即使他们参与了评估，其回应也通常被视为“辩解”。
>
> 为了扭转这种情况，成功的绩效管理一定要包括健全的反馈机制并重视员工参与。[32]

9.2.1 反馈的两种功能

专家认为对于获得反馈的人来说，反馈具有两种功能：一种是指导性的，另一种是激励性的（见相关的“真实世界/真实人物”专栏）。当阐述角色或者教授新行为时，反馈起指导的作用。比如，一个助理会计师也许会被建议把具体条目记为资本项目而不是费用项目。当反馈作为一个奖励或者奖励承诺时，反馈起激励作用。[33]

真实世界/真实人物

反馈是福特 CEO 艾伦·穆拉利的生活方式

艾伦·穆拉利（Alan Mulally）每周四早上 7 点与 15 位高管见面进行圆桌会谈。这

2.5小时的会议因其BPR（商业计划复审）而出名。穆拉利要求他的直接下属要提交给他超过300张图表，每个图表要用红、黄或绿色来编码，标记出存在的问题、需注意的地方或有进展的部分。

在这样的商业计划复审中，福特首席财务官刘易斯·布思（Lewis Booth）可能需要汇报最新债务削减情况，或者美洲地区的CEO马克·菲尔兹（Mark Fields）要仔细检查核对发布的新车型的红黄绿代码。（菲尔兹出名是因为在四年前他发现一款SUV的后挡板设计有问题而使用了红灯，推迟了该款车的发布时间。他的坦率也赢得了穆拉利的掌声。）就像穆拉利喜欢说的那样："你不能掩盖一个秘密。当你每周都要面对它时，你无法隐藏它。"

从激励的角度，福特这种公开展示和讨论关键绩效数据的做法有什么好处和坏处？

资料来源：K Naughton，"The Happiest Man in Detroit," *Bloomberg Businessweek*，February 7－13，2011，p. 68.

当老板告诉你早前你着手的那个棘手的项目刚刚完成了，这条新闻可以被视为一种奖励信息。研究人员发现，当明确的挑战性目标与结果相关的具体反馈结合在一起时，反馈的激励作用更加明显。[34]谈完了反馈的指导性和激励性功能以后，我们下面来探讨反馈接受者的关键作用、反馈研究的实践启示、360度反馈以及用反馈服务于指导性目的。

9.2.2 反馈接受者准备好了吗？愿意接受反馈吗？有接受反馈的能力吗？

普遍看法认为组织成员得到的反馈越多越好。这里一个潜在的假设是反馈可以自动发挥作用，管理者继续积极地给予反馈即可。但是，一个包括23 663项反馈事件的元分析发现反馈完全不能自动生效。事实上，尽管一般而言反馈确实对绩效有一定的积极影响，但该分析发现绩效在38%的反馈事件中下降了。[35]

反馈也可以被非任务因素所扭曲，比如种族。斯坦福大学实验室的一项研究对比了写作中的跨种族反馈，包括写作内容（主观反馈）和写作技巧（客观反馈）。结果显示在给予主观反馈时，比起给予其他白人学生的反馈，白人学生给黑人学生的主观反馈没有那么有价值。在客观反馈时，这个明显的种族偏见消失了。[36]这些结果为那些对通过反馈提高工作绩效感兴趣的人敲响了警钟。主观反馈容易受环境因素影响。此外，如果想让工作的主观反馈起应有的效果，管理者需要理解反馈接受者与其工作环境之间的相互作用。

■ 接受者的人格特征

诸如自尊和自我效能之类的人格特征可以帮助或阻碍个体对反馈的接受程度。遗憾的是，对于那些有低自尊和低自我效能的个体而言，他们并不会主动寻求反馈，而这又将进一步固化他们可能存在的问题。需求和目标也会影响个体对于反馈的开放性。一项实验室研究表明，那些成就需要得分更高的日本心理学专业的学生比得分低的同班同学对反馈持更欢迎的态度。[37]类似的现象也可能存在于西方文化中。比如，美国的一个大型公用事业公司的市场部有331名员工，他们在面对一些重要问题和不确定情况时需要寻求反馈。在这个部门中，长期工比起那些短期工寻求反馈的概率更低。[38]高自我监控者更加欢迎反馈，因为反馈能帮助他们调整自身在特定环境中的行为。回忆第5章中提到的有高自我监控能力的员工与导师（给予反馈的人）的关系要更好。[39]相反，低自我监控者更加关注自我感受，而非留意接收外部信息。比如，有人发现和被誉为“媒体传奇”的CNN创始人泰德·特纳（Ted Turner）聊天就像和一个广播电台谈话一样：特纳是一个低自我监控者。

研究人员开始更加直接关注接受者对反馈的真实渴望，而不是间接地关注接受者的人格特征、需求和目标。日常经验告诉我们不是每个人都需要寻求所谓的绩效反馈。当餐厅服务员出示账单前询问“一切都还好吗”，他对于具体的回复其实并不感兴趣。

■ 接受者对于反馈的知觉

反馈标识是反馈研究中的术语，用以指反馈是积极的还是消极的。一般来说，相对消极反馈而言，人们往往会更准确地知觉并想起积极反馈。[40]但是有消极标识的反馈（比如，被告知你的绩效低于平均值）也能有积极的激励作用。事实上，在一项实验中显示，那些被告知在创意性测试中成绩低于平均值的个体，随后超过了那些被诱导坚信他们的结果可以高于平均值的人。这些个体明显地把消极反馈当成了调整并努力设定和追求更高的目标。相反，实验中那些起初获得积极反馈的个体则明显缺少积极性去把事情完成得更好。[41]然而，有着消极标识和威胁性内容的反馈要小心处理，避免产生不安全感和防御性。自我效能感也会被消极反馈破坏。在一组对于商学院学生的研究中，研究者得出了结论，“为了促进高效能信念的增长，管理者应该谨慎地提供消极反馈”。来自管理者的破坏性批评有时会让员工把绩效不佳归因于自身内部因素，而这样的归因又将进一步弱化员工的自我效能信念和自我设定的目标。[42]

■ 接受者对于反馈的认知评价

收到反馈之后，人们会通过认知来评估许多因素，比如其准确性、来源的真实性、系统的公正性（比如，绩效考核系统）、他们的绩效奖励期望以及标准的合理性等。上述这些因素就像是栏杆一样，任何一个或多个因素存疑的反馈都会被接受者拒绝或者不予重视。个人大体上通过经验来决定如何权衡这些因素。比如，你收到的反馈来自一个喜欢夸大事实的人，或者来自一个完成自身任务的马马虎虎的人（而你自己已经出色地完成了同样的任务），这时的反馈效果就会大打折扣。按照第11章中将讨论的“信任鸿沟”的观点，管理可信度在当今来说是一个尤其重要的道德问题。《可信度：领导者如何赢得和失去它，人们为何需要它》（*Credibility: How Leaders Gain and Lose It, Why People Demand It*）一书的作者认为，“如果个人诚信不是构建在一个坚实的基础上的话，领导者无法在共同愿景下赢得别人的支持”。[43]已经被认为不诚信和不诚实的管理者是很难通过反馈来提高员工工作绩效的。

来源于明显偏私的或基于不合理的行为标准的反馈应该被怀疑。[44]而且，根据期望激励理论的预测，反馈如果要激励期望行为，那么其一定应该符合高努力→绩效期望以及绩效→奖励的路径。

9.2.3 反馈研究的实践启示

总结了几十项有关反馈的实验室研究和实地研究之后，三位组织行为学研究者列出了如下反馈研究对于管理者的实践启示：

● 接受反馈时不应该把反馈视为一种赠与；这经常会被误解或被拒绝。跨文化环境下这是绝对真实的。

● 管理者可以通过加强其专业技术能力和创造一个信任的氛围提升他们作为反馈来源的可信度。

● 消极反馈通常会被误解或拒绝。

● 虽然频繁的反馈会影响个人控制感和主动性，但是在大多数组织中反馈是不足的。反馈要根据接受者来进行调整。

● 绩效在平均水平或者平均水平以下的员工需要一些外部奖励以提高绩效，高能力员工更倾向于响应那些能增强他们自身能力和个人控制感的反馈。[45]

更多关于反馈的实践启示如下：

● 在使用基于电脑的绩效反馈时，如果反馈直接来自电脑，其效果要比反馈来自直属上司更能促进员工绩效。[46]

● 当反馈的接受者主动参与反馈而不是被动接受反馈的时候，他们会认为反馈更为可信。[47]

● 破坏性的批评往往会导致冲突并削弱激励。[48]

● “一个人在组织中的地位越高，就越不大可能收到有关自身工作绩效的优质反馈。”[49]

表 9-2 列出了组织反馈系统的六种常见问题征兆，应用这些研究启示和问题征兆的管理者能够构建可信和有效的反馈系统。

表 9-2　组织反馈系统的六种常见问题征兆

（1）反馈被用来惩罚、责难、或贬低员工。
（2）反馈接受者认为反馈与自身工作无关。
（3）反馈太晚以至于毫无用处。
（4）反馈接受者认为事情的发生不在自身可控的范围之内。
（5）员工抱怨说浪费了太多的时间收集和记录反馈数据。
（6）反馈接受者抱怨说反馈太复杂或难以理解。

资料来源：Adapted from C. Bell and R. Zemke, “On-Target Feedback,” *Training*, June 1992, pp. 36-44.

到目前为止我们讨论的是传统的向下反馈。下面我们看看工作中还有哪些提供反馈的更新和更有趣的办法。

9.2.4 360 度反馈

360 度反馈的概念包括让个体把自己知觉到的自身绩效和来自管理者、下属、同事评估的具体行为绩效（通常为匿名）信息进行对比。有时局外人也有可能进入这个 360 度反馈。[50]

在对 24 项接受者被评估两次或多次的 360 度反馈研究的元分析中，研究人员发现了下面有用的结论：

> 当反馈表明变化是必须的，提升最有可能实现。接受者会有积极的反馈倾向，知觉到改变自身行为的需求，对反馈积极响应，坚信改变是可实现的，设定合适的目标以改变行为，并且采取行动来让技能和绩效获得提升。[51]

高管的支持和组织氛围的开放可以帮助360度反馈项目成功实施。下面是一个最近的有关黑石（Black Rock）CEO拉里·芬克（Larry Fink）的例子。黑石是一家华尔街投资公司，管理着包括加利福尼亚和纽约州国家养老基金在内的3.45万亿美元的庞大资产。

> 当芬克沉浸在对未来的思考中时，他突然跳起来从书柜里取出了一个蓝色的活页封面的书。他打开后说："我们为每位高管做一份360度评估，这活可不简单。"
>
> 他开始阅读来自另一位黑石高管的匿名建议，他说："总体上来说，我会给芬克96分，而不是100分。因为我担心芬克。我喜欢他总是顾客导向。但是他经常要满世界飞来飞去，又坚持要乘坐商业航班。我担心哪天他坐的飞机会失事。我们很可能应该帮他搞一架私人飞机。"[52]

研究证据和个人经验让我们支持360度反馈时的保持匿名的做法，我们也不鼓励把360度反馈结果与薪酬和升职的决策联系起来。某专家指出信任会是一个问题：

> 信任是使用360度反馈提高生产率的核心。信任决定了个体愿意为其所在组织投入多少精力。使用360度反馈应对结果保密，仅用于职业发展和建立信任的目的。如果用360度反馈来制定工资和人事决策，这种评估法容易导致信任危机。[53]

因此，360度反馈无疑对管理者发展自身管理技能很重要，尤其是在当前以团队为基础的组织形态中。

9.2.5 如何让反馈服务于培训目的和组织效能

当给予反馈作为完整绩效管理项目的一部分时，管理者需要记住以下几点有用的建议：

- 关注绩效，而不是人格。
- 给予具体的反馈，并把反馈与学习目标和绩效产出目标相关联。
- 把反馈集中在组织的关键结果领域。
- 反馈越快越好。
- 训练提高也应给予反馈，不应只对最终结果给予反馈。
- 反馈应基于准确和可信的信息。
- 反馈要附有明确的提高期望。[54]

9.3 组织报酬制度

薪酬是组织生活中始终存在又常常引发争议的主题之一（试想一下长期以来大众对CEO动辄几百万美元甚至上千万美元薪酬的争议）。[55]有些员工认为，工作仅仅是薪水的来源而已。而有的员工则能从自身工作及与同事的互动中得到莫大的乐趣。事实上，一项盖洛普民意测验显示，55%的美国人曾表示，即使中了高达1 000万美元的乐透大奖，他们仍会继续工作。[56]（你呢？）那些把时间奉献给如红十字会等慈善团体的志愿者们，当工作结束时，会因得到了社会认可和无私奉献自己的时间而获得满满的成就感。因此，组织报酬包括但并不局限于货币形式的薪酬。[57]本节将讨论组织报酬制度中几个关键概念，以便为接下来探讨绩效薪酬制度提供概念背景。

尽管报酬制度范围广泛，我们还是可以识别出一些相互关联的基本概念。图9-2描述了报酬制度的三类基本组成部分：（1）报酬类型；（2）分配标准；（3）期望结果。

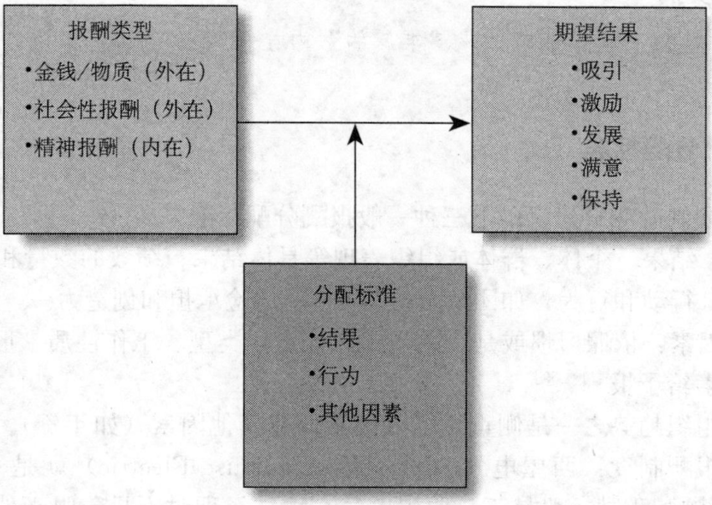

图9-2　组织报酬制度基本模型

9.3.1　报酬类型

来自环境的金钱、物质及社会性报酬，被视为**外在报酬**（**extrinsic rewards**）。而自我授予的精神报酬则为**内在报酬**（**intrinsic rewards**）。如果一个员工工作是为了获得金钱或赞美等外在报酬，那他就需要从外部激励。一个员工若是从工作本身获得乐趣或体会到工作胜任感或自主权，那他就需要从内部自我激励（见相关的“真实世界/真实人物”专栏）。外在报酬和内在报酬两者相对的重要性取决于文化和个体差异。[58]

真实世界/真实人物

71岁的朱迪思·范·欣克尔热爱一周工作60小时

71岁的朱迪思·范·欣克尔（Judith Van Ginkel）每周工作50～60小时，然而她却说：“我是我所知最幸运的人。”

原因如下：已远超过许多人考虑退休的年纪，欣克尔（她的职业生涯大部分以医疗管理为主）现在仍埋头经营“让每个孩子都成功”项目——一个由辛辛那提儿童医院监督的儿童家访项目。在过去的10年中，在欣克尔团队中工作的几十名社会工作者拜访了超过17 000个处境艰难的孕妇及其孩童，确保这些正在成长的家庭得到妥善的医疗照护及支持。尽管这些家庭仍生活在贫困之中，但它们的婴儿死亡率已远低于全国平均值，欣克尔认为这是一个比打高尔夫球更令人振奋的消息。于是她这样告诉我：“只要我还有能力，我就会坚持下去。”

内在报酬在欣克尔的案例中扮演了什么角色?

资料来源：L Vanderkam，“This Isn't Grandpa's Retirement，” *USA Today*，January 5，2011，p. 7A.

回顾本章开篇的案例

为什么志愿者的工作能带来如此“丰厚的”内在报酬?

9.3.2 报酬分配标准

一位报酬制度专家建议以下三种一般报酬分配标准：

- 绩效：结果。个体、群体或组织表现等具体结果；绩效的数量和质量。
- 表现：行动和行为，如团队合作、协作、风险承担和创造力。
- 其他因素：依照习惯或是合同规定，依工作类型、工作性质、股权、年资、地位级别等因素给予报酬。[59]

当前的组织趋势之一是侧重于绩效因素而非其他因素（如年资）。另一种趋势则是混合式的报酬制度：西屋电气公司（Westinghouse Electric）就是个很好的例子，“为了确保照顾和激励一般员工，西屋电气在评估经理时不只着眼于他们为公司赚进多少利润，也包括他们访谈的顾客数目和制定的提案数目”。[60]

9.3.3 报酬制度的预期结果

如图 9-2 所示，一个好的报酬制度必须吸引有能力者，当他们加入组织后能立即得到激励并满足其需求。再者，一个好的报酬制度也必须能促使个人成长及发展，并留住优秀的人才。快客便利（QuikTrip）就是个典型的例子，在这家 24 小时连锁便利商店，员工都得到非常好的待遇，包括薪资、福利和访训，以致他们愿意在公司久留。其中超过 200 位员工在公司中任职超过 20 年。[61]

9.3.4 内在报酬及激励的基本结构单位

如同我们之前所定义的，内在报酬是自我认定的。但这并不会使管理方式变得毫不重要。管理者在创造让员工更有可能获得内在报酬从而激发其内在激励的情境时大有作为。肯尼思·托马斯（Kenneth Thomas）的内在激励模型提供了一个有用的方向。[62]该模型包括了工作设计（第 8 章）、员工授权（第 15 章）以及爱德华·德西（Edward Deci）和理查德·瑞安（Richard Ryan）的认知评价理论等要素。德西和瑞安认为，当完成一个须从内部激励的工作时，人们对于自主权和胜任能力的需求要被满足。[63]托马斯利用基本结构单位的概念，向管理者展示如何打造四种利于基本的内在报酬形成的适当情境：意义型、选择型、能力型及成长型（如图 9-3 所示）。下面我们逐一探讨每个结构单元的管理者挑战。

■ 意义型领导

管理者可通过鼓舞员工和打造理想的行为典范来进行意义型领导。图 9-3 显示了管理者如何通过帮助员工激发工作热情以及创立一个员工认同的振奋人心的组织愿景来实现意义型领导。盖洛普民意测验的结果证明了这一观点的正确性，即当员工感受到自身工作和组织愿景间的关联时，会更加投入且工作起来更有成效。[64]这种关联会促使员工形成一种使命感。有些工作重要到其本身就可促进意义的产生。比如下面这个靠近凤凰城的全美最大核能发电厂的独特工作：

早上6点的时候，米歇尔·凯茨（Michelle Catts）准备去上班，途中要经过武装保安、灵敏的X光扫描机、自动门和能侦测到爆炸物的感应器……

凯茨是4位美国核能管理协会督察员之一，替政府监督亚利桑那州核能发电厂，以确保亚利桑那州公共服务公司在危害公共安全事故发生之前及早发现问题来源……

“我每天的工作是确保核能发电厂正常运作，这项工作极为重要，每天结束前都能找到需要了解的重要事情，这种感觉特别好。”凯茨这样说道。[65]

选择型	能力型
•授权 •信任员工 •对无心之错的安全感（不会受罚） •目标明确 •必要信息	•知识 •积极反馈 •技能认可 •挑战 •严格及非比较性的标准
意义型	**成长型**
•包容性的组织氛围 •明显的热情 •令人兴奋的愿景 •相关的任务目标 •任务的完整性	•合作的组织氛围 •里程碑事件 •庆祝 •接触客户 •成长测量

图9-3 托马斯内在报酬和激励的四大部分

资料来源：Reprinted with permission of the publisher. From K Thomas, *Intrinsic Motivation at Work*: *Building Energy and Commitment*. Copyright © 2000 by K Thomas, Berrett-Koehler Publishers, San Francisco, CA. All rights reserved. www. bkconnection. com.

■ 选择型领导

管理者可以通过授权员工、委派有意义的任务和工作给员工的方式实现选择型领导的目的。下面是CNN亚特兰大总部的行政副总裁盖尔·埃文斯（Gail Evans）对于选择型领导的看法。

授权至关重要。如果你不让员工处理他们自己的企划，那你就是在阻碍他们发展，因为此时他们既学习不到新的技能，也无法在其履历上增添亮点，同时你正在浪费自己的时间做别人能做的工作。[66]

■ 能力型领导

此种类型涉及支持和训练员工。图9-3中列举了增强员工胜任感的关键因素和举措。管理者首先须确保员工有必要的知识，以便成功完成自身工作。而不足之处可借由训练及监督的方式解决。通过给予正面的反馈和真诚的认可，加上具有挑战性的工作任务的分配，领导者可以激发员工的内在动力。

■ 成长型领导

管理者可借由监督和奖赏员工实现成长型领导。金宝汤公司（Campbell Soup Company）的CEO道格拉斯·柯南特（Douglas R. Conant）成功地帮公司扭亏为盈，此逆转在成长型领导方面是个典范。

> 这场扭亏为盈的战役得益于削减成本、巧思创新及重焕活力的全体员工的齐心协力……
>
> 柯南特并没有以树敌及争吵不休的方式重组这个历时137年且安于现状的老字号公司。他乐于表扬他人并且不居功。他并不是个自以为是的人……在金宝汤工作的那些年，他送出了16 000张手写的感谢卡给员工。从投资主管到总部的前台，都收到过他亲笔写的感谢卡。这些感谢卡通常被员工们挂在办公室里或是放在他们的办公桌上。柯南特说："在商业界，我们总是被训练要找出错误之处，但我所做的是颂扬一切对的事物。"[67]

我们现在将重点转移到外在报酬，包括他人给予的金钱、机会和认可。

9.3.5 为何外在报酬常不能激励员工?

尽管组织花大量时间和金钱到货币性及非货币性报酬上，却往往难以取得理想的激励效果。一名管理顾问兼作家提出了下列原因：

- 对金钱报酬的过度强调。
- 员工对于报酬并未心存感激。
- 额外的福利好像变成了某种应得的权利。
- 反生产工作行为也被奖励（例如，一家送比萨的公司聚焦于奖励准时送达，结果却发现在无形中也奖励那些为了准时送货而鲁莽骑车/驾驶的送货员/司机）。[68]
- 绩效取得和报酬发放之间的间隔太长。
- 通用型报酬的滥用。
- 使用只能产生短暂激励效果的一次性报酬。
- 持续采用打击员工积极性的做法，例如临时解雇、全面加薪/减薪以及过度的高管薪酬。[69]

对于组织中这些长期存在的问题，我们需要寻求更有效的外在报酬。全面讨论现代薪酬制度超出了本书的范围，我们在这里只探讨提升金钱报酬的激励效果的通行办法——绩效薪酬。

9.3.6 绩效薪酬

绩效薪酬（**pay for performance**）是金钱激励手段的普遍说法，指的是至少有部分薪酬与员工工作绩效或成就直接挂钩。很多人因此也称之为奖励工资，或变动薪酬。80%的美国公司提供广义上的变动薪酬。[70]绩效薪酬包括但不限于奖励薪酬、额外分红和共享利润。其背后的逻辑是促使员工更卖力或更聪明地工作。绩效薪酬是在基本工资或薪水之外额外的好处或补偿。诱因补偿的倡导者认为额外的好处是必要的，因为时薪和固定薪酬除了保证员工上班和完成工时要求之外别无其他更多的激励作用。[71]绩效薪酬最基本的形式其实就是传统的按件计酬制，因此员工完成一份工作后即可得到一笔特定金额的薪酬。例如位于俄亥俄州的隆加伯格野餐篮公司（Longaberger）的 2 500 位工匠的薪酬是按他们制作的木篮个数来计算的。工匠们每天总共能生产 40 000 个优质枫木野餐篮。[72]一个销售人员在完成一笔交易后会有一笔固定的收入，即为销售佣金，这也是绩效薪酬的普遍例子。[73]当前的服务经济促使管理部门不仅仅局限于按件计酬或是销售佣金，而是要采用更多更具创意的绩效薪酬办法，以强调产品和服务品质、相互依赖和团队合作的重要性。

■ 现代奖励工资方案

从现场奖金的发放到团队奖金再到技术津贴，现今大多数的奖金做法仍处在试验性阶段，仍有待研究结果证实或在实践中加以改进。同时，我们要记住，那种认为一种奖金方案能解决所有激励问题的想法和做法无疑是愚蠢的。

■ 研究发现

根据现有的专家观点及研究结果，绩效薪酬常常无法达到预设的绩效提高的目标。专家表示大约一半的奖励计划毫无成效是因为设计和管理不善。[74]事实上，有一项研究发现了奖金对来自 500 家财务困难的公司中 150 000 位管理者的工作绩效产生负面影响。[75]一个包含有 39 项研究的元分析发现，金钱奖励跟绩效之间只有轻度的正向关联，且金钱奖励对工作质量毫无影响。[76]其他研究则发现，公司高收入时所支出的大笔的高管分红和后续的公司盈利能力的改善之间的关系在统计上并不明显。[77]同样，一项针对小型企业家的调查发现，半数以上的受访者表示，他们的佣金方案并没有起到激励员工的作用。[78]在另一个例子中，一项被高度推崇的、将教师的绩效工资和学生成绩挂钩的学校改革方案也并未完全得到改革者想要的结果。

由首屈一指的人力资源顾问公司——翰威特公司主导的一项针对变动薪酬的研究发现了下面这个有启发意义的模式：

> 在那些营收增长率为一位数的公司中，有 41%表示支出大于收益。变动薪酬计划不仅没有使 1/4 的组织增加收益，而且受访公司中的 26%认为这些计划带来了负面的影响。
>
> 但对那些营收增长率为两位数的公司而言，情况完全相反。它们表示这些方案的实施带来正面的影响且对公司绩效做出了贡献。翰威特的商业领袖保罗·沙弗（Paul Shafer）说："我们发现那些实现了高营收增长的公司之所以能成功推行变动薪酬计划是因为它们在管理、沟通和金钱方面提供了适当的支持。如果变动薪酬计划没有妥善实行，对员工来说这会是一种分红，而对于公司而言则将会是一笔巨大的损失。"[79]

很显然，绩效薪酬的实施和应用仍有许多悬而未决的问题。

9.3.7 最大化利用外在报酬和绩效薪酬

基于我们到目前为止所习得的概念，下面是一些可行的方案，可使外在报酬产生最大化的激励效果：

- 根据特定的成果，而给予赞美、认可或是非现金奖励。
- 使绩效薪酬成为组织核心策略之一（例如，对于成为业界龙头或是对于一流服务品质的追求）。
- 基于客观绩效数据提供报酬。
- 鼓励所有员工积极参与绩效薪酬制度的设计、实施和改革。
- 鼓励双向沟通，以便能及时发现并解决报酬计划潜在的问题。
- 围绕参与结构（如建议机制或问题解决小组等）定制绩效薪酬计划。
- 尽可能地奖励团队和合作。
- 主动把绩效薪酬推销给那些可能认为员工参与会对他们传统意义上的权威造成威胁的中高层管理者。
- 如果每年都要发放年终现金红利，那么采取一次性发放的形式（数额更大）以最大化激励效果。
- 选择性地使用有创意的非现金报酬以便在员工中产生兴奋和蜂鸣。[80]

回顾本章开篇的案例

为什么纽星的报酬制度如此有效？

9.4 正强化

反馈和外在报酬常沦为无效，是因为杂乱无章的管理和实施。[81]例如，试想下列情形：

- 一位年轻的编程人员不再发写有创意想法的电邮给他的老板，因为老板从未回应。
- 一位办公室职员忽然被破格提拔，而她更有技能的同事想破脑袋也无法找出其升迁的原因，并在背后纷纷议论这一切的不公。

在第一个情境里，因为缺乏鼓励，生产性行为逐渐消失。在第二个情境下，非生产性行为反而在不经意间得到了奖励。反馈和奖励必须得到更谨慎的处理及对待。幸运的是，行为主义心理学在管理反馈和奖励方面可以提供很大的帮助。多亏了爱德华·桑代克（Edward L. Thorndike）、斯金纳（B. F. Skinner）以及其他学者的开拓性研究，他们提出的名为正强化的行为矫正技术能帮助管理者在给予反馈和外在报酬时按章执行并达到预期效果。

9.4.1 桑代克的效果律

在20世纪初，桑代克在其心理学实验室中发现：当猫被放置在一个设有逃脱控制杆的小箱子里时，它会不停地四处乱窜。然而，一旦猫不小心绊倒控制杆并且成功逃走后，当下次它再被放到同样的小箱子里时，它就会直奔那根控制杆。基于这项实验，桑代克得出他著名的**效果律**（**law of effect**），即如果行为伴随的是满意的结果，那么此行为再次出现的概率会上升；而如果行为伴随的是不满意的结果，此行为重复出现的概率则会下降。[82]效果律很明显背离了行为是本能的产物这个当时已主导一个世纪之久的观点。

9.4.2　斯金纳的操作性条件反射模型

斯金纳进一步完善了桑代克的行为由其结果所控制的结论。斯金纳的研究被视为行为主义，这是因为他严谨对待可观察行为。[83]作为一个行为学家，斯金纳认为解释那些涉及无法观察的如需求、动机、态度或是思考过程等的内在状态是毫无意义的。[84]同样，他也认为自我决定这种观念毫无研究意义。

在1938年出版的经典著作《有机体的行为》（*The Behavior of Organisms*）中，斯金纳对应答性行为及操作性行为进行了重点区分。[85]他把天生的反射行为和刺激-反应归类为**应答性行为**（**respondent behavior**）。这个类别中的行为描述了小部分成人的行为。应答性行为包括了在剥洋葱时不自主的流泪和在碰到火炉时手的反射性缩回。[86]而他把**操作性行为**（**operant behavior**）定义为当一个人在外在环境下运作以便产生满意的结果时所习得的行为。有些人称之为反应-刺激模型（R-S model）。经过多年的斯金纳箱控制性鸽子实验，斯金纳发展出了一套精细的行为控制技术或操作制约技术。例如，他教导鸽子如何八字形行走。他还用食物引诱那些因饥饿而体重过轻的小鸟，每次小鸟做出鞠躬或近似鞠躬动作时，就喂给食物，最后成功教会了小鸟鞠躬。斯金纳的研究推动了行为矫正领域的发展。因为大量的组织行为都可归入操作性行为的范畴，斯金纳的研究对组织行为学学科也有着重大意义。[87]

9.4.3　权变结果

根据斯金纳的操作性条件作用理论，权变结果从下列四个方面控制行为：正强化、负强化、惩罚和消退（见图9-4）。权变这个术语说明了目标行为和后果两者之间存在一套系统性的“如果……就……”的关系。还记得妈妈以前说过的“如果你现在不把晚餐吃完，你之后就没有甜点可吃”之类的话吗？为了避免那些分类错误的通病，我们现在来复习一些正式的定义。

行为-结果关系	结果本质：积极或愉悦	结果本质：消极或讨厌
权变呈现	正强化 行为结果：目标行为出现频率增大	惩罚 行为结果：目标行为出现频率降低
权变取消	惩罚（反应代价） 行为结果：目标行为出现频率降低	负强化 行为结果：目标行为出现频率增大

（无权变结果）
消退
行为结果：目标行为出现频率降低

图9-4　操作性条件作用下的权变结果

■ 正强化强化行为

正强化（**positive reinforcement**）是一个权变地呈现令人感到愉悦的事物来强化行为的过程。（需要注意的是，一个行为得到强化的时候，它会更频繁地发生；而当行为被削弱的时候，它发生的频率会降低。）一个因受到老板赞赏及认可而自愿加班的软件工程师，他的行为就是一种受到正强化后的反应。最近一项实地研究发现，当大学的资金筹集人听到管理者对他们的感谢后，他们的电访次数会增加。[88]繁忙的管理者需要注意的是，一句简单的谢谢以及表达感激之情和赞赏的表情可以产生强大的正强化效果。当388位行政专业人士被问到在工作中最希望得到哪种方式的认可时，口头认可以42%的选择率名列第一（现金津贴以19%排在第二位）。[89]

一个以正强化为主的企业文化可以培养员工的忠诚度、勤奋度和创造性。这种情况在公司经济困难时期尤为明显，位于佛罗里达州迪尔菲尔德海滩的JM家族企业（JM Family Enterprises）就是个例子：

> 这是一家由私人经营的丰田经销公司，在公司绩效下滑的情况下，有许多极度忠诚的员工提出自愿放弃津贴，但CEO科林·布朗（Colin Brown）拒绝了他们的提议照常发放津贴，但希望员工们对于公司削减其他方面成本予以支持。[90]

■ 负强化也可以强化行为

负强化（**negative reinforcement**）是一个权变地把令人不愉快的事物去除而强化行为的过程。例如，当一个新兵从床上起身而陆军训练官停止嘶吼时，此时陆军训练官会负强化新兵从床上起身的特定行为。同样，当巨型喷气式飞机起飞时，我们捂住耳朵这个行为，因帮助我们减轻噪声干扰而负面地被强化。负强化时常与惩罚搞混。这两种策略运用到行为上时有相反的效果。负强化，正如其中强化二字所示，因为其使我们免于陷入不愉快的境地，因此有强化行为的作用。

■ 惩罚会弱化行为

惩罚（**punishment**）是权变地呈现某些令人不愉快事物或消除某些令人愉快的事物以弱化行为的一个过程。经理分派一项苦差事给一个迟钝的员工，属于第一种情况的惩罚行为。扣除迟钝员工的工资，则为第二种惩罚，也称反应代价惩罚。法律中的罚金涉及了反应代价惩罚。销售人员要从自己口袋中掏钱补齐收银机中现金的短缺，属于一种应对反应代价惩罚的表现。这种在职的惩罚可能也必须要引起是否符合道德标准的讨论。[91]

■ 消退也会弱化行为

消退（**extinction**）指借由忽略或是确保行为不会被强化的方式来弱化行为。通过不接电话来摆脱前男友/女友的行为就是一种消退策略。消退就好比你停止为室内盆栽浇水，试想，如果植物没有水的灌溉会怎样？如同没有水分滋养的植物，一种行为如果得不到偶尔的强化终究会消失。虽然惩罚和消退是两个大相径庭的过程，但对于行为来说有相同的削弱作用。

9.4.4　强化时间表

如同前面所述，权变结果是决定未来行为的重要指标。而行为后果的时间点可能更为重要。在实验室中，经过多年乏味的鸽子高度控制实验后，斯金纳和其同事发现不同时间点的强化行为会产生显著的回应模式。[92]

虽然他们的实验结果可以归类为负强化、惩罚或是消退，但当我们在讨论强化时间表时，注意力还是应该放到正强化上。

■ 连续性强化

如果执行**连续性强化**（**continuous reinforcement**）时间表，那么每一个目标行为都将得到强化。例如，当你的苹果手机正常运作时，你的行为会因为屏幕显示以及手机解锁时发出的声音而被强化（连续性强化时间表）。但如同任何连续性强化时间表一样，你开手机的这个行为如果没有得到回应的话，此行为会迅速消退。

■ 间歇性强化

与连续性强化时间表不同，**间歇性强化**（**intermittent reinforcement**）只涉及某些并非全部情境下的目标行为。间歇性强化时间表又可细分为四个部分，其中包括固定及变动比率强化时间表和固定及变动时距强化时间表。比率方式时间表中的强化是依有多少反应被察觉到而定。时距强化则和时间的流逝相关。以下是一些关于间歇性强化的常见例子：

- 固定比率：津贴的发放与销售定额的单位商品相挂钩。
- 变动比率：老虎机被拉杆多次后，博彩的人会得到奖励。乐透彩票则是在彩民购买不定张数的彩票后才会中奖。
- 固定时距：时薪；定期发放的年薪。
- 变动时距：上司对于工作表现良好的员工随机地给予赞赏和鼓励。

■ 时间安排至关重要

强化行为时间表对于行为的影响远大于强化行为本身。虽然这个论点并不适用于鸽子的实验，但接下来的工作研究支持了此论点。试想这个例子：一项对于 12 位工会组织成员的研究。他们都是为一家伐木公司工作的河狸捕猎者，替伐木公司驱赶那些啮齿类动物，保护新栽种的树苗。[93]

这些捕猎者被随机分为两组，每周交替适用两种不同的津贴方案。第一种津贴方案的适用情况是，每个捕猎者除了可获得每小时 7 美元的固定工资外，还可因每捕到一只河狸而获得 1 美元。而技术上来说，这是一种按连续性强化时间表方式发放的津贴。第二种津贴方案是每个捕猎者除了可获得每小时 7 美元的工资外，他们每个人有 1/4 的机会（用掷色子决定）可因为一只河狸的捕获而获得 4 美元。第二种津贴方案则属于变动比率时间表。从长远来看，在这两种报酬机制下，捕猎者平均皆可因为捕获一只动物而获得 1 美元。令人惊讶的是，捕猎者在变动比率时间表机制下的捕获率比在连续性强化时间表下的捕获率高出 58%；但事实上，这两组历经 12 个星期的捕猎期所净赚的工资是一样的。

■ 组织通常依赖变动强化时间表

一般来说，强化作用中的变动比率时间表和变动时距时间表会产生最能抵抗消退结果的行为。从赌徒身上我们即可得知，在下一轮尝试后，变动型时间表最有可能产生强化作用。例如，下面发生在内华达州的一家赌场的案例就是变动比率强化行为的例子：

> 一个坐在助步车上的老妇人松开紧握老虎机拉杆的手跌落在地板上。
>
> “帮帮我。”老妇人虚弱地哭着。
>
> 坐在她旁边的一位女士，中断了自己的游戏来到她旁边帮助她，然而她身边其他那些老虎机玩家却无动于衷地继续玩。
>
> 保安赶来并且试图安抚老妇人，带着她离开。
>
> “谢谢，”老妇人感激地说，“但别忘了我赢来的钱。”[94]

组织如果不采用任何变动性的强化行为措施，那么像上述例子中对于工作专心致志的精神是很难被激发的。创立于拉斯维加斯的网络零售商美捷步就是一个非常好的例子，这家公司的员工可以给任何其他能把工作做得出色的员工 50 美元的奖金。[95]

不幸的是，时薪制或是年薪制这些以时间为基准制定的薪酬机制是依靠最薄弱的强化时间表（固定间隔作用）在运作，但在当今职场却仍是主流趋势。事实上，美国劳工统计局表示，59％的美国劳动者都是按小时领取薪水。[96]虽然一份稳定的收入永远都是受欢迎的，但却无法带来惊喜，永远也抓不到像玩扑克牌时那令人惊喜的好牌。创意十足的管理者懂得如何利用变动强化行为。

> 理想主义者网站（idealist. org）的创办人和经营者阿米·达尔（Ami Dar）在一年中会挑选一天称为天晴日。他先等气象预报员宣布当天是个晴朗无云、微风徐徐、阳光普照的日子，接着便向员工宣布公司将在这天歇业，告诉大家最好花点时间在户外。有些员工可能会惊慌失措地思考如何重新安排会议或是可能会错过的邮件，然而达尔说尽管如此，隔天这些员工仍会踩着更轻快的步伐来上班。天晴日成功的关键是什么？答案是出其不意的惊喜。这种惊喜使员工跳离枯燥的工作日常并且带给他们愉快的心情。惊喜也使员工加倍地感激，这种感激不同于收到意料之中礼物时的感激。[97]

回顾本章开篇的案例

> 纽星薪酬机制中有没有什么利用“惊喜效应”来大幅激励员工的变化性强化因素呢？

9.4.5 行为塑造

你有没有想过海洋公园的训练师是如何使海豚翻身、杀人鲸承载游客和海狮玩球呢？这些结果如同魔术般神奇。事实上，有种被称为行为塑造的普通学习过程可以解释这些动物的滑稽动作。

例如，两吨重的杀人鲸食量很大，训练师发现数桶鲜鱼对它们来说非常有说服力。所以如果训练师想要骑在杀人鲸背上，他可以通过一些基本的强化行为来达到杀人鲸愿意被骑的目的。训练师丢出一些小鱼后，杀人鲸会靠近训练师，接着训练师轻抚杀人鲸并给予更多的小鱼，然后是训练师拿更多的小鱼换取在杀人鲸鼻头套上保护带，训练师给予更多的小鱼以便可坐在杀人鲸背上，最后是训练师用小鱼奖赏杀人鲸与自己一起在水中游泳。实际上，训练师会系统地提高杀人鲸受到强化的行为要求。[98]因此，**塑造（shaping）**可定义为一个行为经由不断的强化而逐渐接近目标行为的过程。

行为塑造在人类身上也非常适用，特别是那些涉及以持续进步为核心的训练和品质改进方案。赞赏、认可、指导及可靠的回馈并不会占管理者多少时间。然而，当这些与学习目标和行为塑造方案双管齐下时，产生的成果能有效地改善员工工作绩效。成功的行为塑造的关键在于简化复杂的目标行为，使其变成易学的步骤，接着再不断重复地（且有耐心地）加强改善。例如，大陆航空公司（Continental Airlines）在采用一种现金红利方案后，它一扫其在业界里恶名昭彰的班机延误纪录，成为最守时的航空公司之一。一开始，大陆航空承诺如果当月的准点率排名业界前五，公司会在该月给员工发放 65 美元的奖励。现在则是当大陆航空的准点率在业界排名为第二或第三时，员工才可获得那 65 美元的奖励；而当大陆航空的准点率排名第一时，员工则可获得 100 美元的奖励。[99]表 9－3 列示了十个行为塑造的实用技巧。

表 9－3　十个行为塑造的实用技巧

1. 适应行为改变的过程。行为改变是一个渐进的过程，不能毫无限制、一蹴而就。
2. 明确地界定新的行为模式。简单明了地阐述你想达成的目标，并设定少量且较容易实现的目标。
3. 根据每个人的表现，给予个别的反馈。单一的年度评比是不够的。
4. 及时地强化行为。
5. 运用强而有效的强化行为。为了使强化有效，奖励的重点对象必须是员工而非管理者。
6. 使用连续强化时间表。每当新行为出现时，也须强化它。这些新行为变成习惯后，强化作用仍有持续施加的必要。
7. 使用变动强化时间表以维持目标行为。即使行为已经转变成习惯，仍有持续强化它们的必要，但并非每次都需奖励。
8. 奖励团队合作而非竞争。当工作与绩效相互依存时，群体目标及群体奖励是一种鼓励合作的方法。
9. 奖励应根据工作绩效而定。
10. 千万别视员工良好的工作表现为理所当然。即使是顶尖的工作表现，如果一直未受到奖励强化，也终将消退。

资料来源：Adapted from A T Hollingsworth and D Tanquay Hoyer，"How Supervisors Can Shape Behavior，" *Personnel Journal*，May 1985，pp. 86－88.

组织行为学案例研究

为什么公平餐饮 CEO 茱莉亚・斯图尔特像老师一样经营饭店？[100]

（背景：茱莉亚・斯图尔特（Julia A. Stewart）所在公司公平餐饮（Dine Equity）旗下的饭店业务涉及 3 300 家分店，包括 IHOP 和 Applebee 这些美国人耳熟能详的快餐品牌。）

我父亲在高中教公民学和美国历史，我一生都以他为榜样——学习他跟学生沟通的方式。如果爸爸下节课会讲到亚布拉罕・林肯的部分，他就会非常努力地找一些不为人知的细节使得林肯更人性化，以此激发学生的兴趣……

他认为教书是最崇高的职业，所以当我决定进入餐饮业时他很生气。但是几年之后，当我取得重大成功，担任了塔可钟（Taco Bell）副总裁并负责上千家快餐店的时候，我终于能够向他证明，作为一个商人，我也在应用他所传授给我的知识。

有一天我跟他一起参观了洛杉矶南部中心区的六七家餐饮店，这些工作场所的员工通常不会得到任何赞赏和感谢，在每家餐饮店，我都会走到吧台后面，到食物准备工作台找一个操作完美的员工，我会说，“好样的——这样分配塔克卷太完美了”，然后转身问线上的另外一名员工，“你看到这样操作多好了吗？”或者我会站在厨房中间喊，“哪位今天负责非预约顾客呀？”一阵沉默之后，会有人承认“是我”。我就会表扬他的工作，让厨房各位都围过来，看看什么才是正确的做法，下次如何能做得更好。一天下来，爸爸拉我去喝了一杯，告诉我，“茱莉亚，你这也是在教导和传授——只不过是在不同的课堂”。

如果我跟公司高管一起乘飞机，我会问她许多与其工作相关的问题，对于某个问题也会要求她提供专业知识为我指点迷津，或是同心协力想出解决办法。换句话说，此时的我在指导她，也的确是在传授知识…

当员工觉得他们在学习的时候——在办公室或者在厨房——他们对工作会更有兴致，这也会以诸多不同的方式展示给顾客。

［讨论］

1. 斯图尔特对员工的评价中体现了哪些图9-1中包括的绩效管理循环的元素？

2. 茱莉亚·斯图尔特在提升员工敬业度和激励员工方面是一个好的行为模范吗？请解释。

3. 按照图9-3所示的四种类型，你如何评价斯图尔特的“教书式”管理模式在激发员工内在报酬激励方面的作用？请解释。

4. 在本案例中，正强化起到了什么作用？你认为斯图尔特是否有效地运用了正强化？请解释。

5. 你是否愿意到公平餐饮公司担任斯图尔特手下的餐饮店经理？请解释你的选择。

法律/道德挑战

到底该不该超时工作？[101]

伊利诺伊州绍姆堡的 Quality Float Works 公司2009年解聘了三名员工，留下的18名员工每周工作四天。

现在（2010年中期），公司的产品销售火爆。这种产品是该公司生产的用于水箱或者水槽满溢时报警用的金属球。经销商们卖光了库存，但新的货源又跟不上，从而形成了恐慌。公司老总桑德拉·威士兰-迪尼翰（Sandra Westlund-Deenihan）这样介绍。

威士兰-迪尼翰现在让员工每周加班9小时以上，最近又雇用了两名员工，她目前不打算再扩招工人。在岗员工“经历了艰难的时光，我觉得我一开始就亏欠他们”，威士兰-迪尼翰说。

有些工人直接从兼职变成了超时员工。

威士兰-迪尼翰决策背后的道德启示是什么？

1. 这是一个基于“同甘共苦”原则的相对公平的管理决策。不再雇佣新员工而让现有员工加班也让威士兰-迪尼翰在产品销量下滑时有了回旋余地。

2. 重新雇佣那些被裁的员工（如果他们愿意回来的话）。最起码为他们提供兼职工作机会。这样做对大家都有好处。平心而论，先前被裁的员工遭受的损失最大。

3. 威士兰-迪尼翰应该让员工投票决定是继续加班还是重新雇佣原先被裁的员工，然后按照投票结果采取相应措施。

4. 提出其他选项并解释和讨论。

第Ⅲ篇　群体与社会过程

第10章 群体动力

学习目标

学完本章后，你应该能够：

1. 识别群体的四个社会学标准，并讨论社交网络对群体动力的影响。
2. 描述塔克曼群体发展的五个阶段和群体衰退的威胁。
3. 区分角色冲突和角色模糊。
4. 对比角色和规范，解释组织中执行规范的四个理由。
5. 区分群体中的任务角色和维护角色。
6. 总结权变管理对群体管理的启示。
7. 讨论为何管理者需要特别留意混合性别任务群体。
8. 描述群体思维，并识别出至少四种症状。
9. 定义社会惰化，并讨论管理者如何有效预防社会惰化。

管理者如何减轻裁员之痛？

作为公司缩减战略的一部分，英特尔位于俄勒冈州希尔斯波罗工厂的几位管理者失去了工作。苏米特·顾哈（Sumit Guha）是英特尔执行主管帕特·麦克唐纳（Pat McDonald）手下的工程师。顾哈告诉我说帕特在一个公开讨论会上号召大家“重估这些被裁掉的员工所做的贡献，祝他们好运，这些员工离开并非他们之过，我们所有人都应该向他们伸出援助之手，应该感谢他们所做的贡献”。

2009年初，情况越来越糟，因为技术落后，英特尔宣布希尔斯波罗工厂将在年终停产，大约1 000名工人将因此失去工作。帕特表达了对失业员工的关切和同情。她更用实际行动展现了她对失业员工的支持：帕特很快对她的团队宣布，尽管产能指标很重要，但是帮助失业员工过渡转型更是首要任务——尤其是要尽全力帮助大家在英特尔内部其他部门或英特尔之外找到新的工作。帕特和她的团队不仅给大家提供各种再就业咨询及相关服务，还亲自登门拜访许多本地雇主为英特尔失业员工寻找新的工作岗位。工厂的管理者和其他员工也争相效仿她，比如，员工之间分享工作招聘指南，互相帮助以更好地准备面试，即使是在竞争相同的岗位时也是如此……

帕特对失业员工的重视以及她与大家的良好关系不仅保证了工厂顺利停产，而且她以员工优先的做法也帮助好多人重新找到了工作，甚至即将关闭的希尔斯波罗工厂都未受到影响：工厂的产能、效率、质量在2009年都创了新高。[1]

从定义上看，组织指通过持续互动以取得比个体单干更大的成就的人的集合。相关研究结果持续证实了社会技能对个体和组织成功的重要性。例如，最近一项对1 040位来自100家美国制造和服务组织的管理者的调查识别出了15项管理者面对无法成功应对情况突变的原因。排名前两位的是“无效沟通技巧/行为”以及“工作关系不好/人际沟通技巧欠缺”。[2]职场中的人际关系非常重要，帕特·麦克唐纳富于同情心地帮助英特尔失业员工的案例就清楚地说明了这一点。难怪2011年英特尔飙升到《财富》杂志最佳职场百强第51位，而一年前英特尔的排名是第98位。[3]

如在第1章中定义的那样，管理涉及与他人一道和通过他人完成工作。专家指出管理者需要用到构建社会资本所需的四种关键技能：社会知觉、印象管理、说服力和社会影响以及社会适应性（见表10-1）。[4]你是如何提高自身的社会技能的？有哪些方面需要改进？丹尼尔·戈尔曼（Daniel Goleman）在情绪智商的基础上提出了社会智力（social intelligence）的概念，“不仅聪明地对待自身的社会关系，也聪明地维持好这些关系”。[5]比如说，考虑一下如何将下面这种非正式关系发展成双赢的业务关系和更牢固的社区关系：

10年前，阿奇·威廉斯（Archie Williams），波士顿贫困的罗克斯伯里街区的一个很小的打印机碳粉经销公司的创办人，在一次偶然的机会跟汤姆·斯滕伯格（Tom Stemberg）打了一场高尔夫。斯滕伯格是巨型办公文具零售商史泰博公司（Staples）的创办人和董事长。俩人一路击球、捡球，走遍了整个高尔夫球场，聊得不亦乐乎——从此成了好朋友。很快，斯滕伯格开始从威廉斯的公司，罗克斯伯里科技（Roxbury Technology）那里采购打印机墨盒。

这笔交易最终证明是个双赢——无论是对公司而言还是对社区而言。史泰博这个办公用品零售巨人发现了一个可靠的重要商品的供货商，而罗克斯伯里科技公司则找到了搭档可以在全国销售自己的产品，斯滕伯格很快成了威廉斯的良师益友，帮助后者制定计划、筹集资金和提供法律咨询。罗克斯伯里科技公司现在是史泰博优先选择的供应商……（年销售额达到了1 700万美元，而且，）罗克斯伯里科技公司的65名员工几乎都来自公司所在社区或附近社区。[6]

表10-1　管理者构建社会资本所需的关键社会技能

社会技能	描述	本书相应章节
社会知觉	能正确知觉他人情绪、特质、动机和意图的能力	个体差异：第5，6章 情绪智力：第5章 社会知觉：第7章 员工激励：第8，9章
印象管理	设计用以引发他人对自身的喜爱和良好第一印象的策略	印象管理：第15章

续前表

社会技能	描述	本书相应章节
说服力和社会影响	在期望的方向上改变他人态度和行为的能力	影响策略和社会权力：第 15 章 领导力：第 16 章
社会适应性	在一系列不同的社会情境中均能适应或感到自在的能力	文化智力：第 4 章 变革管理：第 18 章

资料来源：Columns 1 and 2 excerpted from R A Baron and G D Markman，"Beyond Social Capital：How Social Skills Can Enhance Entrepreneurs'Success，" *Academy of Management Executive*，February 2000，table 1，p. 110.

回顾本章开篇的案例

英特尔的帕特·麦克唐纳是如何运用表 10－1 所列的社会技能构建社会资本的？

下面我们将从定义群体开始，然后讨论群体类型、群体成员职责、职场社会网络以及群体发展过程。之后我们将把注意力转向群体角色和规范、群体动力基本构造单元、群体结构影响和群体成员特征对群体结果的影响。最后，我们将讨论群体效能的三大威胁（本章主要作为后续章节讨论团队和团队合作打下基础）。

10.1　社交媒体时代的群体

群体和团队是当代生活不可避免的特征。[7]大学生通常会跟同学组成小组完成课堂作业。父母亲在当地学校的社区咨询委员会服务。管理者在产品计划委员会和产能任务小组中兼职。生产组织如果不能用群体或团队的方式把个体组织起来，生产运作就难以进行。但是，个人经验表明，群体努力既可以帮助人们做到最好，也可能让事情毁于一旦。比如说，在一次市场部门的会议中，几个成员积极地头脑风暴后提出了一项创意十足的广告策划方案，由此所产生的市场效果可能是单一成员无法达到的。

当然，群体努力也可能出现另一种情况。比如说，很多委员会因为漫无目标、冲突不断而沦为笑柄（比如，委员会是一个争分夺秒地浪费时间的地方；骆驼是一种被某个委员会设计出来的马）。现代管理者需要强化了解群体和群体过程以便更好地利用群体，扬长避短。而且，日益发展的互联网和现代通信技术的出现让个体能接触到各种独特的正式的和非正式的社交网络，这对追求利润的企业管理者也形成了极大的挑战。

虽然群体还有其他的定义，本书依据社会学的范畴将**群体**（**group**）定义为共享集体规范和目标并且有共同身份的两个或者两个以上的自由互动的个体。[8]图 10－1 显示了这个定义如何把群体的四个标准整合在一起。组织心理学家埃德加·沙因（Edgar Schein）对群体、人群和组织做了有启发性的区分：

群体的规模受相互作用和相互了解的可能性的限制，人们的简单聚合不适用这一定义是因为人们并不能互相作用，也没有形成整体意识。因此，即使人们互相意识到彼此的存在，比如街角围观某个事件的一群人，我们也不能把他们称为一个群体。有时一整个部门、一个联盟甚至一个组织如果成员之间不互动交流、彼此之间没有意识到对方的存在，即便成员之间用"我们"来指代彼此，我们也不能称之为一个群体。相反，工作小组、委员会、大部门下的子部门、小集团和其他各类组织成员间的非正式协会则很符合群体的定义。[9]

现在花点时间想想你是哪些群体的成员？你所属的群体是否满足图10－1所列的四个标准。

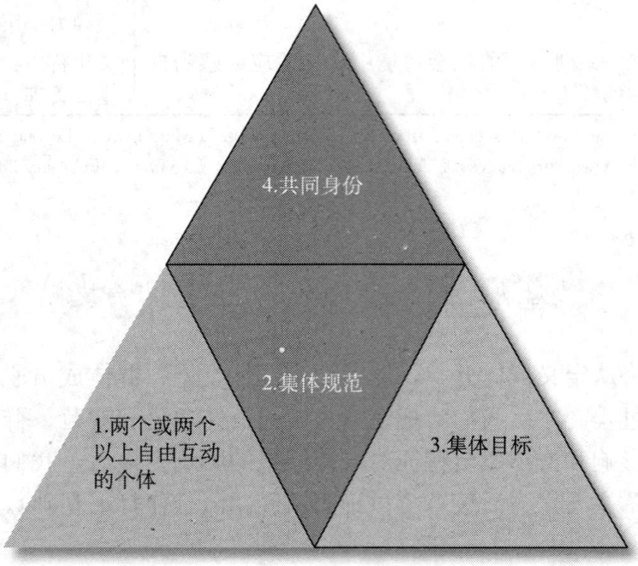

图10－1　群体的四个社会学标准

10.1.1　正式群体与非正式群体

个体加入群体或者被分派到群体以实现各种目的。如果群体是由管理者组建以帮助组织达成目标，这就是一个正式群体。**正式群体（formal group）**通常来说会被贴上类似工作小组、项目团队、委员会、董事会或者任务特别小组之类的标签。**非正式群体（informal group）**存在于当成员互动的最大目的是友谊和兴趣的时候。正式群体和非正式群体在工作场所既可能重叠，也可能不重叠。比如，1 050名计划结婚的女性员工中有23%说她们不打算邀请同事参加婚礼。[10]而且，或好或坏，家族企业和雇佣家庭成员及朋友均可以产生重叠的正式或非正式群体。[11]

10.1.2　正式群体的职能

研究人员指出，正式群体可实现两种基本职能：组织职能和个人职能。表10－2列出了其他职能。这些职能有时混杂在一起出现在任何既定时间的正式群体中。

比如，考虑一下马自达公司（Mazda）的美国新员工的经历，他们在密歇根州弗拉特罗克分厂正式开工前花了一个月的时间在日本工作：

> 在日本马自达工厂培训期间，美国员工在棒球场上和新认识的日本同事切磋球技，培训课后一起去逛各种酒吧。一个月后，美国员工对工作的热情被激发出来……（一个美国维修部管理者）甚至开始喜欢日本工厂每天工作开始前的群体健身操：“我原来觉得我不会喜欢每天的晨练，但我现在有点喜欢做早操了。”[12]

在马自达公司追求自己所需的组织职能，即相互依赖的团队工作、创造力、协调能力、解决问题能力和培训时，美国员工也受益于正式群体中的个人职能，这些人从个人职能中得到了友谊，增强了自尊，更了解日本社会文化，减少了到外企工作的焦虑感。简言之，马自达公司通过在日本培训新雇佣的美国员工，将组织职能和个人职能整合到一起创立了一种可行的混合职能。

表 10-2 履行组织职能和个人职能的正式群体

组织职能	1. 完成个体能力所不能及的复杂的、相互依存的任务。 2. 产生新的或创新的想法和解决方案。 3. 协调部门间的努力。 4. 为需要多种信息和多次评估的复杂问题提供解决问题机制。 5. 实施复杂的决策。 6. 社会化和培训新员工。
个体职能	1. 满足个体归属需要。 2. 发展、增强和确认个体自尊和认同感。 3. 给个体机会来测试和分享他们对社会现实的知觉。 4. 减轻个体焦虑以及不安全感和无能感。 5. 为个人和人际问题提供问题解决机制。

资料来源：Adapted from E H Schein，*Organizational Psychology*，3rd ed (Englewood Cliffs，NJ：Prentice Hall，1980)，pp. 149 - 51.

10.1.3 正式及非正式的边界在社交媒体时代日渐模糊

社会关系是复杂的，有生机的，并充满活力。社会关系之间很少有绝对的边界，尤其是当前的即时社交媒体兴起之后。重叠正式和非正式群体的想法可能会带来问题。有些管理者坚信个人友谊可以促进工作上的团队合作，而另外一些管理者认为工作场所的"朋友闲谈"会严重影响生产率。事实上，最近的一项对18岁及以上年龄的员工的调查凸显了工作场所友谊的重要的正面和负面效应。正面效应是更富支持性的工作环境（70%的员工选择）和增加团队合作（69%），负面效应是说长道短（44%）和偏袒（37%）。[13]管理者有责任根据相关员工的成熟度和目标维护工作环境的平衡。此外，还有个极具道德争议的问题：管理者及其下属间的职场友谊。

真实世界/真实人物

俄罗斯文化欣然接受社交媒体

根据互联网跟踪服务商康姆思科（comScore）的报道，2010年4月脸书俄罗斯网站正式开通。迄今网站排名第五位。但是其增长速度令人印象深刻，从2010年1月到8月，俄罗斯分部用户持续增长376%，达到了4 500万。

……俄罗斯传统上是一个依赖人际网络过日子的社会。"在俄罗斯，有一种认识就是你如果依赖政府或制度就什么事也干不成了，因此你必须依赖朋友关系网。"艾瑟·戴森（Esther Dyson）说。他是一位风险资本家，投资俄罗斯科技领域已经有十多年的历史了。在一个体制脆弱的国家，"人们很自然地通过自己的人际网络获取所需的东西"。即使在限制更少的后苏联时代，人际关系对所有的事情仍至关重要，不管是找工作还是找关系解决一个问题。

类似脸书和推特这样的社交媒体是如何让全世界的民众获得更大的能力的？

资料来源：Excerpted from J Ioffe，“In Russia，Facebook Is More Than a Social Network，” *Bloomberg Businessweek*，January 3－9，2011，pp. 32－33.

■ 社交媒体革命

多年来，社交这个术语的意思仅仅是指建立一个适度的个人和职业的联系人名单并尽量定期保持联络。但是由于互联网工具比如电子邮件、博客、脸书、领英、视频网站 YouTube、推特的兴起，现在的互联网极度活跃并且呈现全球化趋势——脸书和推特在埃及革命中甚至起到了很关键的作用。[14]当你可以即时、广泛、有效地与数千人同时交流，为什么还要拘泥于一本联系人通讯录呢？*PC* 杂志给**社交网站（social networking site，SNS）**做了如下工作定义：

> 社交网站指一种能为喜欢某一特定主题的人提供虚拟空间或者集体休闲场所的网站。会员在网站上创立自己的在线资料，包括履历表、照片、个人喜好以及其他自选信息。会员通过语音、聊天、即时信息、视频会议或博客等相互交流。网站服务也通常包括为会员提供与朋友或者其他会员沟通的途径。[15]

社交网站的会员可能或者不可能面对面地相互认识，而社交网站的运用主要是但不局限于年轻人。根据皮尤研究中心（Pew Research Center）的一项调查，75%的在线用户年龄在18～24岁，而30%的年龄在35～44岁的用户至少在一家社交网站上填写了个人资料。[16]

随着社交网站的迅速增长和新应用的不断涌现，组织管理者实在是伤透了脑筋，有好多问题等着他们回答：我们如何从中获利？我们应该拥抱它还是控制它？社交网站是好还是坏？这种规模巨大的网络连接对产能、隐私、职权骚扰、机密、知识产权的保护和信息系统的安全都意味着什么？通过社交媒体的社交活动对组织而言就像是蛮荒的美国西部一样，有诸多无法回答的问题和未知的后果。[17]（公司社交媒体政策将在第14章讨论。）尽管职场正式群体和非正式群体的边界已模糊难辨，管理者还是需要建立一些分界线。

■ 管理者应该跟下属交朋友吗？

一个存在已久的、被社交媒体夸大的群体动力困境就是管理者和下属的友情（参见本章末尾的“法律/道德挑战”专栏）。关于这一问题，杰克·韦尔西和苏茜·韦尔奇在其商业咨询专栏里提出过一个很好的建议：

> 只要你们对企业有共同的价值观，你就没有必要跟属下交朋友。但是如果真能跟他们成为朋友，那么你很幸运。每天和你喜欢的人一起工作8～10小时肯定能为生活增添乐趣。

话虽这样说，切记老板和员工的友谊是否存在取决于一个因素：完全的坦率。坦率在任何工作关系中都是必要的，如果涉及社会层面就更是必不可少。你并不希望你对某员工人格的喜爱让人以为你喜欢他的工作绩效。你当然可以对下属的表现进行经常性评估。但要记住的是绩效评估与工作谈话不同，且进行的时点要间隔开。通常的做法是一年四次左右。在你跟下属进行绩效评估谈话时，先把那些上周末烧烤派对的笑话放到一边，谈谈目前的工作要求和已经达成的目标。[18]

管理者与下属的友谊真是一个需要许多情商和社会智力才能处理好的问题。

10.2　群体发展过程

就像任何其他事物的生命周期（比如，人、组织、产品）一样，职场中的群体和团队也经历了一个逐步成熟的过程，理论家们普遍同意的观点是群体发展会经历一系列可识别的阶段。但他们在具体阶段数目、排列顺序、时间长度以及每个阶段的特征等方面分歧很大。[19]群体发展阶段常被人引用的是教育心理学家布鲁斯·塔克曼（Bruce W. Tuckman）在 1965 年提出的群体发展四阶段模型，即形成期、激荡期、规范期和执行期。

图 10－2 显示的是 1977 年塔克曼及其博士生增加了一个“休整期”之后形成的五阶段模型。[20]需要注意的是，该模型在某种程度上类似于马斯洛的需求层次理论，塔克曼的理论被长期地反复讲授以至于很多人认为该模型不再仅仅是个理论模型，而是确凿的事实。即使到了今天，最好还是牢记塔克曼自己提出的警告：他的群体发展模型是基于他对群体治疗聚会的研究，而非自然生活中的群体。尽管如此，塔克曼的群体发展模型因其阶段标签易记、划分符合常识判断而受到了众多组织行为学研究者的喜爱。

10.2.1　五阶段

下面我们逐一介绍塔克曼的群体发展模型。要注意的是图 10－2 显示了当个体选择加入某一群体时，他们需要放弃一定程度的独立性。而且，五个阶段在持续时间和强度上一定要相同。比如说，取决于目标清晰度和群体成员的成熟度和承诺水平，激荡期有可能根本不存在，也有可能令人苦恼地持续很长时间。如果你把自己在各种工作群组、委员会、运动队、社会或宗教团体，或者课堂项目小组等群体经历结合五阶段模型中的不同阶段来理解，你就会发现这个模型更加实用易懂。如果你了解了群体发展的自然过程，你可能会发现原来有些发生时曾经让你吃惊的群体事件现在再来看可能会更合乎情理。

■ 第一阶段：形成期

在这一破冰阶段，群体成员往往不确定，会对诸如自身角色以及群体目标等问题感到焦虑。而且，一项新的研究结果表明，群体成员先前的经历可能会造成摩擦。[21]这时，成员间相互信任度低，会存在很多观望谁来负责、如何负责的情况。如果一个

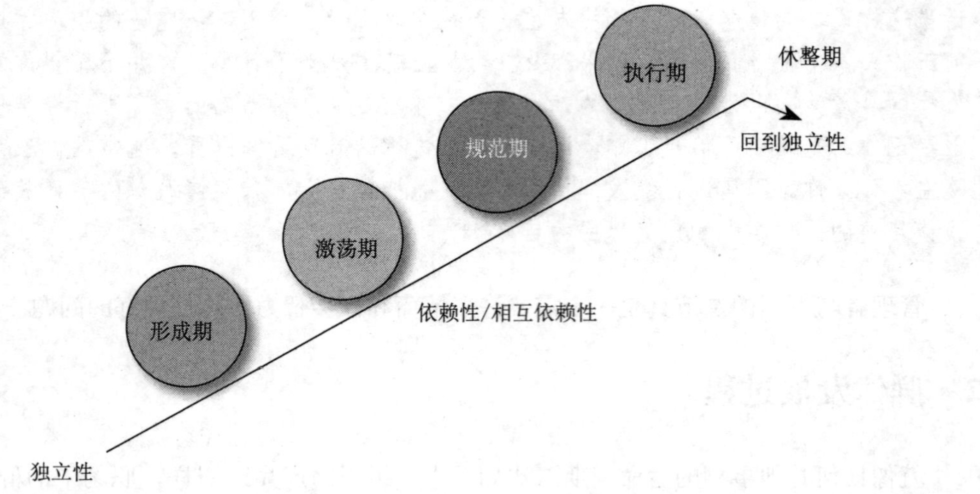

个体问题	“我如何融入？”	“我的角色是什么？”	“其他人期望我做什么？”	“我如何能最好地履行我的职责？”	“下一步怎么做？”
群体问题	“我们为什么组建这个群体？”	“为什么我们要为谁负责和谁做什么而争吵？”	“我们作为一个群队能否就角色和工作分配达成共识？”	“我们能做好工作吗？”	“我们能帮助那些退出的成员顺利过渡吗？”

图 10-2　塔克曼群体发展五阶段模型

正式领导者（比如一个监督员）无法维护他的威信，一个涌现出来的领导者就会出现以满足群体对领导和方向的需求。领导者通常会在这个蜜月期错误地认为可以完成对群体的永久控制。但是随后出现的各种问题可能会导致领导权变更。

最近的研究发现，当新成立的问题解决团队中包含有具备专业知识的专家（当前组织群体的常态），那么成员间的沟通状况也会得到改善。[22]因此，群体建设能帮助新群体获得一个有助益的良好开局（团队建设将在下章具体讨论）。

■ 第二阶段：激荡期

这个阶段是测试期，成员们在尝试如何融入群体权力结构的过程中也在测试领导者的政策和假设。小群体开始形成，诸如拖延之类的微妙反抗形式也会出现。不少群体在第二阶段停滞不前，因为权力斗争升级导致冲突公开化。[23]

■ 第三阶段：规范期

渡过了第二阶段的群体通常会进入规范期。这个过渡往往是因为一个受尊敬的成员（而不是群体领导者），呼吁群体解决权力斗争以便能实现群体目标。群体中有关权威和权力的问题往往通过冷静务实的群体讨论得以解决。在这一阶段，成员们相信他们找到了适合自身的定位，也由此体会到了群体精神。**群体凝聚力**（**group cohesiveness**）是规范阶段的主要副产品，指的是一种把群体成员团结在一起的“我们觉得”的意识。[24]

■ 第四阶段：执行期

这个重要阶段的活动集中于解决任务问题。作为一个成熟群体的成员，参与者要在不妨碍他人的前提下完成自己的任务。群体内会有一种公开沟通、紧密合作以及互帮互助的氛围。冲突和工作边界纷争也会积极高效地得到处理，凝聚力和个人对群体目标的承诺会帮助群体取得比任何个体独自能取得的更大的成绩。

在执行期，群体结构可以灵活地按照环境的要求进行调整而不会对成员造成困扰。取决于谁拥有解决群体任务或完成群体活动所需的特定知识和技能，权威角色可以在成员之间转换。小群体会被用来解决特定问题或分任务，且不会对群体权威或其他成员的凝聚力造成威胁。[25]

■ 第五阶段：休整期

工作完成了，是时候转向其他事情了。经历了如此努力地工作并且圆满完成任务后，许多成员会感到一种压抑的失落感。重新回到独立状态可以通过庆祝“圆满结束”和“新的开端”而得到休整。派对、颁奖典礼、毕业典礼或者模拟葬礼仪式都可以在一个重要群体项目结束后为成员们提供必要的休整。领导者需要运用群体动力知识，好好帮助大家为以后的群体任务做准备。

回顾本章开篇的案例

在帕特·麦克唐纳应对工厂关闭的案例中你能发现哪些塔克曼模型第五阶段的证据？

10.2.2 群体发展：研究和实践启示

越来越多的群体发展研究给管理者提供了有益的实践启示。

■ 扩展塔克曼模型：群体衰退

一项有趣的研究强化了塔克曼模型的实践意义。其研究对象是由 5～16 人组成的 10 个软件开发团队。[26]不像塔克曼的实验室群体那样仅仅简单地在一起工作，软件工程师团队会持续数年为共同的项目工作。在上述研究中，研究人员观察到不只有五个群体发展阶段：一旦到达塔克曼的执行期后，群体开始朝着相反的方向发展。研究人员称之为“群体衰退”。按照塔克曼的术语，三个被观察到的群体衰退阶段分别被称为去规范期、非激荡期和畸形期。

- 去规范期：随着项目的进展，会有一种对行为规范的自然侵蚀，群体成员会漫无目的，因为他们的兴趣和期望值发生了改变。
- 非激荡期：这个群体衰退的阶段是激荡期的反面，在激荡期分歧和冲突来得相当迅猛；而在非激荡期，不满的暗流慢慢浮出水面，个体阻力增大而群体凝聚力衰退。

● 畸形期：按字面意义来说，工作群体因为内部小群体争权夺势变得四分五裂，不被个体和小群体重视的一些项目会被放弃。“群体成员之间以及跟领导者之间开始互相孤立，绩效迅速下滑，因为整个工作不再有人干，而且群体成员几乎不再关心并非他们自我划定的边界以外的事情。”[27]

上述研究的主要管理启示就是，群体领导者不能因为群体发展达到了执行期就沾沾自喜。就研究人员来看，“执行期就是刀刃和鞍点，而不是静态平衡点”。[28]提高警惕是第一道防线。除此之外，还应采取建设性的措施加强规范，加强群体凝聚力，并重申共同目标——即使是在工作群体似乎正处于最佳状态的时候。

■ 反馈

另外一项富有成果的研究是由两位荷兰社会心理学家完成的，他们假定人际反馈在群体发展过程中会系统地发生变化。“被测量的反馈的单位是从一个参与者传递到另一个参与者的口头信息，在传播过程中行为的某些方面得以改善。”[29]在对来自4个不同的8人小组的1 600个反馈实例资料进行收集和划分后，他们得出以下结论：

● 随着群体按照不同阶段持续发展，人际反馈也在增加。
● 随着群体发展，人际反馈会变得更具体。
● 随着群体发展，正反馈增加，负反馈减少。
● 随着群体发展，同伴反馈的可信度增加。[30]

这些发现对管理者有重要的实践启示，工作群体或者委员会成员间的人际反馈的内容和传递可以用来验证群体是否健康发展。比如，第二阶段（激荡期）开始的时候负反馈会明显增加。此时管理者可以引导成员相互提供具体的正反馈，从而使得群体发展不会停滞。可以回顾第9章中关于反馈的讨论。

■ 截止期限

实地研究和实验室研究发现对于截止日期的不确定性是破坏群体发展和群体间关系的主要原因。研究人员将这个发现的实践启示总结如下：

> 不确定的或者变化的截止期限是许多组织都会面临的现实。相互依赖的组织单元和群体有时因为别的单元或群体没有完工而不得不等待，有时突然面临截止期限被提前或者推后的情况，又或者也许要把截止日期定得很早以预防不稳定的工作流程中出现突发情况。现有的研究表明，截止日期的不确定性会带来压力、浪费时间、超时工作和群体间冲突。群体成员统一他们对截止期限的期望对群体成功实现工作中的过渡的能力至关重要。[31]

因此，有效的群体管理包括不仅要明确任务和目标，还要明确程序和截止期限。当群体成员准确地感知到重要截止日期时，工作节奏和互助任务安排就会更加高效。

■ 领导风格

有些学者从领导力的角度主张随着工作群体的发展，领导风格也应该相应地变化。

一般来说，研究表明，积极、上进、指导性、有组织和任务导向的领导行为对群体早期发展有利。然而，如果这些领导行为在群体生命周期保持一成不变，它们就有可能对群体凝聚力和工作质量产生负面影响。相反，支持、民主、分散式和参与性的领导行为似乎跟群体发展早期阶段的不良运作相关，但是到了群体发展的后期，这些领导行为更有可能产生促进生产率、满意度和创造性的结果。[32]

于是我们得出的管理启示是：随着群体向前发展，建议管理者从有指导性和结构化的领导风格转变为参与性和支持性的领导风格。[33]

10.3 角色和规范：群体和组织行为的社会构建

工作群体中蕴含的微妙但强大的社会力量帮助员工从个体成长为组织成员。[34]换句话说，这些社会力量帮助员工从“我”转变为“我们”。通过沟通和执行角色期望和规范，群体影响把个人牢牢嵌入组织的社会结构中。管理者想要有效管理群体和组织行为，就必须理解角色和规范。

10.3.1 角色

400 年前，莎士比亚通过笔下人物杰奎斯在《皆大欢喜》（*As You like It*）第二幕中说出下面这段令人难忘的台词：“世界是一个舞台，所有的男男女女不过是一些演员，他们都有下场的时候，也都有上场的时候。一个人在一生中扮演着好几个角色。”到了 20 世纪，所有人都在扮演不同的角色的说法依然适用。社会学家基于角色的概念发展出了描述人们互动的复杂的角色理论。一位组织行为学学者指出，**角色（role）**“是担任某一职位的人期望展现出的一系列行为”。[35]角色理论试图解释为何社会期待能影响员工行为。本节将介绍角色理论，分析角色互动，定义角色过载、角色冲突和角色模糊等概念。

■ 角色互动

如图 10－3 所示，角色互动由两个个体间的一系列快照式的互动组成。在任何角色互动中，都有一个角色期望发出者和一个焦点人物（角色期望的对象）。在更广义的社会情境下，个体可能同时是角色期望的发出者和对象。但是为了分析简明清楚，我们将分开讨论发出者和焦点人物。

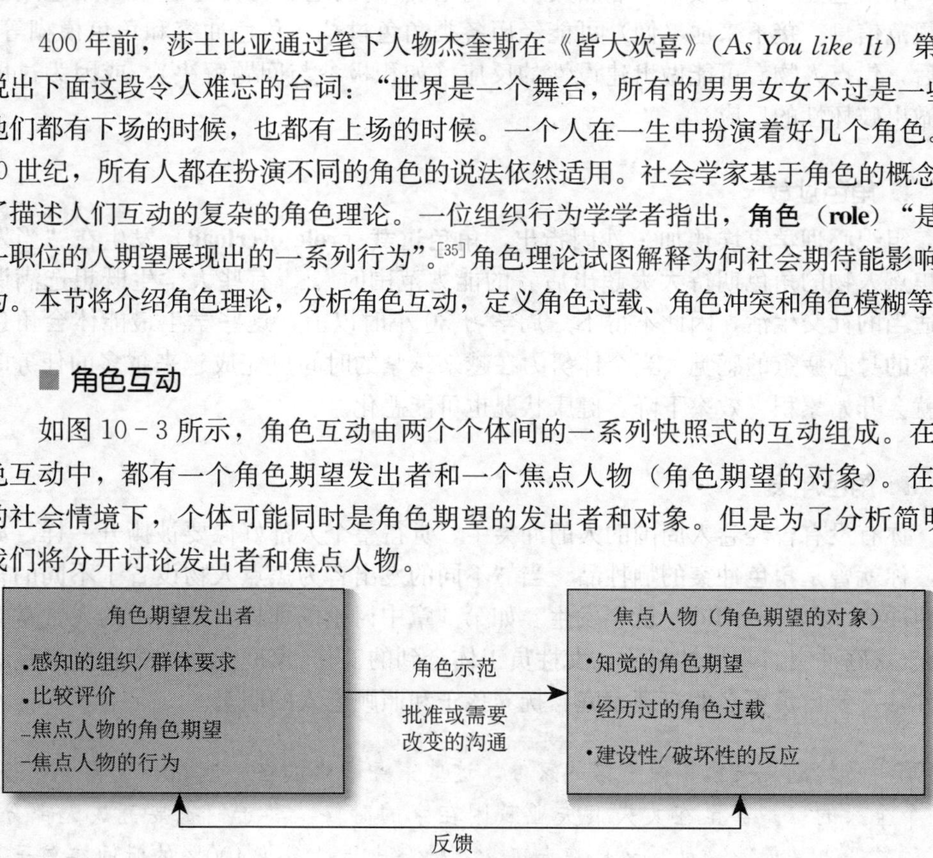

图 10－3 角色互动

资料来源：Adapted in part from R L Kohn，D M Wolfe，R P Quinn，and J D Snoek，*Organizational Stress：Studies in Role Conflict and Ambiguity*，1981 ed.（Malabar，FL：Robert E Krieger Publishing，1964），p. 26.

角色互动从角色期望发出者对组织或群体的行为要求的知觉开始。这些行为要求成为制定焦点人物的行为期望时依据的标准。然后相应的口头和行为信息被发送到焦点人物以使他面临按照期望行为的压力。一个对160项研究（共有77 954名员工参与）的元分析发现积极和消极的同侪压力都能有效地影响角色表现。[36]这就是为什么西屋电气公司使用胡萝卜加大棒的方式来传递角色期望信息：

胡萝卜指一项奖励134名管理人员的期权计划。根据这项旨在提升公司财务绩效的计划，管理人员总共可以购买764 000股公司股票。

大棒指的是把管理人员对公司每股收益率的贡献进行排名的季度会议。在这些会议上，说话温和的西屋电气董事会主席并不会责备谁。但是他会用图表展示绩效的好坏：图表上绿色部分表示完成目标的部门，红色代表未能完成目标的部门。然后每个管理人员就直接感受到了同侪压力。一位执行主管说："羞愧是一个力量强大的工具。"[37]

有趣的是，在一项新的职场调查中，对下面的说法只有10%的受访者表示强烈同意，同时有31%的受访者表示同意："你认为你组织中的个体应该为没有达到绩效要求负责吗?"[38]如果组织能在沟通和执行角色期望方面做得更好，生产率大幅提高是可以实现的。

在角色互动的接收端，焦点人物可能正确/错误地知觉传递过来的角色期望和行为规范信息。接下来他（们）可能经历各类角色过载、角色冲突和角色模糊等问题。然后，焦点人物有可能做出建设性的反应（如积极参与问题解决），或因为过度压力而做出破坏性的反应。

■ 角色过载

组织心理学家埃德加·沙因指出，**角色过载（role overload）**发生在"当发出者对焦点人物的角色期待大大超出后者的能力范围时"。[39]有些大学生既想选满课又想有适当的社交生活，因此不得不一周学习30小时以上，这些学生最能体会角色过载带来的身心疲惫的感觉。当个体努力在越来越紧的时间里完成越来越多的任务时，压力就会开始累积，效率下降，健康状况也可能恶化。

■ 角色冲突

你有没有曾经卷入周围的人的冲突中，觉得整个人都好像要被撕开一样。如果有过，你就曾是角色冲突的牺牲品。当"不同的发出者为焦点人物设置了不同的角色"，**角色冲突（role conflict）**就会发生。如第6章中讨论的那样，工作中的人常常会面对工作-家庭冲突。与男性相比，女性员工体会到的工作-家庭角色冲突程度更高。因为女性常常要肩负更多的打理家庭、抚养孩子和照顾老人的职责。

妻子们平均比丈夫们多做一倍的家务，这些家务杂事加在一起相当于妻子们每周要多上两个全天的班。甚至在丈夫们失业赋闲在家的时候，妻子们也要完成大部分的家务。照顾孩子也是如此。如果父母都上班，女性会比男性多花400%的时间在孩子身上。同时，美国单身妈妈家庭数目从1960年以来增长了三倍。而自认为是家庭妇男的男性数目则一直只占3%左右。社会学家指出，传统的男女分工观念很难改变。[40]

单身员工也有他们自己版本的工作与工作外生活的角色冲突。

角色冲突也可能因为不同的内在价值观和道德观念，或个人标准与他人期望相抵触而引发。比如说，一个诚实的生产主管可能被上司告知在质量报告中“稍做掩饰”以如期完成一个重要的任务。随之而来的角色冲突可能让该主管面临忠诚但不道德还是道德但不忠诚的艰难选择。类似的艰难道德选择可能意味着困惑、人际冲突，甚至导致辞职。因此，专家指出商学院应该更好地把对学生的道德教育纳入课程要求。

■ 角色模糊

那些经历角色冲突的个体面临的问题是如何完成角色要求。但是至少这些个体清楚对自身的期望是什么。**角色模糊**（**role ambiguity**）就不一样，当“发出者未能向焦点人物传递清晰的角色期望信息或传递完成角色期望所需的信息，角色模糊就会发生，无论原因是发出者自己也没有相关信息还是有意为之”。[41] 简言之，当人们不知道他人对自身的角色期望是什么的时候，角色模糊就会发生。比如说，新员工常常抱怨工作职责描述不清、提拔标准不明确等。根据角色理论，长时间的角色模糊会导致工作不满意度上升、自信心下降、工作表现变差。如下面的例子所示，管理者可以减少职场角色模糊：

> 好领导善于把模糊的信息转化为可执行的明确指令。比如带领 Tesco 扭亏为盈并成长为英国第一零售商的特里·莱希（Terry Leahy）就是个很好的例子。Tesco 战略目标有一项被模糊地表述为“倾听顾客”以便能做得更好。莱希把这个目标具体化和可执行化：每次等待付款的顾客队伍超过一个人的时候收银员就可以呼叫帮忙。Tesco 每周收到 100 000 次顾客咨询。莱希的管理团队也注重让所有的 Tesco 店铺经理能处理顾客投诉或建议……结果，Tesco 从顾客那里听到了很多“违反直觉的”声音，比如说，顾客不喜欢不锈钢冰箱，因为这让很多人联想到了医院——恐怕没有零售商会喜欢这样的联想。[42]

如你所料，角色模糊因文化而异。在一项对 21 个国家的研究中，来自个人主义文化的参与者被发现比来自集体主义文化的参与者经历了更高程度的角色模糊。[43] 换句话说，集体主义文化或“我们”文化中的个体更加清楚他人对自身的角色期望。集体主义文化让个体清楚地知道自身在社会中的位置。而个人主义的“我”文化（如美国）中的个体则更青睐个人判断。当然，个人主义文化中注重他人意见的代价就是随之而来的角色模糊程度更高。

如前所述，包括角色过载、角色冲突和角色模糊在内的角色相关结果通常交织在一起，对个体和组织造成负面影响。事实上，一项在以色列进行的研究发现经历角色冲突和角色模糊的员工的工作绩效会更差。[44]

10.3.2　规范

规范通常比角色范围更广，更加包罗万象。角色包括对特定职位的行为期望，而规范则帮助组织成员对好和坏、对与错做出判断。一位受人尊敬的管理咨询专家指出，**规范**（**norms**）是两人或多人共享的一种态度、观点、感觉或行动，能对个体的行动做出指导。[45]尽管规范很多时候都是不成文的，也很少被公开讨论，但它们对群体和组织行为能产生强有力的影响。比如说，百事发展出一个视健康状况为企业竞争力的规范。观察者说：

> 健康和敏捷为公司员工所注重。百事风风火火的年轻经理们常常趁着从办公室出来的几分钟休息时间，直接跑到公司的健身房锻炼一会儿，或干脆到纽约总部大楼外绕着那个大雕塑跑几圈。[46]

在百事和其他地方，群体成员积极地用友谊或接纳来欢迎那些遵守规范的个体。相反，不遵守规范的个体则会遭到批评和**排斥**（**ostracism**），或群体成员的反对。那些经历过“被沉默对待”的人能体会到排斥作为一种有效的社会武器的威力。[47]下面我们看看规范是如何形成和起作用的。

真实世界/真实人物：商业道德

天空工厂（Sky Factory）创始人比尔·威瑟斯彭（Bill Witherspoon）如何使帮助他人成为天空工厂的行为规范？

我把我们的工厂看作一个社区，而社区的核心是服务。服务有两种。一种是我帮你做了这件事情，而且我希望得到回报。比如，我给顾客提供了优质的服务，那么我会希望客户对我忠诚。另外一种服务是无私的。我帮你做某些事情而不图回报。我是自发地帮助你。第二种服务是强大的。当人有了片刻的空闲时间，如果他能自发地思考自己能做哪些事情去帮助别人，那该多好啊！在我们每周五的会议开始部分，周负责人会讲述一个感激公司成员的故事，而且会给这个公司成员25美元以示感谢。一般情况下，讲述的都是无私的主动提供帮助的故事。

为什么“社区”的概念在当今的职场中是一个有效的群体动力工具？

资料来源：L Buchanan, “The Art of Work,” *Inc*, June 2010, p. 80.

■ 规范形成

专家指出规范是群体或组织在追求效率过程中逐步用非正式的方式形成的。一般而言，规范形成有以下四种方式（或方式组合）：

1. 上级或同事明确的表述。比如说，群体领导者可能会明确地制定一个不准在午餐时喝酒的规范。

2. 群体历史上的重要事件。群体发展过程中的重要事件往往能树立重要的先例。（比如说一个重要的新招聘员工可能因为其他群体成员说了过多的组织负面信息而决定另谋他职。因此，群体制定了一个不准此类“酸葡萄”行为再次发生的规范。）

3. 首因效应。群体的第一个涌现的行为模式往往能成为群体行为规范。比如说，如果第一次群体会议有正式的上下级互动，那么大家也会期望后来的群体会议如此进行。

4. 过去情境行为迁移。个体在过去情境中的行为模式能更准确地预测群体成员在新情境中的行为并有助于任务的完成。比如说，学生/教授对教学的期望一般会比较稳定，能从一门课迁移到下一门课。[48]

请你花几分钟时间想一想你现在上的课的课堂规范。把这些规范列在纸上。这些规范对你的学习能力有帮助还是有妨碍？规范能从正反两方面影响绩效。

■ 为什么执行规范

在下列情境中，群体成员需要执行规范：

- 规范帮助群体或组织生存。
- 规范有助于阐明或简化行为期望。
- 规范能帮助个体避免令人尴尬的情况。
- 规范能捍卫群体/组织的核心价值观和/或独特身份。[49]

上述四种情形的具体例子参见表 10-3。

表 10-3　规范需被执行的四个理由

规范	需要执行的理由	举例
“让我们部门在高管层眼中看起来很棒。”	群体/组织生存	某位专职员工在部门会议上为人力资源部门在组织中的重要作用进行了有力的辩护之后，得到了上级的表扬。
“那些努力工作且不兴风作浪的人才能取得成功。”	阐明行为期望	一位高级经理把一位年轻职员拉到一边告诫他对待意见不同的同事要多些耐心。
“做团队成员，而不是一个明星。”	避免尴尬	某位项目团队成员被其他成员嘲讽，因为她在团队向管理层汇报项目进展时出风头。
“顾客服务是我们的重中之重。”	阐明核心价值观/独特身份	两位销售代表得到了一个“周五下午惊喜派对”机会，因为他们获得了某个工业协会颁发的全行业最佳客服奖。

回顾本章开篇的案例

在英特尔的案例中体现了哪些企业规范？

10.3.3　相关研究发现和管理启示

尽管用以测量角色冲突和角色模糊的量表的信度还存在争议[50]，但两个分别进行的元分析的结果均表明角色冲突和角色模糊会对员工造成负面影响。特别地，角色冲突和角色模糊与工作不满意、紧张和焦虑、缺乏组织承诺、辞职意向以及（在很大程度上也与）工作绩效不佳相关。[51]

上述元分析的结果对管理者而言并不意外。通常，因为已发现的负面关联，管理者会尽力减少角色冲突和角色模糊。要做到这一点，管理者可以使用反馈、正式规则和程序、指导性领导、有挑战的特定行为目标和参与等手段。管理者也可以运用第 3 章提到的指导过程来减少角色冲突和角色模糊。

一系列由 1 504 名大学生参与的实验室研究为职场多样化项目提供了重要的启示。大学生们被分配到各个小组。研究发现当一个小组的规范带有偏见色彩、容忍歧视或有敌意的玩笑时，该组的大学生往往也会参与到这些令人不悦的行为中。相反，如果小组遵守那些更为社会接受的规范时，小组中的大学生往往会反对歧视和偏见行为。[52]因此，老师和父母常说的不要交坏朋友的忠告是对的。致力于组织多样性健康发展的管理者需要培育有益的行为模范和积极的群体规范。同时坏的行为方式和反社会的规范需要被识别出来并清理掉。

10.4 群体结构与构成

不同规模的工作群体均是由具有不同人格、能力和动机的个体组成。[53]而且，不管是被指派还是自愿，每个人在群体中担任的角色都不同。这就难怪群体间效率有高有低。也难怪有些群体团结紧密而有些群体则深陷冲突。在本节中，我们将回顾群体结构与构成的三个重要维度：(1) 群体成员功能性角色；(2) 群体规模；(3) 性别构成。根据群体管理水平，这三个维度都有可能对群体效能造成促进或阻碍。

10.4.1 群体成员功能性角色

如表10-4所示，如果工作群体要完成自身目标，群体中既要有任务角色，也要有维护角色。[54]

表10-4　群体成员功能角色一览

任务角色	描述
发动者	提出新目标和想法
信息获取者/提供者	阐明关键问题
阐述者	通过例子和具体应用加深成员理解
协调者	把想法和建议整合到一起
指引者	确保群体朝既定目标前进
评估者	运用诸如逻辑性或实用性之类的标准来评估群体绩效
督促者	督促群体持续前进或取得更大成绩
执行人	履行常规工作（比如领取物料或安排座位）
记录者	通过记录讨论和结果履行“群体记忆”功能
维护角色	**描述**
鼓舞者	通过认可和表扬不同观点促进群体团结
和谐者	促进和解与利用幽默调节冲突
妥协者	通过让冲突双方各让一步来解决冲突
守门人	鼓励所有群体成员的参与
标准制定者	评估群体过程的质量
评论员	记录和评论群体过程/动力
追随者	担任被动观众的角色

资料来源：Adapted from discussion in K D Benne and P Sheats, "Functional Roles of Group Members," *Journal of Social Issues*, Spring 1948, pp. 41-49.

■ 任务角色和维护角色

任务角色（**task role**）帮助工作群体定义、阐明和追求共同目标。而**维护角色**（**maintenance roles**）在群体中培育出支持性和建设性的人际关系。简言之，任务角色保证群体不偏离轨道而维护角色把群体成员团结在一起。在项目团队的情况通报会上，如果某位成员问："真正的问题是什么呢？我们好像什么进展也没有取得。"这位成员在群体中担任的就是任务角色；在这种情况下，如果另一位成员说"让我们听听那些反对计划的人怎么说吧"，第二位成员担任的就是维护角色。要重点指出的是，不同的任务角色和维护角色可能按照不同的顺序组合在一起，既可以由群体领导者担任，也可以由群体中任何一个成员担任。

■ 群体角色清单

表 10－4 中列出了群体中不同的任务和维护角色。有志于确保群体健康发展的管理者和群体领导者可以把该表当成一个角色清单。群体中有的角色有时并不需要常设成员担任，如协调者、评估者、守门人等，这些角色可以在需要的时候由正式的领导者或临时指定成员担任。诸如发动者、指引者、鼓舞者之类的目标导向性任务角色都非常重要。有关群体目标设定的研究证实了挑战性目标对于群体成员的激励作用。[55]在个体目标设定方面（见第 9 章），困难但是通过努力能够完成的目标与更好的群体绩效相关。与个体目标设定理论和研究相一致，当群体成员清楚地了解目标并且个体成员和群体整体的目标承诺水平都高的时候，群体目标的激励效果最佳。在此过程中发动者、指引者、督促者之类的目标导向性任务角色的作用尤为突出。

在讨论任务和维护角色的相对重要性时，跨国经理们需要意识到文化差异。比如，日本传统文化更重视维护角色，特别是那些帮助群体达成和谐与折中状态的角色。

> 日本礼节要求群体成员在会议室或培训室中不得表现过于惹眼或显得好争论。如果两个成员发现彼此意见相左，他们就会暂停争论以寻找更多的信息，同时也努力找出一个双方都能接受的中间立场。日本群体成员不会极力争辩、进行逻辑推理，甚至使用引诱或威胁来使对方接受自己的观点。相反，如果有必要的话，他们毫不介意改变自己的立场以维持和睦的人际关系（输即是赢）。[56]

10.4.2 群体规模

群体规模多大为宜？这个看起来很简单的问题困扰了管理者和研究者多年。俗话说"人多力量大"，但也有"厨子多了煮坏汤——人多反而误事"的说法。最近一项员工调查显示，工作中三人团队最流行（54%），然后是四人或更多人的团队（27%），接下来是两人团队（9%）。[57]那么当管理者考虑组建一个委员会的时候，到底几人为宜呢？三人？五人或六人？还是十人以上？研究者在确定群体最佳规模时采取了两种不同的方法：数学建模和实验室模拟。我们先来看看这两种方法各自的发现。

■ 数学建模方法

这种方法涉及围绕群体行为的期望结果（如决策质量等）构建数学模型。基于假设和使用的统计技术不同，数学模型的研究发现并不一致：推荐的群体最佳规模的范围也从 3～13 人不等。[58]

■ 实验室模拟方法

这种方法的前提是群体行为需要在受控的实验室情境中加以观察。备受尊敬的澳大利亚研究员菲利普·耶顿（Philip Yetton）和他的同事普雷斯顿·伯特格（Preston Bottger）就群体规模和绩效提出了很多有益的见解。[59]在他们的研究中，555名参与者（包括330名经理和225名管理专业的研究生，有20%为女性）被分配到不同的2～6人任务组进行美国国家航空航天局的月球生存训练（此训练包括对15件装置进行优先排序，以帮助登月的宇航员从飞船降落点安全回到200英里以外的大本营）。[60]在对群体规模和表现关系进行分析以后，耶顿和伯特格得出了如下结论：

至少从决策质量上看，五人以上的群体表现一般不会太好……当然，为了要实现高决策质量之外的其他目标，组织也可能组建比4～5人的规模大得多的团队。[61]

更多近期的实验室研究探讨了头脑风暴效率和不同团体规模（2～12人）在面对面情境和计算机辅助情境之中的关系。这些研究取得了丰厚的成果：在面对面的头脑风暴过程中，随着群体规模的扩大，产生的新创意数量并没有相应增长。但是在计算机辅助（联网）头脑风暴情境中，随着成员们把想法输入网络，新创意数量和群体人数正相关。[62]这些发现给我们的启示是计算机网络通过现代信息技术有可能提高群体生产效率。

■ 管理启示

在权变管理理论中，对群体规模并没有一成不变的规定，而是取决于管理者设定的群体目标。如果高决策质量是主要目标，那么3～5人的群体规模就合适。但是，如果目标是生成更多的创意、鼓励参与、社会化新成员或传达政策，这时5人甚至更多人以上的群体规模也是合意的。即便如此，研究者仍发现了群体规模的人数上限。根据一项元分析结果，团队构建活动的积极影响随着团队人数增加而减小。[63]管理者也应该注意当群体规模增加时引起的质变。另一个对8项研究进行的元分析表明，随着群体规模增加，群体领导者倾向于变得更具指导性，而群体成员满意度则会稍微下降。[64]

如果涉及需要投票解决问题的情境，奇数数目的群体规模（如3，5，7个成员）则更为合适，以避免群体成员为偶数时可能发生的投票僵局。

10.4.3 男女共事的影响

如第2章指出的那样，美国劳动人口中女性的比例在近几十年明显增加。这种人口统计学变化会影响员工态度。比如说，在对美国的执行官进行的一项纵向研究中，学者们发现：

男性和女性员工对下面这句陈述的反应差不多：“我为女性老板工作将感到舒服。”大部分女性员工一直持有这样的观点。但是从1985年起这个比例稍稍有些下降。而71%的男性员工说他们会感到舒服，这个比例比1965年（27%）和1985年（47%）显著提高。[65]

随着越来越多的委员会和团队要求男女成员通力合作，这种现状可能会对群体动力带来深远的影响。让我们首先回顾一下对群体性别构成和管理者应对措施的研究发现。

■ 女性在混合性别任务群体中面临一场硬仗

实验室研究和实地研究揭示了女性在混合性别群体中面临不公正对待。男女成员都需要对不公正对待这种微妙但是强有力的群体动力有所察觉以便能采取补救措施。下面是最近一项对握手力度与求职面试评分之间关系的研究的例子：

> 我们发现女性克服了握手无力的问题。尽管平均而言女性在面试中得分比男性更低，但是如果女性在握手时有力且持续，她们获得的印象加分比男性要多。[66]

当然，需要考虑上述研究的文化背景（参与者为美国大学生）。握手相关礼仪也因文化而异。

在一项对六人任务群体的实验室研究中，研究人员发现成员打断彼此发言的行为显示出了清晰的性别不平等模式。男性成员打断女性成员的次数比他们打断其他男性成员的次数明显要多。女性则比男性打断别人的次数更少、成功概率也更低，打断时也不存在明显的性别差异。[67]另一项由加拿大大学生参与的实验室研究发现，“在男性主导的群体中，男女成员打断行为发生的频率要更高”。[68]

一项对荷兰警察和护士混合性别群体的实地研究发现了另一项对女性的群体动力劣势。这项研究的意义在于警察群体一般由男性主导，而护士群体则相反。随着女性加入男性主导的警察队伍，同时更多男性也在女性主导的护理界找到了工作，哪种性别面临更多阻力呢？该研究的结论是女性警察。随着工作群体中少数性别成员数量的增加（如女警员和男护士），有研究者观察到了下面例子中的态度改变：

> 男性多数派的态度从中立转为抵制，而女性多数派的态度从赞同转为中立。换句话说，男性越来越想保持对自己领域的控制权，而女性仍然愿意同男性分享自己的领域。[69]

同样，管理者再次面临应对群体动力中歧视性倾向的挑战。

■ 性骚扰问题

一家主业为职场问题的纽约律师事务所的行业报告显示，职场中性骚扰的问题依然难以根除：

> 234 个参与调查的管理者中有 63%的人认为自己曾经处理过公司中的性骚扰投诉。这个比例比 2003 年的 57%上升了不少。好消息是，至少总体而言还是进步不少——1995 年的调查显示当时有高达 95%的管理者说自己曾处理过一起或以上的性骚扰投诉。[70]

即使在商业企业以外，性骚扰问题依然存在：

在阿富汗或伊拉克的女退伍军人中，每七人中就有一人曾经去过退伍军人事务中心开具服役期间作为性侵害或性骚扰的受害者的医疗报告。[71]

更糟糕的是，一项对五家组织的实地研究发现性骚扰问题与种族歧视问题交织在一起，让情况变得更加复杂。研究者发现，“女性比男性遭受了更多的性骚扰，少数族裔比白人遭受了更多的种族骚扰，少数族裔女性总体而言比多数族裔男性、少数族裔男性和多数族裔女性遭受了更多的种族骚扰”。[72]因此，对少数族裔女性而言危险系数加倍。在职骚扰难以根除的原因是其根源于青少年中广为存在的凌辱行为（当面的或在线的）。[73]

另一项对洛杉矶地区1 232名劳动力（男性（$n=405$）和女性（$n=827$））的社会-性行为的调查发现，非骚扰性行为非常普遍：80%的受访者表示有过类似经历。事实上，研究人员发现，工作群体和组织中男女社会接触的增加导致了更高的职场“性化”（如调情和办公室恋情）。[74]

从组织行为学的角度来看，性骚扰是一个复杂和多维的问题。比如说，对62项研究的元分析发现女性对性骚扰行为的定义比男性要广（如表10－5所示）。但是，尽管男女性对敌意工作环境中的其他方面有不同意见，他们都倾向于同意性提议和性胁迫属于性骚扰行为。[75]

表10－5　　性骚扰的行为分类

类别	描述	行为举例
贬损的态度——不带个人色彩	反映贬损态度的行为，不分男女	不特指的猥亵手势，性刻板印象玩笑
贬损的态度——带个人色彩	指向目标对象性别的、反映对目标对象性格贬损态度的行为	猥亵电话/贬低目标对象能力
讨厌的约会压力	目标对象拒绝后仍不断地要求约会	不停地向目标对象提出下班或下课后约会要求
性提议	明确地提出性行为要求	提出发展性关系
身体性接触	骚扰者对目标对象做出身体性接触的行为	搂抱目标对象/亲吻目标对象
身体非性接触	骚扰者对目标对象做出身体非性接触的行为	庆祝式拥抱
性胁迫	以工作或升职为要挟提出性行为要求或强迫发生性行为	威胁除非满足性要求否则将进行惩罚/性贿赂

资料来源：From M Rotundo，D Nguyen，and P R Sackett，“A Meta-Analytic Review of Gender Differences in Perceptions of Sexual Harassment，” *Journal of Applied Psychology*，October 2001，Article 914－922. Copyright. 2001 by the American Psychological Association. Reprinted with permission.

■ 建设性的管理措施

含有男女员工的混合性别群体常常能出色完成工作。一项对387位男性美国政府雇员进行的调查旨在揭示这些男性雇员如何受到越来越多的女性同事的影响。研究者发现：“在很多情况下，群体中异性成员之间频繁的接触常常带来合作性和支持性的社会关系。”[76]更近一些的另一项实地研究调查了1 158位美国空军军官。这些军官在一个为期五周的混合性别发展群体中受训。研究人员发现“群体中女性比例与群体间题解决正相关”。[77]当然，管理者需要采取积极措施来确保现有研究中发现的工作环境性化的问题不会沦为性骚扰。不管是针对男性还是女性，性骚扰都是侮辱人格的、不道德的、污染工作环境的。而且，美国平等就业机会委员会规定雇主要对其雇佣的员工在工作场所遭受到的性骚扰负责。一位研究性骚扰的专家解释道：

> 到底什么是性骚扰？平等就业机会委员会认为性骚扰包括不受欢迎的性挑逗、要求性好处或其他口头或身体的不受欢迎的具有性实质、按照雇佣合同应该上报的行为；或者当上报或拒绝性骚扰被用以做出偏见性雇佣决定，或上报或拒绝性骚扰导致威胁性、敌意性或攻击性工作环境。平等就业机会委员会在依据《1964年民权法案》第七章对性骚扰行为进行界定的同时，也规定雇主需对主管和经纪人的性骚扰行为负责，而且雇主如果应当知晓或已知晓其他员工做出性骚扰行为时，也有责任采取必要行动。[78]

重要的是，对雇主来说，忽视组织中的任何性骚扰行为将在法律上陷入被动（见相关的“真实世界/真实人物”专栏）。除了建立和执行反歧视和性骚扰政策之外，管理者还必须主动采取措施。我们强烈推荐举办诸如包括如何识别和避免性骚扰的多样性研讨会。[79]

真实世界/真实人物：商业道德

泰森食品违反平等就业机会委员会条例代价惨重

泰森食品（Tyson Foods）的肯塔基州鸡加工厂的阿曼达·韦斯特（Amanda West）告诉上司她遭到同事们在言辞、眼神或肢体上的性骚扰。上司认为她不应该为此而生气，并称“这只是他们对待女人的一种方式而已”，上司还表示这是因为阿曼达太性感了。然后她的上司说她会对此进行调查，并且要求阿曼达不要将此上报给人力资源部门，还答应会把她调到其他生产线上。阿曼达同意了。除此之外，她的上司采取的唯一行动只是在她边上“观察了她几天”。

两周过去了，骚扰再次发生。五周后，阿曼达决定辞职，在她的离职面谈中，她把性骚扰以及她之前的投诉告诉了人力资源经理，经理说他会对此事进行调查，但结果是他并没有。韦斯特向平等就业机会委员会求助，随后对她的雇主提出起诉。

案件结果：陪审团判决泰森食品支付韦斯特120万美元的赔偿金（包括惩罚性损害赔偿）。在收到泰森食品上诉申请书后，美国第六巡回法庭维持2010年做出的判决。

在性骚扰问题上主要的道德和战略性商业争论是什么？基于你的工作经历，性骚扰在职场有多常见？请解释。

资料来源：Excerpted from S M Schaecher, “Five-Week Employee Wins ＄1.2 Million in Harassment Claim,” *HR Magazine*, July 2010, p. 66.

10.5 群体效能威胁

即使管理者花很多心思在招聘员工和组建任务群体上，群体动力也有可能陷入混乱。已知的群体效能的三大威胁有：阿希效应、群体思维和社会惰化。管理者可以有针对性地采取预防措施。因为前两个威胁与盲目从众有关，我们先介绍一些背景知识。

任务群体和组织不遵守规范、角色期望、政策、规章和制度难以取得成功。毕竟组织要想生存的话，截止日期、承诺、产品/服务质量标准都需要建立和遵守。但遵守是一把双刃剑。过度盲从可能抑制批判性思维（抵制不道德行为的第一道防线）。组织高管行为不端、内部人交易丑闻、价格垄断、违法倾倒有毒垃圾或其他种种不道德行为随处可见，充斥媒体，了解盲目从众的作用机制对未来的管理者而言非常有必要。[80]

10.5.1 阿希效应

60多年前，社会心理学家所罗门·阿希（Solomon Asch）开始了一系列揭示了群体动力的消极面的实验。[81]阿希把这些实验称为“知觉测验”：7～9名大学生志愿者观察12对纸卡（如图10-4所示）。目标是在多条线段中找出与标准线等长的一条。每位参与者都被要求向自己小组成员宣布自己的选择是那一条。因为各条线段长度看起来明显不同，所以理论上各小组在12轮观察中应该都能毫无异议地达成一致意见。但事实并非如此。

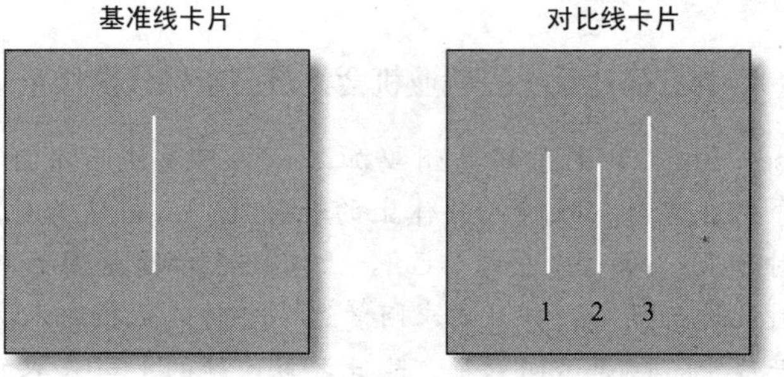

图10-4 阿希实验

对于现已锒铛入狱的前安然总裁杰弗里·斯基林（Jeffrey Skilling）而言，阿希效应是值得培育和利用的。参见下面安然盲从的企业文化的例子。

■ 唯一少数派

每个小组中除了一名成员以外，其他人都是阿希安排的“内应”。这些内应参与者会在七轮观察中故意一致选错线段（剩下的五轮选对的线段以提供对比数据）。每小组中只有一名将会被“欺骗”的真实参与者。每个真实参与者都被安排在小组最后一位辨认线段。这样做的目的是创造群体压力。一共有31位真实参与者参加了测试。阿希要研究的问题是：“参与者屈服于大多数观点而选择明显错误线条的概率有多大？”

只有20%的参与者保持了完全独立。80%的参与者至少屈服于群体观点压力一次。58%的参与者屈服于“不朽的大多数”至少两次。因此，**阿希效应（Asch effect）**出现了，即个体判断会被一致的错误反对意见所扭曲。

■ 管理视角

阿希实验被多次重复，结果不尽相同。高度和低度的盲目从众现象在不同的情境和参与者身上被观察到。在日本和科威特的阿希实验证实了阿希效应并不是美国特有的。[82] 1996年的一项包括了17个国家的133项阿希实验的元分析结果表明，美国参与者自20世纪50年代起盲目从众的程度在下降。从国际上看，集体主义国家的参与者表现出了比个人主义国家参与者更高的盲目从众水平。[83]阿希实验的目的不在于精确测量阿希效应在特定情境下的效果，而是告诫致力于道德行为的管理者要记住阿希效应的存在。

斯基林在安然总部安插了很多自己人。他的员工把社会化过程称为安然化过程。家庭时间？生活质量？都忘了吧。任何不接受安然的“挤拼文化”的员工都被视为“受损的货物”或“破损的海船”，都很有可能会在残酷的年终工作评估中被上司末位淘汰掉。安然文化变得越来越偏执：中情局和联邦调查局退休特工被雇佣以增强公司安保。管理层使用“嗅探”软件来监视员工或潜在竞争对手的电邮。员工们把公司里这些前特工安保人员称为“幽灵”。他们常常闯入员工办公室并把电脑带走。[84]

即使是孤立的盲目从众行为也会严重地威胁到工作群体和组织的效能和诚信。罗伯特·萨顿（Robert I. Sutton）是斯坦福大学的管理科学教授，他最近对盲目从众做出了如下猛烈的抨击：

无脑子的模仿是管理白痴行为中最危险也是最常见的。把事情搞砸了之后最蠢的借口之一就是说“大家都是这么干的啊”。如果别人都不做事，或所有的人都在做同样一件蠢事，此类的集体愚蠢会让很多人感觉比自己单干同样的蠢事好太多了。[85]

我们将在第13章和第14章中分别讨论的功能性冲突和果断性能帮助员工发现自己面对不道德的大多数时正确应对。不同行业的道德规范也能为应对盲目从众提供支持和指导。

10.5.2 群体思维

为何美国前总统林登·约翰逊（Lyndon Johnson）和他的高智商的白宫高级情报顾问们做出了非常不明智的扩大越南战事的决策？那些决定命运的决策是在面对许多明显的危险信号的情况下做出的，包括比预计的要更有力的抵抗，以及来自美国国内外越来越少的支持。欧文·詹尼斯（Irving Janis）创造了“群体思维”一词。当前很多管理者都很容成为群体思维的受害者。

■ 群体思维定义与症状

詹尼斯的**群体思维（groupthink）**指的是在某凝聚力强的群体中，成员对群体一致性的渴望会覆盖他们客观地评估其他行动方案的动机。[86]换句话说，成员倾向于在群体决策过程中让自己的观点与群体一致。詹尼斯补充说：“群体思维是由于内群体压力造成的心理效率、现实检验和道德判断的退化。”[87]与阿希实验中参与者彼此不认识的情形不同，成为群体思维牺牲品的群体成员彼此之间相互友好、紧密团结、凝聚力强。

图10－5列出了群体思维的症状。在过去美国企业的决策讨论中，主管们往往屈从强势的CEO而跟着在糟糕的决策上签字。但幸运的是，这种情况现在开始好转：

> 2002年《萨班斯-奥克斯利法案》的颁布标志着美国企业治理进入新时期。公司董事会成员现在面临着可怕的真正财务责任，在上一轮商业犯罪潮中，出现了好几例董事会成员面临刑事诉讼的案子。董事们也感受到了越来越大的压力。如果他们监管的企业陷入丑闻，他们自身的声誉也有毁于一旦的危险。股东中的积极分子对高管们天文数字的高薪怒不可遏，因而质疑董事们的判断能力。投资人和监管者现在对董事们的监督更加严格。早先董事们只要露个脸，在CEO提出的计划上盖个橡皮图章然后拿钱走人的好日子一去不复返了……
>
> 那些阻止董事们向管理者提出尖锐或令人难堪的问题的旧式商业规则日渐消亡。[88]

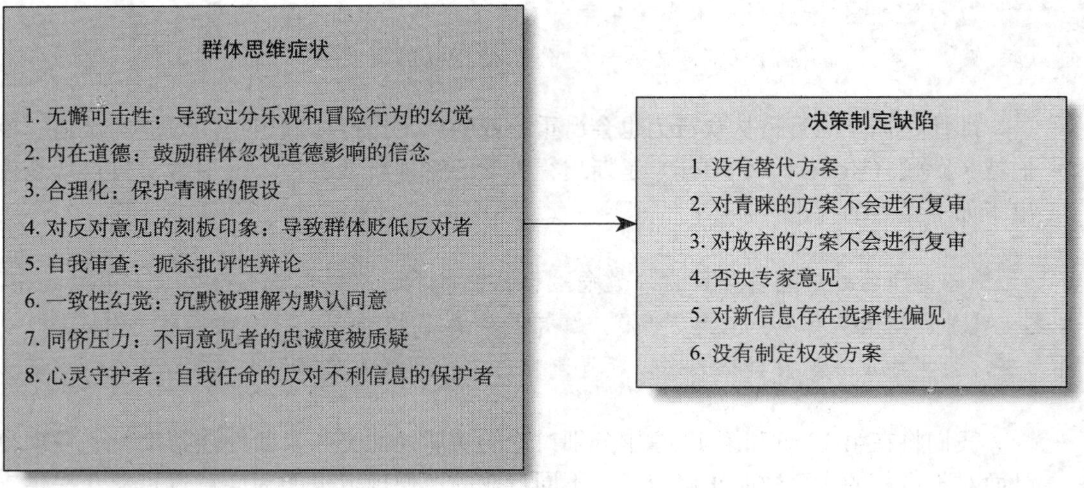

图10－5　导致有缺陷决策的群体思维症状

资料来源：Symptoms excerpted from I L Janis, *Groupthink: Psychological Studies of Policy, Decisions and Fiascoes*, 2E. Copyright © 1982 by Wadsworth, a part of Cengage Learning. Reproduced by permission. www. cengage. com/permission. Defects excerpted from G Moorhead, "Groupthink: Hypothesis in Need of Testing," *Group & Organization Studies*, December 1982, p. 434. Copyright © 1982 by Sage Publications. Reprinted by permission of Sage Publications.

■ 群体思维研究与预防

大学生参与的实验室研究验证了詹尼斯群体思维的部分观点。具体而言：

- 凝聚力适中的群体的决策质量优于凝聚力强和弱的群体。
- 凝聚力强的群体成为群体思维的牺牲品，尽管对所做决策的信心很强，但决策质量最差。[89]

詹尼斯认为面对群体思维时预防胜于应对，他提出了如下预防群体思维的建议：

- 群体每一个成员都应该担任批评式评估者角色。担任该角色的成员要积极地对制定的方案表示反对和提出疑问。

● 管理层不应该让政策委员会再盖章批准已经制定的决策。

● 指定不同领导者的不同的群体探讨同一个政策问题。

● 使用小组辩论和引入外部专家以带来更多新的视角。

● 讨论主要备选方案时应指定某成员担任“唱反调角色”。此唱反调的角色的主要职能是揭示没被考虑到的负面因素。

● 达成一致意见后，鼓励群体每个成员重新审视自身立场以期找出可能的缺陷。[90]

上述反群体思维措施可以帮助凝聚力强的群体产生好创意和做出好决策。[91]脸书在避免群体思维方面有自己独特的做法（见相关的“真实世界/真实人物”专栏）。

避免群体思维是鼓励组织多样性的一个强有力的论点。这里的多样性不但指族裔和性别多样性，也包括年龄、背景、宗教、教育程度和世界观。

真实世界/真实人物

群体思维在脸书是如何被“黑”的?

“黑”的概念是整个过程的核心，脸书CEO扎克伯格坚称这不是一个打破和进入的过程，而是“为了让网站变得更好而勇于打破现状”。

脸书决定在公司的成长过程中保持这种心态。公司把那些通宵编程的员工不眠不休工作的过程艺术化地称为“黑客马拉松”。“黑客马拉松”起始于脸书创业初期几个志同道合的创业伙伴围坐在餐桌边一起讨论的那些日子。而现在，脸书几乎每个月都会举行全体会议。所有的项目和想法都是公开讨论的结果。如果你觉得某些朋友可以和你一起共同实现创意/完成项目，那就去找他们吧。公司提供食物、音乐和啤酒。听起来像是一个代码男孩们的聚会。不同的是几乎任何类型的人都有可能会出现在这样的会议上，有律师，有时甚至是扎克伯格自己。这种会议上诞生了脸书许多最热门的网站功能，包括视频短信和聊天功能等。

在脸书持续成长的过程中，还有什么措施可以用来避免群体思维？

资料来源：Excerpted from E McGirt, “Most Innovative Companies: Facebook,” *Fast Company*, March 2010, p. 110.

10.5.3 社会惰化

群体绩效是低于、等于还是高于所有成员绩效之和呢？比如说，三人一起工作取得的成绩会比他们分开各自取得的成绩多、一样还是更少？半个多世纪以前一位名叫林格尔曼（Ringelmann）的法国农业工程师做了一项有趣的研究。他得出的结论是“更少”。[92]在一次拔河练习中，林格尔曼发现三人小组的拉力只相当于单个人力量的两倍半。八个人的拉力反而比单个人力量的四倍还要少。这种个人努力与群体规模成反比的趋势称为**社会惰化（social loafing）**。[93]让我们首先简要分析这种对群体效能和协同效应造成威胁的社会惰化现象，以便尽力避免它。

社会惰化理论与研究

社会惰化现象的理论解释包括：（1）努力公平（“大家都在混，为什么我不呢?”）；（2）责任不能到个人（“我只是大伙中的一个，关我啥事呢?”）；（3）奖励均分带来的激励缺失（“既然大家得到的奖励都一样，为啥我要更努力呢?”）；（4）多人共同进行一项任务时缺乏协调（“我们在互相帮倒忙”）。

通过识别调节社会惰化效应的情境因素，实验室研究进一步扩展了上述理论。社会惰化发生在下列情境中：

- 任务被认为不重要、简单或无趣。[94]
- 群体成员认为自己的贡献得不到认可。[95]
- 群体成员认为其他成员会惰化。[96]

但是在实验室情境下，当群体成员得知他们将会被评估时，社会惰化并没有发生。[97]同样，研究发现自力更生的个人主义者比群体导向的集体主义者更容易惰化。但是如果群体规模小而且责任到人的话，个人主义者就更可能表现出更高的合作性。[98]最近一项研究发现，当把个人奖励和集体奖励结合起来时，社会惰化的情况会减少。[99]

对当今在线职场的实践启示

上述研究发现社会惰化并非群体中必然发生的现象。通过确保任务有挑战性并让群体成员意识到任务的重要性，管理者可以控制社会惰化对群体效能造成的威胁。另一个建议是在完成群体任务时做到责任到人。当然，在当前的网络时代，社会惰化处于不断变化之中，这要求管理者能设计出创新的防治措施。

当今职场为社会惰化的发展提供了很好的条件。**网络偷懒（cyberloafing）**指的是上班时间用互联网从事与工作无关的活动，比如给朋友发电邮和社交媒体信息、浏览网页、网上购物和游戏。当采用下一章中将讲到的虚拟团队时，管理者无法用传统管理方式监督员工。[100]表10-6列举了可供管理者参考的互联网时代社会惰化问题和解决方案。

表10-6　应对互联网时代的社会惰化

问题	纠正
网络偷懒	
● 上班时间用互联网从事与工作无关的活动，比如给朋友发电邮、更新社交媒体信息、浏览网页、网上购物和游戏、发推特等。	● 公平合理地使用电脑进行监控。 ● 建立互联网、社交媒体和电邮使用规章制度。 ● 在员工中建立恰当使用互联网的规范。
虚拟团队/知识工作缺乏努力	
● 减少努力，因为难以观察和识别个人努力对团队绩效的影响。 ● 用价值更小的维护性活动替代工作相关努力。 ● 努力与绩效的关系模糊不清。	● 在构建团队时就强调在完成团队目标时个人和集体的问责制。 ● 确保有发现和应对团队冲突的相应机制。 ● 聚焦于实现学习与绩效两种目标。

组织行为学案例研究

摘下男子汉面具

白领公司的管理者能从海上石油钻井平台粗犷的工人身上学到什么呢？逐渐消失的男子气概对于钻井平台的绩效有非常重要的作用。这是我们几周内对两个钻井平台进行研究得出的主要结果。为了进行这项研究，我们花了 19 个月的时间与这些海上作业的员工一起生活和工作。

海上石油钻井平台是一种环境恶劣、危险、对员工要求严苛的工作场所。工作传统是鼓励员工展现他们的男子气概、胆量和技术实力。但是我们的研究结果也表明在过去的大概 15 年的时间里，这两个钻井平台管理层有意地摒弃传统的咄咄逼人的、大男子主义的文化，转而鼓励一种全新的工作环境：员工勇于承认在工作中所犯的错误并且探究焦虑、压力和缺乏经验是怎样导致错误的；员工之间公开表扬其他成员；经常请求协助以及提供帮助。钻井平台工人把注意力从证明他们的男子气概转移到了一个更大更令人幸福的目标上：最大化员工安全和幸福度并提高工作效率。

这种转变意味着要以一种新的态度面对工作。管理层认为，如果你不能把错误暴露出来并且从错误中学习，那么工作安全和高效能就难以实现。在管理层的推动下，工人们逐渐认可了在海上平台这样危险的工作环境中提高工作安全和效能的新措施。他们必须接受那些与旧有假设不同的新信息以及在犯错的时候勇于承认。工人们改变的立场揭示了两个事实：第一，他们大部分的男子气概行为是没有必要的，事实上还妨碍了他们的工作；第二，他们对于什么是强有力领导的有些观念需要改变。他们还发现，就像一个员工指出的那样，原先想要晋升到平台上最高职位，你必须要“最强壮、最强硬、最粗暴”，而这些“品质”并不一定能有效提高工作环境的安全性和工作效率。相反，真正出色的是那些关心同事的人，他们有使命感、善于倾听，并愿意学习。

在 15 年的时间里，全公司的工作实践、规范、观念以及行为都发生了改变。公司的事故率下降了 84%，生产率（以桶计算的产油量）、效能（每小时的产油量）、可靠性（平台无故障运行时间）均高于行业基准。

这些变化也带来了一些意想不到的效果。为了把工作做好，工人们愿意表现出可能有损他们形象的缺点和短板，这些在很大程度上会改变他们的男性自我认知。证明男子气概不再是工作的重心，平台工人们现在觉得可以新的方式工作，甚至包括那些被传统男权规范排除在外的方式。

如果在超男性化环境中工作的石油钻井工人都可以摆脱这种男子气概至上的思想并且提高工作绩效，那么美国企业的员工也可以这样做。学者们对于男子气概在航空、制造业、科技以及法律这些领域所造成的损失进行了大量研究。结果显示，努力证明男子气概的行为会妨碍员工培训、降低决定质量、排斥女性员工、导致侵犯人权和民权的行为、损害男性健康以及疏远与他人的关系。个人和组织都要为男性努力证明自己的男子气概的行为付出很高的代价。

问题不在传统男子汉概念本身——许多工作都要求员工个性强硬、性格坚毅以及不感情用事。问题出在很多男性极力想要在这些男性维度上证明自己，这种渴望与你在危险的石油钻井平台上工作，还是在环境优雅、安保严密的写字楼里上班无关。只有创造条件帮助员工专注于手头工作的实际要求，而不是关注那些曾被认为等同于能力的刻板要求，公司才能解放员工以最好地完成工作。[101]

[讨论]

1. 角色和规范的概念如何应用到此案例中？请解释。

2. 混合性别工作群体对此案例有何启示？有没有应对性骚扰的好办法？请解释。

3. 案例中的态度转变会使得群体思维更有可能/更没有可能发生？请解释。

4. 此案例对男性员工有什么启示？

法律/道德挑战

老板想做我的网友

保罗·代尔（Paul Dyer）总是能够用“下次吧”这种巧妙又可以保持安全距离的方式拒绝上司的派对邀请。

但是当他三十几岁的老板在脸书这样的社交网站给24岁的代尔发送添加好友请求时，躲避就没那么容易了。

一方面，网上接受一个人的好友请求意味着允许他访问一些不适合在办公室谈论的个人隐私，比如一些近期的啤酒聚会照片。

但是拒绝同事或是上司的好友申请是对对方的一种蔑视。因此代尔接受了好友邀请，然后删除了所有与自己有关的不适宜或是可能因此受到牵连的照片。

事实证明，代尔并不是那个应该感到尴尬的人。他的上司有一些他自己正尝试同时喝两杯啤酒的照片。而表面上，代尔冒险发送了这样一条消息：“我是一个疯狂、喜欢参加派对的年轻小伙。”[102]

如果你是保罗·代尔，你现在会做什么？

1. 大错误，必须尽快和尽可能有风度地化解尴尬，最好是当面解释。

2. 没事的。不要再关注，这样的网络关系就会慢慢淡化。

3. 等待一段时间，希望老板网络关注度不强，没过多久就会去关注别人了。

4. 你做了一个错误的决定。不要把虚拟和现实混为一谈并疏远你的老板。继续这种虚拟关系但应有自己的道德边界。解释这些边界。

5. 提出其他观点并解释。

备注：在最近的一项对1 017位18岁及以上年龄的员工的调查中，当问到“把个人生活和工作分开是否明智”，37%的受访者选了“是”，63%的受访者选了“不是”。[103]

第11章 发展与领导高效团队

学习目标

学完本章后，你应该能够：

1. 解释工作群体如何发展为团队。
2. 识别并描述四类工作团队。
3. 解释高效工作团队模型，并明确团队效能的两类标准。
4. 识别团队成员需要拥有的五种能力。
5. 讨论团队为何失败。
6. 列举至少四种管理者能用以构建信任的方法。
7. 区分两种类型的群体凝聚力，并总结凝聚力研究成果。
8. 定义虚拟团队和自我管理团队。
9. 描述高绩效团队，并讨论团队领导力。

为什么优质的客户服务就像一次团队运动呢?

永利度假村（Wynn Resort）的人力资源经理阿特·南森（Arte Nathan）以及该度假村老板史蒂夫·永利（Steve Wynn）都非常重视团队化学反应。在这个企业里流传着一个永利与他的家人在巴黎度假时的传奇故事。他们住在四季酒店，早餐已被送到房间。他的女儿点了一个牛角面包，但是她只吃了一半，剩下的一半她想留着慢慢吃。之后，永利和他的家人离开了房间开始游巴黎。游玩结束后他们回到酒店，这时女儿想起了牛角面包。但是当他们走进房间时，发现面包已被客房服务人员收走。他女儿很失望。客房服务人员认为那半个牛角面包是垃圾，是这样的吗?

就在这时，房间电话的信号灯闪烁起来。这是酒店前台发来的留言，留言中说到客房服务员已经通知前台他们清理了半个牛角面包，因为他们认为顾客回到房间会更希望吃到新鲜的糕点。因此前台通知厨房额外留出一个牛角面包，客房服务员也被通知一有要求就要立刻把糕点送到客房。

南森问："是什么使得这个故事影响力如此之大?"永利说："这个团队的合作水平以及不同部门之间的沟通实在是太不可思议了。团队的所有参与者都明白他们的最终目的是让客户满意，因此每一个角色都在充分发挥各自的作用。"[1]

乍看起来，这个案例讲的是一个小姑娘的糕点的故事，不算是什么重要的事。但是如果从体育运动的角度来打比方，胜负双方的区别归根结底来自好或差的团队合作。在当今的服务业主导的经济中，企业的成功往往取决于员工是不是顾客中心的团队成员。史蒂夫·永利希望他的员工能组成像巴黎四季酒店那样的团队，带给他和他的家人体验过的满意服务。本书第1章提到的社会资本的概念，在本章讨论现代组织中的团队和团队合作时变得非常实用。商业专栏作家杰克·韦尔奇和苏茜·韦尔奇提出了下面的观点：

> 成为更大群体的一分子的兴奋和创造一种东西——一种产品、一类服务或一个团队的激动。与朋友和伙伴一起为了客户和利润永无止境地奋斗——一起欢笑、争论、一起流汗的乐趣……还有比这更好的事情吗?[2]

成员间的合作、信任和友谊让组织充满能量。一项最近的调查要求企业领导者展望未来五年，结果发现大都认为要进一步提升团队技能：74%的受访者选了“团队合作/协作”，在最重要知识/技能领域诸多选项里排第三位。前两位分别是“批判思考/问题解决”（78%）和“信息技术应用”（77%）。[3]杰夫·维荣格（Jeff Vijungco）是奥多比系统（Adobe Systems）的招聘主管。他告诉我们他怎么定义具有团队精神的人：“我实际上会在心里数每一位求职者在面试中说‘我’的次数。面试的时候我们更想听到‘我们’这个词。”[4]

本章的重点是充分发掘工作群体或团队的巨大潜力。我们将：（1）识别不同种类的工作团队；（2）探讨团队成功或失败的原因；（3）研究提高团队绩效的关键因素，如信任；（4）探讨最新的团队概念及应用，包括虚拟团队和自我管理团队；（5）讨论团队构建和团队领导力。

11.1 工作团队：类型、效能与障碍

乔恩·卡曾巴赫（Jon R. Katzenbach）和道格拉斯·史密斯（Douglas K. Smith）是麦肯锡咨询公司的管理咨询师。他们说混用群体和团队实际是一个错误。在研究了从体育团队、企业团队到军事团队等许多类型的团队之后，他们说成功的团队具有自己的生命。卡曾巴赫和史密斯把**团队（team）**定义为“为数不多的有互补技能的人共同致力于一个共同的目的或绩效目标，大家共同对采用的方案和最终的结果负责任”。[5]类似于第10章中讨论过的塔克曼五阶段组织发展模型（形成期、激荡期、规范期、执行期和休整期），团队是进化到了执行期（但是并没有进入衰退期）的任务群体。由于权力或权威冲突或不稳定的人际关系等原因，许多群体从未能进化成真正的团队。[6]卡曾巴赫和史密斯阐明了群体和团队之间的区别：“团队的本质是共同承诺。没有共同承诺，群体就像是个人的集合那样起作用；有了共同承诺，一群人就变成了一个强有力的集体绩效单位。”[7]（见表11-1。）一个群体中的个体相互融合成为一个高绩效团队的例子是史基浦·霍尔茨（Skip Holtz）教练如何在东卡罗来纳大学打造一支冠军橄榄球队。霍尔茨现在是南佛罗里达大学教练。当他在东卡罗来纳大学的格林威尔校区第一次见到他的球队队员时就传递了一个强有力的信号：

他做的第一件事是把球员的名字从球衣的背后撕掉。

“我在第一次会议结束后的感觉是这是一只非常自私和自我中心的球队，”霍尔茨说，“没有哪个成员谈论目标和整体，我们需要改变球队文化和球员态度，而且我们要尽快做到这一点。”

防守边锋扎克·斯莱特（Zack Slate）在2004年是球队中的一名大一新生。他仍然记得那次会面。

“我们球队里面有很多家伙因为诸多不同点而分裂。没有团队的感觉，”斯莱特回忆道，“霍尔茨教练开始用纪律和细致从无到有地把团队构建起来了。”[8]

当卡曾巴赫和史密斯在团队定义里说“为数不多的”的时候，他们指的是2～25名团队成员。他们发现高绩效团队通常少于10名成员。这一结论得到了美国和加拿大的一项对400个工作场所的调查的支持：“北美团队通常有10名成员，8人的规模最常见。”[9]

表11-1　团队进化

当下列事件发生时，工作群体进化为团队：

1. 领导力成为共享的活动。
2. 问责从严格的个人负责转为个人和集体都要负责。
3. 群体发展出自身的目标或使命。
4. 问题解决变成了一种生活方式，而非兼职活动。
5. 效能通过群体共同结果和产品进行测量。

资料来源：Condensed and adapted from J R Katzenbach and D K Smith，*The Wisdom of Teams*：*Creating the High-Performance Organization*（New York：HarperBusiness，1999），p. 214.

11.1.1 工作团队的一般类型

工作团队创立的目的不尽相同，因此面临的挑战也各异。当管理者理解了团队与团队之间如何不一样时，他们就能更好地应对这些挑战。一种有益的做法是了解埃里克·森德斯特伦（Eric Sundstrom）和他的同事们构建的工作团队分类法。[10]表11-2列举了工作团队的四种常见类型：（1）建议团队；（2）生产团队；（3）项目团队；（4）行动团队。每一种团队都有一个基本目的。比如，建议团队通常给管理者决策提供建议，他们一般不自己做最终决策。相反，生产团队和行动团队则执行管理层决策。

表11-2　工作团队的四种常见类型及其产出

类型和例子	技术专攻程度	与其他工作单元协调程度	工作周期	典型产出
建议团队 委员会 评审小组，董事会 质量小组 员工参与群体 咨询委员会	低	低	工作周期可短可长；一个周期可能涵盖整个团队生命期	决策 选择 建议 提议 推荐

续前表

类型和例子	技术专攻程度	与其他工作单元协调程度	工作周期	典型产出
生产团队 组装团队 生产群体 采矿团队 航班机组 数据处理群体 维修小组	低	高	工作周期通常为重复或持续过程；周期通常比团队生命期要短	食品，化学品 部件 装配产品 零售销售，客户服务 设备维修
项目团队 研究群体 计划团队 建筑团队 工程团队 发展团队 特别工作组	高	低（传统单元） 或高（跨职能单元）	每一个新项目的工作周期通常都不同；一个周期可能涵盖整个团队生命期	计划，设计 调查 原型 报告，发现
行动团队 体育团队 演出群体 探险队 谈判团队 外科手术团队 驾驶舱舱员 部队的排或班 警察小队或消防队	高	高	短暂执行事件，通常在新条件下重复，需要持续的培训或准备	战斗任务 探险 合同，诉讼 音乐会 外科手术 竞争事件 救灾

资料来源：Excerpted and adapted from E Sundstrom，K P DeMeuse，and D Futrell，"Work Teams，" *American Psychologist*，February 1990，p. 125. Reprinted with permission of the author.

表11－2列出了不同团队的四个关键变量：技术专攻、协调、工作周期和产出。当团队依靠成员的一般经验和问题解决技能时，团队技术专攻程度低；当团队成员在工作中需要应用到他们在高等教育或广泛培训中掌握的技能时，团队技术专攻程度高。团队与其他工作单元之间的协调程度取决于团队相对独立性（低协调）或相互依存性（高协调）。工作周期是指团队完成任务所需的时间。表11－2列举的不同类型的产出意在展示真实生活影响。下面我们来依次介绍四种团队。[11]

■ 建议团队

如其名字所示，建议团队创立的目的是扩大管理决策的信息基础。建议团队通常技术专攻程度低。协调程度也低，因为建议团队的成员往往独立工作。临时组建的委员会（如年度野餐委员会）往往比常设委员会（如申诉委员会）生命期要短。

■ 生产团队

这种类型的团队负责执行日常运作。日常任务不需要很多的培训，因此技术专攻程度低。但因为生产团队的工作往往按照流程从一个团队转移到下一个团队，因此生产团队的协调程度通常较高。比如说，铁路维护工人需要从火车工人那里获得需要维护路段的新信息，火车工人反过来又需要知道维护工人的路段维护工作情况。

■ 项目团队

项目需要创新地解决问题，通常涉及应用专业化知识。因为项目往往聚焦于特定结果（比如研发新疫苗、拍摄新电影或建一栋新高楼等），时间因素通常至关重要。项目团队也可能随着项目结束而解散。如今的产品开发往往要求组建跨职能团队，因此各类生产、营销、金融专家从全世界汇聚到一个团队中。下面是联想开发 ThinkPad X300 电脑产品的例子：

> 像之前的大部分 ThinkPad 系列产品一样，X300 电脑的研发也在美国进行。规划师、项目领导和一些设计人员来自北卡罗来纳。更进一步的细化设计和工业工程工作是由位于日本的一个团队完成的。最后的生产和采购在中国的深圳完成。[12]

类似 ThinkPad X300 电脑开发这样的高科技全球团队需要高度的协调和高效的沟通。

■ 行动团队

这类团队最好的例子是篮球队——高度专业化与高度协调相结合。九位被严格训练的运动员都有各自的防守位置。但是即使防守再好也不够，篮球队还需要能投篮得分。而且，球队经理、上场球员、教练、候补队员之间的协调也必须精确。飞行团队、消防队、医院外科手术团队、登山探险队、摇滚乐队、劳工合同谈判组和警察反恐特警组等等都是行动团队的例子。行动团队面临的一个独特挑战是一有要求就能够展示出最好的状态。[13]

上述四种类型的团队分类是动态和变化的。有些团队会从一种类型变化为另一种类型。有些团队则可能是几种类型的综合。比如说下面这个通用食品（General Foods）团队的例子："公司想新建立一条即食点心的生产线，为此组建了一个九人团队，并授权给这个团队类似企业家创业情形的自由决策权。"[14] 该团队甚至还要监督食品工厂的建设，以确保生产该即食点心的设备万无一失。通用食品的这个特殊团队就是一个建议-项目-行动三合一的团队。简言之，该团队除了生产最终产品（由生产团队负责）之外完成了其余所有的工作。

回顾本章开篇的案例

> 根据表 11-2，巴黎四季酒店提供优质客户服务的团队属于哪种类型？解释你的选择。管理此类团队最大的挑战是什么？

11.1.2　高效工作团队

运动员团队的效能取决于比赛输赢，非常直接明了。但事情并不一定都这么简单，尤其是当我们把注意力转向当今复杂组织中的工作团队时。[15] 图 11-1 列举了工作团队效能的两大标准：绩效和生存能力。从概念上讲，第一个标准很简单：团队工作任务完成了吗？第二个标准更加微妙，也更容易忽视，从而可能给组织长期发展带来损害。**团队活力**（**team viability**）指的是团队成员满意和愿意持续做贡献的意愿。团队成员为组织目标做出了贡献之后满意度和持续贡献的意愿是提高了还是下降了？如果一个工作团队虽然完成了工作，但是在此过程中自我毁灭，每个成员都极度倦怠，我们很难称该团队是一个真正有效的团队。一项对美国国家篮球协会篮球运动员的为期五年的研究发现，从队友处经历了冷淡对待的低地位球员往往场上表现不好并容易有身体健康问题。[16]

同样，如图 11-1 所示，高效的工作团队也需要一个团队友好的组织环境。工作团队需要一种支持系统。如果组织能对团队加以培育和提供协助，工作团队成功的概率大大增加。团队目标应与组织战略相一致。类似地，团队参与与自主权也需要有支持这两方面的组织文化。一个很好的角色榜样是亚利桑那州凤凰城圣约瑟夫医院和医疗中心（St. Joseph's Hospital and Medical Center）的总裁琳达·亨特（Linda Hunt）。她最近写下了这段话："我们依赖合作模式。我们在追求卓越的过程中提倡合作，我们也把合作纳入教学项目。只要有可能，我们总是依靠团队来提供优质医疗服务。"[17]

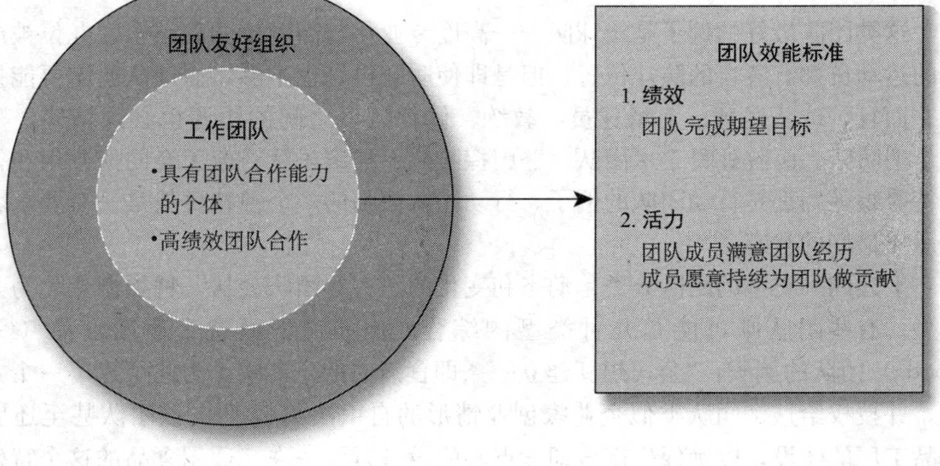

图 11-1 高效工作团队

资料来源：Adapted in part from E Sundstrom，K P DeMeuse，and D Futrell，"Work Teams，" *American Psychologist*，February 1990，pp. 120-33；and C A Beatty and B A Barker Scott，*Building Smart Teams*：*A Roadmap to High Performance*（Thousand Oaks，CA：Sage，2004），pp. 5-8.

团队成员也需要合适的技术工具、合理的计划和培训。团队合作应该得到组织奖励。当工资和奖金仅仅与个人绩效联系在一起时，团队合作就没有得到激励。[18]下面是互联网设备制造商思科的一个积极例子：

> CEO 钱伯斯把团队合作变成了思科高管奖金的一个至关重要的部分。他告诉高管们 30%的年度奖金将取决于与他人的合作。"这就使得我怎么能帮你、你怎么能帮我这样的讨论正式化了。"思科互联网资讯团队的领导者苏·博斯特罗姆（Sue Bostrom）如是说。[19]

■ 团队合作所需能力

构建工作团队并鼓励员工成为好的团队合作者是提高团队效能之路的好的开端。但是今天的企业还需要做更多的工作。[20] NBC 环球电视集团的 CEO 杰夫·朱克尔（Jeff Zucker）一开始曾面临如下情况：

> 我面临的最大挑战是如何能让新团队最大限度发挥潜力并融入同一种公司文化之中。我们有很多个性很强、专业很好的员工。我想让他们觉得自己是最好的，但同时又能像一个有凝聚力的团队那样通力合作。[21]

简言之，朱克尔领导的群体还未融合成一个如前面定义的那样的真正团队。他需要确保成员们拥有表 11-3 所列的团队合作能力。团队合作技能和能力需要有榜样引导或通过培训获得。比如说，当吉姆·威斯特曼（Jim Vesterman）还是宾夕法尼亚大学沃顿商学院的 MBA 学员的时候，他在一堂终身团队合作课上从一个曾在伊拉克服役的海军陆战队队员那里学到了这些：

> 我们是一个团队。我们排长常常引用吉卜林（Kipling）的话来描述海军陆战队队员："狼的力量来自狼群，同时狼群的力量亦源于狼。"海军陆战队招募像狼一样的新兵，但是海军陆战队的力量也来自训练这些新兵像狼群一样战斗……
>
> 每当我在群体中工作时，我可以很诚信地说我把团队放在个人之前。我已经清除了那种"我优先"的思想。[22]

注意在表 11-3 中团队问题解决、指导和冲突管理技能的重要性。

表 11-3　　你的团队合作能力有多强？

使团队适应解决问题情境 协助团队就情境或问题达成一致理解。决定问题情境的重要因素。寻找与情境或问题相关的数据。
组织和管理团队绩效 协助团队建立明确的、挑战性的、被接受的目标。监控、评估和提供团队绩效反馈。根据团队绩效反馈识别其他可选战略或重新分配资源。
促进积极团队环境 协助创立和强化容忍、尊重和追求卓越的团队规范。认可和表扬其他团队成员的努力。帮助和支持其他团队成员。树立团队成员行为榜样。
协调和解决任务冲突 鼓励功能性团队冲突，消除非功能性团队冲突。确认团队面临的冲突类型和原因并实施适当的解决方案。应用双赢的谈判策略以解决团队冲突。
恰当地提倡观点 为陈述偏好进行辩护，为某类型观点进行争辩，当观点不被基于逻辑或知识的辩论支持时能承受压力改变立场。如果其他团队成员的辩论令人信服则改变或修正观点。在观点辩论时保持理解和友好。

资料来源：From G Chen，L M Donahue，and R I Klimoski，"Training Undergraduates to Work in Organizational Teams，" *Academy of Management Learning and Education*，March 2004，App. A，p. 40. Copyright © 2004 by The Academy of Management. Reproduced by permission of The Academy of Management via Copyright Clearance Center.

■ 高绩效团队合作取决于什么？

遗憾的是，今天很多组织或人滥用“团队”和“团队合作”这样的词。很多工作群体被称为团队，事实上这些群体远没有进化成团队。真正的团队合作需要协调的共同努力（见表11-4），也需要很多的忍耐、练习和基于试错的学习。[23]用表11-4作为对照，你有没有体验过真正的团队合作？

表11-4 高绩效团队的特点

1. 目的明确	愿景、使命、目标或团队任务均被明确界定并为所有成员所接受。有具体的行动方案。
2. 非正式性	团队氛围往往非正式、舒适和放松。成员没有发出明显的紧张或无聊信号。
3. 参与	团队中有很多讨论，每个成员都被鼓励参与。
4. 倾听	团队成员使用有效的倾听技巧，包括运用询问、释义和总结来理解成员观点。
5. 礼貌地反对	团队中有不同意见。但是成员们对不同意见感到舒适并且没有显示出避免、调停或压制冲突的迹象。
6. 集体决策	对于重要的决策的原则是通过公开讨论各自的观点来获得大部分（不一定是全体）成员同意。需避免正式投票或太过容易的妥协。
7. 公开沟通	团队成员能够就任务和团队运作自由表达想法。没有隐秘的议程。成员们在会议之外也能自由沟通。
8. 角色和任务明确	对每位团队成员的角色期望都清晰明确。当行动开始后，任务分配、接受和实施都清楚明白。团队成员之间任务分配公平。
9. 共享领导	尽管团队有正式的领导者，根据环境的要求、团队需要和成员技能水平，领导职能有时由不同成员完成。正式领导者指导成员领导行为并帮助建立积极的规范。
10. 外部关系	团队投入时间与组织其他部分的关键单元发展良好的外部关系、获得必要的资源和构建信任。
11. 风格多样性	团队成员有着多样的工作风格，有的关注任务，有的注重目标设定，有的侧重过程，还有的留心团队运作过程。
12. 自我评估	团队需要定期检查自身运行情况并找出可能妨碍团队效能的原因。

资料来源：From G M Parker，*Team Players and Teamwork*：*The New Competitive Business Strategy*（San Francisco：Jossey-Bass，1990），table 2，p. 33. Reprinted with permission of John Wiley & Sons，Inc.

11.1.3 为什么有些工作团队会失败？

把团队应用到管理实践中的支持者们描绘了一幅乐观和光明的前景。但是团队也有阴暗的一面。[24]尽管没有确切的数据，但是团队确实能够而且经常失败。任何想在组织中使用团队结构的管理者都需要对团队的优点和缺点有一个不偏不倚的认识。

■ 团队中常见的管理错误

如图11-2所示，团队效能的主要威胁是不现实的期望导致沮丧，沮丧又进而导致成员放弃团队。管理者和团队成员都可能成为不现实的期望的牺牲品。

图11-2中左上是一系列常见管理错误，通常包括没有能为团队和团队合作创建一个支持性的环境。

■ 团队成员问题

图 11－2 中右下列举了团队成员可能犯的常见错误。与 X 理论认为员工对真正团队合作缺乏动力和创造力的批评不同，团队成员往往太早、太急切地为实现快速获得结果而埋头苦干，忽视了重要的群体动力和团队技能。因此，管理者和团队成员自己需要对期望进行一次“现状核实”。而且，当成员遇到意外障碍而想要放弃时，需要给他们提供相应的咨询服务。团队合作失败是团队学习过程的一部分，和我们在生活中做其他事情往往也能从失败中学习一样。为团队成员提供人际技能的综合培训能预防许多常见的团队合作问题。

团队管理者常见错误

- 团队不能纠正战略错误和不良商业做法。
- 恶意的团队工作环境（命令和控制式的文化；竞争性/个体奖励；管理阻力）。
- 团队中意短期、权宜的目标而非长期承诺。
- 团队的经验教训（如团队试点获得的经验）不能共享到其他团队。
- 模糊或相互冲突的团队任务。
- 团队技能培训不足。
- 团队人手不足。
- 缺乏信任。

不现实的期望带来沮丧

团队成员通常遇到的问题

- 团队试图在很短的时间内完成太多的任务。
- 成员工作风格差异带来的冲突（和/或人格冲突）。
- 太注重结果，不注重团队过程和群体动力。
- 意外障碍导致团队放弃。
- 改变做事方式遇到抵制。
- 缺乏人际关系技能（咄咄逼人而非坚定自信的沟通、破坏性冲突、输或赢的谈判方式）。
- 成员之间缺乏化学反应（团队中包括不合群的成员、控制欲强的人、自诩为专家的成员等）。
- 缺乏信任。

图 11－2　工作团队为何失败

11.2　基于合作、信任和凝聚力的有效团队合作

随着竞争压力加剧，专家指出组织成功越来越取决于团队合作而非个别明星员工。这一点在现代医院中体现得最为明显。想象一下如果你自己或你爱的人置身于类似下面这样的困境中：

一位67岁的老太太住院接受脑动脉瘤治疗。医生检查完了之后送她回到病房。第二天，她被用轮椅推进了心脏病区。直到医生把一根导管插进她的心脏前，整个医疗团队中都没有人意识到病人搞错了。之后手术马上被叫停，老太太现在康复了。[25]

研究人员分析上述案例之后指出我们需要更好的沟通和团队合作（见相关的“真实世界/真实人物”专栏）。

不管是在医院还是在商业世界，团队合作最重要的三个方面包括：合作、信任和凝聚力。让我们逐一考察三个要素对有效团队合作的贡献。

真实世界/真实人物

外科医生和护士学习重要的团队合作技巧

一项新的研究表明，用航天业的一些安全技术来训练医生和护士之间的团队合作可以降低18%的手术死亡率。

研究报告的作者，前宇航员，密歇根大学医疗工程学院的教授詹姆斯·巴吉安（James Bagian）表示，这项研究中的手术团队来自美国的108家医院，重点是关注应用低技术含量的技术对减少医疗事故的作用，比如术前的情况介绍以及术后的工作汇报等。

巴吉安说，这些工作简介会在飞机飞行前定期进行，机组人员可以依此预料到潜在的安全风险并做好相应的防护措施。

手术团队可以从情况介绍得到一些重要信息，比如说，如果知道病人正在服用抗凝血剂，那么团队就可以预测手术过程中大量出血的风险将会增加。

这些手术团队学会了识别危险信号，当发现安全隐患后，他们会互相鼓励并完善术前核查表。手术团队接受的培训越多，他们就越能安全地手术。

如果你是一家大学医学院的院长，你会怎样把团队合作培训融入课程安排？

资料来源：Excerpted from L Szabo，“Study：Teamwork Makes Surgery Safer，” *USA Today*，October 20，2010，p. 5D.

11.2.1 合作

合作指个体系统地把各自的努力整合到一起以完成一个共同目标。[26]整合努力的程度越高，合作的程度就越深。豪华酒店连锁丽思卡尔顿就有效地把合作整合进其提高服务质量的战略之中。

整个改正措施取决于识别和纠正出错点。为确保问题被上报而非掩盖起来，丽思卡尔顿酒店努力将问题“去污名化”，这样就将事情的焦点从责备转到纠正上来。员工们把问题称为“BIV先生”，取自一个名字代表故障、低效和差错的卡通人物。改正措施的关键是“当BIV先生出现时，我们想要让他显露出来并永远将他请出去”，培训主管戴安娜·欧瑞克（Diana Oreck）如是说。

在每一家丽思卡尔顿酒店每天上班前，都有15分钟的员工短会。短会中有一部分时间会用来复习丽思卡尔顿酒店十二条“服务价值”中的一条。这些服务价值是丽思卡尔顿服务黄金标准的一部分。短会的另一部分用来提醒员工早先那些BIV先生出现并影响了住店的客人。[27]

■ 合作与竞争

管理者中一个常见的假设是"竞争让员工做到最好"。从经济学的角度，企业生存取决于能否在竞争中胜人一筹。但是从人际关系的角度来看，对竞争的强调过了头，尤其在以合作为代价的情况下。[28] 出生于英国的桑德拉·道森（Sandra Dawson）是组织变革专家，她在剑桥大学教授管理学。道森最近提供了以下有益的建议：

> 我是合作的坚定支持者。我告诉学生们："你们不需要学习竞争。你将和别人一样有竞争力，因为你今天坐在这里。还因为你对未来有目标，也有实现目标需要的毅力。但是我不确定你会怎样与人合作。合作才是在今天的商业世界中让你脱颖而出的关键。"
>
> 我发现女性往往更容易同意合作的重要性，男性则更难向别人敞开合作之门。男性可能更难把眼光放到自身和与自身相似的人以外。男性需要明白即使"他人"与自己利益不同、世界观也不一样，"他人"身上仍然具有价值。
>
> 我们用（与当地企业的团队项目）现实合作成功的例子来教授合作的重要性……这些团队都面临着非常紧的截止期限，只有在每个团队成员都发挥自己最大潜能、通力合作，没有一个成员试图控制整个团队过程的情况下才能按期完成任务。[29]

但是，近期的一项对 260 名员工的调查发现高竞争工作环境对团队结果有积极影响，包括更少的角色模糊和更高的工作满意度。[30] 当竞争性强的个体更可能被销售类的工作吸引时，其他工作类型的个体（如医护或教师）可能不容易在竞争环境中成功。当运用竞争策略激励员工时，管理者需要权变地考虑各种因素（见相关的"真实世界/真实人物"专栏）。

真实世界/真实人物：商业道德

内部竞争推动了 College Hunks Hauling Junk 公司的发展

尼克·弗里德曼（Nick Friedman）有一个想法。我们是否可以利用迫使大学生们互相抢夺对方的球队吉祥物或者是拿厕纸贴对手的兄弟会的这种高昂情绪呢？

弗里德曼是总部设在坦帕的 College Hunks Hauling Junk 公司的总裁，该公司的 23 家连锁店招聘的大都是在职大学生以及应届毕业生，甚至大约有一半的连锁店经理才 20 多岁。弗里德曼几乎全靠内部竞争来激励员工。这些特许直营店以及个人通过总收入、职位价值平均数、顾客忠诚度、清理成本以及一长串其他的绩效考核来争夺"吹嘘权利"和现金奖励（一般来说，现金奖励是有限制的）。

他们制作了一个整个公司都可以通过内部网使用的电子公告板，并根据公告板上的数据刺激员工之间相互竞争。大部分员工每天都会查看公告板以了解自己和对手的最新排名。

主要使用内部竞争来激励员工的优缺点各是什么？

资料来源：Excerpted from L Buchanan，"Managing a Little Friendly Competition：Egging on Employee Rivalries，" *Inc*，October 2009，pp. 99－100.

■ 支持合作的研究发现

一项元分析收集了 122 项范围很广的、包括不同参与者和不同情境的团队合作研究的数据，结果发现：

1. 在提高团队成就和生产率方面，合作优于竞争。

2. 在提高团队成就和生产率方面，合作优于个人主义的努力。

3. 没有团队间竞争的合作比有团队间竞争的合作更有可能带来更高的团队成就和生产率。[31]

考虑到上述元分析的样本规模和参与者的多样性程度，其发现极大地支持了当代组织应该鼓励团队合作的做法。组织可以通过强调团队合作的奖励制度来促进团队合作，同时也鼓励团队成员个体成就。

有意思的是，直接拆掉办公室的墙（或根本就不建墙）的做法可以鼓励合作。一项对八家小公司的 229 名经理和专业人士的研究提供了深刻见解：

> 研究人员比较了独立办公室、共用办公室、办公隔间和团队导向的开放式办公区对生产率的影响。结果令他们吃惊：小的团队导向的开放式办公区配置（办公桌分散安置在一块小的没有隔断的区域内）与高绩效显著相关。而且，研究人员还发现开放式办公区特别受到年轻员工的喜爱。这些年轻员工认为开放式办公区为自己接触同事和向老员工学习提供了便利。[32]

一项对 84 名男性美国空军培训生的研究发现了在合作和良好种族关系中存在一种令人鼓舞的联系。在观察了受试者以三人为一小组在一个管理游戏中的表现后，研究人员总结道："与那些不乐于助人的队友相比，乐于助人的队友（包括黑人和白人）能获得更大的尊重和喜爱，特别是当帮助是自发提供的时候。"[33]这些发现表明管理者可以通过在多种族的工作团队中鼓励自愿助人行为以加强平等雇佣机会和多样化项目。相应地，可以很合理地下结论说自愿助人行为能够在混合性别的团队和群体中构建合作。

另一项对一家美国退伍老兵医疗中心的 72 名卫生保健专业人士的研究发现了合作与团队规模之间存在负相关。也就是说，随着医疗团队规模变大，合作程度下降。[34]因此管理者如果想要促进合作需要控制工作团队的人数。

11.2.2 信任

这不是一个信任的好时代：多年的政府浪费性支出、金融危机、持续的高失业率、令人咋舌的高管奖金、企业丑闻和背弃的诺言让很多人变得愤世嫉俗，不再相信领导者的一言一行。[35]2010 年的一项公众调查显示，"只有 22%的美国人表示他们信任华盛顿政府，这是半个世纪以来最低的数值之一了"。[36]因此当一项包括美国、加拿大和墨西哥在内的跨国调查发现只有 50%的三国员工信任公司高层时，其结论就不那么令人惊讶了。但是，75%的三国员工报告说他们相信自己的直接上司。这使得研究人员得出了下面的推论："这些发现对公司管理层很重要，因为它们揭示了信任与员工投入之间的紧密联系。员工越信任管理层，他们工作时就越投入，生产率也越高，反之亦然。”[37]这个推论得到了另一项调查结果的支持：“在 MasterWorks 公司在弗吉尼亚安纳戴尔进行的一项对 500 位商业人士的调查中，研究人员发现决定员工去留决策的主要因素是他们是否与上级之间有信任关系。”[38]很明显，需要采取纠正措施来弥补信任的鸿沟，特别是在员工与高级管理层之间。

本节中我们将讨论信任的定义并介绍建立信任的六条建议。

■ 互信和认知飞跃

信任（**trust**）被定义为一种对他人意图和行为的互惠信念。[39]互惠一词强调了信任中平等交换的特点。简言之，人们往往给予他们会得到的东西：信任带来信任，不信任带来不信任。在 3M 公司努力在其 75 000 名员工中引入具体信任建立步骤的过程中，公司人力资源专家发现：

> 信任是相信你在人际关系中能指望别人的信念。信任的本质是关系——相信别人会做对你有益的事情，无论你是否确认他们的做法。信任允许关系的双方采取冒险行为，因为他们都相信对方不会不考虑对自己的负面影响就贸然行动。信任能帮助员工全心全意投入工作。[40]

但是信任也很脆弱。联合商业专栏作家哈维·麦凯（Harvey Mackay）提醒我们，“建立信任可能需要多年的时间，而毁掉信任只需几秒就够了”。[41]因此，管理研究中适时地出现了一个有趣的研究分支关注“信任修复”，包括组织信任和人际信任。[42]

组织信任的一个模型包括了一项称为**信任倾向**（**propensity to trust**）的人格特质，其开发者对信任倾向解释如下：

> 信任倾向可以理解为信任他人的一般意愿。在获得相关信息之前，倾向可以影响我们对他人的信任程度。个体的发展经历、人格类型、文化背景不同，因而信任倾向也各异。一个极端的例子是我们常说的盲目信任。一些个体被发现在一些我们绝大多数的人都产生怀疑的情境中重复地信任别人。反过来，有些人在大多数情境中都不信任别人，即使是在有很好的信任别人的理由的情况下。[43]

你的信任倾向是什么？你如何发展信任倾向这种人格特质？信任代表着一种超出理智和经验独立保证的期望范围的一种“认知飞跃”[44]（见图 11-3）。比如说，假定一个新成立的学习项目团队里有一位成员假定其他成员都很努力，因此她也非常努力。她构建了信任的基本假设，就是超越她与新成员实际经验的一种认知飞跃。当你信任某人时，你对他的善意就有信心。当然，信任某人的一种内在风险是可能遭到背叛。但是提倡信任的管理者指出人际信任的好处远远超出背叛信任的风险。比如，迈克·鲍威尔（Michael Powell）25 年前创办了以他名字命名的连锁书店。鲍威尔做生意的原则是开放式管理、赋权和信任。但是当他的一位员工从书店旧书收购经费里偷窃了60 000 美元时，鲍威尔经历了一次苦涩的信任倾向考验。在设置了一些账目上的预防手段之后，鲍威尔的信任倾向并未受到此次经历的影响。他说：

这个事件对我和我的员工而言意味着一个分水岭，驱散了我们对于犯罪的幼稚观念。我们现在知道了偷窃不是可能会发生，而是确确实实会发生。同时，应对这一事件逼迫我们重新审视自身的基本价值观和管理哲学。我们相信现代组织需要赋权的和灵活的员工，我们也知道这样的员工常常会接触到有价值的商品或钱物。但我们也相信一旦被安置到某个有合理的审查和问责机制的职位上，绝大多数员工是不会滥用这种对他们的信任的。[45]

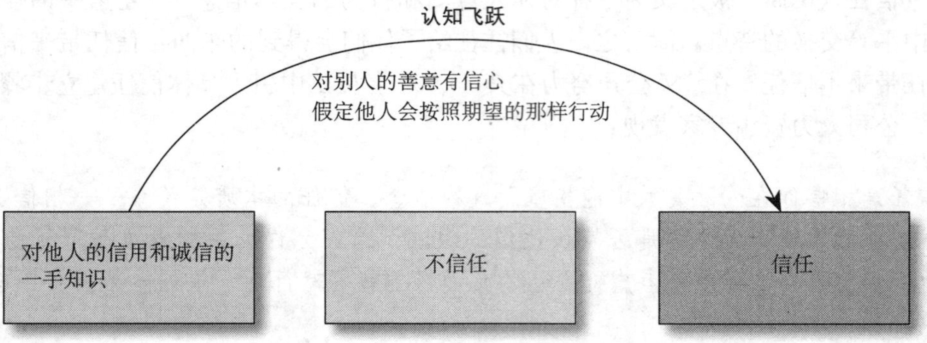

图 11-3　人际信任包含一种认知飞跃

■ 如何建立信任

管理学教授/咨询师费尔南多·巴图洛美（Fernando Bartolomé）对建立和维持信任提出了下列建议：

1. 沟通。通过解释政策、决策并提供正确的反馈来让团队成员和员工了解最新进展。对自身的问题和局限开诚布公。告诉大家真相。

2. 支持。让成员或员工需要时能找到你。提供帮助、建议、指导。支持成员的想法。

3. 尊重。把真正决策权以委托的形式授予员工是管理层对员工最大的尊重。积极倾听员工/他人的想法也是一种极大的尊重。（如第15章讨论的那样，没有信任就无法授权。）

4. 公平。表扬和认可别人的努力或成绩时一定要迅速。同时也要确保所有的绩效评估和评价都是客观公正的。

5. 可预见性。日常处事中保持一致性和可预见性。信守口头的和暗含的承诺。

6. 能力。通过展示良好的商业意识、技术能力和专业能力来增强你的信用。[46]

信任需努力挣得而非强求得到。信任固定于**信用**（**credibility**）之上：“你的诚信、意图、能力和以往结果使你看起来更加可信赖。”[47]你的信用和可靠性怎么样？你的个人圈子或职业圈子里的其他人呢？

回顾本章开篇的案例

信任在客服团队工作中扮演什么样的角色？管理层如何建立该信任？

11.2.3 凝聚力

凝聚力（cohesiveness）指“一种‘我们’的感觉涌现出来并超越个体差异和动机的过程”。[48]凝聚力强的群体中的成员团结在一起，成员们离开群体的意愿很低。凝聚力来自下面一种或两种原因：（1）成员们彼此共事愉快；（2）成员们彼此需要以完成共同目标。相应地，社会学家识别了两种类型的群体凝聚力：社会情感凝聚力和工具性凝聚力。[49]

■ 社会情感凝聚力和工具性凝聚力

社会情感凝聚力（socio-emotional cohesiveness）指的是当个体从群体参与中获得了一种情感满足时发展起来的一种团结感。相应地，最近研究发现共享的强烈情感体验（比如牙科诊所体验）往往能把人们团结起来。[50]大部分群体凝聚力的讨论都局限于社会情感凝聚力。但是，从任务小组和团队需要完成某项任务的角度来看，我们不应该忽视工具性凝聚力。**工具性凝聚力**（instrumental cohesiveness）指的是当群体成员相信单独无法完成团队目标而相互依赖时发展起来的一种团结感。在完成共同目标时成员有一种“我们”的感觉。团队建设的倡导者往往假定两种凝聚力对生产性的团队合作至关重要。但事实真是如此吗？

■ 群体凝聚力研究发现

群体凝聚力和群体绩效之间有什么关联？一项重要的元分析收集了 49 项相关研究数据（共有 8 702 人参与研究）并得出了下列结论：

- 凝聚力对绩效有小但是统计上显著的影响。
- 凝聚力对绩效的影响对更小和真实的群体而言更为显著（与实验室研究中的受控群体相比）。
- 从非军事真实群体到军事群体再到体育团队，凝聚力对绩效的影响依次增大。
- 对手头工作的承诺（即个体把绩效标准视为合法）对凝聚力和绩效的关系影响最大。
- 绩效对凝聚力的影响强于凝聚力对绩效的影响。也就是说，是成功把群体/团队成员们团结在一起，而非把大家团结在一起就能变得更成功。
- 与流行观点相反，由于系统中与人相关的其他因素的存在，凝聚力并不是最小化成员摩擦的润滑剂。[51]
- 所有上述证据让研究者得出了下列结论：“通过培育人际吸引力或树立群体荣誉感来提高群体绩效的努力不大容易有效。”[52]

另一项元分析没有发现凝聚力和群体决策质量之间有显著的关系。但是，研究发现了凝聚力强且有强有力领导者的内群体更容易受到詹尼斯所称的群体思维的困扰。而那些成员之间彼此非常喜欢的群体往往做出的决策质量更低。[53]

■ 群体凝聚力的积极影响

研究显示群体凝聚力在提高群体/团队绩效时并非攻无不克的秘密武器。关键在于保持任务团队的小规模、确保绩效标准和任务明确具体且被成员接受、团队之前有过成功经历，以及遵循表 11－5 中列举的一些小贴士。西屋电气公司位于得克萨斯的高度自动化的军事雷达电子工厂是一个很好的例子。与该公司位于巴尔的摩的传统型工厂相比，得克萨斯工厂的 500 名员工的产能高 8 倍甚至更多，而单位成本仅为一半。西屋电气说关键不在于机器人的应用而在于员工。得克萨斯工厂的员工以 8～12 人一组工作。团队成员自行设计问题解决方案。团队成员每天碰一次头，相互比较各自的绩效并将个人和整个团队的绩效与其他团队进行比较。28 岁的约瑟夫·约翰逊（Joseph L. Johnson）是工厂的机器人技师。他说从以前的按小时付酬的传统工厂工作方式转为现在的工作方式是个很大的变革。以前他只关心“拿到工资支票”，而现在，同侪压力让你“得确保工作做好了”。[54]

自我选择的工作团队（员工们自行选择队友）和非工作时间社交活动增强了成员的社会情感凝聚力。[55]但社会情感凝聚力需要与工具性凝聚力相平衡。后者可以通过确保团队中的每一个成员认可和感激他人对团队目标的重要贡献得以实现。在平衡两种凝聚力的同时，管理者需要记住群体思维陷阱以及现有研究结论的警告，从而避免过强凝聚力带来的负面作用。

表 11－5　管理者加强两类群体凝聚力的小贴士

社会情感凝聚力	● 保持小的群体规模。 ● 努力构建积极公众形象以增强成员们作为群体一分子的身份感和威信。 ● 鼓励互动和合作。 ● 指出环境威胁（如竞争者成就）以振奋团体。
工具性凝聚力	● 定期更新和阐明群体目标。 ● 给每一位群体成员都布置重要的行动任务。 ● 引导每一位成员将其独特才能用以实现群体共同目标。 ● 认可和公平地强化每位成员的贡献。 ● 经常性地提醒群体成员只有相互依赖、通力协作才能完成任务。

11.3　现实团队：虚拟团队和自我管理团队

今天的职场可以看到所有类型的有趣的团队和团队合作的实验和尝试。许多类似的实验发生在那些努力使自身变得更具灵活性和更快响应的组织中。新的信息技术也推动了团队结构的实验。本节将介绍两种不同的团队构建新方法：虚拟团队和自我管理团队。我们选择这两类团队的原因如下：（1）两者都有可识别的标签；（2）两种团队类型都至少有一些研究证据；（3）两者在授权程度上不同（参见第 15 章图 15－2）。

如表 11－6 所示，这两种类型的团队区别明显但也并非完全没有共同点。比如，基于电脑网络的虚拟团队可能包括也可能不包括志愿者。虚拟团队可能是也可能不是自我管理的。另一个可能重叠的区域涉及表 11－6 中的第五个变量：与组织结构的关系。当团队独立于传统的组织权威和沟通渠道之外时，它们被称为平行结构。[56]但是，自我管理团队通常整合到组织的基本结构当中。虚拟团队则情况各异。有些虚拟团队也整合到组织基本结构之中，有些则不然。一般而言，虚拟团队往往应用平行结构，因为其主要由不同职能专家（工程师、会计、市场营销专家等）加入临时项目团队组成。讨论了基本的区别之后，下面我们具体介绍这两类团队。

表11-6 虚拟团队和自我管理团队的基本区别

	虚拟团队	自我管理团队
团队类型（见表11-2）	建议或项目团队（通常为项目团队）	生产、项目或行动团队
授权类型（见图15-2）	咨询、参与或委托	委托
成员	管理者和技术专家	生产/服务，技术专家
成员基础	指派（有些为自愿）	指派
与组织结构的关系	平行或整合	整合
面对面交流的次数	周期性的或无	变化的，取决于信息技术的使用

11.3.1 虚拟团队

虚拟团队是现代组织技术的产物。虚拟团队的名字来自计算机模拟的“几乎像真实一样”的虚拟现实。由于信息技术如移动网络、电子邮件、社交媒体、视频会议和群件的出现，你可以成为一个工作群体的一分子但却不需要真正出现在现场（见相关的“真实世界/真实人物”专栏）。[57]传统团队开会需要有具体的场所，成员们要么出席要么缺席。虚拟团队的电子会议则在网络上召开，成员们可以在不同的地点、组织甚至不同的时区参加虚拟会议。

真实世界/真实人物

广泛分布的IBM团队通过移动应用程序合作

IBM工程师威廉·博丹（William Bodin）需要一种能安全地与开发团队远程沟通的方式。因此他开始使用同事开发的一个应用程序，这个程序可以下载到智能手机上。这样，就算他的团队成员在越南，而他在他儿子练习曲棍球的场地外围，他们也能进行合作。

博丹创建了一个网上商店，员工可以通过这个网上商店下载对工作有帮助的软件。这个商店被命名为“龙卷风”，在正式发布后的前六周内，使用该网上商店的员工数量达到了11 000人。应用程序非常广泛，从安排会议室到批准采购订单再到IBM的内部社交网络。以前，员工只能登录台式电脑或是联网的笔记本电脑才能做到这些。而现在，智能手机或是其他的移动设备可以包办一切。

广泛使用虚拟团队会对个人和组织有什么积极的/消极的未知影响吗？

资料来源：Excerpted from R King, “Mobile Apps Suit Up For the Office,” *Bloomberg Businessweek*, November 8-14, 2010, pp. 44-45.

虚拟团队相对而言还属于新事物，没有大家都接受的定义。我们对**虚拟团队（virtual team）**下的工作定义是一种物理上分散的、主要通过现代技术完成工作的工作群体。虚拟团队的倡导者认为因为受到信息和技能驱动，而非受制于时间和地点，所以虚拟团队非常灵活和高效。拥有所需的信息和技能的个体都可能成为团队成员，而且与他们实际从事的工作和工作地点没有关系。对那些在互联网和社交媒体时代成长起来的年轻一代而言，虚拟团队就像是他们的第二天性。

就消极方面而言，缺乏面对面互动可能会降低信任、沟通和责任感。远程工作也可能会对管理者感知工作质量造成消极影响。在一项对 1 465 名员工的调查中，针对下面的问题，55%的受访者选了“是”，45%的受访者选了“否”：“你是否觉得无论是远程工作还是在办公室工作，你的工作质量都会被同样地评估呢?”[58] 远程领导和管理也可能会非常具有挑战性。比莉·威廉森（Billie Williamson）是安永负责企业多样性的合伙人。她有超过 10 年的管理虚拟团队的经验。威廉森提供了下面这个有益的观点：

> 虚拟管理团队有很多好处：你能够很容易地协调不同的时间安排，临时通知开会也不是问题，减少差旅开销，更加环保，也能减少非生产性的旅行时间。虚拟团队使得我们可以构建更为多样性的团队，邀请有更广泛经验和知识的人加入团队。但是对于虚拟团队管理者而言最为重要的是要记住，一个团队的成功，无论是不是虚拟团队，都依赖于人的因素。技术可以把人聚到一起，但事实上要依靠管理者来确保成员关系富有活力，每个团队成员都被重视并且生产效率维持在高水平。[59]

■ 研究发现

因为虚拟团队仍是一个新的和不清晰的领域，我们可以想象相关研究仍然良莠不齐。下面是一些现有的对以计算机为媒介的群体的研究发现：

- 基于网络构建的虚拟群体发展过程与传统面对面群体发展过程相似（回顾第 10 章中讨论的塔克曼群体发展模型）。[60]
- 基于网络聊天室的会议形式与面对面会议和电话会议相比，创造了更多的工作和质量更差的决策。[61]
- 成功使用群件（协助虚拟团队成员互动的软件）需要培训和实际动手经验。[62]
- 激励性领导风格对虚拟方式运作的头脑风暴群体的创造力有积极的影响。[63]
- 冲突管理对于异步的虚拟团队（即成员不在真实时间互动）而言格外困难，因为成员们没有面对面沟通的机会。[64]
- 团队中如果至少有一个成员远程工作会“促进团队在协调和沟通上更加有纪律，随之为全体成员带来更好和更有成果的经验……但是如果添加一位同地点工作的成员作为该远程工作的成员的伙伴，则整个团队都将受到消极影响”。[65] 后者产生问题的原因在于那两位远程工作的成员会形成强烈的纽带，继而常常与“团队总部”对着干。

■ 实践启示

虚拟团队可能很时髦，但是它们并非万灵药。实际上，对于不熟悉现代信息技术的个体而言，虚拟团队的工作方式可能对他们的绩效产生消极影响。依赖于虚拟团队的管理者有一个共识：有意义的面对面接触是绝对必要的，特别是在群体发展的早期阶段。虚拟团队成员需要有名字和电子照片以便彼此能记住对方的样子。定期面对面互动不但能在虚拟团队成员之间构建社会联系，也便于解决冲突。而且，虚拟团队的成功离不开一些“旧式的”因素，如高管支持、实际操作培训、清楚的使命和明确的目标、有效的领导、时间表和截止时间等（参见表 11 - 7 中列举的实用小贴士）。

表 11-7　如何创建和管理虚拟团队

形成团队	● 设定团队使命宣言、团队合作期望和规范、项目目标和截止日期。 ● 招聘具有互补技能、多样化背景、有能力和贡献意愿的团队成员。 ● 找到一个高层次的发起人来支持项目。 ● 发布技能、自我简介、联系信息和“当地时间”矩阵来帮助成员相互熟悉和了解彼此的地理分布。
团队准备	● 确保每个成员都有宽带网络连接并掌握虚拟团队技术（如电子邮件、即时通信、电话会议、在线会议、视频会议或如 WebEx 之类的协作软件）。 ● 确保硬件和软件兼容性。 ● 确保成员都对同步（在同一时间互动）和异步（在不同时间互动）的团队合作感到自在。 ● 确保所有成员都接受团队目标、截止日期和各自任务。
建立团队合作和信任	● 确保每个成员都投入团队任务之中（会议期间和任务期间）。 ● 安排周期性的面对面工作会议、团队建设活动和休闲活动。 ● 鼓励团队成员在子任务上相互合作。 ● 建立冲突的早期预警机制（如批评会等）。
激励和领导团队	● 设立记分牌来记录团队目标的完成情况。 ● 用虚拟和面对面两种方式来庆祝团队成就。 ● 每一次虚拟会议都以表扬和认可突出贡献开始。 ● 定期把虚拟团队成员的成绩和进步通知其直接领导。

资料来源：From R Kreitner and C Cassidy，*Management*，12th ed（Mason，OH：South-Western Cengage Learning，2012），Table 13. 3. Copyright © 2009 SouthWestern，a part of Cengage Learning. Reproduced by permission. www. cengage. com/permission.

11.3.2　自我管理团队

你是否曾经觉得如果有机会的话，你能比你老板干得更好？如果自我管理团队的趋势如预测的那样继续流行，你真有可能得到这样的机会。比如说，在通用磨坊位于加利福尼亚洛迪市的工厂中，各个团队在制订计划、运行工厂和维护设备方面做得如此出色，以至于工厂整个夜班都不用经理值班。[66]更常见的是，管理者担任的是培训者和促进者的角色。自我管理团队在当今时代以各种方式出现，各个团队的自治程度差别很大。

自我管理团队（self-managed teams）指在自己的任务领域被授予管理监督权的员工群体。这里的管理监督权包括计划、安排、监督和招聘等通常由管理者完成的委托活动。简言之，自我管理团队中的成员自己担任自己的监督者，间接地向外部管理者和领导者（有时称为团队顾问）负责。一项对某公司中 300 个自我管理团队的调查显示，66 个团队顾问依赖的间接影响策略可以大致分为四类：

● 联系。帮助团队理解组织的权力结构；建立信任；对个体团队成员表示关心。

● 侦查。寻找外部信息；诊断团队问题；协助解决团队问题。

● 劝导。收集外部支持和资源；通过影响帮助团队变得更高效和与组织目标保持一致。

● 授权。委托决策权给团队；促进团队决策过程；指导团队。[67]

自我管理团队有时也被称为半自治工作群体、自治工作小组或超级团队。

■ 管理阻力

自我管理团队的运用有时涉及一些非常复杂的问题。在标签中使用“自我管理”一词并不意味着放任员工自己干自己的事情。事实上，准备实施自我管理团队的组织应该对即将到来的革命性变化有所准备，包括管理哲学、组织结构、招聘做法、培训模式和薪酬制度的变革。而且，传统的管理权威和管控的观念也将完全改变。因此毫不令人吃惊的是，许多管理者坚决抵制放弃对他们视为下属的员工的管控权力。这些管理者把自我管理团队视为对自己工作安全的一种威胁。

■ 交叉功能主义

自我管理团队（特别是处于组织最低层次以上的自我管理团队）的一个常见特点是**交叉功能主义**（**cross-functionalism**）。[68]换句话说，团队中的成员都是来自组织各个不同领域的各类专业人才。比如下面这个由20名成员组成的跨职能团队：

> 位于罗得岛州普罗维登斯市的人寿医疗集团（Lifespan）由四家医院组成。每家医院都单独制定自己的在线年度强制性培训战略。大部分的培训内容与病人安全相关。斯蒂芬妮·萨诺斯（Stephanie Thanos）在2009年夏天对四家医院培训的差距分析显示了一个很好的提高和整合这些培训的机会。萨诺斯成功地发起了一个在线病人安全课程表委员会。委员会由范围很广的各种领域的临床或营运代表组成，包括各医院的医护和医疗管理者、风险分析专家和质量控制官员等。大家共同努力设计出了一项整合的在线培训课程。整合后的培训减少了原先分散课程的不必要重复，也给所有的组织成员带来了一种通用信息。[69]

马克·斯德菲克（Mark Stefik）是位于加利福尼亚州的世界著名的帕洛阿尔托研究中心（Palo Alto Research Center）的经理。他将交叉功能主义背后蕴藏的智慧解释如下：

> 当你把不同学科的人引入一个团队中来实现一个共同目标时，魔法一样神奇的事就会发生。这是一个中间区、一个突破区。为解决一个问题、一个难题而组建一个团队的想法本身就很激励人。当遇到障碍时，不是去避开障碍，而是去寻找新的观点：邀请一个电气工程师、一个用户界面专家、一个社会学家或是其他任何能提供解决市场问题需要的观点的人加入你的团队。跨职能的团队带给我们新的视角，能像交叉授粉一样带来新的创意。[70]

11.3.3 自我管理团队有效吗？来自研究的证据

在设立自我管理团队的公司中，最常见的委托任务内容包括自我工作日程安排和直接与外部客户打交道。最不常见的是授予团队雇佣权和解雇权。[71]今天大部分的自我管理团队主要是工厂中的基层员工团队。专家们预测未来会在管理层次和服务运营领域出现更多自我管理团队。[72]

自我管理团队的效果大部分来自成员证词和案例研究。幸运的是，慢慢地我们开始有了更多更高质量的实地研究可供参考。对三项涵盖了70项研究的元分析的回顾发现，自我管理团队：

- 对生产率有积极影响。
- 对与自我管理相关的特定态度（如职责感和掌控感等）有积极影响。
- 对一般态度（如工作满意度和组织承诺等）无显著影响。
- 对缺勤或员工流失无显著影响。[73]

最近一项对公共安全组织中的 97 个团队的研究发现，当工作不仅仅包括常规任务时，自我管理行为往往能增强团队效能。[74]

尽管上述发现令人鼓舞，但是并没有显示出令人信服的对自我管理团队积极作用的压倒性证据。虽然如此，由于强烈支持直接参与的文化偏差的存在（见表 11－8），管理专家预测北美的自我管理团队趋势会持续发展。因此管理者需要准备好迎接由此带来的组织管理上的变化。[75]

表 11－8　自我管理团队的多种授权方法

外部领导行为	1. 让团队成员安排自己的工作并对工作负责。 2. 进行决策时征询并使用团队成员的建议。 3. 鼓励团队成员掌控自己的工作。 4. 创建团队成员可以自行设定团队目标的环境。 5. 不要妨碍团队成员试图解决工作相关问题的努力。 6. 设立高的团队期望值。 7. 对团队的能力表达信任和信心。
生产/服务职责	1. 团队设定自身生产/服务目标和标准。 2. 团队自主分配工作和任务。 3. 团队成员设立自己的质量标准和测量技术。 4. 团队成员自主利用生产/服务学习和发展机遇。 5. 团队成员自主解决与内外部客户的问题。 6. 团队负责整个产品或服务，而非其中的一部分。
人力资源管理系统	1. 至少有一部分报酬是支付给整个团队的。 2. 团队成员在自己团队内接受交叉培训。 3. 团队成员接受其他团队工作的交叉培训。 4. 团队成员负责招聘、培训、惩罚和解雇员工。 5. 团队成员运用同侪评价来正式地相互评估。
社会结构	1. 有需要时，团队将从其他团队或部门获得支持。 2. 团队能够获取和使用重要的战略信息。 3. 团队能够获取和使用其他团队的资源。 4. 团队能够获取和使用组织内外部资源。 5. 团队频繁地与其他团队沟通。 6. 团队制定自己的规则和政策。

资料来源：From B L Kirkman and B Rosen，"Powering Up Teams，" *Organizational Dynamics*，Winter 2000，p. 56. Copyright © 2000 with permission from Elsevier Science.

11.4　团队建设与团队领导

帮助工作群体进化成真正的工作团队既需要有创造力的和节约成本的团队建设措施，也需要一整套特殊的领导技巧。下面让我们来看看这些具体的措施和技巧。

11.4.1 团队建设

团队建设（team building）是对一系列旨在提高工作群体内部功能的技术的总称。不管是由公司培训人员发起还是由外部咨询师指导，团队建设活动和研讨会的目的都是为了达到更好的合作、更有效的沟通以及更少的功能失调冲突。

专家不鼓励在团队建设时采用死记硬背和授课/讨论等被动学习方式。他们往往更青睐主动学习方式。重点应该放在工作团队如何完成工作的过程上，而不是放在工作本身。常用的体验学习技巧包括人际信任练习、应对冲突的角色讨论、创新性活动（见相关的“真实世界/真实人物”专栏）和竞争性游戏等。户外活动对办公室或工厂员工而言也是一种很好的转换工作节奏的办法。举一个相关的极端例子：“希捷科技（Seagate Technology）每年都花费200万美元资助200名员工去新西兰的群山中远足、划独木舟和进行探险越野赛。”[76]希捷的管理者们坚持说这笔钱花得很值。但是在当前的经济极度萧条的背景下举行大肆铺张的户外活动有时会亮起商业道德红灯。有一些花费更少的团队建设活动，如为人类家园（Habitat for Humanity）组织做志愿者来为穷人修建房子，可以做到效果和社会责任兼顾。[77]杰弗瑞·卡森伯格（Jeffrey Katzenberg）是梦工厂动画制作公司的CEO。他的公司制作了包括《怪物史莱克》（Shrek）在内的诸多优秀动画作品。卡森伯格更喜欢用庆祝来建设团队：“每次当一部电影杀青、一张DVD发行或是我们赢得了一个新奖项时，这些里程碑式的时间都值得大肆庆祝一番。”[78]

许多免费的在线资源，如www.businessballs.com等，也能提供很多资源来帮助你找到既有创意又能节省预算的团队建设创意。

重要一点：如果没有清晰的团队目标、正确的领导、对细节的关注和把学习结果传递到工作之中的话，无论是现场还是场外的团队建设活动都很可能变成代价高昂的教训。[79]

真实世界/真实人物

在中国，麦当劳通过团队建设来培养领导者

周晓布（音译）拿着一片他的团队正在拼的拼图围着桌子来回走动，这是麦当劳管理者领导力培训的一部分。培训师大声喊道：“加油，加油，加油！”激励他们为了一盒丹麦牛油曲奇而努力，率先完成的小组将得到这盒曲奇并且用这些曲奇来拼麦当劳的标识“金色拱门”。在学员们头顶挂着一块写着“今天学习，明天领导”的牌子。在这31名学员的桌面上，堆叠着一本本厚重的、塞满了文件资料的绿色活页夹，由此我们可以看出这是一个不容许丝毫怠慢的地方。

这种对于目标的严肃性可以在上海新开的汉堡大学找到，这所大学的目标是培养麦当劳中国区大型扩张计划的新一代领导者。

如果你是美国麦当劳汉堡大学管理发展培训生，你会采用哪一种具体的团队建设活动？你如何使它变成一个有效的学习活动？

资料来源：M Wei，“East Meets West at Hamburger University，” *Bloomberg Businessweek*，January 31－February 6，2011，p.22.

■ 团队建设目标：高绩效团队

团队建设给予成员机会来应对模仿或真实团队问题。然后团队对结果进行集体分析以找出那些需要提高的团队过程。学习来自承认和改进存在问题的群体动力。比如某个子群体对其他成员隐瞒了关键信息因此妨碍了整个群体过程。随着跨文化团队在当前的全球经济中变得越来越常见，团队建设也变得比以前任何时期都更为重要。[80]

威尔逊学习集团（Wilson Learning Corporation）的一项对许多组织的团队成员的全国性调查为我们对团队的期望提供了一个基准模型。研究人员的问题很简单："什么是高绩效团队？"[81]受试者被要求描述他们在工作团队中经历的巅峰体验。对调查结果的分析识别了以下高绩效团队的八项属性：

1. 参与型领导。通过授权创造相互依赖性。释放潜力并服务团队成员。
2. 共同责任。创建一种所有成员对团队绩效均感觉和管理者一样负有责任的环境。
3. 目的一致。在成员中创立一种有关团队为什么存在和团队职能的共同目的感。
4. 高效沟通。培育信任的氛围，以及开放、诚实的沟通。
5. 面向未来。把变革看成是一种成长的机会。
6. 聚焦任务。在团队会议中注重结果。
7. 创新才智。应用个体的才能和创造力。
8. 迅速响应。识别机会，利用机会。[82]

上述八项属性有效地结合了许多当前最先进的管理思想，包括参与、授权、服务道德规范、个人责任和发展、自我管理、信任、积极倾听和愿景描述等。但是高绩效团队同时也需要耐心和勤奋。一位与各类工作团队打交道多年的经理说："构建高绩效团队可能需要三到五年才能完成。"[83]

回顾本章开篇的案例

如果你在史蒂夫·永利的一家宾馆或度假村工作，你采用什么样的团队建设活动来确保每一位客人都能体会到优质服务呢？

■ 评估团队建设的有效性

管理者想知道他们的团队建设活动是否有效。目前最常用的团队建设的有效性评估框架是由威斯康星大学教授唐纳德·柯克帕特里克（Donald L. Kirkpatrick）在 1959 年提出的。柯克帕特里克的模型包括从最表面层次到最综合层次共四级：

- 反应评估。参与者对团队建设活动有什么感想？
- 学习评估。活动经历有没有增进大家的知识或提升技能？
- 行为评估。参与者的在职行为有没有因为活动而得到提升？
- 成果评估。参与者后续的评估中绩效有没有得到提高？[84]

不幸的是，管理者往往急于在团队建设活动后直接对参与者进行调查（例如，你喜欢这次活动吗？你觉得这样的活动值得参加吗？)。适当的评估要求更为综合的方法。在这方面美捷步的 CEO 谢家华的方法值得借鉴，他总是在团队建设活动之后询问管理者对活动的看法：

> 在经理们带领自己的团队出去聚餐或远足后，谢家华会和经理们聊这些活动。经理们总是谈沟通、更大的信任、正在萌芽的友谊之类的话题。“然后我们问‘你觉得你的团队现在到底提高了多少效率呢？’”谢家华说，“答案的范围通常是20%～100%。”[85]

11.4.2 领导团队

实践经验和越来越多的研究证据表明领导团队显然不同于领导个体。[86]领导者多面性的能力显然是必要的。这就有点像同一个班的学生进行团体活动与课后与同一个学生讨论问题之间的区别一样。两种情境下涉及的关系动态完全不同。作为我们在第 16 章讨论领导力的一个序曲，本节将强调具有领导个体和团队两种能力的重要性。哈佛大学商学院教授琳达·希尔（Linda A. Hill）概括了新时期管理者面临的挑战：

> 新管理者必须要发现如何能驾驭团队。单纯聚焦于与团队成员一对一的关系将会破坏这种过程。
>
> ……许多新管理者没有意识到，更不用说担负起他们的团队建设职责。相反，他们把自身人员管理的角色当成是与每一个下属建立尽可能有效的关系。这些管理者错误地把管理团队与管理团队中的个体混淆起来。
>
> 这些管理者主要关注个体绩效，很少甚至不关注团队文化和团队绩效。他们几乎不依赖团队论坛/讨论来识别和解决问题。其中有些管理者花了太多的时间在一小部分自己信任的下属身上，通常这些下属也是最支持自己的。新管理者往往单独与团队成员解决问题，即使是那些影响到团队整体的问题。这使得他们在不必要的有限信息的基础上做出决策。[87]

最近的一些研究对团队领导力提出了以下实践启示：

● 一项对 28 个自我选择的 3～5 人商学院学生团队的研究发现，以构建团队凝聚力和减少团队冲突为目标的团队领导力与团队绩效正相关。[88]

● 另一项研究发现，当团队成员面临低自我效能感问题时，教练型领导风格比魅力型领导有效。指导性领导风格对领导缺乏魅力而团队成员具有高自我效能的情境适用。[89]（回忆第 5 章对自我效能的讨论。）

● 一项研究对比了 8 家公司 70 个工作团队中注重个体和注重群体的领导行为。结果发现：“像对待个体一样对待团队成员并运用差异性领导风格可能会给群体效能带来一些损失。因为群体成员自我效能的差异会降低团队的整体效能。”[90]

上述研究仅仅代表着一个将会成果丰硕的领导力研究领域的开端。同时，权变的团队领导方法（将在第 16 章讨论）也得到了学者们“有力的信任票”。显然，没有一种普适的领导方式能够适合今天基于团队的组织。当把他们的领导风格运用于下列动态关系网时，团队领导者既需要多面手的能力，又需要灵活性：领导↔每个个体；领导↔团队整体；团队成员↔团队成员；子群体↔子群体。今天和将来的团队领导者需要熟知群体思维、群体决策、冲突管理、谈判、沟通、影响力和权力、领导力和管理变革（分别见第10，12，13，14，15，16和18章）。

组织行为学案例研究

谷歌的“三三制”人力资源团队

你想象过一个人力资源管理专业人才的“梦之队”吗？这样的“梦之队”由多样化的人才组成，能对组织产生最大化效用。位于加利福尼亚山景城的谷歌是一家快速发展的科技公司，其人力运营部跟“梦之队”有着相似之处。

谷歌的人力资源团队是基于被全球人力运营部的副总裁拉兹洛·博克（Laszlo Bock）称为“三三制”的人员配备模型而组建的。大概1/3的团队成员有人力资源背景，善于处理客户关系，在雇佣法以及薪酬福利管理方面有着特殊技能。这个团队还有博克所说的高级“模式识别”技能，或者说他们可以鉴定组织的发展趋势以及预测到还未出现的问题。比如预测招聘和减员的趋势。

另外1/3的成员只有一点或是根本没有人力资源管理经验，他们曾经在战略咨询公司或是谷歌的工程部、销售部工作。这一类别中的大部分成员都被安插在商业部门。博克说：“这些员工有超强的问题解决技能，熟悉所有人力资源管理部门以外的运作模式，我们发现拥有这些技能以及人力资源管理天赋的员工能与传统的人力资源管理人员合作融洽。”

最后1/3是由在统计学、金融、组织心理学和其他领域获得博士学位的专业人才组成的分析团队。这些分析人员能帮助公司在一些问题上做出决定。比如，为了最大化地留住顶尖人才而制定薪酬水平以及为确保选出最佳的求职者而进行的面试次数。

第三类成员中的一些小组还会进行一些深奥的研究。比如，他们会研究认知启发策略，这是一种人们在做决策或解决问题时用到的心理捷径，但是这种心理活动也会导致偏见。他们还试着找出解决由晕轮效应以及近因效应带来的影响。晕轮效应指的是当一名招聘者对应聘者的某种特征形成好或坏的印象后，他会倾向于据此推论该应聘者其他方面的特征。近因效应指的是员工的近期表现在年度考核中占有很大的比例。

分析学家还会进行预测建模，或者说运用数学原理和心理学原理来预测谁将是谷歌最成功的人以及根据员工变化的行为模式来预测哪些人有可能离开公司。

博克说这一小组不仅向我们展示人力运营部的工作模式，而且他们的工作对谷歌绩效做出了很大的贡献。

然而，这种“三三制”人员配备模型好像使人力资源内部有了一道无形的墙，因此博克鼓励该部门成员之间进行定期交流和知识分享。[91]

[讨论]

1. 运用表11-1中的知识点，你可以采取哪些措施把谷歌的人力资源群体改造为真正的团队？

2. 谷歌人力资源团队是否早就应该学习表11-3里面的团队合作能力？请解释如何开展此类培训。

3. 在此类的跨职能团队中信任有多重要？请解释如何在有着多样化的背景和专业的跨职能团队中快速建立信任。

4. 对谷歌的人力资源团队而言，社会情感凝聚力更重要还是工具性凝聚力更重要？请解释。

5. 在管理跨职能团队、团队建设和团队领导力方面你会给谷歌的拉兹洛·博克哪些建议？

法律/道德挑战

你可以在海滩上找到我

48岁的比尔·基尔伯格（Bill Kilburg）是亚利桑那州斯科茨代尔市全球酒店绩效网络公司（Hospitality Performance Network Global）的董事长兼CEO。该公司是一家集团会议中介公司，每年夏天，基尔伯格和另一位公司创始人都会抽出 6 周的时间，在距离圣迭戈的密逊海滩 5 个街区的地方租下办公室在那里办公。基尔伯格说：“我的财务总监很开心，因为她可以使用我的停车位。”通常，他会在海滩上用黑莓手机一直工作到下午 1 点，然后喝罐啤酒、游会儿泳。对于他在海滩上领导这家拥有 170 人的公司的能力，他有着自己的看法。他说：“我的工作是负责公司的战略成长，但这并不意味着我只有坐在办公室里才能做到这一切。”[92]

当一个虚拟老板存在哪些道德争议？

1. 现代的观念是更聪明地工作，而不是更努力地工作。基尔伯格是一个运用信息技术来达到健康工作与和谐生活平衡的好的行为榜样。请解释你的道德推理。

2. 虚拟领导力可能理论上听起来不错，但是良好运行的企业依赖大量面对面团队合作建立起来的信任。电子互动不能很好地取代面对面沟通和解决问题。请解释你的道德推理。

3. 这种仿佛高人一等的领导风格可能会滋生不满、降低员工士气、侵蚀信任并使团队精神消沉（老板在海滩吹风享受而员工在亚利桑那炙热的夏日里流汗工作真的是一个建立信任的好方法吗?)。请解释你的道德推理。

4. 提出其他意见并解释。

第12章 个体决策与群体决策

学习目标

学完本章后，你应该能够：

1. 比较决策的理性模型、西蒙的规范性模型以及垃圾桶模型。
2. 讨论八种决策偏差。
3. 讨论循证决策的目的以及实施原则。
4. 解释决策风格模型。
5. 解释直觉模型和道德决策树。
6. 总结群体决策的利与弊。
7. 对比头脑风暴法、名义群体法、德尔菲法以及计算机辅助决策。
8. 描述创造力过程的不同阶段。
9. 讨论提高创造力的实用性建议。

为什么谷歌会如此依赖公司高层的群体决策呢?

谷歌的执行官们每周一下午都会在公司会议室开会。“这种一周一次的会议被称为‘执行会议’，于去年夏天开始实行，目的是让谷歌多样化产品组的高层们聚集到一起以协调他们正在开展的项目。”谷歌联合创办人塞吉·布林（Sergy Brin）和近期才接任CEO一职的拉里·佩奇（Larry Page）以及前CEO埃里克·施密特（Eric Schmidt）都主持过该会议。其他参与该会议的谷歌高层还包括：安卓工程部副总裁安迪·鲁宾（Andy Rubin）、YouTube副总裁萨拉尔·卡曼加（Salar Kamangar）以及社交网络工程副总裁维克·贡多特拉（Vic Gundotra）等。佩奇对《彭博商业周刊》的一位记者说：“这些会议的目的是让产品负责人有机会聚集到一起来讨论大家工作中的契合点。每一次我们扩大公司规模，我们都需要确保公司各部分的步伐、速度和热情保持一致。”

多年来，谷歌的决策过程产生了许多创新型产品，比如谷歌邮箱和安卓操作系统，更不必说其领先市场的搜索引擎。遗憾的是，公司近期的产品却不尽如人意，比如类似推特的Google Buzz以及让人们可以网上协作的Google Wave。

“佩奇没有直接把上述过错归咎于公司松散的管理或谷歌出名的三巨头管理方式。但是他承认：‘因为决策速度和员工不清楚公司的管理结构，我们确实（因为群体决策而）付出了代价’。”佩奇认为他接任CEO可以提高公司的工作效率。

大家都认为拉里·佩奇并不是一个传统意义上的CEO。他内向，不喜欢在公众场合说话，在生活中严格遵守养生之道。这也是为什么谷歌会举行一周一次的“执行会议”的原因。与会者将在世界各地代表谷歌。“佩奇说他的目标之一是把产品部门中果断的领导风格传播到公司上下，并运用到公司的其他重要决策中。”

佩奇想要加快谷歌的决策和创新速度。他认为一周一次的“执行会议”是帮他实现这个目标的主要手段。[1]

时间将会证明谷歌的决策方式从长远来看是否有效。我们每天都要做决策。从决策穿什么到跟谁结婚，我们的决策影响我们生活的方方面面。有时候我们可以做出正确的决策，有时候我们的决策是错误的。然而，在工作中，决策是管理者的主要职责之一，决策质量会给公司发展带来重大影响。比如，1998年，帕内拉面包连锁餐厅（Panera Bread）的CEO罗纳德·沙伊克（Ronald Shaich）为了扩大帕内拉的规模，不顾反对，凭自己的直觉和判断卖掉了白城堡餐厅（Au Bon Pain）。沙伊克说：“这个决策是拿我的工作在赌。”那时，帕内拉拥有135家门店。出售白城堡给帕内拉带来了7 500万美元的可投资金额，这改变了帕内拉的命运。如今，帕内拉在全美拥有1 500家咖啡厅。沙伊克告诉《彭博商业周刊》的记者：“我在放假期间做出的决策往往是最好的，因为那个时候我不会以CEO的身份思考问题。我现在的角色已经转换成了董事长，行事也更有效率了。我是根据我想要发展的方向来做出决策的。”[2]

本章的主要目的是让你全面了解决策从而提高你的个体决策和群体决策的质量。或许有一天，你会用到本章的知识来帮助你做出像拉里·佩奇以及罗纳德·沙伊克一样的创业型决策。为了实现这一目标，本章将重点介绍：（1）决策模型；（2）决策偏差；（3）循证决策；（4）群体决策；（5）创造力。

12.1 决策模型

决策（decision making）涉及识别和选择出可以使事物发展到一个理想状态的方案。例如，作为在线课程的一部分，你选择在线阅读本书，你因为全职工作而选择在线学习。或者，你也可能因为是全职学生的关系而选择在学校看这本书。识别和选择类似于何时上课、如何上课这样的方案就是决策的过程。

广义来说，决策模型主要有两种：理性模型和非理性模型。接下来我们将介绍这两种模型的运作方式，首先要说的是决策的理性模型。

12.1.1 理性模型

理性模型（rational model）认为管理者应当运用理性的四个阶段来进行决策（见图12-1）。在这一模型下，管理者搜集所有相关信息并绝对客观地做出决策。尽管理性模型被批判为不现实，但仍具有启发意义，因为理性模型将决策过程分析细化成几步。理性模型也为以后的决策模型提供了理论基础。[3]接下来我们将一一细述理性模型的四个步骤。

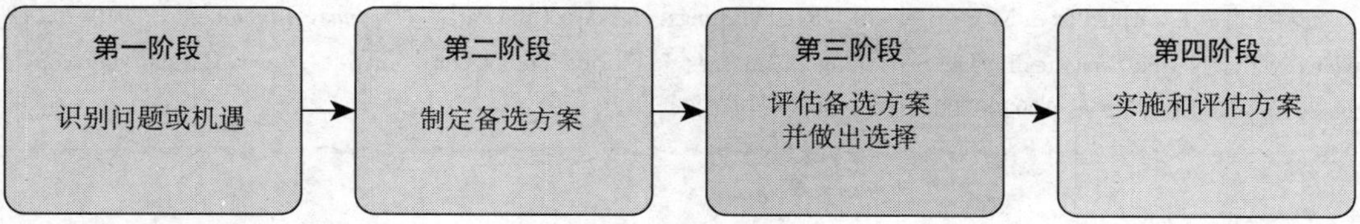

图 12－1　理性决策的四个阶段

■ 第一阶段：识别问题或者机遇——区分现实状态与理想状态

如果现实与理想状态之间有差距就表示存在**问题**（**problem**）。管理者应具备解决问题的能力。如客户投诉、员工流失、竞争对手开发出的新产品、产品问题。美泰公司的 CEO 鲍勃·埃克特（Bob Eckert）曾面临这样一个问题，他的两名高管来到办公室报告说在公司生产的一款玩具中检测出了铅。而就在这时，报纸上也出现了其他美泰玩具磁铁滑落的相关报道：如果儿童吞入这些磁铁，磁铁便会依附在肠道内对儿童身体造成极大的伤害。埃克特必须确定公司存在的是宣传问题、设计问题还是生产问题。如果是生产问题，那么问题出在哪里以及为什么会出现这样的问题。[4]

此外，管理者还需要对机遇做出决策。**机遇**（**opportunity**）代表某种此时采取行动可能会带来超预期收益的情况。例如，网飞公司（Netflix）的创始人兼 CEO 里德·哈斯廷斯（Reed Hastings）就看到从 DVD 邮寄租赁业务转型到视频业务所能带来的机遇（参见相关的“真实世界/真实人物”专栏）。从公司的绩效来看，里德显然有效利用了这个机遇：2010 年，网飞公司被评选为年度最佳股票，自 1 月份以来增长了 200%，而同期标准普尔 500 指数仅上涨了 7%。[5]

无论你面对的是一个问题还是一个机遇，目标都是一样的：通过改进措施使当前状态变得更加理想。而想达到这一目的，就需要了解问题的根源。

真实世界/真实人物

里德·哈斯廷斯抓住机遇促进网飞公司成长

早在创立网飞公司初期，哈斯廷斯就预测消费者最终将偏好通过网络获得影片资源（回想 2000 年，使用宽带的美国家庭不到 7%，足可以证明哈斯廷斯确实是有远见的）。因此，网飞并未坐等当前或潜在的类似 HBO 有线电视频道这样的竞争对手或其他科技领域的大公司乘虚而入，一举击垮自己，相反，哈斯廷斯先人一步将网飞改造成一家流媒体公司。

哈斯廷斯从美国在线（AOL）的衰退意识到了不愿意冒险的后果。AOL 在拨号上网业务中占据主导地位，该公司一直致力于宽带上网业务。AOL 的服务包括好用的邮件功能及其他独特内容。但这些就像宽带服务一样，并没有给 AOL 带来顾客忠诚，最终 AOL 流失了顾客。

哈斯廷斯面临的机遇是他要决策如何将网飞的 1 000 万用户从 DVD 转换到流媒体。2011 年，哈斯廷斯决定把 DVD 邮寄租赁业务与在线电影流媒体业务分离。这一举措惹怒了消费者并且导致网飞股价的暴跌。

你认为在发现机遇时，企业家的个性在何种程度上发挥作用？

资料来源：Excerpted from M V Copeland, "Reed Hastings: Leader of the Pack," *Fortune*, December 6, 2010, p. 123; Updated with "Netflix Separates DVD, Streaming Businesses," Florida Today. com, http://www. floridatoday. com/article/20110920/BUSINESS/109200306/1003, September 20, 2011.

■ 第二阶段：制定备选方案——包括显见的和创新的方案

在确定问题及其起因后，下一个合乎逻辑的步骤就是制定备选方案。本章的后面将会讨论可以用于此阶段的几种群体解决问题的技巧。遗憾的是，一项调查了 400 个战略性决策的研究表明，管理者在第二阶段会因为三种关键性的决策失误而遭受挫折。这些失误包括：（1）急于下判断；（2）选择现成的想法或是方案；（3）用来研究可行方案的资源配置不当。因此决策者在决策过程中应该放慢速度，对更多的备选方案进行评估，把更多的精力和资源投入可行方案的研究。[6]

■ 第三阶段：评估备选方案并依据方案的道德性、可行性和有效性做出选择

在这一阶段，你要根据若干准则对备选方案进行评估。不仅要考虑方案的成本以及质量，还应该考虑以下问题：（1）这个方案道德吗？（如果不道德就不要考虑。）回到前面提到的美泰的例子，CEO 埃克特表示："取得成功的过程与成功本身同样重要。"[7]他宣布召回 1 820 万件涉嫌的问题玩具，这是美泰公司历史上最大数量的召回事件。美泰还宣布为了使那些带有磁铁的玩具更安全，公司已经决定进行重新设计，并且对使用含铅油漆的承包商展开调查。（2）方案是否可行？（比如，如果时间是一个问题，成本高，资源有限，需要技术支持，或者顾客抵制，那么这个方案就不具备可行性。）（3）是否能直达问题根源并且解决问题？

■ 第四阶段：实施和评估方案

一旦对方案做出选择，就要实施。在方案实施后，还要评估其有效性。如果方案是有效的，那么它将缩小引发问题的现实状态与理想状态之间的差距。如果差距没有减小，那么该方案的实施就是失败的。原因可能如下：要么问题判断有误，要么方案选择不当。假设方案实施失败，管理者可以回到第一阶段以重新确定问题。如果是问题识别有误，管理者就应该考虑实施之前确认过但却没有最终选择的方案。这个过程可以持续到所有备选方案都尝试完毕或者问题得到解决为止。

■ 理性模型总结

理性模型描述了可供管理者参考的有关决策制定的逻辑过程。就其本身而言，理性模型是基于使管理者的决策最优化的理念而构建的。**最优化**（**optimizing**）包括在高度理想化的假设前提下通过制定出最好的方案来解决问题。这些假设包括：具备完整的信息、决策过程中抛开感情因素、公平准确地评估所有备选方案、具备充足的时间和资源，以及人们愿意实施方案并且支持决策。当然，实践经验告诉我们，这些假设是不现实的。正如 1978 年因决策研究而获得诺贝尔奖的决策理论学家赫伯特·西

蒙（Herbert Simon）所说："完全理性的假设是与事实相反的。这不是一个关乎近似的问题，它们甚至根本没有描述出人类在复杂情况下运用的决策过程。"[8]

即便如此，尽可能地按照理性过程来决策仍有三大好处：

● 因其强调决策逻辑步骤并充分利用可用知识和专业技能，决策质量可能会得到提高。

● 使决策依据透明化并对其进行审查。

● 如果决策过程公开，就能防止决策者基于不可信的考虑做出决策（比如为了个体提升或是为了避免官僚主义的窘境）。[9]

12.1.2　非理性决策模型

与理性模型主要研究决策应如何制定不同，**非理性模型**（**nonrational model**）旨在分析现实中的决策是如何做出的。非理性模型是基于决策存在不确定性的假设而构建的，也就是说决策者不具备所有必要的信息，而且对于管理者来说要做出最佳决策是困难的。两种非理性模型分别是赫伯特·西蒙的规范模型以及垃圾桶模型。

■ 西蒙的规范模型

赫伯特·西蒙提出这一模型来描述管理者真实的决策过程。这一过程由决策者的有限理性来决定。**有限理性**（**bounded rationality**）指的是决策者在制定决策时会受到各种各样的约束。这些约束包括影响理性决策的任何个体特质或内部与外部资源。个体特质包括心智的有限能力、性格（一项包括 150 项研究在内的元分析表明男性比女性更愿意冒险）[10]以及时间。内部资源包括组织的人力资本和社会资本、财务资源、技术、厂房和设备，以及内部流程和系统。外部资源包括那些组织无法直接控制的事物，比如社区的就业水平、资本可供性以及政府政策。[11]

最终，这些限制会使得管理者倾向于获得那些易于管理的信息而不是最大数量的信息。反过来，这样的做法会给管理者在识别所有备选方案时造成困难。从长远来看，有限理性的限制使决策者无法评估所有备选方案，最终只能转向满意决策法。

满意决策法（**satisficing**）指的是选择一种可以达到一些最低要求的"足够好"的策略。满意决策法通过制定令人满意的而非最佳的策略来解决问题。在车上选择一个电台来听就是一个运用满意决策法的例子。你无法做出最优化的决策，因为同时收听所有的电台是不可能的。因此当你发现有一个电台在播放一首你喜欢听的或者不讨厌的歌曲时你就会停止搜索。

企业绩效管理论坛近期进行的一项全国性调查凸显了满意决策法的存在：只有 26%的受访者表示他们的公司有正规的、易于理解的决策过程。这些受访者注意到导致决策失误的常见原因包括：

● 错误的界定过程和操作方法；

● 公司的愿景、使命以及目标不明确；

● 领导者不愿意承担责任；

● 缺乏可信的、及时的信息。[12]

▩ 垃圾桶模型

正如西蒙的规范模型一样，**垃圾桶模型**（**garbage can model**）是在理性模型无法真正解释决策过程的背景下提出的。垃圾桶模型认为决策是一个偶然和随机的过程。这跟理性模型形成鲜明对比，理性模型倡导决策者遵循从识别问题到找到解决方案等一系列的步骤。而垃圾桶模型认为，决策是由问题、方案、参与者、选择机会这四类独立事件之间的复杂互动产生的。[13]这种互动产生了“一系列能用于解决问题各类方案、能加深我们理解决策环境的问题和感受、多种适用不同决策情境的备选方案，以及寻找工作的决策者”。[14]

类似的过程在厨房的垃圾桶里也会出现。我们丢垃圾的时候都是随意的，而这些垃圾之间的相互作用也是随机的。比如，你翻垃圾桶发现咖啡渣黏在了香蕉皮上面。你能解释这是怎么发生的吗？答案很简单：因为它们被丢进垃圾桶的时间相近。就像是垃圾桶里的垃圾混在一起的过程一样，垃圾桶模型也不是按照有序的步骤进行决策的。然而，有吸引力的决策可以与特定时间点存在的问题或是人们因为某一时段工作量低而被分配到的某些项目相匹配。因此，这种决策模型的目的是解释问题、方案、参与者以及选择机会是如何相互作用并形成决策的。

垃圾桶模型有四大实践意义。首先，这种决策模型对那些基于科学的创新行业如医药公司的作用更为明显。[15]因此，这些行业的管理者需要更加留意这种随机决策的潜力。其次，许多决策是因疏忽或是因重要机会的出现而做出的。例如，为了让超市给予金宝汤食品更多的货架位置，金宝汤的管理者们要想出一种方法来刺激超市。因此，他们决定开发一种可以使汤罐头自动移动到货架前面以填补空缺的新型货架系统。这一决策是成功的。汤罐头的销量上升给金宝汤以及超市带来了更高的收入，而且超市的补货成本也因此降低。[16]

最后，政治动机经常左右决策参与者的决策过程。因此决策时考虑政治影响是非常重要的。组织政治将在第15章讲到。最后，重大的问题比无关紧要的问题更有可能得到解决，因为重大的问题对于决策参与者来说更为显著。[17]

12.1.3 理性模型和非理性模型相结合

受到问题特性和决策者特质会影响决策这一想法的启发，咨询顾问戴维·斯诺登（David Snowden）和玛丽·布恩（Mary Boone）提出了一种有别于垃圾桶模型的随意性但却又承认当今组织所面临的挑战的决策方法。本质上，他们通过识别四种决策情境并提出适应每种情境的有效的决策方法来整合理性模型与非理性模型。[18]

1. 简单情境：稳定、因果关系明确，因而最佳方案容易确认。这种情境需要运用理性模型，决策者搜集信息，将其分类，并且以一种既定的方式来决策。

2. 复杂情境：因果关系明确，但是有些决策者可能认识不清因果关系，而且有效的解决方案可能不止一种。在这种情况下，理性模型还是适用的，但却需要对所有备选方案逐一进行调查和分析。

3. 复杂情境：有效方案只有一种，但是因为存在太多的未知因而决策者难以了解因果关系。所有决策者需要先试验、测试备选方案，探究在寻找创新型方案的过程中会出现什么样的情况。

4. 混乱情境：因果关系变化太快无规律可循。在这种情境下决策者需要先给决策过程排序，然后先从那些有规律可循的部分入手。本章的后面将讲到的以直觉和事实为依据的决策方式可能对此种情境有所帮助。[19]

回顾本章开篇的案例

谷歌每周的“执行会议”是如何把决策的理性模型和非理性模型结合在一起的?

12.2 决策偏差

人们在决策时会犯各种各样的系统性错误。这些错误一般与我们运用判断法则时产生的一系列偏差有关。**判断法则（judgmental heuristics）**指的是决策者用来减少信息处理需求的经验法则或捷径。[20]人们总是下意识地自动运用判断法则。判断法则可以帮助决策者减少决策过程中固有的不确定性。因为这些捷径是由过去的经验习得的，因此它们可以帮助决策者评估当前存在的问题。但是这些捷径也可以导致决策者犯一些有损决策质量的系统性错误，尤其是对于像家庭医生这类受时间约束的人而言。例如，最近的一项有关医疗事故的研究表明，由判断法则导致的误诊占这些案例的 40%。美国每年有 40 000～80 000 人死于误诊。专家建议人们应该更多地关注自身身体健康，并且留心化验结果以减少这类医疗事故的发生。[21]

使用判断法则有利也有弊。下面，我们将主要探讨影响决策的八种偏差：（1）可得性启发法；（2）代表性启发法；（3）确认偏差；（4）锚定偏差；（5）过度自信偏差；（6）后见之明偏差；（7）框定偏差；（8）承诺升级偏差。了解这些偏差可以避免将它们使用于错误的情况中。

1. 可得性启发法。可得性启发法指的是决策者倾向于以记忆中现存的信息作为决策的依据。当事件是近期发生的、重大的（如飞机坠毁）、能激发强烈的情感（如一高中学生向其他学生开枪）时，信息就更容易获得。这种启发法有可能导致人们高估像飞机坠毁或校园枪击这类不可能事件的发生概率。这种偏差也是第 7 章讲到的近因效应的原因之一。例如，管理者倾向于给那些在过去几个月表现出色的员工正面的绩效评估。

2. 代表性启发法。代表性启发法用于估算某一事件的发生概率。它反映了一种人们倾向于依据对类似事件发生的印象来评估某一事件发生的可能性的趋势。例如，管理者可能会选择雇佣某一大学的毕业生，因为之前雇佣的这个大学的三名毕业生都表现出色。在这种情况下，“就读学校”这一标准就被用来辅助与就业面试相关的复杂的信息处理。不幸的是，这种捷径可能会产生决策偏差。同样，人们可能会因为某类软件很容易学就认定自己能在短时间内掌握一种程序包。这种估计可能是准确的但也可能不是。例如，因为需要学习一种新的编程语言的关系，我们可能需要更长的时间来学习一种新的软件。

3. 确认偏差。确认偏差有两种。一是尚未深入调查之前就下意识地判定某种决策是正确的，就像决定购买一种特殊型号的 PDA（掌上电脑）一样。这也直接导致了第二种确认偏差的产生——寻找支撑购买该型号 PDA 的信息，同时忽略那些反对的信息。

4. 锚定偏差。你会怎么回答以下两个问题：伊拉克的人口数量高于4 000万吗？你猜伊拉克的人口数量是多少呢？你对第二个问题的回答是否会受到第一个问题提到的4 000万的影响呢？如果是的话，就表示你受到了锚定偏差的影响。锚定偏差指的是决策者在决策时受到最初接收到的信息的影响，哪怕这些信息与决策并无关联。这种偏差之所以发生是因为最初的信息、印象、数据、反馈或刻板印象对我们之后的判断和决策设置了锚定点。

5. 过度自信偏差。过度自信偏差指的是人们倾向于对自己的估计或预测过度自信。这种偏差在处理棘手的问题时尤为明显。这种偏差会给一位预估下一年销售收入的销售经理造成什么影响呢？研究表明过度乐观会极大地影响企业家创业以及管理新的企业。[22]你认为这种偏差多大程度上造成了2010年发生的深水地平线石油钻井平台爆炸事件？漏油事件调查委员会得出结论，爆炸是因为技术傲慢、管理人员的狂妄自大以及过度自信造成的（参见相关的“真实世界/真实人物”专栏）。[23]

真实世界/真实人物

过度自信偏差是导致石油钻井平台灾难的原因之一

加州大学伯克利分校的工程学教授鲍勃·贝亚（Bob Bea）认为：“像英国石油公司（BP）石油泄漏这样的技术性灾难，遵循的是一个老生常谈的血泪之路。”贝亚是海底钻探方面的专家，他对630种不同的灾难性事故进行了研究。

“贝亚将这些灾难划分为四类。其中一种灾难是因为组织过度自信且能力不足而忽视了危险信号造成的。他认为BP的石油泄漏事故就属于这一种。贝亚指出，国会的证词说明BP忽视了电池电量耗尽、渗水的固井作业以及液压配件松动这些问题。”

“灾难不会因为公司是一个‘邪恶帝国’而发生，引发灾难的是人类的狂妄自大、傲慢和懒惰。”贝亚如是说。

研究灾害的专家表示：“前沿技术应用到生产中往往很完美。一开始，大家都担心这些技术的风险。然后因为成功而自满，而且忘记了自身正处在边缘的事实。走捷径，忽视问题，最后灾难发生。”

耶鲁大学教授查尔斯·佩洛（Charles Perrow）总结道：“没有什么东西是完全安全的，我们却假装存在绝对的安全。发生事故后又总是争辩‘因为它以前从未失败过，所以我们才会用它’”。

BP如何克服自身的过度自信偏差？

资料来源：Excerpted from S Borenstein，“Disasters Often Stem from Hubris，” *The Arizona Republic*，July 12，2010，p. A4.

6. 后见之明偏差。试想下面这种情形：你们选修了一门组织行为学课程，上课时间为周二和周四，你的教授每周都会要你们做随堂测验。周一大家需要决定是为可能有的随堂测验做准备还是观看晚上的橄榄球比赛。你的两名同学决定不学习而是观看球赛，因为他们认为周二不会有测验。第二天走进教室，教授说“拿出一张纸准备测验”。你转过头，你的朋友说：“好在没听你们的吧，我就知道今天会有测验。”后见之明偏差是指当人们得知某一事件结果后，夸大自己原先对这一事件的预测。当我们回顾一项决策并试着回想我们决定做某些事情的原因时，往往会受到这种偏差的影响。

7. 框定偏差。这种偏差与提出问题的方式有关。试想以下情形：美国正在着手应对一种预计将导致 600 人死亡的亚洲罕见疾病。专家提出了两种应对该疾病的方案。假设专家对实施两种方案的后果进行了科学分析，确切的分析结果如下：

方案 A：如果实行方案 A，200 人可以被救活。

方案 B：如果实行方案 B，600 人都被救活的概率有 1/3，也就是说剩下的 2/3 的概率可能是 600 人都会死于该疾病。

如果是你，你会建议采取哪种方案呢?[24]研究结果表明，虽然这两种方案的结果是一样的，但大部分人还是会选择方案 A。原因就是框定偏差。这种偏差指的是人们倾向于为获得（拯救生命）而不是为失去（失去生命）而冒险。为了避免这种偏差，人们在决策时应该从多个角度来考虑问题。

8. 承诺升级偏差。承诺升级偏差指的是在糟糕的局面不可能逆转的情况下，人们倾向于坚持一种无效的做法。个人方面的例子包括修理一辆陈旧破烂的汽车，或者改善一段已经充满矛盾的人际关系。商业方面则可以参考百视达（Blockbuster）的例子，百视达“要求债权人拿出更多的资金来帮助其退出破产保护，债券持有者对是应该继续投入资金到这个岌岌可危的录影带出租连锁公司还是将其出售发生了争论”。[25]如果是你，你会继续投资百视达吗？研究者认为以下做法可以减少承诺升级的现象：

- 设置最低绩效目标，决策者以此为员工表现的参照。
- 在实施项目的过程中定期轮换重要职位的管理者。
- 鼓励决策者在进行项目时减少自我卷入行为。
- 让决策者意识到坚持某种做法的成本。[26]

12.3　循证决策

对循证决策概念的兴趣来源于两个方面：一是为了避免前面提到的决策偏差；二是来自循证医学的已有研究。大卫·萨克特（David Sackett）博士将循证医学定义为“谨慎、直接、明智地将决策中的最可靠依据应用于病人护理”。研究人员和从业人员正在对循证医学进行研究，因为相关调查显示医生的决策中只有 15%是基于可靠依据做出的，而且循证决策能帮助医疗工作者有效地利用医疗资源。[27]组织行为学研究者借用了循证医学框架并将之运用到管理决策中。

简单来说，**循证决策（evidence-based decision making）**指的是在做出管理决策时有意识地运用现有的最佳数据和证据的过程。为更好地探讨这种决策新方法，我们首先介绍循证决策模型，然后回顾能帮助公司更好应用循证决策模型的几条原则。最后，我们将讨论难以实行循证决策的原因。了解这些可以减少管理者在决策过程中出现的决策偏差。

12.3.1 循证决策模型

图 12－2 是一个五步骤循证决策模型。[28]从图中可以看出这种决策方法是由搜集与问题相关的内部和外部数据开始的。决策则是通过整合这些信息、利益相关者的观点（如员工、股东、顾客）以及道德考虑之后做出的。总之，图 12－2 的过程帮助管理者看清事实并且避免在决策中掺杂个体偏见因素。循证决策模型使用不同来源的可靠数据很明显是为了使决策情境更清楚、更精确、更系统化以及更客观。

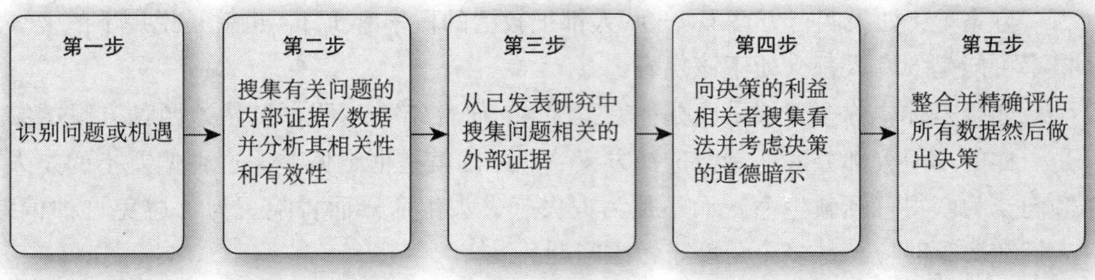

图 12－2 循证决策模型

资料来源：Derived from R B Briner，D Denyer，and D M Rousseau. "Evidence-Based Management：Concept Cleanup Time?" *Academy of Management Perspectives*，November 2009，pp. 19－32.

需要注意的是，在图 12－2 所示的过程中数据被用于三个不同的方面：做出决策、通知决策以及支持决策。[29]当决策是在获得证据之后直接做出的，就可以说证据被用于做出决策了。例如，如果你想根据价格和颜色（比如红色）购买一辆特别的二手汽车，你会通过网络和分类广告搜集信息，然后选择价格最低的红色普锐斯卖家。数据是为了使决策过程中结合可靠的客观事实（如直觉或与卖家讨价还价），让决策更加合理。再举个例子，在招聘应届毕业生时，申请者过去的经验、教育背景、社团活动参与等客观因素都是雇主在做出雇佣决策时会考虑到的。因此，最终决策会受到基于面试和对其他参考资料的主观印象以及客观数据的影响。很明显这两种数据的使用方式都是积极且值得提倡的。但是，如果要使用数据来支持某一决策就另当别论了。

当搜集和修改数据只是为了让某项已经做出的决策合理化时，数据就是用来支持某一决策的。这种使用数据的方法既有积极意义也有消极意义。在积极方面，加工后的数据可以让外部人员认为组织在纷繁复杂的情况下遵照的是一套合理有效的决策程序。这可以使员工对于公司应对环境事件的能力充满信心，同时也能给公司带来商业信誉。在消极方面，这种做法可能会打消员工的积极性，因为他们会认为管理层随意而为，忽视证据。用证据来支持某一决策有两点启示。第一，这种做法不应该完全避免。第二，因为这种做法有利也有弊，因此管理者需要仔细考虑什么时点忽视反面证据，推行既定安排和决策可能更为合适。

12.3.2 七条实施原则

斯坦福大学教授杰弗里·普费弗（Jeffrey Pfeffer）和罗伯特·萨顿（Robert Sutton）研究循证管理已经有很长一段时间了。基于自身的研究，他们总结出七条实施原则来帮助企业将循证决策融入企业文化。[30]

1. 把组织看作一个未完成的原型。这条原则主旨是指保持一种认为组织是一种可能破裂、需要修理的未完成原型的心态，从而避免傲慢自负的认为组织无须改变的看法。例如，美国最大的电视购物公司 QVC 所销售的产品是通过一系列试验过程选出的，在这些试验过程中，循证决策模型被用来决策公司应该销售/不销售哪些产品。QVC 的试验是一种运用循证决策时值得参考的做法。相关的“真实世界/真实人物”专栏详细阐述了零售商是如何通过试验来决策最佳促销产品类型的。[31]

真实世界/真实人物

零售商的打折促销试验

某零售商设置了六种试验条件来销售自有品牌产品，一种是原价销售产品，另外五种以 0～35％不等的折扣销售。零售商将其商店划分成六类，分配六种产品的方式也是随机的。这意味着在这项研究中，每一个商店的试验条件都取决于分配到的不同产品。例如，在 A 商店，糖的折扣为 20％，而自有品牌的睫毛膏却没有折扣；在 B 商店，睫毛膏有折扣，但是糖没有。这种试验设置使零售商能够控制因商店组别不同而出现的销售差异。

试验结果显示，在全国性品牌促销活动中，给自有品牌产品设置适当的折扣产生的利润比不打折情况下高出 10％。因此，每次全国性品牌折扣促销活动期间，零售商都自动给自有品牌设置折扣。

为什么没有更多的公司进行这样的试验呢？

资料来源：Excerpted from E T Anderson and D Simester，“Every Company Can Profit from Testing Customers' Reactions to Changes. Here's How to Get Started,” *Harvard Business Review*，March 2011，p. 103.

2. 不要吹嘘，只要事实。这是拥有 600 家透析中心的达维塔公司（Da-Vita）的口号，目的是强化有助于循证决策的企业文化。这家公司会对透析中心的效益以及病人的健康进行定期评估、监督并奖励相关部门。相反，惠普公司前 CEO 卡莉·费奥莉娜（Carly Fiorina）向媒体宣布与康柏电脑的合并，但是在合并前她并没有就消费者对于康柏公司产品的看法进行调查。康柏公司的电脑曾被视为电脑行业最差的产品之一。

3. 像外部人一样看待你自己和你的组织。许多管理者盲目乐观，夸大自己的才能，对成功抱有不切实际的幻想。这些都是管理者低估风险，出现承诺升级偏差的原因。普费弗和萨顿认为：“直率的朋友、导师或是顾问可以帮助你更好地发现和利用证据。”

4. 循证管理不只适用于高管人员。研究表明，在最好的组织，高管和员工都能积极地参与到循证决策中来。[32]普费弗和萨顿鼓励管理者“把开发、寻找、测试、实施最好的方案看作员工工作的一个重要部分”。这也意味着员工必须获得循证决策相关的资源以及接受相关的培训。

5. 就像其他东西一样，你也需要对循证决策进行包装和宣传。普费弗和萨顿表示："遗憾的是，新奇、令人兴奋的想法总是能得到关注，哪怕它们比陈旧的想法差劲得多，不论故事是多么的不靠谱或者数据是多么的可靠，生动活泼的故事和案例总是比详细、严谨、乏味的数据更吸引人"。也就是说你要像刚才讲到的达维塔公司的例子一样通过生动的故事和案例来展现循证决策的价值。你也可以聘请专家来宣传循证决策的价值。

6. 如果其他做法都失败了，那就减少错误的做法。因为员工有时明知道有些事不会有效果，可还是不得不去做。这时就值得试一试普费弗和萨顿所说的"循证不当行为"，即忽视请求以及拖延行动。当然运用这一原则时要谨慎小心。

7. 最佳诊断性问题：如果失败了会怎样？斯坦福大学教授们称"失败是痛苦且令人尴尬的，因为我们都不想失败，可是如果没有失败，就没有进步"。世界上那些最有效的系统管理的标志之一就是：出现问题，人们直面残酷的现实，了解发生了什么以及发生的原因是什么，并且利用这些事实来改善系统。美国民用航空系统就是一个很好的例子，该公司通过其事故和时间报告系统研发出全世界最安全的航空系统。福特CEO艾伦·穆拉利是另一个例子。每周四上午7点他都会和福特公司的15名高管开会，其中有两个半小时用来审核商业计划。他要求他的下属制作300多种不同颜色的标志，红色用来标记问题，黄色标记警示，绿色则是用来标记进步，之后，相邻的金牛座（福特一款车的名字，下同）房间和大陆会议室的墙上都会贴满这些标志，以便于穆拉利查阅。就像穆拉利经常说的那样，"你无法管理秘密。但如果你每周都这样做的话，秘密是藏不住的"。[33]

12.3.3 为何实行循证决策有难度？

尽管循证决策的优势明显，但是依据可靠证据进行决策也有难度，原因可以总结为如下七点：（1）证据太多；（2）缺乏足够的可靠证据；（3）证据在决策中不太适用；（4）别人的有意误导；（5）你自己的有意误导；（6）负面影响大于正面影响；（7）编造的故事更有说服力。[34]

12.4 决策动态

决策是科学与艺术的结合。相应地，本节我们将分析属于决策"科学"部分的决策风格。决策风格的重要性在于它们会影响人们决策的方式。我们也会探讨决策的"艺术"部分，包括决策中直觉的作用以及道德决策的决策树模型。理解这些动态可以帮助管理者更好地决策。

12.4.1 常见的决策风格

这一部分主要介绍个体的决策风格如何影响其决策方法。**决策风格（decision-making style）**反映了个体感知和理解刺激物以及他选择如何应对的一般方式。[35]某研究团队提出了一种决策风格模型，包括价值取向和不确定性容忍度两个维度。[36]价值取向维度反映的是决策时个体侧重任务、技术或人和社会考虑的程度。举个例子，有些人工作时只看重任务，忽视人力资源方面的问题，其他人却正好相反。第二个维度是不确定性容忍度。个体在不确定性容忍度上的差异表明个体规划或掌控自己生活的程度。有些人喜欢稳定的生活（低不确定性容忍度）并且认为不确定的状态让人有压力，心理感觉不舒服。与此相反，其他人对于确定性没有太强烈的需求，他们在不确定性的情况下也可以生活得很好（高不确定性容忍度）。不明确的情况可以激励具有高不确定性容忍度的员工。以价值取向和不确定性容忍度为基础，可以总结出四种决策风格（见图 12－3）：命令型、分析型、概念型以及行动型。

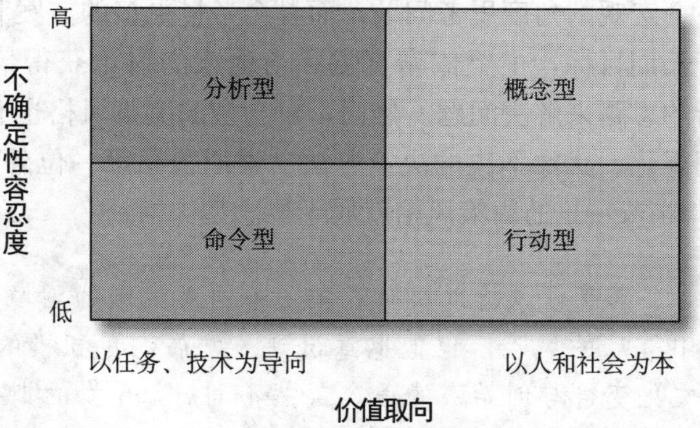

图 12－3　决策风格

资料来源：Based on discussion contained in A J Rowe and R O Mason，*Managing with Style*：*A Guide to Understanding*，*Assessing*，*and Improving Decision Making*（San Francisco：Jossey－Bass，1987），pp. 1－17.

■ 命令型

命令型的决策者对不确定性的容忍度较低，在决策时往往以任务和技术为导向。他们在解决问题时以理性方式思考，做事有逻辑、系统化且有效率。这一类决策者以行动为导向，行事果断，专注于事实。但是，对于速度和结果的追求使这些决策者变得独断、热衷权力和掌控，并侧重短期目标。

有趣的是，命令型的决策风格似乎非常适合空中交通管制员。保罗·里纳尔迪（Paul Rinaldi）在与《财富》杂志记者的交谈中这样描述他的决策风格：

> 不需要什么分析，你快速地做出决策并且坚持该决策。你必须意识到你将做出的某些决策是错误的，而你却要使这个决策变成正确的。你没有退路。你要不断地观察飞机的速度、特征、爬升率以及执行指令的速度。为了让一切正常运作，你需要在一刹那间考虑和处理这些问题。如果不能，那就要考虑实行 B 计划。从事这份职业的人中能够顺利退休的概率并不高。犯错会给我们带来负面影响。[37]

■ 分析型

这类决策者对于不确定性有较高的容忍度，倾向于过度分析情况。与命令型的决策者相比，他们会搜集更多的信息并考量更多的方案。分析型决策者往往需要更长的时间做出决策，但是他们也善于处理新的或者不确定的情况。这类决策者一般来说比较喜欢独断。

张光明（音译）就是一个典型的分析型决策者。“张光明想买汽车已经有几个月了。他仔细翻阅了中国的汽车杂志，从网上搜集了各种型号的数据并走访了北京的十几家汽车经销商。最终，张光明把目标锁定为大众宝来和现代索纳塔，但是随着激烈的市场竞争迫使经销商不得不开始对汽车进行降价，张光明不知道他是应该现在就出手还是再等等。”[38]

■ 概念型

这类决策者对于不确定性有较高的容忍度，而且在工作中倾向于关注人或社会方面。他们会从一个宏观的角度思考问题，而且会考量更多的方案和未来可能性。概念型决策者专注于长期目标，主要依靠直觉和与他人的讨论获得信息。他们有冒险精神，善于以创新的思路来解决问题。然而，概念型的决策风格也有缺点，这种风格有可能形成一种理想化、犹豫不决的决策方法。索尼公司第一位外籍CEO霍华德·斯金格（Howard Stringer）的决策风格就属于概念型。

斯金格陷入了一个因管理风格以及企业文化不同而带来的困境。他意识到了在飞速变化的电子产品中落后的风险，但他也意识到了发展太过积极的风险。他说：“我不想把索尼的企业文化变得与创始人的理念截然不同。”65岁的斯金格与他接手的管理团队陷入了一个僵局，他试着说服管理者们互相合作并且敦促他们以新的方式开发产品。[39]

■ 行动型

这种决策风格是四种决策风格中最以人为本的。行动型的决策者善于与人合作而且喜欢与下属广泛交流意见。他们会协助下属，易于接受他人的建议，有亲和力，比起书面沟通，他们更喜欢口头交流。虽然这一类型的决策者喜欢开会，但是他们会尽量避免冲突，有时会过度地考虑别人的感受。这种风格的决策者在决策时倾向于采取泛泛而谈的方式。他们很难对别人说不，因此在做艰难决策的过程中会遇到困难。

■ 研究和实践意义

研究表明，大部分人的决策风格都不止一种。大多数管理者兼具两种或三种决策风格。研究还表明决策风格会因年龄、职业、个性、性别、国家的不同而异。[40]决策风格的知识可以有效地应用于四个方面。首先，了解决策风格可以帮助你了解自己。意识到自己的决策风格有助于看清你作为决策者的优劣势以及帮助你自我完善。其次，了解不同的决策风格能够提高你影响他人的能力。例如，如果你面对的是一个分析型的决策者，那么你就应该尽可能提供更多的信息来支撑你的想法。但是同样的做法对于命令型的决策者来说是无效的。再次，掌握决策风格能让你意识到为何同样的信息会因决策策略的不同而导致决策不同。决策风格的不同也可能是工作中的人际冲突的来源之一（冲突将在第13章中详述）。最后，必须注意的是，没有一种所谓最好的决策风格能适用于所有的情境。因此需要按照权变思路寻找最适合当前情境的决策风格。例如，如果环境要求快速做出决策，那么命令型的风格就是最合适的。相反，当决策涉及员工福利时，行动型的决策风格更为合适。由于研究者尚未提出何时运用何种决策风格的完整的权变理论，因此我们目前无法提供更多的详细建议。

12.4.2　决策过程中直觉的作用

《我们如何做决策》（*How We Decide*）的作者乔纳·雷尔（Jonah Lehrer）总结称，管理者经常有效地将直觉运用到决策中。[41] **直觉（intuition）**指"凭空出现在脑海里的判断、调查或决策，不能明确是什么唤起了它们，当然也就无从评估其有效性"。[42]研究人员表示任何人都可能运用直觉，直觉的作用与性别无关。[43]直觉在许多决策中与理性分析一样重要，因此掌握直觉的来源、发展直觉技能就很有必要。参考如下例子：

不顾其顾问团队的建议，雷·克罗克（Ray Kroc）从麦当劳兄弟那里购买了麦当劳的特许经营权。"我并不是一个赌徒，而且我也没有那么多钱可以拿来冒险，但是我的直觉告诉我应该这样做。"尽管大部分人持否定意见，而且没有足够的市场调查作支撑，克莱斯勒前董事长鲍勃·鲁茨（Bob Lutz）还是让道奇蝰蛇车成为现实。"这是一种潜意识的、发自内心的感觉。就是觉得这样做是对的。"虽然 24 家出版社拒绝出版《天地一沙鸥》（*Jonathan Livingston Seagull*）这本书，而且埃莉诺·弗里德（Eleanor Friede）她自己的出版社也对此表示反对，但是埃莉诺还是决定赌一把出版这本"什么也不是的书"。"我就是感觉这个简单的故事蕴含的真理可以让这本书成为一部世界经典。"埃莉诺说。[44]

遗憾的是，直觉并不总是能让管理者做出像雷·克罗克及埃莉诺·弗里德一样成功的决策。为了帮助读者更好地理解直觉在决策中的作用，这一部分将回顾直觉模型，并讨论依靠直觉决策的利与弊。

■ 直觉模型

图 12-4 呈现的是一种直觉模型。图的最右侧向我们展示了两种类型的直觉。

图 12-4　直觉的双重模型

资料来源：Based in part on D Kahneman and G Klein, "Conditions for Intuitive Expertise," *American Psychologist*, September 2009, pp. 515-26; E Sadler-Smith and E Shefy, "The Intuitive Executive: Understanding and Applying 'Gut Feel' in Decision-Making," *Academy of Management Executive*, November 2004, pp. 76-91; and C C Miller and R D Ireland, "Intuition in Strategic Decision Making: Friend or Foe in the Fast-Paced 21st Century," *Academy of Management Executive*, February 2005, pp. 19-30.

1. 整体预感是指基于潜意识的整合记忆信息的判断。使用这种决策的人在做出某一特定决策时，除了说“感觉是对的”以外可能无法解释他们做出这一决策的原因。

2. 自动专长指基于对某种情况的熟悉以及部分下意识地运用过去学习到的与该情况相关的信息而做出的选择。例如，当你有多年的驾驶经验后，你不用有意识地分析就可以自动应对多种驾驶情况。

回到图 12－4，你可以发现直觉有两种不同的过程。一种是自发的、非自愿的、毫不费力的。另一种相反，直觉是受控的、自愿的且需要付出努力的。研究表明这两种过程可以单独也可以共同影响直觉。[45] 例如，当你试着回答本书中“回顾本章开篇案例”的某个问题时，可能会有一个基于回顾以前所学（自动的）的答案自发进入你的脑海。然而，在经过进一步的反思之后（受控过程），你可能会判定起初的想法是错误的，你会重新研究一些资料从而找到其他答案。这样反过来也可能会激发一些新奇的想法，而且这两个过程会持续下去。直觉过程会受到两种因素的影响：专业知识以及感觉（见图 12－4）。专业知识代表个体有关物体、人、情况、决策机会的显性知识（能够用言语表达出来的知识）以及隐性知识（由经验习得的难以用语言表达的信息）。基于专业知识的直觉会随着年龄以及经验的增长而增加。感觉指的是人体在对物体、人、情况或者决策机会做出反应时体验到的自发产生的潜在的影响。直觉反应是基于个体的专业知识以及特定情况下的感觉之间的互动产生的。

■ 直觉型决策的利与弊

从积极的角度来看，直觉可以加快决策速度。[46] 因此直觉对我们当前面临复杂和不断变化的环境而言很有价值。如果资源有限且时间紧，直觉可能是一种比较实际的办法。例如，基于丰富的知识和充分准备而产生的直觉可以让医院急救部门做出快速有效的决策。凯瑟琳·盖洛（Kathleen Gallo）曾经是医院急诊室的主任，她说：“当车祸受害者一家搭乘直升机到达医院时，受害者一家会觉得这看起来像是一种危机，但是对于医院员工来说却不是，因为他们已经做好了充分准备。”[47]

直觉型决策的缺点在于，直觉会受到与理性决策相关的同种类型偏差的影响。尤其是可得性启发法、代表性启发法、锚定偏差、过度自信偏差以及后见之明偏差。[48] 另外，决策者在说服他人接受直觉型决策时可能会有难度，有时会导致一些好的想法被忽视。

为何要运用直觉呢？我们认为直觉和理性是互补的，管理者在决策过程中应该尝试兼顾这两者。因此我们希望管理者在决策时能够适当地使用直觉型决策。表 12－1 中的一些建议可以帮助你提高直觉意识。

表 12－1　　直觉意识培养指南

建议	描述
1. 敞开心扉	在何种程度上你能：体验到直觉，相信自己的感觉，依靠直觉判断，抑制预感，或是隐秘地依赖直觉？
2. 不要混淆概念	本能、洞察力以及直觉这三者并不是同义词。要学会鉴别本能、洞察力以及直觉这三个概念。
3. 寻求有效反馈	寻求针对你直觉判断的反馈；相信自己的直觉，为发展你的直觉意识创新学习环境。

续前表

建议	描述
4. 掌握直觉的准确率	给自己的直觉设置一个基准点；大概了解自己的直觉的可信度；问问自己如何才能更好地提高自身的直觉判断能力。
5. 利用图像	用图像代替文字；想象依靠直觉做出决策后可能出现的场景。
6. 扮演唱反调的人	测试直觉判断；对直觉判断提出反对意见；提出反面观点；探索受到质疑时直觉的坚定性。
7. 捕捉直觉并使其有效	创新一种内在状态让直觉思维自由发挥；捕捉创新直觉；在创新直觉被理性分析否决之前把它们记录下来。

资料来源：From E Sadler-Smith and E Shefy，"The Intuitive Executive：Understanding and Applying 'Gut Feel' in Decision-Making，" *Academy of Management Executive*，November 2004，p. 88. Copyright © 2004 by The Academy of Management. Reproduced by permission of The Academy of Management via Copyright Clearance Center.

回顾本章开篇的案例

谷歌的决策方式将如何增加决策过程中直觉的使用率？

12.4.3　道德决策的路线图：决策树

在第 1 章中，我们讨论了道德的重要性以及因商业领导者缺乏道德行为引发的日益增加的顾虑。遗憾的是，研究表明，许多类型的不道德行为并没有被曝光，且不道德行为对员工的敬业度会产生负面影响。[49]这些趋势可以部分解释美国为何颁布诸多规范企业道德行为的法律。因为道德行为最终会影响个体决策以及组织决策，所以探讨道德决策是非常有必要的。哈佛商学院教授康斯坦斯·巴格利（Constance Bagley）提出了一个可以帮助管理者做出更加道德的决策的决策树。[50]

决策树（decision tree）以图表的方式向我们展示了决策的过程。它也显示了做出不同选择将带来的不同结果。决策树可用以辅助决策过程。道德决策经常会需要权衡利弊，决策树可以帮助管理者更好地进行取舍。图 12－5 中所示的决策树适用于经理或公司正在考虑的任何决策或行动。图中第一个问题是建议采取的措施是否合法。如果不合法，则对其进行否定。如果是合法的，就要考虑该措施对股东利益的影响。决策如果对组织的财务状况有利（如增加利润），股东利益就实现了最大化。决策树认为，无论一项决策或措施能否使股东的利益最大化，管理者都需要考虑该决策或措施的道德意义。比如说，如果实行某项措施可以使股东利益最大化，那么下一个要考虑的问题就是该措施是否道德。要回答这个问题，就要考虑该项措施对于组织的其他重要组成部分（如顾客、员工、社区、环境、供应商等）的积极影响，并将之与给股东带来的利益相对比。根据决策树的框架，如果执行决策可以带给股东高于其他重要组成部分的利益，那么管理者就应该执行决策；反之则不应该执行决策。

图 12－5 表明，如果管理者认为决策不能使股东利益最大化，那么他们考虑问题的角度会稍有不同。在这种情况下，问题就变成了"不执行此决策是否道德"。这一问

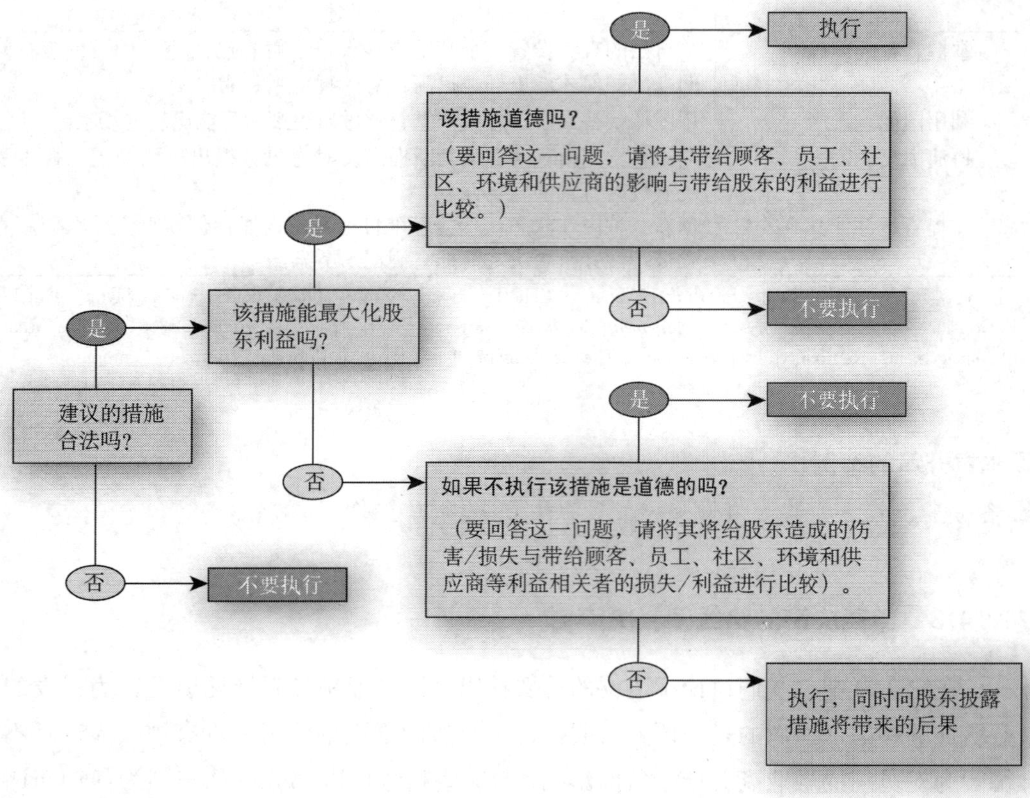

图 12-5　道德决策树

资料来源：Reprinted by permission of *Harvard Business Review*. Exhibit from "The Ethical Leader's Decision Tree," by Constance E Bagley, February 2003. Copyright 2003 by the Harvard Business School Publishing Corporation. All rights reserved.

题使得管理者有必要比较某措施带给股东的损失与该措施带给组织其他重要组成部分的损失或好处。如果某管理决策给股东造成的损失大于该决策给组织其他重要组成部分带来的损失或好处，管理者或公司就不应该执行决策。相反，当组织其他重要组成部分的损失或好处高于股东的损失时，管理者或公司就应该执行决策。让我们把决策树应用到 IBM 考虑让退休人员多交医保自付部分的例子。[51] IBM 最终做出了这一决策以节约资金。

公司减少给退休人员的医疗福利投入的同时让退休人员多交医保自付部分，这样的做法合法吗？是的，这是合法的。组织是通过缩减退休人员的医疗福利支出来最大化股东利益吗？同样，回答也是肯定的。但是如果我们现在必须比较股东的整体利益与组织其他重要组成部分的利益，这个问题的答案就会比想象中更复杂。答案取决于组织信奉的企业价值。参考以下两个例子。在 A 公司，企业正面临亏损，需要资金用于新产品开发。管理者相信推出新产品将会促进公司的经济增长，最终得以在市场上生存下去。同时，A 公司的企业价值陈述也表明，其把利润及股东投资回报率置于员工忠诚度之上。在这种情况下，A 公司做出让退休人员多交医保的决策。第二个例子中的 B 公司与 A 公司正好相反，企业盈利而且旗下产品的市场份额不断扩大。公司的企业价值陈述也表明员工是其最重要的组成部分，甚至比股东还重要，比如美国西南航空公司的企业价值观就是这样的。在这种情况下，B 公司就不应该减少其对退休人员医疗福利的投入。

需要记住的是，决策树并不能为管理者提供一个可以用来评估所有道德问题的快速公式。道德决策并不总是清晰明确的，而且道德决策会受到跨文化差异的影响。因此，如果企业中有不同文化背景的员工，组织应该对员工进行道德培训并加强他们对跨文化问题的认识。[52]话虽这么说，但决策树的确能在权衡管理/企业决策与管理/企业道德时提供一个思路框架。下一次面对重大的道德问题或麻烦时，你也可以试着在决策过程中运用决策树。

12.5　群体决策

像委员会、任务小组、项目组或者审查小组这样的群体在决策过程中往往扮演着非常重要的角色。例如，ATA 工程公司就是完全依赖群体决策的例子。

> 至少有 8～10 名员工会参与求职者的面试过程。如果有一名员工持反对意见，那么求职者可能就得不到这份工作，除非这名持反对意见的员工改变想法。甚至有时候，公司最重大的决策都是由多名员工共同做出的。例如，当公司租赁的办公楼合约到期时，ATA 成立一个负责续租事务的员工委员会。在确定当前位置能方便大部分员工之后，员工委员会决定继续租用该办公楼。[53]

ATA 所认为的“两个人的想法好过一个人的”观念是正确的吗？是否所有员工都希望在决策过程中有发言权呢？管理者应在多大程度上让员工参与到决策过程当中来？群体可以运用哪些技巧来提高他们的决策质量？面对面会议比计算机辅助决策更有效吗？在接下来的这节中我们将试图为解答上述问题提供参考。我们将主要讨论：(1) 决策中的群体参与；(2) 群体决策的利与弊；(3) 群体解决问题的技巧。

12.5.1　决策中的群体参与

无论是通过面对面会议的方式还是借助其他技术沟通方式集合在一起，群体都能在决策过程的每一阶段发挥作用。然而，如果要将群体决策的价值最大化，就必须创新一种成员能够自由参与并表达意见的群体决策环境。相关研究揭示了管理者如何能创新这种决策环境。

为了确定群体创新是否与少数异议以及群体成员的决策参与度相关，某研究小组进行了两项相关研究。少数异议被定义为群体成员在反对其他成员意见时的舒适程度。研究结果表明，最具创新精神的群体往往存在强烈的少数异议以及高度的群体参与。[54]如何将这些结果运用到学校或工作中的群体会议呢？有一种办法是促进会议中群体成员之间的讨论。研究也证实了此建议的附带好处，那就是群体讨论会提升员工的工作满意度以及工作表现。[55]另外一个建议是在决策过程中向群体成员征集不同的观点，而且不要嘲笑或是惩罚那些与大多数人持不同意见的员工。

12.5.2 群体决策的利与弊

群体决策有利也有弊（见表12-2）。从积极的一面来看，群体融合了更多人的智慧，提供了多种思维角度，促进对决策的理解程度，并提升了决策被接受程度，也给新员工提供了一个学习平台。全食超市CEO约翰·麦基（John Mackey）在接受《哈佛商业评论》采访时强调了群体决策的这些优势（参见相关的“真实世界/真实人物”专栏）。但是，这些优势与表12-2中所列出的劣势要保持平衡。要做到这一点，管理者需要确定将群体决策的优势和劣势应用到决策环境的程度。以下三点可以帮助决定决策过程中是否应该运用群体决策。

1. 如果附加信息可以提高决策质量，那么管理者就应该让那些可以提供所需信息的员工参与到决策过程中。

2. 如果决策的接纳度很重要，那么管理者就应该让那些其接受和承诺对所做决策重要的员工参与决策。

3. 如果参与可以让员工获得发展，那么管理者就应该让那些其发展对于公司来说很重要的员工参与决策。[56]

表12-2　　群体决策的优势和劣势

优势	劣势
1. 集思广益 群体可以带来比个体更多的有关决策或问题的信息和经验。	1. 社会压力 不愿意“捣乱”以及来自遵守的压力结合在一起可能会扼杀个体的创造力。
2. 多角度考虑问题 有不同经验和偏好的个体可以帮助群体从不同的角度看待决策环境和问题。	2. 少数主导 群体决策的质量有时会因为群体屈从于那些高谈阔论的个体而下降。
3. 充分理解 那些亲身参与了备选方案的群体意见交换和讨论过程的个体倾向于能更好地理解最终决策背后的基本原理。	3. 互投赞成票 当个体的小项目或者既得利益受到影响时，不择手段的拉帮结派可能会代替理性思考。
4. 决策接纳度上升 那些参与了群体决策以及问题解决的个体倾向于把最终决策看成是“我们的”而不是“他们的”。	4. 目标错置 有时候，一些像在争论中胜利、表达主张或是竞争这样的次要因素代替了做出明智决策或是解决问题这样的主要任务。
5. 锻炼平台 缺乏经验的参与者可以在参与群体决策的过程中学习群体的运作模型。	5. 群体思维 在生成和评估备选方案时，群体凝聚力对于一致性的渴望会超越对正确判断的渴望。

资料来源：From R Kreitner, *Management*, 8th ed Copyright © 2001 by SouthWestern, a part of Cengage Learning. Reproduced by permission. www.cengage.com/permission.

■ 群体决策与个体决策

在建议管理者让群体参与到决策中来之前，必须先确定群体决策是优于个体决策还是更糟。某决策专家在回顾61年的相关研究后总结称：“不管是通过定性分析还是定量分析，群体的表现一般都优于个体。”[57]虽然随后进行的小组决策研究也大都证实了这一结论，但是在运用群体决策时还是要注意五个重要的问题。

1. 群体决策效率低于个体效率。因此在决策是否使用群体决策时要考虑时间限制。

2. 群体对自己的判断和选择更有自信。因为群体自信并不是群体决策质量的替代物，因此这种过分自信会强化（第10章我们讨论过的）群体思维以及对于群体外的个体提出的备选方案的抵制。

3. 群体倾向于做出更温和的决策。达成一致或妥协的需求似乎会导致不那么极端的决策。[58]

4. 在下列情况下群体决策的准确性会上升：(a) 当群体了解大量有关问题的信息时；(b) 当群体领导人能够准确评价群体成员的看法和判断时。群体应该重视那些相关和准确的判断，同时低调处理成员做出的无关或者错误的判断。[59]

5. 群体的成员结构会影响决策进程进而影响到群体决策表现。例如，当群体成员分享了大量的独特信息时，成员互相熟悉的群体更有可能做出更高质量的决策。相反，当大部分的群体成员得到的信息相同时，成员间彼此不熟悉的群体做出的决策质量会高于过那些成员关系密切的群体。[60]

其他研究表明，管理者决定是否让他人参与决策过程时应该使用权变法。接下来让我们了解一下这些基于权变法的建议。

真实世界/真实人物

全食超市CEO约翰·麦基坚信共识决策

以下是麦基在接受《哈佛商业评论》的记者采访时谈到的他强调共识决策的原因。

“我发现通过达成共识做出决策时，你能听到不同的意见，你就能得到质量更高的决策。如果不这样做，那些意见没有得到采纳的人的自然倾向就是想去证明他们意见的正确性。就好像说‘看吧，我早就说过这样做是没用的’。”

在被问到达成共识是否需要很长时间时，麦基回答道：“有可能。一般来说，如果管理者正在做出的决策将会对整个公司造成大的影响，全方位的讨论绝对是百利而无一害的。这有点像日本管理者的决策方式，他们会花大量的时间试着在决策群体中达成共识。这种做法的优点是，虽然决策耗时更长，但是执行速度却会快很多，因为组织中不会出现任何抵制和破坏决策的情况。”

你赞同群体决策时总是有必要达成一致吗？

资料来源：Excerpted from “What Is It That Only I Can Do?” *Harvard Business Review*, January - February 2001, pp. 119 - 20.

回顾本章的开篇案例

谷歌的决策方式在何种程度上与上述群体决策的研究结论和建议相一致？

■ 基于权变法的实用群体决策建议

如果经常需要做出诸如决定升职对象或者贷款对象这样的决策时，群体决策就是更适合的，因为群体做出的决策倾向于比个体决策更一致。如果有时间限制，那就让最优秀的个体而不是群体做决策。在面临诸如时间压力或决策可能产生潜在严重影响之类的环境威胁时，群体使用更少的信息和更少的沟通渠道，这样导致做出错误决策的可能性增加。这一结论强调了管理者应该时刻谨记的通用原则：因为交流的质量会对群体效率产生很大的影响，所以对于复杂的决策任务来说，至关重要的一步就是设计良好的沟通机制以提高沟通的效果。

12.5.3 群体解决问题的技巧

群体决策通常要求成员之间达成共识。决策专家指出，达成**共识**（**consensus**）指的是"所有群体成员都同意最终决策，或者他们都已经陈述了各自的观点但却无法说服其他人。说到底，就是群体中每个个体都同意支持最终的决策结果"。[61]这一定义表明共识并不需要一致同意，因为尽管有些群体成员可能还是不同意最终决策，但却愿意为该决策的成功而努力。

在达成一致的过程中，群体成员会遇到一些阻碍。举个例子，由于某个体主导决策或威胁其他成员，群体成员可能无法识别所有相关的备选方案。这些阻碍可能是公开的也可能是微妙的。比如，像CEO这样拥有权力和权威的群体成员，撇开他们的人际风格不说，只要出现在讨论室就有可能让其他成员产生压力感。其次，害羞也会阻碍备选方案的产生。害羞或者有社交恐惧症的成员可能会因为害怕尴尬或者缺乏自信而保留自己的看法。满意决策法是另一个产生有效群体决策的障碍。如前所述，群体会因为时间、信息或者处理大量信息的能力有限而选择满意决策法。一位管理专家给出了以下成功达成共识的注意事项：群体应该主动倾听成员的意见，尽可能让更多的成员参与讨论，找出争议存在的原因，挖掘事实。同时，群体成员之间不应该进行政治交易（因为上一次你支持了我所以这一次我要支持你）、投票表决或是为了避免引发争论而同意某一决策。[62]投票表决会将群体分成胜者和败者两种，因此是不值得提倡的。

决策专家提出了三种群体的问题解决技巧以减少群体决策的障碍，它们分别是：头脑风暴法、名义群体法以及德尔菲法。了解这些技巧可以帮助你在决策过程中更有效地发挥群体的作用。而且，计算机辅助决策的出现使管理者能够在人员众多的群体中运用这些技巧解决问题。

■ 头脑风暴法

头脑风暴法（**brainstorming**）是由广告经理奥斯本（A. F. Osborn）提出的，目的是提高团队的创造力。[63]头脑风暴法可以帮助团体产生多种有关问题的想法以及备选方案。例如，"去年秋天，波音商用飞机的CEO吉姆·阿尔博（Jim Albaugh）选出八名已退休的波音高管成立了一个高级咨询小组"。[64]成立该小组的目的是让这些资深的退休高管与现任的工程师以及项目经理进行头脑风暴会议，从而产生使787梦幻客机项目步入正轨的最佳方案。该系列飞机的生产遭遇了一系列的挫折而且比原定的交货日期晚了三年多。

像波音的高级咨询小组一样，群体在进行头脑风暴时会对当前的问题进行研究。然后，个体成员要独自静静地想出解决问题的建议或备选方案。沉默式头脑风暴的效果比随机挑选成员让其陈述自己的创意要好，因为这样可以带来更多独特的想法。群体如果在互相交流想法之前没有进行沉默式头脑风暴，成员会倾向于聚焦于数目更有限的想法然后专注于其中某个想法。[65]沉默式头脑风暴之后，成员的想法/备选方案就会被统一收集起来并且通过书面形式分享给其他群体成员。管理者或者团队领导最好以匿名的方式收集由头脑风暴法产生的想法，因为研究表明更有争议性以及更扼要的想法往往产生于匿名的头脑风暴小组之中。[66]最后，群体进入会议第二阶段以批评和评估所有备选方案。产品设计公司艾迪欧（IDEO）建议管理者遵照以下七项原则来进行头脑风暴[67]：

1. 暂缓评论。不要在开始阶段就对想法加以批评。避免运用像“我们从来没有这样做过”，“这样根本行不通”，“成本太高了”，以及“经理是绝对不会同意的”这样的语句。

2. 改善他人的想法。鼓励参与者改进其他人的建议，多使用“而且”而不是“但是”。

3. 鼓励新奇的想法。鼓励打破陈规的想法。想法越新奇离谱越好。

4. 追求数量。参与者应该尽可能多地想出并且写下新的想法。专注数量可以鼓励人们提出超越他们固有思维的创意。

5. 图文并茂。把想法用不同颜色的笔（如红色、紫色、蓝色）写在墙上的大张活页纸、白板或者广告板上。

6. 紧扣主题。主持人应该发挥作用，使讨论内容紧扣主题。

7. 一次只允许一人发言。头脑风暴法的基本原则是不能打断别人的发言、不可以否定其他人的设想、尊重他人的看法以及不得无礼。

头脑风暴法是一种产生新想法/备选方案的有效技术。研究表明通过培训，人们可以提高其头脑风暴法技巧。要注意的是，头脑风暴法不适用于评估备选方案或选择最终方案的情况。

■ 名义群体法

名义群体法（nominal group technique）可以激发群体想象力并且对选定的方案进行评估。名义群体法是一种按照以下步骤进行的结构化会议[68]：群体成员因一个特定的问题或事件而被召集在一起。在了解问题之后，群体成员进行独立思考，并且将各自的设想记录下来。然后，每个成员通过循环的方式一次讲一个自己单子上列出的想法。这些想法会被记录在黑板或是海报上，但在这一阶段不会进行讨论。一旦所有的设想都收集完毕，群体成员就会开始讨论。

每个成员都有批判或者辩护的权利。在这一阶段，群体成员会理清这些设想并给出自己的观点。“30秒肥皂盒”技术指每一位参与者都有最多30秒的时间对任何设想进行辩护或者表示反对，这种方法可以起到辅助讨论的作用。或者，群体可以创建一个努力/收益矩阵来辅助讨论：识别出实施每一个设想所需要的成本和努力并将之与潜在收益进行比较。最后，群体成员以匿名投票方式做出选择。群体领导者统计投票结果并得出最终结果。在做出最终决策之前，群体可能会先对排名靠前的设想进行讨论，然后再进行二次投票。

名义群体法通过以下三种方式减少群体决策的障碍：（1）将头脑风暴法与评价分

离开来；（2）促进群体成员的平衡参与；（3）为了达成共识，将数字投票与群体决策相结合。例如，CKE 餐饮公司在新产品的开发过程中就将头脑风暴法与名义群体法相结合（参见相关的“真实世界/真实人物”专栏）。名义群体法被成功地运用到许多不同的决策情况，并且人们认为名义群体法相比标准的头脑风暴法能产生更多的想法。[69]

真实世界/真实人物

CKE 餐饮公司综合头脑风暴法、名义群体法以及直觉来做出新产品相关的决策

CKE 餐饮公司旗下拥有哈帝汉堡（Hardee's）以及卡乐星汉堡（Carl's Jr.）等连锁快餐店，它推出的新产品在某一阶段要经过严格的测试。在最初阶段，几个跨功能小组进行头脑风暴以产生大量的新产品设想。只有一些设想能进入下一步的筛选和判断阶段，在这一阶段，产品营销组、研发组、执行组会根据以往的经验和直觉来评价这些设想。公司会将第二轮通过的产品设想进一步改进并且投放到店内进行测试。店内测试有定义明确的测量措施和对照组。之后 CKE 高管将做出如下决策：在全公司所有连锁店全面投放某一新产品、调整并重新测试，或者彻底否决某一产品。

CKE 餐饮公司在推出新品方面有着令人羡慕的命中率。相比于消费产品 1/50 或 1/60 的成功率，该集团推出的新产品成功率为 1/4。

CKE 餐饮公司的决策过程中有多少不同类型的群体参与其中？

资料来源：Excerpted from T H Davenport，“How to Design Smart Business Experiments，” *Harvard Business Review*，February 2009，pp. 72 - 73.

■ 德尔菲法

这种解决问题的方法最开始由兰德公司（Rand Corporation）开发出来用于技术预测。[70]现在德尔菲法被用作一种多功能规划工具。**德尔菲法（Delphi technique）**是一种通过匿名的方式向不在同一地点的专家征集想法或意见的过程。不同于名义群体法，专家的想法通过问卷或者网络获得，而不是面对面的群体讨论。

德尔菲法的第一步是管理者确定他想要研究的事项。例如，管理者可能想要了解客户需求、客户的未来偏好或者在一个特定地区开设工厂的效果。接下来，管理者要确定参与者并且制定调查问卷。管理者会把问卷分发给参与者然后再将其收回。在当今的计算机网络环境下，问卷往往是以邮件的形式发送给参与者的。管理者会将回复进行归纳总结并且把反馈发送给参与者。在这一阶段，参与者需要：（1）评论反馈；（2）把正在讨论的问题进行优先次序排序；（3）在特定时段内将调查表返还给管理者。这种循环一直持续到管理者获得所需要的信息为止。

德尔菲法适用于无法进行面对面讨论、分歧和矛盾有可能阻碍沟通、某些特定个体可能极大程度主导群体讨论或群体讨论可能导致群体思维的情况。[71]

■ 计算机辅助决策

组织的日益全球化以及信息技术的发展共同促进了计算机辅助决策系统的完善。

计算机化通常运用于两个方面。首先，许多组织运用各种电脑、软件和电子设备来提高决策质量。这种方法使管理者能够快速地从员工、顾客或者世界各地的供应商那里获得大量信息。例如，百思买、谷歌、通用电气、英特尔和微软都运用企业内部网来搜集员工意见。百思买和谷歌都发现这些系统在预估新产品与服务需求方面非常有效。[72]沃尔玛运用计算机辅助决策来提高决策质量也是众所周知的。例如，沃尔玛使用一种新的计算机系统来给其 130 万名员工排班。系统根据任一给定时间点超市的顾客数量来决定各个超市的员工人数。[73]计算机系统还被认为可以改善信息处理以及虚拟团队内部的决策制定（回顾第 11 章的相关讨论）。

计算机辅助决策的第二个主要运用方面与举行会议有关。在这一过程中主要会用到两种系统：一人驱动和群体驱动。一人驱动系统要求参与者通过电子键盘或是电话回答预先设定好的问题。电视直播的观众经常会参与这种系统的调查。计算机系统只要几秒钟就可以将参与者的回复汇总列表。

群体驱动的电子会议通常按照下面两种方法中的一种进行。首先，管理者可以通过邮件或者网络系统就一个必须要做的决策收集相关信息或者进行头脑风暴。例如，迈阿密儿童医院（Miami Children's Hospital）就结合了网络和会议软件技术来设计其培训项目。员工以及社区教育主任娄布纳·诺拉丁（Loubna Noureddin）在谈到计算机辅助决策时这样说："我真正喜欢它的原因是它把我与其他医院联结起来。我可以了解其他医院有关某一特定事件的做法。我提出问题，人们可以回答，我也可以回复他人的问题。"她解释，比如，她和她的同事运用这一系统可以获得其他医院教育主管的指导，甚至在像培训工作人员有关急救护理这样的领域得到专家的建议。她说："许多医院也会登录这个系统并与我们分享它们正在进行的项目。"[74]

诺拉丁认为计算机辅助决策系统帮助医院节省了时间和成本。第二种计算机辅助的群体驱动会议需要安装有互相联结的个体工作站等特殊设备。与交谈不同，参与者在键盘上输入他们的信息、想法、评论、反应或者是评价。输入的信息会同时出现在会议室前面的大型投影屏幕上，所有的参与者都可以看到。这种电脑驱动的过程减少了共识障碍，因为输入的信息是匿名的，每个个体都可以参与进来，而且没有谁能支配整个过程。研究表明，计算机辅助决策无论是对于小型群体还是大型群体而言，都比传统的头脑风暴法或者名义群体法能产生更多更高质量的想法。[75]

总之，我们希望未来使用计算机辅助决策的次数能够增加。计算机辅助决策系统对于现代组织生活以及大量进入劳动力大军的千禧一代或是 Y 世代的员工而言是非常适合的。

12.6　创造力

当今社会需要我们快速做出决策，因此组织激发员工的创新性和创造力就变得越来越重要。许多组织认为创造和创新（将在第 17 章中讨论）是成功的种子。与本章主题相联系，创造力可以应用到理性决策的四个步骤中，以及个体或群体试着解决问题、做出决策、研发新事物过程的任一时间段。创造力在头脑风暴会议中尤其重要。

为了进一步了解创造过程的管理，我们首先将对创造力进行定义并着重讨论与创造力有关的个体特质和情境特质。然后了解创造力产生过程的不同阶段，并就提高组织的创造力提出实用性建议。

12.6.1 创造力定义及相关个体特质

虽然创造力的定义有很多种，但是在这里，我们将**创造力**（**creativity**）定义为用想象力和技巧来开发出一种新的或者独特的产品、物体、流程或是想法的过程。[76]创造力可以简单到找一处新地方挂你的车钥匙，也可以复杂到研发一种新的口袋大小的微型电脑。创造力也可用于帮助削减开支。例如，美国总统奥巴马和国会成员正在寻找新的方法以削减联邦预算开支。[77]这种定义强调了创造力的三大类型。一种是创造出新的事物（创新），第二种是合并或合成事物（综合），第三种是改进或改变事物（改良）。

个体的创造力会直接受到多样的个体特质的影响。首先，创造需要动机。换句话说就是人们决定他们是否想要运用他们的知识和能力来创造新的想法、事物或者产品。除了动机以外，有创造力的人总是喜欢别具一格。他们积极性高，愿意花大量的时间来研究他们感兴趣的领域或者职业的隐性和显性知识。但是与刻板印象相反，有创造力的人并不一定都是天才或者是内向的书呆子。而且，他们也不是适应者。“适应者指的是那些倾向于寻求以一种对组织内在假设、流程以及企业价值产生最少影响的方式解决问题或者做出决策的人。”[78]相反，有创造力的个体不满足于现状。他们会寻找新的和令人兴奋的问题解决方案。有创造力的人往往有好奇心。[79]而且，研究表明男性和女性管理者在创造力水平上并没有什么不同，创造力与许多的个体特质有关。[80]表12-3中显示的只是部分与创造力有关的个体特质。下面先讨论一个创造力的实例。

表 12-3　　与创造力相关的个体特质

智力能力
- 从新的角度看问题、摆脱传统思维的能力
- 识别出值得努力（和不值得努力）的想法的能力
- 说服和影响他人的能力

显性和隐性知识（有关兴趣、职业、问题、产品、服务等）

思维方式
- 青睐以新颖的方式思考自由选择的问题

个体特质
- 克服困难的意愿
- 合理冒险的意愿
- 容忍不确定性的意愿
- 自我效能
- 乐于体验、有责任心

内在的任务动机

资料来源：Based on discussion in T Brown, “Thinking,” *Harvard Business Review*, June 2008, pp. 85-92; and R J Sternberg and R I Lubart, “Investing in Creativity,” *American Psychologist*, July 1996, pp. 677-78.

便利贴的故事诠释了表12-3中的个体特质是如何促进创造行为/表现的。便利贴产品现在每年能为3M公司带来两亿美元的销售收入。

发明便利贴的想法最初来自 3M 公司的员工亚特·弗莱（Art Fry），他在教堂唱诗班练习时喜欢用小纸片来标记赞美诗，但是这些纸片老是从歌词本上掉下来。弗莱认为他需要一种既能长时间黏在歌词本上，又能很容易撕下来的纸片。不久他在 3M 公司的实验室里找到了他想要的东西，便利贴因此诞生了。

弗莱看到了他这项发明的潜在市场需求，但是其他人却没有。市场调查的结果令人沮丧，办公用品的分销商都对此发明持怀疑态度。于是弗莱把样品发给 3M 公司的执行主管以及他们的秘书使用。当高管和秘书们真正使用涂有背胶的小纸片时，他们被吸引了。在将便利贴成功销售给 3M 公司之后，弗莱开始用同样的方法向美国其他公司的高管推销该产品。[81]

请注意弗莱是怎样影响他人来尝试他的想法的。表 12－3 表明有创造力的人有说服和影响他人的能力。

12.6.2　与创造力相关的情境特质

在第 1 章中我们就了解到情境因素会影响我们的工作行为。就创造力而言这是千真万确的。回想一下我们在第 3 章中讨论过的组织文化，研究表明企业文化活跃的组织往往更具创造精神。[82]这一发现表明管理者可能会想要遵循谷歌的做法——在工作中允许更大的灵活性、冒险和试验以鼓励员工的创造行为。创造力也与工作中的时间压力及压力水平有关。与在面对危机或是巨大的时间压力时人们会更具创造力的看法相反，过度的时间限制和压力会扼杀创造力。创造力在员工压力适度的情况下达到最高。[83]最后，领导力在培养创造力方面发挥着重要的作用。领导者可以通过关心员工以及公平对待员工来促进创造力的产生——可以回顾我们第 8 章中讨论过的公平理论。[84]

12.6.3　创造力产生的步骤或阶段

尽管研究者们无法绝对确定创造力是如何产生的，但我们能肯定的是创造力需要将在不相连的时间、想法、记忆中存储的信息（回顾第 7 章的讨论）或物体间创建远距离联想。不妨参考一下曾任职于美国疾病控制和预防中心的威廉·福奇（William Foege）博士的例子，在他带领的团队的努力下，尼日利亚的天花彻底根除。福奇意识到他的疫苗数量远远不够供应全部人口。但他却注意到了人们是如何聚集在市场购物的。所以他有针对性地对那些处在拥挤地区的人（哪怕只是游客）注射疫苗。通过这样做，福奇（现在是卡特中心及比尔和梅林达·盖茨基金会的高级研究员）为今后能有效地阻断病毒传播的疫苗接种创建了一个范例。[85]

“远距离联想”描述了像福奇将购物行为和病毒传播联系在一起这样的思维。但是这并不能解释福奇如何建立这种创造性的联系。目前，研究者已经确定了创造力产生过程的五个阶段：准备、集中、孵化、阐述以及验证。接下来我们将一一介绍这几个阶段。

准备阶段表明创造力是由知识库开始的。专家认为创造力需要将显性知识和隐性知识相结合。著名的舞蹈指导泰拉·萨普（Twyla Tharp）强调了创造力产生过程中准备阶段的重要性："我认为每个人都可以成为有创造力的人，但前提是要把准备工作常规化。"萨普认为自己能培养创造力的习惯包括阅读文学、坚持身体锻炼（加速身体新陈代谢的同时也可以刺激大脑）以及选择与自己已经完成项目不同的新项目。即使是在字典中查找某个单词这样的简单活动也可以成为一种准备：萨普也会前思后想地仔细思考这个单词，看看这个词能否带给她某种灵感。[86]

在集中阶段，个体会专注于眼前的问题。工作中创造性的想法往往是由与工作相关的问题、不协调或是失败触发的。话虽如此，研究发现当我们把太多的精力放到寻找创造性的解决方案时反而会阻碍创造力。例如，白日梦与创造力就一直被联系在一起。其他的研究表明"网络休闲"（即在各个网页随意浏览）可以提高创造力。[87]在你思索创新性的解决方案时可以允许自己分心，因为这样有利于创造力产生过程的下一阶段——孵化阶段。

孵化阶段是在不知不觉中进行的。在这一阶段，人们在进行日常活动的同时，大脑中同时思考各种信息并创建各类远距离联想。写下六本著作的作家玛莎·贝克（Martha Beck）在这一阶段会使用一种她称之为"厨房水槽法"的技术。相关的"真实世界/真实人物"专栏阐述了她在灵感枯竭时如何利用"厨房水槽法"找到灵感。在这一阶段产生的联想最终会出现在阐述阶段。最后，验证阶段需要仔细回顾整个过程以检验、调整或是转而尝试别的想法。

真实世界/真实人物

玛莎·贝克的"激进主义现实法"可以激发创造力

今天早上，我坐下来写一些有关如何能更好地使用我们右脑的文字。我在笔记本电脑的键盘上连续地敲击了30分钟，但是什么新颖的想法都没有冒出来，整个思绪就像一杯不冒气泡的啤酒。

最后，我决定借助我称之为"厨房水槽法"的策略。我阅读了八本书中的一些片段：四本有关大脑研究，一本讲述印度的小说，一本研究蝙蝠行为的科技著作，一本西奥多·罗斯福的传记，以及一本回忆录。然后，我开车去一个我最喜欢的旱冰场，路上听了一段单人脱口秀、一段推理小说和一段埃克哈特·托利（Eckhart Tolle）的演讲。到达之后我穿上旱冰鞋绕着场地滑行，之后滑到了场地的中间。不一会儿，灵光乍现，好的，我想，我可以写这个。

所以，"厨房水槽法"确实是一种能够激活右脑创造力的方法。

你的"厨房水槽法"里面可以包括哪些活动？

资料来源：M Beck, "Half a Mind Is a Terrible Thing to Waste," *Oprah Magazine*, November 2009, p. 57.

现在让我们仔细考察创造力产生的几个阶段以确定为何日本企业比美国企业提出并且施行了更多创新性想法。针对这一问题，某创造力研究专家拜访并且深入采访了日本五家大型公司的员工。他发现日本的公司形成了一种鼓励和强化创造力的管理架构。员工在他们任职的第一天就接受了有关发现问题（不满）的培训。不满在日本企业里被看作"金蛋"，这样的提法强化了发现问题是好事情的观念。

这些日本企业还通过团队合作和激励措施来推动创造力的孵化、阐述、验证阶段。例如，某公司把印有金蛋的大幅海报粘贴在工作区域，公司鼓励员工通过互动来完成创造力产生过程的最后三个阶段。员工提出的完成了五个阶段的建议会得到现金奖励。[88]这项研究强调了创造力可以通过有效地管理创造力产生过程以及构建积极、支持的工作环境得以加强。

12.6.4　提升创造力的实用性建议

虽然一些咨询顾问认为催眠术是一种提升员工创造力的好方法，但我们还是更愿意听从基于现有研究以及三位创新企业高管的经验而得出的建议，这三人包括梦工厂的 CEO 杰弗瑞・卡森伯格（Jeffrey Katzenberg）、皮克斯公司的联合创始人埃德・卡特穆尔（Ed Catmull）、艾迪欧公司（IDEO）的创始人大卫・凯利（David Kelley）。研究和实践经验都证实了有效地管理创造力产生过程以及营造积极、支持的工作环境可以提升创造力这一观点。为了达到这一目的，管理者应该营造一种突出创造力的组织文化，设定创造力目标（比如要获得五项新的专利等），以及给予创造活动奖励和资源等。至少，个体需要时间和空间来思考需要创造解决方案的事项或问题。

上述三位执行主管还建议管理者营造一个鼓励冒险、自治、合作以及员工之间互相信任的工作环境。[89]三位执行主管都提出创造一种员工认为集体利益比自身的成功更重要的“同侪环境”非常重要。变革型领导（将在第 16 章讨论）可以培育这种置整体利益于个人利益之上的观念。[90]以非抵触的态度给予和接受持续的反馈是另一种创造性文化的重要因素。例如，皮克斯公司通过每日评论或是“简报”来给出和获得及时反馈。培训管理者使之能更有效地提供反馈对于提升组织创造力最为有效。埃德・卡特穆尔和大卫・凯利都强调了雇佣拥有表 12-3 中描述的个性特质的人才的重要性。面试时可以要求应聘者讲述一个反映思考、判断和问题解决能力的故事、例子或者见解。例如，你可以要求应聘者描述一个他应对突发状况的事件或其在上一份工作中处理复杂情况的例子。[91]最后，这些执行主管还认为管理者应该了解学术界的创造力。例如，梦工厂会邀请专业学者发表演讲，皮克斯公司则鼓励技术专家举办或者参与学术会议。总之，创造力是一个可以管理的过程，其背后的理念是雇佣和留住优秀人才并让他们在一个积极、支持性的环境中工作。

组织行为学案例研究

错误的决策是 2010 年墨西哥湾漏油事件的起因之一[92]

联邦政府在调查英国石油公司（BP）墨西哥湾漏油事件时，集中精力对错误决策、忽视警告以及 4 月 20 日深水地平线钻井平台发生爆炸的数小时前员工之间的分歧展开了调查，这些都被认为是引发美国历史上最严重的环境灾害事件的导火索。

调查人员整理出的内部文件显示，调查组特别调查了钻井工人为何对钻井即将不受控制而爆炸的信号置之不理。《华尔街日报》也对这些文件发表了看法。文件中列出了钻井内至少 20 种异常现象以及特别引起调查人员注意的平台工人的反应。

报告表明，调查人员还调查了越洋公司（Transocean Ltd）的员工做出的决策及当天 BP

做出的决策，其中，越洋公司是钻井平台的所有者。

从报告中可以看出，调查人员正在研究这两家公司若能更好地合作，灾难是否就能避免这一假设。文件中包含了几个因突发压力的增加而引发两家公司员工之间的矛盾的例子。

列表中的20种异常现象包括一些钻井平台的不正常迹象，其中一些是已经知道的。列表还包括了一些没有遵守井控协议的例子。

有深水钻井经验的行业官员表示，钻井平台上的任何单个问题可能无法引起工作人员的警惕，但是爆炸前深水地平线钻井平台上层出不穷的问题应该足以产生警示作用，工作人员本应试着关闭钻井或者采取其他防范措施来避免潜在的灾难。

11人死于4月的钻井平台爆炸和下沉。

在本周的庭审中，调查组很有可能会询问钻井工人为何在有这么多危险信号的情况下还要继续作业。早期提交给国会调查委员会的资料表明，BP以及越洋公司的工作人员并没有停止作业，而是继续钻井操作，包括移除被称为"钻井泥"的用来控制井内压力的重流体介质。

在爆炸前的数小时，流出的液体多于填入的液体，工作人员是否注意到这一点无法得知，这种现象表明井内压力严重失衡，而且这种失衡可以导致灾难的发生。报告指出，这些迹象持续了数小时，直至钻井平台爆炸，爆炸时间为晚上10点之前。

4月20日中午，爆炸发生的10小时前，在常规测试中管道流出的液体量超出正常范围。

调查组表示，将近下午4点的时候，钻探管承受的压力高于正常水平。这些都是表明工作人员对平台正失去控制的迹象。

因为流出和流入是同时进行的，因此工作人员要了解确切的液体流入量和流出量是非常困难的。调查组对此持批评态度。报告显示"把泥浆抽吸到船上以及盐水抽入钻井孔时，钻井孔中的液体量是很难跟踪的"。

下午5点之前，钻井内管道中的压力意外地增加。BP与越洋公司的管理者对这一现象的理解产生了分歧。报告指出"有些员工回忆称，BP以及越洋公司就钻井平台上的反试验以及工作管柱持不同看法"。

晚上7:10，BP的两名高层在直通钻井平台的出水管道旁进行商讨。已经展开证据收集两个月的调查组表示，两名高层讨论了这种高压情况。调查组还表示，越洋公司的钻井人员对于没有发出警报做出了解释。

越洋公司的员工可能没有意识到这种情况的危险性，也有可能对钻井数据进行了错误的解读，所以可以对该公司进行相关调查。目前大部分的焦点都集中在拥有钻井且雇佣越洋公司开钻的BP。

在这些涉事机构中，BP因为选择了省钱但却带来了附加风险的钻井设计而受到广泛批评。调查组所列的异常现象强调深水地平线出现问题的信号是很容易被忽视的而且这种现象可能会产生致命的后果。

[讨论]

1. 在这个案例中出现了哪种决策模型？

2. 在这个案例中，决策多大程度上受到了决策偏差的影响？找出这些决策偏差。BP和越洋公司采用的决策模型是更接近于理性模型、规范模型还是垃圾桶模型？说出你的理由。

3. 怎样使用循证模型来避免灾难的发生？

4. 你认为什么是这次灾难的主要原因？

5. 从这个案例中可以得到什么重要的启示？解释说明。

法律/道德挑战

你会怎样处理早期的销售报告？[93]

假设你处在本案例中乔纳森（Jonathan）的角色。

乔纳森升职了。他从总部的会计部门提升为现在消费电子产品部门的销售总监。对于这样的进步他感到很兴奋，也想与他的新团队建立良好的关系。然而，在拿到季度销售数据时，乔纳森意识到下一季度的销售数据也出现在这一季度中，而目的是增加奖金数额。销售部管理者的沉默表明这样的事情可能以前也发生过。在处理这一问题时，乔纳森意识到了这种问题的严重性。但这是他第一次与制造问题的人而不是试着解决问题的人共事。

看起来这可能是一个普通的会计问题，但其后果却是非常严重的。

如果你是乔纳森，你会怎么做？

1. 什么都不做。我需要跟我的团队好好相处，而且这是标准的做法。而且，这个问题其实也没有那么严重。

2. 着手处理这个问题，但是会先跟团队的管理者商议。了解这种做法为何一再发生，而且试着杜绝这种做法。

3. 立刻处理问题并杜绝这种做法。如果受到任何阻挠，立刻上报公司总部。

4. 想其他办法。

第13章 冲突管理与谈判

学习目标

学完本章后，你应该能够：

1. 定义冲突，并理解职场冲突的三种隐喻形式。
2. 辨别功能性冲突和功能失调性冲突，讨论人们缘何避免冲突。
3. 列举六种引发冲突的前因条件，并识别冲突的期望结果。
4. 定义人格冲突，并解释管理者应如何处理此类冲突。
5. 讨论内群体思维在群体间冲突情境中扮演的角色，并解释管理者在群体间冲突发生时应如何应对。
6. 讨论如何应对跨文化冲突。
7. 解释管理者如何激发功能性冲突，并识别五种应对冲突的风格。
8. 解释冲突三角的本质及其实践启示，以及由第三方介入冲突的非诉讼解决机制。
9. 阐释分配式谈判和整合式谈判的区别，并讨论增值谈判。

管理者可以太过善良吗?

劳利·毕查（Lowrie Beacham）不喜欢与人发生正面冲突，哪怕有一次他手下的两名员工同时竞争新的健身中心的管理岗位时，他也不愿做出二选一的决定。

“因为没有选择快刀斩乱麻，这件事一直拖了好几年，”他回忆道，“我一直拖着，总是说‘下个月我们再开会讨论它吧’，实际上是想方设法使自己不去面对冲突。”

每当他对下属提出温和的批评，而下属却大为恼怒时，他就转移话题：“你上班很准时，真是太棒了！”他说，“客户说你很难打交道，但这又有什么关系呢?”

结果是他的部门功能失调，他承认，“人们既没规矩，又不明确自己的职责，内讧、牢骚和背后中伤屡见不鲜。”他最终放弃了管理职位。“不再做管理，我终于松了口气，”毕查说。

糟糕的管理者总是倾向于勾画这样一幅场景：人们发出让人血压飙升的尖叫并摔门而去。但是这样的情形并非常态。更普遍却更具危害性的情况是，管理者绝口不提批判性的意见，即使是员工确实需要它。这样做的危害是尽管暂时避开了不愉快的谈话，却没有把不好的事情及时制止在萌芽状态。充当一时的老好人，长远来看实则无情，因为这样做不能帮助员工提高，使他们日后必然失败。如果不承认问题的存在，就更别提能解决它了。[1]

你怎么处理以下情形？

设想你叫安妮（Annie），是电商平台亚马逊的产品经理。今天你在办公室隔间吃午饭时，办公室离你不远的软件项目经理劳拉（Laura）问能不能同你说几句话。你对劳拉不了解，有关她工作习惯的传言也好坏参半。尽管还在为能否在周五截止日期之前完成手头的工作而发愁，你仍招呼她进来。

劳拉打开了话匣子，一股脑儿诉说起她与汉斯（Hans）在新项目合作上的不愉快。汉斯是公认的顶级软件项目经理，但劳拉觉得他脾气太差而且不善与人合作。劳拉曾看到你同汉斯在自助餐厅和停车场谈话，便认为你和他是朋友。你向劳拉解释说你跟汉斯虽然工作上相处愉快，但他并不是真正意义上的朋友。然而劳拉听不进去。“你能帮我向汉斯讲清楚这事吗?”她问道，“项目必须进行下去。”

“为什么这样的事发生在我身上？还偏偏是在这个节骨眼上!”你边把目光从劳拉身上收回，边把办公椅转回到自己的桌边问自己。

写下你自己对此类屡见不鲜的冲突情景的解决办法，并把它们放到一边。我们在本章后面会讨论你提出的解决办法。与此同时，我们需要认识冲突，因为正如本章开篇案例里所展示的那样，在一个组织里，冲突过多或过少都会是问题，而在两者间取得平衡则像在走钢丝。在讨论完现代观念中的冲突及三种主要的冲突类型后，我们将学习如何分别以参与者身份及第三方角色来管理冲突。而后我们将讨论与冲突相关的另一主题，即谈判。本章的最后将讨论如何从权变的视角来进行冲突管理和谈判。

13.1 现代观念下的冲突

毋庸置疑，只要有组织就会有冲突。下面这些主流趋势使组织中的冲突成为必然：

- 永不止息的变革。
- 背景更加多样化的员工。
- 更多团队（虚拟团队及自我管理团队）。
- 面对面交流减少（越来越多的人使用电子设备交流）。
- 经济全球化及跨文化交易的增加。

香港岭南大学的系主任乔斯弗德（Tjosvold）曾写道：“变革诱发冲突，冲突引起变革”[2]，提醒我们冷静地以全球性视角不断进取：

为使我们自身、家庭和我们所在的组织在变革中抓住契机成长，我们应把学习冲突管理的技能看作一项关键投入。有效地管理冲突既不会使我们与变革绝缘，也不能确保我们永远拔得头筹，如愿以偿。然而，有效的冲突管理将有助于我们了解新进展，并在面临新的挑战与机遇时制定最佳解决方案。

不少证据表明，处理冲突失当，面对变革不能有效应对是我们经常面临的问题。居高不下的离婚率、令人沮丧的猥亵或虐待儿童案件、数不尽的国际合资企业失败案例以及血腥的种族暴力很容易使人产生错觉，误认为我们没有能力解决复杂的人际冲突、组织内部矛盾及国际纷争。[3]

然而我们必须采取行动。工具和解决方案切实存在，问题在于我们是否有意愿、有能力不断使它们发挥作用。主动管理冲突，还是被冲突挟制，选择权在我们手中。

在详尽研究了有关冲突的文献后，对于**冲突**（**conflict**）的定义，我们可以达成这样的共识："冲突是一方知觉到自身利益正受到他人反对或负面影响的过程。"[4] "知觉"一词提醒我们冲突或问题的诱因既可能是真实存在，也可能是仅存于脑海中的想象。由此导致的冲突也一样，随时间变化既能加剧，也可减轻。"冲突的过程总在一定情境下展开，不论冲突是否加剧，每当它发生时，冲突方或第三方总能找到一些方法来管理冲突。"[5]因此，管理者或将要成为管理者的人需要明了冲突的动态，并知晓（作为当事人或第三方）如何有效把控局面。一份调查问卷有力证明了上述问题的重要性——该问卷问雇员，他们认为管理者的新年计划应该是什么，票数最高的回答是"更快速地处理职场冲突"。[6]

13.1.1 冲突语言：隐喻及意义

之所以说冲突是个复杂的议题，原因主要有以下几个方面。[7]首先是冲突往往夹杂着不少情绪内容。对失去或变化的恐惧往往会使情绪对冲突的影响激增。此外，冲突的重要性也各不相同。冲突中既有当事人，也有旁观者；有些旁观者更感兴趣，也更积极，有些则不以为意，更加被动。由于情境与个人的参与程度不一样，"冲突"一词的含义也千差万别。在下面的三个例子中，请思考冲突在其中的隐喻及它们在工作环境中的表达：

- 冲突就像战争："我们把那个主意毙掉了。"
- 冲突就像机遇："我们如何解决这一争议？"
- 冲突就像旅程："让我们寻找共同点，一起学习些有用的东西吧。"[8]

任何将冲突看作战争或竞赛的人都会要不计一切得胜，扫清对手。举例来说，唐纳德·特朗普（ Donald Trump）曾说："在生活中，有人参加战斗，也有人避开它们。有人获胜，也有人失败。我不仅是个斗士，而且还是个胜者。"[9]与之相对，那些把冲突看作机遇或旅程的人往往更积极，思想开放，而且更具建设性。在充满敌意的世界中，类似打仗的那种好斗，具有毁灭性的思维模式往往占上风。但在日常工作场所中，冲突并非战争。因此在处理组织内部冲突时，我们要尽力少提及战争隐喻的字眼，多用具有机遇或旅程意味的言辞。比方说，销售瑜伽装备的露露柠檬公司（Lululemon Athletica）的CEO克莉丝汀·戴依（Christine Day）这样建议："你跟你的同事可以在如何达到目标这一点上有分歧，但要确保你们的目标一致。"[10]在冲突情境中，我们说话需要仔细斟酌。

冲突专家肯尼斯·克罗克（Kenneth Cloke）和胡安·高德史密斯（Joan Goldsmith）在解释上述三个隐喻时提出了颇具启发性的观点：

> 冲突是培养同理心及增进你与对手亲密度的良好时机。愤怒使“那个人”在你眼中变成刻板的怪物或恶棍。同理，过度的防卫心理会阻碍你与对手的开放交流，对他们的话充耳不闻。然而，一旦你与对手展开对话，你就能重新认识到他们是立体且独具个性的人，就如同你在对话中向他们展示你自身一样。
>
> 进一步来讲，诚恳地直面冲突有助于个人成长与完善，并使你变得更明事理。失控的愤怒、防卫心理和羞耻之心则会扼杀这些可能性。人人都希望克服问题并寻求妥善的解决方案，而不是被困难打败。事实上，缘于愤怒的胜利长远来看终将导致失败。被打败的人抽身离开时感到背叛和困惑，这些情绪在遇到其他冲突时仍将困扰他们。
>
> 换一个角度，我们可以将冲突视为一个学习机会，让我们了解问题症结所在及如何处理问题。解决方案有效与否取决于你对问题的理解程度，而后者则由你倾听问题的能力决定；要像认真听老师讲课一样认真研究问题症结，然后才有可能更好地终止形势不断恶化并伺机改进。[11]

简言之，无论是冲突管理还是谈判，双赢总是优于一赢一输。

13.1.2 冲突连续体

管理冲突这一理念在 20 世纪经历了有趣的演变。起初，诸如泰勒等科学管理专家相信任何冲突都将威胁到管理系统的权威，因此人们需要竭力避免冲突，或至少将之扼杀于萌芽状态。后来，人际关系学者发现冲突不可避免，建议管理者学会忍受它。然而此时所强调的仍是尽量解决冲突。20 世纪 70 年代早期，组织行为学专家意识到，由于本质不同，强度各异，冲突的结果有好有坏。伴随着这种看法，一个颇具革命性的观点开始为人所知——冲突太少将不利于组织。图 13-1 显示了冲突强度与结果的关系。

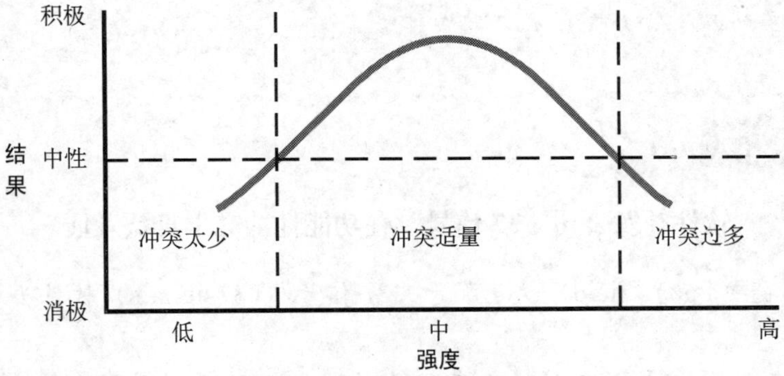

图 13-1 冲突强度与结果的关系

资料来源：From L D Brown, *Managing Conflict at Organizational Interfaces*, 1st ed. Copyright © 1983. Reproduced by permission of Pearson Education, Upper Saddle River, NJ.

缺少冲突的工作群体、部门或是组织往往气氛冷淡、创造力不足、犹豫不决，以及做事拖拉。过多的冲突会导致内讧、不满、糟糕的团队合作及人员流失，从而损害组织的整体运作。比如最近的一次调查中，1/3 的雇员所经历过的发生在工作环境中的霸凌就是一种有害的冲突。[12]同样出现在工作环境中的攻击性和暴力也是过度冲突的表现。[13]类型和等级恰当的冲突会激发员工的活力，具有建设性。

13.1.3 功能性冲突和功能失调性冲突

功能性冲突（functional conflict）和**功能失调性冲突（dysfunctional conflict）**最大的差别在于组织利益是否得到满足。如一位冲突专家所言：

> 某些类型的冲突有利于组织目标的实现及效率的提升；这样的冲突便是功能性和建设性的。它们对组织实现其主要目标有利，或是起到支持作用。除此之外，那些妨碍组织运转的冲突，则是功能失调性或破坏性冲突。这些冲突令人不快，管理者应该尽力根除它们。[14]

在管理层中，功能性冲突通常被称作建设性冲突或合作性冲突。用我们上文讨论过的冲突语言来理解，功能性冲突的当事人抱着双赢的态度去解决问题，寻求共同点（详见相关的“真实世界/真实人物”专栏）。组织心理学家凯莉·舒格威茨（Kerry Sulkowicz）在谈到功能性冲突时对挑衅与果断做出如下区分：

> 与我共事过的最优秀的 CEO 们知道如何施加压力，表达拒绝，以及在必要时开展或赢得下一场战斗。这意味着不需要团队协作了吗？事实上，合作与对抗并非水火不容。挑衅有时是一种个体赖以生存的机制。与之相比，果断是更有自信和自我肯定的一面，更容易被社会接受，也能够有效地团结那些站在“我们一边”的人。
>
> 果断在各类场合中都有其必要性，例如谈判合同、拒绝糟糕的工作成果、批判一项战略，乃至解雇（或捍卫）一名雇员。尽管如此，仍然有人会尽其所能逃避冲突。
>
> 尽管听上去有些奇怪，但要点在于设身处地理解冲突另一方。为此，我们需要整合有用的事实，弃绝主观印象，提出你的疑议和替代方法，给出评论时对事不对人。要知道一旦你贬低对方的人格，对方便绝无可能听进你说的任何话。切勿自以为是，也不要在占上风时洋洋自得。没人喜欢得了便宜还卖乖的人。[15]

真实世界/真实人物

软件开发公司“37 信号”在功能性冲突中日益发展

杰森·费尔德（Jason Field）是芝加哥“37 信号”（37signals）软件公司联合创始人，他说：

“我们这群在“37 信号”工作的人都很固执……无论是对外界（比如我们的博客更新、会议发言、面谈或其他），还是对同事。而且由于我们半虚拟的工作环境，以及大家分布在 12 个城市这一客观事实，我们无法通过肢体语言去传达讨论中的微妙之处。因为不能面对面交流，我们没办法通过微笑或眼神暗示‘你懂我的意思’来杜绝冲突。

“正因为如此我们也学会了该如何管理冲突。冲突当然可能会令人沮丧，但冲突管理则是件好事——因为它孕育了思想交流。当人们深入发掘，为自己的立场辩护时，他们对问题的理解也会加深。只要人们为实在的想法，而非自己的虚荣心争辩，他们就可以学到很多。”

在这种对抗性的环境中，你会觉得舒服吗？

资料来源：J Fried，“I Know You Are，But What Am I?” *Inc*，July-August 2010，p. 39.

13.1.4　人们为何逃避冲突

遇到冲突时你会感到不舒服吗？你会想尽办法避免冲突吗？如果你的答案是肯定的，请记住并不是只有你一个人这样想。人们逃避冲突的原因有好有坏。蒂姆·乌瑟尼（Tim Ursiny）在他寓教于乐的著作《胆小鬼的冲突指南》（*The Coward's Guide to Conflict*）中提出，人们之所以逃避冲突，是因为对以下情绪混合体感到害怕：“危害”“拒绝”“关系破裂”“愤怒”“被看作自私自利”“说错话”“失败”“伤害他人”“获取所希望的”“亲密”。[16]除了“获取所希望的”这一项，这个清单直接明了。对此乌瑟尼的解释是，有些人由于个人缘故，感到自己不值得或是害怕成功所带来的结果，或是两者兼有。[17]考虑到本书的目标，我们只需对自身的恐惧有清楚的了解，并练习克服它们。阅读、理解本章内容，并将所学付诸实践就是朝正确方向的积极努力。

回顾本章开篇的案例

你像劳利·毕查一样是个逃避冲突的人吗？如果是，原因是什么？又该怎样改进呢？

13.1.5　冲突前因

某些情境比其他情境更容易引发冲突。通过辨识冲突的前因，管理者能够更有效地预知冲突，并在冲突恶化时采取应对手段。可能会引发功能性冲突或功能失调性冲突的情境包括：

- 不可调和的人格或价值体系。
- 重叠或界限不明确的工作职责。
- 部门或群体间竞争。
- 争夺有限资源。
- 沟通不足。
- 依赖于他人的任务（例如一个人完成自己任务的前提是其他人完成他们的任务）。
- 组织的复杂性（层级数量和特定任务越多，冲突数量越可能增加）。
- 不合理或不清晰的政策、准则或规定。
- 不合理的截止日期或极端的时间压力。
- 集体决策制定（越多人参与到决策制定中，发生冲突的可能性越大）。
- 通过达成共识做出决策。
- 未能按预期达成目标（对工作任务、薪酬或升职有不切实际预期的员工更容易陷入冲突）。

- 未得到妥善处理或被压抑的冲突。[18]

积极的管理者会细心辨识出这些冲突前因并采取适当的应对措施。

回顾本章开篇的案例

在开篇案例中，哪些冲突前因导致了冲突的发生？这些前因之间有什么因果联系？

13.1.6 冲突的期望结果

在组织中，冲突管理远非寻求一致意见那么简单。如果想要取得进展，减少功能失调性冲突，就需要有一个全面的日程。乔斯弗德提出的协作型冲突模型提倡三种理想的冲突结果：

1. 协定。但代价是什么呢？平等公正的协定再好不过。如果协定让其中一方感到被利用或挫败，就会埋下怨恨的种子并引发新一轮冲突。

2. 更强的关系。好的协定有助于冲突当事人建立起善意和信任的桥梁，为未来打下基础。更重要的是，如果冲突双方相互信任，他们将更有可能信守诺言。

3. 学习。功能性冲突会提高人的自我意识及创造性解决问题的能力。恰似管理能力，处理冲突的能力只有在实践中锻炼才能提高。从本章中学到的概念和技巧是必要的第一步，但亲身实践不可替代。冲突随处可见，优化冲突结果的机会也绝不鲜见。[19]

教育改革就是个很好的例子。如近期的新闻标题所示，学校董事会及行政人员、教师联合会和家长几方常常陷入冲突，受损失的最终是学生。佛罗里达州的希尔伯县学区是全美第八大学区，包括周边的坦巴及圣彼得堡两地。该学区应对冲突的故事为我们提供了一个让人耳目一新并颇具启发性的案例。你能在下面的情形中辨别出三种理想的冲突结果吗？

近年来，在教师联合会和管理层的共同努力下，上课日的课时延长至 8 小时。表现最突出的教师得到了更高的薪酬，教学上遇到困难的教师也有机会参加一个综合性培训项目。此外，双方制定了一套严格的教师评估系统，将学生成绩、校长评估及校外同行评议均纳入考量。[20]

13.2 冲突的分类

正如前文强调的，某些特定的冲突前因需要仔细研究。本节将探究三种基本的冲突：人格冲突、群体间冲突及跨文化冲突，我们将着重讨论它们的本质以及对组织的影响，并针对每一种冲突类型给出一些实用建议与应对技巧。

13.2.1 人格冲突

本书第 2 章在谈论多样性时提到了人格这一话题。此外，请回顾第 5 章所介绍的大五人格。重述一遍，人格即稳定的个体特质及特征的总和，它塑造了个体独特的身份。人格研究领域的专家指出：

> 每个人与他人互动的方式都有自己的特点。我们在别人眼中是颇具魅力还是招人厌烦，迷人还是平庸，平易近人还是令人生畏，都在一定程度上取决于我们的人格。或者换一种说法，取决于我们的行事风格。[21]

千变万化的人格特征的组合方式使人格冲突的存在成为必然。我们将**人格冲突**（**personality conflict**）定义为基于个体厌恶、分歧或不同行事风格的人际对抗。举例来说，想象一下数据存储设备及服务行业的翘楚易安信公司（EMC Corporation）受到了高管人格冲突的威胁。麦克·路特格斯（Mike C. Ruttgers）是这家位于马萨诸塞州的公司的执行总裁，他在2001年1月曾主动将CEO位置让给约瑟夫·图兹（Joseph M. Tucci），那时他掌管公司已有9年。根据2002年初的一场商业发布会的报道，当时的情况是这样的：

> ［根据易安信前员工的说法］图兹想要加快动作削减开支、完成并购、推出新软件。然而路特格斯及易安信却放缓了变革的速度。路特格斯尽管计划淡出日常事务，但仍然继续参加周会回顾企业运作……
>
> 无论是个人做派还是管理风格，销售出身的图兹与早先在易安信主管企业运营的路特格斯都截然不同。图兹喜欢建立个人关系，而路特格斯冷淡离群。与路特格斯相比，图兹更愿意迅速做出艰难决策。易安信负责全球销售的高级副总裁比尔·斯坎内尔（Bill Scannell）说，当他征求意见时，图兹会立刻给出回答，而路特格斯往往会再三思考。图兹经常表扬并感谢他的手下，而路特格斯却曾向一位前主管表示，说“谢谢”是软弱的标志。[22]

无论怎么看，图兹的处境都很尴尬，相互冲突的人格只能让事情变得更糟。事情后来怎么样了呢？2006年，易安信的新产品大受市场追捧，由此也证明了图兹的战略和个人风格的益处。[23]好人也算有了好报！

■ 职场无礼行为：人格冲突的种子

类似身体病痛，长期的人格冲突往往始于看似无关紧要的令人恼火的无礼行为。两位组织行为学的研究者对于这一问题及其后果给出了下面这个劝诫性质的概述：

> 无礼行为，或员工的缺乏对他人尊重的行为，以微妙的和蔓延的方式给组织带来了昂贵的代价。尽管不文明行为经常发生，但很多组织没有尽早发现它们，更多的组织没能意识到无礼行为的危害。大部分管理者和高层也缺乏应对的手段。在过去8年间，我们利用面试、焦点小组、问卷调查、试验和执行主管论坛等方式对美国和加拿大的2 400人进行了调查，我们发现无礼行为导致受害人、目击者和其他利害相关者以侵害组织价值观和消耗组织资源的方式行事。因为在职场经历了无礼行为，许多员工的工作努力、工作时间、生产率和绩效都出现下降。当无礼行为没有被遏制时，员工的工作满意度和组织忠诚度也出现下降。有些员工甚至因为这种微妙的偏差行为而选择辞职。[24]

当代组织文化高度重视尊重员工，因此无礼行为的恶性循环需要被避免或尽早制止。这要求管理者和领导者成为有礼貌行为的模范。与否定论和挑衅相对的积极的合作精神也有利于纠正职场无礼行为。

● 在2007年的一项调查中，"38%的女性说她们上一年在办公室听到了性暗示、讥讽或挖苦，这一数据上升了22%……男性比女性更容易听到各类毫无品位或质疑的评论。比如说，相对于24%的女性而言，44%的男性说他们听到了种族歧视的话。"[25]

● 2008年对11 251名成年人的调查中，86%的人对下面的问题选择了是："你是否与一个或多个令人讨厌的同事共事？"[26]

有些组织借助职场礼仪培训来解决这一问题。特别地，建设性的反馈或有技巧的行为塑造能够抑制单个令人恼火的行为恶化为全面的人格冲突（甚至更糟）。[27]另一种正在发展中的有希望的阻止职场无礼行为的技巧称为**"冥思日"（day of contemplation）**，指的是"给缺乏工作奉献精神的员工放一天带薪假让他利用这个机会好好思考自己对工作的承诺"。[28]这个策略也称为"决策假"，并不是阻止正式惩戒过程的一部分，也不是传统上的无薪停职。冥思日每个员工只有一次机会，以帮助他重新回到工作的正轨上来。

■ 应对人格冲突

人格冲突对管理者而言是个潜在的雷区。让我们先梳理一下相关知识点。人格特质稳定且不容易改变。而且，根据美国精神病学会（APA）的《精神疾病诊断与统计手册》(*Diagnostic and Statistical Manual of Mental Disorders*)，有410种心理障碍可能而且的确在职场出现。[29]这就带来了很多的法律问题。在美国，心理障碍的员工（如压抑和患有情绪调整类疾病如酗酒等的员工）受到《美国残疾人法案》的保护，不得对他们加以歧视（其他国家也有类似立法）。[30]而且，性骚扰和其他类型的职场歧视都不在人格冲突之列。最后，人格冲突能带来职场挑衅行为和暴力的大量滋生。

传统上，管理者应对员工人格冲突时要么选择忽视，要么把冲突的一方调离。如上所述，基于法律上的考虑，上述做法都很有可能让管理者惹上歧视诉讼官司。表13－1列举了一些应对人格冲突的实用建议，帮助管理者和非管理者在卷入或受到人格冲突影响时更好应对。我们将在后面几节讨论的如何应对功能失调性冲突和非诉讼解决机制技巧也适用于人格冲突。

表13－1　如何应对人格冲突

卷入人格冲突的员工小贴士	观察到人格冲突的第三方小贴士	下属卷入人格冲突的管理者小贴士
● 与对方直接沟通以解决感知冲突（强调问题解决和共同目标，而非人格差异）。 ● 避免将其他同事牵扯到冲突中。 ● 如果功能失调性冲突持续，向直接上司或人力资源专家求助。	● 在别人的人格冲突中不要选边站。 ● 以建设性和积极的方式提议冲突双方自行解决冲突。 ● 如果功能失调性冲突持续，向冲突双方的直接上级汇报。	● 调查和记录冲突。 ● 如果合适的话，采取正确行动（如反馈或行为塑造）。 ● 如有必要，采用非正式冲突解决办法。 ● 如果冲突难以解决，咨询人力资源专家或受雇于公司的顾问以寻求正式解决方案或其他干预措施。

注意：所有员工都需要熟悉和遵循公司多样化、反歧视和性骚扰政策。

13.2.2 群体间冲突

工作群体、团队和不同部门间的冲突在组织中很常见，常常给组织的竞争力带来威胁。比如说，当迈克尔·沃克玛（Michael Volkema）就任赫曼米勒家具公司（Herman Miller）的CEO一职后，他发现公司关注的焦点放在了组织内部，而且各个部门之间为了争夺预算竞争激烈。通过强调合作和把公司的关注点转到组织外部，沃克玛控制了这家创建于密歇根的家具制造商的群体间冲突。[31]理解了群体间冲突产生机制的管理者能够更好地应对这种类型的冲突。

■ 内群体思维：群体间冲突的起因

如在前面章节讨论过的那样，凝聚力，即一种“我们的感觉”，把群体里的人团结在一起。但是凝聚力有积极作用也有消极作用。适度的凝聚力能够帮助把个体凝聚成顺畅运行的团队，过强的凝聚力会让群体成员因渴望彼此融洽相处而摒弃批判性思维，容易导致群体思维。一小群研究者对内群体思维的研究发现，随着凝聚力增强，群体中也随之发生系列变化：

- 内群体成员视自己的小群体为独特个体的组合，而刻板地将自身以外的其他群体成员视为“都一样。”
- 内群体成员以积极眼光看待自己，认为自己道德正确，而将其他群体成员视为消极的和不道德的。
- 内群体成员视外部人为威胁。
- 内群体成员往往夸大自己群体与别的群体之间的差别。这种夸大背后通常是对真实情况的扭曲知觉。[32]

狂热的体育迷就是不能理解为什么有人会支持对手的球队，这就是内群体思维的一个典型例子。而且，内群体思维伴生的行为是种族中心主义在群体中的一种表现（我们在第4章跨文化障碍中讨论过种族中心主义）。花点时间想想你曾经历过的内群体行为。你的朋友圈是否因为他人的种族、性别、国籍、宗教、政治信仰、性取向、体重甚至大学专业而取笑他人呢？（见相关的“真实世界/真实人物”专栏。）

内群体思维是组织生活中的一种真实存在，内群体思维一定会带来冲突。即使管理者没有办法根除这种思维模式，他们在应对群体间冲突时也绝不应该忽视内群体思维。

真实世界/真实人物

美国已经变成了无礼行为之国了吗？

如果你觉得在高度宗教化的美国，一批熟知圣经的虔诚的信徒会让政治世界反映出高尚的价值观，那你就错了。

如果说美国人对政治有一个共同观点的话，那就是对喧哗的选举战、政策和权力的虚假游戏的厌恶。说真相？严肃点？谦卑？哈！彬彬有礼？别傻了……

令人难过的是，政客之间刻薄的话语和卑鄙的做法使得那些选出来的人基本上不可能很好地完成手头工作和治理国家。权力通道两边的人满脑子想的都是如何在政治上获得加分和怎样用修辞挖苦对方。这就是为什么时事评论员托马斯·弗里德曼（Thomas Friedman）把美国国家权力称为失败：“我们的政治体制没有能够把大家团结到一起，即使是在危机时期，以做出保持美国在21世纪繁荣所需的政治反应。”

你是问题的一部分还是解决方案的一部分？我们如何改善事态？

资料来源：Excerpted from T Krattenmaker，“In God - Fearing USA，Where Is the Decency?” *USA Today*，October 25，2010，p. 11A.

■ 应对群体间冲突的研究启示

社会学家一直推荐在减少群体间冲突时应用接触假说。接触假说的中心思想是不同群体成员接触越多，他们就会体验到越少的群体间冲突。那些致力于提高种族、国际和工会-管理层关系的人一般会鼓励跨群体互动。这样做的目的是任何类型的群体间互动（除冲突以外），都将克服刻板印象和减少内群体思维。但是现有研究对此仅提供了不一致的支持。对515项不同研究的元分析的确支持接触假说：更多的群体间接触与更少的歧视相关。[33]。一项对一所位于中西部的美国大学健康中心的83名员工（83%为女性）的实地研究探讨了群体间关系的实质。该研究发现：

> 消极关系的数量与更高的群体间冲突知觉相关。因此，看起来消极关系能明显压制可能存在的群体间友谊的积极影响。[34]

正如许多研究发现的那样，群体间接触和友谊仍是有利的。[35]但是它们的正面影响很容易被消极群体接触所压制。因此，面临群体间冲突的管理者的首要任务是识别和找出群体间特定消极关系的根源。比如说，一个简单的人格冲突可能负面影响整体的群体间互动。根源也可能是一位经常对另一群体提出消极观点或散布消极谣言的员工。图13－2是一个最新的基于现有研究的群体间互动模型。该模型能帮助群体更好地培养对其他群体的积极态度。而且，要注意的是，如果要最小化群体间冲突，模型中显示的群体内冲突和第三方消极谣言都是需要处理的潜在威胁。[36]

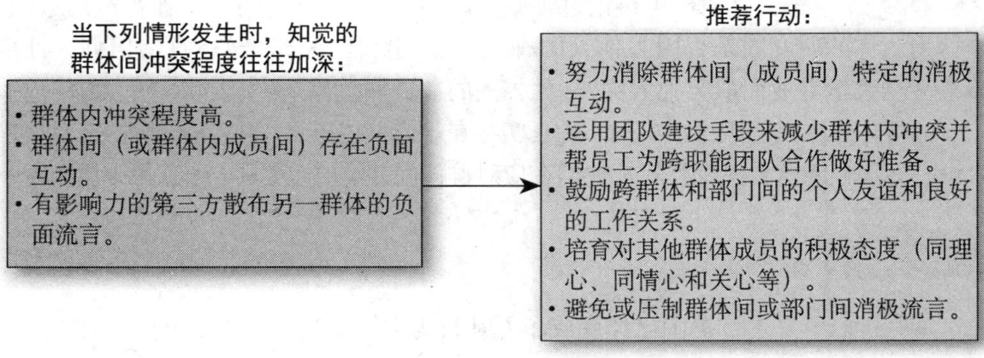

图13－2 更新的最小化群体间冲突的接触模型

资料来源：Based on research evidence in G Labianca，D J Brass，and B Gray，“Social Networks and Perceptions of Intergroup Conflict：The Role of Negative Relationships and Third Parties，” *Academy of Management Journal*，February 1998，pp. 55－67；C D Batson et al.，“Empathy and Attitudes：Can Feeling for a Member of a Stigmatized Group Improve Feelings toward the Group?” *Journal of Personality and Social Psychology*，January 1997，pp. 105－18；and S C Wright et al.，“The Extended Contact Effect：Knowledge of Cross - Group Friendships and Prejudice，” *Journal of Personality and Social Psychology*，July 1997，pp. 73－90.

13.2.3 跨文化冲突

在当今的全球经济中，与来自不同文化的人做生意变得很常见，甚至跨国并购、设立合资企业和建立跨国同盟都已经司空见惯。[37] 因为对如何思考和行动有着不同的文化假定，来自不同文化背景的人可能会经历巨大的潜在的跨文化冲突。[38] 当跨文化进行商业活动时，其成功或是失败往往取决于能否避免或最小化实际或知觉到的冲突。比如考虑下面例子中体现出来的文化不匹配：

> 墨西哥人很注重面子，所以他们通常希望协商时碰到的问题都能够得到低调处理或者不大肆张扬。然而美国人普遍认为，冲突应当得到正面且公开的解决来避免不愉快的情绪转化成个人之间的敌意。[39]

这并非一个谁对谁错的问题，而是该如何适应文化的不匹配以取得商业成功。认识到第 4 章讨论过的 GLOBE 项目的跨文化维度是重要的第一步。刻板印象需要被识别并被抑制。然后，跨文化冲突可以通过聘用国际顾问以及建设跨文化关系的方式进行调节。

■ 国际顾问

面对市场需求，出现了越来越多的专门从事跨文化关系构建的管理咨询师，他们也成为跨文化顾问。当然，这些顾问的能力和收费大相径庭。但是精挑细选的跨文化顾问能在很多方面对组织大有裨益，如下面例子所示：

> 当电子产品制造商佳能计划通过其荷兰分部在迪拜设立一个分公司时，它邀请了位于迪拜的 Glocom 公司的咨询师沙赫德 · 米尔扎（Sahid Mirza）帮助找出佳能文化如何与当地文化融合成功。
>
> 米尔扎发出很多调查问卷并得到了一个不错的响应率。“结果在某种程度上令人吃惊，”他回忆说，“我们发现，在基本层次上，佳能日本文化与迪拜文化之间几乎没有差别。许多阿拉伯商人来自之前的英国殖民地，他们做生意的方式与荷兰人差不多。”
>
> 但是在行为层面就存在真正的冲突。“荷兰人表达时坦率诚实，但这样的表达方式对于敏感的阿拉伯人而言非常无礼。”……根据米尔扎的研究结果，佳能在先对荷兰和阿拉伯的行政主管进行培训之后才创办了迪拜分公司。[40]

国际顾问也可以帮助化解植根于不同国家文化的可能的人格和群体间冲突。注意：尽管我们前面对三种基本类型的冲突分开进行了讨论，事实上这些冲突在现实生活中往往混杂在一起。

■ 构建跨文化关系以避免功能失调性冲突

罗莎莉 · 董（Rosalie L. Tung）对 409 名从美国和加拿大跨国公司外派至别国人员的研究非常具有启示意义。[41] 她调查的目的在于识别为这些分布于 51 个不同国家的外派人员（14%为女性）带来成功的因素。按照调查结果，促进这些外派人员与东道国同事互动的九类方法按照用途从大到小排列如表 13 - 2 所示。其中好的倾听技巧被列为第一位，紧接着的是对他人和合作而非竞争性的敏感性。有趣的是，美国管理者的文化特征正好相反：他们往往不是好的倾听者，也常常对别人的感受不敏感地直言不讳。美国管理者也常常过度强调竞争。有些管理者在应对跨文化冲突时可能需要在他们要做的事情的清单上加入自我管理和文化智力两项。[42]

表 13-2　建立跨文化关系的途径

行为	排序
成为好的倾听者	1
对他人需求敏感	2（并列）
合作而非过度竞争	2（并列）
倡导包容性（参与性）关系	3
妥协而非支配	4
通过对话建立良好关系	5
富有同情心和理解力	6
通过强调和谐避免冲突	7
通过发展和指导培养他人	8

资料来源：Adapted from R L Tung, "American Expatriates Abroad: From Neophytes to Cosmopolitans," *Journal of World Business*, Summer 1998, table 6, p. 136 © 1998, with permission from Elsevier.

13.3 管理冲突

如同我们已知的那样，冲突有多种形式，对于有责任实现组织目标的管理者而言，冲突代表着一种持续的挑战。我们现在把注意力转移到积极管理功能性冲突和功能失调性冲突上。我们将讨论如何激发功能性冲突，如何应对功能失调性冲突，以及第三方如何能有效地处理冲突。我们也将讨论相关的研究发现。

13.3.1 激发功能性冲突

有些时候，委员会或其他决策制定群体对细节和过程过于吹毛求疵以至于未能制定有用的决策。这时，严密监控的功能性冲突能够帮助产生创新思想，推动整个决策过程重新运转。一般而言，管理者有两个选择：他们可以为自然产生的冲突煽风点火，但这种方法往往不可靠，过程也很漫长；另一种选择是管理者可以运用**计划性冲突（programmed conflict）**。[43]冲突专家将计划性冲突定义为"不必顾忌管理者个人感受而带来不同观点的冲突类型"。[44]关键是让群体成员对提出的观点进行辩护或批评。这种辩护或批评是基于相关事实，而非个人偏好或政治利益做出的。这就要求纪律严明的角色扮演。两种已被证明起作用的计划性冲突是故意唱反调角色和辩证法。下面我们逐一介绍这两种激发功能性冲突的方法。

■ 故意唱反调角色

这种方法得名于罗马天主教会的一种传统做法。当某人被推荐为圣徒候选人时，确保此人的过往记录绝对没有污点十分必要。因此，教会需要指派一人担任故意唱反调角色以发掘和提出任何对圣徒候选人的反对意见。仿照这一做法，当代组织中的**故**

意唱反调角色（devil’s advocacy）包括指定某人为批评者的角色。[45]回忆第 10 章中欧文·詹尼斯曾推荐群体中指派一人担任唱反调角色来防止群体思维。

注意在图 13－3 的左边部分，故意唱反调角色如何改变第 2 步和第 3 步中的常见决策制定过程。这种计划性冲突的目的是产生批判性思维与现实检验。[46]一个好办法是让群体成员轮流担任故意唱反调角色，以便没有人会因此而得到一个消极的名声。而且，轮流担任此角色对成员而言也是一种提升分析和沟通技能与情绪智力的好方法。

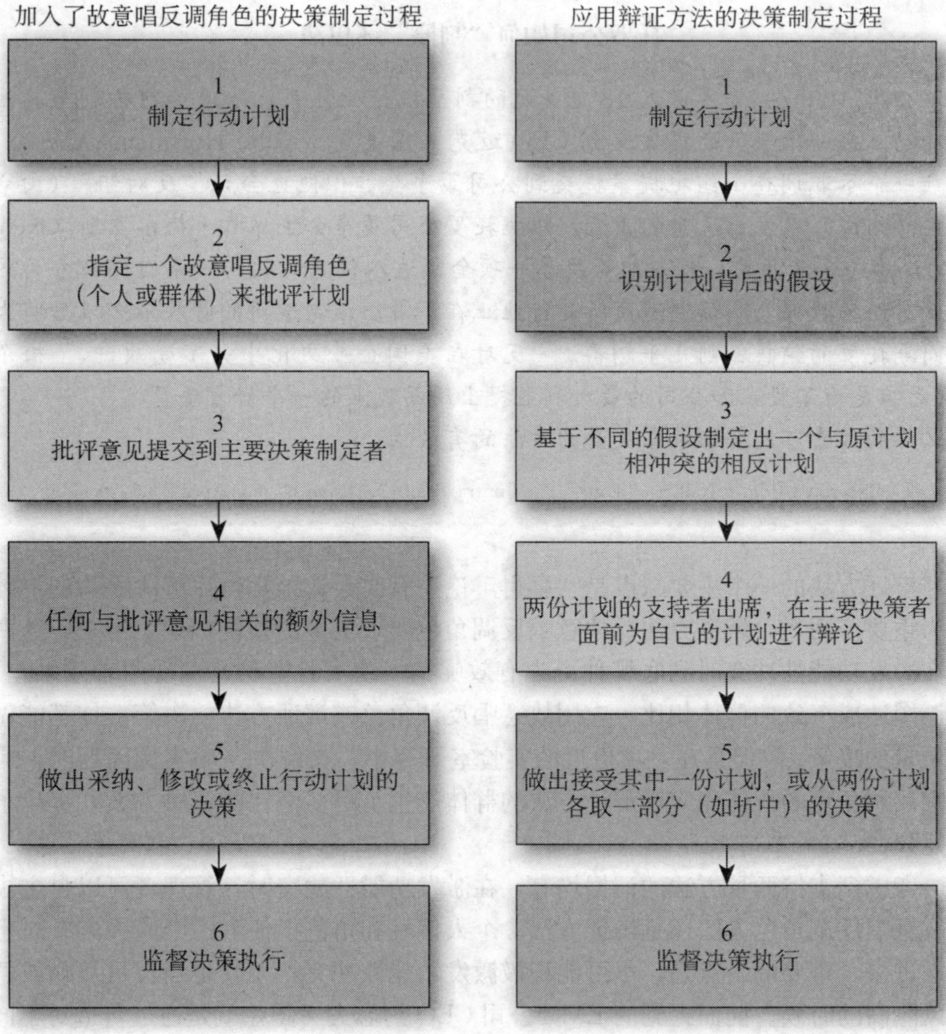

图 13－3　激发功能性冲突技巧：故意唱反调角色和辩证方法

资料来源：From R A Cosier and C R Schwenk，“Agreement and Thinking Alike：Ingredients for Poor Decisions，” *Academy of Management Executive*，February 1990，pp. 72 － 73. Copyright © 1990 by The Academy of Management. Reproduced by permission of The Academy of Management via Copyright Clearance Center.

■ 辩证方法

与故意唱反调角色相似，辩证方法也是一种历史悠久的做法。辩证方法在计划性冲突中的应用可以追溯到古希腊辩证哲学学派时期。柏拉图和他的学生们尝试着通过思考反对者的观点（称为正题和反题）来更好地探求真理。美国和其他地方的法院系统也直接依赖对立观点来决定有罪或无罪。相应地，今天的**辩证方法**（**dialectic method**）要求管理者在做出决策之前让对立观点双方进行结构化的辩论。[47]图 13-3 的右边部分的第 3 步和第 4 步把辩证方法与正常决策过程分开。相关的“真实世界/真实人物”专栏为辩证方法在组织管理中的应用提供了一个很好的实例。

真实世界/真实人物

托罗公司如何“割掉”坏想法

托罗公司（Toro）是年收入 18 亿美元的割草机行业巨头，知道如何抑制与其他公司合并的冲动。每一次兼并的提案交到 CEO 迈克·霍夫曼（Mike Hoffman）的办公桌上，他都会让一个尽职调查小组把提案提交到公司董事会。但他也会让“反对组”（由六位副总裁和主管组成）来发出反对的声音。根据托罗公司董事会主席肯·梅尔罗斯（Ken Melrose）的说法……几年前，反对组否决了一项金额达八位数的收购一家自诩扭亏为盈的制造商。反对组的数据表明该制造商所处行业正在下滑。该制造商的营收不久以后将大幅下滑，而同期托罗的销售额则几乎翻番。“反对在美国企业文化中并不受欢迎，”梅尔罗斯说，“反对组是为了股东和公司的最大利益提出反面观点的一个好方法。”

什么样的因素可能会影响霍夫曼的方法的有效性？

资料来源：Excerpted from P Kaihla，“Toro：The Contra Team,” *Business 2.0*，April 2006，p. 83.

辩证方法的一个主要缺点是“赢得辩论”有时会让人觉得比解决手头的群体问题更为重要。而且，辩证方法比故意唱反调角色要求更多的技能训练。但是，这两种方法在激发功能性冲突时到底哪种更为有效呢？一项实验室研究发现两者效果差不多。与试图达成一致的群体相比，应用故意唱反调角色或辩证方法的决策群体都能做出更高质量的决策。[48]但是在一项更近的实验室研究中，在解决一项实例问题时，应用故意唱反调角色的群体比应用辩证方法的群体产生了更多潜在的解决方案并提出了更好的建议。[49]

考虑到支持两种方法的证据均有，在激发功能性冲突时，管理者可以自主决定选择故意唱反调角色方法还是辩证方法。个人偏好和角色担任者的经验因素有时也应该考虑进去。重要的一点是，尽可能积极激发功能性冲突，尤其是当盲目从众或群体思维风险高的时候。前面提到的 EMC 公司 CEO 约瑟夫·图兹就是通过营造对不同意见的支持性氛围来培育功能性冲突：

> 好的领导者总是给辩论和不同意见留出空间……
>
> 团队必须要和谐。但是在你离开会议室之前，必须进行一场辩论。领导力不是权利，你必须努力赢得领导力……
>
> 每家公司都要有一种健康的妄想狂氛围。CEO 的工作就是确保这种氛围不会越界，同时又能给系统带来一点紧张。你需要在正确的场合做正确的事。[50]

这些观点与两项实验室研究相一致。那两项研究发现了少数异议的程度与团队创新正相关。但这种正相关的前提是应用参与性决策制定方法。[51]

回顾本章开篇的案例

劳利·毕查应该如何应用计划性冲突的方法来把他的员工对批评性反馈的抵制转变为功能性冲突呢？

13.3.2　功能失调性冲突的不同应对风格

人们往往以模式化的方法应对消极冲突，我们把这些应对模式称为风格。在过去这些年中，研究人员识别了几类不同的冲突应对风格。其中，冲突专家阿夫札勒·拉希姆（Afzalur Rahim）构建了一个用 2×2 网格描述的五类应对冲突风格模型。其中横轴表示关心自己的高低程度，纵轴表示关心他人的高低程度（如图 13－4 所示）。这些变量的不同组合衍生出五种不同的应对冲突风格：整合、取悦、支配、逃避和妥协。[52] 五种风格中并没有哪种风格绝对最好，每一种都有优点和缺点，因此具体使用哪种风格取决于特定的情境。

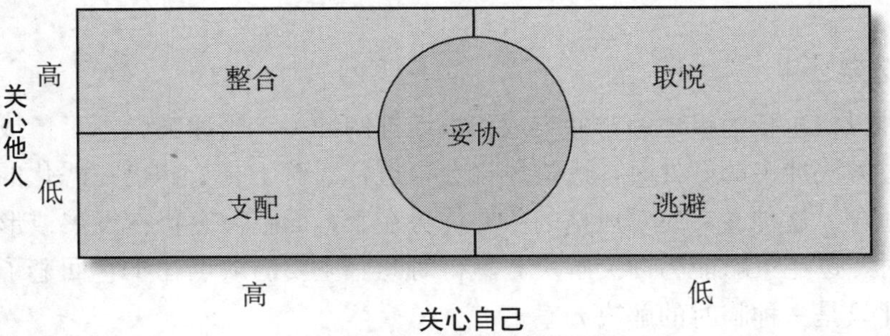

图 13－4　五种应对冲突风格

资料来源：From M Afzalur Rahim, "A Strategy for Managing Conflict in Complex Organizations," *Human Relations*, January 1985, p. 84. Copyright © 1985, The Tavistock Institute.

■ 整合（解决问题）

在这种风格中，冲突相关方直面问题并共同找出症结所在，提出并权衡不同应对方案，共同选择最终解决方案。[53] 在面对由于误解引发的复杂冲突时，整合应对风格会很有用。但是，当冲突源自不同价值观时，整合风格就不那么适用了。因为整合风格主要针对冲突的深层次症结入手，而非仅仅着眼于冲突症状，所以整合风格的主要优势在于它有更为持久的影响力。它的主要缺点在于解决冲突会很耗时。

■ 取悦（平滑）

"试图取悦别人的个体会通过牺牲自己的利益来满足冲突另一方的利益。"[54] 这种风格往往也被称为"平滑"，包括通过强调共同利益等方法来减少分歧。当最终自身也能得到一些回报时，取悦风格可能是一种合适的应对冲突的策略。但是对于复杂或仍在恶化的冲突而言，取悦风格就不那么适用了。取悦风格最大的优势在于它往往能鼓励冲突双方合作[55]；最大的缺点在于因为没有触及问题的深层次原因，所以取悦风格往往只是一种临时的解决问题的办法。

■ 支配（强迫）

高度关心自身和低度关心对方促使有些个体在冲突中采用“我赢，你输”的策略。冲突另一方的需求在很大程度上被忽视。这种冲突应对风格往往也被称作强迫，因为它往往采取正式权威来强迫冲突一方服从。当一个不受欢迎的解决方案必须被执行、冲突规模不大、截止日期就要到来或危机就要出现时，支配风格就是合适的。但是在一个开放和参与性的组织氛围中，应用支配型风格往往会很尴尬。支配风格的主要优势是速度。主要的缺点是强迫接受往往会引起怨恨。有趣的是，美国女性和警务中心（National Center for Women and Policing）引用支配型应对冲突风格以支持其雇佣更多女性的决策：

> 女性在规模比较大的警察部门雇员总数中约占12.7%。但是警员被证实为合法使用武器的案例中女性警员仅占2%……这些数据支持了警务中心的结论。即女性擅长谈判和沟通技能（而非使用暴力），因此警察部门应该雇佣更多的女性警员。[56]

■ 逃避

这种风格包括消极地逃避冲突或积极地抑制冲突。当冲突微不足道或应对冲突的成本超过解决冲突的好处时，逃避风格会很适合。对于复杂和仍在恶化的冲突，逃避策略更适合。这种冲突应对风格的主要优势在于，面临冲突仍在发展或形势比较模糊的情况时，逃避策略能为冲突解决方赢得时间。主要的缺点在于它回避了深层次的问题，因此只是一种临时的解决方案。

■ 妥协

这是一种“给并取”的风格。其对自身和他人的关注度都为中等。当冲突方目标相反或力量均衡时，妥协风格就可能更合适。但是当过度使用会导致无果行动时（如会错过重要的截止日期），妥协风格就不太适合。妥协风格的主要优势在于应用这种策略不会带来牢骚满腹的输家。但妥协风格也是一种临时解决方案，有可能会扼杀解决问题的创新方案。

13.3.3 第三方干预

如果世界是完美的，那么大家都会积极地避免冲突，当冲突实际发生时，人们也会正面地、积极地协力解决冲突。继续做一会儿白日梦吧。现实生活中很多的冲突双方都是组织政治动物，我们往往会发现自己作为一个不情愿（通常也没有准备好）的第三方卷入别人的冲突。因此对冲突三角和冲突的非诉讼解决机制有一定的了解就变得很必要，这是本节的重点，对于有效管理当今组织也很重要。

■ 冲突三角

还记得本章开头的亚马逊网站的经理安妮女士吗？她排得满满的日程被同事劳拉的冲突情境的故事所打断。劳拉想让安妮帮助她解决自己工作中的冲突。这个情境就是一个典型的冲突三角。**冲突三角**（**conflict triangle**）指“当两个人遇到问题时，不是彼此间直接解决面临的问题，而是其中一人去找来第三方共同卷入问题中的情况”。[57]如同我们将在第 15 章简要谈到的组织政治的问题，因为人多力量大，所以员工往往会形成政治联盟。在安妮的案例中，劳拉采用了一种不是那么巧妙的方式试图拉拢安妮共同对付她的对手汉斯。而且，劳拉把安妮当成自己被压抑的沮丧的发泄口。这在当今的职场很常见，同时也是非常具有破坏性的一种情况。问题是，怎么应对这种情况呢？

冲突专家指出，卷入冲突三角的个体可以有多种选项。图 13-5 显示了反应如何会带来功能性冲突或功能失调性冲突。选项 1 和选项 2 是优选项，又称为“去三角化”，指的是第三方用一种直接和积极的方式把冲突方的精力向他们彼此引导。重要的是，第三方在选项 1 和选项 2 中应避免成为任何一方的政治同盟。选项 3～8 可以被视为朝着反生产三角化方向越走越远的一个斜坡。而且，随着第三方从选项 3 开始往下选，会引发多种政治和道德争议。

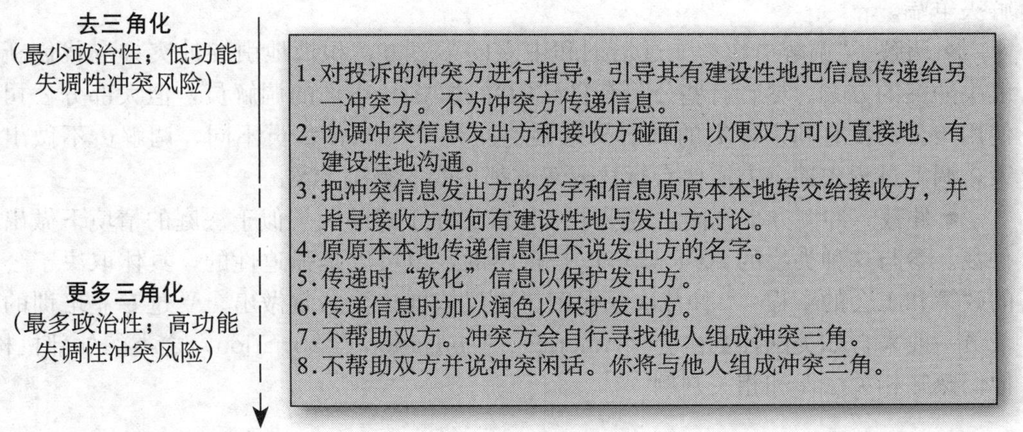

图 13-5 应对冲突三角的第三方干预

资料来源：List of options excerpted from P Ruzich，“Triangles：Tools for Untangling Interpersonal Messes，” *HR Magazine*，July 1999，p. 134.

■ 非诉讼解决机制

员工之间的争端、员工与雇主之间的争端或公司间的争端通常以漫长和代价高昂的法庭诉讼结束。比如，在讨论不正当解雇诉讼案数量的稳步上升时，一位商业作家引用了下面这些数据：“公司在面临涉及商业道德的诉讼时想要庭外和解至少得花 10 万美元，如果案子送到了陪审团那里，费用就飙升到至少 30 万美元，而且往往更多。”[58]**非诉讼解决机制**（**alternative dispute resolution，ADR**）作为一种更有建设性，同时也更省钱的冲突解决办法近年来越来越流行。[59]实际上，一栏广受欢迎的名叫《人民法庭》（People's Court）的电视节目向大众展示了正式的司法体制之外的这种诉讼解决机制。该节目也是 ADR 流行的一个证据。某位作家也把 ADR 称为“DIY 正义”。[60]按照加拿大劳动法律师的说法，ADR“用更快、更冲突方友好的办法解决争端，而不是传统的对抗性的方法解决争端（如单方面决策或诉讼）”。[61]下面这些 ADR 技术代表了冲突第三方可以采用的一系列解决组织冲突的步骤。[62]这些步骤按照从最容易、最省钱到最难和最昂贵的顺序排列。越来越多的组织制定了正式的ADR政策，这些政策往往包括下列ADR技术的不同组合：

- 促进。第三方，通常是某位管理者，非正式地用一种积极的和建设性的方式督促冲突方直接解决冲突。这可以是前面提到的去三角化的一种形式。
- 协调。中立的第三方在冲突方之间作为一个非正式的沟通渠道起作用。当冲突方拒绝彼此见面时，协调的方式很有用。协调的近期目标是建立直接沟通，更远期一些的目标是在冲突方之间找到共同点并制定建设性的解决方案。
- 同侪评议。挑出由可信度高、相信能保持中立的同事组成的一个小组。小组举行非正式和秘密的会议，会上冲突双方各自陈述自己的理由。根据公司的ADR政策，评议小组的决策可能有也可能没有约束力。评议小组成员通常在员工中轮换。
- 申诉专员。一位广受尊敬和信任的员工可以担任申诉专员。申诉专员在保密的基础上听取冲突方的申诉然后试图达成一项解决方案。这种方法在欧洲和北美更常见，帮助冲突方或其他当事人从组织上层获得帮助，同时不需要依靠正式组织权威来解决争端。
- 调解。“调解员作为受过培训和中立的第三方，积极地引导冲突方寻找创新的解决冲突的方案。尽管有些公司有自己的受过ADR培训的调解员，但大部分公司都使用与公司没有利害冲突的调解员来调解冲突。”[63]与仲裁员不同，调解员不做出决策，调解过程中冲突方需要自行达成双方都接受的解决方案。
- 仲裁。冲突方事先同意接受中立仲裁员在正式的、类似于法庭的情境下做出的仲裁。参与这种类型的ADR既可以是自愿的，也可以是强迫性的，具体取决于公司的政策和工会的章程。[64]仲裁决议保密。决议依据法律条款做出。受过专业培训的仲裁员一般来自如美国仲裁协会（American Arbitration Association）之类的外部机构，他们熟知相关法律和相关判例。[65]

13.3.4 冲突研究的实践启示

大学生参与的实验室环境下的组织冲突研究得出了如下结论：

- 具有高归属需要的个体往往更青睐取悦的应对冲突风格，同时避免支配风格。[66]因此，人格特质影响人们应对冲突的方式。
- 用傲慢和有损人格的方式表达的异议比用合理方式表达的同样异议会带来更显著的负面效果。[67]换句话说，你表达异议的方式在冲突的情境中非常重要。
- 异议的一方表现出的威胁和惩罚性行为往往引发另一方更为强烈的威胁和惩罚性行为。[68]简言之，挑衅行为会带来更多挑衅行为。
- 随着冲突的增加，群体满意度下降。在应对冲突时整合风格可比避免风格带来更高的群体满意度。[69]
- 最近一项有252位MBA学员（27%为女性）参加的研究中，学员们被分为65个自我管理团队。该研究凸显了采取主动方式（相对于被动方式）解决冲突的重要性。每组一个学期内的四门核心课程的40%的成绩都以小组的形式给出。研究者发现，越成功的团队越主动：“通过突出问题和在冲突发生之前提出解决方案，这些团队在做与群体资源（时间、成员技能、材料等）相关的决策时考虑到了每个队员的利益。”[70]那些没有那么成功的团队往往被动做决策，且决策是往后看而不是往前看。

看来老话说的“预防为主，治疗为辅”也适用于功能失调性冲突的情境。

● 制定有强制性或约束性仲裁政策的公司在它们没有相关政策的同行公司眼中得分更低。[71]显然，强制性或约束性仲裁政策会让一部分不喜欢被逼着做某事的求职者望而却步。

一些由管理者和真实组织参加的实地研究得出了以下结论：

● 随着目标难度和目标清晰程度增加，部门间和部门内的冲突水平下降。也就是说，具有挑战性和清晰的目标能抑制冲突。

● 更严重的冲突往往降低工作满意度和内在工作动机。[72]

● 处于同一管理级别的男性和女性往往以相同的方式应对冲突。简言之，应对冲突时没有性别差异。[73]

● 对一个公立学校系统的案例研究发现，冲突在组织内部移动。[74]因此，管理者需要警觉的是冲突可能在组织中某处起源，然后在其他地方变得明显。应对冲突时应该从源头入手，才可能更为长久地解决冲突。

● 研究发现，当日本、德国和美国管理者被置于同样的冲突情境中时，他们应对冲突的风格不同。日本和德国管理者并不像美国同行一样热衷于整合各方的利益。日本管理者往往向上汇报以寻求指导，而德国管理者则更受制于规则和制度。在跨文化冲突解决情境中，没有发现最佳冲突解决策略。在启动解决冲突程序之前，需要考虑特定文化的冲突应对偏好。[75]

下面我们将从冲突转向谈判。请暂时放下书本，想想你如何能在日常生活中更好地应对冲突，想想如何能做到双赢。史蒂芬·柯维（Stephen Covey）是畅销书《高效能人士的七个习惯》（*The 7 Habits of Highly Effective People*）的作者。他最近提出了如下建议：

> 来到谈判桌前的谈判方往往提出截然不同的解决方案。双方差距巨大。所以我常常建议双方拿出第三种方案，一种与各自之前制定的不同的方案。这第三种方案应该帮助双方至少都能达成一点自己的想法。[76]

13.4 谈　判

谈判（**negotiation**）的正式定义是包含相互依赖、偏好不同的各参与方的一种取与舍的决策制定过程。[77]常见的谈判例子有劳动力与管理层就工资、工时和工作条件的谈判，或供应链专家和供应商就价格、交货时间和信用证条款的谈判。工作范围重叠的自我管理工作团队也需要靠谈判达成一致意见。谈判技巧在当今社会比以前任何时代都更为重要[78]。实际上，在一项最近的由 18 个国家 3 600 名员工参加的调查中，52%的受访者对下面的问题选了“是”：“你曾经要求过或进行过涨工资的谈判吗？”[79]

13.4.1　两种基本谈判类型

谈判专家区分了两种基本的谈判类型：分配式谈判和整合式谈判。理解这两种谈判类型要求改变传统的固定大饼（资源不变且有限）的思维模式：

分配式谈判往往围绕一个简单问题展开——固定大饼。其背后的逻辑是我得到的就是你失去的。比如在集市中为买一块地毯与卖家讨价还价就是一个分配式谈判。但是在大部分冲突中，涉及的问题往往不止一个，冲突方对每个问题看重的程度也不一样。因此结果可能不再是在所有的当事方中间分配一张饼。有一种谈判方法可以让冲突方得到比分配式谈判达成更好的协议，这就是整合式谈判。

但是，谈判方往往不能发现这种有益的谈判方法。因为彼此都假定自己的利益直接与对方的利益相悖。“对我们有利的东西一定对对方不利”是一种常见但却不幸的视角。我们称这种思维模式为虚构的固定大饼。[80]

分配式谈判涉及传统的输赢思维模式。而整合式谈判则呼吁一种双赢的策略。[81]在一项合资企业实验室研究中，与没有受过培训的团队相比，受过整合式策略培训的团队在谈判中与对手都取得了更好的结果。[82]在与亚洲、拉丁美洲及中东文化背景下的人谈判时，来自北美的谈判者往往更容易短期导向，而且也不是很好的关系构建者。[83]图13-6展示了增值谈判技巧。简单而言，增值谈判技巧是一种克服了上述缺点的整合式谈判策略。

	单独地	共同地
第一步：阐明利益	·识别有形和无形需求	·讨论各自需求 ·找到谈判双方的共同点
第二步：识别选项	·识别价值元素（包括房产、金钱、行为、权利、风险等）	·通过讨论各自的价值元素构建一个价值市场
第三步：设计备选谈判方案	·用不同的可行组合方案来混合和匹配价值元素 ·思考多种方案	·交换一揽子方案
第四步：选择一项方案	·分析对方提出的一揽子方案	·讨论并选择可行的一揽子方案 ·从创新性协议的视角思考
第五步：改进方案		·讨论未解决问题 ·起草书面协议 ·为将来谈判建立良好关系

图13-6 整合式方法：增值谈判

资料来源：From K Albrecht and S Albrecht, “Added Value Negotiating,” *Training*, April 1993, pp. 26-29. Used with permission of Nielsen Business Media.

与此同时，耐心和毅力在谈判中都是必不可少的。一名谈判专家指出，至少要800小时的练习才能使人成为一个谈判高手。[84]另一位谈判专家推荐在谈判前做好准备工作："谈判的黄金法则：信息就是力量——去收集信息吧！"[85]

13.4.2　谈判中的道德缺陷

研究人员发现，整合式谈判（如增值谈判）的成功在很大程度上取决于交换的信息的质量。[86]表 13－3 中列举了撒谎、欺骗和其他潜在的不道德谈判策略。这些策略会侵蚀信任和善意，而信任和善意对双赢的谈判来说至关重要。[87]要记住这些肮脏的把戏会让善意的谈判方被不公平地利用。[88]不道德的谈判策略应该被禁止并写进组织的道德守则中。

表 13－3　谈判中的有争议/不道德策略

策略	描述/说明/范围
撒谎	谎言范围可能包括限制、备选方案、意图、权限、其他承诺、对对方提议的可接受性、时间压力和手头现有资源等。
夸大	夸大的范围可能包括将给对手带来的收益、备选方案、自身准备放弃的利益、将给对方带来的好处、事情的重要性、产品或服务的属性等。
欺骗	行动或话语可能带有许诺或威胁的、过度的初始要求、错误的数据或要求一个不想要的让步。
削弱对手	谈判者可能否定或削弱对手的一些备选方案、为自己的行为责怪对方、使用第三人的话语来针对对方或贬损对方的同盟等。
强化自己地位	这个策略包括构建自身资源，包括专家知识、资金或同盟。此策略也包括向对方或第三方（如公众、媒体等）出具有说服力的证据或得到授权等。
不披露	包括部分披露事实、不披露隐藏事实、不纠正对方的知觉错误或无知，或向对方隐藏自身的立场或情况。
信息利用	利用对方提供的信息来针对其弱点，否决其备选方案，提出新的要求或削弱其同盟。
改变主意	包括接受原先宣称不会接受的提议、改变要求、取消已答应的提议、发出说过不会采取的威胁或不按照预测的那样行动。
干扰	干扰范围很大：可以包括提供过量信息给对方、问许多问题、回避问题或掩盖问题；也可以采用复杂的形式干扰，包括在某方面故意示弱以吸引对方注意力。
最大化	包括要求对方牺牲自我来满足自己的要求，往往把双赢局面弄成输赢局面。

资料来源：Reprinted from H J Reitz，J A Wall Jr，and M S Love，"Ethics in Negotiation：Oil and Water or Good Lubrication?" *Business Horizons*，May-June 1998，p. 6 © 1998，with permission from Elsevier.

13.4.3　谈判研究的实践启示

对谈判的实验室研究和实地研究得出了以下结论：

● 抱有固定大饼期望的谈判者往往获得不令人满意的共同结果，因为这类谈判者限制信息并对信息管理不当。[89]

● 对 62 项研究的元分析发现女性比男性在谈判中稍微更倾向于合作。但是当面对对方针锋相对的谈判策略时，女性谈判者比男性表现出更显著的竞争性。[90]

● 人格特点会影响谈判成功。在大五人格维度中外向性和宜人性上得分高的谈判者往往在分配式谈判（固定大饼，输或赢）中表现不佳。[91]

- 好和坏的心情也可能分别会对谈判者的计划和结果产生正面或负面的影响。[92]因此当你想要谈加工资时，最好等到你和老板心情都很好的时候。
- 与没有运用特殊策略的谈判方相比，那些接受过目标设定和问题解决培训的个体在谈判中往往能与对手就争议话题进行更令人满意和乐观的对话。[93]实践启示：没有很好的准备不要去谈判。
- 对日本人之间、美国人之间以及日本人和美国人之间谈判的研究发现，跨文化谈判的生产性联合成果比同一文化类谈判的相关成果要更差。[94]对谈判对手的了解不够使跨文化谈判比国内谈判要难得多。

13.5 冲突管理与谈判：权变视角

有三方面的现实因素决定组织应该如何处理冲突问题。第一，因为多种前因的存在，组织中各式各样的冲突是不可避免的。第二，过少的冲突与过多的冲突一样都有可能对组织不利。第三，没有一个万能的避免或解决冲突的最佳方式。因此，冲突管理专家建议以权变的视角来应对管理冲突。管理者需要关注冲突的前因以及冲突的本身。

若有迹象表明冲突过少是员工冷漠或缺乏创造力所致，那么管理者就应该激活功能性冲突。可以通过培育合适的冲突前因或运用故意唱反调角色与辩证方法等计划性冲突技巧来促进功能性冲突。相反，如果冲突朝功能失调性方向转变，管理者就应该运用适当的冲突应对策略来消除功能失调性冲突。包括角色扮演等在内的真实情境训练可以帮助管理者练习和熟悉不同冲突应对策略。

管理者可以应用近期研究的四项启示来避免过度卷入其中：（1）树立清晰的有挑战性的目标；（2）以建设性和合理的方式来表达不同意见；（3）避免卷入冲突三角；（4）避免掉入挑衅带来更多挑衅的恶性循环之中。

第三方的介入在冲突方不愿意或不能达成解决方案或进行整合式谈判的情况下是有必要的。整合式或增值式谈判对于群体间或组织间冲突最为适用；关键是让冲突方放弃传统的固定大饼的思维和零和博弈的想法。而且，哈佛国际谈判项目的创始人和领导者丹尼尔·夏皮罗（Daniel Shapiro）建议谈判者在谈判过程中不必回避情绪或情绪问题。因为理性虽然对谈判很重要，但仅有理性并不够。下面是一些谈判过程中需要注意的核心情绪因素：

- 赞赏：承认对方的思想、感受和行为有可取之处。
- 友好：像对待同事一样对待谈判方，而不是把他们当作需要保持距离的对手。
- 自主：尊重对方自主做出重要决策的自由。
- 地位：认可对方的身份，而不是视之为低人一等。
- 角色：用一种令人满意的方式解释你的角色和行为。[95]

细想一下，这些其实也是让我们在日常生活中能与人融洽相处的建议。

组织行为学案例研究

惠特尼·约翰逊（Whitney Johnson）："我失去了友谊，还有让我心疼的一大笔钱。"[96]

我乐于倾听——并资助——他人的梦想。不幸的是，我第一次投资菜鸟梦想的冒险活生生变成了一场噩梦。

几年前，一个朋友带着她创办一本杂志的创意找到我。我认为她对女性生活方式领域的一个话题持有很好的见解，而且这一话题并未被充分讨论过。我除了投入资金，还说服我的丈夫为这家初创杂志担任首席运营官。

当我们协商股权结构的时候，我过于公平了。一个企业家朋友刚刚目睹了当自己的企业投资人提高公司估价后，他的股权被严重稀释。他的经历在我脑海中清晰浮现，所以我决定不像那些投资人一样。因此，尽管我（在资产和无抵押贷款中）明显投入了更多的资金，我丈夫也对公司努力做出很多贡献，我们仍同意成为权利有限的小股东。如果创业成功，我们得不到多少好处；但如果失败了，我们损失的要多得多。回头想来，真是很天真。

当我们逐渐从构思进入执行阶段，我请另外一个朋友在项目中担任重要角色。她反复告诉我：你需要把商业计划讲得更清楚，尤其是决策过程方面。但是我没有采纳。我指出了用发现驱动策划这一方法的重要性，并且告诉她“我们会解决的”。因为我和我丈夫是运营资金的提供者，我有傲慢的资本。

我们开始时非常顺利：这本杂志被《纽约时报》推荐，在几个月内发行量就达到 10 万份。然而，成功转瞬即逝。由于忽略了起草一份详尽商业计划书的重要性，我们不仅没能找到盈利的途径，也没有制定那些使我们能够做出艰难决策的步骤。谁有权最终决定战略方向、封面设计、预算、印刷数量以及用人？我们经常与合作伙伴发生争执，但是由于我之前任性地同意了管理和股权结构，我和我的丈夫在关键决策中基本没有发言权。

由于我们最初并没有阐明如何运营，暗斗分散了我们的注意力。资金出现了问题，公司从内部瓦解。我和我的丈夫失去了一段友谊，还有让人心疼的一大笔钱。

投资一位企业家很像谈恋爱。起初，我们只看到最好的一面。只有一段时间后毛病和缺点才凸显出来。当然，没有人是完美的。但有时候我们自身的弱点与合伙人的弱点结合起来，就形成了致命的毒药。

说我不后悔是谎话，这次交的学费太过昂贵。这是对我自信心和底线的一次沉重打击。但是，我从中学到了应建立投入的边界和原则，这是无价的。现在，我能更有效地投资于股市和初创公司，以及人们和他们的梦想。

失败物有所值。

[讨论]

1. 本案例中是否功能失调性冲突过多，而功能性冲突不足？请解释。

2. 在本案例中有哪些明显的冲突前因？哪些前因有可能带来了最大的问题？请解释。

3. 惠特尼·约翰逊本可以运用图 13－2 中的哪些最小化群体间冲突策略来改善面临的窘境？请解释。

4. 哪些冲突应对风格会对惠特尼·约翰逊最有帮助？请解释。

5. 本案例中哪一种调解或仲裁的解决冲突办法更适用？请解释解决冲突过程和启示。

6. 如果约翰逊和她丈夫一开始就运用了图 13－6中的增值谈判策略，案例中她遇到的窘境会有所不同吗？请逐步解释。

法律/道德挑战

别打了！

“我工作的公司生产面向儿童的创新产品。公司的两个执行主管正在争吵。他们对着对方大声咆哮，使用脏话，甚至一度相互推搡。我想说的是这两个执行主管可都是顶级的制作人啊。他们这种行为背后的原因是什么？我们作为员工可以做什么吗？我们都被吓坏了，可是老板并没有出面干预。”[97]

这样的情况下怎样做才正确呢？你做出的选择有什么样的道德启示？

1. 这些人可都是斗志昂扬受过严格训练的精英人士啊。吵过之后他们会拍拍身上的灰尘然后继续帮助公司赢得竞争。别妨碍他们就行了。

2. 两个执行主管对公司的积极贡献远远超过他们给公司生产率和士气带来的负面影响。员工应该一起把这事报告给老板并建议矫正措施。

3. 这是明显的人格冲突，这些横行霸道的家伙中的一个必须被解雇，还是公司应该把两个都炒掉？

4. 老板一点头绪都没有，所以需要有人把这事上报到董事会。

5. 找一两位争执的执行主管都尊敬的同事来把他们拉到一边，提醒他们职场无礼行为，以此打破这种功能失调性冲突。这将是一个双赢做法。双方都可以保存颜面，而且公司高层也不必卷入这种冲突。

6. 让我们选一边，一起斗到底，看看到底谁是赢家谁是输家。

7. 提出其他选项并讨论。

第Ⅳ篇　组织过程

第14章 数字时代的沟通

学习目标

学完本章后，你应该能够：

1. 解释沟通知觉过程模型，描述有效沟通障碍。
2. 说明正在改变整体沟通环境的社交媒体的两大主要影响。
3. 比较三种沟通风格：自主型、挑衅型和非自主型。
4. 讨论非言语沟通的主要来源。
5. 回顾五种主要的倾听风格和十个有效倾听的关键。
6. 描述男性和女性语言风格的不同，以及如何提高每个人沟通的有效性。
7. 讨论正式和非正式沟通渠道。
8. 解释媒介选择的权变方法。
9. 描述互联网一代，讨论远程办公的优缺点。
10. 说明提升电子邮件/手机礼仪的实用建议，讨论工作中使用社交媒体的政策。

百思买的CEO布赖恩·邓恩（Brian Dunn）如何习惯使用社交媒体？

几年前，百思买的首席营销官让我开始使用社交媒体。他当时是为数不多的意识到文化正在转型的人。百思买有18万员工，其中大多数为24岁或者更年轻，因此许多员工当时都在使用MySpace或其他社交网站。我问他应该怎么控制这个局面，他的回答是：你无法控制，你只能融入其中。

很快，我开始每晚10点在脸书上跟我的员工和消费者说话。当时，我感到很不安。因为把在商店看到的事情发到网上，我就把自己暴露在大家面前。然而，最艰难的是，一旦我决定花时间做这件事，人们就开始断章取义地评价我生活的方方面面。去年，我的推特账户被黑客攻击，其中一条推特竟然说我最近性生活非常频繁。

我感到被侵犯了，但这并没有磨灭我对社交媒体的热情。我同时也得到了很多教训。只需要在社交媒体上花5分钟或10分钟，我就能很清楚地了解店铺里发生的事情。但是，当我在网上见到谁有问题时，我就希望伸出援手，亲自把问题解决掉。我曾经帮别人解决了一个问题，但随后就淹没在其他人的一堆问题里。我把自己当作了一个答案中心，但这并不是我的工作。我们每年跟消费者的互动超过15亿次，而且我们有很棒的帮助消费者的流程。我意识到，我能做的最好的事情就是引导他们获得资源。我的雇员也应该这样做。

我的办公室里有一块大屏幕，上面显示提到我们的所有活动。我想知道都发生了什么。我不需要回复所有的活动，但是，我把所有东西都写在我自己的推特和脸书账号上，并且由我亲自发布。我对我在网上说过的话负责，我希望我的员工也是如此。唯一的指南是他们要遵循我们的价值观行事。你可以使用社交媒体，并且习惯它的杂乱无章。我们已经由不适应变为适应。你应该和人们在一起。[1]

现代信息技术正在把我们连接起来，并以前所未有的方式改变我们的生活。从百思买CEO布赖恩·邓恩的经历中，职场上的变化可见一斑。全天候生活在一个数码时代，有优点，有缺点，也有不可预料的后果。因此，我们每个人都要了解其中暗含的沟通过程，以及随着技术的不断发展，沟通所产生的变化。这一点很重要。例如，思考最近的移动网络发展所带来的组织连锁反应。

医疗器械制造商美敦力公司给它的推销员提供了5 000多台iPad。iPad上市那天，美敦力公司买了10台，并把这些存有美敦力产品信息的iPad放在一个心脏会议的展台上。那一天公司大出风头。“我们很快意识到激发销售力量的商业价值。”美敦力公司首席信息官迈克·赫吉斯（Mike Hedges）如是说。[2]

研究沟通非常重要，因为每个管理职能和活动都涉及某种形式的直接或间接沟通。无论是计划、组织、指导还是领导，管理者总是发现自己在彼此沟通或者通过别人进行沟通。这意味着，每个人的沟通技能都影响个人和组织的沟通是否有效。[3]比如，一项研究表明，70%“可避免的医疗事故”是由于员工之间缺乏沟通引发的，特别是在病人护理的交接过程中。[4]一项针对336家公司的员工调查表明，66%的受访者不知晓或不了解他们公司的使命和经营战略，这让他们在工作时难以投入。[5]另据美国管理协会（American Management Associations）2010年关键技能调查结果显示，有效沟通还有很多可提升的空间。该调查询问了2 115名管理人员，“超过一半（51.4%）的人……说他们的员工只具备平均程度的沟通技能（38.1%的人认为高于平均值）”。[6]

本章将帮助你更好地理解管理者应如何提高沟通技能，并且设计出更高效的沟通项目。我们将讨论：（1）沟通过程的基本维度，侧重知觉过程模型、有效沟通障碍以及社交媒体的影响；（2）人际沟通；（3）组织沟通；（4）在数字信息技术时代沟通。

14.1 沟通过程的基本维度和社交媒体影响

沟通（communication）被定义为“发送者和接收者之间信息交换和理解的过程”[7]，了解沟通过程的管理者可以分析自身的沟通模式并设计符合组织需要的沟通项目。本节首先将回顾沟通知觉过程模型，讨论有效沟通的障碍，然后讨论社交媒体如何影响沟通。

14.1.1　沟通知觉过程模型

一直以来，沟通过程都是根据管道模型来描述。这种模型把沟通看作人与人之间传达信息和意义的一个管道。今天，沟通专家批评管道模型是不现实的。管道模型假定人与人之间沟通的是想要表达的意思。如果这种假设是对的，误解就不会存在，也无须担心被误解。我们可以直接说出或写下我们想说的意思，并假定听众或读者准确地了解我们想表达的意思。

我们知道，沟通并不是这样简单或者明确。沟通充满了误解。意识到这一点后，研究者们开始将沟通作为一种社会信息处理的方式（回顾第 7 章的讨论）。在这个过程中，接收者用意识处理信息，并理解对方的信息。这种观点带来沟通知觉模型的发展。这种模型把沟通视作一种接收者在自己的头脑中创造意义的过程。让我们思考这个过程的各组成部分，然后用一个具体例子把各部分整合在一起。

■ 发送者、信息和接收者

发送者是想要沟通信息的人；接收者是信息想要传达给的人、群体或组织。

■ 编码

编码是把想法解译为一种别人能够理解的代码或语言。这构成信息的基础。比如，如果某位教授想给学生布置作业，他必须首先思考想要沟通什么信息。一旦教授在头脑中解决了这个问题，并把它编码为语言或文字，他就需要选择一个媒介以分享这个信息。单词的选择很重要。举例来说，英语有多达 100 万个单词。[8]

■ 选择媒介

管理者有各种各样的媒介可供使用。公司中典型的媒介有面对面谈话、电话、电子邮件、语音信箱和文字信息、视频会议、书面备忘录或信件、照片或图画、直播或虚拟会议、公告栏、电脑输出的信息、社交媒体的互动以及图表等。选择一种合适的媒介受很多因素影响，包括信息的性质、想要达到的目的、观众、与观众的亲近程度、时间限制、个人技能和喜好。

所有媒介都有优缺点。例如，面对面谈话对于沟通重要的或受情绪影响的问题，以及对要求及时的反馈和密集互动的问题很有用。电话方便、快捷，有时私密，但是缺乏非言语信息。尽管书面备忘录或信函耗费时间，但在以下情境是一个很好的媒介：很难跟对方见面；需要保持正式并保留书面记录；不需要面对面互动来加深理解。我们之后还会提到更多关于媒介选择的事。

■ 解码和创造意义

解码发生在接收者接收信息的时候。这是理解信息的过程（参见相关的“真实世界/真实人物”专栏）。回到我们说的教授布置作业的例子，解码应发生在从教授那里接收信息的学生中。

真实世界/真实人物

纳瓦霍语曾是二战中的秘密武器

基思·利特尔（Keith Little）和弗兰克·威勒托（Frank Willetto）知道他们没有多少时间了。

正因为如此，这两位在战争中使用基于纳瓦霍语创造的代码重创日本的二战老兵，提醒全世界他们对战争胜利做出的贡献。

日本从未破解代码（400名纳瓦霍语代码的使用者如是说）。

具有讽刺意味的是，纳瓦霍语帮助他们赢得了战争，并且一些人保留了这种语言。当这些人参加政府办的寄宿学校时，却被禁止说纳瓦霍语。

“原来我每次被抓到说自己的语言时，我就被罚嚼洗衣皂，”威勒托说，“之后他们用我们的语言创造出一种代码。”

然而，威勒托说他并不生气。他想要美国人知道纳瓦霍人贡献了自己的力量，博物馆里会有所展示。

除诅咒的话外，你和朋友们还使用什么单词和词组代码，而你的父母和管理者不太可能理解？为什么每一代人都要发展自己独特的“隐语”？

资料来源：Excerpted from M Bello，“Code Talkers' Legacy Decoded，” *USA Today*，November 11，2010，p. 3A.

与管道模型认为发送者赋予信息意义不同，**沟通知觉模型（perceptual model of communication）**认为接收者赋予信息意义。想要表达的意义可能难以捉摸。思考一名《华尔街日报》记者在中国工作时的跨文化体验的例子。

> 几周前在《华尔街日报》的亚洲总部，我和一位中国同事一起乘电梯。我笑了笑，说：“你好！”她回应说：“你长胖了。”我原本可能会感到惊讶，但是已经有至少三个中国同事说过我长胖了。我可能应该少吃点猪肉馅水饺。在中国，这种同事间亲密的观察并不一定是侮辱。可能只是友好的表示。[9]

这个例子强调了解码和创造意义是如何受文化规范和价值观影响的。

■ 反馈

你有多少次给别人打手机时以为信号忽然中断了呢？这种情境经常发生：“你好，你还在吗？”“你能听到我说话吗？”另外一个人可能回应说：“是的，我能听到你，但是信号断断续续。”这是一个关于反馈的案例；发送者收到接收者的回应。

■ 噪声

噪声（noise）指干扰信息传输和理解的任何东西。它可能影响沟通过程的任何部分。这种噪声的广泛定义包含以下情境：音频受损或有口音、电话连接不良、笔迹难以辨认、影印不清晰、不准确的统计、谎言、背景声音、听力和视力差、发送方和接收方的物理距离远等。图14-1提供了一个沟通的知觉过程的案例。注意意义交换的周期性，即发送者成为接收者，如此循环往复。

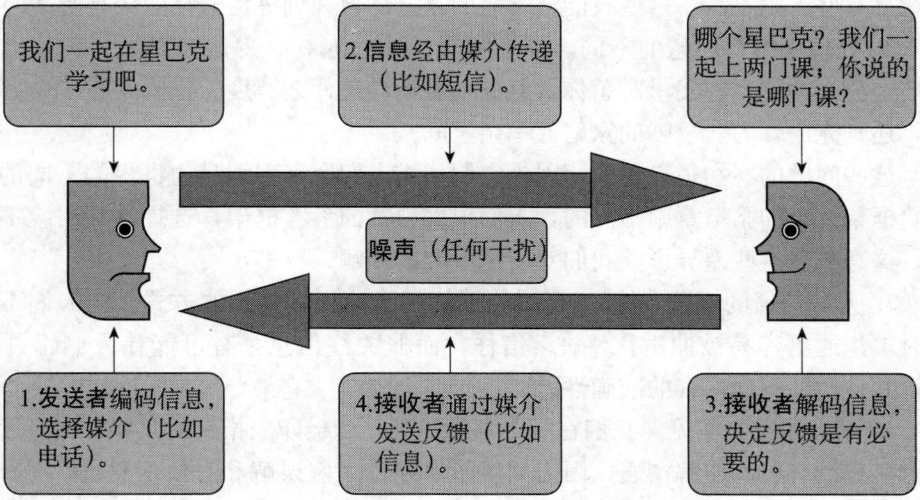

图 14－1　正在进行的沟通过程

14.1.2　有效沟通障碍

有效沟通有两个关键要素。第一，发送者需要准确传递他们想要表达的信息。否则，将无法理解信息。第二，接收者需要同时准确地知觉和理解信息。任何干扰正确地传递和接收信息的东西都是有效沟通的障碍。在沟通中意识到有障碍并且避免障碍，这一点很重要。

实际上，某些障碍本身就是沟通过程的一部分（见表 14－1）。沟通过程中的任何步骤被破坏或中断，沟通都无法继续。更广泛地说，有三种类型的障碍可能会影响沟通有效性：（1）个人障碍；（2）物理障碍；（3）语义障碍。

表 14－1　沟通过程本身的潜在障碍

- 发送者障碍（比如，忘记发送信息，害怕发送信息，延迟发送困难的信息）。
- 编码障碍（比如，语言技能差、贫乏的文字选择或让人费解的信息传递）。
- 媒介障碍（比如，错误的传递、无线设备的电池故障、信号忙、在喧嚣的场所大喊，或者电脑联网失败）。
- 解码障碍（比如，语言技能差，言语和非言语信息的混合信号，未能理解幽默、俚语或专业用语）。
- 接收者障碍（比如，未接收到信息、不想接收信息或对于信息的强烈情感回应）。
- 反馈障碍（比如，愣神儿、缺少言语或书面回应、言语和非言语信息的混合信号）。

■ 个人障碍

你是否曾跟某人沟通时觉得极其困惑？这可能促使你怀疑，“到底是他还是我（让人困惑）？”**个人障碍（personal barriers）**指阻碍沟通的任何个体属性。让我们来看导致错误传达的九类个人障碍。

1. 有效沟通中的不同技能。一些人只是单纯地比其他人能更好地沟通。他们可能掌握一种或多种外语。[10]他们具备说话和倾听的技能、引人注目的手势、改变信息以适应观众的词汇、用简单明了的术语传达概念的书面技能、让他人感觉舒服的社会技能。有些人则不具备这些技能。幸运的是，练习和训练沟通技能会有所帮助。[11]

2. 处理和解释信息的不同。你在哪里长大，农村、郊区还是城市？你上私立学校还是公立学校？你父母对于你做家务和做运动是什么态度？你是来自一个有爱的家庭，还是充满暴力、争吵的家庭或单亲家庭？

这些问题的答案很有关系，因为它们构成人们用来理解身边世界的不同的参考和经验框架。正如第7章中指出的，人们根据独特的参考框架，选择性地回应不同的刺激。这意味着这些差异影响我们对所见所闻的理解。

3. 人际信任的不同。第11章讨论了信任影响人际关系的方式。当人们不相信彼此时，沟通更容易被曲解。[12]缺乏信任，而非关注信息，有可能让人们增强防御心理，并且质疑沟通内容的准确性。

4. 刻板印象和偏见。我们在第7章中提到，刻板印象指针对某些群体过度简化的想法。它们有可能曲解沟通，因为刻板印象导致人们误解和过滤信息。[13]我们所有人都要意识到自身的刻板印象，并且承认它们有可能在潜意识中影响我们发送的信息和我们如何理解接收的信息，这一点很重要。

5. 夸大自我。我们的自我意识，无论是由于骄傲、膨胀的自尊、优秀的能力或傲慢，都可能成为一个主要的沟通障碍。膨胀的自尊可能引发政治战争、圈地战争，以及对权力、信用和资源的过分热衷。自我意识影响我们如何对待他人，以及我们对他人影响的接受程度。如果你曾经在公众场合被嘲笑或被欺负，那么你会知道与自我意识相关的感觉如何影响沟通。

6. 糟糕的倾听技能。学生提几分钟前刚被提过的同一问题，这样的事你经历过几次？在聚会上碰见自我监控力差的人（参见第5章），只谈论她自己而不关心你，这样的事你又经历过几次？这种经历可能让你立马大失所望。当某人没在倾听时，就不可能产生有效的沟通。本章后面会讨论倾听技能。

7. 评价他人信息的自然倾向。在电影院看完最新的电影，你会和别人说什么？“你觉得电影怎么样？”他可能回应说：“电影不错。是我今年看过的最好的电影。”你接着可能会说“我同意”，或者说“我不同意。我睡着了三次”。根据著名心理学家卡尔·罗杰斯（Carl Rogers）的观点，这说明我们都有一个根据自身想法或参考框架评价信息的自然倾向，尤其在我们对某一问题有强烈的感觉时。[14]

8. 无法用理解倾听。用理解倾听发生在以下情境：接收者能够“从对方的观点出发，看到对方想表达的观点和态度，感受他对此的感觉，获得与他所谈之事相关的参考框架”。[15]尝试用理解倾听；这会让你减少防御心，提高知觉信息的准确度。

9. 非言语沟通。当某人的面部表情、手势与信息表达的意图一致时，沟通的准确度就会提高。有趣的是，人们甚至都没有意识到他们的非言语信息。关于沟通的这个重要方面，将在后面详述。

■ 物理障碍：声音、时间、空间及其他

想象站在嘈杂的地方通电话，周围有交通噪声，而且人们在你旁边大声讲话。这些是物理障碍。其他类似障碍包括时区差别、电话线路静电干扰、与他人距离远、电脑死机等。办公室设计是另一个物理障碍。这也是越来越多的公司雇佣专业人员设计

能促进开放互动，同时又提供私人会议空间的办公区域的原因。

■ **语义障碍：当用词很重要时**

你的老板告诉你“我们需要马上完成这个项目”，这是什么意思？“我们”的意思是只有你？你和你的同事？还是你、你的同事和老板？“马上”的意思是今天、明天还是下周？这都是语义障碍的实例。**语义学（semantics）**是对单词的研究。

在当今充满多元文化劳动力的全球经济时代，语义障碍更有可能发生。向国外外包，尤其是向印度外包，加大了其发生的频率。为回应美国消费者的抱怨，印度外包商，比如威普罗公司（Wipro）举办了旨在减少跨文化语义障碍的训练项目：

> 在威普罗公司的美国文化训练课上，学生们辨识印度的刻板印象（迷信、虔诚和乐于助人）和美国的刻板印象（喜爱运动、准时，并没有人们想象的那样懂电脑）。这是为了辨识阻碍良好沟通的浅显印象，以便他们克服。
>
> 这门课回顾了文化或大或小的区别。作为沟通内在化（比如在家庭中）的高语境文化，印度人对美国人而言似乎有些拐弯抹角，而美国人属于沟通更加外化的低语境文化。“如果你想要交谈，并且面对一个低语境文化的人时，”罗杰·乔治（Roger George）老师解释道，“你应该简单、直白，切中要害。”[16]

行话和流行词构成另一类语义障碍。**行话（jargon）**指某一特殊职业、群体和公司使用的语言、首字母缩略词或术语。缩略词的使用随着社会更加技术化、时间压力加大而增加。（比如“CIO 想要 RFP ASAP”的意思是“首席信息官想要尽快看到提案申请”。）流行词指过度使用或风靡一时的单词或短语，它们已成为言语或书面速记的一种形式。（比如，一位经济学家说“考虑所有情境之后，最终的观点是形势缺乏可预见性”的意思是“我不知道将会发生什么”。）你熟悉的单词或短语可能对外人或非专业人员来说很神秘。如果我们想要被清楚地理解，就要选择我们的语言，并且根据接收者的情境和头脑中的参考框架编辑信息。这一点很重要。[17]

14.1.3　社交媒体如何改变沟通

社交媒体，比如第 10 章讨论的脸书、推特、YouTube 视频网站和领英，正在模糊工作中正式和非正式群体的边界。广泛来说，组织沟通和工作生活整体上正在受到社交媒体的巨大改变。比如，“将近 28%的大学生计划用领英找工作，与 2010 年相比增加了 5%。学生们通过浏览网站、阅读脸书和推特更新，以及详细阅读领英简介来了解雇主”。[18]受用户生成内容驱动的社交媒体，其两大影响为：（1）个人即时获取全球范围内未过滤信息；（2）由下向上授权。这两大影响动态交织在一起，下面让我们简单了解一下。

突尼斯和埃及骚乱是社交媒体速度和力量的极好证明。

> 2010 年 12 月 17 日，当局裁定 26 岁的水果和蔬菜商贩穆罕默德·布瓦吉吉（Mohamed Bouazizi）的货车违法，布瓦吉吉随后在西迪布济德省的一个小镇自焚，抗议由此开始。与 2009 年伊朗骚乱相同，关于这一悲惨事件的消息通过推特、博客和其他数字媒介迅速传到全国各地。[19]

在广泛的起义和国际支援的压力下，突尼斯独裁政府倒台。随后，一连串由社交媒体加剧的抗议活动很快推翻了埃及胡斯尼·穆巴拉克（Hosni Mubarak）的高压统治，并引发了阿拉伯世界的呼吁自由抗议浪潮。[20]同时，美国研究生詹姆斯·巴克（James Buck）的经历象征着社交媒体的个人授权力量：

> 埃及警察拘留了巴克，因为他在开罗外的一个城市拍摄了抗议照片。巴克在他的手机推特账户发了一个词“被捕”。巴克的网络文字引起加州大学伯克利分校的工作人员的关注，巴克的被捕最终得到了美国国务院和一名当地律师的干预。巴克 24 小时后就被释放了。[21]

如果社交媒体已强大到在国家层面帮助政权更迭，试想在未来的几年它们将如何重塑工作组织。

■ 管理启示

管理者们承受不起因忽视或低估社交媒体的速度和自下而上的力量所带来的后果（参见相关的“真实世界/真实人物”专栏）。在面对内部和外部的相反潮流时，这样做的管理者往往会猝不及防。内部社交媒体的内容能够为员工的道德问题、人力资源问题（如性骚扰、特权信息泄露、网络和社交媒体滥用、道德过失和蕴藏的不满情绪）提供早期警告。监督外部社交媒体发布的状态能够帮助管理者及时应对消费者的抱怨和反对、出现的竞争威胁以及潜在的法律和公共关系的混乱局面。因此，本章后面将讨论组织的社交媒体政策。

真实世界/真实人物：商业道德

医生们使用社交媒体?

走进任何一间产科/妇科医生的办公室，你都可能看见一个贴满婴儿照片的巨型公告栏。

但是，得克萨斯州欧文市的产科/妇科诊室的医生们用 21 世纪的方式展示可爱的孩子。他们的患者可以把照片发布在麦克阿瑟（MacArthur）产科/妇科的脸书网页上，医生们也在上面发布有关他们诊室和整个医学界的新闻。

杰夫·利文斯顿（Jeff Livingston）率先带领诊室员工使用社交媒体，并管理有 1 600 名关注者的@macobgyn 推特账户。他把脸书看作一个教育平台，也许更重要的是，一个营销工具。“人们在网上搜索信息，”利文斯顿说，“我想让他们看我们的网页。”

然而，很少有医生像他一样对使用社交媒体非常感兴趣。对时间的投入和对患者隐私的担忧让他们打消了念头。

此处是否有合法的道德问题，或者只是医生们对改变的一种旧式反抗?

资料来源：R Rubin，“Doctors Use Social Media to Connect with Patients,” *USA Today*，July 8，2010，p. 6D.

回顾本章开篇的案例

社交媒体的使用如何给百思买带来战略竞争优势？

14.2 人际沟通

当今组织中的人际沟通质量比以往任何时候都更为重要。研究人员发现拥有良好沟通技能的个体能帮助群体做出更有创新性的决策。这些个体也比沟通技巧更为欠缺的同事更容易得到提拔。[22] **沟通能力**（**communication competence**）指在特定情境中有效沟通的能力。比如说，知晓商业礼仪是沟通能力的一个组成部分。[23]

沟通能力是一个包括了一系列沟通相关能力和技能的大的概念。我们在这里只关注其中五种个体能监控的能力：自信型沟通、攻击型沟通、不自信型沟通、非言语沟通和积极倾听。本节的结束部分将讨论沟通中的性别差异。

14.2.1 自信型、攻击型和不自信型沟通

表 14－2 描述了自信型、攻击型和不自信型的沟通风格，识别了每一种类型相关的非言语和言语行为模式。下面有一个检测，看看你是否理解三种不一样的沟通风格。卡罗尔·巴茨（Carol Bartz）是非常成功的欧特克（Autodesk）的前 CEO，她在 2009 年任处于困境中的雅虎高管时展现了哪种沟通风格？

表 14－2　沟通风格

沟通风格	描述	非言语行为模式	言语行为模式
自信型	积极推动但不具有攻击性；允许他人影响结果；善于表达、自我提升但不攻击他人	良好的眼神沟通；舒服但坚定的姿势；有力、稳定和听得见的声音；与信息匹配的面部表情；适当严肃的语调；为确认理解而选择性地打断	直接、不含糊的语言；不归类或评价他人行为；使用“我”和合作性的“我们”语句
攻击型	利用他人；在牺牲他人的基础上善于表达并自我提升	瞪眼睛；移动或倾斜靠近；威胁性的姿势（手指着别人；紧握拳头）；声音很大；频繁地打断别人	咒骂和辱骂的语言；归类或评价他人的行为；性别歧视和种族主义词汇；明显的威胁或羞辱
不自信型	鼓励他人利用自己；克制；自我否定	很少的眼神沟通；向下看；蜷缩的姿势；重心始终变化；手不知所措；微弱或抱怨的声音	限定词（“也许”“有点儿”）；语气词（“额”“你知道”“就是”）；否定词（“并不是那么重要”“我不确定”）

资料来源：Adapted in part from J A Waters, “Managerial Assertiveness,” *Business Horizons*, September－October 1982, pp. 24－29.

这个说话坦白直率的女人，在匆忙安排的电话会议上被介绍后，告诉了分析师她希望能确保雅虎“喘口气”，然后跟别的公司“接着斗”。[24]

巴茨挑衅性且具有攻击性的沟通风格并没有扭转雅虎的局面，反而引发愤恨、怀疑和抵制。2011年，她被解雇。总体来说，你可以通过提高自信、减少攻击性或减少不自信来提高沟通竞争力。让我们把这个建议应用到对别人说不的情境中。

我们都被叫去做我们不想做的事情。比如，一个懒散的朋友可能叫你分享你的作业，或者，购买你不需要的产品。这些情境中的沟通目标是以一种自信方式说不。以下是说不的几条小建议。

- 不要觉得你必须立刻说可以或不可以。你可以争取更多的时间思考这个请求。
- 保持诚实，用“不”开始你的回答。如果你一开始说这个字，你会更容易坚定地拒绝。
- 使用自信的非言语行为支持你的语言。比如，你可以在说不的时候摇头，也可以在说不的时候看着请求人的眼睛，但不要瞪眼睛。
- 使用自信的言语行为。用坚定、直接的语调说不。必要的时候使用第一人称叙述。比如，“我觉得把我的作业给你，你就可以睡觉和逃课，这不公平”。[25]

可以说“不”。记住，你跟别人说可以的次数越多，跟自己说可以的次数就越少。想说不的时候说了可以，会导致罪恶感、愤怒、怨恨和潜在的失败。

14.2.2 非言语沟通

非言语沟通（**nonverbal communication**）是“任何发送或接收的信息，既不是书面语也不是口头语。其包括以下因素，如时间和空间的使用、交谈时人们的距离、颜色的使用、着装、走路姿势、站立、位置、座位安排、办公室位置和装潢”。[26]

沟通专家估计每场对话的65%由非言语沟通来解释。[27]因此，确保你的非言语信号和你想要表达的言语信息一致，这一点很重要。不一致会产生噪声，并且加深误解。[28]由于非言语沟通的普遍性及其对于组织行为的重要影响（包括但不限于对他人的知觉、雇佣决定、工作态度和人员流动），管理者需要明确地意识到他们发送和接收的非言语信号。联合商业专栏作家哈维·麦凯提醒我们注意“单词在耳语，身体语言在咆哮”的情境。[29]比如下面例子中的情境：

苏（Sue）是你的一个雇员。她已经跟你一起工作五年了。她可信赖、工作有效率，并且为人爽快，同事们很欣赏她。今天她迟到了，耷拉着脑袋径直走到她的办公桌，没有像往常那样跟同事们打招呼。早上，她摔了电话，大声地关上档案柜，发出叹气的声音。你轻柔地问她还好吗，她草草回答：“我很好。你为什么这么问？”[30]

你应该根据她的话做判断，还是根据她的非言语行为做判断？

■ 身体移动和姿势

身体移动（比如向前或向后倾）和姿势（比如指着别人）提供额外的非言语信息，既可以增强也可以减损沟通过程。开放的身体姿势，比如向前倾表示直接。直接代表开放、温暖、亲密、沟通。双臂交叉、双手交叉和双腿交叉，这些姿势表示防御。朱迪思·霍尔（Judith Hall）是一名沟通研究者，她进行了一项关于身体移动和姿势的性别差异的元分析。结果表明，女性比男性点头和移动手的次数更多。而男性比女性更频繁地向前倾，有大幅的身体移动，以及脚和腿的移动。[31]

尽管在玩看手势猜字谜游戏时，理解身体的移动和姿势很有趣，但请记住肢体语言很容易被误解，而且非常依赖语境，这很重要。在跨文化情境中，手势尤其要注意。比如，2009 年在伦敦举行的 20 国峰会上，奥巴马热衷使用的竖大拇指的手势，在美国和中国的意思为“很棒”，在法国的意思为“第一”，在日本的意思是“第五”，在澳大利亚、意大利以及其他一些地方的意思是“见鬼去吧”。[32]

■ 身体接触

身体接触是另一种有力量的非言语暗示。人们倾向于用身体接触他们喜欢的事物。一个关于身体接触性别差异的元分析表明，在交谈中女性比男性身体接触更多。[33]然而，尤其要注意的是，男性和女性对身体接触的理解不同。心中牢记这种知觉的差异，也许可以减少性骚扰。

而且，身体接触的规范在全世界的差异很大。想一下两名男性在校园里拉着手一起走。在中东和亚洲的许多地方，这种行为对于彼此是朋友的男性，或者彼此尊重的男性来说很正常。相反，这种行为在美国和加拿大并不常见。

■ 面部表情

面部表情可传达很多信息。比如，在堪萨斯城的一个商业会议上，微笑代表温暖、快乐或者友谊，皱眉则表达不满或愤怒。然而，这些理解在不同的文化中是一样的吗？简短的回答是不。一项相关研究的总结表明，面部表情和情绪的关联随文化的差异而不同。[34]比如，咧嘴笑并露出牙齿在世界各地传达不同的情绪。再次强调，在面对不同群体的雇员和跨文化工作时，我们应该小心地使用和理解面部表情。

■ 眼神接触

眼神接触是一种强有力的非言语暗示，可以实现沟通的四种功能。第一，眼神接触通过发信号表示交谈的开始和结束，调节通信流。人们有一种倾向，即开始说话时眼神从别人看向对方，结束的时候又看向别人。第二，凝视（与瞪眼睛相反）促进并监督反馈，因为凝视反映兴趣和注意力。第三，眼神接触传递情绪。人们倾向于在讨论不好的新闻，或提供负面回应时，避免眼神接触。第四，凝视和沟通者之间的关系类型有关。

与身体的移动、姿势和面部表情相同，眼神接触的规范也随文化的差异而不同。西方人从小被教导，父母跟他们说话的时候要看着父母。相反，来自亚洲、拉丁美洲和非洲文化的人被教育避免和家长或上级有眼神接触，以显示服从和恭顺。[35]再次强调，对于和来自不同文化的员工保持眼神接触的不同方式，管理者应该保持敏感。

■ 实践建议

良好的非言语沟通技能对于建立积极的人际关系很重要。沟通专家们提供了提高非言语技能的以下建议[36]：

有助于沟通的积极的非言语动作：

- 保持适当的眼神接触。
- 偶尔坚定地点头，以暗示同意。
- 微笑，表示有兴趣。
- 向说话者轻微地倾斜。
- 音量低，让人放松。
- 意识到你的面部表情。

应避免的动作：

- 舔嘴唇，拨弄头发或胡子。
- 转身，不看向跟你说话的人。
- 闭眼睛，显示不感兴趣的面部表情，比如打哈欠。
- 过度移动你的椅子，或踮脚。
- 使用令人不愉快的语调，说话太快或太慢。
- 咬指甲、剔牙，不断调整你的眼镜。

当然，这些建议只在北美做生意时适用，在其他地方需要加以调整。

14.2.3 积极倾听

专家们认为对于销售、客户服务或管理中的员工来说，倾听是很重要的沟通技能。本章开篇案例中百思买的 CEO 布莱恩·邓肯最近对《财富》杂志的采访者说："我作为 CEO 的角色之一就是担任主要的倾听者。"[37]研究者发现，倾听的有效性与消费者的满意度正相关，而和员工辞职的想法负相关。员工和管理层之间缺乏沟通，也被认为是员工不满意和人员流失的主要原因。[38]倾听技能对于我们所有人来说尤其重要，因为我们花大量的时间倾听彼此。

倾听不是只听一条信息。听只是倾听的物理组成部分。**倾听（listening）**是积极地解码和理解言语信息的过程。倾听要求有意识的注意力和信息的处理，而听不需要。记住这些区别，我们来看倾听风格，并将为你成为一个更有效的倾听者提供一些实际的建议。

■ 倾听风格

沟通专家认为人们用喜欢的倾听技能倾听。尽管人们倾向于以某种倾听风格为主，但有时也会使用两三种倾听风格的组合。常见的倾听风格有五种：欣赏型、同情型、综合型、敏锐型和评价型。[39]我们具体来看每一种风格。

欣赏型倾听者以一种放松的方式倾听，喜欢用倾听获得喜悦、娱乐或鼓舞。他倾向于不理会那些没有给交谈带来任何愉悦或幽默的说话者。同情型倾听者关注说话者的情绪和身体语言，以及展示所用的媒介来理解信息。他同样倾向于在倾听时不进行评价。综合型的倾听者首先组织特殊的想法和动作，而后依据想法之间的关系整合信息，以此来理解信息。这些倾听者喜欢没有中断的、有逻辑的表达。敏锐型倾听者试图理解主要的信息，并确定重要的信息点。他们喜欢记笔记，喜欢有逻辑的表述。最后，评价型倾听者分析性地倾听，并不断地构想论据和疑问去反驳对方的说法。他们倾向于在个人想法的基础上接收或拒绝信息，问很多问题，而且可能干扰别人。

要提高自身的倾听技能，你首先应该意识到在不同情境下使用不同倾听风格的有效性，这种意识可以帮助你针对不同的情境调整你的倾听风格。比如，如果在听一场总统候选人辩论时，你可能会使用综合型和敏锐型的风格。相反，在听一场营销展示会时，评价型风格可能更合适。

■ 成为更有效的倾听者

有效倾听是一个可以习得的技能，它要求努力和动力。帕特里夏·沃尔茨（Patricia A. Woertz）是阿彻丹尼尔斯米德兰公司（Archer Daniels Midland）的 CEO。该公司是年收入 440 亿美元的农业商品巨型公司。沃尔茨最近提出了一个简单的建议："我的母亲说我们有两个耳朵和一张嘴，这是有原因的。我们应该花两倍于说的时间来倾听。"[40]这是正确的。真正地倾听他人需要能量和心愿。遗憾的是，倾听可能看起来并没有回报。但是如果我们不倾听，就会有消极的后果。比如，试想当对方没有注意你，而是在看他的手表，或是做其他事情，比如在键盘上打字，你是什么感觉？你也许感到被轻视、不重要或被冒犯。反过来，这种感觉侵蚀人际关系的质量，并加剧对工作的不满和降低生产率，最后导致糟糕的消费者服务。倾听是一项重要的技能。在培养 10 个好的倾听习惯的同时，避免 10 个不好的倾听习惯，由此可以提高倾听技能（见表 14-3）。

表 14-3　有效倾听的关键

有效倾听的关键	坏的倾听者	好的倾听者
1. 加快思考速度	神情恍惚	跟上说话者，头脑里总结说话者的话，权衡证据，听话语之间的联系
2. 听想法	听事实	听中心思想或整体想法
3. 寻找兴趣点	不理会枯燥的说话者或主题	听有用的信息
4. 评价内容，而非传达方式	不理会枯燥或单音调的说话者	先听完整个信息，再进行评价
5. 不动怒	太情绪化，或被说话者激怒，与说话者争吵	在全面理解之前不进行评价
6. 用心倾听	不花精力倾听	全神贯注地倾听
7. 抵抗分心	容易分心	不分心，关注说话者
8. 听别人说的话	屏蔽或拒绝不喜欢的信息	听喜欢和不喜欢的信息
9. 挑战自己	拒绝听困难话题的描述	把复杂的描述看作对大脑的练习
10. 使用文字材料、投影仪或其他视觉教具	不记笔记或不注意看视觉教具	按要求记笔记，使用视觉教具加强对演示的理解

资料来源：Derived from N Skinner, "Communication Skills," *Selling Power*, July-August 1999, pp. 32-34; and G Manning, K Curtis, and S McMillen, *Building the Human Side of Work Community* (Cincinnati: Thomson Executive Press, 1996), pp. 127-54.

此外，一位沟通专家说我们可以通过遵循以下三点基本建议，来提高倾听技能[41]：

（1）注意对方说的话，而不是你接下来想说什么。

（2）允许他人先说完，你再说。

（3）复述你听到的话，给说话者解释信息的机会。

14.2.4 语言风格和性别

女性和男性沟通不一样，这是共识。这些区别可以导致效率破坏和人际沟通问题。沟通中的性别差异部分来自女性和男性通常使用的语言风格。黛博拉·坦嫩（Deborah Tannen）是一名沟通研究者，她把**语言风格（linguistic style）**定义为：

> 语言风格指一个人典型的说话模式。它包括以下特征：直接或间接、节奏和停顿、单词的选择、其他因素的使用（如笑话、比喻、故事、问题和道歉等）。换句话说，语言风格是一组文化习得的信号。通过这些信号，我们不仅可以传达自己的意思，还可以理解他人的意思，并且从社会人的角度评价他人。[42]

语言风格不仅有助于解释女性和男性之间的沟通差异，还影响我们对他人信心、竞争力和能力的知觉。提升语言风格意识能够增强你的沟通竞争力。

■ 沟通中的性别差异

研究显示女性和男性的沟通差异表现在许多方面。[43]表14-4列举了10种基于性别的沟通差异。阅读表14-4中的倾向时，有两个重要的问题需要记住。第一，这不是对所有女性和男性的刻板印象。男性吹嘘自己成就的可能性更低，女性则不大可能分享功劳。这些例外的存在是常有的。第二，你的语言风格影响别人对你的信心、竞争力和权威的知觉。这些评价反过来可能影响你未来的工作任务和随后的晋升。比如，思考格里格（Greg）和闵迪（Mindy）表现出的不同的语言风格。格里格弱化他对问题的任何不确定，并且很少问问题。甚至在不确定讨论的问题是什么时，他也是这样。相反，闵迪更直接地承认她不明白，她会问很多问题。人们可能觉得格里格比闵迪各具竞争力，因为他表现出了信心，好像他明白讨论的问题。

表14-4　女性和男性的沟通差异

1. 男性不大可能在公开场合询问信息或方向，因为这会显示他们缺乏知识。
2. 在决策过程中，女性更有可能弱化自身的确定性；而男性更有可能弱化他们的怀疑。
3. 女性倾向于道歉，甚至在她们什么都没做错的时候。男性倾向于避免道歉，因为道歉代表弱势或让步。
4. 女性倾向于接受责备，作为缓解尴尬局面的一种方式。男性倾向于忽视责备，并且把责备转向他人。
5. 女性倾向于用积极的方式缓和批评。男性倾向于直接批评。
6. 女性倾向于在交谈中加入不必要的、无根据的感谢。男性会避免感谢，因为这是弱势的标志。
7. 女性倾向于问“你怎么想”来达成共识。男性通常认为这个问题是缺乏能力和信心的标志。
8. 女性倾向于用间接的方式给出方向，这可能被认为不清楚、没有信心或者被男性掌控。
9. 男性倾向于拿走女性的想法，并声称是自己的。女性允许这种事情发生，不会反抗。
10. 女性用更柔和的声音鼓励劝说和同意。男性用更高的音量吸引注意力，保持控制。

资料来源：From Dayle M Smith, *Women at Work*: *Leadership for the Next Century*, 1st. Copyright © 2000. Reproduced by permission of Pearson Education, Inc., Upper Saddle River, New Jersey.

■ 女性和男性更有效的语言风格

作家朱迪思·丁莉（Judith Tingley）建议女性和男性应该掌握性别灵活性。**性别灵活性（genderflex）**指暂时使用对方性别中典型的沟通行为，来提高潜在的影响。[44]

相反，黛博拉·坦嫩建议每个人都要意识到语言风格如何发挥作用，怎样影响我们的知觉和评价。她认为对语言风格的了解可以帮助确保人们的宝贵想法被听到。思考基于性别的语言差异如何影响谁在会议上被倾听。

> 那些在小组中舒适地讲话，举手前很少或不需要沉默，或者不需要等到被叫到就轻松讲话的人更有可能在会议上被倾听。当所有人都遵循相同的规则时，那些直到确认前一个人说完话才开口的人，等到被叫到才说话的人，以及倾向于把自己的评论和他人的观点相联系的人在会议上会表现不错。但是，当会议中的其他人更像第一种类型时，他们就很难被倾听到。鉴于男性和女性的社交风格，男性更有可能掌握了第一种类型，女性则是第二种。这使得男性比女性在会议上更加游刃有余。[45]

了解这些语言差异，能够帮助管理者想办法确保不管在会上还是会下，每个人的想法都会被听到，并被给予公平的对待。而且，思考你的语言风格的组织角度而言的优点和缺点是有用的。对于妨碍别人知觉你的信心、竞争力和权威的语言特征，你可能需要改正。

14.3　组织沟通

从组织沟通的角度来分析，我们更容易识别影响管理有效性和无效性的各类因素。我们将从“和谁沟通”以及“如何沟通”两个方面来具体探讨。具体而言，沟通的第一步都是决定谁是信息的接收者。在工作环境中，你可以向上与老板沟通、向下与员工沟通、水平与同事沟通，甚至向外与顾客和供应商沟通。通过回顾各种正式和非正式沟通渠道，我们探讨组织沟通中的“和谁沟通”的问题。然后我们介绍一个选择适宜媒介的权变模型以探讨“如何沟通”的问题。你会发现沟通有效性取决于沟通的信息内容和用以沟通的媒介之间的匹配程度。

14.3.1　正式的沟通渠道：向上、向下、水平和向外

正式沟通渠道（formal communication channels）与组织中的行政管理系统或组织结构相一致。通过正式渠道沟通的信息被视作正式的，并且由以下三种不同渠道中的一种或多种渠道传输：（1）垂直——向上或向下；（2）水平；（3）向外。

■ 垂直沟通：在组织中上传下达

垂直沟通包含人们在不同组织层级间信息的流动。

● 向上沟通指与上一组织层级的人沟通。员工可能向上反映他们自己、与同事间的矛盾、他们不理解或不喜欢的组织实践和政策以及他们取得或未取得的成果。公司或管理者需要充满活力的向上沟通，以促进组织公平、提高道德行为、加强内在动力

和提升授权（下一章将更多地讨论授权）。向上沟通也是公司努力提高生产率和消费者服务的关键组成部分。一线员工大概自己就知道完成工作需要怎么做。遗憾的是，太多的员工倾向于保持沉默（自我封闭）。最近，研究者们表示：

> 让人吃惊的是，不提出意见的最常见原因是感觉没有价值，而非害怕被惩罚。
>
> 部分原因是员工们有时自己会说出来，而老板们经常意识不到员工们的自我审查。员工们想象着老板会说些什么，但实际上他们面临的是沉默。寡言的员工和不察觉的老板一起断送了建设性的批评，更不要说不加修饰的真相了。最重要的是，它妨碍了好的想法在公司中向上传达。[46]

因此，管理者不仅需要倾听员工，还要做更多的事，他们要倾听下属的意见，成为可信赖的领导者，并消除员工愤世嫉俗的徒劳想法。

管理者可以通过员工态度和意见调查、建议系统、正式的申诉过程、开放的政策、非正式的交谈、邮件和社交媒体、离职面谈和市政厅会议等机制来鼓励向上沟通。[47]询问开放的、非判断性的问题也是提高向上沟通有效性的很好方式。布拉德·史密斯（Brad Smith）是财务软件公司财捷集团的CEO。他提出了以下建议："问他人'如果你是我，你会怎么做？'来获得更诚实的批评。"[48]

● 向下沟通指组织中层级较高的个体向低层级的某一个体或一些个体传递信息。总体来说，管理者有五种向下沟通的方式：策略/目标，工作指示，工作基本原则，组织政策和实践，以及工作表现的反馈。调查显示，这方面需要提高。在针对1 198名员工的调查中，排名较高的工作中的沮丧来自"高层管理人员对业务的不良沟通"。[49]1 006名员工中，70%的人在第二个调查中对以下问题选择了否定，即"你公司的领导者是否跟员工们沟通过当前的经济形势对公司有何影响？"[50]思考下面这条从实践中得来的管理经验：

> 当道格·舒卡（Doug Schukar）看到自己位于圣路易斯的住宅按揭银行美国按揭（USA Mortgage）将放贷额从2009年1月的1.13亿美元增至年底的12亿美元时，他感到很兴奋。当其他贷款人在苦苦挣扎时，他增强了销售实力。然而，舒卡未能让主要的中层经理了解收购等增长计划，这些经理被公司的迅速扩张带来的工作量搞得措手不及。结果，几乎所有的中层经理都辞职了。舒卡只能另雇人手。所以今天，他决定让中层经理都参加年度和季度的计划会。[51]

组织越来越多地用市政厅会议的方法来改善垂直沟通，以下是提高垂直沟通效率的几条建议。

● 会议的规模取决于人员流动和想要传达的信息。如果你有好消息告诉许多员工，你喜欢的话，可以把员工们分为更密切的小组。但是，如果是坏消息，那最好是让每个人都同时听到。

● 考虑用发言人，而非高级管理人员。

● 广播会议，让其他地方的员工也能参加。给会议录像，让缺席的员工可以事后观看会议视频。

● 做展示的时候，考虑听众的受教育程度。

- 不要让展示太过专业性。
- 给全部有资格参加会议的员工发邀请。
- 强烈鼓励员工参加会议，但是不强制参会。如果会议在工作时间之外召开，考虑补贴员工，因为他们付出了时间。[52]

■ 水平沟通：在工作单元内和工作单元之间沟通

水平沟通发生在同事之间和不同的工作单元之间，其主要目的是协调。在这种横向的沟通中，员工们分享信息和最好的工作实践，协调工作活动和时间表，解决问题，提供建议和培训并解决分歧。比如，思考以下生死攸关的场景：

> 根据最新的一项报告，有 8 家医院使用一份清单来帮助医生和护士避免错误，从而减少了超过 40%的手术死亡人数。
>
> 如果所有的医院都用同样的清单，它们每年可以挽救几万条生命和避免 200 亿美元的医疗损失。阿图·葛文德（Atul Gawande）如是说，他是哈佛大学公共卫生学院的外科医生和副教授。
>
> 研究显示，一场成功的手术更多地依赖于团队协作和清晰的沟通，而非某个医生的才华。共同作者亚历克斯·海恩斯（Alex Haynes）如是说。他也来自哈佛大学。他说，这是一个好消息，因为这意味着每个地方的医院都可以改进。
>
> 研究人员对检查表进行建模，只需要两分钟就可完成。该方法之前曾应用于航空工业，大幅度地减少了坠机的数量。[53]

除了使用团队清单，水平沟通还可以通过项目会议、委员会、团队建设（回顾第 11 章的讨论）、社交联谊会和矩阵结构（在第 17 章讨论）等方法来实现。

以下三种方式会阻碍水平沟通：（1）通过专业化促使人们独自工作；（2）鼓励减少信息共享的竞争；（3）不能促进合作的组织文化。

■ 向外沟通：和组织外的其他人沟通

向外沟通是员工和组织外的各种利益相关者之间的双向信息沟通。外部的利益相关者包括消费者、供应商、股东/所有者、工会、政府官员、社区居民等。许多组织建立了正式的部门，如公共或社区关系部门来协调跟外部的沟通。为了保护竞争策略、贸易机密和保密协议的完整性，员工们需要被详细告知哪些内容不能向外界沟通，无论是以聊天、博客还是推特的方式。[54]

14.3.2 非正式沟通渠道

非正式沟通渠道（informal communication channels）不遵循组织的行政管理系统。它们跳过管理层级，并绕开权力的审查。常用的两种非正式沟通渠道是小道消息和行走管理。

■ 小道消息

小道消息（grapevine）指在非正式组织中的非正式沟通体系，包括所有类型的沟通媒介。比如，员工可能通过电子邮件、面对面交谈、短信或推特信息、电话或语音信箱分享一点儿办公室八卦。尽管小道消息可能是不正确或恶意谣言的来源，但是它也能够通过促进改变、植入组织文化、加强群体凝聚力、收集员工和消费者反馈来对组织起到积极的作用。

不断把小道消息传递给他人的人叫作**联络人员**（**liaison individuals**）或传小道消息的人。最近一项关于合作社交网络的研究对此做出了积极评价：

> 传小道消息的员工越多，他们就越能理解其社会环境，同事给他们的影响力评分就越高。
>
> 小道消息对于组织中的人很有用，尤其是当来自上层的信息被阻塞时。这在公司发生危机或经历变化时经常发生。如果很少有人知道到底发生了什么，小道消息就成为向大家传递信息的一个办法。
>
> 的确，小道消息有时会增加组织中的恐惧。但是研究表明事实往往相反。通过分享小道消息，你可以跟别人建立联系，这能给你提供社会和情感的支持。小道消息还能传播有关网络的有用信息，比如谁是老好人，谁欺负弱小，谁绝对不能一起共事等——这也为谴责那些不遵守集体规范的人提供了一种方法。[55]

传小道消息有时可以提供健康的情绪排解渠道，尤其在彷徨的日子里。高效率的管理者通过定期与出名的联络人员沟通，来监控员工们的工作活力。

与联络人员不同，**组织中的破坏分子**（**organizational moles**）用小道消息达到更阴暗的目的。他们获取信息，通常是消极的信息，来增强自身的权力和地位。他们把对其他员工的困难、冲突或失败的所听所感，秘密报告给管理中有权力的成员。破坏分子喜欢把别人的注意力从自己身上移开，希望被视作比他人更具竞争力。[56]建议管理者建立一个开放、可信任的环境，抵制破坏分子的行为。因为他们会破坏团队工作，引发冲突和降低生产率。[57]

研究者们几年来得出了对小道消息的看法：（1）它比正式渠道更快；（2）其中75%是正确的；（3）人们在不安全、受到威胁或面临组织变革时会依赖它；（4）小道消息并不是一种孤立的沟通形式，相反，它包含所有的组织知觉沟通。管理者倾向于消极地看待小道消息。事实上，有250名广告主管最近接受了调查。当问及"你认为办公室八卦对工作的影响是积极还是消极"的问题时，63%的人说消极。

一个主要的管理启示是，应监督和影响小道消息而不是浪费时间压制它。像刚刚讨论的那样，高效率的管理者可以用积极的办法，有活力地促进向上沟通。信息科技使得以积极的方式监督小道消息成为可能：

> 如果管理者和员工们可以同时听到办公室里发生的任何牢骚和走廊里的集体讨论呢？这是惠普在其名为"Water Coder"的论坛背后以数字形式呈现出的概念。Water Coder是一个研发中心开发的新工具，它记录了员工在公司内部和外部博客上的言论。员工可以参与也可以不参与这个记录。但是，约有11 000名惠普员工选择了在网站上发布他们的言论，这包括有关iPhone的传言和对惠普公司重组的猜测。用户可以点击zeitgeist链接，来看每周热点话题。[58]

■ 行走管理

从字面上来说，**行走管理**（**management by walking around，MBWA**）指的是管理

者在组织内走动，同各个部门和层级的员工非正式地对话（见相关的“真实世界/真实人物”专栏）。[59]这是一种有效的沟通方式，因为员工们希望从直接上司那得到信息。琳达·杜雷（Linda Dulye）是一位沟通专家。她总结说：“跟电子邮件、网站和内部网、市政厅会议，甚至小道消息相比，员工更喜欢这种方式。对员工来说，最有效的方式是非正式的在工作区的‘走动’，经理走到他们的桌子前，坐在那儿跟他们聊工作。”[60]她提供了行走管理的以下建议：

1. 每周花一些时间用于行走管理。

2. 不要拿手机。专注于正在跟你说话的人/人们，避免干扰，这很重要。

3. 使用积极的倾听，不要认为生意是唯一可谈的话题。员工们可能喜欢一些轻松的对话。

4. 这种经历应该是一种双向的对话。对员工的问题和担忧表现出兴趣。

5. 不要迟疑，拿出笔记本记录需要跟进的事情。不要带来正式的图和表格。目标是保持非正式对话。

6. 感谢个人或群体付出时间和提供反馈。[61]

真实世界/真实人物：商业道德

共和航空公司的CEO上《卧底老板》节目

在CBS最新一集的《卧底老板》（Undercover Boss）中，布赖恩·贝德福德（Bryan Bedford）戴了一顶假发和一副眼镜，去干他的员工们每天最不想干的工作。

共和航空公司（Republic Airways）拥有边疆航空公司（Frontier Airlines）和四个支线航空公司。其CEO打扫飞机，清扫人们留下的垃圾，大汗淋漓地卸载行李。

在节目典型的叙事艺术中，CEO假扮成员工，对员工建立起尊重和欣赏。贝德福德还发现日常操作的难题让他头疼，并且亲自听员工们说微薄的工资使他们生活拮据。在这一集最后，他提出一个解决办法，改善他能够改善的地方，并且督促他下面的经理们也这样做。最后，像真人秀里那样他们抱头痛哭。

今天的高管与基层员工之间有多缺乏联系？请解释。除了拍摄一集《卧底老板》，你还能推荐什么行走管理的办法吗？

资料来源：R Yu，“Republic Opens New Chapter，” *USA Today*，January 20，2011，p. 1B.

14.3.3 选择媒介：权变方法

在本节中，我们将注意力转向讨论整体上应如何沟通。具体来说，我们考察管理者在通过各种正式和非正式的渠道沟通时，如何决定使用哪一种沟通办法或媒介能达到最好的效果。

今天的管理者有眼花缭乱的沟通媒介可供选择（电话、电子邮件、语音信箱、移动电话、普通邮寄和快速邮寄、短信、视频、博客和其他社交媒体等）。谢家华是网上零售商美捷步的CEO。据报道，他公司内外有30 000人关注他的推特。[62]幸运的是，研究显示，管理者可以通过积极地选择沟通媒介来帮助减少信息负荷，并提高沟通有效性。如果使用不适当的媒介，管理决策将基于不正确的信息，重要的信息也不能传递给想要传递的人，员工们可能不满意而且生产率低下。最近的经济衰退深入考验了各个企业选择合适沟通媒介的管理能力。思考以下这个有关位于威斯康星州拉辛市的约翰逊金融集团（Johnson Financial Group）的积极案例。

这家金融集团63个地点的员工确信他们的工作是安全的，并且通过市政厅会议和CEO的语音信箱了解行业剧变。[63]

媒介选择是提高沟通效率的关键因素。以下部分将描述一个旨在帮助管理者用系统和有效的方式选择沟通媒介的权变模型。这一模型中的媒介选择取决于媒介丰富性与手头问题/情境复杂性之间的相互作用。

■ 媒介丰富性

备受尊重的组织理论家理查德·达夫特（Richard Daft）和罗伯特·伦格尔（Robert Lengel）对媒介丰富性这一沟通概念解释如下：

丰富性的定义是数据潜在的承载信息的能力。如果像眨眼这样的数据沟通能提供大量新的理解，就认为丰富。如果数据提供很少的理解，就认为缺乏丰富性。[64]

媒介丰富性（media richness）指媒介传递信息和加强理解的能力。可选媒介从丰富到贫乏不等。

媒介丰富性基于四个因素：（1）反馈（从快到很慢不等）；（2）渠道（从结合视频和音频特征的视频会议，到只有有限视觉因素的电脑报告）；（3）沟通的类型（从个体到人与人之间）；（4）语言来源（从面对面交谈中的自然身体语言和对话，到财务报告中的数字）。

双向面对面交谈是最具丰富性的沟通方式。它提供及时的反馈，还可以观察多种暗示，如身体语言和语调。尽管电话交谈和视频会议的丰富性较高，但它们不如面对面交谈传递的信息多。在丰富性最低的一端，实时通信、电脑报告和一般电子邮件轰炸都是贫乏的媒介。因为反馈很慢，渠道只包括有限的视觉信息，提供的信息也是一般性的或者缺乏个人情感。电子邮件和社交媒体信息的社交丰富性程度可以改变：如果覆盖很多受众，则丰富性低。如果混合了促进快速对话反馈的个人文本和视频信息，丰富性就高。[65]

■ 管理问题/情境复杂性

管理者面临复杂程度从低到高的各种问题和情境。复杂程度低的情境是常见并且可预见的，可以通过客观或标准的过程来管理。计算员工的薪水就是低复杂性的一个例子。复杂程度高的情境，比如一个合作组织，是模糊而且不可预见的，难以分析并且通常包含情绪。管理者花比以前多很多的时间来分析这些情境，因为他们在审议中依赖更多的信息来源。对于复杂问题或情境，没有标准的解决办法。

■ 权变建议

图14-2展示了选择媒介的权变模型。如图14-2所示，沟通有效性分为三个区

域。当媒介丰富性和问题或情境的复杂性相匹配时，沟通就有效。丰富性低的媒介，如非个人静态媒介和个人静态媒介，更适合简单问题；丰富性高的媒介，如互动媒介和面对面交谈，适用于复杂问题或情境。比如，太阳微系统公司（Sun Microsystems）管理层在和员工沟通即将到来的裁员时，遵循了这一建议。公司举办了一系列面对面交谈的会议传递坏消息，同时给管理者们提供一些幻灯片和说话的要点，来帮助传播必要的信息。[66]

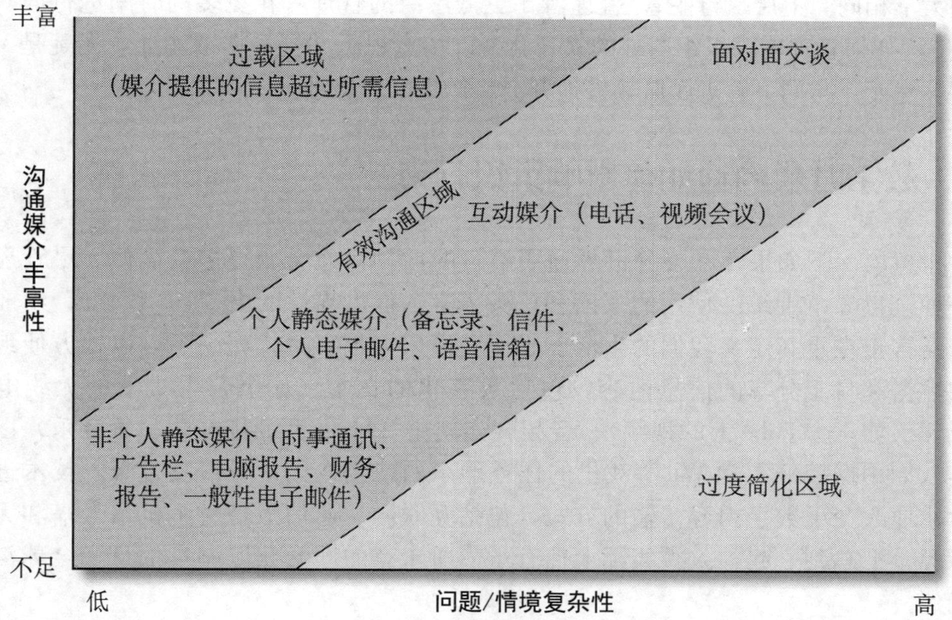

图 14－2　选择沟通媒介的权变模型

资料来源：Adapted and updated from R Lengel and R L Daft，"The Selection of Communication Media as an Executive Skill，" *Academy of Management Executive*，August 1988，p. 226，and R L Daft and R H Lengel，"Information Richness：A New Approach to Managerial Behavior and Organization Design，" in *Research in Organizational Behavior*，ed B M Staw and L L Cummings（Greenwich，CT：JAI Press，1984），p. 199.

相反，当对于问题或情境的复杂性来说媒介丰富性过高或者过低时，沟通将失效。比如，如果地区销售经理每个月都通过丰富的媒介沟通销售报告，他就处于过载区域。面对面会议或者给每一个销售人员打电话会提供过多的信息，并且花不必要的时间沟通每个月的销售数据。过度简化区域指另一个沟通媒介的无效选择。在这种情境下，丰富性不足的媒介被用来沟通复杂或情绪化的问题。比如，无线电器材公司（Radio Shack Corporation）用电子邮件通知得克萨斯州总部的 400 名员工他们将被解雇。更糟糕的是，一家在伦敦的身体穿孔和珠宝商店曾用一条短信解雇一名员工。在这种情形下，媒介的选择是无效的。因为这没有保护隐私，并且不允许员工们问问题。而且，用这种方式解雇员工会降低在职员工的士气，破坏公司的形象。[67]

回顾本章开篇的案例

在百思买的 CEO 布莱恩·邓肯使用社交媒体时，应该如何确保他处于图 14－2 所示的有效沟通区域？

■ 研究证据

媒介丰富性和问题/情境复杂性的关系还没有被广泛地研究。已有证据表明管理者在面临模糊而复杂的事件时会使用更丰富的媒介资源，并且当丰富的媒介被用来传递传统上用丰富性不足的媒介传递的信息时，就会产生误解。[68]这些发现符合图14-2中模型的各个部分。一项包含超过40项研究的元分析显示，不同的组织层级间媒介的使用大不相同。上层执行主管/管理者比更低层级的管理者花更多的时间进行面对面会议。[69]如果管理者跟组织内外的人开会，以拓宽视野并提升向上沟通，无疑是一件好事。然而，与同一管理团队频繁地开会将产生群体思维。

14.4 数字时代沟通如何影响组织行为

想象一下如果存在一种世界通用语言的话，沟通会变得多么简便。尽管还没有一种全世界范围统一使用的书面和口头语言，但世界性的由“1”和“0”组成的数字语言正在重新定义我们的生活、工作和娱乐。数字时代充满了可以很方便地打包的数据和易于分享的信息内容，包括数字化的文本（如黑莓手机上的无线电邮）、视频（如YouTube上的视频）、音频（如使用iPhone手机打电话和听音乐）以及动作（如用操控任天堂Wii游戏里的任务砸东西或扔东西）等。反过来，技术进步革命化地改变了数字内容传输的方式，包括互联网、通信卫星、手机信号塔和无线网络等。汇总到一起，人类实际上拥有了前所未有的即时获取海量信息和全球沟通的机遇。

本节结论部分的目的是探索数字沟通革命如何积极和消极地影响组织行为。重要的是，我们的重点不在数字沟通创新的技术点（比如云计算、移动互联网、增强现实技术和数控电脑）[70]，而在于数字沟通如何影响我们在工作中的行为和互动。比如，研究者们想要知道是否“根据不同的使用媒介，同事们对他人的评级不同。结果是，如果用电子邮件而不是用填写的纸质表格的话，人们更有可能说同事的坏话”。[71]同样，我们对评价沟通技术对员工生产率的影响感兴趣。比如下面的例子：

> 近来，麻省理工学院的研究表明，公司中个人数字网络最广泛的员工，其工作效率比同事要高7%，因此WiKi和Web 2.0这种工具确实能提高效率。然而，在同一公司中，面对面网络联系最紧密的员工，其工作效率要高出30%。电子工具可能更适合信息的传递，但是面对面沟通则最利于信息的整合。[72]

更多更快的数字沟通并不一定意味着更好的沟通。工作中的信息过载（参见相关的“真实世界/真实人物”专栏）是一个代价高昂的问题。

> 人们淹没在数字的洪流中。2010年，公司用户每天收到约110条信息，市场研究者瑞迪卡迪集团（Radicati Group）如是说。推特说每天有1.1亿条推文。研究者贝斯克萨（Basexa）把2007年商业公司折合高达6 500亿美元的效率损失归咎于“不必要干扰的代价”。[73]

真实世界/真实人物

企业家拉什米·辛哈如何处理信息过载

（背景：在获得布朗大学博士学位后，出生在印度的拉什米·辛哈（Rashmi Sinha）跟别人共同创立了幻灯片分享网（SlideShare）。该网站是一个分享幻灯片演示的网站。）

我来到办公室的第一件事就是查电子邮件，以确保没有亟待解决的问题。我尝试迅速回应大多数事情。这是从我的一位导师那里学到的。你给他发邮件时，他会立即回复。他说："如果不这样做，我就会花双倍的时间，一次是我看到邮件时，一次是我之后回复邮件时。在这两次之间，没回复的邮件会占用大脑的空间。"

我从不接电话或查收短信。我讨厌接到随即拨打的电话。我喜欢通过电子邮件开始对话，然后在知道对话是关于什么的时候再切换到手机上。我们的办公室经理检查我的语音信箱信息，如果有重要信息会让我知道。认识我的人会打我的电话，我会接。

"即时"电子邮件策略是否会导致可能后悔的冲动回应？总体来说，辛哈不同的信息管理实践有哪些优点和缺点？请解释。

资料来源：C Pickens，"The Way I Work：Rashmi Sinha，SlideShare，" *Inc*，April 2011，p. 104.

下面我们将在强调管理的两个战略关注之后，讨论网络一代的八项规范，与工作相关的一些技术动态，以及今日沟通/信息科技的一些非预期后果。

14.4.1　战略关注：安全和隐私

今天很多的沟通都涉及复杂的联网电脑系统，大意或恶意的行为会导致破坏性的后果，比如电脑死机以及数据的丢失或被盗。任何有关数字沟通和信息技术的讨论都必须解决两个孪生问题，即安全和隐私。这些领域的失败将危及整个电子沟通过程的完整性和可靠性。2000—2010 年的十年间，美国联邦调查局（FBI）的网络犯罪投诉中心收到了超过 200 万份投诉。2008 年一年，美国公司就损失了 2.65 亿美元。[74] 专家称实际损失估计高得多：因为各公司担心不利于公司形象而只报告了很小一部分网络骗局。以下具体案例具有启发性和警告性：

2006 年，位于佐治亚州阿法乐特市的经营数据代理业务的选择点公司（ChoicePoint）支付了创纪录的 1 000 万美元民事处罚金和 500 万美元消费者赔偿金，以换取联邦贸易委员会（FTC）撤销对该公司的安全和记录处理过程违反消费者隐私权和各项联邦法律的指控。药品制造商礼来公司（Eli Lilly）同意未来 20 年实施四步信息安全项目以回应 FTC 的投诉。在这之前，礼来公司的一个员工不小心泄露了通过公司 Prozac. com 网站收集到的近 700 个电子邮件地址。[75]

为达到保护安全和隐私的目的，需要回顾表 14－5 中列出的网络安全和隐私保护建议。预防是保护电子沟通系统对抗黑客、身份窃取和骗局的关键词。你自己如何忠实地践行"安全计算"规范呢？[76]

表 14-5 保护网络安全和防止隐私泄露
● 选择强有力的密码。混合使用字母、符号和数字，遵循 www.microsoft.com/protect/yourself/password/create.mspx 上的指南。
● 在不同的网络服务上使用不同的密码。永远不要把网络密码用作信用卡、借记卡上的个人识别号码。
● 不要透露敏感信息，即使是在"私人"服务领域，如为公众提供大多数信息的脸书和网络相册。
● 在提供可选共享的服务（例如谷歌文档）上，不要共享文件，除非有实际需要。
● 保存数据，其泄露会造成法律责任和个人硬盘与存储设备的破坏。
● 避免文件共享服务，比如传播盗版文件的 Lime Wire。服务和下载都会让你的电脑被他人窥探。
● 应用最新的安全更新至所有软件，包括操作系统、浏览器和防病毒程序。

资料来源：Reprinted from S H Wildstrom, "Security Smarts," April 6, 2009, issue of *BusinessWeek* by special permission. Copyright © 2009 by The McGraw-Hill Companies, Inc.

14.4.2 庞大的互联网一代已来临

互联网一代是美国历史上人数最多的一代：超过8 100万人，他们出生在1977年初到1997年末之间。除了人数多，他们在另一个方面也很特别，即在他们的成长过程中，互联网是他们生活的一个主要特征。作家、顾问和多伦多大学教授唐·泰普斯科特（Don Tapscott）在他的《在数字时代成人：网络一代如何改变你的世界》（*Grown Up Digital: How the Net Generation Is Changing Your World*）一书中，把这些人称为网络一代。理解他们由互联网和数字沟通技术塑造的世界观，是对正在变化的工作场所的一种很好的预览：

> 网络一代作为人才，已经改变了劳动力大军。人数最多的一代正在涌入人才的漩涡，这一漩涡是全球经济的扩张、劳动力的流动和史上最快最庞大的退休带来的。网络一代正在全世界带来促进合作、知识分享以及公司和政府创新的新方式。强有力的证据表明，使用这些新工作方式的公司有更好的表现、增长和效益。为了打赢人才争夺战，公司需要重新思考如何雇佣、付酬、发展、合作和监督互联网一代。我认为管理的理念正在发生改变。[77]

多年来在世界范围内收集的将近10 000人的焦点小组和采访（偏重年轻人）数据，帮助泰普斯科特和他的研究团队识别了八项网络一代的规范（见表14-6）。这些规范反映了网络一代的经历、态度、喜好和期望的总体模式。网络一代的成员希望像他们成长和上学时那样，在工作中快速地获得综合信息、接触人和获得授权。拒绝改变的管理者要是固执地阻碍网络一代使用他们的数字生命线，将会失败。

在表14-6的八项网络一代规范中，有几项规范在下面例子的情境中很明显？

> 和所有20多岁的年轻人一样，23岁的杰米·瓦伦（Jamie Varon）一心想在推特工作。她在推特公司的网站上申请了一个职位，还叫谷歌公司一个认识的朋友帮她说了好话。她拿着一包饼干出现在推特公司总部，试图给跟她讲话的面试者留下好印象。然而，她还是没能参加面试。瓦伦接下来做的事情让她觉得有点疯狂。但是，那时候是一个疯狂找工作的时期。她创立了一个名为"推特应该雇佣我"的网站（twittershouldhireme.com），上面有她的简历、推荐信和一个描述她求职过程的博客。24小时内，推特就联系了她。她和推特的人约好将举行一个午间会议。与此同时，另外两家科技公司也注意到了她的网站，都向她发出了职位邀请。[78]

表 14-6 网络一代有何独特之处？八项规范

1. 自由。对体验新事物和不同事物的渴望优于长期责任。希望有灵活的工作时间和地点、对如何做事有发言权，以及选择的自由。
2. 定制。任何让生活有意思的事情，比如自定义的电话铃声、生活方式的选择和独特的脸书页面。
3. 审查。对于互联网上的有用和无用的东西，网络一代已经学会保持怀疑、检查和提出探索性的问题。喜欢真诚和直言不讳。不会只看权威和“事实”的表面。
4. 诚信。“网络一代关心诚信，如诚实、体贴、透明和遵守承诺。他们也是很有容忍心的一代。”对员工、人们和产品的信任很重要。网络空间中的一些道德弹性（比如盗版音乐和抄袭）是一个公开的问题。
5. 合作。关系至关重要。他们知道如何跟他人工作和玩耍，愿意提出观点和建议。重视志愿活动。
6. 娱乐。工作不应是终身监禁，它应该既有挑战性又有意思。互联网是一个高效的工具、个人沟通的设备、信息的来源和“有意思的选择工具”。多重任务是保持事情发展和有趣的一种生活方式。
7. 速度。“他们习惯每天都得到快速回应。视频游戏给他们即时的反馈；谷歌在几纳秒内回答他们的问题。”快速的短信、即时的信息和推特都比电子邮件更快更优先，同时展示了组织决策。需要对工作表现有快速、准确和有用的反馈。
8. 创新。对新的和不同的用户体验的不耐烦是显而易见的。“在工作中，创新意味着拒绝传统的指挥和控制体制，并且设计鼓励合作和创造力的工作流程。”

资料来源：Quoted and adapted from discussion in D Tapscott，*Grown Up Digital*：*How the Net Generation Is Changing Your World*（New York：McGraw-Hill，2009），pp. 73-96.

14.4.3 远程办公/电子办公的两面性

数字沟通极大地改变了传统上工作、地点和时间之间的关系。对于不创造像汽车这样的实际物品，或不提供像剪发这样的实际服务的知识员工来说尤其如此。像脸书的“社会眼”（SocialEyes）这样先进的通信技术和互联网工具，可以用视频会议把九个远程工作的人联系起来，使得远程办公的许多变化都成为可能。[79]和人们亲自往返于办公室不同，**远程办公（telecommuting）**允许员工在家通过网络工作。无线互联网准入和手机进一步将远程办公发展为电子办公（从任何地方与办公室相连）。这些都改变了传统上工作和地点之间的联系。因为员工们现在可以在许多地点办公，而不是经常集中在一个地方。电脑化的记忆能力也改变了传统上工作和时间的联系。不同地点和时区的员工可以同时工作（同步通信），团队成员可以在不同的时间做同一项目（异步通信）。

■ 使用和好处

在至少有 500 名员工的美国公司中，28%的公司雇有全职远程办公员工，40%的公司雇有兼职远程办公员工。[80]这些数据的背后是生活被改变的真实的人。

伊芙·格尔伯（Eve Gelb）以前的生活是，在洛杉矶 405 高速公路上开车一个半小时。她的记忆里是让她疲惫的噪声和小型货车里污浊的空气。但是，这都已成为过去。格尔伯是 SCAN Health Plan 这家健康维护组织（HMO）的项目经理，她放弃了伊顿-阿伦风格的办公室，撤下了家庭照片，搬进了家庭办公室。也许令人吃惊的是，这是她老板的主意。

越来越多的公司鼓励员工在家办公，SCAN Health Plan 就是其中之一。的确，雇主们这样做已经有几年了。但是，随着经济的不景气和公司为了节省办公场所的开销，曾经的权宜之计变为现在企业的必需品。这一便利和一些好处（比如一部崭新的黑莓手机）是公司收买员工的方式，收到礼物时员工有的欣喜若狂，有的迷惑不解。[81]

最近，一位专家罗列了远程办公的好处："（1）提高员工的效率；（2）增强雇主的吸引力；（3）降低经营成本；（4）提高危机中的操作性；（5）回应绿色倡议。"[82]而且，远程办公把更多的残疾人和监狱犯人带入工作中。

■ 问题

远程办公/电子办公宣称的好处主要来自员工/公司的证言和报告，而非来自严谨的科学研究。比如，IBM 报告称公司让 42%的员工在家工作，从而在资本设施和设备成本上节省了 1 亿美元。据报道，电子办公让四代软件（FourGen Software）和大陆交通服务公司（Continental Traffic Services）的工作效率分别增长了 25%和35%。[83]同时，管理者的疑惑和消极的研究证据也在累积。一名经济记者这样说："进入在任何地点工作的时代，管理者们开始提问：'下属们是在远程工作，还是远离工作？'"[84]在家、杂货店或沙滩办公需要自律。这也可能对职业造成影响。一项对来自 71 个国家的 1 300 名高管的调查发现，远程办公的人不太可能升职。[85]这是"看不到，就想不到"的困境。另一个问题是，远程办公的人会感到职业的孤立感。在最新的调查中，"261 名专业级远程工作人员及其管理人员的匹配样本显示，专业隔离对工作绩效造成负面影响"。[86]最后，正如另一项最近的调查结果显示的，电子办公的"自由"会造成工作-生活的不平衡：

该项研究使用调查和后续的焦点小组互动后发现，与工作相联系的各种技术带来有关在何时何地工作的更多选择。与此同时，技术带来的连接性提供了持续工作的可能性，并且激发可以做更多事情的期望。因此，提高了增加工作时长的可能性。但是，令人吃惊的是，这也导致了灵活性感觉的降低。[87]

基于第 11 章对虚拟团队的讨论，一般的专业或消遣性面对面互动对于团队发展、凝聚力和团队精神至关重要。本书的两位作者几年来一直在家中的办公室撰写本书，也推荐远程工作人员"关闭"头脑里的开关，停止电子设备对他们的束缚。

14.4.4 应对数字时代的非预期后果

在通往数字化未来的道路上，发生了一个有趣的事情。方便、快捷和有趣的技术催生了一些非生产性、讨厌甚至不安全的行为。比如，语言专家悲叹像电子邮件、短信和推特这样的数字工具进一步侵蚀了人们已经很差的写作技能。老师和管理者们不喜欢包含笑脸和短信体缩写的研究论文、正式文件和官方通讯，如 OMG（我的天哪）和 U R GR8（你很棒）等。[88]另一个数字时代孕育的争论是微软副总裁琳达·斯通（Linda Stone）所说的"持续部分关注"。斯通解释道："你在一个会议室，围着桌子的所有人都频繁地或偷偷地瞥手机，或者看藏在桌子底下的黑莓手机。这种不时地查看手机已经成为一种流行病。"[89]听起来很熟悉？让我们以更有效的沟通为目标，探讨电子邮件和手机的非预期行为后果。它们是数字时代通信无所不在的两个重要形式。我们的结论是提倡工作场所的社交媒体政策。

■ 过度发送邮件

人们对电子邮件又爱又恨。电子邮件因其快速性和便利性而被过度使用。事实上，一项对 805 名员工的调查显示，56%的人有三个或更多的公司和私人电子邮件账户。[90]忙碌的管理者一天处理 100 多封电子邮件很正常。移动互联网智能手机和平板电脑，如 iPad，几乎允许我们从任何地方发送和接收电子邮件，包括手握汽车方向盘的时候，这有时会导致悲剧的发生。除了开车被干扰带来的危险以外，研究人员记录的电子邮件带来的非预期的行为后果还包括：(1) 其他沟通形式的减少，包括会议和非正式交谈；(2) 电子邮件信息导致情绪沟通不畅或误传；(3) 据报道，电子邮件的使用越多，同事之间的联系就越少；(4) 与用纸笔做笔记相比，人们更容易用电子邮件撒谎。[91]在支持公司制定技术使用正式政策的同时，一名专家最近观察到：

> 电子邮件持续存在法律、道德和效率的问题。一个问题是：用户以为电子邮件和口头沟通一样是非正式的，而且是一种说错话也不会被记录的媒介。但是，写下来的电子邮件被记录在硬盘上，跟口头沟通不一样：一个不经意、恶作剧或是愤怒时写下的错的单词或短语都可能带来法律后果。[92]

遵守正式撰写和传达的组织电子邮件政策，以及表 14－7 中的建议，管理者们可以用创造性的方式抑制电子邮件的过度发送。比如，英特尔的工程小组规定每周五为无电子邮件日。

> 不禁止使用电子邮件，但是鼓励每个人进行电话或面对面交谈。目标更加明确，即自由的信息流动和更好地沟通想法，英特尔首席工程师内森·扎德斯（Nathan Zeldes）在公司的博客上如是说。[93]

表 14－7　一些实用的使用电子邮件建议

- 不要认为电子邮件是保密的。雇主们越来越多地监测所有的电子邮件。假设你的信息将成为永久记录，任何人都可以阅读。
- 保持专业和有礼貌。建议包括删除邮件发送过程、不要发送连锁邮件和笑话、不要全部输入大写（这相当于大喊）、不要立即回复讨厌的电子邮件、克制使用彩色文本和背景、不要给陌生人看联系人列表，以及耐心等待邮件回复。
- 避免马虎。使用拼写检查器或发送之前重读信息。
- 不要用电子邮件处理反复无常或复杂的问题。使用适用于当前情境的媒介。
- 保持信息简单明了。使用正确的主题词，让读者第一眼就知道你想要干什么。像这个表格一样，用几个要点保持简洁。
- 节省人们的时间。适当的时候，在主题一栏或信息的最上面标注"不需要回复"。写一个描述性的主题，以帮助接收优先信息。
- 小心使用附件。大的附件会使别人的系统崩溃，而且花很长时间下载。只在必要的时候发送附件，得到允许后发送多个附件。

资料来源：Adapted from C Graham, "In-Box Overload," *Arizona Republic*, March 16, 2007, p. A14; M Totty, "Rethinking the Inbox," *The Wall Street Journal*, March 26, 2007, p. R8; F C Leffler and L Palais, "Filter Out Perilous Company E-Mails," SHRM Legal Report, *HR Magazine*, August 2008, pp. 1－3; and P Kemp, "10 Ways to Reduce E-Mail Overload," Harvard Business Review, September 2009, p. 88.

■ 手机的使用和滥用

美国超过90%的家庭有手机。无线通信技术深深地扎根于美国文化中。事实上，一项全国性的皮尤调查显示，大多数的受访者说他们宁可放弃固定电话、电视、互联网和电子邮件，也不愿放弃手机。[94]和电子邮件一样，手机的广泛使用（其中一半的手机有内置摄像头）带来大量非预期的行为后果。手机的问题有很多，从单纯的干扰（公共场合吵闹的铃声和对话）、不道德和非法问题（发送色情照片和拍摄限制区域或材料）到甚至可能引发致命事故。[95]比如开车时发短信这个长期引发争议的问题："弗吉尼亚理工大学交通运输研究院对长途卡车司机的研究结论是，开车时发短信使事故的风险提高了23倍。"[96]记住这项研究的结论，并且遵守表14-8中的手机礼仪，可以实现更好更安全的数字时代沟通。

表14-8　手机礼仪的五项建议

1. 不要听别人的手机对话。和其他所有形式的礼仪一样，手机礼仪的重点在于尊重他人。
2. 不要在每次手机响的时候，把铃声设置为《蟑螂》（La Cucaracha）这首歌。这是手机，而不是公共广播系统。
3. 在观看公共表演时，关闭手机。开会时或者在别人的公司里，把手机调成震动模式。如果需要的话，在礼貌的距离内接电话或回电话。
4. 开车时不要拨打电话。如果一定要在开车的时候打电话，请使用非手持装备。
5. 不要像使用扩音器那样，大声用手机讲话。这叫作"手机大喊"，会让别人厌烦。

资料来源：Five basic commandments in bold excerpted from D Brody, "The Ten Commandments of Cell Phone Etiquette," *Infoworld*, February 5, 2005, www.infoworld.com. Five interpretations quoted from R Kreitner and C Cassidy, *Management*, 12th ed (Mason, OH: South-Western Cengage Learning, 2012), page 319.

■ 需要制定工作中社交媒体使用的政策

短短几年中，社交媒体已经极大地影响了工作内外的生活。思考早已在2011年发布的以下数据：

- 在全世界范围内，脸书6.1亿用户每60秒内分享5万个链接，领英有0.9亿用户。
- YouTube用户每天观看20亿个视频。平均每分钟有35小时的视频上传至YouTube。
- 推特用户每周发送10亿条推文。
- 一项对1 600名来自美国、日本、英国和德国的员工调查显示，24%的人可以在雇主的网络上登录社交媒体网站。
- 一项对领英、脸书和推特用户的调查显示，26%的人说他们在社交媒体上撒小谎，22%的人承认直接说谎，21%的人称撒了弥天大谎。只有31%的人说他们是诚实的。
- 当7 200名管理者被问到他们的公司是否监测社交媒体的消息时，64%的人说"不"。[97]

结论：在职场上，社交媒体的使用很普遍，但是质量值得怀疑并且有可能失控。管理者可以用多种方式做出回应。他们可以简单地阻止访问社交网站。也可以在隐私受到攻击时，监测员工们关于工作内外的社交媒体内容。IBM倾向于持更积极的合作态度：

> 2005年，在看到数百名员工在休息时间发博客之后，IBM起草了一系列“社交运算法则”，有些法则规范了员工在社交网站如推特和脸书上的活动。这些法则力劝员工坦率对待自己的身份、牢记对发布的消息负责，并且在发送消息之前考虑一下。它们也提醒员工“远离与IBM员工身份不相符、有争议的话题”，社交软件副总裁吉纳·普勒（Gina Poole）如是说。
>
> 尽管很多人认为推特是释放内在自我的地方，IBM则希望其员工给在网上发送的消息“增加价值”。“你在塑造你的社会信誉。因此，你不会想成为一个轻佻或无聊的人，”普勒说，“如果你只是说‘我早餐吃了烤薄饼’，这并不能增加价值。”[98]

公司最终面临着社交媒体的双重挑战：（1）影响营销、名誉提升、团队建设和培训，以及消费者和员工的潜在授权；（2）尊重隐私权利，避免员工对法律和道德的滥用。表14-9（同样适用于公司电子邮件系统和电话的个人使用）中的政策指南往正确的方向迈进了一步。

表14-9　　工作场所使用社交媒体的政策指南

- 经公司批准后，才能使用公司的电子资源发送推文或其他公共信息。
- 没有公司批准，不能在个人的识别信息中，包括用户名、照片或标识、“简介”网页，使用公司的标识、商标或其他知识产权。
- 如果不是发送来自公司的官方消息，员工在评论公司的任何方面时都要在自己“简介”或“个人简历”中声明，此看法为个人观点，与公司无关。
- 信息不应泄露公司的机密或所有权信息。

资料来源：R Stephens，“In a Dither Over Twitter? Get a Policy，” *HR Magazine*，June 2009，p. 30.

回顾本章开篇的案例

> 假设你是百思买的CEO布莱恩·邓肯，你的工作场所社交媒体政策将包含哪些规定？

组织行为学案例研究

来吧，用脸书[99]

温迪·威尔克斯（Wendy Wilkes）介绍说，联合利华（Unilever）的信息技术岗位聘用了30个新人，他们中的大多数刚刚走出校门，而且并不开心。他们不喜欢公司发的手机和笔记本电脑。员工网站像20世纪90年代的网站，没有任何像脸书那样的互动功能。而且，他们无法下载iTunes或快速发信息的软件，来跟公司以外的人沟通。

威尔克斯显然意识到了他们的不满。这位27岁的管理者一毕业就加入了拥有立顿、瘦得快和凡士林等品牌的联合利华。她在学校里习惯用任何一台电脑登录她的Hotmail账号。但是，在工作中，她只能在办公室电脑上登录公司的电子邮箱。更不要说她跟公司以外的人之间的即时消息被禁止，这曾是她在学校里社会生活的基础。“让我最吃惊的是对外界的封闭。”她说。

1985年以后出生的人进入劳动力市场是一个技术冲击。伴随着MySpace.com和维基百科长大的这些员工不理解为什么公司要用18个月来创建公司软件，而他们可以立即下载自己需要的东西。“技术在我的个人和工作生活中很重要，我想两者需要联系起来。”22岁的大四学生艾米·乔安尼格曼（Amy Johannigman）如是说。她在一家公司工作了一个夏天。在那里，不鼓励使用社交网站，禁止用带摄像头的手机，实习生被告知有限地使用电子邮件。

对高层的反抗

公司政策阻止不了乔安尼格曼的同龄人。的确，公司制定有禁止使用未获技术部门批准的社交工具的政策。但是，大量破坏规则的员工让该政策变成一纸空文。咨询公司——福雷斯特研究公司（Forrester Research）甚至创造了一个表示员工忽视公司政策，而把技术握在自己手中的单词：技术平民主义。

在联合利华，员工使用的一半的桌面软件和服务都来自公司外部，其中一些是公司不允许员工使用的软件和服务，包括Skype和iTunes。公司的首席技术官克里斯·特纳（Chris Turner）说：“我们已经不能阻止他们了，他们才不管我们怎么抵制这些东西。”

威尔克斯正是推崇这些软件和服务的员工之一。她以信息管理学位加入联合利华，并且不久后就成为市场部门支持团队的成员。在那里，她亲身体验了联合利华的严格规定。威尔克斯随后向特纳抛出了一些有关员工利用消费者技术来提升生产率的想法。

6个月前，特纳提供给威尔克斯一份新工作，用她的话讲是“参与其中，做出改变”。目前威尔克斯已是13个所谓“消费化建筑师”中的一员。她的工作是推广受大众欢迎，并且大多数时候免费的技术。例如，威尔克斯正在探索如何让员工装置网络摄像头，这样他们就能够以视频会议的方式开会，从而减少上下班往返的时间。

联合利华仍在测试如何给予员工更多的数字自由。也许员工能在使用安全技术的前提下，允许在企业防火墙之外连接上他们自己的电脑。轶事证据显示，此做法可能会节省数百万美元。特纳说：“我们认为这是一个真正的机会，能改变公司现有的应用信息技术的成本模式。”

特纳的想法并未得到部门其他人的支持。但他指出，新做法背后的社会和经济力量是不可阻挡的。

［讨论］

1. 你曾为公司使用的过时的信息技术感到烦恼吗？如果有，请解释它如何妨碍你的沟通。

2. 从战略性的角度看，有什么论点可以用于反对工作场所中不受管制的信息技术？

3. 作为一名高层管理者，你会制定什么样的有关信息技术的政策？你会采取什么行动去执行这些政策？

4. 你对于“技术平民主义”的个人立场是什么？你的立场会怎样影响整个群体？

5. 你在此案例中见到哪些迹象显示了网络一代的规范（见表14-6）？这些迹象给企业成功带来了积极还是破坏性的影响？

6. 联合利华的温迪·威尔克斯怎样才能给员工足够的数字自由，但又不让公司陷入危机？请用具体社交软件工具，如Skype、网络摄像头的视频会议、iPod、脸书和推特进行解释。

法律/道德挑战

我们知道你在哪，在干什么[100]

几乎每个员工都做过这些事：在脸书上更新状态，在个人邮箱里发邮件，在YouTube上看视频，以及在工作时间给朋友打电话。

这些轻率的行为通常不被公司管理层察觉，除了在一些安全防范意识高或知识产权敏感的公司或政府部门里。但现在已不再如此。

许多公司的目光变得越来越敏锐，听力越来越灵敏。它们竭力利用员工的每一分钟工作时间，同时确保自己是最专业的、最能防起诉的公司。

管理人员利用先进的技术去捕捉员工的电脑击键，并且监督他们常访问的网站，甚至通过他们开启定位功能的手机去追踪他们的所在地。一些公司甚至会用网络摄像头和微型摄影机秘密地录下员工的活动。

把员工置于电子监视下的道德标准是什么？

1. 员工在上班时间内，应对自己的活动和行踪负责。不管员工知情还是不知情，电子监视都是可以接受的。

2. 如果员工已得到有关技术、程序和后果的告知，那么监督和跟踪员工是可以接受的。

3. 如果员工将被雇主监督，那么员工需要全程加入使用限制和标准的制定。你主张什么样的标准和限制？

4. 你好，老大哥。这里讨论的可是对私人隐私权不可接受的侵犯。员工监督的哪一种形式最不令人不悦？请详细解释。

5. 请提出其他选择，并加以探讨。

第15章 影响、授权与政治

学习目标

学完本章后，你应该能够：

1. 解释互惠利益的概念。
2. 给出至少三项软性策略和两项硬性策略，并总结现有影响的实践研究启示。
3. 识别并概括性描述弗伦奇和雷文的五种权力基础，并讨论权力的负责任使用。
4. 定义授权并解释授权程度的重要性。
5. 解释为什么委托是授权的最高形式，并讨论委托、信任和个人主动性间的联系。
6. 定义组织政治行为，并解释其诱因。
7. 区分有利和不利的印象管理策略。
8. 解释如何管理组织政治。

黛博拉·丹泽尔如何以抗癌战士的身份走上职业巅峰？

当黛博拉·丹泽尔（Deborah Dunsire）在2005年接任千年制药公司（Millennium Pharmaceuticals）的CEO职位时，这家位于马萨诸塞州剑桥市的制药公司只有一种产品在市场上销售——治疗白血病的万珂（Velcade），并且销售增长缓慢。更糟糕的是，用于静脉注射的万珂还将面临来自Celgene制药厂的同类片剂药品的竞争。丹泽尔大力推进万珂的营销和研究，最终获得监管机构的批准使得万珂可以更广泛使用。两年后，万珂的销售额猛增38%。

这样的绩效引起了制药界同行的广泛关注。2008年，大阪武田制药（Takeda Pharmaceutical）以89亿美元收购了千年制药。“她是非常有价值的人物。”武田制药CEO长谷川闲史（Yasuchika Hasegawa）说道。“她有着成功的记录和非凡的领导能力。”

丹泽尔的经验帮助新药通过了美国的审批流程，她在医疗、市场和管理方面的综合能力对大阪武田制药来说至关重要。大阪武田制药这家亚洲最大的制药商在2010年的收入达到158亿美元。

如今，曾作为医生在南非工作过3年的医学博士丹泽尔正负责指导开发15种复合药物，其中一些新药是从大阪总部转由她监管的。这15种新药占大阪制药正在开发的实验性药物数量的1/3。

丹泽尔是进军生物科技公司的少数女性之一。当她还是孩子的时候，“感觉成功遥不可及”，她说。无论是她做木匠的父亲，还是她身为办公室行政职员的母亲，都没有高中毕业。这对夫妻从一个苏格兰的采矿小镇移民到了丹泽尔的出生地津巴布韦，之后又搬到南非。“从没有任何人从那样的小镇搬走，但是他们却做到了。他们告诉我要充满兴趣并开拓意想不到的道路。”她说。

在约翰内斯堡的大学学习医药并在那个城市开设自己的诊所之后，丹泽尔接受了山德士制药（Sandoz）在广告上发布的一项研究工作。其中一项福利是一辆二手的本田思域。“我发觉我可能会学到一些崭新的在不久的将来能用上的东西，而且我得到了一辆车。”丹泽尔说。尽管她错失了给病人看病的机会，但她很快就确信从事制药业可能会挽救更多的生命。

在山德士，丹泽尔最初在医学移植组工作，后来做了培训销售人员的工作。“我们可以推进确有疗效的新药，但如果医生们不了解或不知道如何使用这些药，患者是不会被治愈的。”她说。丹泽尔被调到了山德士位于瑞士的总部。在1996年公司与汽巴精化（Ciba-Geigy）合并创建了诺华制药（Novartis）之后，丹泽尔在说服高管们投资抗癌药物上起了作用。

4年后她被指派去领导诺华在北美新开展的肿瘤业务。丹泽尔监管了很多新药研究，其中包括格列卫（Gleevec）、针对乳腺癌的弗隆（Femara）和针对转移性骨疾病的择泰（Zometa）。肿瘤类药品的发展成为诺华最盈利的业务之一，并且改变了数百万癌症病患的治疗方案。格列卫去年的销售额为43亿美元，对许多患者来说，它将一度致命的慢性髓细胞性白血病转变为可控的疾病。

6年前当千年药业邀请她担任CEO时，丹泽尔抓住了这次能领导整个公司的机会。“在诺华或许我只是一名小提琴手，得不到乐队指挥所具有的纵观全局的视野。”丹泽尔说。被武田制药收购让千年制药的市场扩展到了全球。她在武田制药执行委员会任职时，每年到日本6～8次评审肿瘤学领域可能的收购机遇。但是，她的热情却始终在实验室。“我经常在研究人员的房间里闲逛，就想看看有什么是令人兴奋的，所以我知道人们在做什么，”她说，“原来，他们常常在我出现时突然站起来迎接我，但现在他们已经习惯我了。”

丹泽尔说她不是一定想经营一家更大的公司。在她加入千年制药之前，诺华提供给她管理机会，她发现在诺华工作并不像在一个小公司工作那样有趣，因为在后者她可以接触到研究人员和每个层面的员工。“我正履行我致力于疾病研究的使命，我们还没有足够的治愈疾病的解决方案，”丹泽尔说，“关于癌症，我想我们正处在治愈癌症的开始阶段的末期。”[1]

在当今的工作组织中，人际交易的核心是自身利益和集体利益之间的持续斗争。例如，西德（Sid）想要加薪，但是他的公司并没有挣到足够的钱来既给员工加薪又购买所需的资本设备。最近一项对150名高级管理人员的调查揭示了这种利益冲突的负面影响：当被问及“好员工辞职的原因是什么？”“对管理的不满意”是选的最多的原因（35%），“有限的发展机会”（33%）和“认识的缺乏”（13%）分别排在第二位和第三位。[2]关心自身利益是可以理解的。毕竟，我们每个人在出生时并不是作为一个合作性组织的成员，而是作为一个具有自我保护本能的个体。随后个体在家庭、学校、宗教、体育、娱乐和就业环境中被社会化，并获得**互惠利益**（**mutuality of interest**）的概念。本质上，互惠关系涉及双赢的情况，通过与潜在对手积极地和创造性地合作来服务于个人的自身利益。[3]两位组织发展顾问从管理的角度表述了这种互惠利益：

> 没有什么比组织产品和服务的有效性和质量这种互惠的感觉更为重要。管理层必须努力激发每个员工对组织共同所有的强烈感觉，否则一个组织不能从长远的角度做到最好。只有把自身利益与组织绩效质量联系起来的员工，才能理解互惠利益并努力在工作和工作关系中维护互惠利益。[3]

图 15-1 描绘了员工的自身利益和组织对互惠利益的需求之间的角力。它还显示了本章中影响、授权和政治之间的关联，以及这些概念与本书中的其他关键主题之间的联系。管理者需要一套完整的技术来指导多样性的个体。个体往往有着强烈的动机把自己的利益放在组织和群体共同利益之前。个人和集体利益之间的这场拔河比赛的重要程度不亚于组织生存的终极目标，如开篇案例中的武田制药。

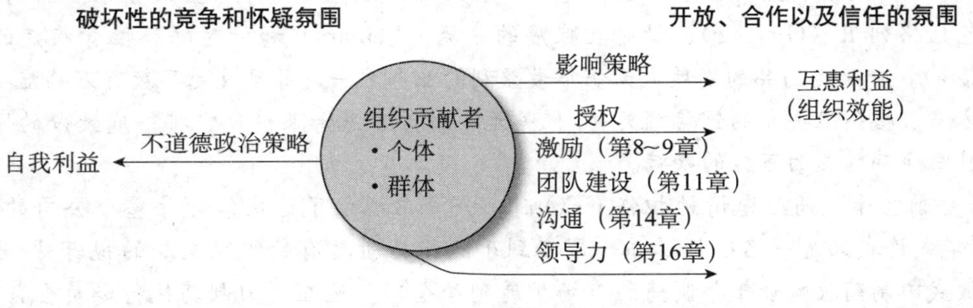

图 15-1　自身利益和互惠利益冲突需要管理者采取行动

15.1　组织影响策略

你如何让别人执行你的意愿？你直接告诉他们该怎么办？或者你更喜欢不那么直接的方法，比如承诺报偿？无论你使用什么方法，问题的症结是社会影响。大量的人际互动涉及想要影响他人，包括父母、老板、同事、配偶、孩子、教师、朋友和客户。用著名管理作家加里·哈默尔（Gary Hamel）的话说："影响就像水，总是流动到各个地方。"[4]我们所有人都需要提高自身的影响技能。想做到这一点，可以从熟悉下面各节中的各项研究结论开始。

15.1.1　九种通用影响策略

1980 年，大卫·凯普尼斯（David Kipnis）及其同事进行了一项特别富有成效的研究，揭示了人们在组织中如何相互影响。凯普尼斯的研究方法涉及询问员工他们是如何设法让老板、同事或下属按照自己的意愿行事的。[5]后续研究人员在 13 年间进行了多项类似研究，最终识别出九种通用影响策略。按照在职场使用频率从高到低分别如下：

1. 理性说服。试图用理性、逻辑或事实说服他人。

2. 诉诸鼓励。试图通过调动他人的情感、理想或价值观来激发热情。

3. 咨询。让他人参与计划、做决策和改变。

4. 逢迎。在提出请求之前让人拥有好心情；做到友好、乐于助人并使用赞美或奉承（见相关的“真实世界/真实人物”专栏）。

5. 个人魅力。在提出请求时提及私人友谊和忠诚。

6. 交换。做出明示或暗示的承诺和交易优惠。

7. 联盟策略。让别人支持你说服他人的努力。

8. 压力。要求遵从或使用恐吓或威胁。

9. 合法策略。把要求建立在权力或权利、组织规则或政策的基础上，或明示或暗示已得到上级的支持。[6]

这些方法可以视为通用影响策略，因为它们涵盖了所有方向和各种环境中不同社会影响的特征。研究人员发现，无论影响的方向是向下、向上还是横向，上述九种策略排名都相当稳定。[7]

真实世界/真实人物

应该尽力奉承老板吗?

当代老板们被告知要表扬下级，一张支票就足以激励员工的时代早已过去了，德勤CEO巴里·扎尔茨贝格（Barry Salzberg）说。但是，赞扬老板却完全是另一回事……大部分CEO说他们感激真诚的赞赏。问题是，老板们不可能总能分辨出真心赞赏或刻意奉承，至少在面对谄媚者时是这样。

CEO们其实有很多机会来区分真心赞赏或刻意奉承。密歇根大学商业战略教授詹姆斯·韦斯特法尔（James Westphal）是研究逢迎的学者。他发现当有人晋升为CEO时，来自下级的赞美会呈指数级壮观地增长。但是大多数CEO在识别花言巧语的欺骗方面并不比其他人做得更好，韦斯特法尔说。这就产生了一个问题：我们是应该对老板工作客观判断，还是应该给老板戴高帽子?

你怎么看为在职场先人一步而使用（或滥用）奉承？你会给那些做得过分的人贴什么样的标签?

资料来源：D Jones，“To Brown-Nose or Not to Brown-Nose?” *USA Today*，November 18，2009，p. 1B.

回顾本章开篇的案例

在这个案例中明显的影响策略是什么？如果你是丹泽尔的顾问或者私人教练，你会建议她多运用哪种策略？请解释。

人们将前五项影响策略（理性说服、诉诸鼓励、咨询、逢迎和个人魅力）称为软性策略，因为它们更友好，且不像后四项策略那样具有强制性。交换、联盟策略、压力和合法策略被称作硬性策略，因为它们会带来明显的压力。默克疫苗公司（Merck Vaccines）的董事长玛格丽特·麦克格林（Margaret G. McGlynn）是一个善用理性说服带来职业成功的好榜样。

像麦克格林的前任老板大卫·安斯蒂斯（David Anstice）所说的那样，麦克格林有一种"逻辑严密、异常有力的"推销自己方案的能力，这种能力帮助麦克格林迅速升迁……

麦克格林的说服力也帮助她在国会山取得成功……在默克获批在市场上推出一种针对带状疱疹（一种造成老年人痛苦的疾病）的疫苗之后，麦克格林到国会山一间又一间办公室去拜访国会议员。原因是新的老年医保制度中的D部分（药物计划）的一些规定让医生开完该疫苗处方后得不到全额支付。"我向议员们解释，"麦克格林说，"带状疱疹是一种使人衰弱的疾病，会对生活质量造成严重影响。他们似乎听取了我的建议。"国会通过一项新法案以解决医疗保险支付中存在的问题，并获总统签字（在2006年）。[8]

15.1.2 三个可能影响结果

假设你置身于下面这种熟悉的情境中。现在是星期三，而你为团队做的一个大项目的截止日期是星期五。你在准备报告和演示中将用到的图表方面已经落后。你看到一个对计算机图形非常在行的朋友，下了班正在离开办公室往外走。你尝试下面这种交换策略来让他帮助你："我现在落后了。我需要你的帮助。如果你今晚花两三个小时帮我完成这些图形，我会帮你完成你一直在抱怨的电子表格。"根据研究人员的已有发现，你的朋友将从下面三个可能的影响结果中选一个：

1. 承诺。您的朋友热情地同意，并将在完成任务时展示出主动性和持续性。
2. 服从。你的朋友勉强同意，但需要敦促才能达到最低要求。
3. 拒绝。你的朋友会说不，找借口、托词或者提出争论。[9]

最好的结果是承诺，因为目标人物的内在激励将激发良好的表现。然而，管理者经常不得不在如今繁忙的职场解决服从的问题。抵抗就意味着失败的尝试。

15.1.3 实践研究启示

实验室研究和实地研究揭示了不同影响策略的相对有效性及其他启发性见解：

● 当人们依赖咨询、理性说服和诉诸鼓励，而不是依赖压力和联盟策略时，承诺更有可能发生。[10]有趣的是，某项研究发现管理者在向下影响方面不是很有效。他们最依赖于鼓舞（有效的策略）、逢迎（适度有效的策略）和压力（无效的策略）。[11]

● 一项包括69项研究的元分析表明，逢迎（使老板感觉良好）可以稍微提高你的绩效评估结果，并使你的老板明显更喜欢你。[12]另一项具有多样性和道德启示的研究发现，逢迎是帮助白人男性在美国的公司董事会中占有一席之地的有效策略。[13]

● 当影响尝试涉及重要和愉快的事情并且基于友好关系时，承诺更有可能发生。[14]

● 一项对美国销售经理的实地研究发现了管理者和团队成员之间的工作关系质量如何影响帮助队友的意愿。当关系不好时，诉诸鼓励和交易策略实际上减少了帮助行为，缺乏可信度可能是背后的原因。但是，当关系良好时，交换策略增加了帮助行为。无论关系如何，咨询策略都增加了帮助行为。这是对管理者和领导者鼓励员工参与做法的有力支持。[15]

● 在一项调查中，214 名工作的 MBA 学生（55%为女性）倾向于认为其上司的软影响策略是公平的，而硬影响策略则不公平。不公平的影响策略与员工表现出的更大的抵制存在关联性。[16]

● 另一项研究探索了男性与女性在影响工作群体成员上的差异。之前许多研究已发现，在工作群体中女性被认为不如男性那么有能力且影响力更小。在该研究中，研究人员让男性和女性工作群体领导者参与任务行为（展示能力和任务能力）或展现主导行为（依赖威胁）。研究发现，无论男女领导者，任务行为都与知觉能力和有效影响相关联。主导行为则无效。研究者们据此做出的以下结论对希望成功地影响他人的所有当前和未来的管理者有重要的实践启示："展示任务线索是提高个人在群体中地位的有效手段……通过支配地位在任务群体中获得影响力的尝试对于男性和女性来说都是一种无效和很难被接受的战略。"[17]

● 人际影响与文化有关。上述关于影响策略的研究证据存在偏好欧洲-北美洲人的偏见。在如今多元化劳动力和跨文化全球经济背景下，如何有效地影响他人（假定不存在无意冒犯的前提下）还存在很多需要研究的地方。[18]

最后，加拿大顾问及作家芭芭拉·慕斯（Barbara Moses）提供了下面这项会影响你老板的建议：

> 如果你的老板不理解为何需要变革，部分原因可能出在你自己身上。当你无权做出变革决策时，你必须把你的观点推销出去。销售东西的关键是了解顾客的想法——而不是假设你的老板就是一个混蛋。但我们大多数人以自我为中心进行沟通。我们提出一个主意或提议项目，主要是对我们有意义的。相反，问问自己："对我的老板而言最重要的是什么？""他最关心的是什么？"只有在能回答这些问题之后才去和老板谈。[19]

15.2　社会权力

权力这个词常引发复杂的且往往是激烈的反应。许多观察家认为，最近出现的政府腐败和企业不端行为是一种险恶的力量。对于这些怀疑论者，阿克顿勋爵（Lord Acton）的那句历史悠久的"权力导致腐败，绝对权力导致绝对腐败"的警句依然正确。[20]但是，组织行为学家提醒我们，无论喜欢与否，权力都是现代组织生活中的现实。据一位管理学作家说：

> 权力必须被利用，因为管理者一定要去影响他所要倚仗的人。权力对于发展管理者的自信和支持下属的意愿至关重要。从这个角度来看，权力应被接受为任何组织的自然组成部分。管理者应该承认和发展自己的权力来协调和支持下属的工作；破坏组织效能的不是权力而是能力的缺乏。[21]

因此，权力是组织中必不可少的且通常是积极的一种力量。作为本节中的术语，**社会权力**（**social power**）被定义为“集中人力、信息和物质资源来完成某事的能力”。[22]

重要的是，在组织中行使社会权力的方向不一定是向下的。员工也可以向上和横向行使社会权力。向上权力行使的一个例子发生在生产个人护理产品的雅碧涛公司（Alberto-Culver）。该公司的创始人李奥纳多·拉文（Leonard Lavin）面临重振公司的压力，因为重要员工正要跳槽到更具创新能力的竞争对手那里，如宝洁公司。拉文的女儿卡罗尔·伯尼克（Carol Bernick）和她的丈夫霍华德（Howard），作为长期雇员，承担起了这个重任：

> 甚至伯尼克也在想着跳槽。相反，夫妻俩来到拉文的办公室郑重地向他下了最后通牒：要么交出CEO的位置，要么夫妻俩走人。这对拉文来说是一个巨大打击，迫使他面对要么将他的公司卖给外人要么把控制权交给年轻一代的艰难选择。因为不愿意出售公司，拉文极不情愿地下了台，尽管他还是董事会主席。
>
> 逼走自己的父亲，夺过他一手创造的公司的经营控制权是什么样的感觉？“这对任何公司的创始人来说都不是一件容易的事，无论他是你的父亲抑或不是。”46岁的卡罗尔·伯尼克说，现在她是雅碧涛北美的副主席兼总裁。[23]

霍华德·伯尼克成为CEO，该公司自上而下的管理风格被废弃，取而代之的是一个青睐更开放企业文化的管理方式，据说拉文对公司后来的发展结果很满意。[24]

15.2.1 权力维度

虽然权力对于普通民众来说可能是一个难以捉摸的概念，但社会学家认为权力具有相当清晰的维度。值得我们注意的权力的两个方面是：（1）社会化权力和个人化权力；（2）五种权力基础。

■ 权力的两种类型

大卫·麦克莱兰（David McClelland）等行为学家认为，人类的基本需求之一是权力需求（n Pwr）。因为这种需求是后天习得，而不是先天的，因此对权力的需求已经被广泛研究。从历史上看，当某一受试者从个体试图影响、说服、劝说或控制他人角度解释主题统觉测验（Thematic Apperception Test，TAT）图片时，他就会被认为对权力需求高。然而，最近，研究人员对**社会化权力**（**socialized power**）和**个人化权力**（**personalized power**）进行了区分。

> 在权力需求中有两个子量表或“面”。一面被称为“社会化”(s Pwr)，在 TAT 测试中被描述为“计划、自我怀疑、混合结果和对其他人的关注……”，另一面是“个人化”权力（p Pwr)，指为了自身强大目的的权力渴望变得高于一切。[25]

某些管理者和个体为了私利追求个人化权力导致了权力的坏名声。根据研究，当管理者发生下列行为时，其个人化权力会被展示出来：

- 更多地关注满足自己的需求。
- 更少地关注他们下属的需求。
- 不遵守普遍期望遵循的行为规则。[26]

举例，成功的儿童图书出版商光脚丫童书社（Barefoot Books）的联合创始人兼 CEO 南希·特拉弗茜（Nancy Traversy）最近谈到了她是如何成为一个企业家的故事：

> 我出生在加拿大的一个艺术家庭。我学习商业，这使我成为“不孝的女儿”。大学毕业后，我在伦敦的普华永道银行部门工作。有一天我穿着西装，其中一个合伙人对我说，“女人不穿裤装”，然后让我回家换装。这件事对我造成了深远的影响。[27]

对 25 名当选公职的美国女性的一系列访谈发现了她们对社会化权力的强烈偏好。[28]一个很好的例子是脸书的首席运营官雪莉·桑德伯格（Sheryl Sandberg），她最近写道：

> 我的第一份工作是在世界银行，在印度我工作的内容是有关麻风病、艾滋病和失明患者的健康项目。在我第一次去印度旅行期间，我被带到了一个有着麻风病家庭的村庄，在那里我看到的人们的情况是我以前无法想象的。我向自己保证，从今往后，我只做真正重要的事情。
>
> 脸书允许人们在网上做真正的自己，使用技术的力量发现对方并与对方分享真实的自己。这种联系对他们的生活会产生真正的影响。[29]

回顾本章开篇的案例

> 黛博拉·丹泽尔在她的职业生涯中最有效地使用了社会化权力还是个人化权力？请解释。

五种权力基础

现今流行的社会权力分类方法可追溯到 50 多年前约翰·弗伦奇（John French）和伯特伦·雷文（Bertram Raven）的相关著述。他们提出，权力来自五种不同的基础：奖赏权力、强制权力、法定权力、专家权力和参照权力。[30]每一种权力影响他人的方式都不同：

- 奖赏权力。管理者在通过承诺或给予奖励来获得服从时具有**奖赏权力**（**reward power**)。奖赏权力是通过口头或书面认可和其他积极的强化方式塑造工作行为的核心。培训专家罗伊·桑德森（Roy Saunderson）解释道：

员工告诉我们，奖励存在的一个问题是只有当他们最终完成目标时才能得到奖励。他们抱怨一般没有人在获得结果的过程中提及任何事情。

这样的做法会损失多少认可人们为完成任务付出的努力和行动的机会啊。同时这又是一个多好的机遇，可以充分发挥认可的艺术性来承认人们的辛勤付出和工作的价值啊。[31]

- 强制权力。惩罚的威胁和实际惩罚赋予个人**强制权力**（**coercive power**）。例如，大众汽车公司的执行主管沃尔夫冈·伯恩哈德（Wolfgang Bernhard）采取的强制策略。“伯恩哈德，46岁，一个无情的成本削减器，他有一个最喜欢的技术：他经常扣留员工在会议室，然后拒绝打开门，直到他们从将推出的车型里再减下1 500美元的成本。”[32]会有人中途需要使用卫生间吗？
- 法定权力。这种权力的基础是一个正式的职位或权威。因此，对法定权力的服从主要来自个体依据正式权威做出的决定。管理人员时，**法定权力**（**legitimate power**）可以通过积极或消极的方式来体现。积极的法定权力建设性地关注工作绩效。消极的法定权力倾向于威胁和贬低那些被影响的人。法定权力的主要目的是建立权力持有人的自我意识。重要的是，现在人们越来越关注对管理者有关隐私权和工作以外行为的法定权力的限制。[33]
- 专家权力。拥有重要知识或信息的个体在需要这些知识或信息的人面前具有**专家权力**（**expert power**）。主管权力更大，因为他们比员工更早知道工作时间表和任务。三项对医生诊断团队的研究发现，熟练使用专家权力在团队领导的有效性方面发挥了关键作用。[34]知识在当今高科技行业里面就是权力。
- 参照权力。也称为魅力，当人格是获得服从的原因时，**参照权力**（**referent power**）就出现了。角色模范对那些与他们密切相关的个体有参照权力。[35]

关于魅力，杰克·韦尔奇和苏茜·韦尔奇在其商业建议专栏中提供了下列有启发性的观点：

魅力的影响力究竟有多大？就短期来看，很大。长久考虑，也很大——但并不是唯一的权力基础。

当然，我们显然不在这里谈论“坏的”魅力。那种没有睿智头脑、远大愿景和正直个性的魅力是无用的，甚至是危险的。在商业中，令人赞叹的个性与不那么令人赞叹的头脑很恰当地被称为空西装（金玉其外）。这类人中有太多人设法到达顶端，甚至到CEO的位子，但在毫无建树地表面风光了几年之后，这类人往往走向自我毁灭。从更广的范围来看，具有黑暗魅力的领导者拥有能毁灭生命和国家的力量。

但是具有好的魅力的领导者也无处不在，他们拥有有吸引力的领导方式、诚实和智慧。对他们来说，魅力只是使工作更容易。为什么？因为领导者总是不得不激励他们的雇员。[36]

回顾本章开篇的案例

什么特别的权力基础在黛博拉·丹泽尔的事业成功中起了作用？她现在职位中最强的权力基础是哪一项？请解释。

15.2.2 关于社会权力的研究启示

一项基于 TAT 的、以科罗拉多州丹佛市非管理职位专业雇员（94 名男性和 84 名女性）为样本的研究发现，男性和女性员工具有类似的权力需求（n Pwr）和个人化权力需求（p Pwr）。但是，女性对社会化权力的需求显著高于男性。[37]这对于当今的女性在工作群体中发挥更大的行政作用来说是一个好信号。遗憾的是，随着女性在职场获得权力，男性和女性之间的紧张关系也日益加剧。《培训》（*Training*）杂志提出了这样的观点：

观察家认为，职场男女之间的紧张关系是性别之间权力不平等的自然结果。他们的论点是，男人仍然拥有大部分的权力，并且一直抵制任何变化，作为保护他们权力基础的方式。[顾问] 苏珊·韦伯（Susan Webb）断言，性骚扰与其说是基于性的吸引力，不如说是一种以不健康方式行使权力的做法。同样，玻璃天花板被用于形象地形容女性在职场升迁至管理和行政职位时面临的障碍，其本质也与权力和获得权力相关。[38]

相应地，澳大利亚悉尼一项有 140 名女性和 125 名男性大学生参加的研究发现，"女性比男性更正面地描述了掌权的女性"。[39]

一项对 18 项实地研究的元分析测量了弗伦奇和雷文的五种权力基础。结果揭示了二人的研究存在"严重的方法缺陷"。[40]在纠正相应问题后，研究人员识别出权力基础和工作结果（如工作表现、工作满意度和离职率）之间的关系如下：

- 专家权力和参照权力普遍具有积极影响。
- 奖励权力和法定权力具有轻微的积极影响。
- 强制权力有轻微的负面影响。

同一位研究者在一项涉及 251 名大四商科学生的后续研究中，研究了影响类型与权力基础之间的关系。这是一个自下而上的研究。换句话说，检验了员工对管理者影响力和权力的看法。理性说服被发现是一种可以被高度接受的管理影响策略。为什么？因为员工认为三种积极权力基础是相关的，包括法定权力、专家权力和参照权力。[41]

总之，专家权力和参照权力能带来最好的工作结果以及低级别员工的积极响应。

15.2.3 负责任和道德地使用权力

随着民主继续在世界各地传播，一个清晰的现实是：领导者不负责任地使用他们的权力会面临失去权力的风险。这条警示既适用于公司和非营利组织，也适用于政府领导者和公众人物。

如果管理者希望避免这种结局并负责任地执行权力，正确的方向是理解员工承诺和单纯服从之间的区别。

负责任的管理者努力争取社会化权力，同时避免个人化权力。前北约盟军最高司令韦斯利·克拉克（Wesley Clark）这样说：

有时威胁是起作用的，但它通常也带来不良后果——如怨恨和希望通过某种方式得到平衡。人们不喜欢被提醒他们的权力或地位较低。因此，在商业中，重要的是通过共同目标、共同任务和共同标准的力量来实现激励效果。[42]

事实上，一项调查发现，那些上级行使社会化权力的美国联邦政府高级管理人员的组织承诺水平，高于他们那些拥有“权力饥饿”型老板的同事的承诺水平。研究人员使用术语“振奋权力”与“支配权力”来描述这种现象。[43]这两种权力与权力的五种基础有什么关系？与影响策略一样，管理权力的三种可能结果是：承诺、服从或抵抗。奖励、强制和负面的法定权力倾向于产生服从（有时是抵抗）。另一方面，积极的法定权力、专家权力和参照权力倾向于促进承诺。同样，承诺优于服从，因为它是由内部或内在激励驱动的。仅仅服从的员工需要上司经常性地运用权力“推动”才能继续前进（见相关的“真实世界/真实人物”专栏）。承诺水平高的员工往往做事主动，不需要密切监督——这是今天以团队为导向的组织成功的关键因素。

真实世界/真实人物：商业道德

强生的高压手段

2005年的一天，一批100多万瓶圣约瑟夫阿司匹林（St Joseph aspirin）未通过质量检测，据参与测试过程的两名员工说，是因为样品不能正常溶解。根据公司流程，应阻止该批次药品上市。然后经理把这两名员工叫进他的办公室。“他说，‘你喜欢在这里工作吗？’”一个员工回忆说，“‘这应该通过。没有理由会失败。’”最终，两个质检员被命令重新测试药物，然后使新的结果的平均分达到合格，以便该批次药品可以上市。其中一位员工说：“直截了当地说，像我一样，你最终会做你被要求做的事情。”

他们指证的经理拒绝承认这起事件。然而，很明显，该经理承认该部门存在道德问题，并且反过来指责另一名主管。

如果你是质检员，你将如何处理这种权力的滥用？讨论你的行动的实际后果。

资料来源：M Kimes，“Why J&J's Headache Won't Go Away，” *Fortune*，September 6，2010，pp. 104，106.

15.3 授权：从权力分享到权力分配

当今的组织流行趋势是让员工在职场有更大的发言权。这种趋势贴有各种标签，包括“高度参与管理”、“参与式管理”和“开放式管理”。无论使用什么标签，其目的都是帮助员工更好地掌握自身的工作生活。管理顾问和作家艾伦·伦道夫（W. Alan Randolph）对**授权**（**empowerment**）做了如下定义：“授权是承认并释放到组织中那些人们已经拥有的丰富的和有用的知识、经验和内部动机。”[44]这个过程的核心组成部分是推动决策制定的权力层层下放到组织底层。曾在通用电气和高盛集团担任“首席学习官”的史蒂夫·克尔（Steve Kerr）补充了重要条件：“我们认为授权将决策权下放到有决策能力的组织最低层。”[45]以下就是希尔顿（Hilton）的惠庭套房酒店（Homewood Suites）如何授权员工的：

授权是惠庭套房酒店员工参与的主要驱动力。如果客人不满意，酒店提供 100%退款保证。任何员工（从房屋管理人到经理）都可以给予此保证：他们不必寻求批准或争论。因此，客人不必沿着指挥链向上投诉才能解决问题。

得益于回头客和退款客人的推荐，“我们在每一美元的退款上所得到的回报比例是 20 比 1”，执行主管弗兰克·赛义塔（Frank Saitta）说。同时酒店从敬业员工身上得到的回报“要高得多”。[46]

当然，授权给不愿意或没有准备的员工是幼稚的，且效果会适得其反。我们来探讨员工授权的动态，同时牢记杰克和苏茜的警告：“授权是那些要当心的概念（如”创造性破坏”和“协作工作团队”）之一，因为相关书籍越出越多且被咨询师挂在嘴上，这些概念被夸大的成分远多于真实成分。[47]

15.3.1 程度问题

理解授权的概念需要对传统思维进行一些调整。首先，权力不是一个人得到而另一个人就损失的零和博弈。社会权力是无限的。这就需要双赢的思维。让历史悠久的美国女童子军项目重焕活力的弗朗西斯·赫塞尔宾（Frances Hesselbein）说：“你给别人的权力越多，你拥有的权力就越大。”[48]视赋予员工权力为威胁自身的权力主义管理者，会因为个人的非输即赢思想而不能领会授权的真谛。

对传统思维的第二个调整涉及应将授权视为一个程度的问题，而不是一个二选一的命题。[49]图 15-2 说明了如何将权力逐步转移到非管理者手中。最重要的目标是提高更加精益的组织的生产率和竞争力。传统意义上被告知做什么、何时做以及如何做的员工作为组织贡献者的权力在这一进化过程的每一步都得到了增强。体现授权精神的一个很好的行为榜样是摩托罗拉的执行主管格雷格·布朗（Greg Brown）：

布朗把自己的信条归结为三个词：倾听、学习、引导。这意味着你需要了解你的业务的每个细节，让你的员工知道你不会有所有的答案，并关注少数真正关键的事情，即使往往有几十件事看起来都很重要。[50]

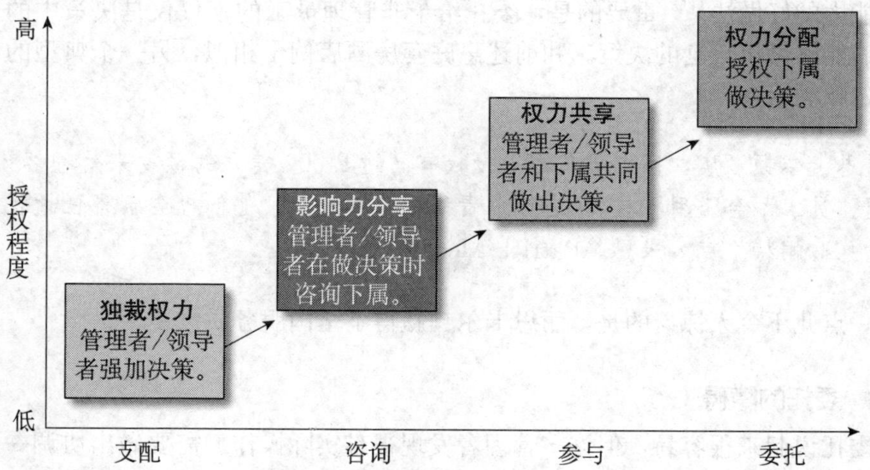

图 15-2　权力的演变：从支配到委托

15.3.2 参与式管理

关于**参与式管理（participative management）**的确切含义存在疑惑点。管理专家通过定义参与式管理是员工在下列过程中扮演的直接角色来澄清存在的疑惑点。这些过程包括：(1) 设定目标；(2) 做出决策；(3) 解决问题；(4) 在组织中进行改变。参与式管理包括但不限于简单地向员工询问他们的想法或意见。

参与式管理的支持者声称，员工参与提高了员工的满意度、承诺水平和绩效。与马斯洛的需求层次理论和工作设计的工作特征模型（参见第8章）一致，参与式管理被预测会增加动力，因为它有助于满足员工的三个基本需求：(1) 自主性；(2) 工作意义；(3) 人际关系。满足这些需求增强了接受感和承诺、安全感、挑战感和满意度。相应地，这些积极的感觉被假定将带来创新和提高绩效。[51]

参与式管理不适合所有情境。工作的设计、管理层和员工之间的信任程度以及员工的能力和参与管理的准备程度是影响参与式管理（PM）有效性的三个因素。关于工作设计，如果在流水线上，员工彼此高度相互依赖，个人的参与反而适得其反。在这种情况下个人参与的问题是，相互依赖的专业员工通常对整个生产过程没有广泛的了解。当员工不信任管理时，参与式管理也不太可能成功。最近在针对一家《财富》500强公司的研究中，发现普通员工对于管理层的信任显得特别重要。[52]最后，当员工有能力、有准备并有兴趣参与时，参与式管理更有效。NBC环球有线娱乐公司（NBC Universal Cable Entertainment）总裁邦妮·海默尔（Bonnie Hammer）通过推动她的员工参与来促进企业发展：

> 虽然她对项目有强烈的见解，但她试图确保团队不会陷入群体思维。海默尔说："我总是愿意开会讨论"，"我的声音是最后一个"，"我不想在没有听到其他所有人意见时让别人先听到我的意见。我允许大家表示不同意。"[53]

15.3.3 委托

授权的最高程度是委托。**委托（delegation）**是授予下级员工决策权的过程。[54]这相当于权力分配。长期以来委托一直被推荐为一种减轻繁忙经理的负担同时又能开发员工能力的好做法。[55]重要的是，委托给予非管理员工的不仅仅是决策中的发声。这使他们能够做出自己的决策。和前述惠庭套房酒店例子相似，另一个典型的例子是丽思卡尔顿酒店：

> 在丽思卡尔顿酒店，每个员工都被授权有高达2 000美元的额度来处理客人遇到的任何问题。员工不会滥用特权。"当你负责任地对待人们，他们也会负责任地行事。"酒店的质量总监帕特里克·米恩（Patrick Mene）说。[56]

一点儿不令人惊讶的是，丽思卡尔顿赢得了全国服务质量奖。

■ 委托的障碍

委托说起来很容易，但许多管理者发现很难实际操作。需要做出协调一致的努力以克服以下常见的障碍：

- 相信谬论，“如果你想做得对，自己做”。
- 对低级别员工缺乏信心和信任。
- 低自信。
- 害怕被说懒惰。
- 工作定义模糊。
- 担心来自下级的竞争。
- 不愿意承担依靠他人可能涉及的风险。
- 对委托职责可能带来的问题缺乏早期预警控制。
- 不实行委托的老板的坏典型。[57]

■ 委托研究及其对信任和个人主动性的管理启示

纽约州立大学奥尔巴尼分校的研究人员对多对经理和员工组合进行了调查，并对管理者的委托习惯进行了后续访谈。他们的结果证实了关于委托的一些重要的常识概念。更好效果的委托与以下因素有关：

1. 员工有能力。
2. 员工共享管理者的任务目标。
3. 经理与员工有长期且积极的关系。
4. 级别低的人曾经也是主管。[58]

这种委托情况归结于一个关键因素：信任。[59]

回顾本章开篇的案例

图 15-3 中主动性金字塔中的哪一层最好地描述了黛博拉·丹泽尔的管理风格？这是如何帮助她成功的？

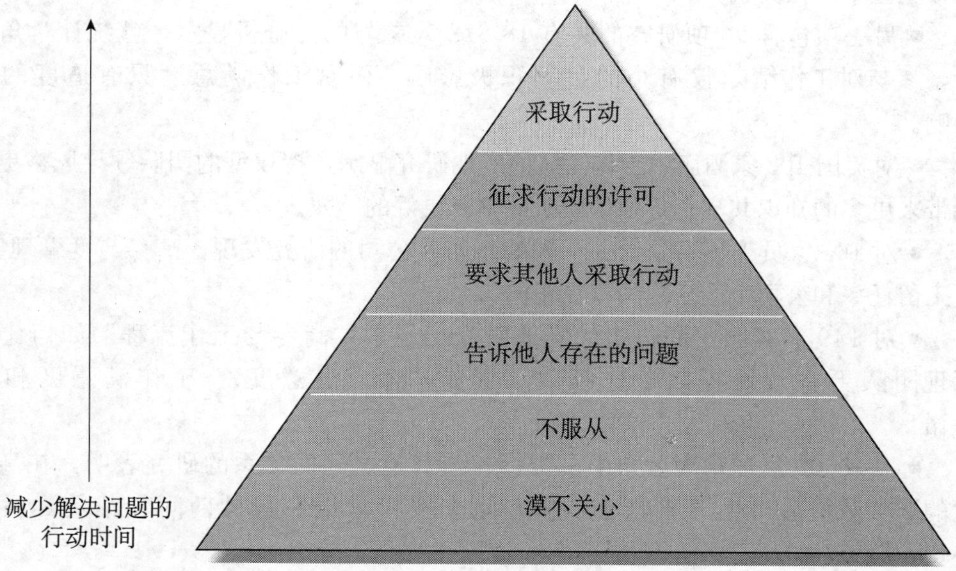

图 15-3　个体主动性：委托的另一面

资料来源：Figure from A L Frohman, “Igniting Organizational Change from Below: The Power of Personal Initiative,” *Organizational Dynamics*, Winter 1997, p. 46. © 1997, with permission from Elsevier.

管理者更喜欢将重要的任务和决策委托给他们信任的人。如第 11 章所述，建立信任需要时间和积极经验。当然，信任是脆弱的；它可以被一个简单的评论、行为或遗漏所毁灭。具有讽刺意味的是，至少一开始如果不冒被背叛的风险，管理者就难以学会信任一个人。这就是图 15－2 中展示的直达信任的三步阶梯：咨询、参与和委托。换句话说，管理者需要从小事情开始，沿着阶梯一步步扩大信任和授权。他们需要先委托员工以小任务和小决策，并随着员工能力、信心和信任的增长而扩大授权。员工也需要在信任公式的自己那一头努力。获得管理者信任的最好方法之一是表现出主动性（见图 15－3），然后取得结果。相关研究人员对**个人主动性**（**personal initiative**）做了下列有启发性的定义并描述了其特征：

> 个人主动性是一组行为表现，使得个人采取积极和自主的方式工作，并超出了自身工作职位的正式要求。更具体地说，个人主动性的特征表现在以下方面：（1）与组织的使命一致；（2）具有长期关注性；（3）目标导向和行动导向；（4）面对障碍和挫折时坚持不懈；（5）自我启动和主动性。[60]

回想一下我们在第 5 章对前瞻性人格的讨论。

15.3.4 授权：研究记录和实践启示

像其他广泛宣传的技术，如全面质量管理、360 度评估、团队和学习型组织一样，授权也面对着许多的批评者并承受着对其不切实际的期望之苦。[61]迄今为止相关研究对授权支持和否定兼而有之，最近的研究中持支持性结论的呈上升趋势：

- 一项包含 27 项研究的共有 6 732 人参与的元分析显示，员工参与绩效考核过程与员工对绩效评估的满意度、评价的知觉价值、评估后提高绩效的动机以及评价过程的知觉公平存在关联。[62]
- 另一项包含 86 项研究的共有 18 872 人参与的元分析显示，就统计学角度来看，参与对工作绩效仅有小的显著积极影响，而对工作满意度只有适度的积极影响。[63]
- 对美国 102 家酒店中工作团队的实地研究显示，授权型的团队领导风格更有可能带来更多的知识共享、更强的团队效率和更好的绩效。[64]
- 对 164 家员工数不少于 100 人的新西兰公司的研究发现，高参与度管理实践、员工留任率和公司生产率之间存在正向关系。[65]
- 对 149 名客服中心员工的实地研究记录了“高参与工作流程”如何比自我管理团队更有效地提高工作绩效（例如，客户满意度）、工作满意度和组织承诺。[66]
- 对 3 000 家加拿大公司中员工授权与裁员之间的关系的研究表明，在高参与度的职场裁员后，生产率趋于下降，除非授权承诺在裁员期间和裁员之后维持不变。[67]
- 两项新研究表明，知觉到被授权的员工有更强内在激励、试图变得更有创造力，且更支持组织变革。[68]

我们相信，如果管理者恰当地使用授权这一策略，会有很好的前景（见相关的

“真实世界/真实人物”专栏)。授权是一个全面的概念，涉及许多不同的定义和大量的变量。因此，研究人员使用了不一致的测量方法，得出的因果关系是模糊的。致力于授权员工的管理者需要走一条持续改进的路，要从自身的成功和失败中学习。在对十家授权型公司进行了一项为期八年的研究之后，伦道夫提出了一个授权模型（如图 15-4 所示）。请注意，开放式管理和主动信息共享是建立必要信任基础的前提。除此之外，还需要明确的目标和大量的相关培训。注意到授权过程可能需要几年才能展开，伦道夫提出了这个观点：

> 虽然授权的关键可能容易理解，但它们很难实现。开始分享敏感信息需要极大的勇气。在人们刚想要更多行动自由的时候建立更多的结构需要真正的力量。允许团队接管管理决策过程需要真正的成长。最重要的是，坚持不懈地完成授权过程。[69]

授权计划

分享资讯
- 分享公司绩效信息。
- 帮助员工了解公司业务。
- 通过共享敏感信息建立信任。
- 创建自我监控的可能性。

通过结构实现自主权
- 创造清晰的愿景和明确的小目标。
- 创建支持授权的新决策规则。
- 阐明目标和角色时协调一致。
- 建立新的授权绩效管理过程。
- 使用大量的训练。

让团队变得有层次
- 提供新技能的指导说明和培训。
- 为变革提供鼓励和支持。
- 逐渐让管理者放松控制。
- 努力适应领导真空阶段。
- 承认恐惧因素的存在。

记住：授权不是魔术；它包括几个简单的步骤和很多坚持。

图 15-4 伦道夫授权模型

资料来源：W A Randolph，“Navigating the Journey to Empowerment,” *Organizational Dynamics*，vol 24，no 3，p. 46，© 1997，with permission from Elsevier.

真实世界/真实人物

纽约爱乐乐团的参与和授权

在指挥乐队理解音乐作品，从音量到节奏到整体效果，[音乐总监和指挥] 艾伦·吉尔伯特（Alan Gilbert）都有自己的想法。他的音乐家们曾与许多指挥合作过，并有演奏流行的古典作品的经验。

“不利用这种经验的话，我就是个白痴。”吉尔伯特说。他通过向乐队音乐家们请求帮助来实现他们对自身的认同。他与资深音乐家和部门负责人会面并说：“这是我要在下一段时间中从你的部分寻找的那种效果。你也能试着这样做吗?”吉尔伯特说，这给了音乐家们一种主人翁感和责任感，同时也“播下种子”，这将帮助吉尔伯特实现他所追求的效果。

吉尔伯特谨慎地避免了强加自己意志的感觉。

在职场，要实现自己期望的目标，参与管理和操纵之间隔着一条细线。你是如何区分它们的？

资料来源：J Shambora，"Advice From a Maestro，" *Fortune*，April 11，2011，p. 38.

15.4 组织政治与印象管理

大多数组织行为学学生发现组织政治的研究很有趣。也许组织政治话题的吸引力源自好莱坞电影中滑稽的企业坏蛋形象和诸如《办公室》之类的肥皂剧。[70]然而，我们将看到，现实是组织政治包括但肯定不限于肮脏的交易。组织政治是现代职场中一个永恒的有时是令人讨厌的特征。"根据人力资源服务公司办公室团队的一项调查，高管们说，他们19%的时间花在与员工的内部纷争上。"[71]一位专家最近发现，"许多'新经济'公司使用'WOMBAT'一词（由'浪费''钱''脑力''时间'等的首字母组成的缩略词）来描述办公室政治"。[72]另一方面，组织政治可以是现代工作组织中的积极力量。熟练和适时的政治可以帮助实现你的观点、消除对一个关键项目的抵抗、工作分配得到中意的工作或者干脆助你完成工作。

阿考田珀斯公司（Accountemps）在最近一项调查中询问了572名员工："你如何处理办公室政治？"大多数（54%）选择"知道发生了什么但不参与"的回应，而16%的人表示"直接参与"，29%的人表示他们不会参与。[73]知道"游戏"的玩法才是真正重要的。在工作中积极玩弄政治是个人偏好和道德问题。玛丽·麦克因特在（Marie G. McIntyre）《办公室政治中获胜的秘密》（*Secrets to Winning at Office Politics*）一书中列出了政治成功的四个方面：

- 权力评估。如何提高你的杠杆地位？
- 绩效。你的工作如何使业务更成功？
- 知觉。如何提高你的声誉，尤其是对那些能够实现你目标的人？
- 伙伴关系。如何增加你与盟友和支持者的关系网？[74]

出于学习组织政治的目的，3 447名中高级管理人员中有32%的人对一项互联网调查做出回应，他们表示自己需要指导以便能在工作中更加精通政治。[75]

下面，我们将对组织政治这个重要且有趣的领域进行探讨，回顾相关研究及其实践启示，包括：（1）定义组织政治这个术语；（2）识别政治行为的三个层次；（3）讨论八个具体的政治策略；（4）探讨印象管理。

15.4.1 组织政治的定义和领域

"**组织政治（organizational politics）**涉及影响的有意行为，以增强或保护个体或群体的自身利益。"[76]强调自我利益识别了这种社会影响的形式。如本章开头所讨论的，管理者不断面临挑战，以实现员工自身利益与组织利益之间的可行平衡。当适当的平衡达到以后，员工追求自身利益也有可能服务于组织的利益。当自我利益侵蚀或击败组织利益时，政治行为就成为一种消极的权力。例如，研究人员记录了过滤和扭曲信息流向老板的政治策略。这种自私的做法让员工在向老板汇报时让自己或自己的工作看起来最好。[77]

■ 不确定性触发政治行为

政治操纵主要由不确定性触发。组织中五个常见的不确定性来源是：

1. 目标不清晰。
2. 模糊的绩效评估。
3. 不明确的决策过程。
4. 强大的个体或群体竞争。[78]
5. 任何类型的改变。

关于最后一个不确定性来源，组织发展专家安东尼·拉亚（Anthony Raia）指出："无论我们试图改变什么，政治子系统都变得活跃。既得利益几乎总是受到威胁且权力的分配备受挑战。"[79]

因此，我们期望现场销售代表努力实现指定的配额，比管理培训生在各种项目上工作时更不具政治性。虽然一些管理培训生以艰苦工作、能力和一点运气来支撑他们事业上的成功，但许多人却不是这样。这些人试图通过运用下面讨论的政治策略和策略组合来获得竞争优势。与之相比，销售人员的绩效是根据实际销售情况衡量的，而不是因为与老板成为朋友或居功于他人的工作成果。因此，管理培训生倾向于比现场销售人员更具政治性，因为管理层的期望有更大的不确定性。

因为员工在其职业生涯的早期通常会遇到更大的不确定性，初级员工是否比较年长的员工更具政治性？根据对纽约州北部的 243 名成年人的调查，答案是肯定的。事实上，一个接近退休的高级雇员告诉研究员："我在年轻时玩政治游戏。现在我只是做我的工作。"[80]

■ 政治行为的三个层次

虽然很多政治操纵发生在个人层面，但也可能涉及组织或集体行动。图 15－5 说明了三种不同层次的政治行为：个人层次、联盟层次和网络层次。[81]每个层次都有其显著的特点。在个人层次，个人追求自身利益。然而，联盟和网络层次的政治动机不那么明显。

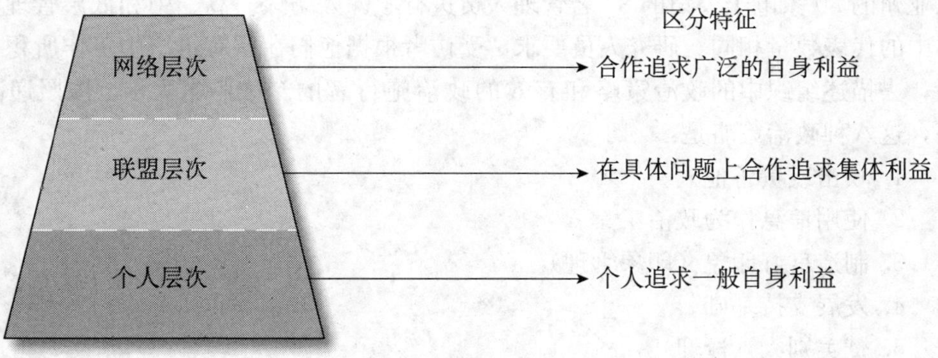

图 15－5　组织中政治行为的层次

具有共同利益的人可以通过满足下面定义中的要求而成为政治联盟：在组织背景

下，**联盟**（**coalition**）是一个通过积极追求解决单一问题而结合在一起的非正式群体。联盟可能或不可能与正式的群体成员相一致。当目标问题得到解决（例如实施性骚扰行为的主管被解雇），联盟解散。专家指出，政治联盟具有“模糊边界”，意味着它们的成员具有流动性、结构灵活并且是暂时的。

联盟是组织中有力的政治力量。思考一下查尔斯·布拉德肖（Charles J. Bradshaw）在川宇公司（Transworld Corporation）的财务委员会会议上面临的情况。作为公司总裁的布拉德肖反对董事会主席收购一家价值 9 300 万美元的疗养院企业的计划：

> ［财务高级副总裁］以一系列事实和数据支持交易开始了会议。“在两三分钟之内，我知道我已经失败了，”布拉德肖承认，“没有人直接和我说话，但所有的声明针对的都是我的反对意见。我看得出董事会里的其他人已经达成了某种协议……”
>
> 然后进行表决。五位董事表示赞同，只有布拉德肖投了反对票。[82]

会议结束后，布拉德肖辞去了530万美元年薪的职位，也没有从董事会主席那里得到比其他董事更多的挽留。在布拉德肖的案例中，财务委员会这个正式的群体，暂时成为一个政治联盟，旨在终结他在川宇公司的职业生涯。近年来家得宝、联合电脑公司（Computer Associates）和惠普这些巨型公司董事会上的政治联盟也驱逐了不少公司的负责人。

第三层次的政治行为涉及关系网络。[83]与围绕特定问题的联盟不同，网络是个人的自由联系，寻求社会支持他们自身的一般利益。从政治上来说，网络是以人为本，而联盟是以问题为导向的。网络具有比联盟更广的范围和更长期的议程。例如，雅芳的西班牙裔员工建立了一个网络，以增强成员获得职业发展的机会。[84]

15.4.2 政治策略

任何在组织工作过的人都有关于公开的政治行为的第一手资料。为你的错误指责他人是一个明显的政治伎俩。但其他政治策略更微妙。研究人员已经识别了一系列政治行为。

有一项具有里程碑意义的研究，识别了八种政治策略。这项研究对来自南加利福尼亚州的30家电子公司的87名管理人员进行了深入访谈。高、中和低层管理者在样本中的代表数量相同。研究人员要求“受访者根据他们在所有组织中工作所积累的经验，去描述组织中的政治策略和有效的政治施行者的个人特征”[85]，按照递减的次序，这八种政治策略是：

1. 攻击或责备他人。
2. 使用信息作为政治工具。
3. 制造良好印象（印象管理）。
4. 发展支持基础。
5. 赞美别人（逢迎）。
6. 与强大的盟友建立权力联盟。
7. 与有影响力的人相关联。
8. 创造义务（互惠）。

表 15-1 描述了这些政治策略，并指出了受访的管理者使用它们的频率。

表 15-1　组织中的八种常见政治策略

政治策略管理者提到的策略	策略的百分比	策略的概括描述
1. 攻击或责备他人	54%	习惯于避免或最小化与失败的关联
2. 使用信息作为政治工具	54%	涉及有目的抑制或扭曲信息。用过量信息“压垮”上级以掩盖和模糊不利的情况
3. 制造良好印象（印象管理）	53%	为成功做装饰。遵守组织规范，使他人的成功和影响引起注意。赞扬他人的成就
4. 发展支持基础	37%	为决策获得优先支持。通过参与获得他人对决策的承诺
5. 赞美别人（逢迎）	25%	使有影响力的人感觉良好（讨好）
6. 与强大的盟友建立权力联盟	25%	与能够取得成果的有权力的人合作
7. 与有影响力的人相关联	24%	在组织内外建立支持网络
8. 创造义务（互惠）	13%	创造社会债务（“我帮助了你，所以你欠我一个人情”）

资料来源：Adapted from R W Allen，D L Madison，L W Porter，P A Renwick，and B T Mayes，“Organizational Politics：Tactics and Characteristics of Its Actors，” *California Management Review*，Fall 1979，pp. 77-83.

研究人员区分了被动和主动的政治策略。一些策略如替罪羊，就是被动的，因为它们的意图是捍卫自己的利益。其他策略，例如发展支持基础，是主动的，因为它们试图促进个人的自身利益。

你对组织政治的态度是什么？你依靠表 15-1 中的各种策略的频率是什么？你可以通过将你的行为与表 15-2 中的特征进行比较，获得你的政治趋势的一般说明。你会把自己定性为在政治上是幼稚的、明智的还是老练的？你认为他人如何看待你的政治行为？你的政治趋势对职业、友谊和道德有什么影响？[86]

表 15-2　你在政治上是幼稚的、明智的还是老练的？

特征	幼稚的	明智的	老练的
潜在态度	政治是不愉快的	政治是必要的	政治是一个机会
意图	避免不惜一切代价	更进一步的部门目标	自我服务和掠夺成性
技术	说实话	网络；扩展连接；使用体制给予和接受好处	操纵；必要时使用欺诈和欺骗
喜欢的策略	没有——真理会胜出	谈判，讨价还价	欺负；误用信息；培养和使用“朋友”和其他门路

资料来源：From J K Pinto and O P Kharbanda，“Lessons for an Accidental Profession，” *Business Horizons*，Vol. 38，No. 2，p. 45，© 1995，with permission from Elsevier.

15.4.3　印象管理

印象管理（impression management） 被定义为“人们试图控制或操纵他人对自身形象或想法的反应的过程”。[87]

这包括一个人如何谈话、行事和看待问题。大多数印象管理旨在对相关的他人产生良好的印象。但是，正如我们将看到的，一些员工却努力给人留下坏印象。为了使概念清晰，我们将关注向上的印象管理（试图给直接的主管留下深刻印象），因为它与管理者最相关。不过，请记住，任何人都可以成为印象管理的目标。父母、教师、同辈、选民、员工、面试官和客户在管理他人的印象时都是公平的。

■ 交叉概念

印象管理是一个有趣的交叉概念，涉及自我监控、归因理论和组织政治。也许这解释了为什么印象管理近年来得到了积极的研究关注。高自我监控的员工（“变色龙”一般地适应周围环境）可能比低自我监控者更倾向于参与印象管理。[88]印象管理还涉及对归因的系统操纵。例如，如果一位银行总裁鼓励董事会成员将组织成功归因于她的努力，而将问题和失败归因于她无法控制的因素，这位总裁看起来就会令人印象深刻。印象管理绝对符合组织政治的领域，因为首要的焦点是促进自己的利益。

■ 留下好印象

如果你“为成功而打扮”，在任何时候都展现乐观的态度，并能对高层管理者做15秒精彩电梯演讲，那么你正在进行有利的印象管理——特别是如果你的动机是改善你的生活。这些都是值得的努力吗？在对2 198名员工的调查中，56%的人表示精心打扮已成功获得回报；44%的人说没有。[89]这个结果不分上下，难以下结论。创造良好的第一印象可能很棘手，比如下面这个有趣的例子：

> 1984年在为沃尔玛商店卸货的第一天，当时17岁的道格·麦克米伦（Doug McMillon）开着他的本田思域撞上了他老板的车。对沃尔玛来说，幸运的是，麦克米伦并没有被解雇。麦克米伦在过去25年中努力工作，一路升至沃尔玛国际的CEO。[90]

也有很多人用被质疑的方式来创造良好的印象。印象管理很容易陷入不道德的泥沼。

一项对84名银行职员（包括74名女性）的影响力尝试样本的统计分析，识别了三类有利的向上印象管理策略。[91]有利的向上印象管理策略可以是以工作为重点（操纵关于个人工作绩效的信息）、以主管为重点（赞扬和为自己的主管做好事）和以自我为重点（表现出自己是一个礼貌的好人）。适度的向上印象管理对当今普通员工来说是必要的。太少的印象管理策略，使繁忙的管理者在做出工作分配、支付和晋升决策时，有可能忽略你的一些有价值的贡献。但是如果过量，你又有可能冒着被你的同事称为“闲谈者”“骗子”或冠以其他令人不快称号的风险。过度的奉承和讨好目标人物有可能反过来使情况变尴尬并损害自己的信誉。此外，当印象管理策略跨越性别、种族、国家和文化界限时，意外侮辱的风险非常高（见相关的“真实世界/真实人物”专栏）。国际管理专家警告：

> 印象管理策略仅在行为表现符合文化中可接受的规范时才有效。换句话说，派往海外的美国经理在一个日本下属的背上拍一下说“干得好，樱井弘树（Hiro）!”的做法，并不会在这个叫樱井弘树的下属心中创造出外派经理想要的有利印象。事实上，这样的行为可能会制造相反的印象。[92]

真实世界/真实人物：商业道德

琳达·哈德逊用强烈的第一印象表明观点

国防承包商 BAE 系统公司的总裁兼 CEO 琳达·哈德逊（Linda Hudson）向那些试图在男性占主导地位的企业中获得职位升迁的女性提供了如下建议："挑战贬低行动，但做的真实和专业。甚至在我自己作为管理者的职业生涯中，一位副总裁在面试我的时候公然宣称：'我不认为一个女人能做这份工作。'我记得对他说：'我不期待坐在这里保卫我的性别。如果你不够男人来看看我的证书并得出我就是正确人选的结论的话，那么我就是在浪费时间。'我结束了面试。最后却得到了这份工作。"

在这个例子中，关于影响力、权力和印象管理的实践启示是什么？

资料来源：As quoted in B Kowitt，"Tips for Climbing the Corporate Ladder，" *Fortune*，March 21，2011，p. 42.

■ 留下不好的印象

乍一看，有意识地试图在职场制造出一个坏印象的想法似乎是荒唐的。但一个有趣的新的印象管理研究系列发现了使自己看起来不好的动机和策略。对美国西北大学商科学生的工作经验调查中，一半以上的人报告说"他们见证了有人故意让自己在工作中看起来不好"。[93] 为什么？相关研究识别出四个动机：

> （1）避免：员工寻求不好的印象以避免额外的工作、压力、筋疲力尽或不必要的调动或晋升。（2）获得具体奖励：员工寻求加薪或期望的调动、晋升或降级。（3）退出：员工寻求被裁员、解雇或停职，也可能为了得到失业或员工赔偿。（4）权力：员工寻求控制、操纵或恐吓他人，以报复或让他人看起来不好。[94]

在这些动机的背景下，不利的向上印象管理是有意义的。

研究人员识别出五种不利的向上印象管理策略如下：

1. 降低绩效——限制生产率、犯下比往常更多的错误、降低质量、忽视任务。
2. 不发挥工作潜能——假装无知，具有未使用的能力。
3. 撤退——迟到、过度休息、装病。
4. 表现出一种不好的态度——抱怨、忧郁和愤怒，表现得奇怪，不和同事相处。
5. 散布自身不足——通过语言的和非语言的方式让同事知道自己的身体问题和错误。[95]

《华尔街日报》的贾里德·桑德伯格（Jared Sandberg）解释了他所谓的"战略无能"：

> 战略无能不是又一项失败的战略，而是使失败成功。战略无能在避免个人不想做的工作时往往有效。对于初级员工而言，这是一种通过无权力来获得权力的方式。对于管理者而言，战略无能可以通过假装无法执行低级任务来从现状中获益。[96]

本书中有很多帮助管理那些试图给人留下坏印象的员工的方法。它们包括更具挑战性的工作、更大的自主性、更好的反馈、支持性领导风格、清晰和合理的目标以及不太紧张的工作环境。

回顾本章开篇的案例

如果你在申请一个管理职位时被黛博拉·丹泽尔面试，你将如何制造良好印象从而得到该职位？

15.4.4 组织政治与印象管理的研究证据

不同于受控实验室环境下研究学生的组织政治与印象管理，一些对真实组织中员工的实地研究得到了下面这些有用的发现：

- 在对美国西南部514名非学术性大学员工的研究中，相对于不同人种和少数族裔以及白人女性，白人男性对组织政治有更深的了解。研究人员支持使用导师帮助女性和少数族裔发展其政治技能的做法。[97]
- 对美国五家不同的服务业和工业公司雇佣的68名女性和84名男性进行的另一项研究揭示了以性别为基础的对于组织政治来说的重要观点：

> 这是性别战争的另一个版本，当政治行为的目标为相反的性别时，往往被认为更有利……因此，男女员工都倾向于将性别看作一个有意义的隶属类别。现有相关研究通常表明女性倾向于在工作中接受男性的优越感，并且普遍同意性别刻板印象的本质是歧视。上述研究提出了相同的观点。[98]

- 在对一家大型公司研发部门的172名团队成员进行的调查中，认为较高层次的团队政治与较低的组织承诺、较低的工作满意度、较差的工作绩效和较低的单位有效性相关。[99]
- 当对250名英国管理者最近的组织政治进行调查时，发现政治操纵是常见的，阴险的行为是引发互相反击的导火索。研究人员进一步总结：

> 大多数管理者认为政治行为是道德的且必要的，组织效能、变革、资源和声誉等方面归因于政治策略，虽然80%的人没有在这一领域接受过培训。经常运用的策略包括网络、获取“关键玩家”支持倡议、与权力经纪人交往、改变规则和自我推销等。从另一方面讲，不是那么常见的策略（但并非不存在）包括提供错误信息误导、传播谣言和保留“污点文件”以胁迫。[100]

下面这项跨文化实验室研究的结果值得注意：犹他大学的38名日本裔美国人和39名欧洲裔美国人参与的一项研究展示了印象管理如何导致跨文化问题。结果发现，与日本传统一致，日本裔美国人倾向于以谦卑（或温和）的方式公开报告他们的工作表现，尽管私下表示他们的表现和欧洲裔美国人一样好。日本这种趋向于轻描淡写个人成绩的文化，给第三方欧洲裔美国人评价者（他们不知道任何文化差异）造成了错误的印象。根据研究人员的研究，“日本裔美国人被认为不如他们的欧洲裔美国同辈那么有能力和不太可爱，因为他们往往表现得更不好”。[101]看来美国老话说要“吹响你的号角总是有好处的”（炫耀自己的才能）仍是一如既往地正确。然而，号角吹得太多也会被认为傲慢、自我为中心和霸道。诸如此类的达到微妙的文化平衡的行为使跨文化往来非常具有挑战性。

15.4.5 管理组织政治

组织政治不能被根除。只有太过天真的管理者才会梦想根除组织政治。但政治操纵可以也应该被管理，以确保其处于建设性和在合理的界限之内。如哈佛大学的亚伯拉罕·扎勒兹尼克（Abraham Zaleznik）指出的那样：“人们只可能把注意力集中在有限数目的事情上。在组织政治上投入精力越多，投入其他可以归类为实质工作的事情上的情感和智力方面的精力就越少。”[102]可衡量的目标是管理层应对反生产组织政治的第一道防线。

个体参与组织政治活动的程度是个人价值观、道德和气质的问题。严格的无政治性或高度政治性的人通常为他们的行为付出代价。前者可能经历缓慢的升迁，并感到被遗忘，而后者可能冒着被称为自私自利和丧失信誉的风险。政治光谱两端的人可能被认为是差的团队成员。中等程度的审慎政治行为通常被认为是在复杂组织中生存的必要手段。同时，管理者主张遵循表 15－3 中列出的规则。而且每个人都需要向艾琳·罗森菲尔德（Irene Rosenfeld）学习。卡夫食品的这位出生在布鲁克林的 CEO 说这是她迄今为止得到的最好建议：

> 做你自己。通常，特别是在企业环境中，每个人都有一种想要成为那种大家都喜欢的角色的倾向。将自己每天全身心投入工作的机会是一个强大的想法，而且是一个鼓舞人心的想法，它是让一个人在公司中感到舒适的诀窍之一。[103]

表 15－3　如何保持组织政治在合理的范围内

- 在招聘时筛选出极端的政治个体。
- 创建开放式管理机制。
- 确保每个员工都了解企业的运作方式，并确保员工个人视野与组织关键成果一致，同时有相应的用于个人问责制的可衡量目标。
- 让非财务人员为所有员工定期解释财务状况和会计报表。
- 建立正式的冲突解决和申诉程序。
- 作为一个道德过滤器：只做那些如果你上了电视会做的事情（不做那些上电视时不做的事情）。
- 公开认可并奖励在没有运用政治手段的情况下获得真实成果的人。

资料来源：Adapted in part from discussion in L B MacGregor Serven，*The End of Office Politics as Usual*（New York：American Management Association，2002），pp. 184－99.

组织行为学案例研究

“你让我们快疯了。你必须往后退。”[104]

（乔氏杂货连锁超市（Trader Joe's）总裁道格·劳赫（Doug Rauch）在 2008 年退休。）

我是一个正在恢复中的控制狂，我怀疑很多高管都是这种类型。我因为没有认识到这个问题，差点妨碍了乔氏超市的成功扩张。

把乔氏超市从西海岸带到东部意味着我们不

得不雇佣新的工作人员。我们必须教会每个人乔氏超市的购买哲学、组织文化、使我们成功的细节。在我看来，没有人能做得比我更好，因为没有人有我这样的知识。我乐于对公司的扩张进行微观管理。

一年左右，新扩张店铺的员工领会我的意思的程度刚刚好。文化被灌输，哲学理念渗入。只有我没有看到这一点。在我充满热情地控制一切的时候，我没有注意到，是时候卸下训练的车轮，让新的工作人员成长并融入他们的角色。我继续着微观管理的方式。其效果是令人沉闷的，特别是在我们组织的核心，买家方面。我一直说，一个不犯错误的采购团队是一文不值的，但我不让他们犯错误。他们开始害怕冒险。然后这一切就开始影响业务了。

幸运的是，对我来说，一个勇敢的高级采购人员帮助我停止了所有这一切。她走近我，说："你让我们快疯了。你必须往后退。我们会犯错误，但你必须放手让我们去做。"

这是一个转折点。我回到采购团队，承认我的问题。我告诉他们我"正在戒控制瘾"，我需要他们给我定期的反馈，否则我可能会回到老路上。我们都笑了，然后公司蓬勃发展。

随着我努力学着放手让人去做，我看出了微观管理在让别人闪耀或成长上是失败的。因此，我不再去自己解决问题，而是专注于培养问题解决者。我把"试试这个"改成"你认为我们应该尝试什么？"我用看着别人用他们自己的方式行事来获得成功的喜悦感，取代了自己做而获得的满足感。

事实证明这样的管理方式回报颇为丰厚。

[讨论]

1. 这个案例中涉及哪些明显的影响策略和权力基础？请说明。

2. 社会化权力和个人化权力之间的区别如何具体体现在本案例中？

3. 依据图15－2，你将如何描述道格·劳赫的行为变化？请说明。

4. 本案例如何可以用于支持委托的观点？

5. 你会给一个采用微管理方式的管理者什么建议？

6. 你认为道格·劳赫的管理风格转变使得乔氏超市的组织政治可能性增大还是减小？请说明。

法律/道德挑战

报复时间？

"我是一家大型咨询公司的研究助理。最近我注意到一份报告中有一个严重错误，而准备这份报告的朱莉总是以一种感觉比我高人一等的方式做事。检查这份报告并不是我的工作，所以我没有说什么。报告要被送出去，而且我希望朱莉遇到麻烦。我的朋友很震惊，但我不认为我欠这个女人什么人情以至于要帮她这个忙。我对吗？"[105]

以下行动有什么道德和实践影响？

1. 不要说什么。善有善报恶有恶报。朱莉应该被教训一下。这只是公平而已。

2. 警告朱莉的老板，使报告错误得到纠正且朱莉陷入麻烦。

3. 私下告诉朱莉这个错误，希望和她成为政治盟友，甚至可能是朋友。

4. 成熟点！这不是仅限于你和你的小对手的。优秀的客户服务应该是你的首要任务。

5. 作为员工你有义务说出来并帮助整个公司获得成功。

6. 提出其他选择并讨论。

第16章 领导力

学习目标

学完本章后，你应该能够：

1. 定义领导力，并解释领导与管理的区别。
2. 了解领导特质理论及其应用。
3. 了解领导行为理论及其应用。
4. 根据费德勒的权变模型，解释领导风格如何与情境控制相互作用，以及该模型的应用。
5. 讨论豪斯的新路径-目标理论及其实践启示。
6. 描述自由放任、交易型和变革型领导之间的区别。
7. 讨论变革型领导如何改变追随者和工作群体。
8. 解释领导-成员交换模型。
9. 回顾共享领导的概念和仆人式领导的原则。
10. 描述领导过程中追随者的角色。

为什么杰克·格里芬被时代华纳公司解雇?

时代华纳公司说，它已经迫使杰克·格里芬（Jack Griffin）从时代华纳旗下的时代出版公司的CEO位置辞职。格里芬担任该职位不到六个月。

在周四晚上给员工的备忘录中，时代华纳CEO杰夫·贝克斯（Jeff Bewkes）说，他的结论是格里芬的领导风格“与时代公司和时代华纳不匹配”……

熟悉这件事的人说，格里芬表现出“专横行为”，这与时代公司的员工队伍不合拍。时代出版公司出版《人物》（*People*）、《体育画报》（*Sports Illustrated*）、《返璞归真》（*Real Simple*）、《财富》等著名杂志。

例如，格里芬坚持认为，每本杂志的每一期都应该有写有他名字的刊头，这就打破了公司长期以来的传统——由编辑来取决是否要标头。一位高级执行主管说，强制性的额外页面让公司每年额外花费多达600万美元，华纳高管是在近几年上百位员工被辞退后才发现格里芬的上述决定的。

这位执行主管还举了更多让人苦恼的更具体的行为例子，比如格里芬喜欢在早上7：30举行会议的习惯。“这样的方式对家庭生活很不友好。”该主管说。

“这可以归结为一种个性和风格的冲突。”一位熟悉整件事的人说。

据另一位熟悉内情的人士说，时代华纳解雇格里芬的主要原因是他对外部顾问的过度依赖。格里芬常常不经过时代出版的员工和高管就做出重要决策。他在决策过程中更倚重外人——比如顾问，而不是公司的内部员工——很多员工都是时代出版公司老资历的主管。

格里芬的领导风格与时代华纳CEO贝克斯的领导风格形成了鲜明对比，贝克斯对团队合作和群体决策的强调已经成为时代华纳企业文化的标志。

格里芬获得现职之前任职梅雷迪思公司（Meredith Corp）。他成功地帮助梅雷迪思公司从其主营的杂志业务拓展到其他领域，比如营销服务等。格里芬也因此受到赞誉。该业务拓展帮助梅雷迪思更好地渡过了因为广告业务收入下降造成的席卷杂志业全行业的裁员和关门潮。

12月，作为重塑梅雷迪思公司形象的一部分，格里芬重组了公司的销售和营销业务。[1]

本章的开篇案例强调了我们在第1章中讨论过的问题。具体来说，管理的权变方法更有可能给个人和组织带来积极的结果：权变方法要求以适合情境的方式使用管理工具和领导风格，而不是依靠“唯一的方法”或“一刀切”的方式。格里芬并没有采纳这个建议。某种程度上，他被辞退是因为他采用了适用于梅雷迪思公司的领导风格，但该领导风格却不适合时代华纳公司的文化和环境。

本章的目的是通过探讨有效领导和无效领导，来帮你避免格里芬所犯的错误。在正式给出“领导力”定义后，本章将主要关注以下几个方面：（1）领导特质和行为理论；（2）不同的领导情境理论；（3）全范围领导模型；（4）关于领导力研究的其他方法。上述每个领域都有很多不同的领导理论，不可能一一进行讨论。本章主要回顾那些得到最多研究支持的理论。

16.1 领导力包括什么

几个世纪以来，关于领导力的话题一直令人们为之着迷，各种领导力定义层出不穷。本节将提供领导力的定义、回顾研究领导力的不同方法和观点，并强调领导和管理之间的异同点。

16.1.1 定义领导力

领导力定义的分歧源于它涉及领导者、员工和领导情境之间复杂地相互作用的事实。比如，一些研究人员从人格和身体特征方面定义领导力，而另一些则认为领导力由一些规定的行为构成。相比之下，其他研究人员从领导者和员工之间的权力关系方面定义领导力。根据这个观点，领导者用他们的权力影响员工的行为。领导力也可以视为目标实现的工具。领导者是那些帮助他人实现目标的个体。还有人从领导技能方面定义领导力。

关于领导力的所有定义都具备以下四个共同点：(1) 领导力是领导者和员工之间的一个过程。(2) 领导力包含社会影响。(3) 领导力出现在组织的不同层面（比如，在个体层面，领导力包含指导、培训、鼓舞和激励；领导者也建立团队，培养凝聚力，并在群体层面解决冲突；最后，领导者在组织层面建立文化并推动变革）。(4) 领导力关注目标实现。[2]基于这些共同点，**领导力（leadership）**被定义为“个体影响群体以实现共同目标的过程”。[3]

上述定义缺少领导力的两个构成部分：道德视角和跟随者视角。领导力的概念无关道德。历史上一些有效的领导者是谋杀者、贪污犯和道德败坏者。领导力专家芭芭拉·凯勒曼（Barbara Kellerman）做了这样的总结：“领导者和我们普通人一样：诚实又狡猾，懦弱又勇敢，贪婪又慷慨。假设所有优秀的领导者都是好人是故意遮掩人类的本性，这会严重地限制我们构建更加有效的领导力的范围。”[4]这里表达的主要观点是，好的领导者清楚自己的强项和弱点，并能构建自己的积极属性。

此外，最近对领导力的研究发现，追随者的期待、态度和行为也会影响假定的领导者所展现的领导能力。“追随者”将在本章最后一节中讨论。

16.1.2 不同的领导力研究方法

鉴于其对所有组织的重要性，领导力是组织行为学领域最常被研究的主题之一。关于领导力的研究，有很多不同的方法和观点。虽然不同方法的流行程度随着时间的推移而变化，但每种方法都有助于你更好地理解领导过程。

本章将逐一讨论表16-1中列出的领导力研究的不同方法。组织行为学研究者从20世纪早期开始研究领导力，当时关注的焦点是与领导效能相关的各种特质。20世纪50年代和60年代专家尝试研究有效领导者的行为及风格。这类研究让人们意识到，不存在最好的领导方式。于是在20世纪60年代和70年代，产生了关于领导力的各种权变研究。权变研究关注识别在不同情境下最有效的各种领导行为类别。如今，变革型领导是最流行的观点。相关研究始于20世纪80年代初，其研究者坚持领导者通过各种领导行为激励员工来追求组织目标。最后，几种新兴的观点从全新的视角来研究领导力。

你都无法相信上述每种观点里面包含了多少种不同的领导理论。毫不夸张地说，可能有十几种甚至几十种之多。而且，如果算上管理顾问们提出的理论，领导理论的数量还会成倍增加。为了避免读者无所适从，本章只讨论那些得到最多研究证据支持的重要理论。我们也会讨论几种对学术和实践意义重大的新兴领导理论。

表 16-1　领导力研究方法一览

特质方法	• 斯托格迪尔和曼恩的五大特质——智力、支配、自信、能量水平和任务相关知识。 • 领导原型 ——智力、男性气质和优势。 • 库泽斯和波斯纳的四大特质——诚实、前瞻性、鼓舞人心和能力。 • 戈尔曼——情绪智力。 • 贾奇及其同事——两个元分析：外向性、尽责性和经验开放性的重要性；性格相对智力的重要性。 • 凯勒曼的不称职领导者的特质——无法胜任、刻板固执、毫无节制、麻木无情、腐败堕落、封闭狭隘、邪恶残暴。
行为方法	• 俄亥俄州立大学的研究——两个维度：定规行为与关怀行为。 • 密歇根大学的研究——两种领导风格：工作中心与员工中心。
权变方法	• 费德勒的权变模型——任务导向领导风格和关系导向领导风格；情境控制的三个维度（领导-成员关系、任务结构和职位权力）。 • 豪斯的新路径-目标理论——八种领导行为明确了员工的目标路径；员工特征和环境因素是影响领导行为有效性的权变因素。
变革方法	• 巴斯和阿沃利奥的四种变革型领导行为——鼓舞性激励、理想化影响、个性化关怀和智力激发。 • 全范围领导理论——领导风格是从自由放任领导风格、交易型领导风格到变革型领导风格的连续体。
新兴方法	• 领导-成员交换（LMX）模型 ——领导者和追随者之间的二元关系至关重要。 • 共享领导——在相互影响的过程中，人们分担领导职责。 • 格林利夫的仆人式领导——为他人提供服务，而不是自己。 • 追随者在领导过程中的作用——追随者管理领导者-追随者关系。

资料来源：Adapted from A Kinicki and B Williams，*Management*：*A Practical Introduction*，5/e，p. 443，McGraw-Hill，2011. Copyright © 2011 The McGraw-Hill Companies. Reprinted with permission.

16.1.3　领导与管理

理解领导和管理之间的差异很重要，有助于充分了解领导是什么。领导力专家伯纳德·巴斯（Bernard Bass）总结说："领导者管理和管理者领导，但这两项活动不是同义词。"[5]巴斯告诉我们，尽管领导和管理有重叠，但它们各自包含一系列单独的活动和功能。一般来说，管理者执行与计划、检查、组织和控制相关的职能，而领导者则应对管理者工作中的人际关系部分。领导者启发他人、提供情感支持，并激励员工为共同的目标努力奋斗。领导者在为组织制定愿景和战略计划方面也发挥着关键作用。管理者负责愿景和战略计划的实施。表 16-2 总结了与领导者和管理者相关的不同关键特征。[6]

表 16-2　领导者和管理者的对比

作为领导者意味着	作为管理者意味着
激励、影响和改变行为。	从事管理、指导并对资源负责。
鼓舞人心、定基调、阐明愿景。	执行计划、实施，交付货物及服务。
管理人。	管理资源。
富有魅力。	认真负责。
富有远见。	计划、组织、指挥和控制。
理解并运用权力和影响。	理解并运用权威和职责。
行动果断。	负责任地行动。

续前表

作为领导者意味着	作为管理者意味着
把人放在第一位；领导者了解、回应并代表他的员工。 出现以下几种情况时，领导者可能会犯错： 1. 由于能力不够或意图不良，选择了错误的目标、方向或是鼓励措施。 2. 领导过度。 3. 由于无能或缺乏后续承诺，无法履行并实现愿景。	把顾客放在第一位；管理者了解、回应并代表他们的顾客。 出现以下几种情况时，管理者可能会犯错： 1. 不能把握员工工作为关键资源的重要性。 2. 领导不足；他们像对待其他资源、数据那样对待员工。 3. 渴望指导和控制，但不愿意负起相应的责任。

资料来源：Reprinted from P Lorenzi，"Managing for the Common Good：Prosocial Leadership，" *Organizational Dynamics*，vol. 33，no. 3，p. 286. © 2004，with permission from Elsevier.

通过表 16 - 2 提供的信息，我们可以得出很多结论。第一，好的领导者不一定是好的管理者，而好的管理者也不一定是好的领导者。第二，有效的领导者需要某种程度上具备有效的管理技能。比如，捷蓝航空公司（JetBlue）的前 CEO 大卫・尼勒曼（David Neeleman）因无法应对暴风雪对航班造成的影响，暴露了他管理方面的经验缺失，最终被辞退。[7] 良好的管理技能将领导者的愿景变成可操作的任务并成功地实施。无论是在史蒂夫・乔布斯（Steve Jobs）的继任者蒂姆・库克（Tim Cook），还是福特汽车的 CEO 艾伦・穆拉利，他们都赞同这一结论，并指出有效的执行力是组织成功的关键驱动力。[8] 如上所述，组织成功需要有效的领导和管理的结合。这也让大家意识到，如今的领导者应该在领导和管理方面都有效率。

16.2　领导特质和行为理论

本节讨论两种研究领导力的最早方法。领导特质理论侧重于识别领导者与追随者不同的个人特质。而持有行为理论观点的研究者则从不同的角度研究领导力：他们试图识别能带来更高工作效绩的各类领导行为。这两种研究方法都可以带来对当前及未来的管理者有关领导的有益启示。

16.2.1　特质理论

特质理论是对所谓"伟人"领导理论的继承。伟人理论假设像亚伯拉罕・林肯、马丁・路德・金及马克・扎克伯格这样的领导者生来就具备领导能力。相比之下，领导特质理论认为领导特质不是先天的，可以通过经验和学习来发展。**领导者特质（leader trait）**是一种身体或个性方面的特征，可用于区分领导者和追随者。

第二次世界大战前，曾有上百个关于成功领导者特质的研究，确定了几十种领导特质。然而，战后，广泛的批评取代了热情。本节将回顾其中的一些研究，为理解领导特质提供基础。我们最后通过整合各种研究的结果，总结领导特质研究的实践启示。

■ 领导者拥有的核心特质是什么？

拉尔夫・斯托格迪尔和理查德・曼恩分别在 1948 年和 1959 年试图总结特质对领

导力的影响。斯托格迪尔总结出了五类将领导者与追随者区分开来的特质：（1）智力；（2）支配；（3）自信；（4）能量水平；（5）任务相关知识。在曼恩研究的七类领导者人格特质中，智力被认为是领导力的最好预测因素。[9]花旗集团CEO维克拉姆·潘迪特（Vikram Pandit）就是一个聪明员工在企业中不断升迁直至高位的很好例子。潘迪特拥有哥伦比亚大学的博士学位，以高超的分析技术而闻名。[10]

■ 人们是否拥有关于首选领导特质的原型？

根据内隐领导理论，答案是肯定的。**内隐领导理论（implicit leadership theory）**基于这样的观点：人们对领导者应该如何表现以及他们应该为员工做什么的信念。这些信念被总结为领导原型。[11]**领导原型（leadership prototype）**是人们认为领导者拥有的特质和行为的心理表征。理解领导原型的内容很重要，当一些人表现出和我们的原型一致的特质或行为时，我们倾向于把他们视为领导者（回顾在第7章中讨论过的编码和简化）。虽然过去的研究表明，当人们展现出和男性气质及支配相关的男性主导的特征时，他们更容易被视为领导者[12]，最近的研究却更多体现了对女性特质的强调，也更关注强调赋权、公平和支持的领导风格。[13]领导原型的这些变化对于减少领导角色中对女性的偏见和歧视起到了良好的作用。

■ 诚实是关键的领导特质吗？

詹姆斯·库泽斯（James Kouzes）和巴里·波斯纳（Barry Posner）尝试通过向全世界超过20 000人提出以下开放式问题来识别关键的领导特质："你期待或仰慕上司的哪些品质（个人特质或特征）？"排在前四位的品质包括诚实、前瞻性、鼓舞和能力。[14]两位研究人员总结说，这四个特质构成了领导者的公信力。这个调查表明，人们期待他们的领导者可靠并且有方向感。也就是说，如我们在第3章中讨论的那样，组织文化很大程度上影响了领导者鼓励并强化职场诚信的程度。想想泰森食品（Tyson Foods）的CEO唐尼·史密斯（Donnie Smith）是如何注重诚实和正直的问题的（参见相关的"真实世界/真实人物"专栏）。你会想要为泰森食品工作吗？

真实世界/真实人物

泰森食品的CEO唐尼·史密斯坚持以诚实和正直为守则

史密斯在一所主日学校给学生们做演讲，他说，作为CEO，他最重要的工作之一就是提升道德文化。他们公司雇用了120位牧师，他的博客也经常发表关于诚信的文章。

史密斯在一篇内部博客里提到，《圣经》是他最喜欢的一本书。当被《华尔街日报》的记者问及，他的信仰是否受他的领导风格影响时，他回答："我觉得你不可以说'我只有在周日上午9点到正午时才会想起教堂的事情，其余时间我不是为自己而活就是经营自己的生意'。我的信仰影响我如何思考、如何做事、如何说话。《圣经》里很多原则适用于运营公司。公平行事、坚守诚信就是《圣经》原则。"

史密斯还被问到泰森食品公司的道德程度到底如何。他说："我们只做该做的事。我们做该做的事只有一个原因：这是我们该做的。现在，我们已经有了117 000名员工。可能有的人会偶尔做出越界行为。我们会矫正过来。"

你同意唐尼·史密斯的管理哲学吗？

资料来源：Excerpted from S Kilman, "Tyson CEO Counts Chickens, Hatches Plan," *The Wall Street Journal*, September 7, 2010, pp. B1, B9.

■ 情绪智力是关键的领导特质吗？

第5章中我们讨论了丹尼尔·戈尔曼对情绪智力的调查。情绪智力指的是一种以成熟、有建设性的方式来管理自己和自己关系的能力：表5－5列举了情绪智力的组成要素。鉴于领导力是领导者和员工相互影响的过程，情绪智力和领导效能相关也就不足为奇了。虽然戈尔曼和其他顾问认为他们有证据来支持上述结论[15]，相关研究并没有在学术期刊上发表。我们同意其他人的观点，目前组织行为学期刊上所发表的研究并不足以证实情绪智力和领导效能紧密相关的结论。[16]

■ 人格比智慧更重要吗？

组织行为学研究者蒂姆·贾奇（Tim Judge）和他的同事完成了两个关于特质和领导力的元分析。第一个调查研究了大五人格特质（关于这些特质的回顾，详见表5－2）和94个案例中领导力涌现与效能之间的关系。结果表明，外向性与领导力涌现和领导效能有着最为一致和正向的关系。尽责性和经验开放性也与领导效能正相关。[17]贾奇的第二个元分析包含151项研究，结果显示领导智力与领导效能具有一定相关性。贾奇因此总结说，在选择领导者时，人格比智力更为重要。[18]

■ 不称职的领导有哪些特质？

到目前为止，我们讨论了"优秀领导者"所具备的特质。芭芭拉·凯勒曼觉得这种方法很受限，因为它没有意识到"不称职的领导者"和"优秀的领导者"息息相关。它也忽略了通过检查无效的领导者所获得的宝贵见解。凯勒曼因此开始研究上百个包含不称职的领导者和不称职的追随者的当代案例，以寻找不称职领导者的特质。她的定性分析揭示了七个关键特质[19]：

1. 无法胜任。领导者和一些追随者缺乏维持有效行动的意愿或技能（或两者都没有）。在面对某些重要的领导挑战时，他们无法创造出积极的变革。比如，贝尔斯登公司（Bear Stearns）的前CEO詹姆斯·凯恩（James Cayne），据说随着公司的瓦解，也停止了打高尔夫和桥牌。

2. 刻板固执。领导和一些追随者固执且难以说服。虽然他们可能很有能力，但他们却无法或不愿意接纳新的想法、新的信息或不断变革的时代。诺基亚的CEO斯蒂芬·埃洛普（Stephen Elop）承认公司2010年的收入大幅下降某种程度上是由于这个原因。他给他的追随者写了一封信："当竞争对手肆虐地占据了我们的市场份额的时候，诺基亚发生了什么？我们落后了，我们错过了大潮流，我们错过了大好时机。

当时，我们以为我们做的决策是对的；然而，后知后觉，我们现在知道自己已经落后了好几年。”比如，诺基亚的行动力缺乏部分地帮助了苹果公司在300美元以上手机市场的份额从2008年的25%上升到2010年的61%。[20]

3. 毫无节制。领导者缺乏自我控制并受到不愿意或无法有效干预的追随者的帮助和怂恿。在这方面，泰格·伍兹就是展示这种特质的广为人知的例子，因为他没有控制住自己的性冲动。

4. 麻木无情。领导者和一些追随者没有爱心，不够善良。他们忽视或不重视群体或组织大部分成员的需要、渴求和愿望，尤其是下属的。史蒂夫·乔布斯把车停在残疾人车位的事广为人知。而且他有时的无情行为让员工落泪。

5. 腐败堕落。领导者和一些追随者撒谎、作弊、偷窃。他们的行为违反了社会规范，把自己的利益置于公众利益之上。前阿斯科特合伙公司（Ascot Partners）的伯纳德·麦道夫就是典型的例子。他精心策划了一场诈骗了投资者500亿美元的庞氏骗局。

6. 封闭狭隘。领导者和一些员工最小化或忽视“他人”的健康和福利问题，即那些他们直接负责的群体或组织以外的人。环路城公司（Circuit City）的前CEO菲利普·舒诺华（Philip Schoonover）解雇了3 400位富有经验的员工，因为他觉得这些员工挣得太多了。

7. 邪恶残暴。邪恶的领导者如阿道夫·希特勒（Adolf Hitler）和萨达姆·侯赛因（Saddam Hussein）鼓励他们的追随者实施暴行。他们似乎把伤痛作为权力的工具。他们对男人、女人和儿童造成了非常严重的伤害。伤害可能是身体上的或者心理上的，或两者都有。[21]

上述特质并没有涵盖所有不称职领导者相关的特质。其他负面领导特质包括对他人不敏感、无法和他人相处、过分强调个人目标而牺牲了他人、自大或是傲慢、关注自我提升而非他人提升、控制欲过强、通过囤积资源构建个人帝国、不经征询他人意见突然做出决策以及微观管理他人等。[22]你知道拥有这些特质的领导者吗？遗憾的是，我们在世界各地看到了很多这样的例子。

■ 性别和领导力

劳动力中女性的增加使人们对理解女性和男性领导者的相似性和差异性产生了很大的兴趣。三个独立的元分析以及美国各地的咨询师进行的一系列研究发现了男女领导者的以下不同：（1）男性领导者更注重任务，而女性领导者更注重社会领导[23]；（2）女性比男性的作风更加民主、参与度更高，而男性的领导风格更为专制、更加命令式[24]；（3）男性和女性一样果断[25]；（4）当被同侪、上级和直接下属进行绩效评分时，女性领导者在很多领导效能标准上得分比男性领导者高。[26]

■ 领导特质理论的启示是什么？

我们不能再忽视领导特质的实践启示。特质在我们如何知觉领导者方面发挥核心作用，并最终影响领导效能。如果你在未来想承担领导者角色，那么你应该尝试培养表16-3列出的积极领导特质，应该尽量回避凯勒曼提出的消极领导特质。第5章中提到的人格测试和其他特质评估可以帮助你对照上述特质评估你自身优势和劣势。这些测评的结果可以帮助你准备个人发展计划。我们鼓励你充分利用这些资源。

表 16-3　重要的积极领导特质

任务能力（智力、知识、解决问题的技能）
人际能力（沟通、展示关爱和同理心的能力）
直觉
性格特质（尽责、纪律、道德理性、正直和诚实）。
生理特质（身体健康、抗性和精力水平）
个人特质（自信、社交性、自我监控、外向、自我调节和自我效能）。

资料来源：These traits were identified in B M Bass and R Bass, *The Bass Handbook of Leadership* (New York: Free Press, 2008), p. 135.

特质理论在组织层面有两种应用。首先，组织可能希望将人格和特质测评纳入员工雇佣和升职过程。比如，宾夕法尼亚州肯肖霍肯的护理保健系统的人才主管——尼娜·布罗迪（Nina Brody），在招聘护士、医生、医疗助手等时应用了相关评估工具。布罗迪想雇佣符合组织文化特征的员工。[27]重要的一点是，只有在拥有有效的领导特质测量工具时这样做才有意义。其次，管理发展项目可以用来发掘和培养管理人才。根据一项企业调查结果，大部分公司领导者的领导才能都不足以应对未来企业发展的需求，建立领导者培养机制显得尤为重要。[28]比如，无论是大公司还是小公司，比如 EMC、麦当劳和毕马威，都会让目标管理者群体参加包括管理课程、指导课程、特质评估和延展性任务在内的领导力发展项目。[29]

回顾本章开篇的案例

案例中杰克·格里芬展现了哪些积极和消极的领导特质？

16.2.2 领导行为理论

这一阶段的以行为为主导的领导力研究始于二战期间，是当时发展更出色的军事领导者努力成果的一部分。领导行为理论是两个事件的自然结果：领导特质理论似乎无法解释领导效能与人际关系运动，后者是霍桑研究的自然结果。早期领导行为理论的重点是关注领导行为，而不是人格特质。研究人员相信领导行为直接影响工作群体的效能。这促使研究人员去识别使领导者得以有效影响他人的行为模式（称为领导风格）。

■ 俄亥俄州立大学的研究

俄亥俄州立大学的研究人员构造了一份领导者行为清单。曾有一个时期，该清单包含 9 类 1 800 种领导行为。但最后，俄亥俄州立大学的研究人员认为领导行为只有两个独立的维度：定规行为与关怀行为。**关怀行为**（**consideration**）指建立相互尊重或信任以及关心小组成员的需求和渴望的领导行为。**定规行为**（**initiating structure**）是组织并定义群体成员应如何最大化产出的领导行为。领导行为的这两个维度按照各自高低程度的不同，形成了四种不同风格的领导行为（见图 16-1）。

人们最初假设，高定规、高关怀的风格是最好的领导风格。这么多年来，双高领导行为的有效性被测试了很多次。[30]总体而言，研究证据结果并不支持上述预测，但来自超过20 000人参与的研究的元分析结果表明，关怀和定规的领导行为与领导结果之间具有中等强度的显著关系。结果显示，虽然员工更喜欢关怀风格的领导者，但为定规风格的领导者工作时却更有效率。[31]总之，结果显示，没有最好的领导风格，但现有研究的确强调了关怀下属和制定规则的领导行为的重要性。员工的满意度、激励以及绩效与这两类领导行为显著相关。

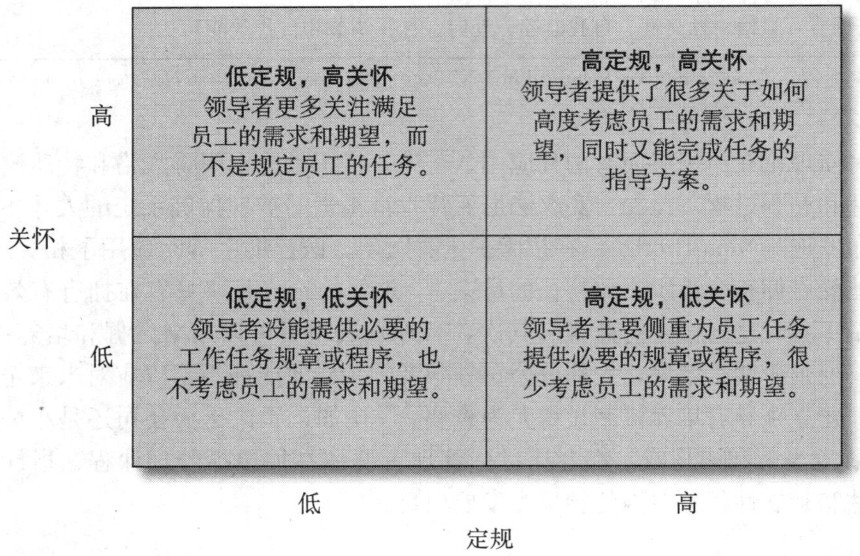

图16-1 俄亥俄州立大学的四种领导行为风格

■ 密歇根大学的研究

和俄亥俄州立大学的研究一样，密歇根大学的研究人员试图发现有效领导者和无效领导者在行为上的不同。研究人员确认了两种不同的领导风格：一种是以员工为中心；一种是以工作为中心。这些行为风格与俄亥俄州立大学研究人员识别的关怀和定规领导行为风格类似。

■ 领导行为风格理论的实践启示

通过强调领导行为这种可以被后天模仿的因素，领导行为理论很清楚地表明，领导力是后天学习产生的，而非天生。这和领导特质理论的传统假设完全相反。基于我们对行为塑造和基于模型的培训的了解，领导行为是可以得到系统的提高和发展的。[32]

领导行为风格的研究也表明没有最好的领导风格。特定领导风格的有效性取决于特定的情境。比如，面临角色模糊时，员工更加喜欢定规风格的领导者，而不是关怀风格的领导者。最后，享誉世界的管理学家和咨询顾问——彼得·德鲁克（Peter Drucker），给管理者推荐了九种行为建议（详见表16-4），以提高他们的领导效能。前两条建议提供了领导者需要的知识。接下来的四条建议帮领导者把知识转化为有效的行动，最后两条建议确保所有员工负起自身责任。德鲁克还把最后一条建议作为管理规则。

表 16-4 彼得·德鲁克关于提高领导效能的建议

1. 确定需要做什么。
2. 为整个企业或组织的福祉确定要做的正确的事。
3. 制定细化期望结果、可能的限制、未来的调整、检查点及提示员工应该如何分配时间的行动计划。
4. 为做出的决策负责。
5. 负责沟通行动计划，并向员工提供完成工作所需的信息。
6. 关注机会而不是问题。不要回避问题。把变革视为机遇，而不是威胁。
7. 开展生产性会议。不同类型的会议需要不同形式的准备和不同的结果。需要根据具体情况有针对性地准备。
8. 从"我们"的角度考虑，而不是"我"。考虑自己的机会和需求前，先考虑组织的需求和机会。
9. 先听再说。

资料来源：Reprinted by permission of Harvard Business Review. Recommendations were derived from "What Makes an Effective Executive," by P F Drucker, June 2004, pp. 58-63. Copyright 2004 by the Harvard Business School Publishing Corporation; all rights reserved.

回顾本章开篇的案例

杰克·格里芬违背了彼得·德鲁克的哪些建议?

16.3 情境理论

领导情境理论的产生是为了解释研究发现与领导特质和领导行为风格预测不一致的问题。**情境理论（situational theories）**提出，特定风格领导行为的有效性取决于具体情境。随着情境的变化，应运用不同的领导风格。这直接挑战了存在某种最好领导风格的观点。[33]下面我们仔细研究反对最佳领导风格概念的两种不同领导情境理论。本节的最后讨论领导情境理论的具体应用。

16.3.1 费德勒的权变模型

组织行为学学者弗雷德·费德勒开发的领导情境模型是最早也是最广为人知的情境领导模型之一。他把该模型称为权变理论，因为它是基于这样的前提：领导效能取决于领导者的风格适应或匹配当前情境特征的程度。为了理解这种匹配过程，我们首先介绍费德勒识别的关键领导风格和构成费德勒所说的情境控制的情境变量。然后我们再回顾相关的研究和管理启示。[34]

■ 领导风格

费德勒认为，领导者有某种占主导的或是与生俱来的领导风格，难以改变。领导风格被描述为任务导向或关系导向。任务导向的领导者注重目标完成，而关系导向的领导者更有兴趣和追随者处好关系。这些基本风格与之前讨论过的领导者侧重生产的定规行为和侧重追随者的关怀行为类似。为了确定个体的领导风格，费德勒建立了最不受欢迎的同事量表（LPC）。LPC高分表示关系导向领导风格，低分表示任务导向领导风格。

■ 情境控制

情境控制指的是领导者对他的直接工作环境的控制和影响程度。情境控制的程度从高到低，各不相同。高控制意味着领导者的决策将产生可预测的结果，因为领导者具有影响工作结果的能力。低控制意味着领导者的决策可能不会影响工作结果，因为领导者影响很小。情境控制有三个维度：领导-成员关系、任务结构和职位权力。这些维度独立变化，构成了八种情境控制的组合（详见图 16－2)。

情境控制	高度控制情境	中度控制情境	低度控制情境
领导－成员关系	好 好 好	好 差 差 差	差
任务结构	高 高 低	低 高 高 低	低
职位权力	强 弱 强	弱 强 弱 强	弱
情境	Ⅰ Ⅱ Ⅲ	Ⅳ Ⅴ Ⅵ Ⅶ	Ⅷ

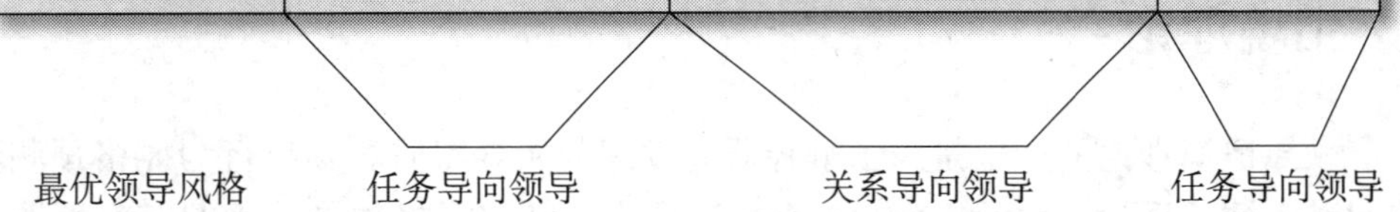

图 16－2 费德勒权变模型

资料来源：Adapted from F E Fiedler, "Situational Control and a Dynamic Theory of Leadership," in *Managerial Control and Organizational Democracy*, ed B King, S Streufert, and F E Fiedler (New York: John Wiley & Sons, 1978), p. 114.

情境控制的三种维度的定义如下：

● **领导-成员关系**（**leader-member relations**）反映领导者在多大程度上得到工作群体的支持、忠诚和信任。这个维度是情境控制里最重要的部分。好的领导-成员关系意味着领导者可以依靠群体成员，从而保证群体成员会尽力实现领导者的目标和宗旨。

● **任务结构**（**task structure**）关注工作群体执行的任务中包含的结构数量。比如，管理类的工作比银行出纳员的工作包含的结构少。由于结构化任务具有如何完成工作的指南，领导者对执行此类任务的员工具有更多的掌控力和影响力。这个维度是情境控制里第二重要的部分。

● **职位权力**（**position power**）指的是领导者拥有奖励、惩罚或是使得员工服从的正式权力的程度。

■ 连接领导风格和情境控制

费德勒指出，领导者必须学会操纵或影响领导情境，以便匹配当前情境下他们的领导风格和控制量。图 16－2 描述了这些权变关系。情境控制栏的最后一行显示了八种不同的领导情境。每种情境都代表了领导-成员关系、任务结构和职位权力之间独特的组合。情境Ⅰ，Ⅱ，Ⅲ代表高度控制的情境。如图 16－2 所示，在高度控制的情境下，任务导向的领导者被认为最有效。相关的"真实世界/真实人物"专栏讲述了雅虎的前 CEO 卡罗尔·巴茨如何运用任务导向的领导风格运营整个公司。我们猜测她处于领导情境Ⅲ。在轻度控制的情境下（情境Ⅳ，Ⅴ，Ⅵ和Ⅶ），关系导向的领导者效能更高。最后，结果显示，在极低的控制情境下（情境Ⅷ），任务导向的领导者更有效能。

真实世界/真实人物

卡罗尔·巴茨运用任务导向的领导风格改变雅虎

上任还不到六周，雅虎公司新 CEO 卡罗尔·巴茨就在准备公司范围的重组，以贯彻其坚信的自上而下的管理理念。

该重组旨在加快决策速度，并通过合并之前在公司范围内广泛运用的一些功能来使雅虎产品的界面更加一致。

直言不讳的巴茨女士已经因为坚持按时召开会议而被大家知晓。她没有把黑莓手机带进会议室。所以其他人也开始不带黑莓手机到会场了，员工们说。

她向该组织不同层次的员工征求建议，寻求主要项目的改进方案，她还问员工"如果你是我，你会怎么做?"熟悉巴茨工作方法的人如是说。

而且巴茨也没有在推行大型改革项目前退缩。虽然一开始巴茨的领导风格帮助雅虎克服了一些过去的问题，但董事会对公司的股票表现和盈利能力还是感到不满。巴茨于 2011 年 9 月被解雇。

由于巴茨才刚刚开始工作六周，你认为她应该更加注重关系导向吗? 请解释。

资料来源：Excerpted from J E Vascellaro，"Yahoo CEO Set to Install Top-Down Management，" *The Wall Street Journal*，February 23，2009，p. B1.

■ 费德勒模型启示

虽然相关研究只对费德勒权变模型和 LPC 量表提供了部分支持[35]，但费德勒权变模型仍能给我们带来三点重要启示：首先，这个模型强调了领导效能不是由领导者特质和行为决定，而是来自领导者风格和当下情境需求的匹配程度。比如，一组研究人员研究了通用电气公司 20 位跳槽到其他公司的高级管理人员的管理有效性。研究人员总结说，并不是所有的管理人员都适合所有的商业职位。在激烈的竞争中控制成本的技能与在业务快速发展时提高企业营业收入的技能不同。这些技能也不同于在高度周期性行业中平衡投资并避免资金流失以确保企业生存的技能。当领导者以前的行业经验对他们的新工作有积极帮助时，我们并不感到惊讶。但是因为领导情境的改变，领导者在原来行业的领导技能可能并不适用于新的行业。[36]

因此上述研究的启示是：组织应该雇佣或者提拔那些领导风格适应或匹配环境需求的个体。

其次，费德勒权变模型解释了为什么有些领导者在某些情境下很成功，而在其他领导情境中则不行，比如本章开篇案例中杰克·格里芬的例子。领导者不可能在所有的情境下都很成功。如果一位很有潜力的管理者在某种情境下失败了，管理层应该考虑把他调到其他情境去工作。不能因为他在一种领导情境下失败就全盘否定。最后，领导者需要调整他们的领导风格以适应特定的领导情境。特定类型的领导风格并不会在所有的情境中都有效。

16.3.2 路径-目标理论

路径-目标理论最初由罗伯特·豪斯（Robert House）在20世纪70年代提出。[37]该理论是在第8章中讨论过的激励的期望理论的基础上提出来的。回想一下，期望理论的基本假设是：员工受激励的程度与努力-绩效-结果期望逻辑链正相关。因此，当员工把领导行为视为满意来源或为未来满意来源时，领导行为是可以预期被接受的。此外，领导行为是否具有激励作用，取决以下几方面：（1）是否能减少影响目标实现的障碍；（2）是否能提供员工需要的指导和支持；（3）是否会在目标实现时提供有意义的奖励。相关的“真实世界/真实人物”专栏讲述了位于密歇根州大急流城的级联工程公司（Cascade Engineering）如何运用路径-目标理论的基本原则，帮助领取救济者成为受雇员工。级联工程雇用了900位员工，其中40位是救济-就业项目的转变者。级联工程正在实行第三个救济-就业项目。前两个失败了，目前的这个已经大大降低了参与者的流失率。

真实世界/真实人物

级联工程公司运用路径-目标理论帮助人们从领取救济到拥有工作

救济-就业项目有五大关键组成部分：

1. 政府的社会工作者在现场协助和支持参与者。

2. 将评估工具用于识别和消除就业障碍。

3. 通过培训和入职程序帮助参与者理解与工作相关的规范和不同工作阶层的“潜规则”（比如，穷人和中产阶层）。

4. 有用于激励员工发展技能的特定职业道路。

5. 强调尊重和尊严的文化。

“密歇根州人事服务部门的工作人员乔伊斯·古铁雷斯-马什（Joyce Gutierrez-Marsh）在项目现场有一间办公室。她解释说，虽然很多员工因为收入增加而失去现金救济，但他们却得到了食品券、儿童保育协助和儿童医疗补助，他们依然是她的客户。她识别工作出勤的障碍，引导客户加入帮助项目来克服这些障碍。”

最常见的障碍是没人照顾孩子和交通问题。为了克服这些障碍，级联工程改变了其考勤政策，把孩子生病列为无法上班的合法理由。至于交通方面，公司首先呼吁地方政府延长公共汽车线路，因为公交车停在 1/4 英里外。公交的路线延长了，救济-就业项目的参与者有资格 90 天免费乘坐公交车。该公司还与出租车公司建立了合作伙伴关系以方便员工偶尔回家。管理员负责叫车，公司负责支付账单。救济-就业项目的员工还可以“充分利用其他项目，例如每年 900 美元的汽车维修福利或一次性 2 000 美元的购车福利”。

级联工程的方法适用于其他社区和公司吗？

资料来源：Excerpted and derived from K Tyler, "From Dependence to Self-Sufficiency," *HR Magazine*, September 2010, pp. 35 - 39.

豪斯提出了一个领导效能是如何被四种领导风格（指导型、支持型、参与型和成就导向型）与一系列偶然因素影响的模型。**权变因素（contingency factors）**是导致一种领导风格比另一种更加有效的情境变量。路径-目标理论有两组权变变量。它们分别是员工特征和环境因素。五个重要的员工特征分别是控制点（内控型/外控型）、任务能力、成就需要、经验和任务明确度。两个相关的环境因素分别是任务结构（独立任务和相互依赖的任务）和工作群体动力。为了更好地理解这些权变因素对领导效能的影响，我们会对控制点（详见第 5 章）、任务能力和经验，以及任务结构对领导效能的影响逐一阐述。

内控型的员工更喜欢参与型或成就导向的领导者，因为他们觉得自己可以控制工作环境。这类员工不太可能对施加额外控制的命令式领导行为感到满意。相反，外控型员工往往将环境视为不可控的，因此他们更喜欢由支持式或命令式领导者提供的结构。具有高任务能力和经验的员工不大需要额外的指导，因此会对命令式领导行为做出负面回应。此类员工更有可能被参与式和成就导向的领导风格所激励和满足。相反，缺乏经验的员工可能无法适应成就导向的领导风格，因为他们面临学习新任务的挑战。在这种情境下，支持式和命令式的领导行为很有帮助。最后，支持式和命令式的领导行为也能够帮助不确定自己角色的员工。然而，命令式领导可能会阻碍那些从事常规和简单任务的员工，而支持性领导则更适用于此类情境。

已有大约 50 项研究测试了基于豪斯初始模型的各种预测，结果却不尽相同：有的研究支持豪斯理论，有的则不支持。根据相关研究结果和组织行为学的新进展，豪斯于 1996 年提出了改进后的新路径-目标理论。[38]

■ 新路径-目标理论

图 16 - 3 描述的是豪斯修正后的新路径-目标理论。新理论有三个关键的变化。首先，豪斯觉得当代的领导问题更加复杂，而且包含多种多样的领导行为。因此，他确立了八类领导风格或行为（详见表 16 - 5）。当前的领导力研究和对商业领袖的描述支持了扩展领导行为/风格清单的做法。

第二个关键变化是增加了内在激励（详见第 9 章）和授权（详见第 15 章）对领导效能的影响。豪斯更加强调领导者通过授权来培养员工内在激励的必要性。共享领导是新路径-目标理论的第三点改进。也就是说，豪斯新理论的假定是个体不一定非要在管理职位上才能进行领导，不是主管或经理的员工有时也能表现出领导行为。

豪斯还认为领导是一个组织内所有员工共享的。本章的最后一节将进一步探讨共享领导的话题。

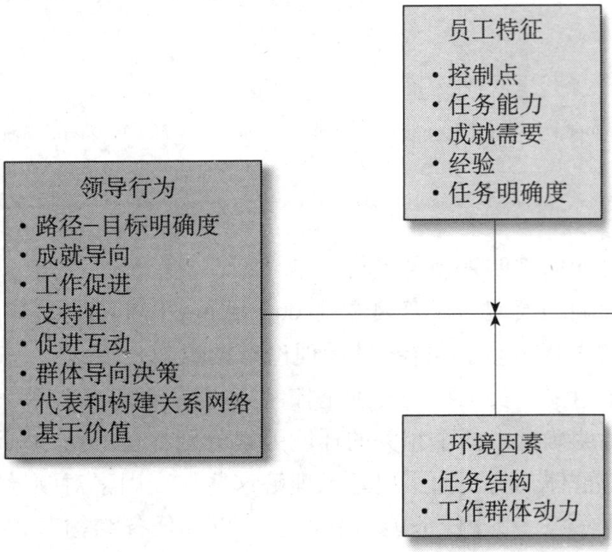

图 16－3　豪斯的新路径-目标理论模型

表 16－5　豪斯的新路径-目标理论：领导行为类型

领导行为类型	领导行为描述
明确路径-目标行为	明确员工绩效目标；指导员工如何完成任务；明确绩效标准和期望；根据绩效采用积极奖励或惩罚
成就导向行为	设定挑战性目标；强调卓越；显示对员工能力的信心
工作促进行为	计划、安排、组织并协调工作；提供指导、培训、咨询和反馈以帮助员工发展工作相关技能；清除障碍；提供资源；授权员工采取行动和做出决策
支持性行为	关心员工的福祉和需求；友好、平易近人；平等对待员工
促进互动行为	解决争议；促进沟通；鼓励分享少数派意见；强调协作和团队合作；鼓励员工间增进关系
群体导向决策行为	提出问题而不是帮助解决工作群体的问题；鼓励群体成员参与决策过程；向群体提供必要的信息以帮助其分析；让知识型员工参与决策
代表和构建关系网络行为	以积极的方式向他人介绍工作群体；与有影响力的人保持积极的关系；参与组织范围的社会活动和仪式；无条件帮助他人
基于价值的行为	建立愿景、展示激情、支持成就；展示自信；传达高绩效期望和对他人实现目标的能力的信心；频繁给出积极的反馈

资料来源：Descriptions were adapted from R J House, "Path-Goal Theory of Leadership: Lessons, Legacy, and a Reformulated Theory," *Leadership Quarterly*, 1996, pp. 323－52.

■ 豪斯理论的启示

对于豪斯修订后的新路径-目标理论，还没有足够多的使用适当研究方法和统计手段的相关研究来对该理论进行测试。尽管如此，新路径-目标理论仍给我们带来三个重要启示。首先，有效的领导者拥有并使用一种以上的领导风格。管理者被鼓励熟悉路径-目标理论中描述的不同类型的领导行为。当情境需要时，可以尝试运用不同的领导风格。比如迪士尼的CEO鲍勃·伊戈尔（Bob Iger）所展现出的领导行为，他喜欢在幕后工作，不主持任何迪士尼的电视制作节目。但是大家都知道伊戈尔会和在迪士尼公司遇到的每一个人打招呼，还加入了加利福尼亚州马里布一个为慈善活动筹款的迪士尼铁人三项赛团队。伊戈尔喜欢学习运营统计，非常有兴趣研究并利用消费者的态度来做决策。自从掌管迪士尼之后，伊格尔还修补了迪士尼和皮克斯之间不稳定的关系，并最终以70亿美元的价格收购了皮克斯。他还解决了前导演罗伊·迪士尼（Roy Disney）和康卡斯特之间的争议。伊戈尔给员工授权，给他们做决策的自由。同时，他也保证了员工对自身的工作负责。[39]这个例子很好地诠释了伊戈尔对明确路径-目标行为、成就导向行为、工作促进行为、支持性行为，促进互动行为以及代表和构建关系网络的领导行为的使用。

其次，新路径-目标理论给出了领导者如何帮助员工的具体建议。领导者被鼓励阐明目标完成的路径，并消除任何可能阻碍员工实现其目标的障碍。在这样做的过程中，领导者需要在员工追求目标的过程中提供指导和培训。最后，一小部分员工特征（比如，能力、经验和独立性需求）和环境因素（任务特点的自主性、多样性和意义）属于领导有效性的权变因素。[40]建议领导者调整自身的领导风格，以适应不同的员工和任务情境。

16.3.3　情境领导理论的应用

虽然研究人员和从业者支持情境领导的逻辑，但对这些理论的实际应用还没有清晰的说明。因此，一组研究人员试图通过提出管理者可以在各种情境下使用的一般策略来解决这个问题。这种一般策略包含五个步骤。[41]我们使用体育团队主教练和销售经理的例子来解释如何运用这些步骤。

1. 识别重要结果。这一步需要确定领导者试图实现的目标。比如，主教练的目标可能是获胜或者避免关键队员受伤，而销售经理的目标可能是将销售额提高10%或减少客户的投诉。重要的是确定特定时间点的关键目标。

2. 确定相关的领导风格/行为。此步骤要求经理确定可能适合当前情境的特定类型的领导行为。表16-5中的行为列表可供参考。比如，锦标赛中的主教练可能关注成就导向和工作促进行为。相反，销售经理可能觉得明确路径-目标、工作促进和支持性行为与销售团队更加相关。不要试图使用所有可利用的领导行为。相反，要选择一两个最有用的。

3. 识别情境条件。费德勒的权变理论和豪斯的路径-目标理论都提出了一系列可供参考的权变因素。也就是说，可能还有其他实际的考虑因素。比如，球队的主力四分卫可能受伤了，这就需要团队采取不同的策略去赢得比赛。同样，管理来自世界各地的虚拟销售团队也会影响这种情境下最为有效的领导行为/风格。

4. 匹配领导行为/风格和当前的情境。在这一步，研究无法给出总结性的建议，因为有太多可能出现的情境条件。也就是说，你应该用自己拥有的组织行为学知识来决定领导行为/风格和当前情境的最佳匹配。球队主力四分卫受伤的教练可能会采取支持性和基于价值的领导行为，让整个团队相信在换了四分卫的情境下，他们依然可以获胜。虚拟销售团队经理可能也会发现使用与工作促进行为相关的授权领导（详见

表16－5）的同时避免命令式领导较为有效。

5. 决定如何匹配。现在是时候实施在第4步中确定的最合适的领导行为/风格了。根据权变理论和豪斯的路径-目标理论，有两种基本的方法。你更换领导者，或者领导者改变其领导风格或行为。回到我们的例子，在锦标赛举行的过程中不大不可能换掉主教练。也就是说，主教练需要改变他的风格或行为。相反，如果该销售经理太喜欢指挥别人，同时又不喜欢授权时，组织可以将其调到其他职位。或者，该销售经理也可以改变自己的行为。

回顾本章开篇的案例

讨论杰克·格里芬应该如何运用情境理论的五个步骤。

16.3.4 应用情境理论的注意事项

你能想出应用情境理论的缺点吗？有趣的是，还真有。一个组织行为学研究团队最近测试了当管理者对团队成员使用情境方法时，带来意外的负面后果的可能性。研究结果表明，区分对待成员会让一些员工觉得自己不属于领导者的“内群体”（比如，以相互信任、尊重和喜欢为特征的伙伴关系）：内群体和外群体的概念将在本章后面讨论。这些负面感觉反过来会对员工的自我效能和随后的群体绩效产生反生产效果。需要记住的一点是，团队领导者在区别对待个体成员时要小心处理。在团队环境中应用情境领导理论有潜在的优点，也有缺点。[42]

16.4 全范围领导模型：从自由放任型领导到变革型领导

最近的一种研究领导力的方法被称为全范围领导模式。这种模式由伯纳德·巴斯（Bernard Bass）和布鲁斯·阿沃利奥（Bruce Avolio）提出。他们认为领导行为是一种变化的连续体，涵盖从自由放任型领导（比如不对领导行为承担责任）到交易型领导再到变革型领导。[43]自由放任型领导包括避免冲突、工作时上网、未能帮助员工制定绩效目标、未能提供绩效反馈，或者干预太少，导致员工不知道应该怎么做，等等。当然，对任何管理者而言，自由放任型领导都是一种糟糕的方式，应该避免。你认为哪种性别的领导者会更多地采用自由放任型领导方式呢？一项元分析显示，男性比女性表现出更多的这种领导方式。[44]

对组织而言，很重要的是识别这类风格的管理者，并培训和发展他们使用交易型和变革型相关的领导方式。交易型和变革型的领导方式都与很多员工的态度和行为正相关，代表了优秀的领导者不同的方面。让我们考虑一下这两个重要的领导维度。

交易型领导（transactional leadership）专注于明确员工的角色和任务要求，并根据员工的具体绩效，做出相应的奖励或惩罚。进一步地，交易型领导包括一系列基本的管理活动，比如设定目标、监测目标实现的进展、根据目标实现水平奖励或惩罚员工。[45]从这个描述可以看出，交易型领导运用奖励和惩罚的手段来激励员工和提高绩效。下面是哈特维尔太平洋公司（Hartwell Pacific）创办者斯蒂芬·格利尔（Stephen Greer）的例子。该公司是一家亚洲的废金属回收公司，格利尔运用交易型领导来应对与墨西哥员工以及亚洲业务相关的、涉案金额达数百万美元的欺诈和盗窃行为。

对哈特维尔太平洋公司来说，最大的压力是缺乏控制系统。格利尔太过关注新兴市场，而忽略了会计程序、库存审计和新员工审查等细节。

当格利尔终于意识到在他新兴商业帝国中所发生的欺诈事件的严重程度时，他开始收缩业务，最终将公司在墨西哥的业务进行了清理。他还建立了严格的监督制度。他任命当地财务经理直接向总部报告，以制衡地方总经理。他开始要求所有公司签发的支票都需要由三人签署。他安装了金属探测器，用于防盗。每个月地方经理会飞往总部一次，比较他们的收入、费用支出和整体绩效。如果一家工厂似乎多付了供应商，或者如果营收似乎与库存不符，格利尔一定会彻查到底——其实他早该这样做了。[46]

格利尔采用的交易型领导解决了欺诈和盗窃问题，公司最终实现了增长。

相比之下，**变革型领导（transformational leadership）**“产生信任，领导者寻求在别人身上发展领导力，展现自我牺牲精神、成为道德楷模，把自己和员工的重点放在超越工作群体更迫切需要的目标上”。[47]变革型领导者会带来重大的组织变革和结果，因为这种领导形式比交易型领导更能加强员工参与、信任、承诺和忠诚度。话虽这样说，需要注意的是，交易型领导是领导效能的先决条件，好的领导者应该明白如何在不同程度上综合运用交易型领导和变革型领导。相关研究结果支持这一预测：变革型领导适当加入交易型领导时，能够带来卓越的绩效。[48]通用电气的CEO杰夫·伊梅尔特（Jeff Immelt）是变革型领导者的一个典范。下面的例子说明了伊梅尔特如何把它作为发展公司内部领导人才的工具。

伊梅尔特今年的工作重点是探索一些新的想法，以决定通用电气应该如何塑造和衡量其企业领导者，他把这称为“深入其中”。此前伊梅尔特已经研究了很多组织——从谷歌到中国共产党的管理实践，并把30位公司高管送往世界各地100多家公司。他每个月都和10位高管和一位外部的“思想领袖”共进晚餐，讨论如何领导的问题。伊梅尔特发起了一个试点项目，为公司高潜力领导人才引进个人导师。这种做法通用电气以前也曾用过，但那时的主要目的是帮助那些工作上需要帮助的员工。为了使通用电气有更多机会接触外面的世界，伊梅尔特甚至考虑修改通用电气一直以来的规则——通用电气员工不能加入其他公司的董事会。“我一直在考虑这个问题，”他说，“当改变有意义时，你就必须那样做。”[49]

16.4.1 变革型领导如何改变追随者？

变革型领导者通过改变追随者的目标、价值观、需求、信念和愿望来提升追随者。他们通过对追随者的自我概念（价值观和个人认同）产生吸引力来实现这种转变。图16-4是领导者完成这一转变的过程模型。

图16-4显示，变革型领导者的行为首先会被各种个体和组织特征影响。例如，研究发现，相比于非变革型领导者，变革型领导者的性格更加外向、乐观、主动和不

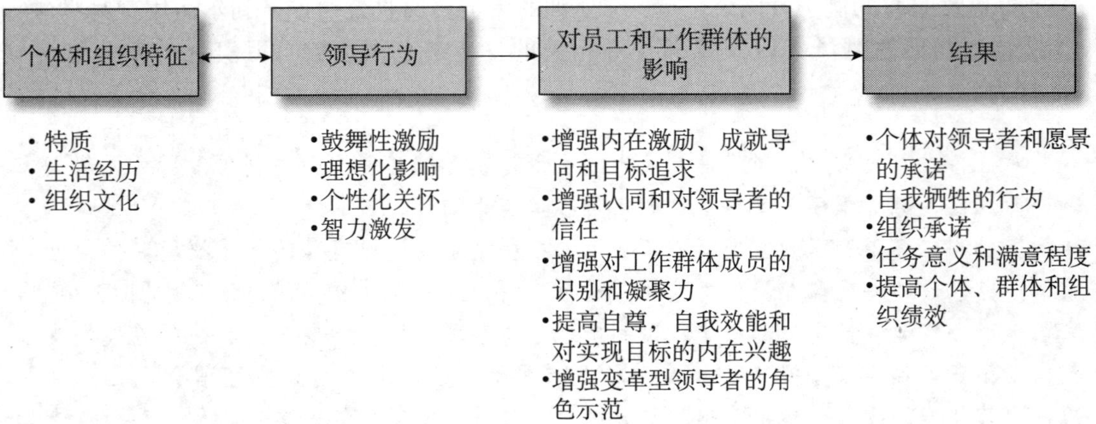

图16－4 变革型领导模型

资料来源：Based in part on D A Waldman and F J Yammarino，"CEO Charismatic Leadership：Levels-of-Management and Levels-of-Analysis Effects，" *Academy of Management Review*，April 1999，pp. 266－85；and B Shamir，R J House，and M B Arthur，"The Motivational Effects of Charismatic Leadership：A Self-Concept Based Theory，" *Organization Science*，November 1993，pp. 577－94.

那么神经质。他们的情绪智力也更高。[50]相比于男性领导者，女性领导者更多地使用变革型领导方式。[51]然而，需要注意的是，人格特质与变革型领导之间的关系相对较弱。这说明变革型领导风格不是基于特质之上，而是更容易受到管理方面的影响。这个结论强调了在发展变革型领导方面，个人生活经历的作用，也说明了变革型领导风格是可以后天习得的。最后，图16－4显示，组织文化也会影响变革型领导风格。较为灵活、适应性强的文化相对于僵化、官僚的组织文化更有可能创造出培育变革型领导的环境。

变革型领导者表现出四类关键的领导行为（见图16－4）。[52]第一类称为鼓舞性激励，包括建立有吸引力的未来愿景、使用有感染力的辩论、展示乐观和热情。愿景是一种"对组织而言现实、可信而且有吸引力的未来"。[53]领导力专家伯特·纳努斯（Burt Nanus）说，"正确的"愿景会激发员工的潜能，因为它是希望和共同目标的灯塔。愿景通过吸引承诺、激励员工、给员工的生活创造意义、建立卓越的标准、促进高尚理想、弥合组织当前问题与其未来目标和期望之间的差距来实现这一点。英国石油公司现任主席和爱立信前CEO卡尔-亨里克·斯万伯格（Carl-Henric Svanberg）深知建立企业愿景的重要性。他总结说，在大型组织中，"你不能只告诉每个人'向左转，赶快工作'，你必须让他们知道你想实现的愿景，让每个人都热情满满地参与其中。当员工与你齐心携手朝同一个方向奋斗时，你们真的是连大山都可以移走"。[54]

第二类变革型领导行为称为理想化影响，包括为群体牺牲个人利益、成为楷模和展现高道德标准。家得宝的CEO弗兰克·布莱克（Frank Blake）展现了理想化影响，他"接受了只有他前任1/4的年薪，并努力寻找创造性激励员工的方式，包括给提供优秀客户服务的员工提供奖励和给店铺一线员工更多的决策权等"。[55]通过这些行为，像弗兰克·布莱克这样的变革型领导者塑造了实现组织愿景所需的价值观、特征、信念和行为。

第三类变革型领导行为称为个性化关怀，包括为员工提供支持、鼓励、授权和指导等相关领导行为。这些行为需要领导者特别关注员工需求，并寻找帮助员工发展和成长的方法。你可以花时间与员工谈论他们的兴趣，并为他们提供新的学习机会。例如，通用电气公司 CEO 杰夫·伊梅尔特每隔一周的周五，就会邀请公司的一位管理者去他家吃晚饭，说说笑笑，谈论世界大事。周六时，伊梅尔特会再和该管理者一起谈论各自的事业。对伊梅尔特而言，这种“高度接触”的方法是让他了解员工并担任导师的很好的方式。[56]

通过记住别人的姓名和以前的谈话来表示对他人的兴趣是展示个性化关怀的其他简单方式。最后，尊敬他人，并诚恳地告诉他们真相也是展现个性化关怀的方式。

第四类变革型领导行为是智力激发，包括鼓励员工质疑现状、寻求创新和解决组织问题的创造性方案等行为。正如你看到的，变革型领导的这个维度包含鼓励员工的创造力、创新力和解决问题的能力。第 12 章中讨论过的群体问题解决技巧可以帮助激励员工。此外，培养灵活文化（参见第 3 章相关讨论）将有助于培育促进智力激发的工作环境。在这个过程里，你可以运用我们在第 3 章讨论过的文化植入技术。

16.4.2 研究和管理启示

在过去的十年里，变革型领导模式代表了被广泛接受的领导力研究方向。总体而言，图 16-4 中描述的各变量之间的关系整体上得到了研究的支持。例如，一项对 49 项研究的元分析表明，变革型领导与领导效能及员工的工作满意度正相关。[57]另一个组织层面的元分析表明，变革型领导与组织措施的有效性正相关。[58]

变革型领导的支持者强调了其六个重要的管理启示。第一，对未来建立积极愿景，即鼓舞性激励，应该被视为实施变革型领导的第一步。为什么呢？因为愿景代表了一个长期目标，对领导者而言，他们首先应该在团队或组织朝哪个方向发展的问题上取得一定的影响力。而且，在群体或整个组织中广泛传播愿景至关重要。[59]人们不可能对他们不知道或不了解的事情感兴趣。第二，最好的领导者不应只是变革型风格，而应该是交易型和变革型两种风格兼有。这样就避免了自由放任和“等等再看”两种做法。[60]我们鼓励你综合运用交易型领导和变革型领导。

第三，变革型领导不仅仅影响个体层面的结果，如工作满意度、组织承诺和绩效，它也影响群体动力和群体层面的结果。[61]因此，管理者可以使用图 16-4 所示的四类变革型领导行为作为提高群体动力和工作单元结果的工具。这一点在今天的组织中尤为重要，因为大多数员工并不再孤立地工作。相反，人们倾向于依靠他人的投入和协作，很多组织围绕团队而重组。总之，关键要记住，变革型领导改变了个体，也改变了团队和工作群体。我们鼓励你充分利用这一点。

第四，变革型领导的确有效。如果你领导分散在不同地域的人，你的重点应该放在如何从邮件、推特、网络研讨会和电话会议中展现出四类变革型领导行为。[62]第五，组织中任何级别的员工都可以通过培训变得更具交易型和变革型风格。[63]这凸显了组织为所有员工提供交易型和变革型相结合的培训的组织价值。当然，这些培训项目应与构成领导发展基础的整体企业理念相一致。

第六，变革型领导可能是道德的，也可能是不道德的。道德的变革型领导者使员工能够提升自我意识，而不道德的变革型领导者则选择或培训逆来顺受、依赖性强、顺从的员工。组织管理层可以通过以下几种方式创建并维护道德的变革型领导：

1. 制定和实施清晰的道德准则。
2. 招聘、选择和提拔有道德的员工。
3. 根据员工的待遇制定绩效预期——这些预期可以在绩效考核中评估。
4. 培训员工以重视多样性。
5. 识别、奖励并公开赞扬表现出高度道德行为的员工。[64]

16.5 领导力研究的其他方法

本节将探讨领导力研究的另外四种方法，包括领导-成员交换理论、共享领导、仆人式领导和追随者视角的领导力研究。

16.5.1 领导-成员交换（LMX）模型

LMX模型围绕着管理者和直接下属之间的二元关系展开。这个模型与之前讨论的领导理论模型有很大的不同，它关注的是领导者和下属的二元关系的质量，而不是领导者或员工的行为或特质。而且，LMX模型也不认为领导行为具有固定的风格。换句话说，大部分领导模型认为领导者对待所有员工的方式都一样。而LMX模型基于以下假设：领导者和向其报告的每个下属都有着独特的一对一关系。行为科学家把这种关系称为垂直二元关系。垂直二元关系的形成被认为是自然发生的过程，领导者委派和分配工作角色。作为这个过程的自然结果，两种不同类型的领导-成员交换关系发展起来。[65]

第一种类型的领导-成员交换称为**内群体交换**（**in-group exchange**）。在这种关系中，领导者和员工发展出了一种以相互影响、相互信任、相互尊重、相互喜好和同舟共济感为特征的合作伙伴关系。第二种类型称为**外群体交换**（**out-group exchange**），领导者仅仅被视为没有创建相互信任、相互尊重或同舟共济感的监督者。[66]

■ 研究发现

如果LMX模型是正确的，LMX的类型和与工作相关的结果之间应该有显著的关系。相关研究结果也证实了这种预测。例如，积极的LMX与工作满意度、留职意向、工作绩效、对组织变革的承诺、管理者和员工之间的信任、程序和分配公平（回顾第8章中的相关内容）、帮助同事的意愿以及对领导的满意度正相关。[67]最近一项关于50项研究的元分析结果显示，LMX与组织公民行为之间存在强度中等的正向关系（回顾第6章中的相关内容）。[68]可以看出，积极的LMX可以带来一系列积极的结果。最后，相关研究还识别了影响LMX质量的各种变量。例如，LMX与员工对管理人员的认可程度以及组织内领导者的社交网络的广度正相关。[69]

■ 管理启示

有三个和LMX领导模型相关的重要启示。第一，领导者被鼓励为所有直接下属建立高绩效期望，因为设置高绩效期望能带来高质量 LMX。第二，由于领导者和员工在人格和人口统计学特征上的相似性与更高的 LMX 相关，管理者应该避免为了和直接下属建立积极的关系而创造同质化的工作环境。我们在第 2 章中对多样性的讨论清楚地说明了拥有多样性劳动力的优势。第三点适用于那些觉得自己 LMX 质量不高的个体。一位管理顾问提出以下几条提高 LMX 质量的建议[70]：

1. 关注所在部门的目标，对自己实现目标的能力保持积极的心态。不支持的上司只是另一个需要克服的障碍而已。

2. 不要因感到无能为力而苦恼，给自己加油，鼓励自己完成工作。

3. 通过关注你可以控制的情境来运用你的能力，避免你无法控制的情况。

4. 努力改善你和上司的关系。首先，衡量你们两人之间的信任水平，然后通过经常性、有效性的沟通来改善它。你也可以通过贯彻你的承诺和实现你的目标来增加信任。

5. 使用真诚、有礼貌、自信的方法来解决你和上司之间的分歧。出现分歧时，使用问题解决方法也是有用的。

16.5.2 共享领导

两位组织行为学学者指出，"一些猜测和一些初步证据表明，在某些任务情境中，单个指挥链中的集中领导的效能可能不如两个或更多个体的共同领导"。[71]本章之前讨论的领导理论和模型认为领导是一个垂直的、向下流动的过程。相比之下，**共享领导（shared leadership）**的观念是基于人们需要共享信息以及共同协作来完成工作这个观点。这反过来强调了员工接受横向影响或领导的必要性。共享领导被定义为"群体中的个体之间动态的相互影响过程，其目的是让彼此实现群体或组织目标，或两者都实现。这种影响过程通常包含同侪或平级影响，有时也会包含向上或向下的层级影响"。[72]第 11 章中总结高绩效团队的特点时，共享领导的概念第一次被提到。你可能会记得，共享责任是与高绩效团队相关的八个特点之一。

当人们在团队工作中、参与复杂项目，或者从事知识相关的工作（即那些需要熟练的专业人员对智力资本的自愿贡献的工作）时，人们最需要共享领导。当人们从事需要相互依赖和创造力的任务或项目时，共享领导也很有帮助。虽然建议如此，但人们对于共享领导的偏好不同。一些差异是因为文化（回顾我们在第 4 章中的相关讨论）。例如，在与葡萄牙的一家制造业公司进行的一个咨询项目中，我们意识到在做决策和领导方面，很多葡萄牙员工喜欢命令式的领导方式，而非协作。

共享领导的概念在组织中处于最高层次。我们注意到，越来越多的 CEO 与另一位高管人员，如首席运营官或首席财务官，共同分担业务的整体责任。完成这项工作的简单方法就是，一位领导者关注内部事务，而另一位领导者关注外部问题。像高盛、奥多比系统和百事这样的组织都采取了类似的领导方式，因为这些公司发现，两个领导者合在一起更有可能拥有运营组织所需的各种能力。以这种方式来应用共享领导还有助于组织为高管职位培养人才。

研究人员最近才开始探索共享领导的过程，成果非常可观。例如，团队中的共享领导与群体凝聚力、群体公民性和群体效能之间正相关。[73]表 16 - 6 列出了管理层在考虑如何发展共享领导时应考虑的关键问题和答案。

表 16-6 发展共享领导时需要考虑的关键问题和答案

关键问题	答案
什么任务特征需要共享领导？	高度相互依赖的任务。 需要大量创造力的任务。 高度复杂的任务。
领导者在发展共享领导方面的作用是什么？	设计团队，包括明确目的、保障资源、阐明愿景、选择成员和定义团队流程。 管理团队边界。
组织制度如何促进共享领导的发展？	培训和发展制度可以用来让指定的领导者和团队成员参与共享领导。 报酬制度可用于促进和奖励共享领导。 文化制度可以用来表达和展示共享领导的价值。
对团队产出而言，什么样的垂直和共享领导行为是重要的？	命令式领导可提供以任务为中心的指导。 交易型领导可以根据关键绩效指标提供个人和物质奖励。 变革型领导能够激发团队愿景、情感参与，并满足高阶需求的承诺。 授权型领导可以加强自我激励的重要性。
垂直领导者的持续责任是什么？	垂直领导者需要能够介入并填补团队中的空缺。 考虑到团队面临的任务特点，垂直领导者需要继续强调共享领导方法的重要性。

资料来源：From C L Pearce, "The Future of Leadership: Combining Vertical and Shared Leadership to Transform Knowledge Work," *Academy of Management Executive*: *The Thinking Manager's Source*, February 2004, p. 48. Copyright © 2004 by The Academy of Management. Reproduced by permission of The Academy of Management via Copyright Clearance Center.

16.5.3 仆人式领导

与其说**仆人式领导**（**servant-leadership**）是一种可证明的理论，不如说它更像是一种管理哲学。仆人式领导一词是由罗伯特·格林利夫（Robert Greenleaf）于 1970 年提出的。格林利夫认为，伟大的领导者就好比仆人，把他人-员工、顾客和社区的需求作为他们的首要任务。

仆人式领导关注对他人的服务，而不是对自己。[74]由于仆人式领导的重点是服务他人，而非自身的利益，仆人式领导者不太可能表现出损害他人的自私行为。要将仆人式领导嵌入组织文化中，不仅需要行动，还需要话语。例如，eBay 的 CEO 约翰·多纳霍（John Donahoe）致力于服务客户，"尤其是进行网上销售的公司和企业家。然后，他形象化了命令链，通过它，CEO 可以提供客户所需要的。在世界各地的旅行中，他带着一部摄像机并拍摄了自己与 eBay 卖家的交谈，之后与 eBay 的员工分享自己的心得。他甚至通过定期调查来测量客户忠诚，并将此指标与管理者薪酬挂钩"。[75]

佛罗里达州坦帕市领导力圈子的共同创办人吉姆·斯图尔特（Jim Stuart）说："领导力自然地源于对服务的承诺。如果你的员工变得更聪明、更健康、更自治，你就知道你正在实施仆人式领导——而且你的员工也更有可能也成为领导者。"[76]仆人式领导不是快速解决领导问题的方法。相反，它是一种对生活和工作长期的变革型的方法。

仆人式领导者具备表 16-7 所列的特点。具备这些特点的例子如 IBM 的董事长兼 CEO 彭明盛。以下是他讲述的自己的领导方法：

在我的 IBM 职业生涯中，我观察过许多 CEO、国家元首和其他有权威职位的人。我发现最有效能的领导者不会使自己成为关注的中心。他们尊重他人、倾听他人。这种个人品质很有吸引力，这也是有效的领导属性。他们的无私使周围的人感到舒服。人们放开自己、尽情发言、贡献想法。他们把自己最好的想法都贡献给这些领导者。[77]

研究人员刚开始发展仆人式领导测量工具，并研究这种领导类型与各种结果之间的关系。与格林利夫的预测相一致，研究人员发现仆人式领导与员工绩效、组织承诺、工作满意度、创造力、组织公民行为和公平知觉正相关。仆人式领导和反生产工作行为负相关。[78]这些结果表明，通过运用表 16－7 中所列的仆人式领导行为，领导者将带领组织往更好的方向发展。

表 16－7　　仆人式领导的特点

仆人式领导的特点	描述
1. 倾听	仆人式领导者专注于倾听，确定和明确群体的需要和愿望。
2. 同理心	仆人式领导者试图体谅他人的感受和情感。即使个体表现不佳，仆人式领导者也会假定他本意良好。
3. 治愈	仆人式领导者努力使自己和他人团结一致共同面对失败或痛苦。
4. 自知	仆人式领导者清楚自己的优势和局限。
5. 劝说	做决策和试图影响他人时，仆人式领导者更多依靠劝说，而不是职位的权威。
6. 概念化	仆人式领导者花费时间和精力开发更广泛的基本概念思维。仆人式领导者在短期、日常重点、长期以及概念导向之间寻求适当的平衡。
7. 远见	仆人式领导者有能力预见与当前行动或情境相关的未来成果。
8. 总管	仆人式领导者自我定位为自己管理的员工和资源的管家。
9. 致力于员工的成长	仆人式领导者致力于服务那些超越其直接工作角色的个体。他们致力于营造鼓励个人、专业和精神成长的环境。
10. 构建社区	仆人式领导者努力在工作群体内外创造出社区意识。

资料来源：These characteristics and descriptions were derived from L C Spears，“Introduction：Servant-Leadership and the Greenleaf Legacy，” in *Reflections on Leadership*：*How Robert K Greenleaf's Theory of Servant-Leadership Influenced Today's Top Management Thinkers*，ed L C Spears（New York：John Wiley & Sons，1995），pp. 1－14.

16.5.4　领导过程中追随者的角色

本章之前讨论的所有理论都是以领导者为中心的。也就是说，它们关注从领导者的角度理解领导效能。在本章的结尾，我们讨论追随者在领导过程中的作用。虽然关于这个话题的研究很少，但这依然是重要的问题，因为领导者和追随者的成功都取决于相关人员之间的动态关系。[79]

我们注意到领导者和追随者是紧密相连的。没有追随者就无法领导，而没有领导者追随者就无法追随，关键是双方都彼此依赖。与领导者关系的质量决定了作为追随者我们将如何表现。这就是为什么对领导者和追随者来说，发展有利和有益的关系很重要。相关的“真实世界/真实人物”专栏总结了南希·卢布林（Nancy Lublin）对这种相辅相成关系的看法。卢布林是服装品牌 Dress for Success 的创始人，她也是非营利组织 DoSomething 的 CEO。

真实世界/真实人物

南希·卢布林相信是追随者使自己成功

我们太过于关注领导者/创始人/企业家。事实上，对于那些把理想中的愿景转化为实实在在的现实的人，我们花多少时间去赞扬都不为过。

我们看不起追随别人的想法——像旅鼠一样！但这个世界却需要能够有智慧地跟随他人的人。我并不是说那些没有头脑的军队，他们整齐划一地行军，即使上级指着黑暗的走廊下令，他们也会射击。这里的关键词是“智慧地”。好的追随者提有价值的问题。他们试图了解自己的领导者。他们核对数字，以确保自己有远见的老板的宏大计划能真正奏效。

尊重好的追随者不仅是一件好事——而且是必需的。这是管理公司最健全、最聪明的方式——无论盈利与否。我们必须承认，无论是你聪明的想法，还是我的，没有真正执行的人就没有意义。无法执行想法会让我们整体更贫穷，不光是精神上，而且是金钱上。

成为好的追随者需要什么品质？

资料来源：Excerpted from N Lublin, “Let’s Hear It for the Little Guys,” *Fastcompany*, April 2010, p. 33.

追随者在承诺、遵守和抵制领导者的影响力这些方面的程度各不相同。例如，一位研究者确定了三种类型的追随者：帮助者、独立者和反叛者。“帮助者尊重和顺从领导；独立者远离领导，不是那么顺从；反叛者和领导者意见相左，最不顺从。在其他类型的追随者中，外交官、游击队员和顾问的顺从程度居中。”[80]领导者显然需要有生产力、可靠、诚实、合作、积极主动又灵活的追随者。领导者不可能从隐瞒真相、隐藏信息、没有想法、不愿合作、提供不准确反馈，或不愿意在项目和计划中主动出力的追随者身上受益。[81]

相比之下，研究显示，追随者寻找、崇拜并尊重那些培养追随者三种情绪反应的领导者：追随者希望组织领导者能让自身感觉到意义（个体在工作中的表现重要且有意义）、社区精神（社区的意识让人们尊重他人，并为实现组织目标而共同努力）和兴奋（人们参与工作，并充满活力）。[82]

两位组织行为学专家为追随者推荐了用于管理领导者-追随者关系的四个步骤。[83]第一，关键的一点是追随者要理解自己的老板。追随者应该尝试领会他的领导风格、人际风格、目标、期望、压力、优势和弱点。其中一种较好的了解方法就是请老板回答以下七个问题[84]：

1. 你会如何描述你的领导风格？你的风格会随着压力加大而改变吗？
2. 你什么时候希望我问你问题或信息？是否存在任何超出限制的情境（例如，社交活动）？
3. 你希望我怎样与你沟通？
4. 你喜欢怎样工作？
5. 你有不能容忍的行为或态度吗？是什么？
6. 你提供反馈的方法是什么？

7. 我能怎么帮你?

第二，追随者需要了解自己的风格、需求、目标、期望、优势和劣势。下一个步骤是在追随者对老板的理解和对自身理解之间进行差距分析。有了差距信息后，追随者就可以接着进行开发和维持适合双方需求和风格的关系的最后一步了。

最后一步需要追随者建立在相互优势上，并调整或适应领导者的不同风格、目标、期望和弱点。[85]例如，追随者可以根据老板接收信息的优选方法来调整自身的沟通风格，也可以在决策方面进行其他调整。如果老板喜欢参与式方法，那么无论自身的决策风格是什么，追随者都应该尝试让老板参与所有决策（决策风格在第12章中讨论）。善用时间和资源是追随者需要考虑的另一个问题。大多数管理人员都是时间、精力和资源紧缺，他们更欣赏能帮自己节省时间和精力的追随者。追随者不应该浪费上司的时间去讨论琐碎的事情。

最后，还有两个需要考虑的问题。首先，追随者可能不适应领导者的风格、期望或弱点，并且可能必须寻求调离或辞职以协调差异。我们认识到，在管理领导者-追随者关系时，人们可能不愿意做出个人和道德方面的取舍。其次，我们可以通过成为更好的追随者来提高老板的领导效能和雇主的成功概率。记住，成为好的追随者是个人的最佳利益，因为领导者需要也想要有能力的追随者。

组织行为学案例研究

林恩·蒂尔顿利用她的领导力带领公司扭亏为盈[86]

今年年初，私募股权投资公司老板林恩·蒂尔顿（Lynn Tilton）飞往底特律，试图向福特汽车公司销售其汽车零配件公司的产品。福特汽车公司采购部长托尼·布朗（Tony Brown）冷冰冰地接待了她，布朗问蒂尔顿是否像其他私募股权公司那样会“转手就卖”自己的汽车零配件公司。

“你肯定搞错了，”蒂尔顿反驳道，“只有对男人我才转手就卖掉。对我自己的公司，我一直牢牢放在心上。”

蒂尔顿一头金发，穿着紧身皮裙，热情地说着俏皮话，她生来就有吸引别人注意的天赋。然而，在她富有魅力的外表下，是一个成熟的危机债务投资者和制造业巨头，她快速成为美国最富有的白手起家的女性企业家之一。

通过在纽约的控股公司 Patriarch Partners，蒂尔顿拥有74家公司的全部或部分股权，一共有超过80亿美元的销售收入和12万名员工。从很多方面来看，Patriarch Partners 现在都是美国最大的女性拥有的企业。

52岁的蒂尔顿在一个不可能的经济角落积累了她的财富：那些日暮西山的工业公司。她的策略是收购那些就要被清算的制造企业，并用新的产品和管理团队让这些企业重焕生机。在这个过程中，她成了美国铁锈地带最令人难以置信的改革者。

“美国未来的关键是制造业，”蒂尔顿说，“我们一定要再次成为一个什么都能生产的国家。”

蒂尔顿也犯过错误。购买美国消防汽车制造商 LaFrance 之后，为了提高利润，她把营收压低了50%多。但是四年后，她仍然在努力让这家公司扭亏。

“那次购买我是在用我的心买，而不是我的大脑。”她说。

蒂尔顿的个性也让她分心。她的办公室着装通常包括五英寸的高跟鞋、八克拉的钻石项链和偶尔穿的黑色连身皮裤。她的办公室墙上挂满了朋友送她的鞭子和手铐、中东皇室授予她的哈希姆匕首、新时代的绘画和她躺在黑色梅赛德斯车上的肖像。蒂尔顿从不为她不合惯例的打扮道歉。

“我是个女人，”蒂尔顿说，“当然，有时我这样会让男人不舒服，但我必须忠于我的内心。到最后，我希望人们用我的成就和智慧来评判我。”

蒂尔顿最开始时在华尔街工作，那时她是位单身母亲，她每天学习工作15小时拿到了哥伦比亚商学院的学位。她之前毕业于耶鲁大学，大学期间是位全国排名靠前的网球运动员，也是位有志向的诗人。毕业后她和大学恋人结婚。在华尔街工作后不久，她就离婚了，之后她全身心投入工作。

2000年，她创立了Patriarch Partners公司，以她已故的父亲命名。蒂尔顿的计划是用自己挣的钱还清债务。然而，在购买了两大笔危机债务投资组合之后，她意识到成功的唯一方法是拥有这些投资组合中的公司。突然间，蒂尔顿从债务投资者变成了几十家亏损公司的CEO。这些公司的扭亏为盈给她带来了如此丰厚的利润，于是她继续购买了更多公司。

她每晚只睡几小时。她经常熬夜到很晚，阅读Kindle上的科幻小说。

最近的一个下午，蒂尔顿在亚利桑那州的MD直升机工厂的生产线考察，她闪闪发亮的裙子和高跟鞋显然看起来与环境不搭。然而，她很快用朴实的笑话和关于金属合金和机床的专业知识与周围的工人打成一片。

钢铁工人联合会成员杜安・罗顿（Duane Lugdon）说："工人们真的很喜欢她。"罗顿自己在缅因纸厂的问题上同蒂尔顿进行过紧张的谈判。"她也是人，她对人很诚实。我不是说所有的CEO都是这样。"

一位前员工说，蒂尔顿对每家公司的高参与度——她依然是MD的CEO——既是种祝福也是种诅咒。他说，因为蒂尔顿的性格不好相处，Patriarch Partners公司员工流失率很高。

"我是一个仁慈的独裁者，"蒂尔顿说，"我喜欢控制事情。我们在贫困地区做这些事，不是为了心生畏惧。"

［讨论］

1. 使用表16-2评估林恩・蒂尔顿展现出的好的领导者/管理者特征的程度。

2. 蒂尔顿展示了哪些不同的积极和消极的领导特质和风格？请举例。

3. 蒂尔顿在什么程度上展示了情境领导方法？请解释。

4. 蒂尔顿展示了四种变革型领导行为中的哪一种？请举例。

5. 你想为林恩・蒂尔顿工作吗？请解释。

6. 通过这个案例，你学到了关于领导力的哪些知识？

法律/道德挑战

使用颠覆性手段影响他人道德吗？

上周，美国国家公共电台（National Public Radio，NPR）的CEO维维安・席勒（Vivian Schiller）和资深资金筹集人罗恩・席勒（Ron Schiller）在对冒充成潜在捐款人的保守活动分子发表不合适的言论后被迫辞职（这两位席勒并不是一家人）。[87]由詹姆斯・奥基夫（James O'Keefe）带领的潜在捐款人在一家豪华餐厅会见了罗恩・席勒。奥基夫谎称想以宗教组织代表的名义捐赠500万美元。席间奥基夫偷偷对整个会面录了像，之后经过剪辑以视频的形式发布出来。这段视频让NPR的名誉受到极大的损害。视频里席勒对共和党，特别是茶党做出了消极和破坏性的评论。你可以想象那些被涉及的政客对这个视频将做出何种反应，特别是那些投票决定NPR拨款数额的议员。

《华盛顿邮报》的一位记者把这段视频描述为"选择性和欺骗性的"。他说，"奥基夫发布的视频删掉了解释性的语境，夸大了席勒对宗教激进主义的容忍程度。"该记者总结说："奥基夫不仅仅给人留下一个假的印象，他还精心编造了一个谎言。没有任何道德规范或传统可以开脱专业记者的这种欺骗行为。"[88]

该视频导致一些政府官员要求大规模削减给NPR的拨款——如果不是全部资金削减的话，这将会威胁NPR的生存。最终的结果是，美国的参议院于2011年3月投票，禁止NPR将联邦资金用于节目制作。奥基夫的努力似乎取得了某种成功。[89]

不是每个人都认为奥基夫做错了什么。有些人认为颠覆性手段是确保人们遵纪守法的好方法。毕竟，《20/20》这样的电视节目多年来一直使用隐藏摄像机去捕捉人们做坏事的镜头。颠覆性手段的运用趋势正在增长。例如，“颠覆性手段已经变得如此受欢迎，以至于 Yes Men，一家制作了两部备受好评的电影的反传统公司，最近开设了专门培训不光彩行为艺术的 Yes Lab”。Yes Men 共同创办人迈克·博南诺（Mike Bonanno）总结说：“随着主流媒体的出现，真实的报道越来越少了，越来越多的人开始使用颠覆性策略来曝光一些被掩盖的真相。”[90] 此外，“奥基夫的辩护人认为他不是真正的记者，而是新型的‘公民记者’。这样的提法使得奥基夫既可以得到新闻记者应有的尊重，又不需要遵循传统新闻记者的道德标准，包括诚实守诺”。[91]

你认为詹姆斯·奥基夫应该得到什么结果？

1. 虽然奥基夫没有违反任何法律，但他应该受到惩罚。他的行为是不道德的。他对罗恩·席勒谎称他的身份，还编辑这段呈现 NPR 假象的视频。他的颠覆性手段也给公共电台的经费来源带来了消极影响。

2. 奥基夫没有违反任何法律，所以人们不应该指责他。他只是为公众提供了一种服务。

对民众记者应该做些什么？

1. 鉴于当今的技术，我们需要制定法规来管理现代生活中的这一现象。如果像詹姆斯·奥基夫这样的人想自己从事新闻工作，人们就应该以看待其他专业人员的标准看待他们。

2. 这就像一睁眼就闻到咖啡香味一样是件好事。暴露像罗恩·席勒这样的人的唯一方法就是使用颠覆性手段。我对奥基夫的所作所为没什么意见。而且，其他人也在做同样的事。

第17章 组织设计、效能与创新

学习目标

学完本章后，你应该能够：

1. 描述所有组织共有的四个结构特征，并解释封闭系统和开放系统的区别。
2. 定义学习型组织。
3. 总结妨碍组织从成功和失败中学习的因素。
4. 描述组织结构设计的七种基本方式。
5. 讨论伯恩斯和斯托克关于机械式组织和有机式组织的论述。
6. 识别七种组织结构的适用情境。
7. 描述四种评估组织效能的通用方法。
8. 讨论创新、发明、创造力和整合之间的关系。
9. 回顾创新神话。
10. 解释创新模型。

企业要如何改进会议方式以推动创新?

在低迷时期，一些小的企业主在寻找更具创造性的方法来使会议时间尽可能地有效率，他们希望这份努力最终会一点一滴影响到下层的员工。

许多管理者说，培养参与度是主要的挑战，尤其是当持有宝贵想法的参与者太过保守或怯于开口的时候。没有他们的贡献，这些会议是低效的。

位于纽约州罗切斯特市的狄克逊·施瓦布尔广告公司试图通过玩水枪来缓解其82名员工的压力，并指示员工带着这些水枪出席所有会议。任何在会议上做消极评论的员工肯定浑身湿透。

“这让员工感到更加自在，因为没人会受到批评或审查。”该广告公司的董事长劳伦·狄克逊如是说。

其他企业家依赖于技术去推进会议，并保证员工的参与。

罗素建筑公司（Russell Construction）的管理者在最近一个季度的会议上引入了一项新的方法：计算出席员工的平均工资，并根据这些数据准确地确认公司会议的开销。

“我认为员工们在这之前并没有把时间看成一种开销。”安吉洛·巴格比（Angelo Bagby）

说。他是位于艾奥瓦州达文波特市一家拥有 70 名员工的分公司的销售和客户主管。

会议最初的 90 分钟大概花费公司 5 000 美元……此后，员工在小组会议中使用了此方法，以帮助公司在每次会议中减少多达 100 美元的开销，巴格比估计。

其他小型企业正在使用专用软件来召开交流会议，并以具体概括和聚焦总结结束。

位于得克萨斯州奥斯汀市的一家名为 AscendWorks 的咨询公司引入了一个叫作 Mindjet Catalyst 的软件。此软件能帮助员工记下会议中他们讨论过的谈话重点。然后员工可以很容易地对这些内容进行编辑和分类。

“这就像是自言自语一样，唯一不同的是你的想法会出现在电脑屏幕上。”AscendWorks 的董事长顿·达尔林普尔（Don Dalrymple）说。

肯塔基州路易斯维尔市的律师菲尼斯·普莱斯（Finis Price）则使用一种叫作 Papershow 的可视化技术来同时监督他两个远程助手的工作。

“如果我不能用言语来描述某件事，我就只能说，‘你看了我发送的文件之后就会明白我的意思了’，”普利斯在去年决定购入这项技术的会议之前说，“然后，他们总是会无一例外地打电话来问一大堆问题。”[1]

本章开篇的案例强调了在小企业中影响创新的组织设计和技术运用之间的关系。同样的关系在大企业中也很重要。例如，杜邦公司的创新收益几乎占到其 2009 年总收入的 40%，这些收益得益于过去五年中引进的产品。这使得杜邦公司 2010 年的股价增长了 41%。[2]

许多管理专家都反复强调创新的重要性，他们总结说：“迟早，包括最成功的企业在内的所有业务，都会遭遇上升瓶颈。面对这样令人不悦的现实，企业不得不对自己进行周期性的彻底改变。努力实现这一艰难改变的能力——带领企业从一个成熟阶段过渡到另一个成长阶段——把高效领导者和那些短暂领先的人区分开来。”[3]

本章的总体目标是要为读者提供一个知识框架，以理解组织设计如何影响组织效能和创新。我们从定义“组织”开始，讨论组织结构图的四个基本方面，并且对比把组织视为封闭或开放系统的各种观点。然后我们把注意力转到各类组织设计的方法，包括基于传统的组织分工的设计方法到较新的、侧重减少跨部门和组织企业间障碍的较新观点。之后，我们会讨论组织设计的权变理论。本章的最后探讨评估组织效能的各种标准及组织创新的话题。

17.1 组织：定义和观点

首先，我们有必要正式地定义“组织”这一术语，阐明组织结构的含义，并探索有关组织的两个开放系统观点。

17.1.1 组织究竟是什么？

根据第 1 章引用的巴纳德的经典定义，组织就是“两个或两个以上的人有意识地协调活动组成的系统”。[4]这一定义强调的“有意识地协调”这个关键点体现了所有组织的四个共同特征：协调努力、共有目标、劳动分工和权威层级。[5]组织理论家把上述特点称为组织结构。

协调努力是通过制定和实施政策、规章和制度来实现的。劳动分工出现在当组织中的个体履行独立但彼此相关的任务以实现共同目标时。权威层级也称为指挥链，指的是一个致力于确保正确的人在正确的时间做正确的事的控制机制。一直以来，管理者通过恪守统一指挥原则来维持权威层级的完整性。**统一指挥原则（unity of command principle）**规定每个员工只需向一名管理者进行汇报以避免出现冲突。因为当指令相互矛盾和个人责任的缺乏时，效率低下便会占据上风。（的确，在当今更多变、更灵活，以跨职能、自我管理和虚拟团队为基础的创新的组织形态中，效率低下的问题更加常见。）在权威层级中的管理者也握有奖惩大权。当共同作用时，组织的四个特征——协调努力、共有目标、劳动分工和权威层级——帮助组织复苏和运作起来。

17.1.2 组织结构图

组织结构图（organization chart）是用图表的方式表现组织中的层级权威和劳动分工关系。对于漫不经心的观察者而言，“组织结构图”这一术语意味着像家谱一样贴在工作场所墙上的一些方框和连线。在每个方框中，通常能找到拥有当前职位者的名字和头衔。然而，对于组织理论家们来说，组织结构图揭示了更多。图17-1的局部组织结构图揭示了组织结构的四个基本方面：（1）权威层级（谁向谁汇报）；（2）劳动分工；（3）管理幅度；（4）直线职权与员工岗位。

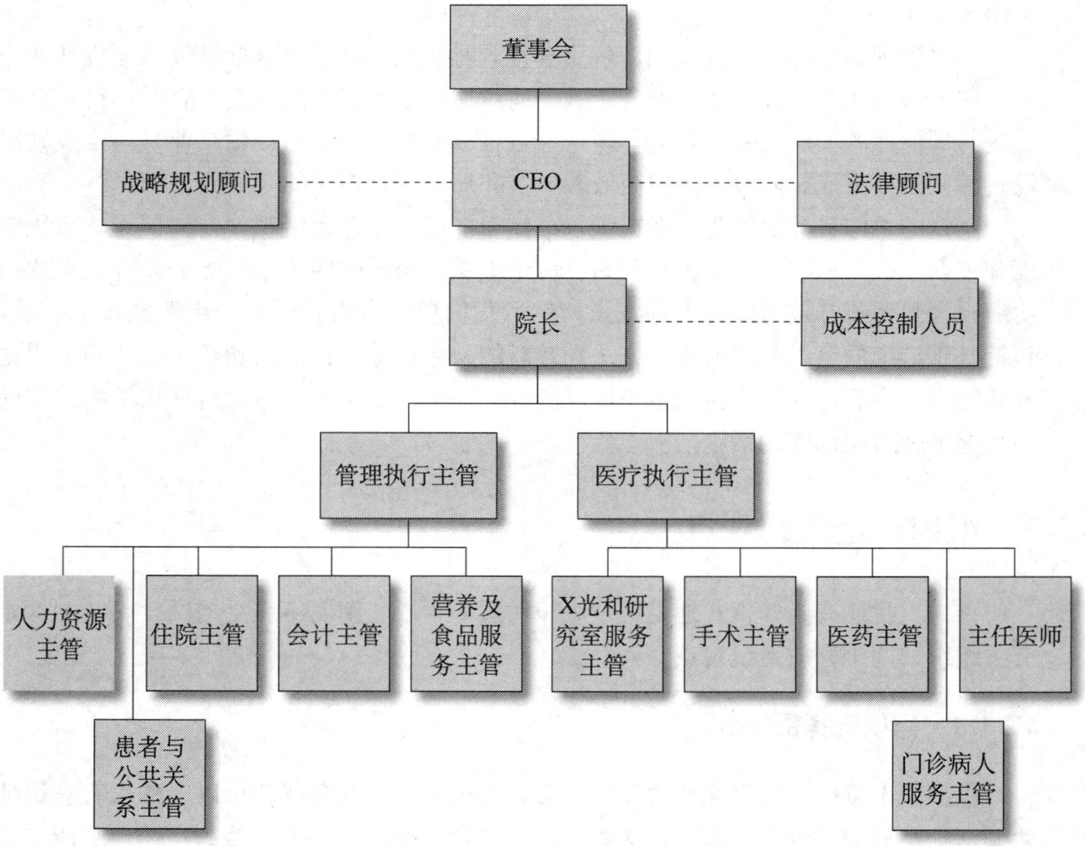

图17-1　一家医院的组织结构图（仅包括执行官和主管层级）

■ 权威层级

图 17－1 显示了权威层级的一个明显特征。自下而上，十个管理人员向两个执行主管进行汇报，执行主管向院长汇报，院长向 CEO 汇报。最后，CEO 向医院董事会汇报。

图 17－1 显示了从上至下的严格统一指挥。正式权威层级也描绘了官方的通信网络及不同职位报酬的多寡。研究表明，随着时间的推移，不同层级之间的工资差距会加大。也就是说，相邻层级之间的职位工资的差距趋于随时间推移而增加。[6]

■ 劳动分工

除了显示指挥链之外，上述组织结构图也表明了广泛的劳动分工。紧挨院长之下，一名执行主管负责总务，另一名负责医疗事务。这两个特殊部门都被进一步细分为下一层诸多子部门。在组织结构图中的层级越低，职位就变得越专业化。

■ 管理幅度

管理幅度（span of control）指直接向特定管理者汇报的员工人数。管理幅度可以从窄到宽。例如，图 17－1 中院长的管理幅度为很小的两位执行主管。（助理通常不包括在经理的管理幅度内。）图 17－1 中的执行主管则拥有更宽的管理幅度。通常来讲，7～10 人的幅度被认为是最好的。然而，最近，企业重组和通信技术的进步增加了管理幅度的标准。[7]尽管多年来有所争议，组织理论家和高级管理人员尚未在什么是理想管理幅度问题上达成共识（见相关的“真实世界/真实人物”专栏）。

一般来说，管理幅度越窄，监管距离越近，管理成本越高，结果则是管理人员对员工的比率越大。最近，对员工授权和行政效率的重视强调要有尽可能宽的管理幅度，但也需防范监管不足和协调缺乏。更宽的管理幅度也符合工人自主权和参与度增加的趋势。

真实世界/真实人物

公司对于最佳管理幅度有着不同的看法

以百事集团在墨西哥的 Gemesa 饼干业务为例。在那里，工人们被告知公司的目标和程序，以便他们更好地自我管理以保证生产的顺利进行。新的薪酬制度对高生产率、质量、服务和团队合作给予奖励，同时对绩效不佳者给予惩罚。结果是效率得到了提升，百事集团说，新薪酬制度也让经理更多地扮演自我激励团队的教练的角色。

百事指出，去年，Gemesa 的每个经理管理着 56 名员工，而不是 20 世纪 90 年代中期的 12 名员工的管理幅度。百事补充说，这些变化帮助集团改善了绩效。

并非所有公司都想让经理们管理更多的下属。加州圣克拉拉户外工作服务集团副总裁安·贝姆斯伯格（Ann Bamesberger）举例说太阳微系统公司喜欢 10 人或 10 人以下的工作团队。

太阳微系统公司最近在重新设计工作环境方面投入了更多精力，使得团队能够随着项目的发展而更轻松地扩展和重组，贝姆斯伯格说。新的举措包括对有时在家工作的工程师给予更好的支持；更加灵活的办公室座位安排以便让人手日渐增多的团队能够在吸纳新人的同时保证员工间的距离较近。

辛迪·佐林格（Cindy Zollinger）是经营诉讼咨询业务的 Cornerstone Research 公司的董事长。她管理着近 30 人的团队。

“我并没有用某种特定的方式来管理他们，”佐林格说，“他们主要是自我管理。我帮助他们处理面临的障碍，或是充分利用他们发现的机会。”

你认为管理者能否有效管理 24 名员工？请解释。

资料来源：Excerpted from G Anders, “Overseeing More Employees-with Fewer Managers,” *The Wall Street Journal*, March 24, 2008, p. B6.

直线职权与参谋职权

图 17－1 中的组织结构图还区分了直线职权与参谋职权。诸如院长、两名执行主管和不同主管等行业经理在指挥链中占据正式决策的职位。直线职权在结构图中通常由实线连接。虚线则表示参谋关系。**参谋人员（staff personnel）**进行背景调查，并向有权做出决策的**直线管理人员（line managers）**提供技术咨询和建议。例如，上述组织结构图中的成本控制专家只是向院长提供有关事项的建议。除了监督自己助理的工作外，他们对其他组织成员没有直线职权。本章后面讨论的跨职能团队和矩阵结构等现代趋势模糊了直线职权和参谋职权之间的区别。

17.1.3 组织的开放系统观点

为了更好地了解组织结构模型在这些年是如何演变的，我们需要了解封闭系统和开放系统之间的区别。**封闭系统（closed system）**被认为是一个自给自足的实体。它对于周围环境是“闭合”的。相比之下，**开放系统（open system）**依赖于与环境持续的相互作用而生存。封闭系统和开放系统之间的区别是程度的问题。因为每个现实存在的系统都是部分封闭、部分开放，关键的问题是：在系统运行中，环境扮演了多么重要的角色？例如，靠电池供电的时钟是相对闭合的系统。一旦电池插入，时钟每小时执行其计时功能，直到电池电力耗尽为止。人体是一种高度开放的系统，因为它需要从环境中持续获取维持生命的氧气。营养物也是从环境中获得的。由于类似于人体内平衡和反馈控制这样的特性，开放系统能够进行自校正、适应和生长。

一直以来，管理理论家们低估了环境的作用，因为他们使用封闭系统思维将组织定性为平滑运行的机器或是纪律严明的军事单位。他们认为严格的规划和控制将会消除环境的不确定性。但这被证实是不现实的。借鉴 20 世纪 50 年代出现的一般系统理论，组织理论家为组织提出了一个更加动态的模型。[8] 由此产生的开放系统模型将组织比作人体。比如，图 17－2 中的模型揭示了该组织是一种将输入转换为各种输出的活生物体。组织的外部边界是可渗透的。人、信息、资本、货物和服务在这个边界上来回移动。此外，五个组织子系统中的每一个——目标和价值观、技术、社会心理、结构和管理——都存在相互依存的关系。关于销售和客户满意或不满意的反馈使组织能够在环境不确定和变化的情况下进行自我调整并存活下来。因此，该组织就是一个充满活力的开放系统。

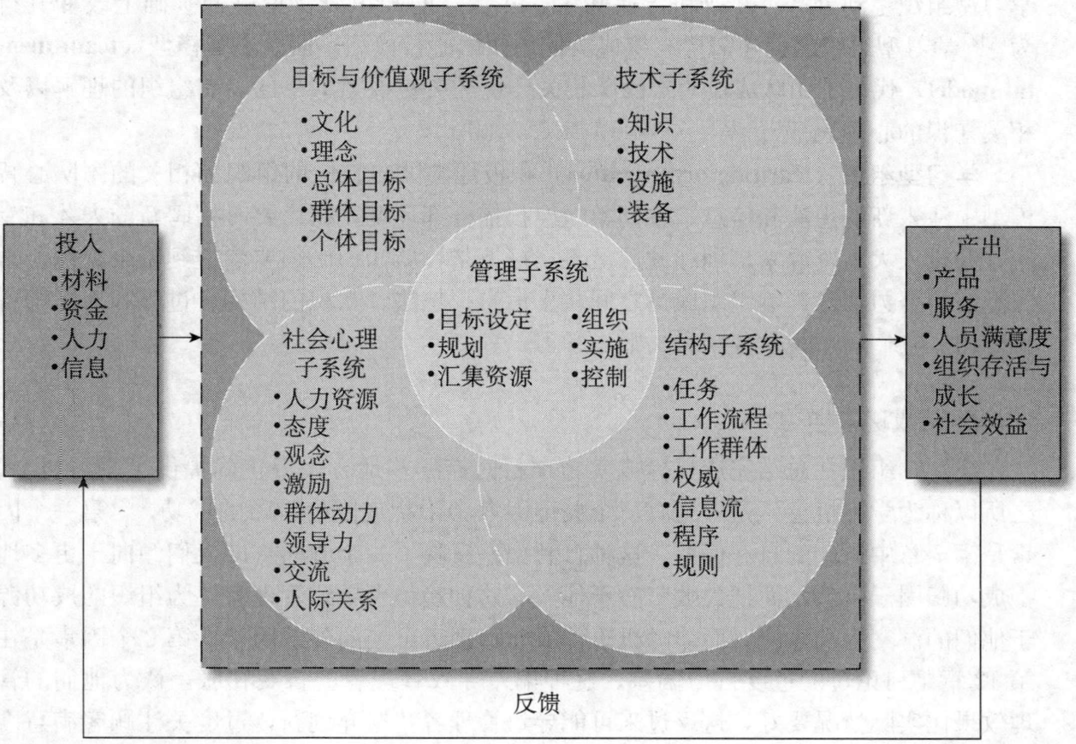

图 17-2　作为一个开放系统的组织

资料来源：This model is a combination of Figures 5-2 and 5-3 in F E Kast and J E Rosenzweig, *Organization and Management: A Systems and Contingency Approach*, 4th ed (New York: McGraw-Hill, 1986), pp. 112, 114. Copyright © 1986. Reprinted with permission of the McGraw-Hill Companies, Inc.

2011 年在日本发生的海啸灾难是开放系统的一个典型例子。危机始于地震，地震导致海啸，最后引发核泄漏事故。开放系统效应引发了各种不同问题，既影响了日本民众（例如，核泄漏、粮食短缺、水污染、死亡和毁灭），也影响了位于日本的各类组织机构，如沃尔玛等。[9]“在沃尔玛旗下的 414 家西友百货中，24 家位于日本北部的仙台和福岛地区，地理位置上靠近震中。这些商店的很多货物因跌落货架而损毁。随后发生了大规模停电。其中有两家商店损失惨重。此外，西友百货有近 2 000 名员工在受灾地区工作，他们遭受的损失还未统计在内。”[10]开放系统的影响往往也超出物理和地理的界限。例如，由于灾难造成某些日本制造的颜料的短缺，福特汽车公司“停止接受所有新的‘礼服黑’和一些其他颜色的卡车、SUV 和轿车订单”。[11]

17.1.4　学习型组织

近年来，组织理论家们通过向“生物体”添加“大脑”的方式来扩展开放系统模型。组织被认为具有类似人类的认知功能，例如感知并解释问题、解决问题、存储信息的能力，并能从经验中学习。如今，管理者能读到并听到大量关于学习型组织和团队心智模型的文献。麻省理工学院教授彼得·圣吉在他的畅销书《第五项修炼》中推广了学习型组织的概念。他把一个学习型组织描述为“一群人共同努力，共同提高他们的能力以创造他们真正关心的结果”。[12]对于这些想法的实际解释产生了以下定义。学习型组织主动创造、获取和传递知识，并在新的知识以及见解的基础上改变其行为。[13]学习型组织的创建需要组织成员使用团队心智模型。**团队心智模型**（**team mental model**）代表了团队成员对“团队相关环境的关键要素共享的、有组织的理解以及相关知识的心理表征”。[14]

学习型组织（**learning organization**）积极地尝试向它们的组织和相关的团队心智模型中注入新的想法和信息。它们不断地扫描外部环境，在需要时招聘新的人才和专家，并投入大量资源来培训和发展员工。接下来，新知识必须要渗透到整个组织。学习型组织努力消除影响组织成员之间共享信息、想法、知识的结构、过程和人际等各种障碍。它们还重视从成功和失败中学习。

■ 从成功中学习

成功为组织在总结完成目标或实施项目时有哪些地方做得正确提供了学习机会。之所以称为学习机会，是因为有三个关键因素会干扰或阻碍学习的成功。[15]第一个因素是第7章中讨论的自利偏差。这种自利偏差反映了一个倾向，即人们倾向于更多地把成功归因于自己，而把失败归咎于他人。这种趋势也导致管理者认为组织的成功源于他们的洞察力和才能，而非随机事件或非管理者可控的外部因素。第二个因素是在第12章中讨论过的过度自信偏差。这种偏差导致管理者的自我膨胀，认为他们的管理效果比实际情况要好，这反过来可能导致管理者“抛弃创新，过度关注顾客满意度和质量问题，并做出过度冒险的举动”。第三个因素与“不去探讨为什么”我们取得了成功的自然趋势有关。“成功通常被理解为是一种证据，不仅证明你现有的战略和实践是有效的，而且也证明你拥有了成功所需的知识及信息”，以及必要的技能。从这个讨论中得出的结论是，管理者可以通过避免这些学习陷阱而从成功中学习。同样重要的是，要牢记，暂时的成功并不能保证长期的成功。这意味着，随着时间的推移，要时刻牢记研究成功案例的重要性。[16]

■ 从失败中学习

2000—2009年在宝洁公司担任CEO的雷富礼（A. G. Lafley）认为，管理者可以从他们的错误和失败中学习。他告诉《哈佛商业评论》的记者，他曾犯过很多错误。他说：“失败的次数不算少了。但你必须走出失望和自责，真正理解所发生的事，以及发生的原因。而且，更重要的是，确定你学到了什么，下一步你将做出什么改变。”[17]雷富礼在学习上的观点对宝洁公司的成功有所贡献：“销售额翻倍，利润增长了四倍，并且宝洁公司的市值增加了1 000亿美元。”[18]

雷富礼的成功提出了这样一个问题：为什么更多的组织和管理者不注重从失败中学习。你们认为发生这种情况的原因是什么？一些专家认为，这个原因源于我们在童年期间被程序化，而认为失败是坏的，应该避免。毕竟，谁想要谈论他们的弱点和失败呢？虽然人们可能不想谈论他们的失败，但许多管理人员认为从失败中学习是很容易的。你只需要要求参与人员会面，并思考错误环节，然后鼓励他们在未来的项目中避开这些陷阱。不幸的是，根据哈佛商学院教授艾米·爱德蒙森（Amy Edmondson）的说法，这种简单的方法不太可能产生有效的学习。

埃德蒙森对组织失败案例进行了 20 年的研究后发现，有许多因素阻碍组织从失败中学习的水平（见表 17－1）。[19] 她建议各组织应集中精力克服表 17－1 中所列举的障碍，以最大限度地从失败中学习。我们通过最近留意到的一项关于组织学习的研究结果而推论出研究人员想知道组织究竟是从成功中学到更多，还是从失败中学到更多。你怎么认为？结果表明，组织从成功和失败中都能学习，但相比而言，基于失败的学习更为稳固，也更持久。[20]

表 17－1　　损害组织从失败中学习能力的因素

因素	说明与建议
1. 推卸责任	把失败归咎于个人，而非内部程序、系统或外部事件。
2. 无法意识到失败的原因不尽相同	失败的范围从"可预防"（例如，一个人没有遵循公认的程序或步骤）到"不可控制"（例如，福特无法生产黑色汽车，因为它在 2011 年日本海啸期间无法从日本进口车身喷漆所需的材料）。当失败由复杂系统导致时，组织需要更多的时间和精力来研究这些失败并从中学习。
3. 缺乏学习文化	人们害怕指出或讨论失败。管理者常被鼓励去构建一种心理上的安全文化以鼓励员工发现和讨论潜在的失败。关键在于关注流程和系统，而非员工。
4. 未能检测到失败的重要指标	对失败的分析侧重于人而非过程。组织被鼓励去辨认和测量会带来长期成功的短期因素的状态。
5. 自利偏差	将失败归咎于他人或外部事件的倾向。重要的是要考虑引发失败因素的可控程度。聚焦于可控因素对组织也更有利。
6. 不愿尝试	当人们不能确定失败的原因时，他们不愿意尝试不同的解决方案。要多多试验并接受这一观点：失败是改进过程的一部分。

资料来源：Based on A C Edmonson, "Strategies for Learning from Failure," *Harvard Business Review*, April 2011, pp. 48－55.

■ 创建学习基础设施

艾德蒙森教授提出了发展学习基础设施的四个步骤：

> 首先，专注于执行学习结果的组织能够利用所获得的知识（这里指的知识并不是一成不变的）以更好设计组织学习的具体步骤和规则；其次，通过在适当的时间和地点提供所需信息以帮助员工更好地协作；再次，定期收集过程数据以分析工作是如何真正完成的；最后，对收集到的数据进行研究，并努力寻找改进的方法。[21]

你可以看到，这一过程需要进行我们在第 12 章中讨论过的循证决策。遵循上述四步过程能鼓励员工将学习视为日常活动。退休的海岸警卫队上将沙德·艾伦（Thad Allen）是一个很好的例子，在他指导联邦政府应对卡特里娜和丽塔飓风袭击时，就尝试创建了一个学习型组织（见相关的"真实世界/真实人物"专栏）。

真实世界/真实人物

沙德·艾伦上将在处理卡特里娜飓风的余波时改变了心智模式

下面是海岸警卫队上将沙德·艾伦回答《哈佛商业评论》记者提问时所说的话。原提问是关于领导者如何努力团结各方力量，以应对成因复杂的危机。

“我是彼得·圣吉的头号粉丝……他谈论了学习型组织和心智模式的使用。你必须在非常大的宏观层面理解你正在处理的问题是什么，需要做什么来达到你想要的效果，并且你必须要能够把它们联系起来。

“伴随着卡特里娜登陆新奥尔良，大约24小时后我清楚地知道，我们并不仅仅是在处理一项自然灾害。如果防洪堤没有被冲毁，卡特里娜飓风的着陆点将是圣路易斯海湾和密西西比的海浪岛市，当时这两个地方基本上已从地图上消失了。当防洪堤被冲毁，新奥尔良变成一片泽国时，飓风袭击就转变了性质，成了另外一个不同的事件，我不确定作为一个国家我们是否意识到了当时面临的灾害的性质已经改变这一事实。显然很多人仍然把整个事件看作一场飓风袭击。”

艾伦上将继续解释为何关于“飓风”的初始心智模式需要改变，因为它阻碍了在应对危机方面的进展。例如，在飓风袭击模式下，联邦政府需向地方政府发放物资。但当灾害性质转变了以后，这样的做法是有问题的，因为在重灾之后地方政府已经瘫痪。艾伦因此将营救任务或心智模式重新定义为应对某种类型“大规模灾难”。这样的结果是联邦政府和美国军队开始协力提供救援、城市排水和逐户搜救等。

为什么起初与“飓风”相关的心智模式导致了联邦政府的无效应对？

资料来源：Excerpted from “You Have to Lead from Everywhere,” *Harvard Business Review*, November 2010, p. 77.

17.2 组织设计

组织设计（organizational design）被定义为“用于制定和实施战略的问责和职责结构，以及激活这些结构的人力资源实践与信息和业务流程”。[22]组织设计研究背后的总体思想是，当组织结构支持共同战略的执行时，组织就更有效或更成功。[23]这促使研究人员、顾问和经理去思考组织结构应该如何设计的问题。

2006年12月，时任CEO特里·塞梅尔（Terry Semel）宣布彻底重组雅虎，用侧重用户和广告客户来取代雅虎原有的基于产品的组织结构。七个产品单元合并为一个名为广告客户和发布商的群组。一个被命名为“技术”的单元为上述群组提供基础设施。该想法是通过利用雅虎广泛的受众群体和广告客户产品来促进企业成长。塞梅尔的团队认为他们在新的组织结构下仔细定义了每个角色和职责，但决策和执行很快陷入僵局。技术部门无法以合理的成本提供受众需要的定制解决方案……作为解决方案，雅虎的高层增设了新的职位和管理层来协调各个单元。结果雅虎的组织层次激增到12层之多，产品开发随着决策停滞而减慢，带来了间接成本的增加。[24]

雅虎明显采用了错误的组织设计。不幸的是，组织设计的变化（例如谷歌的例子）常常会产生不良结果。

例如，麦肯锡公司一项对1 890名高管的调查显示，只有8%的公司在进行结构性变革后获得了积极的结果。这一发现与贝恩咨询公司的57项重组研究结论相一致。结果显示大多数重组并没有效果，一些重组还导致组织绩效的降低。[25]那么管理者应该做什么来确定什么是好的组织设计呢？

虽然这个问题没有简单的答案，但如果不了解现有的不同类型的组织结构，你就永远无法回答这个问题。因此本章接下来对七种基本的组织结构进行概述，以期帮助你确定何种组织结构在何时最有效。[26]

17.2.1　传统组织设计

通过传统方法构建的组织倾向于采用职能型结构、事业部结构或矩阵结构。这些结构中的每一个单元都依赖于垂直层级结构，并试图明确定义的部门边界和报告关系。让我们回顾每一种类型的传统组织结构。

■ 职能型结构

职能型结构根据人们所从事的业务职能（例如制造、营销和财务）对人们进行分组。管理者负责每一项职能的绩效，并且员工倾向于强烈地认同本部门的特定职能，例如销售或工程职能。图 17－1 展示的就是一个基于职能的组织结构。该医院的业务首先分为行政和医疗职能，在每个类别中，主管负责每个细项职能。这种安排使得相同或类似活动中的专家聚集在一起。因此，当一家小公司逐渐发展壮大并雇用更多的生产人员、销售人员和会计人员时，通常的做法是将职能相同的员工集中起来，由一个懂行的主管进行监管。

■ 事业部结构

在事业部结构中，组织把与产出相关的活动集中到一起，例如产品类型或顾客类型（或地点）。例如，通用电气公司有四个业务部门（主要事业部）：通用技术基础设施、通用财务、通用能源基础设施和通用用户与工业。这些主要业务领域进一步细分为产品或地理分部。[27]部门中的人员可以成为生产特定类型产品的专家，或者服务于特定客户群体或地理区域。通常，每个事业部均具有职能型结构。一些组织总结，使用基于职能或事业部的结构将人们隔离开来，导致在组织内部产生孤岛，最终降低了不同职能部门员工之间协作和分享最佳实践的程度。应对这个问题的一个解决方案是，在注重层次结构的同时增设一个矩阵结构。

■ 矩阵结构

当组织需要更高程度的同层级之间的协调或合作以实现特定目标时，它们会使用矩阵结构。例如，世界上最大的杂志出版商 Hachette Filipacchi Media 正在将其美国的业务重组为矩阵结构。其 CEO 艾兰・勒马尔尚（Alain Lemarchand）这样做的原因是他希望在公司三个主要女性主题品牌与公司的社论、广告销售、业务发展和活动营销等职能之间创造出更高程度的集成与协作。[28]矩阵结构将垂直结构与水平结构整合起来。这通常结合了控制的职能与事业部链以形成具有两个控制结构的网格，一个按职能垂直显示，另一个按照生产线、品牌、客户组或地理区域水平显示。在图 17－3显示的例子中，福特为每个职能组设立了副主管，并为每一车型设立了项目经理。员工将向两位经理报告：一位负责他们履行的职能，另一位负责他们正在开展的项目。

矩阵结构在过去因太复杂和混乱而名声不佳。但实际情况是，需要有更多的协作

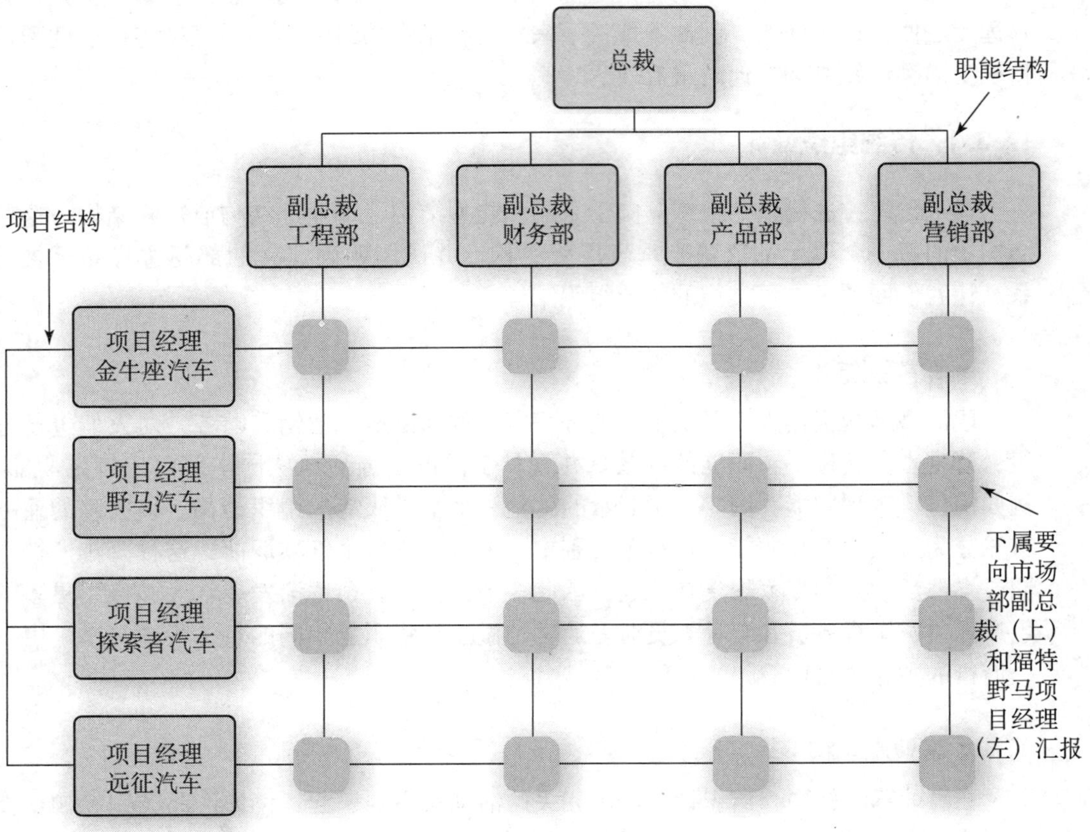

图 17-3 矩阵结构

和集成才能有效地运用这种结构。矩阵结构专家杰依·加尔布雷斯（Jay Galbraith）指出，矩阵结构常常失败，因为管理层往往无法利用矩阵结构为组织内部各职能和事业部之间带来互补和促进，如组织的IT系统、人力资源程序（例如绩效考核、奖励、选择标准）、规划和预算过程、组织文化、内部流程等。他的结论是“组织结构不会失败；管理层在实施过程中失败”。[29] 现在，矩阵结构越来越多地被那些进军国际市场的跨国公司所采用。

17.2.2 专注于合作：水平设计

根据职能、产品和客户来划分工作的传统做法让一些管理者不满，这些管理者专注于将员工团结到一起，而不是用内部边界来彼此隔离。如果你想让人们分享知识，并不断改进做事的方式，你需要创造一个环境，使协作变得容易且自然。许多持类似观点的组织强调完成共享任务时人们之间的横向关系，而非传统组织设计中的纵向关系。

这种组织设计的水平方式往往侧重于工作流程。一个流程中包括满足客户需求的每一项任务和责任，例如开发新产品或填写客户订单。完成过程需要来自不同职能人员的努力，通常组织成跨职能团队（见第11章的描述）。因此，团队合作是水平组织设计的一个特征。两位组织设计专家识别了设计水平型组织的五项原则：

1. 围绕整个工作流程而不是任务来进行组织。
2. 扁平化层级结构并使用团队来管理一切。
3. 指派流程团队领袖来管理内部团队流程。
4. 保持与供应商和客户的联系以帮助自身提高绩效。
5. 根据需要从外部为团队提供所需的专业知识。[30]

17.2.3　开放组织间边界的设计

水平组织设计旨在打破组织内部障碍，另一些组织设计的理念则认为组织之间的边界并不总是理想的。有时，组织可以通过重新设计结构来汇聚资源以便更好地实现共同目标。这种战略视角带来了中空型、模块化或虚拟的组织结构。

■ 中空型结构

中空型组织结构随着外包的战略应用趋势而产生。组织的管理者要识别核心竞争力——能让自身做到比对手更好并带来更高利润的那些能力。然后将非核心流程外包给更便宜或更高效的供应商。例如，一家运动鞋公司可能决定，由于其设计才能和市场知识，它擅长开发新的设计。然后，它可以找外包合作伙伴来进行其他活动，如制造、订单接收、运输和管理员工福利等。

被外包的流程越多，组织结构就越“中空”——关注于自身核心能力。赫曼米勒家具公司为了寻求设计专业知识而寻求外包伙伴。其 CEO 布莱恩·沃克（Brian Walker）阐述了外包的优点：

> 这个外部网络确保我们能从全新的视角审视我们客户面临的问题，而不会受限于我们自身原有的视角。如果你仅仅依赖自己内部的设计人员，即使他们非常有才华，你依然会不可避免地受限于已有世界观和经验。我们利用更广外部网络的能力让我们……从现有或新出现的问题中获得了新的视角。[31]

赫曼米勒家具公司把家具生产部分也外包给了其他企业；沃克说公司“更像是一个整合者……而非家具制造商”。这样的定位也使得赫曼米勒家具公司更欢迎新的产品创意，因为它不必改变制造过程本身（这部分已经外包出去了）。

当组织面临强大的价格竞争压力并且有足够数量的外包公司可以用于完成外包过程时，中空型结构是有益的。

■ 模块化结构

像中空型组织一样，模块化结构的组织也使用外包。但是，它不是外包过程，而是外包产品的部件，例如喷气机的组件或软件程序的子程序。模块化组织负责确保部件满足质量要求、部件及时到达，并能有效地将部件组合成最终整体。当公司能够识别产品模块，并能创建将各部分编汇进工作顺序的设计界面时，模块化组织设计很有用处。一个著名的例子是波音公司运用模块化结构生产其 787 梦幻客机。模块化结构也在很多其他行业应用，如汽车制造、自行车生产、家用电器、消费电子产品和软件开发等。

■ 虚拟结构

最后，组织也可以通过确认合作伙伴来创建虚拟组织，虚拟组织指那些“专门为响应临时的特殊市场机会而创建的公司之外的公司”。[32] 如同“虚拟内存”让计算机看起来好像有了更多的内存一样，不同于实体组织仅利用自身资源，虚拟组织超越组织边界，以完成更多的任务。创立虚拟组织时，组织确认具有所需才能的合作伙伴，并签订具体协议，各参与成员通常位于不同地点。虚拟组织的成员不依赖于面对面的会议，而是通过发送电子邮件和语音留言，或其他互联网手段来交换项目信息，或在分散的参与者之间召开视频会议（回想一下第 11 章关于虚拟团队的讨论）。信息技术能有效地帮助虚拟组织成员朝着共同目标努力，如在开发新产品或进入新市场时。一个很好的应用是，虚拟组织可以为开发针对美国市场的新手机提供帮助。

AT&T 和威瑞森通信公司在美国无线业务市场的比重如此之大，以至于手机制造商必须与它们合作开发兼容产品并利用其销售渠道才更有机会成功。为此，一直以来在美国市场举步维艰的诺基亚将其战略转变为“与美国运营商合作开发手机，其中包括让其旗下 300 个产品开发商与 AT&T 和威瑞森合作”。[33] 其销售人员和研发人员也被要求与指定的无线运营商合作。一般来说，虚拟组织需要灵活性，管理人员必须能够在不同的位置上领导和激励员工。这种结构对于希望通过与其他公司的合作取得自身发展的组织是有价值的。[34]

回顾本章开篇的案例

假设你正在矩阵型组织中进行一个项目，并且一些项目团队成员正以虚拟的方式工作。请思考如何运用案例中讨论的技术来提高团队成员之间的项目规划环节的效率。

17.3 组织设计的权变理论

根据**组织设计的权变理论**（**contingency approach to organization design**），当组织结构符合具体情境要求时，组织效能趋于提高。本节的目的是通过介绍组织设计的权变理论，来扩展前面讨论过的组织设计的各种思路。我们先来回顾一项对集中和分散决策进行探讨的里程碑式的研究，然后讨论前面提到的七种组织设计思路哪一种可能最为有效。

机械式组织与有机式组织

两位英国行为科学家汤姆·伯恩斯（Tom Burns）和斯托克（G. M. Stalker）进行了一项具有里程碑意义的权变设计研究。在研究过程中，他们对所谓的机械式组织和有机式组织进行了富有启发意义的区分。**机械式组织**（**mechanistic organizations**）是严格的官僚机构，具有严明的规则、定义明确的任务和自上而下的沟通。机械式组织通常具有本章前面描述的传统组织设计特点之一和科层文化——参见第 3 章对文化类型的讨论。这种结构的“有序性”被认为会带来组织内部过程的可靠性和一致性，从而创造更高的效率、质量和时效。你可以想象，这种类型的组织结构对于核电行业中的企业会多么有价值，该行业的特点决定了企业的过失和差错可能导致灾难性的后果。特别值得一提的是，机械化结构并不意味着组织不应该去响应员工和客户的反馈。丰田公司的组织结构以高机械化程度著称，但它陷入了忽视员工和客户反馈的陷阱，最终导致不得不召回有缺陷的加速器踏板和生锈的备胎架（见相关的“真实世界/真实人物”专栏）。

相反，**有机式组织**（**organic organizations**）是由执行多种任务并且具有多种才艺的个体组成的灵活网络。例如，伊琳费雪公司（Eileen Fisher）设计和制造女装。包括其 CEO 苏珊·朔尔（Susan Schor）在内的公司高管，用创始人伊琳·费雪的话来说，都是“加入公司并找到了自身的位置”，以更好地领导公司“人与文化”的各个方面，包括员工发展、社会意识、人力资源和内部沟通。朔尔的成就包括创建了一个所有员工都在由协调人运营的团队中工作的组织结构。“没人向任何人汇报。相反，我们与‘他人’联结起来”。[35]有机式组织的这些特点在低边界的水平和虚拟组织中最容易实现。互联网技术和社交媒体能使个体更易于建立人际网络并分享信息，这些也使得创建有机式组织变得更为实际。[36]

真实世界/真实人物

丰田公司变得太机械化了吗?

在丰田公司，总工程师这一职位拥有许多权力和权威。该职位对“丰田车辆生产全权负责：从概念车开始，有时一直延续到销售的整个环节”。总工程师对车辆的成功负责，并决定某款车的目标市场。他们还负责车辆成本、重量、性能和质量等目标。在丰田，总工程师们“被高度尊重，被授予近乎绝对的权威”。从这一点上你可以看到丰田公司组织结构的机械化。

2005—2009 年卡沙渡边（Katsake Watanabe）担任丰田总裁期间，总工程师在丰田结构中的作用受到了严格的审查。渡边让总工程师们通过积极削减成本来增加丰田的盈利能力。他们在世界各地努力实现这一目标。但是，“当总工程师们大幅削减成本的同时，他们并未能及时地收到反馈”……

“当丰田的客户开始就车辆的质量投诉时，无论是有关车辆性能不安全，还是某些部件看上去很廉价时，丰田对这些投诉不予重视并迟迟未能给出解决方案。一些丰田美国公司的现任和前任高层认为，总工程师的职责更侧重于捍卫丰田。他们认为总工程师们转移了质量相关问题，并且不愿将这些问题提交给丰田高层，因为他们害怕丢面子。”

“随着丰田不断扩张，其日本高管从来没有放弃对公司运营的强硬干预……并继续在日本做出所有重要决策。与其说丰田进行全球化经营，不如说它是殖民化经营。”

为什么机械化结构在丰田引发了问题?

资料来源：Excerpted from A Taylor Ⅲ，“How Toyota Lost Its Way,” *Fortune*，July 26，2010，p. 110.

回顾本章开篇的案例

1. 狄克逊·施瓦布尔广告公司的会议方式会导致组织更机械化还是更有机化？请解释。

2. 机械式组织还是有机式组织更有可能促进创新？

■ 程度问题

重要的是，如表17－2所示，组织的每一项机械/有机特征都只是程度的问题。组织往往偏机械化或偏有机化，仅仅采用单一机械式或有机式结构的组织是罕见的，因为同一组织中的不同事业部、部门或商业单元在机械化或有机化的程度上都不尽相同。从员工的角度来看，你更喜欢哪种组织结构？

表17－2　机械式组织和有机式组织的特征

典型特征	机械式组织	有机式组织
1. 任务定义和所需知识	细化；技术	广泛；常规
2. 个人贡献与组织目标之间的结合	模糊或间接	清晰或直接
3. 任务灵活性	严格；常规化	灵活；可变
4. 技术规格、义务和权利	具体	笼统
5. 层级控制程度	高	低（强调自我管理）
6. 主要的交流模式	从上至下	平级
7. 主要决策风格	独裁式	民主式；参与式
8. 对服从与忠诚的强调	高	低

资料来源：Adapted from discussion in T Burns and G M Stalker，*The Management of Innovation*（London：Tavistock，1961），pp. 119－25.

■ 决策的不同方法

在机械式组织中，**集中决策（centralized decision making）**较为常见；而在有机式组织中，决策则更加分散。当重要决策都由管理高层做出时，我们称之为集中决策。例如，雅虎的前CEO卡罗尔·巴茨想让雅虎变得更有效率，因此她决定采用自上而下的管理风格。[37]当中层和底层管理者做重要决策之时，我们称之为**分散决策（decentralized decision making）**。通常，集权式组织受到更严格的控制，而分权式组织更适应不断变化的情况。为了促进公大变革，巴西制造商塞氏公司（Semco）采用了更为分散的组织结构：当时塞氏公司濒临破产，里卡多·塞勒姆（Ricardo Semler）临危受命，担任了CEO一职。他废除了大多数高级管理职位，并将决策下放给了更低层次的自我管理团队。迄今为止上述改革成果丰硕。

这一举措最初导致了低效率和高成本，但最终能让组织基层的创新蓬勃发展……到后来，库存积压减少了，产品线扩大了，销售额也在增长……公司重组后，年营收从400万美元攀升至2.12亿美元。[38]

管理专家对极端的集中化管理和分散化管理提出了警告。最大的挑战是要在两个极端之间实现具有可行性的平衡状态。某管理顾问这样总结：集中化和分散化并非一个二选一题目；它们是一种可以兼顾的平衡举措。

转型中的现代组织将认识到集中化和分散化之间的相互制约性：组织转型需要更大的集中化，以创造低成本的共享资源；转型又需要通过更大程度的分散化来提高企业的市场反应能力。现今的成功组织要能够成功处理集权和分权之间的矛盾与对立关系。组织需要分析在每种特定情境下最佳组织结构解决方案，同时不应对某种特定类型的组织结构有偏见。这样的结果是，组织最后几乎无一例外地发展成由共享成本有效性的集中化资源的分权单元组成的混合体。[39]

■ 实践研究启示

当伯恩斯和斯托克把实际公司的样本分为机械式或有机式结构的时候，他们发现并非一种类型优于另一种类型。每种类型都有可取的地方，归根到底取决于环境。当环境相对稳定和确定时，成功的组织倾向于机械化。当环境不稳定和不确定时，有机式组织往往更容易成功。[40]

另一个有趣的调查结果来自一个对 42 个志愿教会组织的研究。随着组织变得更加机械化（更官僚），其成员的内在激励减少。机械式组织显然破坏了志愿者的自由感和自主性。此外，研究人员认为，他们的发现有助于解释为什么官僚机构倾向于自我满足："由于内在激励行为的减少，一个机械化的组织结构可能会催生一个更加极端的机械化的系统。"[41]由此，官僚化的结构带来了更加官僚化的制度。

最近，在两个工厂中，一个是机械式结构，另一个是有机式结构，实地研究证实了预期的沟通模式，机械式工厂以（自上而下）命令和控制为特点，（双向）协商或参与沟通则流行于有机式工厂当中。[42]

■ 机械式结构和有机式结构都有适用之地

虽然选修组织行为学课程的成就导向的学生们通常表达了对机械式组织的厌恶，但不是所有的组织或二级单位都可以或应该采用有机式结构。例如，麦当劳如果不是采用极端机械化方式运营餐厅，就难以实现其令人敬佩的质量和服务标准。想象一下，如果麦当劳的员工按照自己喜欢的做事方式并按自己的节奏工作，你会得到怎样的食物和服务。但是，机械式结构也会对一些员工的自我控制感造成负面影响从而导致这些员工的离职。

17.4　找到适合的组织结构

本章描述的所有组织结构都是当今组织正在采用的，因为每种组织结构都有其自身的优点和缺点，使得它们在某些情境下才会适合组织。例如，当详细规定的常规程序和制度化的审查与平衡对组织很重要时，一个极端机械化组织中的明确定义的职位和严格的等级制度就是有益处的，比如核电站的例子。在一个具有许多不确定性的快速变化的环境中，组织将从一个更有机化的结构中获益，因而需要减少职能和组织之间的界限。下面让我们仔细回顾一下几种基本的组织设计。

职能型结构可以通过将需要类似材料和设备的人分在一组以节省资金。同时，由于部门主管也是内行，而且部门成员以自身的专业为荣，因此各职能部门通常高质量地完成任务。在组织不依赖于员工相互协调以解决问题的稳定环境中，职能型结构的优势最容易体现出来。不过，当前越来越多的组织认为它们的环境是不稳定的，所以越来越多的组织正在放弃严格意义上的职能型组织结构。

事业部结构增加了员工对客户和产品的关注。管理人员可以灵活地做出影响部分职能的决策，以满足客户的需求。这使得组织能够在新的客户需求出现时，或在竞争者引入重要产品时，更快地响应。然而，在每个部门中复制相同的职能可能增加成本，因此对于一些组织来说，这种结构可能太过昂贵。此外，部门有时过于专注自己的客户群体或产品，忽略了公司的总体使命。福特汽车公司一直努力通过共享设计、工程和制造来统一其区域和品牌的部门，以节省资金。但是福特区域分部的经理往往在不同的时间线上引入新车型，并坚持认为他们的客户需要不同的性能。[43] 相比之下，通过赋予分部经理添加当地人喜欢的食品和装饰的权力，区域分部对麦当劳的市场扩张起到了促进作用。[44]

矩阵结构试图结合职能型和事业部结构的优点。然而矩阵结构的优点同时也是其主要缺点：它违反了统一指挥原则。员工必须同时向职能经理和产品/项目经理汇报。当双上司之间失衡时，决策的速度会大大下降，政治行为会阻碍工作进度。员工的角色明确度也可能会降低。因此，矩阵组织的成功依赖于优秀的管理人员广泛沟通、促进承诺和协作、管理冲突、有效谈判，以确立与组织战略相一致的目标和优先事项。[45]这一结论强调了在采用矩阵结构之前需考虑组织文化的重要性。如第3章中讨论的那样，认可变通性、灵活性价值的家族文化与灵活文化更符合矩阵结构的要求。已经采用矩阵结构几十年的一个例子是宝洁公司。为了管理其位于80多个国家的138 000多名员工，宝洁采用了矩矩结构。其中，宝洁全球业务组织负责品牌的开发和生产，而市场开发组织则专注于特定地区的客户需求以及如何让宝洁产品满足这些特殊的需求。宝洁的经理们要么负责品牌要么负责市场，而宝洁员工则必须同时实现品牌和市场的目标。[46]

水平设计通常能改善组织中的协调和沟通。跨职能团队可以为快速变化的环境中出现的问题找到创造性的解决方案。相比在传统结构中独立工作的职能团队，跨职能团队能更快、更有效地开发新产品。水平设计还鼓励知识共享。然而，由于权力路径不明确，管理者必须能够分担组织整体绩效的责任，建立对共同愿景的承诺，并影响他人，有时甚至是在他们缺乏直接权力的情况下做到这些。当专业化的重要性弱于应对不同或多变的客户需求的能力的重要性时，水平结构具有明显的优势。水平结构要求员工很好地运用赋予的权力。水平结构很适合动态研究公司（RIM）：该公司的员工对产品和客户有着深刻的了解。所有员工都使用公司的黑莓掌上电脑，因此他们知道什么起作用、什么不起作用。RIM的CEO认为，因为员工知道黑莓运作的细节，所以他们有能力持续改进它："我们不只是从一家公司购买操作系统，从另一家公司购买无线电技术，然后在亚洲某公司进行组装。我们实际上构建了整个流程……我不介意投资其中，因为我知道会有回报。"[47] RIM通过创建团队，在公司运营的每个方面都集思广益，很好地应用了员工掌握的知识。

最后，那些开放边界让自身变成中空型、模块化或虚拟化的组织，得以通过专注于它们的核心能力获得卓越的回报。[48]像职能型组织一样，采用新型组织结构的组织拥有有特殊专长的人员，这些人要比事业部或水平组织的全能型人才更专业。这三类组织结构的缺点是组织放弃了对外包的职能或运营部分的专业性和控制权。当然，像事业部和水平组织一样，中空型、模块化或虚拟化的组织可以专注于客户或产品，而让它们的外包合作伙伴专注于它们各自的专业领域。在印度，当塔塔汽车公司想要开发售价 2 500 美元的小型车时，它认为自己的工程师需要协助，所以塔塔采用了模块化结构。每个供应商都在设计特殊部件时尽可能地降低成本，同时仍达到质量标准，塔塔则专注于协调供应商的工作。[49]一个成功的中空型组织的例子是：某全球制造商将其重点转移到产品开发上，并与外包公司签订合同让其用自己的设备制造产品并负责从订购材料到运输成品的整个流程。该安排避免了工作效率低下和重复，同时保证了产品质量，还使劳动力成本降低了 40%。[50]

上述开放组织结构的成功取决于管理者是否具有推动自身正式职权范围以外的人员完成工作的能力。例如，波音公司因制造梦幻客机的挫败而感觉难堪，新科技的组件由供应商网络提供，而供应商并不总是能满足它们对波音的承诺。此外，供应商网络中的个人可能并不具有与传统组织中员工相同的承诺水平，这使得激励和领导变得更困难。因此，开放结构可能更适用于以下情境：组织有合适的可信赖的合作伙伴；效率非常重要；组织能识别出可以用于外包的职能、程序或产品组件并且有利可图。对于虚拟组织的情况而言，则取决于所需满足的需求是否为临时性的。在对与其他公司有着广泛合作关系的 20 家组织的管理人员进行的调查中，新型的组织结构通常能在下列类型的公司中取得成功：选择与培训团队的合作技能、投资促进合作的流程、建立共享信息的工具和系统以及将与伙伴公司的合作视为公司的一个正在进行中的需要领导和管理的项目。[51]最近一项对 177 个国际战略联盟的研究进一步表明，当伙伴组织之间存在高度互信时，开放结构的运作效果最好。[52]

17.5　组织效能（和效能下降的威胁）

你的效率有多高？如果有人问你这个简单的问题，你可能会在回答之前要求澄清。例如，你可能想知道他们是指你的 GPA 成绩、年收入、实际业绩、与他人相处的能力、公共服务，还是问的完全不同的东西。同样的情况也适用于现代组织，效率标准林林总总。

评估组织效能对很多人而言都是一项重要议题，包括管理者、求职者、股东、政府机构和组织行为学专家。本节的目的是介绍一个广泛适用且有效的组织效能模型；我们也将讨论组织效能下降的问题。

17.5.1　通用的组织效能标准

一个能更好地理解组织效能这个复杂问题的办法是：考虑四种评估组织效能的通用方法（见图 17-4）。这些效能标准同样适用于各类大型或小型、营利性或非营利组织。此外，如图 17－4 中的重叠区域所展示的，可以运用不同组合方式来使用这些效能标准。要记住的关键一点是，“没有哪种组织效能评估法可以适用于所有情境或是所有组织类型”。[53]可口可乐和法国电信，除了都是追求利润的大公司之外，还会有其他的共同点吗？评估组织效能时，我们往往需要一个多维的角度。下面逐一讨论四种通用效能标准。

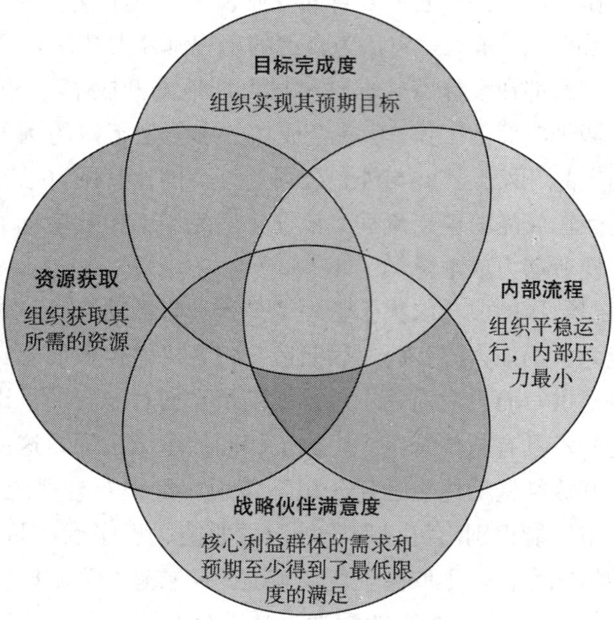

图 17－4　组织效能的四种评估方法

资料来源：Adapted from discussion in K Cameron, “Critical Questions in Assessing Organizational Effectiveness,” *Organizational Dynamics*, Autumn 1980, pp. 66－80; and K S Cameron, “Effectiveness as Paradox: Consensus and Conflict in Conceptions of Organizational Effectiveness,” *Management Science*, May 1986, pp. 539－53.

■ 目标完成度

目标完成度是使用最广泛的组织效能标准。将主要组织结果或产出与事先设定的目标或设定进行比较。当出现偏差时，无论是过多还是过少，都需要采取纠正措施。组织目标完成偏差其实就是本书第 9 章讨论的个人目标设定过程在组织层次上的变异。与目标完成标准相关，组织效能依据组织达到或超过其预设目标的程度来衡量。

生产率的提高，即投入和产出之间的关系，是一个常见的组织层次的目标。组织目标还可以指组织在某一方面的努力，例如招聘少数族裔、可持续性、客户满意度、员工满意度、质量改进和产出等。例如，现代汽车原来年产 580 万辆小汽车和卡车，并已确立了到 2012 年将年产能增加到 650 万辆的目标。公司还将汽车质量放在战略目标列表的首位。现代设定了一个由两部分组成的质量目标，称为 GQ 3-3-5-5，现代起亚的质量部执行副总裁金俊尚（Joon-Sang Kim）在接受采访时解释说，GQ 3-3-5-5 要求“现代要在三年内实现按功率可靠性排名的质量进入前三的目标，并在五年内进入按消费者品质认知排名的前五”。[54]鉴于当今的竞争压力和电子商务革命，创新和速度成为许多公司非常重要的组织目标。

■ 资源获取

第二个标准涉及投入而非产出。如果一个组织获得必要的生产要素，例如原材料、劳动力、资本、管理和技术专门知识，便被认为在资源获取方面是有效的。比如像救世军（Salvation Army）和联合之路（United Way）这样的慈善组织，我们就依据它们从私人和企业募捐到的金额来评判其效能。

■ 内部流程

这一效能标准聚焦于“组织必须在哪些方面突出”，以有效地实现其财务目标和客户期望。一个研究团队确定了四个关键的高层次内部流程并鼓励管理者对这些流程进行评估和管理。这些流程影响生产力、效率、质量、安全性和许多其他内部指标。这些流程包括以下相关组织活动：（1）创新；（2）客户服务和满意度；（3）卓越运营；（4）成为良好的企业公民。[55]在改进内部流程时，公司往往会采用持续的改进计划。回顾我们在第 1 章中对全面质量管理的讨论。现代公司为提高其内部流程的质量所做的工作就是这方面一个很好的例子。

> 现代在其工程中心引入了六西格玛标准来测量其改进措施的有效性。现代让质量成了一种跨职能部门共担的责任，包括采购、财务、销售和营销。现代支持外部供应商，并邀请他们与自己的设计师和工程师一道探讨，以期对质量相关问题防患于未然。在这之前，质量监督会议的出席人数往往很少，但是当现代主席开始出席每两个月举行一次的质量监督会议之后，这个会议在现代公司已经成为必须参加的活动了。[56]

■ 战略伙伴满意度

组织既依赖于人，也影响人的生活。因此，许多人认为主要利益相关方的满意度是组织效能的重要标准。

战略伙伴（**strategic constituency**）指与组织有某种利害关系的个人或群体——例如资源提供者、组织产品或服务的用户、组织产出的生产者、与之合作对组织生存至关重要的群体或那些受组织显著影响的群体。[57]

战略伙伴（也叫利益相关者）之间通常有着竞争或矛盾的利益关系。[58]战略伙伴或利益相关者可以通过利益相关者审计来系统地进行确认。

利益相关者审计（**stakeholder audit**）使管理层能够识别受组织绩效显著影响的所有各方（见图 17-5）。然后组织可以有针对性地协调处理这些利益相关者之间的利益冲突和相对满意度。

管理层面临的一个永无止境的挑战是在战略伙伴之间达成一种可行的平衡，以便让各方至少实现最低满意度。

17.5.2 多维效能标准：一些实用指导意见

组织效能专家建议采用多维方法来评估现代组织的效能。这意味着没有一个单一的标准适用于组织生命周期的所有阶段。单一标准也不能满足相互竞争的利益相关

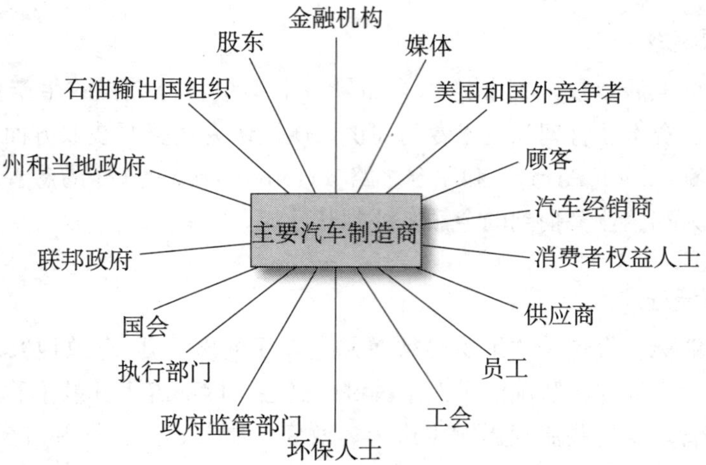

图 17－5　识别战略伙伴的利益相关者审计例子

资料来源：From N C Roberts et al.，"The Stakeholder Audit Goes Public，" *Organizational Dynamics*，Winter 1989. © 1989. Reprinted with permission from Elsevier.

者。管理良好的组织往往综合运用不同的效能标准，以满足不同情境的独特要求。例如，爱迪德控股公司（Irdeto Holdings）为付费电视和视频录像提供内容保护，在确定其亚洲市场的销售增长最快之后，公司决心对组织结构进行改革。当时其亚洲市场的收入已经占公司总收入的近40%。为了满足服务这个重要区域市场的业务目标，爱迪德的高管决定将公司的北京分公司转变为第二个总部（第一个总部位于阿姆斯特丹附近）。这一改革能更好地服务爱迪德的亚洲战略伙伴。但是与此同时，却引发了公司阿姆斯特丹总部员工的担忧。为安抚阿姆斯特丹的战略伙伴（员工），爱迪德的CEO格雷厄姆·基尔（Graham Kill）计划兴建一栋新的阿姆斯特丹办公大楼，并宣布，如果员工愿意在两个总部城市之间轮换，他们等于拥有了一条令人兴奋的新职业发展道路。管理层还必须解决内部流程问题，特别是在培养中国管理者主动参与决策的同时，考虑影响整个公司全局而不仅仅是亚洲市场的问题。[59]

管理者需要识别并寻求来自战略伙伴的投入。只有将这些信息与组织制定的使命和理念相结合，管理层才能找到效能标准的适当组合。可参考以下指南：

● 当能做到"目标明确，协商一致，有时限，可以衡量"时，运用目标完成度的标准来衡量组织效能就是适当的。[60]

● 当投入对结果或产出有可追踪的影响时，运用资源获取的标准来衡量组织效能就是适当的。例如，世界野生动物基金会收到的捐赠金额大小是衡量其提供服务的水平高低的一个重要指标。

● 当组织绩效受到特定流程（例如，跨职能团队合作）的强烈影响时，运用内部流程的标准来衡量组织效能就是适当的。

● 当强大的利益相关者可以显著使组织受益或受损时，运用战略伙伴的标准来衡量组织效能就是适当的。

在我们理解了衡量组织效能的这些基本概念之后，让我们把注意力转到防止组织效能下降上来。

17.5.3 低效能的预警标志有哪些?

环路城、雷曼兄弟、百视达、通用汽车、克莱斯勒和A&P这些公司有什么共同点吗?答案是它们在过去几年里都宣布了破产。那么你认为这些公司的高管人员是否设有预示公司未来失败的效能衡量指标?如总营收、利润或市场份额等。证据表明答案是肯定的。[61]这意味着管理人员可能需要更加关注预警组织低效能的主要指标，这些指标在企业最后不佳的绩效浮出水面之前就能对管理者起到预警的作用。幸运的是，研究人员已经识别出了这样的一张指标清单。

除违法行为之外，有16个组织衰落的警示迹象:

1. 人员过多。
2. 对无能力的容忍。
3. 烦琐的行政程序。
4. 工作人员与其职位不相称的权力（例如，技术专家在政治上比那些被认为太不懂世故且太传统的直线管理人员更有权力)。
5. 用形式代替实质（例如，规划流程变得比取得的结果更重要)。
6. 缺乏明确的目标和决策基准。
7. 担心尴尬和冲突（例如，以前成功的高管现在可能会抵制新的想法，因为害怕揭示出过去的错误)。
8. 失去有效的沟通。
9. 过时的组织结构。[62]
10. 领导者更多地迁怒于别人。
11. 抗拒改变。
12. 士气低落。
13. 特殊利益集团更加直言不讳。
14. 创新减少。
15. 不愿意尝试新的想法。
16. 执行追责机制落后。[63]

监控这些组织衰落预警指标的管理者更有可能及时地采取纠正措施。然而，研究揭露了在稳定高层管理团队中的一种令人苦恼的认知趋势。即在几乎没有什么高层管理人员离职的公司中，往往存在着将组织问题归因于外部（例如竞争、政府、技术转移）的倾向。与此相反，内部归因的高管团队往往会有很高比例的新成员。因此，在防止错误解读或忽视组织衰落的警示信号时，组织高层中有所谓的“新鲜血液”似乎是一种很好的保险措施。

17.6 组织创新

IBM、谷歌、微软、宝洁、通用电气、塔塔、克莱斯勒、嘉士伯、班纳健康、惠普、福特、波音和皮克斯这些公司的一个共同点是，它们都有创新的欲望。例如，由于需要为越来越多的人以合理的成本提供高质量的护理，医疗保健行业面临着创新的巨大压力。[64]考虑到技术创新是生产力和经济增长的关键来源，这种趋势并不令人惊讶。[65]**创新（innovation）**“是创造一种能赚钱的新事物；它会受到顾客的欢迎”。[66]这一定义强调了创新的两个关键方面。首先，创新不同于发明，发明需要创造出新东西；而创造力则如我们在第12章中定义的那样，指的是开发出新事物或独一无二事物的过程。宝洁公司前CEO雷富礼在接受《商业周刊》采访时说明了这一区别：“你需要创造力和发明，但是除非你能让这种创造力以某种产品或服务的方式为顾客的生活带来有意义的改变，否则我会认为你并没有创新。”他用纸尿裤的例子来进行阐述。“我们在20世纪60年代发明了一种能吸收大量水分的材料。但一直到我们把它转换成一个帮宝适一次性婴儿纸尿裤之前，它都只是一种新的材料。我们创造了这个全新的产品类别，并开创了一个行业。”[67]其次，创新也不同于整合，后者涉及把多个个体、单位、部门、职能或站点结合到一起以共同完成目标、实现想法或完成项目。正如你将在本节中学到的那样，成功的创新依赖于发明、创造力和整合。[68]

我们在本章中讨论创新主题，因为创新是一个组织层面的问题。也就是说，创新需要我们整合与个人行为、群体和社会过程以及组织过程有关的众多概念（回忆图1-4所示的组织行为学的主题模型）。正确理解创新非常重要，因为它像汽油一样为公司和国家的经济引擎提供燃料。有趣的是，美国作为一个创新经济体的地位在过去十年中一直在下降。波士顿咨询集团和全国制造商协会的一项研究表明，美国是世界上第八大创新经济体，排在其前面的有：（1）新加坡；（2）韩国；（3）瑞士；（5）爱尔兰；（6）中国香港；（7）芬兰。另一项最近的研究进一步表明，美国公司计划在2009年减少其创新支出，并降低创新作为战略优先事项的重要性。[69]时间会证明这是不是一个明智的决定。

为了帮助读者了解如何能使组织更具创新性，下节将讨论关于创新的神话，并提出创新的模式。

17.6.1 关于创新的神话

我们想破除关于创新的两个神话。第一个神话认为创新是神明显灵或是神奇时刻。换句话说，有些人认为创新是某种不假思索的忽然产生的想法，例如牛顿坐在树下被苹果砸中头部后发现了重力。这是一个很好的故事，但它不代表实际发生的情况。其他人认为创新的发生是因为一个人在正确的时间待在正确的地方。这种说法更是错得离谱。创新并不会像雷电一样突然闪现。相反，创新是一个耗时的活动，需要辛勤的工作和奉献。

杰克·韦尔奇和苏茜·韦尔奇注意到，“（创新）逐渐出现，零零碎碎，被形形色色的一群人锻造出来，这些人既有经理，也有普通员工，在组织的各个角落，在大家休息和工作间隙的交谈和争论中逐渐成形”。[70]创新是艰苦的工作，需要投入时间和资源。IBM是一个很好的例子（见相关的“真实世界/真实人物”专栏）。“在过去的17年里，蓝色巨人已经获得了比任何其他申请公司都要多的美国专利。”2009年，IBM在研发上花费了60亿美元，占IBM总收入的近6%。[71]

苹果的前CEO史蒂夫·乔布斯曾被问道：“你如何使创新系统化?”他回答说：“你办不到的。”[72]我们要谈的关于创新的第二个神话是创新可以被系统化。如果可以，每个组织都会这样做。有太多与创新相关的挑战使得创新成功与否不可预测。当我们在下一节回顾创新模型时，将会讨论这些挑战。

真实世界/真实人物

IBM是一个创新的典范

IBM的CEO彭明盛正通过创新重塑企业。该公司在2010年申请了5 896项专利，被《财富》杂志评为世界最受尊敬公司的第12位。彭明盛在运营公司方面有长远的观点，他坚信调查研究能揭示未来的市场趋势。

IBM在全球拥有9家研究实验室，另有7家合作实验室，与中国的顾客一道开发高科技铁路。除了为印度移动电话运营商开发新系列的业务相关项目之外，IBM也资助可用于开发新产品的实验，例如材料研究等。彭明盛也认为那些超技术的“不切实际的”项目对于理解IBM的未来发展方向，以及他如何管理IBM的资产和业务至关重要。

每过一年，彭明盛都会花上一整天的时间和实验室主任们进行一场马拉松式的讨论。讨论的目标是预测未来发展趋势以及如何调整IBM的企业战略来适应这些趋势。实验室主任们说，你可不敢毫无准备地去参加与彭明盛的讨论，因为他了解你的工作，他对你工作的价值也有自己的评判。比如说，这次的讨论主题是如何向他解释芯片制造工艺进展，以及这种进展将如何改变IBM推销及销售服务器的方式。

为什么IBM在创新上能够成功?

资料来源：Excerpted from “IBM,” *Fortune*, March 21, 2011, pp. 117, 123.

17.6.2 创新模型

创新不是一个静态事件。相反，它是一个动态的过程，随着时间的推移有起有伏，并且也可以带来许多潜在的好处，包括收入增长、新的产品与服务、成本降低、改进的产品与服务或过程改进等。这些好处可以是短期的，也可以是长期的。例如，尽管投资了数百万美元到机器人研究上，但是本田预计它不大可能在短时间内就得到回报。本田发明了一个可以遵循四个大脑指令的机器人。“本田表示，这类机器人有应用到其汽车产品中的潜力。例如，通过思想控制打开后备厢等。但是研发总监新井康久（Yasuhisa Arai）承认，‘实际运用仍在遥远的将来’。”[73]

当试图了解组织如何能变得更具创新性时，植树的过程是一个很有用的比喻。种子是种植树木的起点。随着时间的推移，在适宜的水、氧气、营养物和阳光的作用下，幼弱的嫩苗拥有了强壮的树干。一个健康的树干让一棵树能够生存下来，长出一个树冠，并为所有人提供一个树荫以享受它的美丽、阴凉或观赏蜜蜂忙忙碌碌地采蜜。创新遵循着类似的过程。你将了解到，专家们已经发现了六个创新的种子，组织可以使用这些种子开启组织创新之门。然而，这些种子不会自然产生创新，除非一个组织能有效地应对一系列的关键挑战。管理种子和创新的挑战产生了创新的树干。最后，创新还需要特殊的营养，以帮助它生长、繁茂，并为组织带来预期的好处。这些营养包括适合的组织文化、领导、员工和实施。图17-6显示，影响创新成果的有三个部分：创新的种子、创新的挑战和创新的营养。让我们考虑一下每个组成部分。

■ 创新的种子

创新的种子（seeds of innovation）代表了组织创新的起点。在研究了数百种创新后，一位专家确定了六个创新的种子。[74]它们分别是：

1. 在特定的方向上努力工作。大多数创新来自甘于奉献的员工，他们努力工作以解决定义明确的问题。这种努力工作有时长达几年。

2. 改变方向，努力工作。当人们转变思路以解决问题时，创新常常会发生。换句话说，努力地工作会关上一些门，但也会打开其他的门。

3. 好奇心与试验。创新往往发生在当人们对有趣的东西感到好奇之时，而试验则用于测试创新想法的可行性。[75]这种创新的种子需要一种支持试验的组织文化。财捷集团的创始人斯科特·库克（Scott Cook）赞成这一结论，并试图创造一种创新的文化，他强调失败完全不是问题。不管发生什么，他总是告诉他的员工，你做得对，因为你创造了证据，这比任何人的直觉都更好。他说，在他的组织里，试验遍地开花。[76]

4. 财富和金钱。创新时常发生，因为组织或个人总是想要赚钱。例如，菲亚特曾几近破产，这驱使该公司寻找创新的方法来削减成本，并在美国增加市场份额。这就是为什么菲亚特要入股克莱斯勒公司以获得后者的小型汽车技术。[77]

5. 必要性。许多创新来自对取得成就或完成某项对实现目标很重要的任务的渴望。例如，“施乐聘请了两位研究人员，该公司称其为‘创新经理’。创新经理的职责是搜寻印度新创公司的发明和产品，以找到那些施乐能加以改造并投放到北美市场的发明和产品。同样，惠普正在使用其设在印度的研究实验室，了解如何将亚洲和非洲手机产品的网络界面应用程序引入发达国家市场”。[78]

6. 种子的结合。许多创新是由多种因素造成的。

例如，为了鼓励创新，谷歌通过允许员工将20%的工作时间用于其主要工作以外的项目。这种策略将员工的好奇心与辛勤工作融合在一起，增加了产生新产品的概率。

回顾本章开篇的案例

哪一个创新的种子被案例中的企业所使用？请举例。

■ 创新的挑战

图17-6说明了创新的挑战和创新的种子交织在一个随时间推移而变化的动态关系中。如果创新的这两个组成部分没有有效地结合，创新便不大可能带来预期的收益。[79]挑战包括以下几点：

1. 找到灵感。人们需要灵感来创造新东西，人们可以从许多不同的来源获得灵感：集思广益、过去的经验、空想、阅读、与他人的谈话或是直觉等。高智发明公司

（Intellectual Ventures）是一家致力于投资新理念的公司，它拥有一种双重方法来寻找新的想法。公司创始人内森·梅尔沃德（Nathan Myhrvold）说："我们将投资于现有的想法。有人已经发明了东西；他们不知道该怎么办。我们将对这个想法进行控制性投资，并且对发明人说，我们来负责发明的市场化。但我们自己也会产生一些灵感。我们尝试选择一个主题，然后聚焦于这个主题内的一个非常重要的问题，做一些功课，然后找一组了解这一主题的专家。也会找一些了解其他主题的专家。我们的专家网络中大约有 100 位这样的专家。"[80]

2. 开发解决方案。这一挑战包括做出产品模型或原型，或是提出一个切实可行的能解决问题的办法。

3. 赞助与资金。创新需要资源和人力来支持开发新产品或新服务所需的组织变革。例如，塔塔汽车公司已经投入数十亿美元用于研究和开发。

4. 复制。公司必须解决怎样有利可图地开发新产品或提供新服务。

5. 接触你的潜在客户。许多创新的失败是因为公司弄不清如何让消费者接受新产品或服务。一些专家建议使用工作地图的方法。工作地图"将客户期望分解为一系列分立的过程步骤。通过从头到尾解构工作，公司可以全面了解客户希望从产品或服务中获益的所有要点，即需要完成的工作的每个步骤。"[81]工作地图帮助公司了解和照顾好客户对新产品和服务的需求。

6. 打败你的竞争对手。请记住，其他公司可能正在寻求同样的突破。最好集中于更少量的创新。

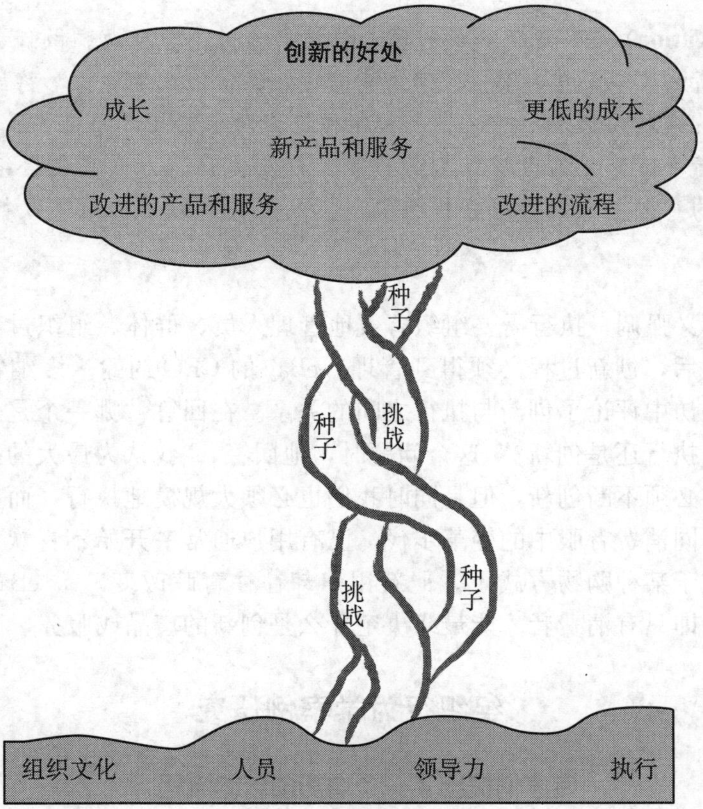

图 17-6　一个创新模型

7. 时机。客户必须为新产品或新服务做好准备，员工必须做好必要的改变，使创新成为现实。要考虑创新的时机。

8. 保持光亮。这个隐喻指的是组织必须在追求创新的同时保持盈利。因此重要的一点是在积极创新的同时，不要忽视现有客户。

■ 创新的营养

在创新种子和创新挑战动态的相互作用过程中，如果组织提供更多的营养和支持，创新就更容易成功，更有可能为组织带来预期的好处，如提升组织文化、领导力、人员和执行能力等。例如，最近的一项元分析显示，创新与市场、灵活文化和家族文化明确相关，如同我们在第3章讨论中揭示的那样。[82]通用电气已经将上述研究成果应用于名为“领导、创新和成长”的培训计划之中。参加培训的团队完成了一项关于文化支持创造力的内部评估。参与者随后使用研究结果来讨论如何使工作环境更加有利于创新。[83]研究还表明，变革型领导有助于创建组织之间的创新联盟，并鼓励员工提升创造力。[84]

此外，研究发现了某些员工特征可以帮助组织创新。例如，与创造力相关的个体特征、人们拥有的技能和能力水平、员工创新的自我效能以及经理和员工之间的关系都与创新正相关。当员工期望获得创新的积极成果时，他们也更具创新力。[85]最后，执行能力决定了企业将新产品和新服务推向市场的尝试会成功还是会失败。为什么？

请思考“执行”一词的定义。

执行（execution）是一个系统的过程，包括严格讨论怎样做和做什么、质疑、坚持贯彻、确保问责制。它包括对商业环境做出假设，评估组织的能力，将战略与运营以及将要实施战略的人联系起来，把这些人和各种纪律同步起来，并将奖励与成果相结合。执行还包括随着环境变化而改变计划的机制，以及提升能力以完成组织制定的各项宏图。从最根本的意义上，执行是分析组织现实情况并有针对性地采取行动的一种系统方法。[86]

这一定义强调，执行需要组织有效地管理人员、群体、组织过程和系统，以追求创新。最后，创新过程必须得到管理。eBay的CEO约翰·多纳霍在《哈佛商业评论》的采访中评论了创新与执行之间的关系。在回答“哪一个是你现在面临的最大的挑战，执行还是创新？”这个问题时，他回答，“我认为最大的挑战来自两者的交集。我们必须不断创新，但是同时我们也必须大规模地执行，而其中的挑战是要如何平衡不同消费者眼中的变革步伐。已有用户通常一开始不喜欢新变化，因为他们已经习惯于某种购物方式了。但新用户却往往青睐改变”。[87]eBay的例子凸显出一个事实，即只有消费者才能最终决定什么是创新的产品或服务，而什么不是。

组织行为学案例研究

专家们提出了一个增加创新的流程[88]

帮助企业成长或提高企业利润的大多数灵感，　并非深夜在实验室里产生，或是产生于某个行政办公室套间里。这些灵感来自公司中那些每天为公司奋斗、尽心服务客户、努力开拓新市场和全力竞争的人。

换句话说，是公司的全体员工。

那些成功地把创新变成其常规持续战略一部分的公司的关键在于：充分利用了跨职能与层次不同员工的创新热情和创新思想。这说起来容易做起来难。但是，这些公司究竟是怎么做到这一点的？我们发现，一个强有力的答案是，在我们称作创新社区的地方。

每个公司都有所不同，但创新社区通常是从高级管理人员撒下创新的种子成长而来的一种对新产品、新市场或新业务流程的渴望。通过构建员工论坛、通力协作，这种渴望有望成为现实。

那些为应对特大型项目而构建的创新社区对单个组织来说往往风险太大，成本也太高。当不需要外部顾问时，单个组织只需要很少的额外成本，也能构建内部创新社区。毕竟，那些整天争来辩去的员工早已获知了大多数与项目相关的细节……

创新社区是一种为员工已有的知识增加新内容和新目的的方式。由高级管理人员主导的详细讨论通常代表了公司最有效率和最经济的利润增加引擎。

下面，我们介绍迄今为止识别出的成功创新社区的七个关键特征。

1. 给创新创造空间。

忙于组织运营工作的直线管理人员和员工通常没有时间坐下来讨论跨组织创新的问题。创新社区的好处在于它创造了一个空间，让来自整个组织的不同部门的员工都得以在里面交流想法……

每年，在食品零售商超价公司（Supervalu），35～40 名中层和主管级经理都会被分成四个小组，讨论不同业务部门主管提出的战略性问题。管理人员在他们自己的专业领域之外讨论问题，同时也发展自身的领导力。在 5～6 个月的时间里，这些经理至少每周举行一次电子会议，并亲自到现场至少 5～6 次，同时继续履行常规职责……

2. 引入广泛的观点。

让来自不同职能部门、地点和层级的员工参与到创新中是很有必要的，这样做的目的不仅仅是因为他们的独特视角，也是为了确保随后的创新能获得更广泛的支持。创新社区专注于创造热情和创新产品。在本田汽车公司，美国的创新团队吸引了来自销售、工程、开发以及来自北美不同业务部门的成员。另外一些公司，如通用电气，在开发新产品时也邀请顾客和业务客户参与讨论……

3. 在高层和创新社区参与者之间创建对话。

根据定义，创新社区不能孤立地工作：为了创建可持续的跨组织创新，重要的一点是创新想法能被组织高管了解和支持。如果不这样做的话，创新将很可能仅产生有限的局部效应，不能让整个组织获益……

建立有效的战略保护可能是关系到创新社区成功与否最具挑战性的因素。例如，创新社区应被允许不惧高层。实话实说，如果社区参与者不敢这样做，创新想法最终就很可能受到影响，且只能惠及少数单元，而非整个组织。

当然，讨论不应该泛泛而谈，没有限制。高层管理者应该设定讨论主题，并确保讨论不偏离预先设定，因为“不切实际”的对话，虽然有趣，但基本是浪费时间……

4. 参与者应该被引导加入，而不是强制。

创新社区应吸引成员参与，而非强迫成员参与。员工应该对参与创新社区有热情。组织不能强迫员工透露他们的想法或必须有创造力。

即时奖励，如现金，通常诱使人们把注意力集中在是否赢得奖品上，而不再愿意走充满曲折挑战，但最终回报丰厚的创新之路。尝试向成员解释社区的工作将如何有益于组织、客户或更广泛的社会目标吧。

另一个激励措施：向成员解释清楚参与创新社区将如何有助于他们的职业发展。

5. 挖掘成员未尽精力和潜能以维持产品开发的低成本。

创新论坛对组织而言很划算的一个原因是它们能挖掘成员的精力和潜力。创新社区传递给成员的一个明确信息是高管正在用心倾听大家的声音，因此参与创新社区的活动中有利于成员的职业发展。在很多情况下，社区成员都跃跃欲试，想好好表现一下。

创新社区并不需要永久性结构，组织的生产率也不会受影响。创新社区的领导和团队成员仅把有限的时间投入社区，因为他们还有本职工作要完成。

6. 附带益处可能和创新本身同样重要。

创新社区通过将人们聚集在一起来交流想法，以促进个体和组织层面的学习。经常性的讨论和参与以解决问题为导向的任务可以产生有价值的社会网络，帮助成员在未来进一步交流想法……

7. 测量是关键。

创新社区只有在能够产生显而易见价值的情况下才是可持续的，否则高管人员会失去兴趣。我们注意到所有组织都试图根据实施的想法的数量和结果来衡量创新社区的成功。

[讨论]

1. 创新社区如何促进开放系统？

2. 创新社区的使用如何帮助公司从成功和失败中学习？请讨论。

3. 使用创新社区代表了什么类型的组织结构？请解释你的理由。

4. 创建创新社区的过程在多大程度上依赖于有机式组织的特征？请举例说明。

5. 创建创新社区的过程在多大程度上与创新模式一致？

6. 创建创新社区的过程中如何克服创新的挑战？请说明。

法律/道德挑战

当今成长最快的商业之一是监视顾客？这道德吗？[89]

许多公司认为，使用复杂软件监视顾客的网络行为是一种创新的方式，可以用来获取有用的信息以增加公司利润。

在艾希莉·海耶斯-比蒂（Ashley Hayes-Beaty）的电脑里面，隐藏着一个小文件收集关于她的个人详细信息，出售这些信息只要1/10便士。这个文件由单个代码组成……秘密地把艾希莉识别为一个住在田纳西州纳什维尔的一名26岁女性。

该代码知道艾希莉最喜欢的电影包括《公主新娘》(The Princess Bride)、《50个第一次约会》(50 First Dates）和《关于我讨厌你的10件事》(10 Things I Hate About You)。它知道她喜欢电视剧《欲望都市》（Sex and the City)。它知道她会浏览娱乐新闻，喜欢做测验。

在了解该追踪软件的事情后，艾希莉说，这是“很正确但很诡异的事情”。软件开发商Lotame公司在艾希莉不知情或未获许可的情况下对她的行为进行监视。该公司使用称为“信标”的特殊软件来跟踪人们在网站上的输入。“Lotame将数据打包放到人们的个人资料中，而无须知道他们的姓名，然后将这些资料卖给寻求客户的公司。”据说，Lotame首席营销官埃里克·波利斯（Eric Porres）表示，该资料可以“一路追踪到单个的客户”。Lotame还声称，你可以从自己的系统中删除自己的资料，假如你知道你正在被系统监视。

公司收集的信息是匿名的，因为互联网用户可以通过网络分配给他们的计算机代码来识别，而不依赖于特定的人名。许多公司不知道它们的网站被放置了信标，任何登录浏览它们网站的计算机都会感染这些入侵软件。迄今，还没有法庭对类似的复杂监视软件的合法性进行裁决。

对于在未获你批准或让你知情的情况下监视你的互联网行为的做法，你有什么感想？

1. 得了吧，这是互联网时代。监视是公平的游戏，它为公司提供有用的信息，以便它们可以更好地提供满足我们需求的产品。此外，如果您不想被监视，您可以删除Lotame软件。此外，监视有助于抓捕恋童癖和其他类型的犯罪行为。

2. 我可以接受被监视的想法，但像Lotame这样的公司应该在开始收集数据之前得到我的允许。

3. 这是对隐私的侵犯，而且应该被法院禁止。

4. 使用互联网时，我反对任何监视我们所做事情的企图。

第18章 变革与压力管理

学习目标

学完本章后，你应该能够：

1. 讨论组织变革所需的内部力量和外部力量。
2. 讨论勒温的变革模型以及变革的系统模型。
3. 讨论科特的领导组织变革的八个步骤。
4. 定义组织发展，并解释组织发展过程。
5. 解释抵制变革的动态模型。
6. 讨论导致抵制变革的主要变革接受者和变革推动者的特点。
7. 识别克服抵制变革的不同策略。
8. 定义压力，并描述职业压力模型。
9. 讨论调节压力的社会支持因素、抗性和 A 型行为。
10. 总结四种主要减压技巧和不同的整体健康方案。

燃烧的平台的隐喻是启动组织变革的好方法吗?

诺基亚的CEO斯蒂芬·埃洛普（Stephen Elop）用"燃烧的平台"作比喻来团结员工达到变革诺基亚的目的。他这么做是因为公司需要做艰难的转变以赶上苹果的iPhone和使用谷歌安卓软件的智能手机。比如，埃洛普计划削减1 800份工作，但是同时加快新产品的开发和交付市场的速度。埃洛普认为"诺基亚已经被定性为一个难以完成任务的组织"，并且"变化的动态市场要求我们必须提高能力以积极地在变化的环境中引领行业"。公司也计划改组其服务部门。

埃洛普通过给所有员工发一份电邮来开始诺基亚的变革过程。邮件内容是关于一个在北海石油钻井平台工作的一个男人的故事。故事描述了这个男人的困境：他处于一个被火焰和烟雾包围的石油钻井平台。他必须快速地做出决定，是从平台纵身一跃跳入黑暗冰冷的大西洋还是到甲板上去扑灭火灾。这个男人决定跳下去。他浮出水面，幸存了下来，随后被搜救队救起。埃洛普告诉诺基亚的员工他也不想就这样跳入冰冷的海水里。但是他正面临一个绝无仅有的处境，选择跳下去看起来是给了他最好的生存机会。这个"燃烧的平台”造成了这个男人行为的巨大变化。

埃洛普告诉员工：“我们也正站在一个‘燃烧的平台’上，并且我们必须决定我们要准备如何改变我们的行为。”他相信诺基亚的周围“许多着火点正在形成灼人的烈焰，比如说，有来自竞争者的强烈热浪，比我们预想中的要快。苹果通过重新定义智能手机和吸引开发者加入一个封闭但是充满活力的生态系统打破了原有的市场格局。”

“接着是安卓系统。在大概2年内，安卓创造了一个平台，吸引应用软件开发者、服务提供者和软件开发商。安卓从高端产品开始，现在它正赢得中档阵地，并且它将会快速向下锁定100欧元以下的低端手机。谷歌已经成为一个地心引力源，吸引了许多产业的创意到它身边。”

诺基亚董事会的成员全力支持埃洛普。董事们推动埃洛普继续推行已完成一些计划中的改变。诺基亚开始引进一条新的智能手机生产线，并打算把自己和英特尔联合开发的米狗（MeeGo）操作系统用于自己的新手机。

员工会接纳计划中的改变并且改变他们的行为吗？只有时间可以回答。然而，埃洛普表示他对诺基亚的员工有信心。他在总结他的“燃烧的平台”邮件时说：“诺基亚，我们的平台正在燃烧。我们在前进的道路上共同努力——这条道路将重建我们的市场领导地位。当我们在实施新战略时，将需要巨大的努力来重塑我们的公司。但是，我坚信，只要团结一致，我们就可以共同面对接下来的挑战。团结一致，我们就可以选择定义我们的未来。”[1]

全球性的竞争和科技的快速变化带来的巨大压力正促使组织转型。比如，本章开头的例子阐述了诺基亚的CEO如何采用一种积极主动的策略来推动公司内部变革。其他知名的公司，比如通用电气、英特尔、丰田和百事也实施了类似的企业范围的变革倡议以应对市场竞争。[2]我们不指望企业面临的变革压力短时间快速消失。比如，IBM对来自60个国家和33个企业的1 541名CEO、总经理和高级公共部门的领导者进行的年度调查显示“组织渐进式的变革已经无法应对一个正以完全不同的方式运行的世界了”。这些管理者相信总体而言，生活正在变得更加复杂。因此处理复杂性的能力对公司的长远发展至关重要。[3]

此外，任何类型的变革，无论是产品驱动的、个体的还是组织的变革都可能会面临抵制，即便这个变革是符合形势需要的合适行动。即使员工没有积极主动地阻挠变革，但如果员工态度消极，那么旷工率和人员流失就会上升，变革的目标也不大可能实现。彼得·圣吉是组织变革方面的知名学者。他在接受《快公司》杂志采访时对于组织变革评价如下：

> 当我回顾过去10年各大公司的变革努力时，我不得不说已有足够多的成功案例表明变革是可能的，同样也有足够多的证据表明变革失败是很可能发生的。[4]

如果圣吉是正确的，那么对于现在和未来的管理者而言更加重要的是学习如何成功地实施组织变革。本书的最后一章用于帮助你在变革的旅途中航行。确切来说，我们将讨论创造组织变革需要的力量、计划变革的模型、变革的抵制以及如何更好地应对组织变革的相关压力。

18.1　变革的力量

组织是如何知道它们需要变革的？组织应该找寻的线索是什么？虽然对于这些问题没有明确的答案，但可以在监控变革力量时发现变革所需的提示信号。

组织面临许多不同的变革力量。这些力量来自组织内外。本节将讨论创造变革需求的力量。意识到这些力量的存在可以帮助管理者决定何时实施组织变革。组织变革的内外部力量如图 18－1 所示。

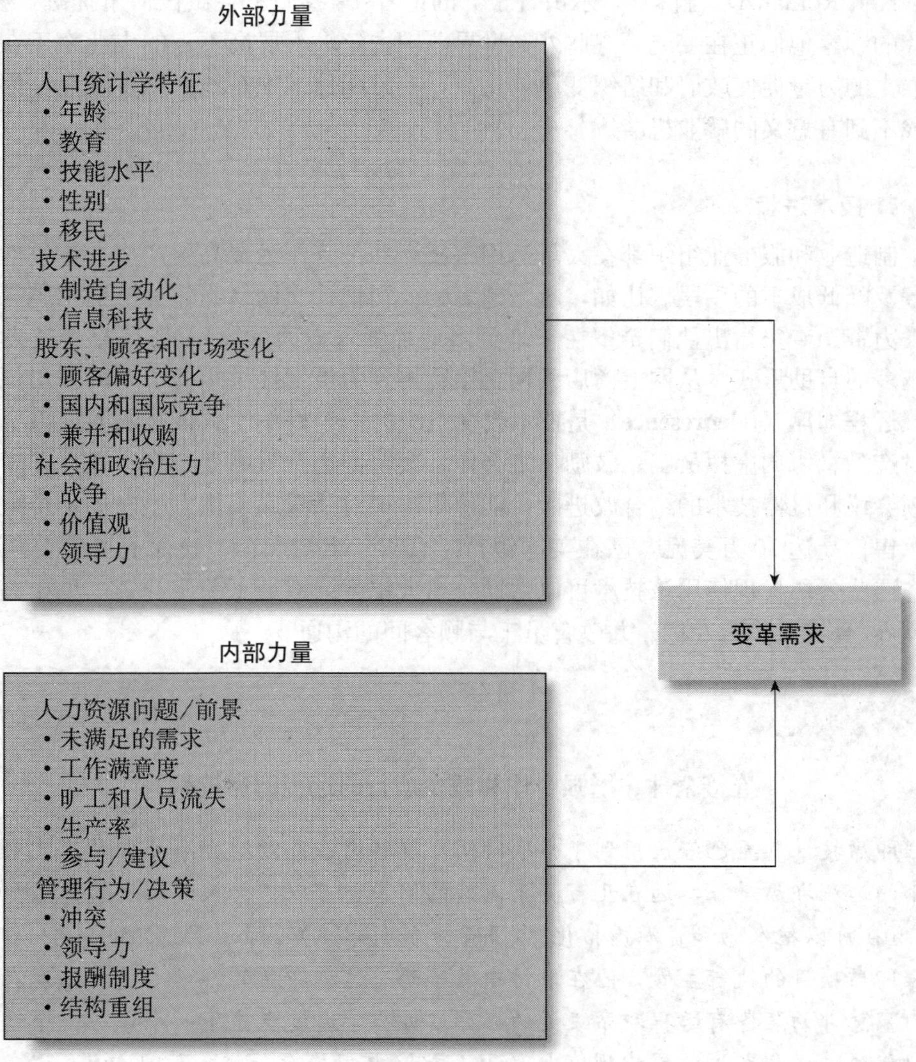

图 18－1　变革的内外部力量

18.1.1　外部力量

变革的外部力量（**external forces for change**）来源于组织外部。因为这些力量有全球性影响，它们可能促使组织思考自身所处的行业的本质以及自身产品和服务生产的过程。我们现在考虑四种主要的变革外部力量：人口统计学特征、技术进步、市场变化和社会与政治压力。

■ 人口统计学特征

本书第2章详细讨论了美国劳动力的人口统计学变化。你了解到了组织正在改变其福利制度和工作环境以吸引、激励和维持员工多样性。[5]

组织也在改变它们设计和销售产品和服务的方式，并且基于人口代际差异重新设计店面。比如，优鲜沛公司（Ocean Spray Cranberries）北美部首席运营官肯·罗曼齐（Ken Romanzi）告诉《华尔街日报》的记者："我们不会做任何事提醒'婴儿潮'一代的顾客他们正在变老。"[6]此外，世界范围内年轻人居高不下的失业率正在创造一种强大的力量促使政府和组织变革。比如，专家相信在中东地区许多动乱是因为年轻人找不到有意义的就业机会。[7]

■ 技术进步

制造业和服务业组织都在大量运用科技，并把其作为提高生产率、竞争性和顾客服务及降低成本的手段。比如，越来越多的公司把社交网络当作标准的招聘工具，并且人力资源专家指出他们希望在未来更多地加强这方面的应用。[8]信息科技发展出越来越多的自助形式，从网上商店到网上银行再到为员工提供想要了解的公司福利信息等。**远程即席（telepresence）**是技术改变组织的一个好例子。该技术允许以全新方式交付产品、协调虚拟员工、鼓励员工合作、改善沟通并提高生产率。远程即席技术是视频会议和机器技术的结合改进版，能使得虚拟对话看起来像发生在同一个地点。该技术售价高达30万美元，已在美国银行、百事、宝洁和荷兰皇家壳牌等公司得到应用。这些公司发现使用该技术可以帮助公司大幅度缩减员工差旅开销（见相关的"真实世界/真实人物"专栏）并改善员工与顾客间的沟通。[9]

真实世界/真实人物

连接全球、增强合作和减少旅行的远程即席技术

远程即席技术甚至已经应用到了茶歇时间：思科的四个欧洲办事处在餐厅已经设置了墙面大小的远程即席屏幕，远在几百英里以外的同事也可以"加入进来一起喝杯咖啡"。

"你现在可以把人物和资源虚拟化。"马辛·德贝尔（Marthin De Beer）说。作为主管思科远程即席项目的执行主管，他在采访中做了两个远程即席的演示。德贝尔现在主要在思科圣何塞总部的装备有远程即席装置的办公室办公，通过点击下一个，另一个远距离的办公场所就通过远程即席装置出现在屏幕上，就像电视换台一样。德贝尔说，"我通常一天会去5～6个不同城市，如果要坐飞机的话根本不可能"，"一天不进行至少三到四场远程会议是不可能的"。

虽然远程即席系统越来越受欢迎，但因为成本限制不能大规模应用。话虽这么说，欧特克公司（Autodesk）却建了20个远程即席室。社交网络游戏开发商星佳公司（Zynga）使用远程即席技术协调其散布在全球各地的设计师和程序员。CBS电视剧《傲骨贤妻》（The Good Wife）也用远程即席来协调东西海岸编剧们的会议。很多医院也用

这个技术把医生和患者连接起来。

在会议中使用远程即席装置的好处和坏处是什么？

资料来源：Excerpted from D Bennett，“I'll Have My Robots Talk to Your Robots，”*Bloomberg Businessweek*，February 21 - February 27，2011，p. 54.

■ 股东、顾客和市场变化

作为对公司高管道德丧失和高管高薪争论的回应，股东在力促组织变革方面扮演着更为积极的角色。许多公司，比如，安进公司（Amgen）、先灵葆雅公司（Schering-Plough）和保德信金融集团（Prudential Financial）迄今已运用了网络调查来获得股东对于薪酬制度的反馈。美国家庭人寿保险公司（Aflac）更是成为第一家允许股东对薪酬决策有发言权的公司。对薪酬有发言权意味着股东实际上可以对公司高管的薪酬方案有决定性的投票权。[10]同时，不断增加的客户成熟度要求组织提供附加价值更高的产品和服务。现在的顾客要求比以前高得多。而且，因为转换成本降低，顾客如果在一家公司找不到他们心仪的商品或服务就很可能会改去别家公司。这导致越来越多的公司寻求顾客对于商品和服务的反馈，以期有针对性地通过不断改进来吸引并留住顾客。比如，通用汽车特别注重寻求顾客对于其旗下汽车设计和推广的反馈。麦当劳积极收集消费者偏好和口味的信息用以改进餐厅的菜单。结果是麦当劳开始提供更多的鸡肉类食品。麦当劳现在的鸡肉类快餐销量和其牛肉类快餐销量一样多，并且是其所有竞争对手的鸡肉类食品销量总和的两倍。[11]

在市场变化方面，随着全球化竞争日趋激烈，当今公司正承受着越来越大的提高生产率的压力。全球经济周期性的波动带来了产品市场需求的起伏，这也要求企业进行变革以更好地适应市场变化。

■ 社会和政治压力

这些压力来自社会和政治事件。比如，对于气候变化和能源成本上升的普遍担忧已经成为推动全球几乎各个产业变化的重要力量。通过寻找降低耗能的办法和生产低耗能且使用安全的产品，许多公司已经“变绿”。比如，溢达（Esquel）是世界上最大的高档纯棉衬衫生产商之一。它正面临许多来自客户的要求其提高环境和社会绩效的压力。像耐克和马莎百货（Marks & Spencer）这样的零售商希望溢达以更有机的方式生产更多的纯棉产品。这一点很难做到：溢达使用的棉花主要产自中国新疆。新疆是中国西北部的干旱地区，其农业生产主要依靠地下水。传统的灌溉方法是定期用水漫灌田地——这是一个低效的方法，而且也为昆虫和疫病创造了一个天然的温床，结果是导致大量使用杀虫剂。以更有机的方法生产棉花的压力最终导致溢达和农场主们一起努力实施了一个可持续的农业技术项目。例如，溢达集团协助农场主们采取滴灌技术来减少水的使用，并且建立一个害虫和疫病控制项目，如选育棉花抗病株来减少对杀虫剂的依赖。（比起传统方法生产的棉花，改良方法生产的棉花有着更结实的植物纤维，在用于面料生产的时候能减少废料的产生。）[12]

政治事件也能带来大量变化。例如，伊拉克和阿富汗的战争为国防承包商和像哈里伯顿公司（Halliburton）这样的参与战后国家重建的组织带来大量机会。虽然对于组织而言很难预测政治力量的变化，但是许多组织通过雇佣游说集团和顾问的办法来帮助它们探测和应对社会和政治变化。

18.1.2 内部力量

变革的内部力量（**internal forces for change**）来源于组织内部。这些力量有些比较微妙，比如低工作满意度；有些伴有明显的外部信号，如低生产率、冲突或者罢工。变革的内部力量来自人力资源问题和管理行为/决策。

■ 人力资源问题/前景

这些问题源自员工对自身待遇及个人-组织需求契合度的感知。第 6 章重点讨论了员工未满足的需求和工作不满意间的关系。不满意是员工的一个需要解决的潜在问题的表现。比如，法国的 3M、索尼和卡特彼勒工厂的员工挟持高管当人质以他们表达对于被裁员工人的补偿方案的不满。本田和丰田的中国员工用罢工来表达他们对于劳工问题的态度，这样的做法也让管理层很震惊。本田最终决定把中国员工的薪水增加至“差不多比付给印度工人的平均薪水的两倍，或者比泰国工人平均工资高 33%”。这样高昂的劳动力成本使得本田难以与在印度和泰国生产汽车的出口商竞争，比如丰田。丰田也同样在泰国有工厂。日产和铃木则在印度生产汽车。[13]不寻常或者高的旷工率和人员流失率也代表着变革的力量。组织会采取各种各样的措施来解决这些问题，包括不同的工作设计方法（回顾第 8 章中的相关讨论），减少员工角色冲突、角色过载和角色模糊（回顾第 10 章中的相关讨论），以及消除不同的压力源（本章最后将会讨论）。积极的变革前景源于员工的参与和建议。

■ 管理行为/决策

过多的管理者和下属的人际冲突往往预示着需要做出改变。要么管理者和员工都需要人际交往技能的训练，要么简单地把两者分开以避免进一步冲突，比如可以把其中一方调到一个不同的部门。不恰当的领导行为，如缺乏足够的指导或支持可能会导致人力资源问题，因而需要做出变革。如在第 16 章中讨论的那样，领导力训练是解决上述问题的可行方法。最后，管理决策是变革的重要力量来源。比如强生公司的例子。强生从 2010 年开始已经自行召回了超过 50 类产品。其 2010 年的年度报告列举了“八页纸的过去一年针对其药品、设备和商业做法的政府犯罪和民事调查，以及数以千计的个人诉讼”。强生 CEO 威廉·韦尔登（William Weldon）认为问题显然是被夸大了，因为大多数瑕疵产品只来自其 120 个生产基地中的 3 个。韦尔登相信强生依然重视患者甚于重视利润和股东利益。他并不打算因为产品召回的问题而辞职。目前强生正集中精力解决其生产中的问题。[14]

回顾本章开篇的案例

哪些变革的内外部力量促使诺基亚变革呢？

18.2 计划变革模型和动态

美国管理者常常因为强调用短期和快速方法解决组织问题而遭到诟病。在推行组织变革时，短期和快速的方法一开始就注定失败：快速解决方案持久力差且不会真正解决潜在的问题。组织变革应被视为一个自然、常态和永恒的组织生活的特征。美联银行（Wachovia）企业学习高级副总裁艾米·雷萨卡（Amy Lessack）对组织变革持下面的观点：

> 变革管理不是一个大事件，它是我们每天都要做的事情。它已经渗透到我们的工作中，所以每次我们进行学习设计、与顾客谈话或做生意时，我们总会谈论变革——变革如何影响员工和领导者，如何领导变革，以及我们如何与商业伙伴一起来帮助员工应对变革。[15]

鉴于变革对组织生死存亡所具有的重要性，研究人员和管理者已经做出了很多尝试来识别有效管理变革过程的方法。本节将介绍这些方法。在讨论不同类型的组织变革之后，我们将逐一回顾勒温的变革模型、变革的系统模型、科特的领导组织变革的八个步骤以及组织发展。

18.2.1 变革类型

图 18－2 展示了一个实用的三步变革分类法。[16]这个通用的分类法适用于所有类别的变革，包括行政和技术变革。其中适应性变革的复杂度、成本和不确定性最低。适应性变革指一段时间之后在同一组织单元重复原有变革或在不同单元实施类似的变革。比如，百货商店的适应性变革可能是在每年繁忙的盘点周里实施 12 小时工作制变革。该百货商店的会计部门则可能在报税期间也会效仿类似变革延长工作时间。适应性变革因其相似性而对员工不会产生特别的威胁。

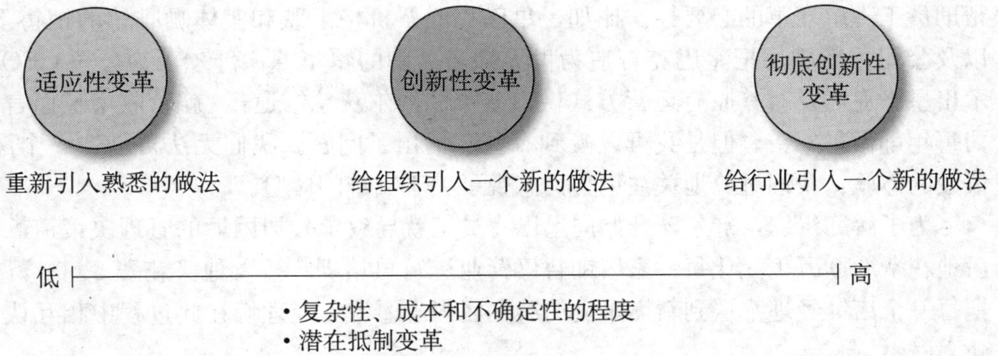

图 18－2　组织变革的一般分类

创新性变革复杂度、成本和不确定性都是中等程度。比如说，一家农场用品供应公司试行一项灵活工作时间表的举措。如果该举措改进了同行业其他公司实施此类时间表时存在的问题，我们就可以认为该公司引入的新举措属于创新性变革。因为不熟悉性带来了更大的不确定性，创新性变革在员工中会引起害怕变革的问题。

复杂性、成本和不确定性程度最高的是彻底创新性变革。这种类型的变革最难实现，给管理层的信心和员工工作的安全感带来的威胁最大。然而，彻底创新性变革也可能为组织带来最大的好处。重要的是，彻底创新性变革需要组织文化的支持。当不能与组织文化的三个层次（人工制品、信奉的价值观和基本假设）保持一致时（见第3章的相关讨论），彻底创新性变革就更有可能失败。

18.2.2 勒温的变革模型

大多数组织变革理论源自社会心理学家库尔特·勒温（Kurt Lewin）的里程碑式的研究。勒温提出了计划变革的三阶段模型，用以解释如何启动、管理并稳定变革过程。[17]

这三个阶段是解冻、变革和再冻结。在开始介绍每一个步骤之前，有必要强调一下勒温模型的一些基本假设[18]：

1. 变革过程涉及学习新东西，终止现有态度、行为或组织实践。

2. 除非有变革动机否则变革将不会产生。这通常是变革过程最难的部分。

3. 人是所有组织变革的核心。任何变革，无论是结构、组织过程、奖励制度还是工作设计变革，都要求个体变化。

4. 即便是变革目标极度符合期望，也会有人抵制变革。

5. 有效的变革要求强化新的行为、态度和组织实践。

现在让我们一起学习变革的三个阶段。

■ 解冻

这个阶段主要是创造变革的动机。为了达到这目的，个人被鼓励用管理层期望的行为和态度替代原有的行为和态度。管理者通过驳斥员工目前行为或态度的有用性或恰当性来开始解冻过程。换句话说，需要员工不满意用旧的做事方式。管理者通过展示关于效益、效率或顾客满意度数据等手段来频繁地创造变革的动机。这种做法可以帮助员工理解变革的必要性。比如，星巴克股票价格下跌和实体咖啡馆的销售下降，以及公司重新聘用把星巴克打造为世界知名品牌的霍华德·舒尔茨为公司CEO，显示出星巴克需要对其原有运营方式做出变革。舒尔茨总结道："就营收增长而言，公司每年都做得不错。但是我可以嗅到有些事情出了问题。我们无法再创造一个深情、浪漫的体验；我们过分地关注销售而忽视了关于咖啡的体验。"[19]

为了解冻组织，舒尔茨开始向星巴克员工就导致了公司困境的管理决策道歉。然后他花费600万美元让每一家店铺暂停营业进行再培训。接着他又花费3 000万美元把每一个店铺经理都送到新奥尔良的第九区当志愿者。经理们在此过程中相互认识并建立联系。[20]

标杆分析法（**benchmarking**）是一种帮助组织解冻的技术。标杆分析法指"公司将自身绩效与其他公司进行对比以从绩效最好的公司身上学习的过程"。[21]例如，我们通过标杆分析法发现公司在软件开发上的花费比行业最好的公司高两倍，而开发新产品的时间比标杆公司要多四倍。这些数据最终用于解冻员工态度并激励员工变革组织内部流程以保持竞争力。在解冻阶段，管理者也需要设计相应机制以减少阻碍。

■ 变革

这是组织变革发生的阶段。变革无论大小，其目的都是为了改进过程、程序、产品、服务或其他符合管理层利益的结果。因为变革涉及学习和以不同的方式工作，此阶段包括向员工提供新信息、新行为模式、新过程或程序、新装备、新科技或新的工作完成的方法。那么管理层如何知道哪些地方需要变革呢？

这个问题没有简单的答案。组织变革的目的可以是促进提高或成长等笼统目标，也可以是解决诸如顾客服务差或生产率低等具体问题。变革也可以针对组织内部的不同层次。比如，让管理者参加领导力训练项目可能是提升个人工作满意度和生产率的方法。相反，引入新的信息科技也许是能带来工作群体生产率提高和企业整体利润提升所需的变革。需要记住的是，变革应该以具体的期望最终结果为目标。接下来会讨论的变革的系统模型能为管理者提供一个用于明确变革目标的框架。

■ 再冻结

这个阶段的目标是支持并强化变革。帮助员工常态化改变了的行为或态度。这个目标可以通过给予员工机会展示他们新的行为或态度得以实现。员工这样做之后，再运用积极的强化来鼓励员工保持这些组织期望的变化。额外的培训和建模也可以强化变革的稳定性。这时外在报酬，特别是金钱刺激（回顾第 9 章的相关部分），经常被用于实现再冻结的目的。

■ 把勒温的理论付诸实践

相关的“真实世界/真实人物”专栏中的案例把勒温的理论应用到了一个收到顾客消极评价的客服中心。管理者分析顾客的反馈，发现顾客不喜欢在问题没有解决之前就被挂断电话。相应地，变革焦点就放在了鼓励员工更加以顾客为主导上。

真实世界/真实人物

勒温模型的应用：在客服中心内以顾客为中心

1. 解冻：管理者召集所有电话客服开会。在这个会议中，讨论顾客调查的结果。此外，失去的顾客会用美元和美分来表示，这样让电话客服直观地看到顾客服务差将给公司带来多大的损失并造成多少工作流失。

2. 变革：会议结束以后，电话客服会接受顾客服务培训，其中包括角色扮演和小组讨论。这允许电话客服经历“差”服务和“好”服务。电话客服被要求从容地接听顾客电话，并在挂断电话之前确认解决了顾客所有的需求。公司同时建立了一个新的同事支持系统。每个电话客服每班会花 15 分钟的时间来倾听同事的电话对话，并提供反馈和支持。在每个电话客服桌上都放有一面镜子，用于客服确认他们“挂断电话后依然保持微笑”。这句话现在已经成为中心一条非正式的口号。

3. 再冻结。老的薪酬体系对于客服的付酬是基于一小时内打的电话数量。明确地说，旧的系统不能支持所需的变革，所以管理层对薪酬体系进行了相应的变革。现在改为按小时计酬，奖金则在顾客满意度调查的基础上发放。此外，客服们可以提名其他同事为“本周客服大师”。获得该荣誉的客服会得到一项看起来很搞笑的帽子和一个证书。

你会为了提高顾客服务水平而采取一些不同的措施吗？

资料来源：Excerpted from J H Mills，K Dye，and A J Mills，*Understanding Organizational Change*（New York：Routledge，2009）.

18.2.3 变革的系统模型

这个模型为组织变革提供了一个更大的视角。其基本观点是任何变革，无论大小，在整个组织内部都将产生瀑布效应。[22]例如，分派某个体到新的工作群体将会同时影响新旧两个工作群体的群体动力。类似地，创建新项目或工作群体也许使得有必要变革薪酬制度。这些例子表明变革会带来更多的变化。今天的解决方案就是明天的问题。

变革的系统模型为管理者提供了一个决定变革内容和评估变革成果的框架。为了更加深入地理解变革的系统模型，我们首先介绍它的组成部分，然后讨论其主要应用。该模型的四个主要组成部分包括输入、战略规划、变革的目标要素和输出（见图18-3）。

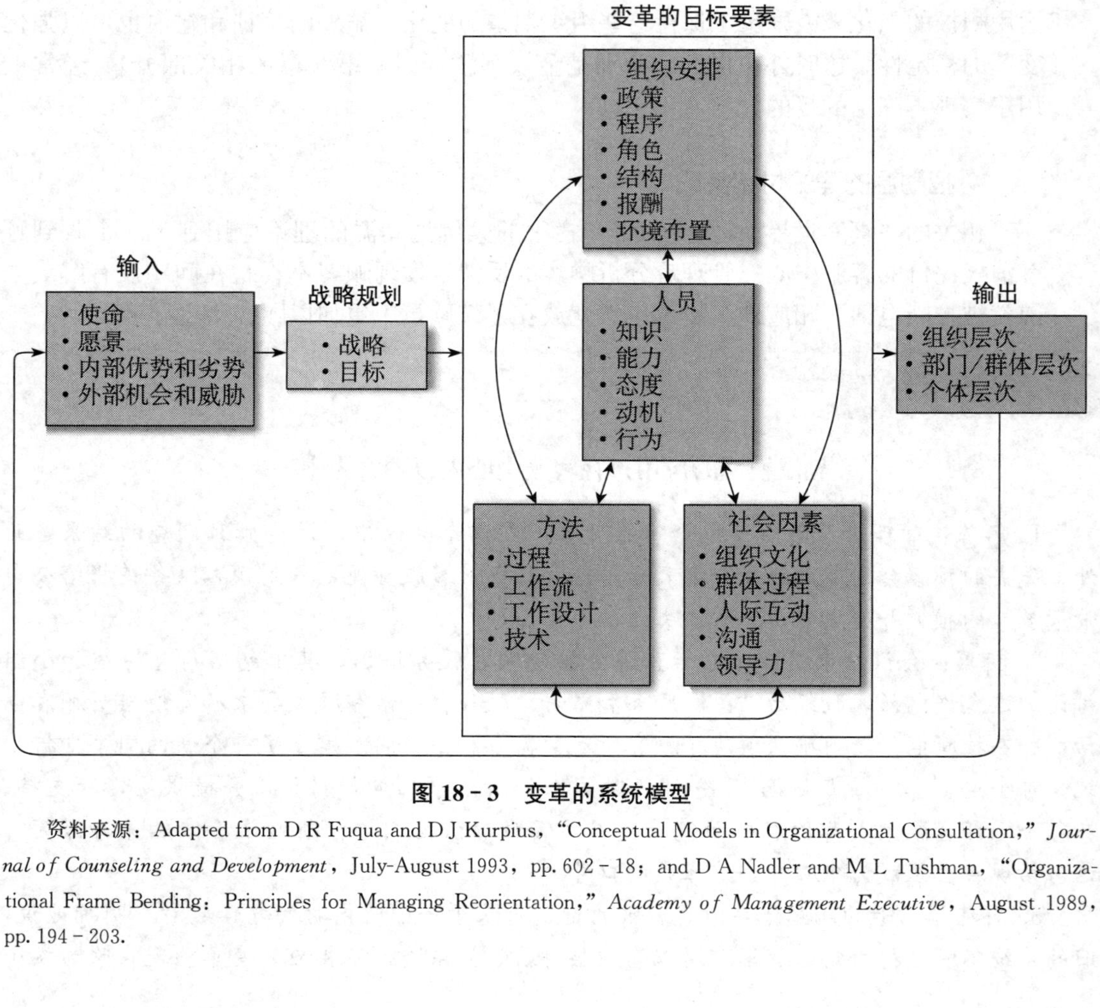

图18-3 变革的系统模型

资料来源：Adapted from D R Fuqua and D J Kurpius，“Conceptual Models in Organizational Consultation，” *Journal of Counseling and Development*，July-August 1993，pp. 602-18；and D A Nadler and M L Tushman，“Organizational Frame Bending：Principles for Managing Reorientation，” *Academy of Management Executive*，August 1989，pp. 194-203.

■ 输入

所有的组织变革目标都应该与组织使命、愿景和最终战略规划相一致。企业**使命陈述**（**mission statement**）表示一个组织存在的“理由”，而组织的愿景是一个长期的目标，用于描述组织想要成为“什么”。思考一下组织使命和愿景对于组织变革的影响。你所在的大学的使命之一也许是育人。但这个使命没有必要包含任何与变革有关的暗示。该使命只是用以简单地定义学校的整体目标。相反，学校的愿景是成为全国最好的学校。这个愿景要求学校以世界顶级大学为基准检查和改进自身，并制定实现愿景的计划。例如，亚利桑那州立大学的 W. P. 凯瑞商学院的愿景是成为世界排名前 25 的商学院。对于组织自身的优缺点和组织外部环境中的机会和威胁分析（SWOT 分析）是变革的系统模型的另一个主要输入。SWOT 分析是战略规划流程的一个关键部分。

■ 战略规划

战略规划大概描述了组织长期发展的方向和为实现计划中的结果所需的行动。除了其他方面以外，战略规划是基于 SWOT 分析的结果（SWOT 由优势、劣势、机会和威胁四个英文单词首字母组合而成）。SWOT 分析可以帮助组织制定战略，以实现诸项期望目标，比如利润、顾客满意度、质量、合适的投资回报率、可接受的人员流动率和员工满意度及承诺水平等。

■ 变革的目标要素

变革的目标要素（**target elements of change**）是组织中可能被改变的部分。它们类似变革的杠杆，管理人员可以利用不同目标要素影响组织不同的方面。然而，具体应该选择哪个杠杆则应该根据对具体问题或问题群的诊断，或根据实现变革目标需要采取的行动等因素综合考虑：当管理者没有得到他们想要的结果时，就可以认为出了问题。变革的目标要素用于诊断问题以及确定变革相关的解决方案。

如图 18－3 所示，变革的四个目标要素分别为：组织安排、社会因素、方法和人员。每个变革的目标要素包含一个子集，里面有更加详尽的组织特征。例如，“社会因素”成分包括对于组织文化、群体过程、人际互动、沟通和领导力的考虑。在考察图 18－3 中变革的目标要素时，有两点需要记住：第一，连接每一个变革目标要素的双向箭头意味着变革将波及整个组织。例如，改变报酬制度以加强团队而不是个人的表现（一种组织安排）有可能会影响组织文化（一种社会因素）。第二，“人员”要素是变革目标要素的中心部分，因为所有的组织变革最终都会影响到员工。当管理者主动考量变革对于员工的影响时，组织变革更有可能成功。

回顾本章开篇的案例

如果你是斯蒂芬·埃洛普，你会使用哪个变革目标要素来变革诺基亚？解释你的选择。

■ 输出

输出表示所需的变革最终结果。重申一遍，这些最终结果要与组织战略规划一致。图 18－3 表明变革也许直接指向组织层次、部门/群体层次或个体层次。当变革的目标是组织层次时，变革努力管理起来会更加复杂和困难。其原因是组织层次的变革更有可能影响到模型里列出的多项变革目标要素。

■ 应用变革的系统模型

有两种不同的方法来应用变革的系统模型。第一种用以在战略规划实施过程中作为辅助。在组织高管确定了组织的愿景和战略目标之后，在制定相应的行动计划时可以考虑变革的目标要素。例如，在阿道夫·库尔斯公司（Adolph Coors Company）和摩森康胜（Molson）两家酿酒公司合并之后，新公司的管理团队设定了一系列新目标，包括削减 1 800 万美元成本、让银子弹啤酒成为世界品牌以及开发新的高端啤酒品牌。变革的目标要素包括强化新公司前身公司的共同价值（社会因素）、让生产和销售员工保持他们现有的功能（激励、人员因素）、创造一个一般性管理发展项目（另一个人员因素）以及建立一个子机构专注于新产品开发（组织安排）。[23]

第二种应用包括把变革的系统模型作为一个诊断框架使用，用以判断组织问题产生的原因并找出解决方案。我们对这种应用的强调来自我们自身使用系统模型进行企业咨询项目的经验。某软件公司的 CEO 邀请我们帮助解决公司三个分区的总裁相互之间无法合作的困境。结果发现其中两个分区总裁参与了同一个潜在顾客的 400 万美元项目的竞标。该公司最终没能拿到该项目，因为客户对于收到来自同一个公司的两份标书感到很震惊。因此该软件公司的 CEO 打电话给我们请求帮助。我们决定用一套结构化的问题来面试该公司员工，这些问题涉及每一个变革目标要素。例如，我们请员工评价一下报酬制度、组织文化、工作流程和环境布置对于分区间合作影响到什么程度。我们从面试中得知分区总裁间缺乏合作是因为报酬制度（组织安排）、竞争文化和沟通不及时（社会因素）和低效的工作流程（方法因素）。我们的建议是改变报酬制度、重组并且重新设计工作流程。

18.2.4 科特的领导组织变革的八个步骤

约翰·科特（John Kotter）是领导学和变革管理领域的专家。他坚信组织变革失败是因为管理高层犯了许多执行错误。基于这些错误，科特提出一个包含八个步骤的领导变革过程模型（见表 18－1）。[24]不像变革的系统模型，科特的模型并不是诊断性的。应用他的模型也不会帮助管理者诊断需要变革的问题。事实上，从帮助管理者排序变革步骤或领导变革过程的角度看，科特的模型更像勒温的变革模型。

表 18－1　　领导组织变革的步骤

步骤	描述
创造紧迫感	用令人信服的理由解释为何需要变革——解冻组织。
创立变革领导团队	创建一个跨职能、跨层次、拥有足够力量领导变革的群体。
构建愿景和战略	创立一个愿景和战略规划以指导变革过程。
沟通变革愿景	制定并实施一个交流战略用以不断地传达新的愿景和战略规划。

续前表

步骤	描述
授权员工行动	消除变革抵制，用变革的目标要素来改造组织。鼓励冒险和有创意地解决问题。
制造短期战果	计划并制造短期“胜利”或改进。认可并奖励那些为此投入的员工。
巩固成果并深化变革	领导团队利用短期战果带来的可信性继续深入变革。更多的人加入变革过程最终将变革逐级传播到整个组织。尝试可用于重新激发变革活力的措施。
新行为深植企业文化	通过强调新行为和过程与组织成功的联系来强化变革。建立机制来确保领导力的发展和传递。

资料来源：The steps were developed by J P Kotter, *Leading Change* (Boston: Harvard Business School Press, 1996).

表 18-1 列举了科特模型的八个变革步骤，基本涵盖了勒温模型的三个阶段。最先的四个步骤代表的是勒温的“解冻”阶段。第五、六、七步代表“变革”阶段。最后一个步骤是“再冻结”阶段。科特模型的价值在于为管理者成功领导组织变革提供了详细的行为建议。重要的一点是，科特的研究表明跳过某些步骤将影响变革效率，而且管理者最常在变革开始阶段犯错。[25]例如，雅虎的联合创始人和前 CEO 杨致远在雅虎的变革有一部分没有成功，因为“他在整合冗余的业务时（包括两个图片共享功能和多个社交媒体网站）行动太慢。杨致远也没有向员工解释他变革背后的战略和目的”。[26]他的这些错误与科特模型的第一步和第三步有关。在相关的“真实世界/真实人物”专栏里，我们介绍了万事达卡的全球人才管理和发展团队如何运用科特模型实施组织变革的例子。

真实世界/真实人物

万事达卡在变革中运用科特模型

为了增加变革的紧迫性（步骤一），2007 年 11 月，万事达卡首席市场官拉里·弗拉纳根（Larry Flanagan）发起了一个名为“getAbstract”的对话。万事达卡全球有约 1 000 名员工通过全球视频会议参加了这个对话。对话主题为科特模型及领导变革步骤在公司中的应用。

领导团队（步骤二）包括弗拉纳根和他的沟通团队，销售开发总监和变革早期采纳者瓦莱丽·盖尔布（Valerie Gelb），GTM&D 团队。领导团队得到了 ISB 培训专家们的支持。“当我们把注意力集中在创造文化变革时，我们允许每个业务单元为每项变革倡议组建单独的领导团队。”安·舒尔特（Ann Schulte）说。她是学习和发展部门的副总裁，也是 GTM&D 的万事达卡大学的领导者。

马修·布雷特菲尔德（Matthew Breitfelder）是管理和领导力发展部门的副总裁。他透露说万事达卡的愿景（步骤三）是：“当有需求时，准备、想要并能够实施变革。”公司在广泛地沟通变革方面的努力（步骤四）包括在公司局域网发布变革倡议。同时，广泛沟通的努力也得到了战略合作伙伴环球通信网（Worldwide Communications）（内部营销和宣传团队）的支持。“我们通过让所有万事达卡员工利用不同媒介接触变革内容以授权员工行动（步骤五）。”

为了获得短期胜利（步骤六），舒尔特说道："尽管我们仍在变革过程的开始阶段，但我们已经看到了团队在设计变革的思维方式上的进步。我们已经开始创建一种变革的'通用语言'了。"布雷特菲尔德补充说："我们知道我们不得不保持这一势头（步骤七），所以我们花时间在团队上，帮助他们看到最终目标，同时确保他们牢记变革重要的原因。"

保持这些变革的可持续性（步骤八）不会自动产生。"每一次LBC会后，参与者都会制定一个详细的计划，以帮助他们实施变革并守住前期胜利成果。"雷说，"GTM&D团队跟进各商业单元团队，提供指导，监督变革按计划实施的进程以及担任'团队导师'。所有的目标都是保证使变革成果成为企业文化的一个永久部分。"

万事达卡在依照科特模型的步骤实施变革时有何种程度的不足？请解释。

资料来源：Excerpted from "MasterCard Worldwide：Taking Charge of Change，" *Training Magazine*，June 2008，pp. 30 - 36.

18.2.5 通过组织发展创造变革

组织发展和先前讨论的变革模型不同。组织发展不包括勒温和科特提出的那种结构序列，但是组织发展和系统的变革模型一样关注并诊断组织中存在的问题。

尽管如此，组织发展的范围比先前讨论的两个模型都要更加广泛。具体而言，两位相关专家把**组织发展**（**organization development**）定义为：

> 组织发展指帮助个体在组织中工作和生活越来越有效的有计划的努力。这样的目标可以通过应用行为科学的方法和原则，以及借鉴心理学、社会学、教育学和管理学领域的理论而得以实现。[27]

从上述定义可以看出，组织发展由一系列用于实施"计划中的"组织变革的技术或干预措施组成。变革的目的是增强"一个组织作为人和效率系统的自我提升的能力"。组织发展的技术或干预措施可以应用于本节讨论的所有变革模型。比如，组织发展适用于勒温模型的"变革"阶段。也可以用来辨别和实施变革系统模型中的变革目标元素。最后，组织发展也可以用于科特模型的第一、三、五、六和七步。最后，组织发展通过变革推动者应用到实践中。**变革推动者**（**change agent**）是在帮助组织用创新方法解决老问题方面起类似催化剂作用的个体。变革推动者可以是外部顾问或者内部员工。在本节中，我们将简要回顾组织发展的作用原理及其研究和实践启示。[28]

■ 组织发展如何起作用

组织发展变革推动者遵循和医疗类似的模式。他们把组织看作"病人"，"诊断"存在的问题，开药方并实施"干预"，最后"评估"进展情况。如果评估表明积极的变革没有发生，评估信息将提供反馈用以完善诊断和/或干预措施实施的有效程度（见图18-4）。让我们一起看看图18-4中列出的组织发展过程的每一部分。

1. 诊断：问题是什么？起因是什么？变革推动者综合运用采访、问卷调查、会议、书面材料和直接观察法等手段来诊断问题及问题起因。我们建议使用变革系统模型中的变革目标元素来设计旨在识别问题起因的诊断类问题。比如，你可能会问，“组织结构或者奖励制度在多大程度上造成了这个问题?”

2. 干预：应该做什么来解决问题？处理或干预意味着已经实施变革来解决问题。依据问题起因不同，处理方法也就不同。比如，如果低质量的原因是团队合作差，那么构建更好的团队（见第 11 章中的相关讨论）可能就被用作一种干预手段。相反，如果领导力不足是造成低质量的原因（见第 16 章），管理者就有可能被送去参加某些类型的领导力培训。需要记住的是，不可能有一套干预手段适用于所有情境。你可以使用基于本书中的理论和模型的任意数量的干预手段。权变的干预方法允许你根据情境和具体的起因选用最适合的干预手段。

3. 评估：干预起作用了吗？评估要求组织发展测量效能的工具——回顾我们在第 17 章对于组织效能的讨论。合适的测量方法取决于具体问题。比如，如果问题涉及员工流动率和生产率，那么对自愿离职率和生产率的测量就很恰当。如果可能，最终评估结果要对比在干预前后的测量数据再做出。

4. 反馈：评估对先前诊断结论和后来干预措施的实施有什么建议？如果评估表明干预有用，那么组织发展的过程就完成了。变革推动者可以考虑如何最好地“再冻结”变革。相反，消极的评估结论意味着下面两件事中的一件：（1）初期诊断出现了问题。（2）干预措施没有得到有效实施，消极的评估一般要求变革推动者收集组织发展过程中更多的第一、二步信息（见图 18 - 4）。

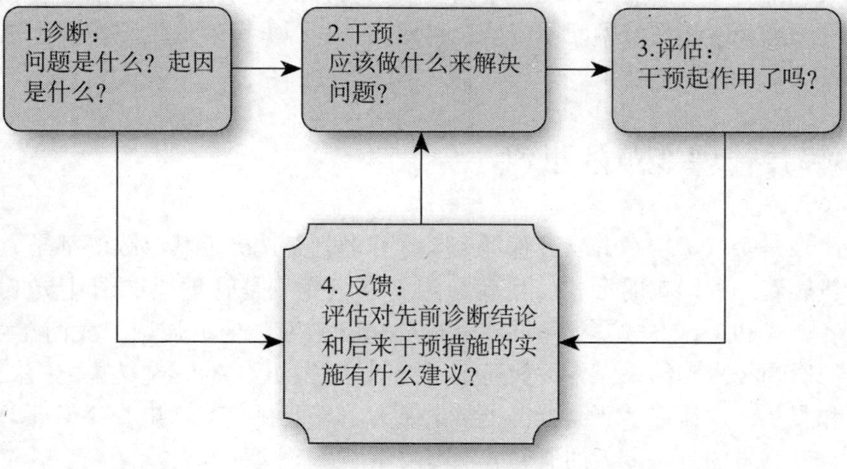

图 18 - 4　组织发展过程

资料来源：Adapted from W L French and C H Bell Jr，*Organization Development*：*Behavioral Interventions for Organizational Improvement*（Englewood Cliffs，NJ：Prentice Hall，1978）.

回顾本章开篇的案例

斯蒂芬·埃洛普可能会如何评估诺基亚组织变革的实施情况？你会采用哪些措施？

■ 组织发展研究和实践启示

在讨论组织发展研究之前，先看看来自组织发展干预措施的研究结论：

- 对 18 项研究的元分析表明当管理高层变革承诺水平高时，员工对于变革的满意度更高。[29]
- 对 52 项研究的元分析的结果支持了组织变革系统模型。具体而言，一个变化的变革目标要素会导致另一个变革要素发生改变。而且，个体行为改变和组织层次变革正相关。[30]
- 对 126 项研究的元分析表明，在改变员工工作态度和职业态度方面，运用多种组织发展技术的多层次干预措施比只用一种人类进程或者技术结构的干预措施更为有效。[31]
- 一项对中国、日本、美国和欧洲的 1 700 家公司的调查表明：（1）美国和欧洲的公司比起中国和日本的公司使用组织发展干预措施的频率更高。（2）一些组织发展干预措施与文化无关，而另一些则相关。[32]

从这些研究可以得出四项实践启示。第一，有计划地组织变革是起作用的。但是，给管理层和变革推动者的建议是运用多层次的干预措施。如在本书中的其他章节提到的那样，目标设定、反馈、识别和奖励、训练、参与和挑战工作设计在提高绩效和满意度方面被证明是有效的。第二，长短期目标结合的变革项目更有可能成功。管理者不应该为了追求变革而变革。变革努力应该要能带来积极的结果。第三，当管理高层对变革过程和变革预期结果承诺水平高时，组织变革更有可能成功，特别是当组织追求大范围的变革时更是如此。第四，组织发展干预措施的有效性受到跨文化因素影响。管理者和组织发展顾问不应该盲目地把一个国家有效的组织发展干预措施照搬到另一种文化的相同情境下。

18.3 理解并管理变革的抵制

无论某一变革从技术上或者管理上来看有多完美，决定其成败的都是人，因为组织变革代表着一种影响的形式。也就是说，组织变革是管理层试图让员工的行为方式、思考方式和工作方式变得不同。从这个角度来看，变革强调了我们在第 15 章中讨论过的影响技术和结果。你可能还记得抵制是三个可能的影响结果之一；另外两个是承诺和服从。这让许多研究者得出结论认为出现抵制变革意味着变革推动者施加影响失败。有意思的是，最近的研究表明需要重新思考这种观点。

以前对于抵制变革的研究的基本假设如下：“变革推动者在做正确和恰当的事情，而变革接受者则构建没有理由的障碍或阻碍以拖垮或者搞砸变革……因此，变革推动者被描述成变革接受者不理智和功能失调性反应行为的值得同情的受害者。”[33]这也是抵制被视作由于不理智和自私的接受者而产生的消极结果的原因。虽然这种说法可能是真的，但也同样可以说抵制受其他两个核心因素所影响：变革推动者的特征、行为、不作为、知觉；变革推动者和变革接受者之间的关系质量。本节的基本假设是：抵制是员工反馈的一个有用的自然组成部分。如果想要有效管理变革，管理者就应该去努力理解员工抵制的原因。[34]相应地，本节将大致介绍抵制产生的原因以及克服变革抵制的一些实用方法。

18.3.1　抵制变革的原因

抵制变革（**resistance to change**）是对于已经建立的工作惯例面临真实的或者想象的威胁时的情感/行为反应。抵制可以像被迫辞职一样微妙，也可以像蓄意破坏一样明显。图 18-5 是一个抵制模型。这个模型表明了造成抵制变革的三种主要原因之间的关系。抵制产生于三者之间的动态交互作用，这与原来认为抵制单纯由于变革接受者不理性和固执而产生的观点不同。比如，接受者的抵制部分是基于他对于变革的看法，这些看法在很大程度上受到变革推动者的态度和行为，以及推动者和接受者之间信任程度的影响。同样，变革推动者的行动和看法也反过来受到接受者的作为/不作为，以及变革者与接受者之间的关系质量的影响。下面我们来逐一介绍抵制的来源。

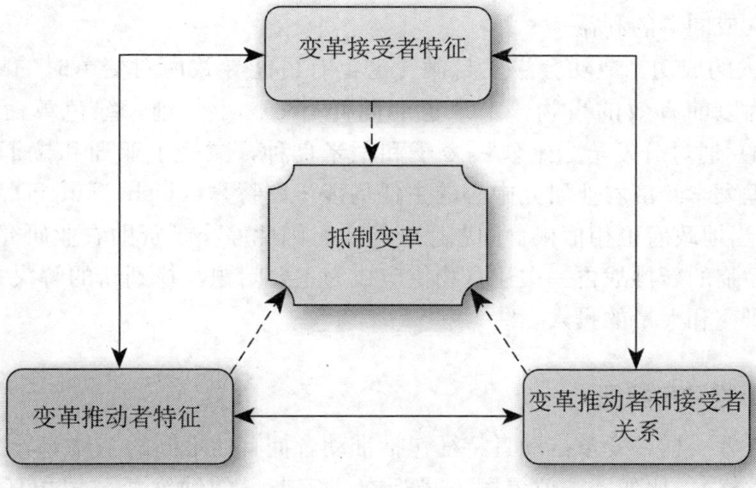

图 18-5　抵制变革的动态模型

■ 接受者特征

接受者特征包括接受者拥有的多种个体差异（见第 5 章），也体现为接受者展现出的作为（比如，表现出期望行为）或不作为（比如，不表现出期望行为）。最后，接受者对于变革的看法（比如，"这个变革不公平，因为我要做更多的事，但是工资没有涨"）也带来抵制。接下来具体讨论六个主要的接受者特征。[35]

1. 个体对于变革的倾向。这个倾向是很个人化的和根深蒂固的，源于个体自孩提时代起习得的如何应对变化和模糊性的自然发展过程。有些人会质疑变革，而另外一些人认为变革是一种需要灵活性、耐心和宽容的情况。[36]比如，**变革韧性**（**resilience to change**），指一种具有高自尊、乐观和内控点的综合个人特征。变革韧性与接受者愿意去适应或接受特定组织变革的意愿正相关。[37]美国陆军正在进一步推动变革韧性研究。相关人员设计了一系列培训课程用于帮助军人对于现代战争的要求更有韧性。这些要求包括"艰难任务、极端天气、缺乏睡眠、文化不协调、身体疲劳、和家人长时间分离以及无处不在的受伤或死亡威胁"。[38]这些训练的最终目标是确保军人在心理层面适应战争的挑战。

2. 对于未知事物的惊喜与恐惧。当没有事先告知而引入一个有创新的或激进的变革时，受影响的员工将对变革可能带来的影响感到害怕。当管理者宣布一个新的目标，但是没有透露具体实施目标的计划时，类似的情况也会发生。想象一下如果你的老板让你的部门在不增加人手的情况下使销售收入增长 25%，你会做何感想？没有为变革计划或变革目标明确设定期望值是导致抵制变革的一个关键原因。[39]

3. 害怕失败。令人生畏的工作变革会导致员工怀疑他们的能力。自我怀疑会影响自信心并削弱个人成长和发展。回顾第 5 章对自我效能的相关讨论。

4. 失去地位或工作安全感。行政类和技术类变革会改变权力基础或削减工作职位，因此一般会导致强烈的抵制。比如，大多数企业重组会带来管理职位的减少。因此，当中层管理者抵制重组和参与性管理项目的时候不用感到惊讶，因为这会削弱他们的权威和地位。

5. 同侪压力。一些没有被变革直接影响到的个体也许也会主动抵制变革以保护他们的朋友或同事的利益。

6. 过去的成功。成功会滋生自满。这也有可能导致面对变革时的故步自封，因为人们认为以前有效的事物，未来也会同样有效。十年前，绿色革命组织（Green Revolution）通过分发给当地农民麦子和稻米良种，减轻了亚洲和拉丁美洲的饥荒。但是，德里大学经济农业研究中心的主任乌莎·图特嘉（Usha Tuteja）说："人们开始自满。"当地政府也相信粮食问题已经解决，因此停止了资助农业研究。不幸的是，今天人类面临的新挑战再一次让食物供应成为主要问题，找到新的解决方案可能要花上多年的研究和大量的投入。[40]

■ 变革推动者特征

和接受者一样，变革推动者特征包括推动者拥有的不同的个体差异（如第 5 章讨论的大五人格）。比如，一位美国人最近在一家斯堪的纳维亚公司担任变革推动者，他遇到了来自员工的抵制。因为他们对于美国人有消极的观点和刻板印象。变革推动者特征也体现在推动者展示出的行动/不作为上。比如，一个不和员工沟通的推动者或者被视为制定了不公平的奖励政策的推动者，很有可能会遭遇到来自接受者的抵制。最后，抵制是变革推动者对于员工面对变革时的行为方式的知觉的函数。比如，当员工问问题时，变革推动者可能会打断提问，因为他把提问视为抵制的一种形式，尽管员工提问可能是真诚地想要更明确变革过程。下面逐一介绍变革推动者的五个特征。

1. 决策破坏了文化传统或群体关系。当个体被调动、提升或重新分配工作时，文化和群体动力就会失衡。这和老师在学期中途把你从一个学习小组调到另一个学习小组的道理是一样的。由于在处理与新成员的关系和了解他们的期望时涉及许多不确定性，因此可能会导致更多的抵制。

2. 人格冲突。变革推动者的某些人格特质也可能会滋生抵制。当变革推动者展现出第 16 章中讨论过的一些不好的领导特质时，他们更有可能会导致来自接受者的抵制。

3. 不够老练或时机不对。当变革推动者用一种不够老练的方式或在一个尴尬的时机引入变革时，也会带来不必要的抵制。如果变革推动者可以有效地解释或“推销”他们提出的变革的价值，其变革提议就更有可能被别人接受，比如说可以解释将要进行的变革对组织成功的重要作用。

4. 领导风格。研究表明当变革推动者采用变革型领导风格时，人们更不太可能抵制变革（见第 16 章关于领导风格的讨论）。[41]

5. 没有将变革合法化。除非变革被内化，否则变革不会被接受者真正地接受。积极、诚实的沟通和强化奖励制度对于促使变革合法化是很重要的。这个建议强调了变革推动者设身处地去与接受者沟通的必要性。合法化变革也能帮助推动者更好地解释变革将如何积极地增进个人和组织利益。要做到这一点，变革推动者应对接受者工作新变化和新的奖励制度有清晰的认识。[42]比如，如果新变革要求一个员工工作更长时间且面对更大压力，但却没有相应的加薪，该员工就不大可能支持该变革。

■ 变革推动者和接受者的关系

通常来说，当变革推动者和接受者之间有着积极、信任的关系时，抵制会减少。如第 11 章中讨论的那样，信任是一种对他人的意图和行为的互惠信念。双方的不信任导致周密计划的变革的失败。不信任会带来讳莫如深，而讳莫如深又会导致更深的不信任。信任员工的管理者可以以一种开放、坦诚和参与性的方式开展变革。相应地，当员工信任管理者时，他们也会更加愿意付出额外的努力和冒险尝试一些不同的事情。一项来自石油和银行产业的研究支持了上述结论。该研究发现管理者和直接下属之间的高质量关系与更少的抵制变革之间存在相关性。[43]

18.3.2　克服抵制变革的不同策略

前面已经谈到，抵制是反馈的一种形式，在力图克服抵制之前，管理者需要理解抵制为什么会发生。通过分析图 18－5 中列举的三个抵制来源对变革的影响程度，管理者有可能做到有针对性地克服抵制。以员工特征为例。当员工察觉变革的个人成本超过所获利益时，他们就更有可能抵制。如果是这种情况的话，建议管理者：（1）提供给员工尽可能多的关于变革的信息；（2）告知员工变革的原因/理由；（3）举行会议来解决员工关于变革的问题；（4）给员工机会来讨论变革将如何影响他们。使用这些建议将会提高变革推动者和接受者之间的关系，因为它们增强了双方互信。相关的“真实世界/真实人物”专栏讲述了医院管理者如何应用上述建议来实施变革：鼓励医生把电脑应用于医疗实践之中。

真实世界/真实人物

医院克服医生对创建电子记录的抵制

美国政府提供了 270 亿美元资金来激励全国医院把纸质病历更换为电子病历。“但是要实现用电脑输入处方信息和存档病人病史，需要在工作习惯上做很大的改变。”比如，一项对于 150 名医院管理者的调查发现，79%的参与调查的管理者担心如何才能最好地培训医生和护理人员正确创建病人的电子档案。

“有些医生和医护人员对电子记录能否提高效率或医患护理持怀疑态度。为了让他们接受使用电子记录，医院采取了一系列的措施，包括在白天或夜班的灵活时间提供培训、把闲置的房间改造成培训教室以及购买电脑软件来帮助医生提高创建和维护电子文档效率等。”

另一项抵制的原因是，“医生们不喜欢类似教室布置的培训环境。而且，‘没人喜欢自己不是这些资料的所有者的感觉。医生们也因为让人觉得自己不能熟练使用电子记录而感觉到不舒服’，儿童医院及医疗中心的首席信息官乔治·雷诺兹（George Reynolds）说”。

医生们也不喜欢被非医师培训，他们喜欢教练来找自己而不是去找教练。这对于培训者来说，成本太高且不方便。相关培训也意味着要投入工作之余的许多时间，时间的投入增加了人们的抵制。比如，阿内阿伦德卫生系统（Anne Arundel Health System）规定，在产科工作的护士需要完成24小时的培训。

最后，医院管理者同意“及早让主治医生们支持新变革至关重要”。主治医师们将以一种非正式的方式在让同事们对新培训做好准备并做出承诺方面起到关键作用。

医院管理者还可以采取什么措施来客服对变革的抵制？

资料来源：Excerpted from K Hobson, “Getting Docs to Use PCs,” *The Wall Street Journal*, March 15, 2011, p. B5.

此外，图18－5提醒管理者不要假定人们有意识地抵制变革。根据约翰·科特对超过100家公司的调查发现，抵制有其产生的原因。这些原因常常包括一些工作环境的障碍。科特认为这些存在于组织结构中或绩效考核体系中的障碍使得人们在新愿景和自我利益之间做出选择。这种系统相关的问题给变革带来的阻碍更甚于个体对变革的直接抵制。[44]

这个观点意味着管理者要收集员工反馈，以了解那些会影响员工接受变革的能力和意愿的组织障碍。最后，变革推动者不应该害怕修改变革的目标要素，也不应该害怕在员工抵制下改变变革措施。如果人们出于合理的理由抵制变革，那么应该考虑新的变革提议。

除了上述建议外，员工参与到变革过程中也是一个减少抵制的基本方法。然而，组织变革专家批评了把员工参与当成是消除所有变革抵制的万灵药的思想趋势。因为抵制可以有许多形式而变革环境也不尽相同，专家们往往更推崇权变理论。表18－2显示了参与＋投入确实是有效的，但同时又需要时间（而时间往往是一个限制条件）。表18－2也表明，另外的五种方法也各有其适用的情境、优点和缺点。比如，操纵＋笼络听起来似乎是一种消极措施，但是在合适的情境中也会起作用。我们自己就曾经用过笼络策略：在变革过程中给了某位抵制者一个其渴望的角色，以激励其赞同变革过程。这个策略最终带来了变革过程的变化并得到了原先抵制者的支持。简而言之，没有一种可以克服所有变革抵制的策略。管理者需要准备一份完整的变革策略清单以备不时之需。[45]

表 18-2　克服变革抵制的六种策略

策略	通常适用情境	优点	缺点
教育＋沟通	缺少信息或者不准确的信息和分析。	一旦被说服，人们通常会帮助实施变革。	如果涉及的人数较多，会很费时间。
参与＋投入	发起者没有设计变革所需的所有信息；他人有强大的抵制能力。	参与者将会更加投入变革实施过程，而且他们也会把拥有的任何相关信息整合到变革计划中。	如果参与者设计了不恰当的变革，会很费时间。
协助＋支持	因为适应性问题人们开始抵制。	对于适应性问题没有其他更有用的办法。	会耗时间、昂贵且仍然可能失败。
谈判＋协议	一些人或群体将会在变革中利益受损，而且这些人或群体拥有强大的抵制能力。	有时候是避免强大抵制的一个相对简单的办法。	在许多情况下代价高昂，尤其是其他个人/群体也效仿谈判时。
操纵＋笼络	其他策略没有用或者代价太大。	有时是一个快速和低成本的解决抵制的办法。	如果人们感觉到被操纵，可能在将来引发新问题。
明确的＋含蓄的强迫	当变革速度很重要，而且变革发起者拥有强大的权力。	快速且可以克服各种抵制。	如果引发人们对发起者的不满，可能会带来很多风险。

资料来源：Reprinted by permission of *Harvard Business Review*. Exhibit from "Choosing Strategies for Change," by J P Kotter and L A Schlesinger, March/April 1979. Copyright 1979 by the Harvard Business School Publishing Corporation; all rights reserved.

18.4 压力动态

本书的最后一部分讨论大家常见的话题——压力。无论你是学生、在职的专业人士还是教授，我们每天都在感受压力。虽然造成压力的原因有多种，但研究人员得出结论认为压力会引发两个基本反应中的一种：积极战斗或消极逃跑（逃跑或接受），也就是所谓的**"战或逃反应"（fight-or-flight response）**。[46] 从生理上说，这种压力反应是生物化学上的一种"传动装置"，涉及激素分泌的改变以调动身体应对不同寻常的刺激。

想象一下我们的史前祖先面对一头冲过来的剑齿虎时所感受到的压力，他们该如何反应？为了避免被吃掉，他们可以选择与野兽搏斗或者逃跑。在任何一种情况下，他们的身体都会因为荷尔蒙的增加而充满能量，包括释放到血液里的肾上腺素。

在今天这个忙碌的城市化和工业化社会，扑过来的野兽带来的压力已经被许多其他问题所取代，诸如截止日期、室友问题、学生贷款、队友冲突、信息过载、科技、交通阻塞、噪声和空气污染、家庭问题和超负荷工作等。和我们的祖先一样，我们对于压力的反应可能会带来也可能不会带来消极效果，包括头痛、溃疡、失眠、心脏疾病、高血压、中风、过敏、皮肤病和精神疾病等。[47] 帮助我们的史前祖先得以幸存的相同的压力反应，已经频繁地成为一个严重影响我们日常生活的因素。

因为压力和其产生的后果是可以管理的，学习处理职业压力对于我们来说很重要。在定义了压力以后，本节会介绍职业压力模型以及职业压力的调节变量等。本节的最后将介绍一些有效减少压力的方法。

18.4.1 定义压力

对于乐团的小提琴手而言，压力也许来自在观众面前表演独奏。热浪、烟雾和烈焰对消防员而言也许意味着压力，上台演讲或讲一堂课对那些害羞的人而言会很有压力。简而言之，压力对于不同的人而言意味着不同的事情。管理者需要一个压力的工作性定义。

正式来说，**压力**（stress）是“一个受到个人特征和/或心理过程所调节的适应性反应。该反应是任何外部行动、环境或事件施加到个人身上带来的特殊生理和/或心理需求的后果”。[48]如果我们把压力分成三个相互联系的维度，理解这个定义就会变得简单一些：(1) 环境要求，也称作压力源；(2) 压力源带来的适应性反应；(3) 个体差异。

汉斯·塞利（Hans Selye）被认为是压力现代概念之父。他开创性地区分了压力源和压力反应。此外，塞利还强调了积极和消极事件都可以同样引发有益或有害的压力反应。塞利把积极的或者产生积极结果的压力称为**积极压力**（eustress）。在众人面前获得表彰或者成功地完成一项困难的工作任务，都可以看作产生积极压力的压力源的两个例子。塞利还提及：

- 压力不只是精神紧张。
- 压力可以产生积极的结果。
- 压力是不可以避免的。
- 完全没有压力就意味着死亡。[49]

这几点明确了压力是不可避免的。我们应该努力管理压力，而不是不切实际地幻想根除压力。

18.4.2 职业压力模型

图18-6描述了一个有指导意义的职业压力模型。这个模型表明了个体对四种类型的压力源的最初评价。此评价会进一步激励个体为了管理压力源而选择相应的应对措施。不同应对措施反过来又会产生不同结果。这个模型也详细描述了用以调节压力过程的几类个体差异。调节变量会增强或减弱两个变量之间的关系。在应对压力的过程中，因为调节变量的存在，压力源和认知评价之间的关系对有些个体而言会强些，对另一些个体而言则会更弱。压力的三个主要调节变量会在接下来的一节讨论。让我们现在先考虑职业压力模型的其他构成部分。

■ 压力源

压力源（stressor）是产生压力的环境因素。换句话来说，压力源是引发压力回应的先决条件。图18-6中显示了压力源的四个主要类型：个体的、群体的、组织的和组织外部的。个人压力源中最普遍的例子就是工作要求、工作过载、负荷不足和单一、角色冲突、角色模糊以及工作安全等。[50]

失去工作是另外一个重要的个人层次的压力源。失去工作是件让人倍感压力的事情，总是与个体下降的心理和身体健康相联系。但是，最近的研究表明对于拥有很差

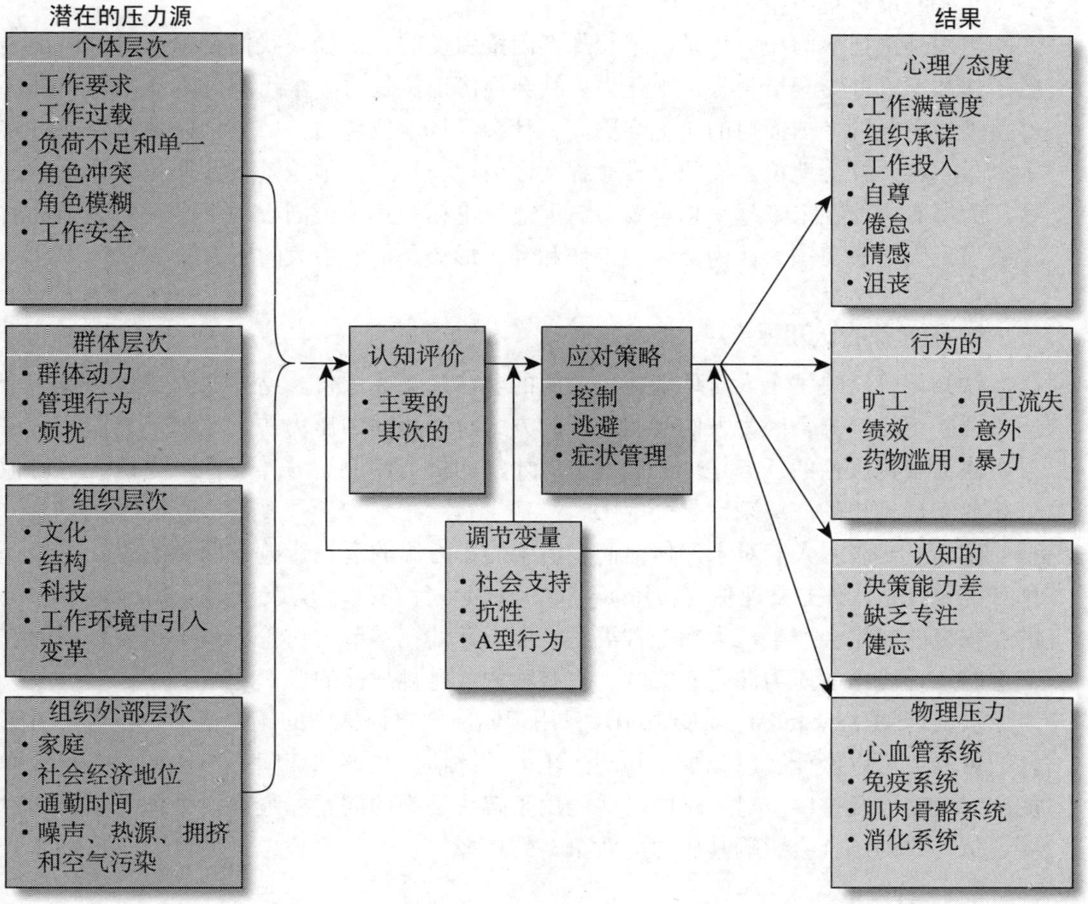

图 18－6　职业压力模型

的工作的个体来说，心理健康要比没有工作的个体还要差。[51]最后，和睡眠相关的问题也是重要的压力源。研究显示大多数人每晚需要 7 小时的睡眠。而且警觉性、精力、工作表现、创造力和思考能力都与员工在开始工作的时候是否感觉精力充沛息息相关。

群体层次的压力源来自群体动力（回顾第 10 章中讨论的相关内容）和管理行为。管理者的下列行为会给员工带来压力：（1）不一致的行为；（2）没有提供支持；（3）缺乏关注；（4）指导不足；（5）创造一种高生产率的环境；（6）注重消极的方面而忽略好的表现。性骚扰的经历和欺凌也是群体层次的其他压力源。[52]

组织层次的压力源影响着许多员工。第 3 章讨论的组织文化是一个主要例子。比如，高压的工作环境让员工担心工作绩效达不到标准而给自身带来压力。据对于 1 700 位专业人士的国际调查，越来越多地使用信息科技是组织压力的另一个来源。结果显示 59%的参与者回答因为需要在工作中处理大量的信息而必须超负荷工作并感觉压力大。遗憾的是，大部分参与调查者通过删除或者忽略工作信息来应对此类压力源。[53]我们不推荐这样的应对策略。最后，一个组织工作场所内的空气质量和通风情况也可以成为组织层次的压力源。比如，世界卫生组织报告显示，大概 30%的新的和改造过的建筑有空气质量问题。空气质量被发现与许多身体健康情况相关，比如头痛、头晕和能否集中精力等。[54]

组织外部层次的压力源是由组织外部因素引发的。比如，我们在第 6 章中讨论过的工作和家庭冲突会给个人带来压力。社会经济地位是另一个组织外部压力源。社会经济地位更低的个体面对的压力会更高。社会经济地位包括：（1）经济地位，通过收入衡量；（2）社会地位，按照受教育程度评估；（3）工作地位，按照职位来评价。这些压力源有可能在未来越来越重要。与上述结论相一致，美国心理学会一项全国性的调查显示大多数美国人认为金钱、工作和经济形势是他们最大的压力源。[55]

■ 压力源的认知评价

认知评价反映了个人对环境或压力源的整体知觉或评价。这在压力过程中是一个很重要的组成部分，因为人们会用不同的方式解释相同的压力源。比如，我们的一些学生认为有挑战性的任务是一个展示他们才华的机会，但是另外一些学生认为这对他们想要实现理想的成绩来说是个威胁。

图 18－6 表明人们对于评估他们生活中的压力源的潜在影响有两种方式：主要评估和次要评估。[56]**主要评估**（**primary appraisal**）旨在把环境或压力源划分为不相关的、积极的或是会产生压力的三种类型。压力评估在本节的讨论中最为重要，因为它们会暗示环境中的压力源是有害的、有威胁的或是挑战性的。

次要评估（**secondary appraisal**）只用于回应主要评估中的压力情形。包含了对于什么可能或可以做什么以减少感知到的压力的评估。在评估期间，个体考虑有什么样的应对策略以及这些应对策略中哪些能用于解决手头的问题。最终，个体的主要和次要评估方式的结合会影响其压力应对策略的选择。

■ 应对策略

应对策略以应对某种情境中的压力的特定行为和认知为特征。人们通常综合使用三种应对压力源和压力的策略（见图 18－6）。第一种称为**控制策略**（**control strategy**），包括使用行为和认知直接预测或解决问题。控制策略有一种掌控的基调。例子包括如果你面对职责/课业负担感到不知所措，你就和老板或者教授讨论工作量的问题。另一个例子是面对那些散播你负面新闻的人。对 34 项研究的元分析结果显示控制策略与个体整体健康状况正相关。[57]当个体拥有高自尊、高自我效能感和解决问题的能力时，他们更倾向于采取应对策略。[58]

研究人员已经发现了一个适用于每个人的很有用的控制导向的策略。这个策略被称为**心理超脱**（**psychological detachment**），指的是“在非工作时间不涉及与工作相关的活动、思考或情感”。[59]这些活动可能包括打电话、回复邮件、思考需要短期内完成的项目和活动，或者就是单纯想聊工作中遇到的人。好消息是心理超脱与生活满意度和心理健康正相关，且与情感衰竭及身心失调负相关。[60]

因此我们建议你可以尝试在家里的时候超脱和工作有关的责任感。简单的做法是设定一段时间，在其间确保自己不从事任何与工作有关的活动或思考任何与工作有关的问题。是的，我们知道这个说起来容易做起来难。

与迎难而上地处理问题不一样，**逃避策略**（**escape strategy**）意味着避免问题。行为和认知被用以避免或逃避问题。当个体消极地接受令人感到压抑的环境或通过不面对压力源的方式逃避问题时，他们往往会采取逃避策略。最后，**症状管理策略**（**symptom management strategy**）包括使用许多方法，比如放松、冥想、药物治疗或锻炼，来应对职业压力的症状。比如，休一个假期是很好的减轻压力症状的方式。有些人也许会通过喝酒或吸毒来减轻压力。相反，本书的作者之一通过抱自己的金毛犬减压，而另外一位作者则通过和猫咪玩耍来释放压力。

■ 压力结果

理论家们力争认为压力有心理/态度、行为、认知的和身体健康方面的后果或结果。大量研究证实了知觉压力对我们生活很多方面的消极影响。工作环境压力与工作满意度、组织承诺、组织公民行为、积极情绪、绩效负相关；与情感衰竭、倦怠、缺勤和人员流失正相关。[61]研究也显示压力与消极行为相关，比如大叫、语言侮辱和暴力倾向等。压力也与喝酒及服用违禁药物的频率相关。[62]这些压力的结果对于个体和组织来说代价都很大。最后，已有足够的证据支持压力会对我们的生理和心理健康产生消极影响的结论。压力导致以下的身心健康问题：抵御疾病和感染的能力降低、高血压、冠状动脉疾病、紧张性头痛、腰痛、腹泻、便秘以及心理健康。[63]事实上，仅是思考这些问题都会让人觉得压力很大。

18.4.3 职业压力的调节变量

再说一次，调节变量导致压力源和知觉压力与压力结果间的关系强弱因人而异。对重要压力调节变量有应用知识的管理者可从下列几个方面帮助员工应对压力：

1. 意识到调节变量的存在可以帮助识别最有可能经历压力及其消极结果的员工，从而为高风险的员工有针对性地提供减轻压力项目。

2. 调节变量本身可能会为我们减轻职业压力的负面结果提供线索。

为实现上述两个目标，我们接下来具体分析三个重要的调节变量：社会支持、抗性和 A 型行为。

■ 社会支持

在害怕、有压力或孤单的时候，和朋友谈心或者找人闲聊往往会让人觉得舒服一点。尽管原因不同，但有意义的社会关系能帮助人们更好地应对压力。

社会支持（**social support**）指个体感知到的来自社会关系的帮助的量。重要的是，个体社会关系的数量和质量决定社会支持。我们从他人处获得以下四类社会支持：

- 自尊支持。自尊支持提供信息让个体觉得自身被接受和尊重，即使自己存在许多问题和不足。
- 信息支持。在定义、理解和处理问题的时候提供帮助。
- 社会陪伴。和别人一起开展休闲娱乐活动。
- 工具性支持。提供财政援助、物质资源或所需服务。[64]

研究显示社会支持与生理过程和死亡率负相关。换句话来说，低社会支持的个体往往心血管和免疫功能更差，并且比起那些有高社会支持网络的人寿命更短。此外，社会支持防止产生紧张、抑郁、心理问题、妊娠并发症、焦虑、孤独感、高血压和其他各种疾病。相反，消极的社会支持，即相当于别人在伤害你，对于个体的心理健康有消极影响。[65]因此我们建议避免与那些会伤害我们的人相处。

社会支持研究强调了两个具有实践意义的建议。第一，管理者建议员工了解内部和外部的社会支持系统。从内部看，管理者可以在员工经历个人危机的时候，提供上述四种形式的社会支持。比如，员工面临婚姻危机就是一个好的例子。第二，参与性的管理项目和公司赞助的活动让员工感受到他们是大家庭中的一员。类似活动是社会支持的重要来源。员工需要时间和精力来维系自身的社会关系。如果组织对员工要求过高，员工的社会关系和支持网会受影响，结果是员工罹患压力有关的疾病以及工作表现欠佳。

如果上述讨论让你聚焦于自身的人际关系状态，那么你将从阅读相关的“真实世界/真实人物”专栏中受益。它为你与朋友、家人和同事的交往提供了许多有用的建议。

真实世界/真实人物

增进和他人关系的一些建议

1. 更多地分享自己。乐意敞开心扉谈谈你生活中发生的事情。这会增进你和别人之间的信任，并且可以让他们为你提供更多所需的支持。

2. 每天留出一段时间和你关心的人聊天。你可能会考虑设定一个对于谈话时间的限制，这样双方都有足够的时间交谈。这对于一方很健谈，而另一方则沉默寡言的情况尤其重要。

3. 花时间在户外聊天。户外活动会减少压力。散步和聊天也减少了对于眼神交流的需要，这对谈论一些感性的或敏感的事情会有帮助。

4. 关掉电子设备。许多人在尝试和别人交流的同时摆弄各种电子设备。请把你的时间花在对方身上并且只花在他身上。换句话说，在这个时候不允许用电子设备，所以你就不会分心。这个做法表明你把注意力完全集中于正在和你聊天的那个人身上。

5. 努力交新朋友。通过创造机会让自己遇见一些你想要认识的人，这样你就可以拓展自身的社交支持系统。

资料来源：Based in part on E Bernstein，“Making 2011 the Year of Great Relationships，” *The Wall Street Journal*，December 28，2010，pp. D1，D3.

■ 抗性

行为科学家苏珊娜·科巴萨（Suzanne Kobasa）认为一连串的人格特征中和了职业压力。这些性格的集合被称为**抗性**（**hardiness**），指从知觉或者行为角度把消极的压力源转换成积极挑战的能力。抗性包括承诺的人格维度、内控和挑战。[66]

承诺反映了个人投入他正在做的事情的程度。信守承诺的人有目标意识，而且即使面临压力也不放弃，因为他们倾向于把自己投入环境。如在第5章中讨论的那样，内控型的个体坚信他们可以通过影响事件而改变自己的生活。内控型个体更有可能预见到产生压力的事件，因此会减少自身暴露在令人压抑的环境中的概率。此外，他们对事情的掌控感知也让他们倾向于采取积极的应对策略。挑战的感觉来自相信改变是正常生活的一部分。因此，改变被视为成长和发展的机会，而不是一种对安全的威胁。

研究支持了抗性对压力过程影响的调节作用。[67]这些发现又进一步推动了各类旨在增强员工承诺、个人掌控和应对挑战的组织训练和发展项目。比如，在现有研究的基础上，某研究团队开发了一种抗性训练项目并在学生和工作的成年人身上进行测试。结果表明，学生成绩的平均值、记忆力和健康水平都得到了提高，而且该训练与工作的成年人的绩效、工作满意度和健康状况正相关。[68]抗性的概念也可以和工作设计很好地结合起来。增加了的工作丰富性可能会促进构成抗性的承诺和挑战。对抗性概念的最后一种应用是当作一个诊断工具。在抗性维度上得分低的员工很可能会需要参加各类减压培训项目。

■ A 型行为

根据迈耶·弗里德曼（Meyer Friedman）和雷·罗森曼（Ray Rosenman）（两位在 20 世纪 50 年代识别了 A 型综合征的心脏病专家）：

A 型行为模式（type A behavior pattern）是“一种可能与冠心病危险性增高有关的生活方式。其特征是精力和驱动力始终旺盛，即使在休闲活动中也像在工作时一样处于高水平竞争状态，当不能完成目标或超过最后期限而遭遇挫败时有明显的敌意”。“正如预料的那样，A 型行为模式的强度有高有低，不尽相同。”[69]

弗里德曼和罗森曼当把 A 型行为视为一种“匆忙症”。表 18－3 中列举了 A 型行为个体表现出的大多数行为。

表 18－3　A 型行为特征

1. 语速快；特别强调关键词。
2. 往往走路、移动和吃东西都很快。
3. 对于多数事件发生的速度没有足够耐心（比如，对于拥堵的交通、说话慢或者行动慢的人很恼怒）。
4. 对于同时思考或做两件以上的事情有很强的偏好（比如，同时读书和做其他事）。
5. 常常把谈话转到对自身而言有意义的话题或主题上。
6. 当别人在总结你的观点或者用你的话来完善他们的思路时，往往有打断别人的倾向。
7. 在一段闲暇或休闲时光后感到愧疚。
8. 在日常活动中，有无视周围环境的倾向。
9. 更专注值得拥有的事物，而非值得成为的事物。
10. 有想在越来越短的时间里完成越来越多工作的倾向；有一种慢性病一般的时间紧迫感。
11. 当遇到另一个 A 型行为个体时，会产生竞争感而非同理心。
12. 神经性痉挛或个体特色鲜明的手势。
13. 坚信成功是因为拥有比其他人更加快速地完成任务的能力。
14. 有用“数字”来评价或评估个人活动和他人活动的趋势（如参加的会议的次数、打电话的次数或接待参观者的人数等）。

资料来源：Adapted from M Friedman and R H Rosenman，*Type A Behavior and Your Heart*（Greenwich，CT：Fawcett Publications，1974），pp. 100－2.

因为 A 型行为程度各异，因此它可以作为一个连续体被测量。这个连续性的一端是匆忙的、竞争性的A型行为，另一端是更为放松的B型行为。让我们一起考虑A型行为的优缺点。组织行为学研究已经表明A型行为员工往往比B型行为的员工更为高产。比如，A型行为与766名学生的平均成绩、278位大学教授的工作表现以及222位人寿保险经纪人的销售绩效均有显著和正向的联系。[70]但是，A型行为也和一些消极的结果相关。对729项研究的元分析表明，A型行为个体比起B型行为个体有更高的心血管机能亢奋程度（比如，心率、舒张压和收缩压）。相应地，这种亢奋与心脏疾病和因心脏病死亡率有关。[71]A型个体当遇到下列情况时会表现出更亢奋的心血管活动：

1. 收到积极或消极反馈。
2. 收到语言骚扰或批评。
3. 任务要求脑力工作而不是体力工作。[72]

不幸的是，对于A型个体来说，上述情景经常发生在他们的工作中。另一项对于83项研究的元分析进一步说明A型个体要求过高和强调竞争两方面与冠状动脉心脏疾病相关，但是速度、缺乏耐心以及工作投入则与冠状动脉心脏病无关。这项元分析也表明，相对于A型行为而言，生气、敌意和敌对态度与心脏疾病的关系更强 。[73]上述结果意味着应该让A型个体不要这么努力工作吗？不一定。第一，上述元分析表明生气、敌意和敌对态度对于我们的健康比A型行为更具决定性影响，因此我们都应该尝试减少这些负面情绪。第二，研究人员已经开发出减少压力的方法来帮助A型个体以现实的节奏生活并更好地实现生活的平衡。我们将在下一节详细讨论这一点。管理者也可以帮助A型个体：虽然他们表现出对于增加工作量的渴望，但是不应该给他们过多的工作。管理者也需要主动地提供帮助，而非不计后果地利用A型个体。

18.4.4 减少压力的方法

对于个体、群体和组织来说，压力的成本是很高的。比如，美国的压力研究协会（American Institute of Stress）估计工作压力每年给美国各行业造成了差不多3 000亿美元的损失。因此毫不意外，组织越来越多地实施各种各样的减少压力的项目来帮助员工应对现代社会的压力。[74]

在多种减压方法中，四种最常用的是肌肉放松、生物反馈、冥想和认知重建。每种方法都涉及一些不同的应对压力的做法（见表18－4）。虽然研究支持所有四种方法与减压之间的积极关系，但是对55项压力管理干预的元分析发现认知重建效果最为明显。[75]马丁·塞利格曼（Martin Seligman）教授是积极心理学之父。他提出了认知重建的五个步骤以帮助人们不再悲观地思考一件事或一个问题。他把这五个步骤称为ABCDE，具体描述如下。[76]

- A——定义事件或问题。（比如：我的室友要搬出去了，我不能一个人承担全部房租）。
- B——列出你对于事件或问题的看法。（我不指望有新的室友，而且我可能要搬走。我也许要搬回家并且辍学。我可以向我的父母要钱，但是他们真的不能再负担我的房租了。我可以搬到小镇上一个不怎么好的街区中一套价格低廉的单身公寓。）
- C——识别你的看法会产生的结果。（我将会在春季学期的时候回家，在秋季学期的时候回来。）

● D——列出一些对原有看法的争论。记住消极想法通常会引发一些过度反应。所以第一步应该是纠正不正确或扭曲的看法。（我没有仔细研究过我的费用，我应该能够支付公寓费用。即使我不能马上支付，我可以找一个兼职来应付其他开销。我可以在同城网站或者学生报纸上刊登信息找新室友。我不能接受一个差室友，最坏的情况是我必须负担这学期增加的花费。）

● E——描述一下你在这瞬间感受到什么样的力量。（我感觉有动力去找一个新室友和一份兼职工作了。我已经在大学学会了照顾自己，所以我不可能无法解决这个短期的问题。）

表 18-4　减压技巧

技巧	描述	评估
肌肉放松	缓慢地进行深呼吸；全身肌肉放松。	不贵而且易用；但可能需要一位专业人士帮助进行。
生物反馈	利用机器帮助人们检测肌张力；利用肌肉放松来缓解各类压力症状。	昂贵，因为涉及设备费用。但添置的设备可以用来评估其他减压项目。
冥想	通过把思绪从自己身上转移开而让自己获得放松；利用一个四步过程帮助自身获得一种无压力的心理状态。	实施起来是最便宜和简单的，并且可以随时练习。
认知重建	判定一些想法为不合理或不合适并用合理的或有逻辑的想法所取代它们。	昂贵，因为这需要训练有素的心理学家或辅导员。
整体健康	一种全面的、跨领域的减压办法。其外延已大大超出了单纯减压的目的。提倡人们在生活的方方面面都努力争取个人健康。	参与费用不高，但是从行为角度而言很难改变生活方式。

塞利格曼的研究表明这个方法一直以来都很有效。关键是让自己按照 ABCDE 步骤思考，并且不要不切实际地指望“瞬间”的结果。下次你遇到某些事情或问题给你带来压力的时候可以试试 ABCDE 方法。

虽然这四种减压方法都会产生积极的结果，但一些研究人员建议组织不要使用它们。他们的理由是这些方法舍本逐末，不是去尽力消除压力源本身而把注意力放在缓解压力症状上。[77]

因此组织更像是用一种创可贴的方法来减少压力。

上述建议促进了旨在全面减少压力的方法的产生。其中两个最全面的方法是员工援助计划和整体健康方案，下面逐一介绍。

■ 员工援助计划

员工援助计划（employee assistance programs，EAP）包括一系列全面的项目，旨在帮助员工解决个人问题，比如药物滥用、健康相关问题、家庭和婚姻问题，以及其他对员工工作表现会有消极影响的问题。EAP 一般由雇主提供，或者与工会联合。作为工作福利的一部分员工接受这些服务。另外一种做法是，在员工需要帮助时，管理者给员工提供只接受转诊的 EAP 提供者的电话号码。员工自行联系并自付费用。

■ 整体健康方案

整体健康方案（holistic wellness approach）包含并超出了单纯减压的范畴。其核心理念是倡导个人“通过致力于个人发展和承担健康促进责任而达到一种和谐高产的生理、心理和社会福祉的平衡”。[78]不同的整体健康方案的成本不尽相同，2009 年一项对 121 个中等规模的美国公司的调查发现，整体健康方案的平均成本是各公司每年总的医疗保健预算的 2%。[79]但是，其收益远远超过成本。比如，强生公司发现在过去 10 年中，整体健康方案为公司在医保项目上大约节约了 2.5 亿美元支出，大致相当于 1∶2.71 的收益率。[80]对 17 项相关研究的元分析也支持整体健康方案给组织带来好处的结论。该元分析结果表明员工对于健康项目的参与度与工作满意度正相关，与缺勤率负相关。[81]下面列出了整体健康方案的五个领域：

1. 自我责任。为自己的健康负责（比如，不抽烟、适度饮酒、系安全带且少食）。作为一个很好的例子，专家估计 50%～70%的疾病与我们选择的生活方式相关。[82]

2. 营养意识。因为我们摄取的食物会影响我们的健康，尝试增加高纤维食物、维生素和营养成分，如新鲜水果、蔬菜、家禽和蔬菜的摄入，减少摄入高糖类和脂肪类食物。专家推荐每天吃核桃和草莓。核桃可以降低血压，草莓可以提供维生素 C 和其他重要的抗氧化物。[83]

3. 减少压力和多放松。应用技巧来学会放松并减轻压力相关的症状。

4. 身体素质。规律地进行锻炼以保持健康、灵活和耐力。一份员工健康调查表明鼓励员工锻炼能在减少药物花费、缺勤、人员流失和职业伤害方面为企业节约成本。因为许多人不喜欢运动，许多公司已经开始用一些奖励制度作为刺激来激励员工去健身。专家估计 53%的大公司为员工参与健康项目提供奖励。[84]比如俄亥俄医疗系统和 IBM 的做法（见相关的“真实世界/真实人物”专栏）。

5. 环境敏感性。了解自身的环境并且尝试识别造成压力的压力源。一个控制压力的应对策略对于消除压力源也许有用。

真实世界/真实人物

俄亥俄医疗系统和 IBM 奖励员工参与健康项目

俄亥俄医疗系统是一家位于俄亥俄州中部的医院连锁。该医疗系统去年开始了一个员工健康项目：员工佩戴计步器并可以根据步数获得奖励。他们走的越多，可以得到的奖励越多。俄亥俄医疗系统为这个计步项目设定的最高奖励是 500 美元。该医疗系统总共 9 000 名员工中有一半的人已经在所属的五家主要医院注册参与，迄今已经发放了超过 377 000 美元的奖励。许多医护人员说他们体重下降了，突然需要更小码的衣服了。

IBM 的在职健康项目经常被视为同类项目的一个典范，大概超过一半的员工参与其中并获得每年至少 150 美元的奖励。IBM 对参与一项为期 12 周的网上健康计划的员工也提供奖励。

资料来源：Excerpted from “Employees Earn Cash for Exercising More,” *The Wall Street Journal*, June 2, 2010, p. D3.

组织行为学案例研究

HCL 科技公司转型以与大型 IT 服务公司竞争[85]

（维尼特·纳亚尔（Vineet Nayar）是位于印度德里的 IT（信息技术）服务提供商 HCL 科技公司的 CEO。他接受了《哈佛商业评论》关于公司转型的采访。本案例总结了上述采访。）

虽然公司营收年增长率达到了 30%，但是我们仍然在失去市场份额和品牌影响力。竞争者正在以每年 40%～50%的速度增长，并且 IT 服务行业变化迅速。顾客不想和提供分散服务的同质化服务商合作。他们想要长期的、能提供点对点服务的供应商。HCL 可以成为这样的公司吗？

HCL 的发展历程告诉你我们可以做到这一点。截至 2009 年，HCL 已经改变了其商业模式，年收入几乎翻了三倍，市值翻了两倍。而且被翰威特咨询评为印度最好的雇主。我们创立了一种创新的、独一无二的管理文化，我称之为“员工优先，顾客第二”（Employees First，Customers Second，EFCS）。我是如何做到这一点的？我没有做什么，是 HCL 的 100 名高层管理者和 55 000 名员工，以及所有帮助公司转型的人共同完成的……

我意识到没有人可以单枪匹马地实现某种未来状态，除非全体员工认为我们需要那么做。所以我花了我任期的第一个星期去参观 HCL 在全球的办公室，和高层管理者在小群体或者大型聚会中见面。我讨论了公司目前的状况——我称之为 A 点……

在旅行期间我也和顾客见面，在和他们沟通过程中可能的 B 点——我们要努力实现的目标，开始慢慢成形。让我最震惊的是顾客没有和我过多谈论我们的产品、服务或科技有关的东西。他们谈论得最多的是 HCL 的员工。公司提供的价值体现在顾客和一线员工的互动中，这就是我们的价值区域。

但是，我们并不重视这样的价值区域。HCL 拥有传统金字塔型的组织结构，一线员工需要向一层层的管理者汇报。这种层级结构经常让员工在为客户增加价值时变得很困难。

我已经和每个人都说过了我们要制定战略协作，并且我也是这么认为的。2005 年 7 月，我召集我们的 100 位高管开了一个会议，提出让 HCL 从一个 IT 服务供应商转型为点对点的全球 IT 服务伙伴，能够和 IBM、埃森哲和 EDS 这样的世界级公司抗衡。

我把在会上听到的“当然，但是……”这种回答分为三类：一些管理者担心要成为主要的全球服务商，我们有可能不得不放弃过去十年的累积，也有可能失去一切。第二类反对者提出了一些我没有预想到的问题，像“如果 IT 分析家青睐现有服务提供商，我们如何才能让他们推荐 HCL 呢?”第三类管理者支持提出的策略，他们对公司现状很不满，这些管理者想要我们更加大胆，并且经常忽视他人的不同意见。

在讨论中我几乎没说什么。经过三天的辩论，大家同意采纳我提出的战略。每个人都同意了，至少在理论上。

在这期间，我也同一线员工举行了非正式会面，让他们参与到关于想要在什么样的公司工作以及如何看待自身工作的讨论中。这些会议在 2006 年变得更加正式，我们举办了许多全公司规模的会议，我们称这些会议为“方向会议”。每次会议都有几千员工参加，在全球各大会场同时举办。

转型要求的是行动，不是空话，但是我不相信大范围的科技刺激或者大规模的重组。在 HCL 我们依赖一些小规模的“催化剂”来启动变革。

（1）共享财务数据。变革之前，员工可以获得与自身项目相关的财务信息，但是不了解整个商业单位或整个公司的财务状况。他们也无法将自己团队的绩效与别的类似团队进行对比。我们决定扩大财务数据共享的范围，从原来的群体内共享扩大到群体间共享。

（2）智能服务台。我建立了一个网上系统，任何员工都可以在上面创建一个标签来发布抱怨或者提出建议。我们有一个处理标签的明确程序。而且创建标签的员工可以再评价解决方案是否令人满意。这个网上系统不仅可以处理问题，也可以有效地促使管理者更好地服务于一线员工。

（3）综合 360 度。虽然 HCL 建立了 360 度绩效考核体系，员工却很少评价管理者，因为他们不知道这样做有什么风险和好处。我决定让所有提供管理者反馈的员工都看到最终结果。我知道我不能强迫管理者公布自身的考核结果。我只能鼓励他们去这样做。最好的方法就是像例子所说的。在2006年我把我的360度考评结果在内部网络公布了，所有的员工都可以看。大部分管理者也照做了。

（4）网上规划过程。早前我需要逐一审查100个主管的商业计划。现在我要求管理者把他们的计划进行总结并录像，然后把录像上传到网上。这样其他管理者就可以评估这些计划，给予反馈且提供改进意见。这给管理者的规划和沟通方式带来了很大的变革。结果，计划变得更加详细和可行。

我想看到工作激情。我们开发了一个名为“员工激情指示计量”的指标以确定公司员工激情的来源。同时，创建了“第一委员会”来关注各类激情，从艺术、音乐到慈善和社会责任，不一而足。该委员会帮助员工克服个人生活和职业生活中的障碍，让他们的工作变得更加有意义。这带来了一些意料之外的好处：有些员工的激情围绕商务问题迸发，如云计算。我们的努力使得个人可以把自己的激情投入公司创新。

对于转型来说最难的是决定什么时候开始。HCL的转型始于公司仍在健康发展的阶段。我们可能看起来转型得有点早，但是我相信如果不是早就采取行动，HCL不可能像今天这么成功。

［讨论］

1. 导致HCL变革的内外部力量都是什么？

2. 维尼特·纳亚尔主导的变革在何种程度上遵循了勒温和科特的变革模型？请解释。

3. 变革的系统模型中哪些变革目标因素体现在了HCL转型变革之中？

4. 维尼特·纳亚尔采取了什么行动来克服变革抵制？他是否还可以采取一些其他的措施？请解释。

5. 你从这个案例中学到了组织变革的哪些东西？请讨论。

法律/道德挑战

有什么道德的方法能既能裁员又不伤害你最好的员工的呢？[86]

英特尔在过去20个月内已经重组并削减了10 500个工作岗位，原因是公司收益和市场份额下降而不得不削减开支。英特尔使用了定量方法来削减开支。具体做法是，公司研究了员工的人口统计学特征，然后找出最需要减少开支的群体，同时也找出那些可能会给公司未来发展做出最大贡献的人员重新指派职位。这样做的结果是管理层人员减少最多。英特尔的管理者对这个过程很满意，因为公司现在利润率和竞争力都得到了提升。

但是，一些员工相信“公司搞砸了重建，因为这种做法已经打压了员工士气、职业发展和长期的领导者素质”。对英特尔员工的采访发现，员工们公开抱怨“英特尔忽视了员工在重组中的热情，浪费了人力资源专家的才能，并且不明智地把领导力培训重点从低阶管理者转移到了高阶行政主管上”。不满的员工们认为英特尔在重组时并没有考虑他们的利益。一份员工管理部门获得的内部备忘录表明英特尔高管们知道他们有可能失去优质员工。备忘录上写道：“我们知道我们会在变革中失去好员工。但是我们的管理者人数太多了，裁减管理者人数对于提升我们的决策和沟通质量以及重组公司十分必要。此外，因为我们需要变成一个更加精益的公司并限制工作开放度，无论是员工还是管理者，通过重新配置员工技能来避免不裁员并不是一个合理的选择”。

解决困境：你会如何处理英特尔的裁员问题？

1. 英特尔的方法听起来很有逻辑。营收上升，而且公司刚推出了一个名叫Time的新处理芯片，获得年度最佳发明殊荣。当你需要裁掉超过10 000名员工的时候，你不可能让每个人都开心。

2. 仅凭定量方法来裁员是不好的。重组的时候，管理者应该照顾到员工的热情和兴趣。即使最终裁员人数比起预期数字要少。长远来看，新做法会带来更高的员工满意度和工作绩效。

3. 案例中对变革的批评可能来自那些被换岗的员工。他们应该停止抱怨并且为他们保住了工作而感到高兴。

4. 我不确定存在一种最佳的做法。既想实现短期削减开支的目标，又想构建一种人人都能从事自己感兴趣的工作的积极工作环境，我认为实现两者之间的平衡是不可能的。

5. 提供其他的解释或选择并讨论。

术语表*

A

能力（ability）帮助个体最好地完成（相对于一般完成）脑力和体力任务的广泛且稳定的特质。(5)

行动计划（action plan） 为实现目标而必须完成的活动或任务。(8)

灵活文化（adhocracy culture） 强调外部聚焦和价值观的灵活性的组织文化类型。(3)

情感要素（affective component） 个体对特定对象或情况的感情或情绪。(6)

平权法案（affirmative action） 致力于在组织内部实现机会平等的目标。(2)

非诉讼解决机制（alternative dispute resolution） 通过非正式方式或调解与仲裁方式解决冲突以避免昂贵的法律诉讼。(13)

预期社会化阶段（anticipatory socialization phase） 出现在个体加入组织之前，表现为个体学过的关于不同职业、行业、专业和组织的信息。(3)

阿希效应（Asch effect） 屈服于一致同意的错误反对意见。(10)

关注（attention） 自觉地意识到某人或某事物。(7)

态度（attitude） 个体对特定对象或情况或喜好或厌恶的稳定的习得性心理倾向。(6)

B

行为要素（behavioral component） 个体如何计划或者期望对某对象或情况采取行动。(6)

标杆分析法（benchmarking） 公司将自己的绩效与同行业中高绩效公司进行对比。(18)

有限理性（bounded rationality） 限制理性决策的约束条件。(12)

头脑风暴法（brainstorming） 产生大量想法的过程。(12)

C

案例研究（case study） 深入研究个体、群体或组织。(1)

因果归因（causal attributions） 所怀疑或推断的行为原因。(7)

集中决策（centralized decision making） 组织高层做出所有关键决策。(17)

变革推动者（change agent） 在帮助组织实施变革时起催化剂作用的个体。(18)

改变与习得阶段（change and acquisition phase） 员工掌握任务和工作要求并接受工作群体价值观和规范的阶段。(3)

家族文化（clan culture） 更关注组织内部和价值观的灵活性，而不是稳定性和控制的组织文化类型。(3)

封闭系统（closed system） 一个相对自给自足的实体。(17)

联盟（coalition） 临时结合在一起的积极追求达成单一目标的一群人。(15)

强制权力（coercive power） 通过威胁或是实际惩罚获得服从。(15)

认知（cognitions） 个体的知识、观点和信念。(5)

认知范畴（cognitive categories） 大脑中的信息存放处。(7)

认知要素（cognitive component） 个体对特定对象或情况的信念或想法。(6)

认知失调（cognitive dissonance） 个体的态度或信念与行为不兼容时所经历的心理不适。(6)

凝聚力（cohesiveness） 一种把群体成员团结在一起的“我们”的感觉。(11)

集体主义文化（collectivist cultures） 个人目标不

* 为方便读者查阅，我们特别在术语释义后加注了该术语所在章的序号。——译者

如共同目标和利益重要。(4)

沟通（communication） 人际信息交换和理解的过程。(14)

沟通能力（communication competence） 在特定情境中有效沟通的能力。(14)

竞值架构（competing values framework） 用以划分组织文化的框架。(3)

冲突（conflict） 一方知觉到自身利益受到他人反对或负面影响。(13)

冲突三角（conflict triangle） 冲突方通过第三方接触而非直接面对。(13)

共识（consensus） 群体中每个个体都同意支持最终的决策结果。(12)

关怀行为（consideration） 和员工建立相互尊重和信任。(16)

激励的内容理论（content theories of motivation） 侧重于找出激励员工的内在因素。(8)

组织设计的权变理论（contingency approach to organization design） 设计具有高的组织-环境适应性的组织结构。(17)

权变理论（contingency approach） 因管理情境不同而采用不同的管理工具和管理技术；避免那种寻求唯一最佳方式的心态。(1)

权变因素（contingency factor） 影响领导风格适当性的变量。(16)

连续性强化（continuous reinforcement） 每次行为出现均加以强化。(9)

控制策略（control strategy） 直接应对或解决问题的压力应对策略。(18)

核心工作维度（core job dimensions） 在所有工作中都不同程度存在的工作特征。(8)

企业社会责任（corporate social responsibility） 企业应当在遵守法律和追求商业利润之外做得更多。(1)

反生产工作行为（counterproductive work behaviors） 伤害员工和组织整体的一类工作行为。(6)

创造力（creativity） 创造某种新的或独特的事物的过程。(12)

信用（credibility） 因为诚信、意图、能力和结果而值得信赖。(11)

跨文化管理（cross-cultural management） 在不同文化中理解和教导行为模式。(4)

跨文化训练（cross-cultural training） 为帮助人们适应新文化/国家而设计的结构化体验。(4)

交叉功能主义（cross-functionalism） 团队由不同领域的专业技术人士组成。(11)

文化智力（cultural intelligence） 能够准确理解模棱两可的跨文化情境的能力。(4)

文化（culture） 社会团体提倡或摒弃的一系列信仰和价值观，以及一系列正式或非正式的支持上述价值观的实践活动。(4)

文化冲击（culture shock） 由于新期待和新线索过载引起的焦虑和怀疑。(4)

网络偷懒（cyberloafing） 员工使用网络从事与工作无关的活动。(10)

D

冥思日（day of contemplation） 一次性带薪休假日，让有问题的员工能重新建立对组织价值观和使命的承诺。(13)

分散决策（decentralized decision making） 低层管理者被赋予做出重要决策的权力。(17)

决策（decision making） 识别和选择出可以使事物达到理想状态的方案。(12)

决策风格（decision-making style） 个体感知和处理信息方式的组合。(12)

决策树（decision tree） 一种展示决策过程的图表。(12)

委托（delegation） 授予更低组织层次的个体以决策权。(15)

刻意训练（deliberate practice） 一种旨在提高成绩的严格要求、重复的辅助项目。(5)

德尔菲法（Delphi technique） 从地域上分散的专家处得到见解的过程。(12)

人口断层线（demographic fault line） 把人口划分成基于人口统计学特征的小群体的假设的分界线。(2)

发展关系强度（developmental relationship strength） 个体与发展网络成员之间关系的强弱。(3)

故意唱反调角色（devil's advocacy） 指定某人担任批评者的角色。(13)

辩证方法（dialectic method） 提出对立观点并进行辩论以更好地理解问题。(13)

歧视（discrimination） 当雇佣决定是基于与工作无关的因素做出时，歧视就发生了。(2)

分配公平（distributive justice） 对资源和奖励分配方式的知觉公平性。(8)

多样性（diversity） 人们之间存在的大量个体差

异和相似性。(2)

多样性氛围(diversity climate) 员工对于与组织多样性相关的政策、实践和程序的总体看法。(2)

发展关系多样性(diversity of developmental relationship) 用以提供发展支持的人际网络的多样性。(3)

功能失调性冲突(dysfunctional conflict) 威胁组织的利益。(13)

E

电子商务(e-business) 通过互联网来运行企业的方方面面,包括对虚拟团队的管理。(1)

情绪智力(emotional intelligence) 一种成熟且有建设性地管理自身和自身社会关系的能力。(5)

情绪(emotions) 个体知觉到的或表现出的对自身成功或失败的复杂人类反应。(5)

员工援助计划(employee assistance programs) 帮助员工解决影响他们工作效率的个人问题。(18)

员工敬业度(employee engagement) 组织成员将自我投入工作角色的程度。(6)

授权(empowerment) 与低级别员工分享不同程度的权力以发挥他们的全部潜力。(15)

行动价值观(enacted values) 员工行为中表现出来的价值观和规范。(3)

接触阶段(encounter phase) 员工了解组织的真实情况并调整自身不切实际的期望的阶段。(3)

公平理论(equity theory) 主张激励是社会交换中公平的函数。(8)

需要理论(ERG theory) 生存、关系和成长,这三个基本需求影响行为。(8)

逃避策略(escape strategy) 避免或忽略压力源和问题的压力应对策略。(18)

信奉的价值观(espoused values) 组织期望遵循并明确规定的价值观和规范。(3)

伦理学(ethics) 关于道德问题和道德选择的研究。(1)

民族中心主义(ethnocentrism) 认为自己的国家、文化、语言和行为都比他人更优越的信念。(4)

积极压力(eustress) 好的或能带来积极结果的压力。(18)

循证决策(evidence-based decision making) 有意识地依据最可靠的数据做出决策。(12)

执行(execution) 讨论怎么做和做什么问题的过程,执行的关键是坚持到底,并确保问责制。(17)

外派人员(expatriate) 任何离开母国生活或工作的员工。(4)

期望(expectancy) 相信努力能带来特定水平的绩效。(8)

期望理论(expectancy theory) 认为人们有动力以产生有价值结果的方式行动。(8)

专家权力(expert power) 通过个人的知识和信息获得服从。(15)

外部因素(external factors) 导致行为的环境特征。(7)

变革的外部力量(external forces for change) 来自组织外部的变革力量。(18)

外控点(external locus of control) 把结果归因为自身不可控的环境因素。(5)

消退(extinction) 通过忽略或不强化使行为出现频率减小。(9)

外在报酬(extrinsic rewards) 来自环境中的金钱的、物质的或社会性的报酬。(9)

F

反馈(feedback) 有关绩效的客观信息。(9)

实地研究(field study) 在真实的环境下对变量进行研究。(1)

战或逃反应(fight-or-flight response) 要么勇敢面对压力源要么选择回避。(18)

正式沟通渠道(formal communication channels) 遵循组织的行政管理系统或组织结构。(14)

正式群体(formal group) 由组织构建的群体。(10)

功能性冲突(functional conflict) 服务于组织的利益。(13)

基本归因偏见(fundamental attribution bias) 忽略影响行为的环境因素。(7)

G

加勒提亚效应(Galatea effect) 个体自身的高期望将带来高绩效。(7)

垃圾桶模型(garbage can model) 认为决策具有随机性和偶然性。(12)

性别灵活性(genderflex) 暂时使用不同性别中典型的沟通行为。(14)

玻璃天花板(glass ceiling) 妨碍女性和少数族裔

晋升至高层管理职位的无形障碍。(2)

目标（goal） 个体正在努力实现的事物。(8)

目标承诺（goal commitment） 个人致力于实现目标的程度。(8)

目标阶梯（goal ladder） 一系列旨在促进员工成长的越来越难和越来越有挑战性的目标。(9)

目标明确性（goal specificity） 目标的量化性。(8)

高莱姆效应（Golem effect） 领导者的低期望所导致的绩效下降。(7)

小道消息（grapevine） 非正式组织中的非正式沟通体系。(14)

群体（group） 共享目标、规范，拥有共同身份的两个或两个以上自由互动的个体。(10)

群体凝聚力（group cohesiveness） 一种“我们觉得”的意识把群体成员团结在一起。(10)

群体思维（groupthink） 詹尼斯用以描述凝聚力强的群体不愿意现实地评估其他备选方案。(10)

H

抗性（hardiness） 中和压力的人格特征。(18)

层级文化（hierarchy culture） 内部聚焦并重视价值稳定性及控制更甚于灵活性的组织文化类型。(3)

高语境文化（high-context culture） 主要意思来自非语言的情境线索。(4)

整体健康方案（holistic wellness approach） 宣扬对健康生活方式的个人责任。(18)

人力资本（human capital） 个体知识和行为所具有的生产潜能。(1)

谦逊（humility） 评估自身成功时感恩他人的贡献及好运气。(5)

保健因素（hygiene factors） 与工作不满意相关的工作特征。(8)

I

个别协议（idiosyncratic deals（i-deals）） 员工和管理者协商员工工作任务的过程。(8)

内隐认知（implicit cognition） 任何无须自觉意识而自动激活的想法或信念。(7)

内隐领导理论（implicit leadership theory） 领导原型决定有效领导者特质的感性理论。(16)

印象管理（impression management） 让他人以某种方式看待自身。(15)

个人主义文化（individualistic cultures） 主要强调个人自由和个人选择。(4)

非正式沟通渠道（informal communication channels） 不遵循组织的行政管理系统或组织结构。(14)

非正式群体（informal group） 由拥有共同利益的个体或朋友创建的群体。(10)

信息/决策理论（information/decision-making theory） 多样性能促进任务相关过程和决策质量。(2)

定规行为（initiating structure） 组织并定义群体成员该做的事。(16)

创新（innovation） 创造顾客使用的新事物。(17)

工具性凝聚力（instrumental cohesiveness） 基于完成工作时的相互依赖性的团结感。(11)

工具性（instrumentality） 绩效回报的知觉。(8)

智力（intelligence） 建设性思维、推理及解决问题的能力。(5)

互动公平（interactional justice） 在程序执行时人们感到被公正对待的程度。(8)

间歇性强化（intermittent reinforcement） 行为出现时有时（而不是所有时候）加以强化。(9)

内部因素（internal factors） 导致行为的个人特征。(7)

变革的内部力量（internal forces for change） 来自组织内部的变革力量。(18)

内控点（internal locus of control） 把结果归因为自身行为。(5)

内在激励（intrinsic motivation） 由积极的内在情绪引发的激励。(8)

内在报酬（intrinsic rewards） 自我授予的精神报酬。(9)

直觉（intuition） 凭空进入脑海且无从评估其有效性的判断。(12)

内群体交换（in-group exchange） 以相互信任、相互尊重和相互喜好为特征的合作伙伴关系。(16)

J

行话（jargon） 某个职业、群体或公司特有的语言或术语。(14)

工作形塑（job crafting） 旨在改变自己工作性质的主动性和适应性的员工行为。(8)

工作设计（job design） 改变特定工作的内容或过程，以提高工作满意度和绩效。(8)

工作扩大化（job enlargement） 增加工作中的任务类型。(8)

工作丰富化（job enrichment） 将成就、认可、激励性工作、责任和进步融入一份工作。(8)

工作轮换（job rotation） 让员工从一个工作轮换到另一个工作。(8)

工作满意度（job satisfaction） 个体对从事工作的喜爱程度。(6)

判断法则（judgmental heuristics） 用来减少信息处理需求的经验性法则或者捷径。(12)

L

实验室研究（laboratory study） 在一个精心设计的环境下对变量进行操纵和测量。(1)

效果律（law of effect） 带来好结果的行为将会被重复；反之则行为消退。(9)

领导者特质（leader trait） 区分领导者和追随者的个人特征。(16)

领导-成员关系（leader-member relations） 工作群体对领导者支持、忠诚和信任的程度。(16)

领导力（leadership） 个体通过影响他人来实现共同目标的过程。(16)

领导原型（leadership prototype） 领导者所拥有的特质和行为的心理表征。(16)

学习目标（learning goal） 鼓励学习、创新力和技能发展的目标。(9)

学习型组织（learning organization） 积极地创造、获取并在内部传递知识的组织。(17)

法定权力（legitimate power） 通过正式权威获得服从。(15)

联络人员（liaison individuals） 不断把小道消息传递给他人的人。(14)

直线管理人员（line managers） 有权做出组织决策的管理人员。(17)

视线（line of sight） 员工理解组织的战略目标并清楚应该如何努力做出贡献。(9)

语言风格（linguistic style） 个体典型的说话模式。(14)

倾听（listening） 积极地解码和理解言语信息。(14)

低语境文化（low-context culture） 主要意思来自书面和口头文字。(4)

M

维护角色（maintenance role） 构建关系的群体行为。(10)

管理（management） 面对永恒变化时，一种有效的、合乎道德的、通过与他人一道并借助他人来达成组织目标的过程。(1)

目标管理（management by objectives） 把参与整合进决策制定、目标设定和客观反馈之中的管理系统。(9)

行走管理（management by walking around） 管理者们在组织内四处走动，非正式地跟各部门各层级的员工交谈。(14)

管理多样性（managing diversity） 在组织中推动变革，帮助所有成员发掘自身最大的潜能。(2)

市场文化（market culture） 具有很强的外部聚焦、价值稳定性及控制力的组织文化类型。(3)

机械式组织（mechanistic organizations） 拥有严格的控制和管理的官僚机构。(17)

媒介丰富性（media richness） 媒介传递信息、加强理解的能力。(14)

导师制（mentoring） 在导师和学徒之间形成和维持发展关系的过程。(3)

期望匹配度（met expectations） 个体对工作的期望值与实际所获之间的差异。(6)

元分析（meta-analysis） 通过统计方法把许多研究结果汇总。(1)

微歧视（micro aggressions） 无意识层面的歧视性想法、态度和感受。(7)

使命陈述（mission statement） 总结组织为什么存在。(18)

单一时间观（monochronic time） 认为时间是有限的、精确的，并且是由计划驱动的。(4)

道德留心（morally attentive） 诚心诚意地考虑个人行为的道德蕴涵。(1)

激励（motivation） 激发和指引目标导向行为的心理过程。(8)

激励因素（motivators） 与工作满意相关的工作特征。(8)

互惠利益（mutuality of interest） 通过双赢合作平衡个人和组织间的利益。(15)

N

成就需求（need for achievement） 对完成某项困难任务的渴望。(8)

归属需求（need for affiliation） 花时间在社会关

系和活动上的渴望。(8)

权力需求（need for power） 对影响、指导、教导或鼓励他人成功的渴望。(8)

需求层次理论（need hierarchy theory） 影响行为的基本需求包括五个层次：生理、安全、爱、自尊和自我实现。(8)

需求（needs） 激发行为的生理或心理不足。(8)

消极不公平（negative inequity） 在比较中发现他人的相似投入收获了更多回报。(8)

负强化（negative reinforcement） 权变地取消负面事物使行为出现频率增大。(9)

谈判（negotiation） 不一致又相互依赖的双方之间的取与舍的过程。(13)

噪声（noise） 干扰信息的传输和理解的任何东西。(14)

名义群体法（nominal group technique） 激发想法及评估方案的过程。(12)

非理性模型（nonrational model） 解释决策的实际过程的模型。(12)

非言语沟通（nonverbal communication） 除书面语和口头语沟通之外的信息沟通。(14)

规范（norm） 指导社会行为的共享的态度、观点、感觉或行动。(10)

O

上岗培训（onboarding） 旨在帮助新员工理解、吸收新工作要求并顺利过渡到新工作环境的项目。(3)

开放系统（open system） 必须不断与周围环境相互作用才得以存活的有机体。(17)

操作性行为（operant behavior） 斯金纳用以描述习得性、由结果塑形的行为的术语。(9)

机遇（opportunity） 具有超出目标和期望的可能性的情况。(12)

最优化（optimizing） 选择最佳的备选方案。(12)

有机式组织（organic organizations） 多变和灵活的多才能个体网络。(17)

组织（organization） 两个或两个以上的人有意识地协调活动组成的系统。(1)

组织结构图（organization chart） 用方块与线条组成的图表展示层级权威和劳动分工关系。(17)

组织发展（organization development） 一系列用以实施计划中的组织变革的技术或干预措施。(18)

组织行为学（organizational behavior） 致力于更好地理解和管理工作中的人的交叉学科。(1)

组织公民行为（organizational citizenship behavior） 员工超出职责范围的额外付出行为。(6)

组织承诺（organizational commitment） 反映了个体的组织认同感和致力于实现组织目标的程度。(6)

组织文化（organizational culture） 构成组织身份的共享的价值观和信念。(3)

组织设计（organizational design） 组织用于制定和实施战略的问责和职责结构。(17)

组织认同（organizational identification） 组织的价值观和信念成为个体自我身份的一部分。(5)

组织中的破坏分子（organizational moles） 用小道消息提升自身权力和地位的人。(14)

组织政治（organizational politics） 刻意扩大自身利益。(15)

组织社会化（organizational socialization） 员工学习组织的价值观、规范和行为的过程。(3)

排斥（ostracism） 被其他群体成员拒绝。(10)

外群体交换（out-group exchange） 缺乏相互信任、尊重和喜好的伙伴关系。(16)

P

参与式管理（participative management） 让雇员参与不同形式的决策制定。(15)

绩效薪酬（pay for performance） 与个体工作绩效或成就挂钩的金钱报酬。(9)

人与环境适配（PE fit） 个体员工与工作环境相互匹配的程度。(3)

知觉（perception） 解读环境的过程。(7)

沟通知觉模型（perceptual model of communication） 接收者自己赋予信息意义的过程。(14)

绩效管理（performance management） 利用目标设定、反馈与指导、报酬与正强化来提高工作绩效的连续循环。(9)

绩效结果目标（performance outcome goal） 追求某种特定的最终结果。(9)

个人障碍（personal barriers） 任何阻碍沟通的个体属性。(14)

个人主动性（personal initiative） 超出正式的工作要求而成为一个积极主动的人。(15)

人格（personality） 赋予个体身份的稳定的生理和心理特征组合。(5)

人格冲突（personality conflict） 受个体厌恶或分

歧驱动的人际对抗。(13)

个人化权力(personalized power) 方向是帮助自己。(15)

多元时间观(polychronic time) 认为时间是灵活的、多维的，并且是基于关系和情境的。(4)

职位权力(position power) 领导者拥有正式权力的程度。(16)

积极不公平(positive inequity) 在比较中发现他人的相似投入收获了较少回报。(8)

正强化(positive reinforcement) 权变地提供积极事物使行为出现频率增大。(9)

主要评估(primary appraisal) 决定某一压力源是不相关、积极还是会带来压力。(18)

前瞻性人格(proactive personality) 促成改变时显示出主动性和果敢的、以行动导向的个体。(5)

问题(problem) 现实和理想状态之间的差距。(12)

程序公平(procedural justice) 对做出分配决定的过程和程序的知觉公平性。(8)

过程激励理论(process theories of motivation) 侧重于解释内在因素和认知影响员工激励的过程。(8)

计划性冲突(programmed conflict) 鼓励提出不同观点，不必顾虑管理者的个人感受。(13)

信任倾向(propensity to trust) 一种信任他人的一般意愿的人格特质。(11)

人际距离学(proxemics) 霍尔创造的用以研究对于人际距离的文化期待的词汇。(4)

心理资本(psychological capital) 通过提升自我效能、乐观、希望和韧性来努力获得成功。(5)

心理契约(psychological contracts) 个体对自己与他人的互惠交换的条件和条款的感知。(6)

心理超脱(psychological detachment) 在非工作时间不涉及与工作相关的活动、思考或情感。(18)

惩罚(punishment) 权变地提供消极事物或取消积极事物使行为出现频率减小。(9)

R

理性模型(rational model) 一种包含四个阶段的逻辑性的决策方法。(12)

实际工作预览(realistic job preview) 介绍工作积极和消极两方面的情况。(3)

参照权力(referent power) 通过感召力或个人魅力获得服从。(15)

变革韧性(resilience to change) 一种具有高自尊、乐观和内控点的综合个人特征。(18)

韧性(resiliency) 应对压力和从个人或职业挫败中快速恢复的能力。(5)

抵制变革(resistance to change) 对真实的或想象中的工作变革的情感/行为反应。(18)

应答性行为(respondent behavior) 斯金纳用以描述天生的刺激-反应反射行为的术语。(9)

奖赏权力(reward power) 通过承诺或给予奖励获得服从。(15)

角色(role) 对特定职位的期望行为。(10)

角色模糊(role ambiguity) 他人的期望未知。(10)

角色冲突(role conflict) 来自他人的相互冲突或不一致的期望。(10)

角色过载(role overload) 他人期望超出了自身能力。(10)

S

抽样调查(sample survey) 从样本人群中获得问卷调查的回复。(1)

满意决策法(satisficing) 选择一种可以达到最低要求的方案。(12)

图式(schema) 大脑中某件事或某个物体的记忆图像。(7)

科学管理(scientific management) 利用研究和实验找到最有效的工作方式。(8)

脚本(script) 大脑中某一事件的记忆图式。(7)

次要评估(secondary appraisal) 评估可以做或能够做什么以减少压力。(18)

创新的种子(seeds of innovation) 组织创新的起点。(17)

自我概念(self-concept) 个体对自身作为生理的、社会的、精神的或道德上的存在的自我知觉。(5)

自我效能(self-efficacy) 相信能完成某项任务的判断。(5)

自尊(self-esteem) 个体的总体自我评估。(5)

自我应验的预言(self-fulfilling prophecy) 某人对另一个人的高期望将带来高绩效。(7)

自我管理团队(self-managed teams) 被授予对自己工作的管理监督权的员工群体。(11)

自我监控(self-monitoring) 观察自身行为并改变行为以适应环境要求。(5)

自利偏差（self-serving bias） 与失败相比，将成功更多归结为个人责任。(7)

语义学（semantics） 对单词的研究。(14)

仆人式领导（servant-leadership） 关注对他人的服务，而不是对自己的。(16)

性骚扰（sexual harassment） 反映了因为不想要的性关注而带来的不利的或有敌意的工作环境。(2)

性别角色刻板印象（sex-role stereotype） 对于男女两性适合角色的信念。(7)

塑造（shaping） 强化越来越接近目标行为的过程。(9)

共享领导（shared leadership） 人们分担领导责任的同时持续相互影响的过程。(16)

情境理论（situational theories） 领导风格应该和当前的情境相匹配。(16)

技能（skill） 个体操作运用各种物体的特殊能力。(5)

社会资本（social capital） 牢固、互信和合作性的关系所具有的生产潜能。(1)

社会分类理论（social categorization theory） 相似性会产生喜爱和吸引力。(2)

社会惰化（social loafing） 随着群体规模扩大，群体中的个体努力程度下降。(10)

社交网站（social networking site，SNS） 基于网络技术的共享各类信息的在线社区。(10)

社会权力（social power） 运用人力、信息和物质资源使事情完成的能力。(15)

社会支持（social support） 从社会关系中获得的帮助。(18)

社会化权力（socialized power） 方向是帮助他人。(15)

社会情感凝聚力（socio-emotional cohesiveness） 基于情感满足的团结感。(11)

管理幅度（span of control） 直接向某一管理者汇报的员工人数。(17)

参谋人员（staff personnel） 向直线管理者提供调研、建议和咨询的人员。(17)

利益相关者审计（stakeholder audit） 系统识别受组织绩效显著影响的所有各方。(17)

刻板印象（stereotype） 对某一群体特征的信念。(7)

刻板印象威胁（stereotype threat） 特定社会群体的成员（例如，非裔美国人、女性）必须应对的可能会被刻板印象化评判或对待，或自身行为可能会加强这种刻板印象的"困境"。(7)

战略伙伴（strategic constituency） 与组织有某种利害关系的个人或群体。(17)

战略计划（strategic plan） 实现组织长期目标所需举措的计划。(3)

压力（stress） 对压力源的行为、生理或心理反应。(18)

压力源（stressors） 产生压力的环境因素。(18)

可持续性（sustainability） 在不损害子孙后代的前提下满足人类需求。(3)

症状管理策略（symptom management strategy） 聚焦于减轻压力症状的压力应对策略。(18)

T

变革的目标要素（target elements of change） 组织可能需要改变的部分。(18)

任务角色（task role） 任务导向的群体行为。(10)

任务结构（task structure） 工作任务中的结构数量。(16)

团队建设（team building） 旨在提高群体内部功能的体验式学习。(11)

团队心智模型（team mental model） 团队成员有关工作环境的共享理解和认知。(17)

团队活力（team viability） 团队成员满意并愿意为团队做贡献。(11)

团队（team） 一个成员拥有互补技能、共同致力于共同目的、绩效目标并为实现目标途径负责的小群体。(11)

远程办公（telecommuting） 使用先进的沟通技术，在家里的办公室或在其他便利的地方工作。(14)

远程即席（telepresence） 运用最先进的视频会议系统沟通。(18)

Y理论（Theory Y） 麦格雷戈关于员工有责任感和创造力的现代的积极的假设。(1)

全面质量管理（total quality management） 一种强调培训、持续改进和客户满意度的组织文化。(1)

交易型领导（transactional leadership） 专注于明确员工的角色，并根据绩效提供奖励。(16)

变革型领导（transformational leadership） 促使员工追求组织目标而不是自我利益。(16)

信任（trust） 对他人意图和行为的互惠信念。(11)

A型行为模式（type A behavior pattern） 长期、

坚决、干劲十足地努力在更短的时间内完成更多的工作。(18)

U

指挥统一性原则(unity of command principle) 每个员工仅向一名管理者进行汇报。(17)

V

效价(valence) 奖励或回报的价值。(8)

价值达成(value attainment) 满意度来源于个体对某工作将帮助自身实现重要工作价值的感知。(6)

价值观(values) 体现为行为或最终状态的持久信念。(3)

虚拟团队(virtual team) 信息技术使得位于不同地点的群体成员能共同致力于同一项工作。(11)

愿景(vision) 用以描述组织未来状态的长期目标。(3)

W

告密(whistle-blowing) 向第三方报告不道德或者违法的行为。(1)

辞职意向(withdrawal cognitions) 个体有关辞去某一工作的想法和感受。(6)

劳动力人口统计学(workforce demographics) 成年工作人口的统计资料。(2)

译后记

罗伯特·克赖特纳博士和安杰洛·基尼奇博士均是国际知名的管理专家、研究者和作家，他们合著的《组织行为学》由麦格劳-希尔集团出版，迄今已再版10次。

克赖特纳是亚利桑那州立大学管理学荣誉教授，入选凯瑞商学院教授名人堂。他在企业管理教学和研究领域深耕几十年，著作等身。他合著的教材《组织行为矫正及其他》《管理学入门》《组织行为学》等在世界范围内累计再版超过31次。他也为许多世界一流公司提供咨询和高级经理人开发服务，包括美国运通、SABRE、霍尼韦尔、摩托罗拉、美国安导（Amdahl）、福特汽车、美国钢铁等。

基尼奇博士也是美国亚利桑那州立大学管理学教授。他自2005年起担任Weatherup/Overby领导力主席一职至今。基尼奇也是凯瑞商学院百名杰出学者院长理事会成员。他在各类学术期刊发表论文超过90篇，著有管理学教材7部。获得包括美国管理学会组织行为分部最佳论文奖和亚利桑那州立大学六次最佳教师奖在内的多项殊荣。基尼奇也是管理咨询公司基尼奇的委托人，长期为《财富》500强公司及各类企业提供管理咨询服务。

在多年教学过程中，我接触过许多国外的组织行为学教材。相较之下，克赖特纳和基尼奇所著的《组织行为学》一书结构清晰、案例贴切、内容深入浅出、练习设计精巧，非常适合课堂教学和小组讨论。自2015年起，我为维克森林大学（Wake Forest University，WFU）研究生院跨文化医疗行业服务专业的研究生设计并教授“组织行为学与口译”课程。我讲课时就选用了克赖特纳的《组织行为学》一书中的很多章节。该书平易近人的写作风格和面向教学的贴切设计得到了选修该课程的中美研究生的一致好评。

作为中国人民大学商学院的校友，我在求学期间和毕业之后与中国人民大学出版社有过多次愉快的合作。2016年年中，经中国人民大学商学院王凤彬教授推荐，中国人民大学出版社的熊鲜菊编辑热情邀请我翻译克赖特纳的《组织行为学》教材。我视之为一个推广经典教材、得偿所愿的难得机会，欣然允诺。

这部《组织行为学》共有18章，内容涵盖了组织行为学概论（包括“组织行为学：探索以人为本的组织及道德行为”“管理多样性：释放每一名员工的潜力”“组织文化、社会化与导师制”“国际组织行为学：跨文化管理”，共4章）、个体层面行为（包括“重要个体差异与成功途径”“价值观、态度、工作满意度与反生产工作行为”“社会知觉与归因”“激励”“运用目标、反馈、报酬与正强化提高工作绩效”，共5章）、群体层面行为（包括“群体动力”“发展与领导高效团队”“个体决策与群体决策”“冲突管理与谈判”，共4章）以及组织层面行为（包括“数字时代的沟通”“影响、授权与政治”“领导力”“组织设计、效能与创新”“变革与压力管理”，共4章），涉及当代组织生活的方方面面。第10版引用了许多最新的组织行为学理论与研究成果，增加了众多鲜活的商业案例，并根据国际高等商学院协会（AACSB）的推荐提高了全球经济背景下的管理、文化多样性、品质改进以及商业道德决策等内容的比重。与之前9个版本相比，第10版结构更加完整，实用性和可读性兼顾，同时做到了与时俱进。

整个翻译过程历时 8 个月，乐趣与挑战并存。参与翻译工作的有：杜琛、李君兰、周婧达，以及我在 WFU 的中英翻译口译专业研究生廖子珺、刘冉冉、蒋伟顺、马颖、王涵、薛彤彤、杨东东、喻美玲、张至柔、张紫涵。其中，杨东东高质量地翻译了第 6、7、8 章；喻美玲翻译了第 12 章；马颖翻译了第 14 章；王涵翻译了第 15 章；张紫涵翻译了第 16 章；刘冉冉翻译了第 17 章；张至柔翻译了第 18 章。所有参译者的译文初稿及其余各章译稿均由我最终校对、修改和润色。

在翻译过程中，我得到了中国人民大学出版社熊鲜菊编辑的悉心答疑、大力支持，在此表示衷心感谢。我也借此机会感谢中国人民大学商学院的王凤彬教授一直以来的提携和教诲；感谢我的博士生导师中国人民大学商学院的章凯教授引领我进入组织行为学的奇妙世界；感谢中国人民大学商学院的宋继文博士一直以来的帮助和关照；感谢 WFU 的 Sarah E. Barbour 教授和 Olgierda Furmanek 教授对我组织行为学领域的翻译和教学工作的全力支持。

由于时间和译者水平所限，谬误在所难免，敬希同行专家和读者赐教，全书译责自负。

朱超威

中国人民大学出版社工商管理类翻译版教材

序号	书名	作者	定价	出版年份	ISBN 978-7-300-

(一)工商管理经典译丛

1	管理学(第13版)	罗宾斯(Stephen P. Robbins)	75	2017	23460-1
2	罗宾斯《管理学(第13版)》学习指导	罗宾斯(Stephen P. Robbins)	42	2017	24217-0
3	管理学(精要版第9版)	孔茨(Harold Koontz) 韦里克(Heinz Weihrich)	58	2014	18405-0
4	管理学(第3版)	贝特曼(Thomas S. Bateman)	58	2014	20098-9
5	商学精要(第8版)	埃伯特(Ronald J. Ebert)	55	2013	17581-2
6	管理经济学(第8版)	贝叶(Michael R. Baye)	65	2017	24850-9
7	管理经济学(第4版修订版)	彼得森(H. Craig Petersen)	69	2009	11367-8
8	管理经济学(第7版)	基特(Paul G. Keat)	65	2015	20416-1
9	组织行为学(第16版)	罗宾斯(Stephen P. Robbins)	78	2016	23166-2
10	组织行为学(第2版)	麦克沙恩(Steven L. McShane)	52	2015	20492-5
11	组织行为学(第9版)	格林伯格(Jerald Greenberg)	75	2011	13603-5
12	战略管理:概念与案例(第12版)	希特(Michael A. Hitt)	69	2017	24489-1
13	战略管理:概念与案例(第13版·全球版)	戴维(Fred R. David)	68	2012	15855-6
14	战略过程:概念、情境、案例(第4版)	明茨伯格(Henry Mintzberg)	69	2012	16331-4
15	人力资源管理(第14版)	德斯勒(Gary Dessler)	79	2017	23844-9
16	会计学(第10版)	亨格瑞(Charles T. Horngren)	85	2016	22753-5
17	公司理财:核心原理与应用(第3版)	罗斯(Stephen A. Ross)	76	2013	18161-5
18	项目管理:管理新视角(第7版)	梅雷迪思(Jack R. Meredith)	78	2011	12977-8
19	MBA运营管理(第5版)	梅雷迪思(Jack R. Meredith)	56	2015	21627-0
20	运作管理(第10版)	海泽(Jay Heizer)	89	2012	14890-8
21	运作管理(精要版第3版)	蔡斯(Richard B. Chase)	59	2014	18408-1
22	供应链管理(第6版)	乔普拉(Sunil Chopra)	69	2017	24293-4
23	市场营销:原理与实践(第16版)	科特勒(Philip Kotler)	79	2015	21339-2
24	营销管理(第13版·中国版)	科特勒(Philip Kotler)	59	2012	16254-6
25	营销信息系统(精要版·第9版)	劳东(Kenneth C. Laudon)	59	2012	16254-6
26	管理信息系统(第13版)全球版	劳东(Kenneth C. Laudon)	68	2016	20282-2
27	质量管理与卓越绩效(第9版)	埃文斯(James R. Evans)	75	2015	19776-0
28	数据、模型与决策(第4版)	埃文斯(James R. Evans)	59	2011	13605-9
29	电子商务(第7版)全球版	特伯恩(Efraim Turban)	79	2016	22533-3
30	电子商务导论(第2版)	特伯恩(Efraim Turban)	59	2011	13747-6
31	电子商务——商务、技术与社会(第7版)	劳东(Kenneth C. Laudon)	72	2014	18478-4
32	商务与经济统计学(精编版第5版)	威廉斯(Thomas A. Williams)	69	2014	19503-2
33	基础统计学(第4版)	拉森(Ron Larson)	52	2013	18479-1
34	商务统计学(第7版)	莱文(David M. Levine)	68	2017	24940-7
35	管理沟通——以案例分析为视角(第4版)	奥罗克(James S. O'Rourke)	49	2011	12920-4
36	商务谈判(第5版)	汤普森(Leigh L. Thompson)	55	2013	17837-0
37	管理思想史(第6版)	雷恩(Daniel A. Wren)	62	2012	14821-2
38	企业管理研究方法(第10版)	库珀(Donald Cooper)	79	2013	17645-1
39	商业伦理:概念与案例(第7版)	贝拉斯克斯(Manuel G. Velasquez)	52	2013	17376-4
40	企业伦理学(第10版)	费雷尔(O. C. Ferrell)	58	2016	22285-1
41	职业生涯发展与规划(第4版)	里尔登(Robert C. Reardon)	49	2016	22755-9
42	商法(第7版)	亚当斯(Alix Adams)	59	2014	20311-9
43	领导学——领导的艺术与科学(第7版)	纳哈雯蒂(Afsaneh Nahavandi)	55	2016	22758-0

(二)工商管理经典译丛·市场营销系列

1	市场营销学(第9版)	阿姆斯特朗(Gary Armstrong)	65	2010	12524-4
2	市场营销学基础(第18版)	佩罗(William D. Perreault, Jr.)	65	2012	15644-6
3	市场营销学(第3版)	格雷瓦尔(Dhruv Grewal)	65	2015	21338-5
4	营销管理(第5版·全球版)	科特勒(Philip Kotler)	39	2012	15367-4
5	营销管理(亚洲版·第5版)	科特勒(Philip Kotler)	75	2010	11369-2

6	营销管理：知识与技能（第10版）	彼得（J. Paul Peter）	65	2012	15751-1
7	消费者行为学（第10版）	所罗门（Michael R. Solomon）	68	2014	18249-0
8	消费者行为学（第11版）	希夫曼（Leon G. Schiffman）	69	2015	20402-4
9	战略品牌管理（第4版）	凯勒（Kevin Line Keller）	79	2014	19869-9
10	现代品牌管理	拉福雷（Sylvie Laforet）	55	2012	16015-3
11	商务谈判（第6版）	列维奇（Roy J. Lewicki）	65	2015	22006-2
12	营销调研（第7版）	伯恩斯（Alvin C. Burns）	65	2015	21107-7
13	基于Excel的营销调研（第3版）	伯恩斯（Alvin C. Burns）	58	2014	18621-4
14	营销调研精要	马尔霍特拉（Naresh K. Malhotra）	65	2016	22656-9
15	网络营销（第7版）	斯特劳斯（Judy Strauss）	65	2015	21036-0
16	服务营销（第6版）	洛夫洛克（Christopher Lovelock）	68	2010	12155-0
17	国际市场营销学（第10版）	钦科陶（Michael R. Czinkota）	69	2015	20986-9
18	全球营销	阿隆（Ilan Alon）	69	2016	23463-2
19	营销渠道：管理的视野（第8版）	罗森布洛姆（Bert Rosenbloom）	68	2014	18654-2
20	营销渠道（第7版）	科兰（Anne T. Coughlan）	59	2008	09525-7
21	广告学	阿伦斯（William Arens）	68	2014	18655-9
22	广告学：原理与实务（第9版）	维尔斯（William Wells）	75	2013	17868-4
23	广告与促销：整合营销传播视角（第9版）	贝尔奇（George E. Belch）	78	2014	19002-0
24	销售管理（第10版）	科恩（William L. Cron）	65	2017	23887-6
25	销售管理——塑造未来的销售领导者	坦纳（John F. Tanner Jr.）	48	2010	11767-6
26	客户关系管理	毛卡尔（Urvashi Makkar）	42	2014	19254-3
27	零售管理（第11版）	伯曼（Barry Berman）	79	2011	13093-4
28	战略营销：教程与案例（第11版）	凯琳（Roger A. Kerin）	65	2011	13868-8
29	营销战略与竞争定位（第5版）	胡利（Graham Hooley）	65	2014	07898-4
30	组织间营销管理（第10版）	赫特（Michael D. Hutt）	59	2011	13027-9
31	社会化媒体营销	塔腾（Tracy L. Tuten）	49	2014	20063-7
32	定价策略	史密斯（Tim J. Smith）	52	2015	21001-8

（三）工商管理经典译丛·会计与财务系列

1	会计学：管理会计分册（第25版）	里夫（James M. Reeve）	42	2016	22481-7
2	会计学：财务会计分册（第25版）	沃伦（Carl S. Warren）	72	2015	21597-6
3	会计学原理（第21版）	怀尔德（John J. Wild）	68	2015	20097-2
4	成本与管理会计（第15版）	亨格瑞（Charles T. Horngren）	99	2016	23024-5
5	管理会计	达塔（Srikant M. Datar）	78	2015	20847-3
6	高级会计学（第10版）	比姆斯（Floyd A. Beams）	69.8	2011	14636-2
7	审计学原理（第19版）	惠廷顿（O. Ray Whittington）	76	2015	22008-6
8	审计学：一种整合方法（第14版）	阿伦斯（Alvin A. Arens）	72	2013	16828-9
9	公司理财（第2版）	科尼特（Marcia Millon Cornett）	49	2015	20475-8
10	财务报表分析（第11版）	苏布拉马尼亚姆(K. R. Subramanyam)	75	2015	21598-3
11	个人理财（第3版）	吉特曼（Lawrence Gitman）	59	2016	23025-2
12	业绩评价与控制系统	西蒙斯（Robert Simons）	89	2016	23114-3

（四）工商管理经典译丛·运营管理系列

1	运营与供应链管理（第3版）	博扎思（Cecil C. Bozarth）	65	2014	20047-7
2	运营管理：供需匹配的视角（第2版）	卡桑（Gerard Cachon）	55	2013	17106-7
3	供应链设计与管理（第3版）	辛奇－利维（David Simchi-Levi）	55	2010	11614-3
4	物流管理	格兰特（David B. Grant）	49	2016	22839-6
5	物流学（第11版）	墨菲（Paul R. Murphy，Jr.）	49	2015	21056-8
6	质量管理：整合供应链（第4版）	福斯特（S. Thomas Foster）	59	2013	17142-5
7	供应管理（第8版）	伯特（David Burt）	68	2012	15794-8

（五）人力资源管理译丛

1	组织行为学（第10版）	克赖特纳（Robert Kreitner）	69	2018	25674-0
2	人力资源管理：赢得竞争优势（第9版）	诺伊（Raymond A. Noe）	85	2018	25335-0
3	人力资源管理基础（第2版）	德斯勒（Gary Dessler）	65	2014	19505-6
4	薪酬管理（第11版）	米尔科维奇（George T. Milkovich）	69	2014	20048-4

5	战略性薪酬管理（第 7 版）	马尔托奇奥（Joseph J. Martocchio）	49	2010	11213-8
6	绩效管理（第 3 版）	阿吉斯（Herman Aguinis）	45	2013	18106-6
7	雇员培训与开发（第 6 版）	诺伊（Raymond A. Noe）	55	2015	22322-3
8	国际人力资源管理（第 5 版）	赵曙明 道林（Peter J. Dowling）	45	2012	14734-5
9	员工招聘与录用（第 5 版）	阿瑟（Diane Arthur）	45	2015	21108-4
10	工作分析——实用指南	普里恩（Erich P. Prien）	39	2015	21758-1
11	组织中的人际沟通（第 5 版）	杰纳兹（Suzanne C. De Janasz）	59	2016	22283-7
12	谈判与冲突管理	科尔韦特（Barbara A. Budiac Corvette）	39.8	2009	10388-4
13	人力资源管理：案例、练习与技能训练（第 7 版）	恩科莫（Stella M. Nkomo）	45	2015	21626-3
14	劳动经济学（第 10 版）	麦康奈尔（Campbell R. McConnel）	65	2018	25333-6

（六）工商管理经典译丛·国际化管理系列/国际商务经典译丛

1	国际贸易（第 15 版）	普格尔（Thomas A. Pugel）	49	2014	19001-3
2	国际金融（第 15 版）	普格尔（Thomas A. Pugel）	42	2014	19329-8
3	全球商务（第 3 版）	彭维刚（Mike Peng）	68	2016	22417-6
4	国际商务（第 9 版）	希尔（Charles W. L. Hill）	75	2013	10660-1
5	国际企业管理（第 6 版）	卡伦（John Cullen）	62	2018	24851-6
6	国际管理（第 5 版）	包铭心（Paul W. Beamish）	75	2013	10660-1
7	国际管理——跨国与跨文化管理（第 8 版）	德雷斯凯（Helen Deresky）	65	2015	20938-8
8	国际商务谈判	塞利奇（Claude Cellich）	42	2013	18404-3
9	全球营销（第 6 版）	基根（Warren J. Keegan）	72	2015	20471-0
10	国际企业伦理（第 2 版）	克兰（John M. Kline）	39	2013	18089-2
11	跨文化商务沟通（第 6 版）	钱尼（Lillian H. Chaney）	42	2014	19139-3
12	国际商务谈判：原理与实务	莫德（Barry Maude）	48	2016	23387-1

（七）管理科学与工程经典译丛

1	数据、模型与决策（第 10 版）	泰勒（Bernard W. Taylor Ⅲ）	78	2011	14005-6
2	创新管理（第 4 版）	蒂德（Joe Tidd）	59	2012	15657-6
3	工程经济学（第 5 版）	帕克（Chan S. Park）	75	2012	16014-6
4	管理信息系统（第 15 版）	奥布赖恩（James A. O'Brien）	65	2012	16779-4
5	管理信息系统案例（第 4 版）	米勒（M. Lisa Miller）	49	2013	18076-2
6	现代数据库管理（第 10 版）	霍弗（Jeffrey A. Hoffer）	68	2013	17076-3
7	知识管理：一种集成方法（第 2 版）	贾夏帕拉（Ashok Jashapara）	48	2013	17172-2
8	管理科学	史蒂文森（William J. Stevenson）	55	2013	17681-9
9	现代系统分析与设计（第 6 版）	霍弗（Jeffrey A. Hoffer）	69	2013	15844-0
10	决策支持与商务智能系统（第 9 版）	特伯恩（Efraim Turban）	62	2015	21400-9

（八）工商管理经典译丛·旅游管理系列

1	旅游学（第 12 版）	格德纳（Charles R. Goeldner）	65	2014	20229-7
2	旅游服务业市场营销（第 4 版）	莫里森（Alastair M. Morrison）	54	2012	16351-2
3	饭店经营管理（第 2 版）	海斯（David K. Hayes）	52	2013	17035-0
4	饭店业战略管理（第 3 版）	奥尔森（Michael D. Olsen）	45	2013	18013-7
5	饭店前厅管理（第 5 版）	巴尔迪（James A. Bardi）	49	2014	18628-3
6	会展业概论（第 3 版）	费尼奇（George Fenich）	55	2016	23161-7

（九）工商管理经典译丛·创业与创新管理系列

1	中小企业创业管理（第 3 版）	卡茨（Jerome A. Katz）	75	2012	14271-5
2	创业学（第 9 版）	库特科（Donald F. Kuratko）	52	2014	20022-4
3	创业计划（第 9 版）	希杜克（Gail P. Hiduke）	59	2017	24215-6

（十）其他教材

1	创业学（亚洲版）	弗雷德里克（Howard H. Frederick）	55	2011	13506-9
2	商务沟通——数字世界的沟通技能（第 12 版）	伦茨（Kathryn Rentz）	49	2012	15331-5
3	组织变革管理（第 5 版）	卡纳尔（Collin A. Carnall）	45	2015	21954-7
4	战略管理——制定、实施和控制（第 12 版）	皮尔斯二世（John A. Pearce Ⅱ）	65	2015	21111-4
5	案例学习指南：阅读、分析、讨论案例和撰写案例报告	埃利特（William Ellet）	39	2009	10202-3

Robert Kreitner，Angelo Kinicki
Organizational Behavior，10e
0078029368

北京市版权局著作权合同登记号：01－2017－3314

图书在版编目（CIP）数据

组织行为学：第 10 版/罗伯特·克赖特纳等著．朱超威译．—北京：中国人民大学出版社，2018.5

（人力资源管理译丛）

ISBN 978-7-300-25674-0

Ⅰ.①组… Ⅱ.①罗… ②朱… Ⅲ.①组织行为学-教材 Ⅳ.①C936

中国版本图书馆 CIP 数据核字（2018）第 064053 号

人力资源管理译丛

组织行为学（第 10 版）

罗伯特·克赖特纳
安杰洛·基尼奇 著
朱超威 译

Zuzhi Xingweixue

出版发行	中国人民大学出版社		
社　　址	北京中关村大街 31 号	**邮政编码**	100080
电　　话	010－62511242（总编室）		010－62511770（质管部）
	010－82501766（邮购部）		010－62514148（门市部）
	010－62515195（发行公司）		010－62515275（盗版举报）
网　　址	http://www.crup.com.cn		
	http://www.ttrnet.com（人大教研网）		
经　　销	新华书店		
印　　刷	北京鑫丰华彩印有限公司		
规　　格	185 mm×260 mm　16 开本	**版　　次**	2018 年 5 月第 1 版
印　　张	32.5　插页 2	**印　　次**	2018 年 5 月第 1 次印刷
字　　数	770 000	**定　　价**	69.00 元

教师反馈表

麦格劳-希尔教育集团（McGraw-Hill Education）是全球领先的教育资源与数字化解决方案提供商。为了更好地提供教学服务，提升教学质量，麦格劳-希尔教师服务中心于 2003 年在京成立。在您确认将本书作为指定教材后，请填好以下表格并经系主任签字盖章后返回我们（或联系我们索要电子版），我们将免费向您提供相应的教学辅助资源。如果您需要订购或参阅本书的英文原版，我们也将竭诚为您服务。

★ 基本信息					
姓		名		性别	
学校		院系			
职称		职务			
办公电话		家庭电话			
手机		电子邮箱			
通信地址及邮编					

★ 课程信息					
主讲课程		课程性质		学生年级	
学生人数		授课语言		学时数	
开课日期		学期数		教材决策者	
教材名称、作者、出版社					

★ 教师需求及建议	
提供配套教学课件（请注明作者 / 书名 / 版次）	
推荐教材（请注明感兴趣领域或相关信息）	
其他需求	
意见和建议（图书和服务）	

是否需要最新图书信息	是、否	系主任签字/盖章	
是否有翻译意愿	是、否		

McGraw Hill Education | Higher Education

教师服务热线：800-810-1936

教师服务信箱：instructorchina@mheducation.com

网址: www.mheducation.com

麦格劳-希尔教育教师服务中心

地址：北京市东城区北三环东路 36 号环球贸易中心 A 座 702 室 教师服务中心 100013

电话：010-57997600

传真：010-59575582

教师教学服务说明

中国人民大学出版社工商管理分社以出版经典、高品质的工商管理、财务会计、统计、市场营销、人力资源管理、运营管理、物流管理、旅游管理等领域的各层次教材为宗旨。

为了更好地为一线教师服务，近年来工商管理分社着力建设了一批数字化、立体化的网络教学资源。教师可以通过以下方式获得免费下载教学资源的权限：

在"人大经管图书在线"（www. rdjg. com. cn）注册，下载"教师服务登记表"，或直接填写下面的"教师服务登记表"，加盖院系公章，然后邮寄或传真给我们。我们收到表格后将在一个工作日内为您开通相关资源的下载权限。

如您需要帮助，请随时与我们联络：

中国人民大学出版社工商管理分社

联系电话：010－62515735，62515987，62515782，82501048

传　　真：010－62515732，62514775　　　　电子邮箱：rdcbsjg@crup. com. cn

通讯地址：北京市海淀区中关村大街甲 59 号文化大厦 1501 室（100872）

教师服务登记表

<table>
<tr><td>姓 名</td><td></td><td>□先生　□女士</td><td>职　　称</td><td colspan="2"></td></tr>
<tr><td>座机/手机</td><td colspan="2"></td><td>电子邮箱</td><td colspan="2"></td></tr>
<tr><td>通讯地址</td><td colspan="2"></td><td>邮　　编</td><td colspan="2"></td></tr>
<tr><td>任教学校</td><td colspan="2"></td><td>所在院系</td><td colspan="2"></td></tr>
<tr><td rowspan="3">所授课程</td><td>课程名称</td><td>现用教材名称</td><td>出版社</td><td>对象（本科生/研究生/MBA/其他）</td><td>学生人数</td></tr>
<tr><td></td><td></td><td></td><td></td><td></td></tr>
<tr><td></td><td></td><td></td><td></td><td></td></tr>
<tr><td colspan="2">需要哪本教材的配套资源</td><td colspan="4"></td></tr>
<tr><td colspan="2">人大经管图书在线用户名</td><td colspan="4"></td></tr>
<tr><td colspan="6">院/系领导（签字）：
院/系办公室盖章</td></tr>
</table>